# Direito das Famílias

CB126196

# Direito das Famílias

AMOR E BIOÉTICA

**2022 · 2ª Edição**

Adriana Caldas do Rego Freitas Dabus Maluf

ALMEDINA

**DIREITO DAS FAMÍLIAS**
AMOR E BIOÉTICA
© Almedina, 2022

Autora: Adriana Caldas do Rego Freitas Dabus Maluf

Diretor Almedina Brasil: Rodrigo Mentz
Editora Jurídica: Manuella Santos de Castro
Editor de Desenvolvimento: Aurélio Cesar Nogueira
Assistentes Editoriais: Isabela Leite e Larissa Nogueira
Estagiária De Produção: Laura Roberti

Diagramação: Almedina ou Nome do diagramador
Design de Capa: FBA

ISBN: 9786556275222
Maio, 2022

Dados Internacionais de Catalogação na Publicação (CIP)
(Câmara Brasileira do Livro, SP, Brasil)

---

Maluf, Adriana Caldas do Rego Freitas Dabus
Direito das Famílias : amor e bioética /
Adriana Caldas do Rego Freitas Dabus Maluf.
2. ed. – São Paulo : Almedina, 2022.

ISBN 978-65-5627-522-2

1. Bioética - Aspectos jurídicos 2. Direito civil – Brasil
3. Direito de família – Brasil

4. Direito de família – Legislação – Brasil I. Título.

22-103665 CDU 347.6(81)

---

Índices para catálogo sistemático:

1. Brasil : Direito de família : Direito civil 347.6(81)

Maria Alice Ferreira – Bibliotecária – CRB-8/7964

Este livro segue as regras do novo Acordo Ortográfico da Língua Portuguesa (1990).

Todos os direitos reservados. Nenhuma parte deste livro, protegido por copyright, pode ser reproduzida, armazenada ou transmitida de alguma forma ou por algum meio, seja eletrônico ou mecânico, inclusive fotocópia, gravação ou qualquer sistema de armazenagem de informações, sem a permissão expressa e por escrito da editora.

Editora: Almedina Brasil
Rua José Maria Lisboa, 860, Conj. 131 e 132, Jardim Paulista | 01423-001 São Paulo | Brasil
www.almedina.com.br

"Se ocasionalmente amaste mal, então odiaste; se odiaste com conhecimento de causa, então amaste"

Santo Agostinho

*À Carlos Alberto Dabus Maluf*

*À César e Alberto do Rego Freitas Dabus Maluf*

*À Melanie, alegria da casa*

# APRESENTAÇÃO

Este não é apenas um livro, embora um bom livro. Representa uma produção notável que não chegou apenas para estar, mas para ficar, ensinar, e é singular, diferenciada, que aborda as novas relações familiares deste novo mundo e destes tempos renovadores que estamos vivendo, as relações familiares múltiplas e transformadoras que tem surgido – e progredido – com a aplicação e desenvolvimento dos princípios da igualdade, da responsabilidade, do cuidado, da liberdade, da dignidade da pessoa humana, especialmente depois da verdadeira revolução que imprimiu a Constituição de 1988.

Nesta obra, que não exagero em chamar magnifica, sob muitos aspectos, inclusive jurídicos, éticos e filosóficos, mas numa abordagem interdisciplinar e multidisciplinar, que impressiona e retrata o notável conhecimento científico, a forte base cultural da autora, estuda-se o amor, em suas variadas dimensões, diversos efeitos numerosos aspectos, sem deixar de ver o amor e o gênero, os direitos dos homossexuais e transgêneros. O amor passional também é analisado. A bioética vista debaixo dos princípios e valores morais está presente no texto e no contexto.

O fim do relacionamento amoroso – com seus dramas e angústias, e os efeitos jurídicos que determina – é analisado pela autora. Realmente, o amor é salvação, mas às vezes traz perdição. Fala-se nesta obra de amor e paixão.

Estou fazendo, a título de apresentação, uma breve síntese de tudo que vi e li, com grande proveito nestas páginas que seguem. Afinal, conheci um trabalho primoroso, completo, sobre tema que todos sentem, percebem, mas poucos dominam, apreendem com uma visão cientifica, que não tem de deixar de ser humanitária. No final, num grande final, fala-se do amor na pós-modernidade – um desafio para o século XXI.

Os que se dedicam ao direito de família – ou, se, quiserem, ao direito das famílias – recebem, com esse livro, um verdadeiro presente, e de grande importância, de um valor inestimável. Muitas questões são abordadas, com determinação e coragem, inúmeros problemas são resolvidos. Deita-se luz sobre assuntos obscuros, simplificam-se aspectos complexos, revelam-se pontos que estavam na penumbra. A autora é uma jurista que pensa, debate, explica, convence e encanta.

Adriana Caldas do Rego Freitas Dabus Maluf está de parabéns por mais esta criação, dentre outras, muito boas e oportunas que já fez. Agora, nasce este livro sobre o amor, em muitas de suas facetas, escrito com sabedoria, engenho e muito afeto.

ZENO VELOSO
Professor de Direito Civil na Universidade Federal do Pará
e na Universidade da Amazonia.
Membro fundador e Diretor Regional Norte do IBDFAM
Membro da Academia Brasileira de Letras Jurídicas

# PREFÁCIO

Foi com grande satisfação que recebemos o convite de prefaciar a obra Direito das famílias, amor bioética, realizada com grande esmero pela Dra. Adriana Caldas do Rego Freitas Dabus Maluf, advogada, nutricionista, escritora, professora e estudiosa das diversas ciências humanas, revelando--se ávida leitora de todos os livros, artigos e revistas especializadas que lhes caiam às mãos.

Acompanhei de perto sua dedicação e interesse no estudo, na pesquisa e na análise do tema ora apresentado, que lhe é tão caro, e que portanto, realizou com grande desvelo, procurando penetrar mais e mais nesse tão complexo universo que representa a mente humana, revelando as potencialidades, valores e interação psicossociais do homem.

Traduz a obra oportuno estudo sobre o relacionamento humano, passando pelos estágios de enamoramento, de encantamento inicial, da paixão, do amor, até configurar-se na formação da família, que desde uma perspectiva histórica, evoluiu recebendo nova conformação e especial tratamento na pós-modernidade.

Realiza uma rica e moderna exposição multidisciplinar sobre o sentimento amoroso, enfocando as variadas hipóteses que permitem o seu nascimento, crescimento e duração, sua valorização na história, nas diversas ciências, analisando ainda as variáveis de sua extinção.

Enfrenta questionamentos éticos, jurídicos, filosóficos, psicológicos, biofísicos, antropológicos e religiosos para demonstrar o valor da individualidade e da integridade da alma e dos sentimentos humanos no estabelecimento do vínculo afetivo, com suas consequentes reflexões e responsabilidade social.

Analisa, ainda, a questão do relacionamento homoafetivo e nos estados intersexuais, seus desdobramentos na gênese da afetividade humana, da tolerância, que impõe a aceitação da diferença e a inserção social, visando o respeito ao ser humano em seu mais nobre sentimento: o amor.

Sua proposta visa coadunar a valorização do sentimento amoroso verdadeiro presente nas relações interpessoais, as manifestações do comportamento humano e a formação dos valores individuais, procurando elucidar os conflitos existentes na psique humana que fazem com que os indivíduos tenham medo de assumir sua vertente amorosa, com o desenvolvimento científico e cultural presente na sociedade moderna, que traduz por sua vez um fértil terreno para a autoaceitação do ser humano em sua mais rica diversidade.

Explora outrossim, a formação das relações familiares e parentais na atualidade, realidade não correspondeu às expectativas do ordenamento jurídico nem das convenções sociais previamente estabelecidas, uma vez que demostrando a importância do sentimento amoroso na formação da família elenca os diversos tipos de formações familiares presentes na atualidade com os consequentes reflexos na filiação.

Trata-se de uma obra de inquestionável valor para os estudiosos dos temas ligados ao relacionamento humano, operadores do direito, psicólogos, filósofos, sociólogos, antropólogos, estudantes e mesmo para a comunidade em geral, para assim, tentar dirimir as intrincadas questões que envolvem este complexo e fascinante tema.

São Paulo, 1º de julho de 2010

CARLOS ALBERTO DABUS MALUF

# SUMÁRIO

# INTRODUÇÃO

Desde a aurora dos tempos, o homem procura mergulhar na gênese do universo criativo dos relacionamentos amorosos, nas diversas dimensões que hoje sabemos, que este pode alcançar.

Debruçamo-nos assim, sobre a análise das diversas sensações que os sentimentos, positivos e negativos, podem manifestar, despertando desta forma a natureza mais íntima do ser humano, ora valorizando o seu melhor lado, ora destacando sua faceta mais obscura.

Nessa obra, procuramos traçar um panorama sobre o amor, suas inúmeras vertentes, para que, no entremeio da descrição de sensações tão novas e tão corriqueiras, possa auxiliar o leitor a identificar algumas verdades que revelarão seus valores, seus princípios e ensejarão no universo filosófico e jurídico a mudança de rígidos paradigmas para se permitir ao ser humano o acesso à expressão mais pura de sua personalidade, podendo este, para pensar com Hanna Arendt "sentir-se em casa no mundo".

Primaz se faz uma descrição sobre o que vem a ser o amor, aquele sentimento eternamente procurado e delicadamente cultivado, pelo qual vemos a vida através de uma lente mais colorida e mais feliz; que nos faz ouvir músicas melosas, ler romances, escrever livros de amor, vigiar o telefone a espreita de seu toque, ficar de plantão á espera de uma aparição do amado, viajar distâncias enormes só para estar por alguns momentos em contato com aquele ser que por um motivo qualquer, desconhecido ou evidente, se tornou tão necessário para nós como a própria vida.

Era uma vez uma autora que dizia, o amor tem o condão de despertar o melhor de nós mesmos: por ele nos transformamos em príncipes, princesas, fadas, sapos, corredores, ávidos leitores, campeões de organização e pontualidade, beneméritos, altruístas, encantadores de serpentes, chefes de cozinha, artistas, poetas, músicos, esportistas, e muito mais; fazendo com que muitas vezes nossa essência seja escondida, ou até mesmo esquecida.

O que vêm a ser respectivamente o amor e a paixão? Aquela volúpia que nos impede de sermos nós mesmos, de vivermos nossa própria história, que nos vira pelo avesso? É um sentimento humano ou altamente desumano, que nos retira a alma e nos joga no buraco negro do medo do abandono e da solidão desesperadora?

Visamos assim compreender como o amor, aquele sentimento tão intensamente buscado pode nos fazer bem e pode nos fazer mal. Como identificar as atitudes do parceiro que por um lado nos completa e por outro nos destrói? Procuraremos entender os parâmetros da relação amorosa para poder perceber quando entramos em uma relação desigual, para a partir daí repensar o amor, o relacionamento, ou ainda, reaprender a amar.

Buscamos encontrar explicações para entender porque é tão difícil romper com relacionamentos destrutivos que nos acorrentam, destroem, despedaçam e não nos acrescentam mais nada e descobrir qual o nosso papel nesse dramático contexto relacional e familiar. Somos produtos do meio? Da mídia? Somos agentes ativos ou passivos dessa ideologia que massacra? Ou devemos deixar-nos dominar a nossa alma transgressora?

Assim descortina-se a vida real, partindo das experimentações filosóficas, das pesquisas científicas, das análises psicológicas – sobretudo comportamentais –, das críticas sociais, da influência do momento histórico e da revolução cultural, chegando à força imperativa do costume que, moldando o comportamento humano, ampara-se na força legal.

O amor, para ser saudável e construtivo precisa necessariamente ser alicerçado na compatibilidade, na verdade, no respeito e ser vivido com uma certa dose de limite. Assim, também em relação a ele é imprescindível que se aplique o princípio da precaução, para que o autoconhecimento e a valorização pessoal, imponham esses limites ao abuso e à exploração do companheiro, que com toda certeza se ampara na verdade de que tudo pode.

Para tanto, abordaremos também as situações em que o amor encontra-se doente, ou seja, desencontrado, assimétrico, não vivido, levando à deterioração do psiquismo e da saúde dos envolvidos, podendo ainda chegar aos limites do trágico.

Entretanto, o amor é sem dúvida nenhuma a força mais bela que existe, tem um alto poder curativo e regenerador. Machuca? Às vezes. Destrói? Nem sempre. Constrói? É a sua meta. Vale a pena? Quem ousar verá!

No mundo jurídico alcança o amor o status de direito fundamental. A plena realização amorosa que permite o homem a tão buscada inserção que leva à felicidade é um direito personalíssimo de todo ser humano.

Recebe o amor ainda proteção na esfera dos direitos humanos, previsto em diversas Convenções e Tratados internacionais.

Na esfera cível a formação da família e dos elos de filiação nas plúrimas formas previstas na pós-modernidade, fruto de intensa mudança legislativa oriunda de grande agitação social e cultural, também é uma forma de amor.

A biotecnologia veio revolucionar o conceito de filiação, sendo esta natural ou civil, com liame biológico ou não, a importância do amor, transmutado em afetividade, vem ganhando cada vez mais respaldo legal. Ou seja, a socioafetividade, a vontade consciente e verdadeira de pertencer a determinado núcleo familiar, sobrepõe-se no mais vezes à verdade biológica.

Busca-se assim perquirir o lugar do amor entre sua verdade psicológica, biológica, jurídica e a verdade contida na alma, a qual vem-se considerando como a verdade real, a que deve via de regra ser valorizada, pelo potencial que grava de forma unívoca e inconteste como germe construtor da felicidade – direito do cidadão e dever do Estado.

A busca da identificação do processo amoroso, entretanto não é tarefa fácil, muitos dos temas aqui apresentados são fruto da reflexão de toda uma vida, vocação por mim cultivada desde a juventude. Desta forma penso que me custaram muitos anos e inominável esforço, a possibilidade de observar as coisas com certa clareza.

Desejo, ao publicar esta obra, que todo esse trabalho seja útil aos leitores, e que possa de alguma forma tornar o entendimento do processo amoroso mais fácil para aqueles que dele se interessam conhecer os maneios, que levam ao preenchimento da alma na síntese da fruição inequívoca de todos os sentidos.

Espero que o escorço desta obra seja igualmente ilustrativa para todos os que reconhecem a importância do amor e também aos operadores do direito, para que vejam com os olhos da justiça, do estilo, da prudência e da vanguarda, os rumos que vem tomando o processo histórico.

# 1.
# O AMOR E O DIREITO

Podemos nos perguntar qual seria a verdadeira relação que existe entre o direito e o amor. Tanto num campo estritamente jurídico, quanto numa abordagem interdisciplinar esses temas se interrelacionam e se casam de forma quase simbiótica. Pensamos que isso se dá pelo fato de a legislação retratar, desde a aurora dos tempos, a estrutura cultural, antropológica, dogmática, ética e relacional que conhece o ser humano nos diversos campos da existência, indicando assim uma visão multifacetada do homem em sua rica esfera de existência.

No direito público, notadamente no campo das relações internacionais, vemos a real dimensão que o amor, ou a falta deste, pode alcançar no universo das interações pessoais do ser humano. Traduziu este os meandros da ação do homem, da mais cruel e sangrenta manifestação, vista nas diversas guerras perpetradas entre os povos, e sobretudo, no limiar do século XX as duas guerras mundiais, à maior expressão da tolerância, manifestada pela valorização dos direitos humanos.

A primeira Grande Guerra, por muito tempo conhecida como o conflito mais sangrento que o homem conhecera, tanto que os pensadores e políticos da época não acreditavam que tal "façanha" pudesse se reproduzir, a tal ponto que o Gen. De Gaulle a definira como "a der des der" – a última das últimas; e a Segunda guerra mundial, que pela dimensão que tomou, além do aparato tecnológico que dispusera e que em muito suplantara o da Primeira, deixou marcas profundas no homem contemporâneo, notadamente na análise da sua existência, no seu pensamento, na estrutura da sua ação política, no estabelecimento das relações internacionais e marcadamente, para o tema que nos dispusemos para esta obra, nos relacionamentos interpessoais com as consequentes manifestações na família.

No âmbito do direito privado, as relações familiares vêm marcadas profundamente pela afetividade, tornando-se esta, um verdadeiro paradigma para a sustentação e legitimidade da família e das relações parentais na pós-modernidade.

Tanto num campo como em outro, vemos que além do amor – em suas plúrimas manifestações –, também pode a tolerância ser definida como uma forma de amor. Essa concepção, corroborada por Hanna Arendt e Celso Lafer, produz uma forte marca nas relações interpessoais.[1]

No mesmo sentido é o legado de San Tiago Dantas, *"o destino individual só se realiza plenamente quando o homem logra, pela mobilização de suas energias e faculdades, entrar em equação com sua época, e exprimir na peripécia de sua própria vida a trama dos problemas em que se debate a sociedade a que pertence"*.[2]

Nas palavras de Jacob Dolinger *"foi concedida a mais nobre de todas as missões, a de transmitir às novas gerações o Direito fundamentado na tolerância e no amor, no amor que humaniza a regra, que suaviza a técnica, que ameniza a formalidade do direito"*.[3]

Na atualidade o desenvolvimento das ciências e da biotecnologia fez nascer formas novas de amor, manifestadas pela recriação do homem, pela ampliação das possibilidades de parentalidade ou mesmo de sua negação. O homem passa a ser assim, um ser multifacetado, mais transparente e ciente da necessidade precípua do amor em sua mais rica manifestação.

[1] Podemos sentir que nos diversos campos das humanidades – passando da literatura ao direito – o mesmo elemento que norteia a simpatia ou a afetividade, também embasa o amor. Vemos assim que a tolerância é uma forma de conhecimento da alteridade do outro, de suas raízes culturais, das manifestações da sua alma, portanto a entendemos também como uma forma de amor interpessoal.

[2] MOREIRA, Marcilio Marques – Seminário – Atualidade de San Tiago Dantas – apresentação. In. MOREIRA, Marcilio Marques; NISKIER, Arnaldo; REIS, Adacir (Coord.) – Atualidade de San Tiago Dantas, São Paulo: Lettera. Doc, 2007, p. 22.

[3] DOLINGER, Jacob – Direito & Amor – e outros temas, Rio de Janeiro/São Paulo/Recife: Renovar, 2009, p. 3.

Tanto isso é verdade, que a formação da família na pós-modernidade possui sua gênese mais fincada no afeto, no amor interpessoal e na valorização da dignidade do ser humano, observadas as peculiaridades que envolvem o ser individualmente considerado.[4]

Nesse sentido, vemos que além das formas de família presentes nos documentos legislativos pátrios, conhece a realidade fática outras formas de relacionamento duradouro e efetivo, fincado no afeto, que vêm paulatinamente ganhando visibilidade e reconhecimento legal em diversos países da comunidade internacional, tendo em vista o respeito à dignidade da pessoa humana, a valorização dos direitos humanos e o exercício da tolerância advindo do respeito à diferença inerente aos seres humanos.[5]

Nas palavras de Rui Geraldo Camargo Viana "a família é um fato natural, o casamento uma convenção social. O homem, por seu turno, deseja obedecer ao legislador, mas não pode desobedecer á sua natureza íntima. Assim, visa constituir uma família dentro da lei se possível; fora desta se necessário".[6]

Para Maurício Luis Mizrahi, houve a ocorrência de uma segunda revolução individualista, valorizando acima de tudo a individualidade da pessoa humana na era atual. Desta sorte, adotaram-se instituições mais flexíveis e abertas, que recusando as estruturas rígidas e uniformes, hierarquizadas do passado, fazem vigorar o ecletismo cultural, a informação, o estímulo das necessidades. Liberam-se assim os costumes valorizando-se a inclusão sobre a exclusão, tendo em vista a realização pessoal do indivíduo. Nesse sentido, a pós-modernidade "aparece como a democratização do hedonismo".[7]

[4] MALUF, Adriana Caldas do Rego Freitas Dabus – Novas modalidades de família na pós-modernidade, São Paulo: Atlas, 2010, p. 25.

[5] MALUF, Adriana Caldas do Rego Freitas Dabus – Novas modalidades de família na pós-modernidade, p. 121. na sintese de nosso pensamento, vemos quão importante conhecer a gênese da homossexualidade, da transexualidade e da intersexualidade, para assim poder conceber a toda a população o benefício da inclusão e consequentemente da formação da família.

[6] VIANA, Rui Geraldo Camargo – A família – Tese apresentada ao Departamento de Direito Civil da FADUSP para provimento de cargo de Professor Titular, 1996, p. 35.

[7] MIZRAHI, Maurício Luis – Família, matrimonio y divórcio. Buenos Aires: Editorial Astrea, 1998, p. 62 e 63.

Na íntima relação entre direito e amor, que acreditamos existir de forma quase atávica, vemos que no campo das relações pessoais a formação da família e a filiação se descortinam como os exemplos mais marcantes.

No campo das relações internacionais, a tolerância, o respeito à dignidade humana e à liberdade individual, se demonstram como os paradigmas mais destacados.

Semelhante convicção demonstra Jacob Dolinger para quem "buscará examinar se há ligação entre o ordenamento jurídico da sociedade e o sentimento mais íntimo e mais complexo que vai na alma humana, este misterioso fenômeno, capaz de elevar o ser humano às maiores alturas mas também capaz de reduzi-lo à mais abjeta miséria emocional e psicológica".

Desta forma, dado o movimento de internacionalização dos direitos humanos, vemos que a influência do direito internacional privado foi muito importante para o reconhecimento, em cada vez mais países da comunidade internacional, de novas modalidades de família que clamam por regulamentação.[8]

Nesse diapasão vemos que o sentimento amoroso deve ser considerado um direito fundamental, pois liga-se intrinsecamente à vida em sua qualidade máxima e à preservação das espécies.

Concebe Emerson que "o amor confere sensibilidade ao fraco, torna o rústico amável dá coração ao poltrão, no ser mais miserável instilará a astúcia e a coragem por pouco que seja encorajado pelo ser amado".[9]

No mesmo sentido, vemos, que a força criativa do amor tem a capacidade de transformar a natureza do ser humano, dado o poder que se expande por todos as facetas de sua personalidade. *Para Freud*, cujo pensamento abordaremos mais a seguir, *o amor tem um grande componente civilizador, cujos efeitos podem se sentir não só em relação à pessoa individual, como em toda a coletividade.*[10]

No que tange a formação da individualidade pessoal, da busca pela inserção, pelo respeito aos direitos humanos, aos direitos fundamentais e personalíssimos, foi o amor pessoal (denominado amor-próprio ou

[8] DOLINGER, Jacob – Direito & Amor, p.10; MALUF, Adriana Caldas do Rego Freitas Dabus – Novas modalidades de família na pós-modernidade, p. 120 e ss.

[9] Emerson – O amor. In. CORDEIRO, Renata (Trad.) – O Amor receitas práticas e sábias, São Paulo: Landy Livraria Editora e Distribuidora Ltda, 2006, p. 30.

[10] DOLINGER, Jacob – Direito & Amor, p. 4.

autoamor à luz da psicologia) aquele que se manifestou de forma mais ardente, mobilizando a opinião pública, levando à organização de manifestações populares de protesto à intolerância, à xenofobia, à discriminação, levando ainda a discussão de sua temática aos Comitês de ética, de bioética e biotecnologia, á mídia, e finalmente aos Tribunais e ao Congresso Nacional, sob a forma de decisões jurisprudenciais e Projetos de Lei, que visam garantir a inserção social e jurídica do ser humano, tendo em vista o que John Stuart Mill denominou "tirania da maioria".

Assim sendo, temos que o combate ao racismo, a discriminação, a xenofobia e outras formas de intolerância estão na ordem do dia na visão internacional da agenda voltada para afirmar a igualdade, a dignidade e a tolerância, como bem retrata Celso Lafer.[11]

Enfim, é valorizar o amor!

Na concepção Aristotélica, a própria ânsia de agir com justiça, com temperança ou qualquer outra virtude, também é um ser que demonstra por si mesmo uma grande dose de amor-próprio, não obstante suas manifestações de virtude. Entretanto, vê-se que a compreensão do amor-próprio é muito importante pois, numa visão filosófica a origem de todo amor de que o homem é capaz deriva do amor que tem por si mesmo. Também à luz da psicologia social se analisa os efeitos do amor e da falta dele no comportamento humano (aqui podemos entender não somente o comportamento individual, mas o comportamento político, administrativo e social).[12]

Daí advém o pensamento de José Renato Nalini para quem o julgar do ser humano deve ser cada vez mais humano, pois este penetra na vida íntima dos personagens, e na contemporaneidade, que trouxe uma rede de novas oportunidades e relacionamentos, o acesso cada vez maior à justiça faz do direito uma ciência cada vez mais complexa e multidimensional.[13]

Vê-se também, tal como dispôs Jacob Dolinger que "o entrelaçamento das diversas manifestações de amor de que o homem é capaz, e que se

[11] LAFER, Celso – A internacionalização dos direitos humanos, são Paulo: Manole, 2005, p.70.

[12] DOLINGER, Jacob – Direito & Amor, p. 5.

[13] NALINI, José Renato – In. PRADO, Lídia Reis de Almeida – O juiz e a emoção – aspectos da lógica da decisão judicial. 5.edição, São Paulo: Millenium Editora, 2010, p. XII – Prefácio.

manifestam ao longo de sua vida, deriva do amor que tem por si mesmo", da sua aceitação social; ou como preferimos, de sua inserção.[14]

É grande a importância do amor nas relações interpessoais, tanto na realidade como na ficção. Nas palavras de Don Juan, o lendário personagem de Moliére "Olhe cada caminho com cuidado e atenção. Tente-o tantas vezes quantas julgar necessárias... Então, faça a si mesmo, uma pergunta: possui este caminho um coração? Em caso afirmativo, o caminho é bom. Caso contrário, este caminho não possui importância alguma".[15]

Das plúrimas formas que conhece o amor, uma das mais intensas é sem dúvida, o amor conjugal. Este é capaz de levar o ser humano a um estado divino de alma, inspirando o homem e suas atitudes na vida. Aí reside a importância do reconhecimento jurídico das várias modalidades de família, da ruptura das relações conjugais desastrosas, da aceitação social do próximo, que mesmo que excêntrico e diferente, possui o direito subjetivo de procurar os reflexos de sua alma nas escolhas amorosas que faz.

O amor interpessoal encontra-se por seu turno intimamente ligado à construção legislativa, à educação no conhecimento e na tolerância, e consequentemente pelo amor que os homens nutrem pela higidez de seu Estado. É a manifestação mais pura do amor à pátria, que se manifesta pela prevalência do interesse público em relação ao particular. O que é bom para o país nesse momento (nesse estado civilizacional)?

Pensamos que no contexto da organização do Estado, o amor relaciona-se intimamente com a democracia, pois somente esta viabiliza a inserção, a inclusão, a aceitação das diferenças, manifestando-se na mais pura análise do sentir humano, de suas possibilidades e preferências valorativas. São os reflexos da alma humana, que condicionam a sua forma de amar, de respeitar o seu semelhante, de entendê-lo e aceitá-lo, mudando as regras quando necessário, tudo para permitir na vida cotidiana a existência de uma vida legalmente organizada amplamente embasada no amor.

O exercício do direito, através da ação do judiciário, retrata, para falar com Lídia Reis de Almeida Prado "a disponibilidade para o exame das suas influências psíquicas, sociais, econômicas, religiosas e históricas".[16]

[14] DOLINGER, Jacob – Direito & Amor, p. 5.

[15] MOLIÉRE – Don Juan, Paris: Folio, 1971.

[16] PRADO, Lídia Reis de Almeida – O juiz e a emoção – aspectos da lógica da decisão judicial, 5ª ed., São Paulo: Millenium Editora, 2010, p. 2.

Também tem seu valor numa perspectiva filosófica, a inclusão dos fenômenos jurídicos no mundo da justiça, ou mesmo, da elaboração de novos conceitos em consonância com os anseios da sociedade, do desenvolvimento biotecnológico, da universalização dos direitos humanos, da evolução legislativa, do pensar, do sentir, do amar.

Desta forma, *tendo em vista a dimensão extraordinária que toma o ramo do direito, o amor pode ser percebido na base do autoconhecimento*, para falar com Sócrates, da beleza da verdade para pensar com Platão, da amizade, para falar com Aristóteles, do conhecimento do outro, tal como preconizou Nietzche, do direito a ter direitos, para pensar com Hanna Arendt, da tolerância como valoriza Celso Lafer, ou como pensamos, da inserção.

Nesse sentido, pensamos que o amor, enquanto amalgama da vida, suscita uma grande construção ética, moral e valorativa. Isto deve-se basicamente ás suas intrínsecas peculiaridades criativas.

Sob o ponto de vista bioético, que também abrange as relações interpessoais, pois a bioética não é senão a ciência da alteridade, ou seja, de se colocar no lugar do outro, tentar perceber como pulsa o seu coração, como age o seu corpo, como anseia a sua alma – e a de seus afins – temos que a importância do amor em muito se evidencia.

Cumpre ao pensador, ao operador do direito, e sobretudo matiza-se de responsabilidades, aqueles que egressos da área da saúde humana, buscar "como arqueiros a melhor forma de acertar seu alvo", tal como ensinou Aristóteles.[17]

O mundo ético, engloba, como lecionou Miguel Reale, não apenas um juízo de valor sobre os comportamentos humanos, mas culmina na escolha de uma diretriz obrigatória numa dada sociedade. Desta escolha, deriva a imperatividade da lei que rege os fatos jurídicos. A norma ética por seu turno tem como base constitutiva a possibilidade de transgressão, de não cumprimento, oriunda da liberdade que tem o indivíduo de acatá-la ou não. Abrange mais a seu turno o *dever ser* do que o *tem que ser*. A norma ética então, estrutura-se como como um juízo do dever ser, o que significa que ela estabelece "não apenas uma direção a ser seguida, mas também a medida da conduta considerada lícita ou ilícita".[18]

[17] GRACIA, Diego – Pensar a bioética, São Paulo: São Camilo/Loyola, 2004, p. 13.

[18] REALE, Miguel – Lições preliminares de direito, São Paulo: Saraiva, 27. edição, 2005, p. 35 e 36.

Leciona ainda Miguel Reale que na organização social coexistem uma gama enorme de normas éticas, que apresentam diferentes finalidades. Com Max Scheler, observa a prevalência de uma ética material de valores, "mostrando que toda atividade humana, enquanto intencionalmente dirigida à realização de um valor, deve ser considerada conduta ética (podendo também ocorrer que um desmedido apego a um valor, em detrimento de outros, determine aberrações éticas), o que à luz da psicologia determinam-se compulsões.[19]

Em face às múltiplas atividades éticas presentes na sociedade, existem algumas espécies fundamentais de normas em função dos valores que permeiam os interesses das diversas sociedades no tempo histórico, ou seja, *"que tem sido considerado o bem visado pela ação"*, que a seu turno pode abranger a pessoa individual ou a sociedade como um todo.

Essas atividades, elencadas por Reale abrangem: a busca do belo, no sentido dos juízos estéticos – que entendemos com grande influência na vida psíquica e na saúde do indivíduo, visto a importância da estética das cidades; o santo, com grande acento religioso e divinal; o amor, nas suas diferentes espécies e modalidades que se estendem desde a simpatia até a paixão, passando por todas as relações capazes de estabelecer um nexo emocional entre dois seres. Representa um valor a ser realizado intersubjetivamente. Aduz que "não faltam tentativas de fundar-se uma ética do amor, ou erótica"; o poder, que é valor determinante da política, que visa realizar o bem social com o mínimo de sujeição, devendo para alguns a razão de Estado prevalecer sobre as demais e ainda há o bem individual e o bem comum, que traduzem a vontade que todo homem tem de buscar aquilo que lhes parece ser bom, ou parece lhes trazer a felicidade, num plano privado, essa ética denomina-se ética da subjetividade, e busca a realização individual da pessoa humana, a sua plenitude, num plano social, a ética é denominada intersubjetiva, que superando o interesse privado, passa a ser conhecida como moral social ou costume e como direito.[20]

19 REALE, Miguel – Lições preliminares de direito, p. 37.

20 Enquanto a moral pode ser entendida como a conduta espontânea do comportamento que encontra em si sua própria razão de existir, implicando o ato moral a adesão do espírito ao conteúdo da regra; a ética representa a escolha de um comportamento, de um diretriz considerada obrigatória numa dada coletividade. REALE, Miguel – Lições preliminares de direito, p. 33 e 44.

Para Christian de Paul de Barchifontaine, a moral "diz respeito a valores consagrados pelos usos e costumes de uma determinada sociedade, que o homem recebe e respeita", já a ética representa um juízo de valores pessoal. Vem de dentro para fora, e aí difere-se da moral, que vem de fora para dentro.[21]

Nesse sentido, um dos ramos da ciência que mais vem se destacando na atualidade, a bioética, que se ocupa dos temas essenciais ligados à vida e às relações sociais, abrange inúmeros focos de relações interpessoais, pois a ampliação do campo do saber, notadamente pelas descobertas científicas, biotecnológicas, pela difusão da cultura, do diálogo internacional e da globalização econômica, fez com que novos questionamentos surgissem no limiar deste novo século acerca dos princípios éticos e morais, da imposição de limites no trato intersubjetivo dos seres humanos em virtude desse desenvolvimento da tecnologia, num retrato preciso do amor fraternal.

Ocupa-se ainda de questões que não existe um consenso moral, e nessa ótica, aduz Leo Pessini que "a bioética estuda a moralidade da conduta humana no campo das ciências da vida", estabelecendo padrões de conduta socialmente adequados.[22]

Assim sendo, a pessoa humana é valorizada pelos princípios bioéticos, em face de sua intrínseca personalidade e dignidade; vem inserida no centro do ordenamento constitucional, civil, penal, ambiental e dos direitos humanos.

Ocupa-se a bioética de toda a dimensão da pessoa humana, passando sobre a abordagem das várias teorias que procuram definir o início da vida, bem inviolável que aparece no centro do pensamento jurídico e humanista, a natureza jurídica do embrião, a intrincada questão da esterilização de seres humanos e do aborto – em face da valorização da vida e aqui surge, o debate acerca da interrupção ou não da gestação de fetos anencéfalos –, os direitos do nascituro; as pesquisas com células tronco. Adultas ou embrionárias? eis aqui um debate específico sobre o amor na alteridade. O desenvolvimento da clonagem terapêutica e reprodutiva e

[21] BARCHIFONTAINE, Christian de Paul de – Bioética e inicio da vida. In. MIGLIORE, Alfredo; SCALQUETTE, Ana Claudia; LIMA, Cíntia; BERGSTEIN, Gilberto (Coord.) – Dignidade da vida humana – São Paulo: LTR, 2010, p. 13.

[22] PESSINI, Leo; BARCHIFONTAINE, Christian de Paul de – Problemas atuais de bioética, São Paulo: Loyola, 1944, p. 11.

seus desdobramentos, o transplante de órgãos e tecidos, a transfusão de sangue e a questão religiosa; a segurança alimentar e os organismos geneticamente modificados; a dignidade humana em face da terminalidade da vida.

Vale também perquirir sobre os aspectos personalíssimos relativos à sexualidade humana, tendo em vista a identificação da pessoa natural, sua identidade de gênero e orientação sexual, realizando ainda uma reflexão sobre sua inserção social, notadamente na formação da família. Nesses casos toma o amor a dimensão mais aproximada da tolerância, que indica que ao conhecermos a realidade do outro, ao enxergarmos os seus motivos, os seus anseios podemos buscar uma maior abertura legislativa e cultural, buscando a inserção social de todos os grupos sociais, pois o indivíduo consciente de si mesmo, de sua importância e individualidade, pode assumir, no contexto da sociedade em que vive, a tão esperada condição de cidadão.

Também no que diz respeito à filiação e o uso das técnicas de reprodução humana assistida, seus desdobramentos na esfera cível e constitucional, tendo em vista o conflito que o tema produz entre os diversos direitos dos envolvidos, seus interesses ou necessidades, busca a lei amparada no amor garantir a proteção do ser humano em sua rica diversidade, numa rica posição de amor.[23]

Pensamos que uma característica basilar da pós-modernidade, a análise criteriosa dos diversos temas que se encontram diretamente ligados à vida e às relações sociais.

Não escapa da mão amistosa da bioética, a análise dos processos biotecnológicos ligados à produção de alimentos, pois representa a alimentação um direito humano, um direito fundamental do ser humano, inerente à dignidade do ser humano e indispensável á realização dos direitos consagrados na Constituição Federal, devendo o Poder Público adotar políticas e ações para sua proteção e implementação.

[23] MALUF, Adriana Caldas do Rego Freitas Dabus – Curso de bioética e biodireito, 4. ed., São Paulo: Almedina, 2020, p. 13 e ss; MALUF, Adriana Caldas do Rego Freitas Dabus; RIZZI, Maria Beatriz de Souza Lima – Uma visão interdisciplinar sobre a bioética e inicio da vida. In. MIGLIORE, Alfredo; SCALQUETTE, Ana Claudia, LIMA, Cíntia; BERGSTEIN, Gilberto – Dignidade da vida humana, São Paulo: LTR, 2009, p. 85.

Desta sorte, também a alimentação saudável é uma forma de amor, pois torna possível a vida e o desempenho das funções inerentes a essa atividade. O respeito ao meio ambiente, bem difuso, conecta-se diretamente com a atividade biotecnológica e com a produção de alimentos, tradicionais e modificados – transgênicos, que representam a seu turno uma esperança de suprir as carências alimentares do toda a população do planeta.

O respeito ao ser humano, vivenciado através da prática do amor, é passível de ocorrer desde a concepção de um novo ser – que traz a polêmica do status jurídico do embrião pré-implantatório para o cerne dos debates jurídicos – até os momentos derradeiros de vida do indivíduo, cujos cuidados paliativos a ele destinados, comprovam a presença desse mesmo amor na alteridade, no respeito aos sentimentos do outro, na valorização de sua dignidade e de seus direitos personalíssimos.

Vemos assim, que o homem é feito de amor, em sua mais ampla concepção – e este sentimento, que rege a existência de cada um encontra respaldo nas diversas ciências para sua persecução e desenvolvimento.

Entretanto, para a obra em tela, nos propusemos a realizar um estudo mais detalhado da modalidade de amor que une os casais, que faz gerar os laços familiares através dos quais se descortinarão outras problemáticas e questionamentos, mas que garantirá com simplicidade e perfeição a esperança no futuro, a ilusão da criação, a vontade de perpetuação da espécie.

Do enorme e imensurável campo de abrangência que possui a ética do amor e da sexualidade, pensa Diego Gracia que "a realidade é sempre maior que todos os nossos esquemas e compensa ir a ela diretamente, pois ela sempre nos surpreende. A surpresa que a realidade encerra é a seu turno a origem do conhecimento humano e da própria vida".

No que tange a sexualidade, esta tem um caráter racional e emocional ao mesmo tempo, e se visto por outro ponto de vista, assume um caráter irracional, que é considerado baixo, inferior. Por ser em princípio incontrolável e perigoso, gera desconfiança nos homens. Outro componente adentra a já tão delicada equação: as pulsões inconscientes, definidas por Freud, que lutam para sair à superfície e alcançar seus objetivos, em prejuízo da razão.

Desta forma, pensamos com Diego Gracia que a ética da sexualidade e do amor incide em conflitos que ainda não estão claramente resolvidos, o que produz sentimentos inconscientes de angústia, que se expressam mediante mecanismos de defesa, como os da negação, da racionalização, da agressão, da fuga, entre outros tantos. Assim sendo, é vital para dirimir esses conflitos, o autoconhecimento, a autoanálise, uma terapia de elucidação de valores. "garimpando o inconsciente nos tornamos mais humanos". Devendo ser considerado, ainda, que a racionalidade humana encontra-se adequada ao momento histórico vigente.[24]

Ambos vieram tratados de maneira diferente na história, enquanto os estoicos introduziram um estilo de vida ascético, ou seja livre das paixões e amparado na razão, diverso do conceito ético definido por Aristóteles que previa a busca da felicidade, que adotava um sentido de plenitude, de perfeição da natureza humana.

Entendiam aqueles, que os sábios aspiram viver segundo os ditames da razão, enquanto o homem vulgar o faz valorizando a emoção, os sentimentos, que a seu turno impede que o homem se valha da razão. Em contraposição Aristóteles elaborou uma ética que conjugava sentimentos e razão, pois para ele os afetos, as emoções são essenciais à vida moral.

Em suas palavras "onde está a emoção, ali está a natureza; onde está a natureza, ali está a inteligência nobre, e onde está a ação da natureza, ali estão a formosura e a beleza".[25]

Na medievalidade, também se valorizava uma vida ascética, livre das emoções e das paixões, sem a influência das quais a alma poderia se dedicar com maior veemência ao mundo inteligível.

No mesmo sentido vinha a ética da sexualidade, a prática com temperança, moderação, para fins de procriação.

Com a evolução dos tempos a vida emocional veio sendo cada vez mais valorizada, o prazer sensível, se tornou um fenômeno de primeira importância, assim como os prazeres suprassensíveis como o amor e a beleza. Diferente lugar ocupa as paixões, que como veremos mais detalhadamente adiante, apresentam um sentido negativo, pois sua força é tão grande que suplanta todos os argumentos, só sucumbindo pela força.

Na visão de Descartes, a paixão é a dose de doçura e felicidade que se confere à existência humana, desta forma, alteram-se mais uma vez os

[24] GRACIA, Diego – Pensar a bioética – metas e desafios, p. 381 e 382.

[25] ARISTÓTELES – Teologia: madrid: Paulinas, 1978, p. 123 e 124.

paradigmas: o sábio passa a ser nesse momento não aquele que vive sem paixão, mas o que sabe controlá-las pelo uso da razão.

Na educação sentimental consiste a vida moral. Trata-se, portanto do condicionamento dos prazeres da alma, aos ditames racionais, representa uma defesa a desordem voluptuosa cometida pela paixão.[26]

Nesse sentido, entende Xavier Zubiri que "o homem tem de refazer desde si próprio, racionalmente, o mundo das percepções sensíveis e o mundo de suas inclinações naturais. O erro, o fracasso da vida, procede tão somente de que a vontade antepõe a percepção à ideia clara e distinta, e a paixão à inclinação racional. Em última instância a verdade e a perfeição são possíveis somente como fidelidade racional a si mesmo. O homem que decide ser fiel a si mesmo, a seu ser racional,é o único que possui sabedoria".[27]

No continuum evolutivo do pensamento humano Spinoza defendeu que os afetos e as paixões são elementos fundamentais da vida humana.

Na crença filosófica do século XVIII, há a *crença de um papel positivo das emoções e das paixões na vida humana, e coloca o homem em contato com a realidade.*[28]

Pensamos com os empiristas que essa realidade que as emoções demonstram, são os reflexos da alma, ou seja, são o retrato mais profundo do amalgama que nos une aos seres com os quais convivemos. Ungimo-nos portanto, por amor ou por razão? Por necessidade ou por vontade? E por que permanecemos unidos a estruturas relacionais determinadas? Eis a realidade que se insere na análise das emoções que emanam das relações interpessoais. Só o amor nos faz ver qualidades que antes não percebíamos.

Em síntese conclusiva, na atualidade, pensamos com Diego Gracia que as emoções nada têm de baixo ou irracional, mas representam uma das dimensões constitutivas do psiquismo humano. Representam as potências da alma a memória, o entendimento e a vontade que se transmutaram em conhecimento, sentimento e volição, valorizadas pela psicologia na atualidade.

[26] DESCARTES, René – Las passiones del alma, madrid: Tecnos, 1997, p. 53.

[27] XAVIER Zubiri, DESCARTES, In. Naturaleza, historia, Dios. Madrid: Alianza, 1987, p. 165 e 166. Apud. GRACIA, Diego – Pensar a bioética, p. 395.

[28] GRACIA, Diego – Pensar a bioética, p. 397.

Vemos assim que sem dúvida, o amor pode ser entendido como conhecimento.

A educação do sentimento moral, passa a ser então o objetivo precípuo da cultura, onde o sentimento passa a ter condição de igualdade com o conhecimento e a volição. Nesse processo de aprendizagem do amor e do afeto, os atos intencionais podem ser divididos em representações, juízos e afetos.

Diego Gracia questiona em face do exposto se a ética pode ser reduzida a puros sentimentos. Kant elaborou o pensamento de que "a experiência do dever é completamente alheia aos sentimentos de agrado ou desagrado". Vê-se assim, que à luz da teoria dos valores parte-se do fenômeno da percepção emocional da realidade (que pessoalmente entendemos como o limite entre o saudável e o patológico) e considera que o dever é dele distinto, embora inseparável, já que o dever moral consiste na realização de valores. *Saber perceber os valores e optar pelos melhores: seriam estes os reais objetivos da educação sentimental* – e quem sabe, receita filosófica do bem viver.

Como se conceberia nesse diapasão a ética da sexualidade? Sabemos que na pós-modernidade o prazer, o hedonismo adquire um valor moral novo, distinto, passando a ser entendido como algo moralmente bom, buscado, sonhado.

A cultura moderna vem a seu turno erigida em torno do conceito de "bem-estar" seja físico, moral, social ou psicológico. Este é primariamente um estado emocional, oriundo do sentir-se bem em sua realidade. Nesse sentido, renunciar a ele não representa um valor positivo, mas negativo. A renúncia ao prazer e ao bem-estar não é emocional, mas racional, e necessita de uma justificativa, que situa-se pois no campo do psicológico.

Reflexos disso são sentido também no campo da sexualidade humana. Onde houve o surgimento de uma nova ética, muito distinta da anterior.

A sexualidade, vista como direito personalíssimo do ser humano, passou a adotar uma moral autônoma, onde é de livre decisão pessoal a expressão de sua sexualidade; houve a separação entre a realização sexual e a procriação – separando-se a ética da sexualidade da ética da reprodução.[29]

[29] GRACIA, Diego – Pensar a bioética, p. 398 a 401.

O que vem crescendo muito na atualidade é a ética da responsabilidade. Responsabilidade quanto ao exercício da sexualidade, não numa esfera de intervenção na orientação sexual das partes, mas no exercício responsável da sexualidade, amparado nos ditames bioéticos, tendo em vista seus reflexos na composição da família, em seu desmoronamento, na procriação – visto o princípio constitucional da paternidade responsável, na transmissão de doenças, no aumento populacional, nas questões que envolvem o aborto, o abandono de menores, entre outros.

## 1.1. O afeto e a culpa nas relações jurídicas

A Afetividade pode ser entendida como a relação de carinho ou cuidado que se tem com alguém íntimo ou querido. É um estado psicológico que permite ao ser humano demonstrar os seus sentimentos e emoções a outrem. Pode também ser considerado o laço criado entre os homens, que mesmo sem características sexuais, continua a ter uma parte de amizade mais aprofundada.

No campo da psicologia, o termo afetividade é utilizado para designar a suscetibilidade que o ser humano experimenta perante determinadas alterações que acontecem no mundo exterior ou em si próprio. Tem por constituinte fundamental um processo cambiante no âmbito das vivências do sujeito, em sua qualidade de experiências agradáveis ou desagradáveis.

A Afeição, ligada à vinda de afeto, é representado por um apego a alguém ou a alguma coisa, gerando carinho, saudade, confiança ou intimidade. Representa o termo perfeito para representar a ligação especial que existe entre duas pessoas. É por conseguinte, um dos sentimentos que mais gera autoestima entre pessoas, principalmente as jovens e as idososas, pois induz à produção de oxitocina, hormônio que garante no organismo a sensação perene de bem estar.

Pode ainda ser definido como um conjunto de fenômenos psíquicos que se manifestam sob a forma de emoções, sentimentos e paixões, acompanhados sempre da impressão de dor ou prazer, de satisfação ou insatisfação, de agrado ou desagrado, de alegria ou tristeza.

Do ponto de vista da psicologia e da psicanálise, o afeto terá diversos entendimentos, tendo em vista a existência de diversas teorias e os enfoques na compreensão da natureza psíquica do ser humano.

Desta forma, vê-se que "o afeto será organizado por meio da evolução da libido que ocorrerá nas etapas da vida humana que Freud denominou como: oral, anal, fálica, período de latência e genital"; na concepção de Winniccott, "tornamo-nos pessoa em virtude da relação com outra pessoa"; para Melanie Klein, o afeto pode ser entendido como "núcleos internos atribuidores de significado às vivências e às relações enquanto estas estão ocorrendo".[30]

De um modo geral, o afeto pode ser compreendido como um aspecto subjetivo e intrínseco do ser humano que atribui significado e sentido à sua existência, que constrói o seu psiquismo a partir das relações com outros indivíduos.

Num sentido etimológico, deriva do latim *afficere, afectum,* que significa produzir impressão; e também do latim affectus, que significa tocar, comover o espírito, unir, fixar, ou mesmo adoecer.

Seu melhor significado, no entanto, liga-se à noção de afetividade, afecção, que deriva do latim *afficere ad actio,* onde o sujeito se fixa, onde o sujeito se liga.

Nesse sentido, podemos entender que a afetividade pode ser definida como uma atividade do psiquismo que constitui a vida emocional do ser humano. Representa um aspecto da vida íntima que mais precoce e constantemente se altera em estados psicopatológicos de qualquer feitio ou natureza, e tem o dom de penetrar e preencher todos os demais aspectos da vida do indivíduo.

Partindo desses conceitos, e tendo em vista a importância da afetividade, temos que na pós-modernidade, o afeto passou a ser considerado como valor jurídico, uma vez que permeia diversas relações jurídicas, notadamente no campo do direito de família.

Apresenta-se como um elemento fundamental nas interações familiares. No entanto, deixa de ser de interesse exclusivo para aqueles que o sentem a partir do momento que entra na seara jurídica, confirmando sua importância como relevante valor jurídico.

Na concepção de Gisele Groeninga "o afeto entrou no mundo do direito através daquilo que anteriormente lhe era excluído: as relações de filiação e as relações homoafetivas. A busca da humanização do sujeito e

[30] BOCK, Ana Mercês Bahia; FURTADO, Odair; TEIXEIRA, Maria de Lourdes Trassi – Psicologias – uma introdução ao estudo da psicologia, São Paulo: Saraiva, 2002, p. 189 e ss.

as tentativas de compreensão das relações entre o sentimento, o pensamento e a ação, dirigiu-se para a busca do ser ético, que leva em conta o individual sem perder de vista o coletivo tendo sempre em vista o conceito de dignidade da pessoa humana".[31]

De forma geral pensamos que além das questões envolvendo filiação e relação homoafetiva, a própria evolução do direito de família que reconhece como legitima outras modalidades de família anteriormente não reconhecidas – a família formada na união estável e na monoparentalidade – em legitima presença da valorização da afetividade e do amor presente entre seus componentes.

No entender de Sérgio Resende de Barros, "afeto é a liberdade que um indivíduo possui para afeiçoar-se a outro, constituindo-se em um direito individual: uma liberdade que o Estado deve assegurar a cada indivíduo, sem distinção, senão às mínimas necessárias ao bem comum".[32]

Para Maria Berenice Dias "amplo é o espectro do afeto, mola propulsora do mundo e que fatalmente acaba por gerar conseqüências que necessitam se integrar ao sistema normativo legal".

As atuais tendências do Direito de Família indicam o elemento afeto como um relevante fato a ser considerado pela esfera jurídica, estando os julgadores cientes do seu valor nas relações familiares.

Na atualidade, o Judiciário não pode se esquivar de tutelar as relações baseadas no afeto, inobstante as formalidades muitas vezes impingidas pela sociedade para que uma união seja digna de reconhecimento judicial.

Tal como preconiza Lídia Reis de Almeida Prado os julgadores vem se esforçando para tornar disponíveis à consciência suas características intrínsecas, assim como é importante o autoconhecimento pessoal, o interessar-se pelo semelhante, compreender e condoer-se pelo sofrimento alheio, sempre tendo em vista a humanização e o espírito público.[33]

Entretanto, a relevância do afeto em relação ao seu valor jurídico variou no decorrer do tempo histórico, havendo dois momentos básicos distintos,

[31] GROENINGA, Giselle Câmara – Direito e psicanálise:um novo horizonte epistemológico. In. PEREIRA, Rodrigo da Cunha (Coord ). Afeto, ética, família e o novo Código Civil. Belo Horizonte: Del Rey. IBDFam, 2004, p. 259 e 262.

[32] BARROS,Sérgio Resende – O direito ao afeto. In.Del Rey Revista Jurídica. Belo Horizonte: Del Rey, mai 2002, ano IV, n. 8, p. 35.

[33] PRADO, Lídia Reis de Almeida – O juiz e a emoção – aspectos da lógica da decisão judicial, p. XIV.

em um primeiro momento, quando a presença do afeto nas relações de família era considerada como inerente ao organismo familiar, isto é, presumida, e, em outro momento, a sua presença se tornou essencial para dar visibilidade jurídica às relações das famílias.

Pode-se dizer que quando a presença do afeto era presumida, esta era juridicamente irrelevante. Quando esta presença era o diferencial para que fosse ou não considerado família, a afetividade passou a ter um maior espaço no âmbito do Direito de Família.

O Código Civil brasileiro de 1916 apresentava um caráter eminentemente patrimonial nas relações familiares. A família, patriarcal e hierarquizada, exibia o homem como chefe da família e a mulher e filhos ocupando posições inferiores na comunidade familiar. Era matrimonializada, ou seja, a única forma de se constituir família era através do casamento e se os membros da desta família quisessem pôr fim ao vínculo matrimonial, só poderia ser feito por meio de desquite, que punha fim à comunhão de vida sem atingir o vínculo jurídico. Família era vista não como um núcleo de amor e sim, como um núcleo de produção econômica.

Com essas características basilares, o Código Civil brasileiro de 1916, teve a presença de afeto como presumida. Isto é justificável pela noção de afeto na família patriarcal ter conteúdo diverso daquele apresentado pelo afeto na família contemporânea, de acento eudemonista, ou seja, visa a felicidade de seus componentes, "julgando eticamente positivas todas as ações que conduzam o homem à felicidade".

Com a evolução dos tempos, e a mudança dos costumes, muitas famílias começaram a ser constituídas á margem do direito. Desta forma, o sentimento ganhou força onde antes não possuía, e o afeto, aquele sentimento que revela a vontade de estar junto de outrem, por conseguinte, passou a ser considerado juridicamente.[34]

A interpretação dos princípios constitucionais, confere ao interprete a noção de que as formas de família contidas no artigo 226 são meramente exemplificativos, não sendo pois excludente de outras formas, de natureza

[34] A afetividade nas entidades familiares passou a ter relevância jurídica quando passou-se a levar em conta os desejos de seus membros em satisfazer seus interesses de realização afetiva e crescimento pessoal, tendo em vista a dignidade da pessoa humana, sua personalidade e potencialidades. A relação que passou a ter valor, era aquela que se traduzia em afetividade, verdade de sentimentos, proteção e comunhão espiritual e interesses de vida comum.

informal, mas que alçadas na verdade e no afeto, buscam na lei sua regulamentação legal.

Assim como o amor, entendemos que também o afeto recebe proteção como direito da personalidade, uma vez que faz parte da humanidade, pois o homem, em sua visão tomista é formado por um complexo que engloba o corpo e a alma, que por sua vez pode ser entendida como um componente que dá vida e sensibilidade à existência humana.

Vem recebendo o afeto o reconhecimento de princípio constitucional, e muito tem sido este valorizado na formação da família, notadamente na concessão de direitos aos companheiros homossexuais, às plúrimas uniões de fato e nas questões relativas à adoção e à procriação assistida.

Para Paulo Lôbo "a afetividade, como princípio jurídico, não se confunde com o afeto, fato psicológico ou anímico, porquanto pode ser presumida quando este faltar na realidade das relações. Assim, a afetividade é um dever imposto aos pais em relação aos filhos e destes em relação àqueles, ainda que haja desamor ou desafeição entre eles." Desta forma,"sem qualquer contradição, podemos referir a dever jurídico de afetividade oponível a pais e filhos e aos parentes entre si, em caráter permanente, independentemente dos sentimentos que nutram entre si, e aos cônjuges e companheiros enquanto perdurar a convivência".[35]

Na concepção de Maria Berenice Dias o afeto merece destaque como princípio jurídico, pois "o novo olhar sobre a sexualidade valorizou os vínculos conjugais, sustentando-se no amor e no afeto. Na esteira dessa evolução, o direito das famílias instalou uma nova ordem jurídica para a família, atribuindo valor jurídico ao afeto."[36]

Podemos destacar desta forma, que o afeto tem grande importância para a realização pessoal do indivíduo, onde vem a família na pós-modernidade valorizar não mais o respeito ao arcabouço legal ou consanguinidade, mas ao afeto, ao amor, que obedecendo aos reflexos da alma humana cobre de brilho e satisfação a existência do homem.

O amor em relação ao direito de família moderno, vem como já avençado valorizar a tolerância que compreende o convívio de identidades, a influência da cultura, a não discriminação. Descortina-se portanto o direito à afetividade.

[35] LÔBO, Paulo – Família, São Paulo: Saraiva, 2008, p. 48.

[36] DIAS, Maria Berenice – Manual de direito das famílias, São Paulo: Saraiva, 2007, p. 68

O reconhecimento do valor jurídico do afeto permite admitir seus efeitos sobre a legislação civil ao estabelecer a comunhão plena de vida no casamento à luz do art. 1.511; quando admite outra origem à filiação além do parentesco natural e civil como dispõe o art. 1.593; c) na consagração da igualdade na filiação art. 1.596; ao fixar a irrevogabilidade da filiação CC, art. 1.604; quando trata do casamento e dissolução CC, arts. 1511 e seguintes; 1571 e seguintes), tratando antes das questões pessoais do que dos seus aspectos patrimoniais.

No que tange à Lei Maria da Penha, Lei n. 11.340/2006, que trata da violência contra a mulher, o afeto está inserido no art. 5º, III: "em qualquer relação íntima de afeto, na qual o agressor conviva ou tenha convivido com a ofendida, independentemente de coabitação."

Por fim, a afetividade como princípio fundamental pode ser encontrado no Projeto de Lei n. 2285/2007 elaborado pelo IBDFam, que tem por objetivo principal instituir o "Estatuto das Famílias" e demonstrando a sua importância como alicerce para as mesmas. Importante transcrever os cinco primeiros artigos do mencionado projeto:

> "[...] Art. 1.º Este Estatuto regula os direitos e deveres no âmbito das entidades familiares.
>
> Art. 2.º O direito à família é direito fundamental de todos.
>
> Art. 3.º É protegida como família toda comunhão de vida instituída com a finalidade de convivência familiar, em qualquer de suas modalidades.
>
> Art. 4.º Os componentes da entidade familiar devem ser respeitados em sua integral dignidade pela família, pela sociedade e pelo Estado.
>
> Art. 5.º Constituem princípios fundamentais para a interpretação e aplicação deste Estatuto a dignidade da pessoa humana, a solidariedade familiar, a igualdade de gêneros, de filhos e das entidades familiares, a convivência familiar, o melhor interesse da criança e do adolescente e a afetividade".

Em contrário senso, a falta de afeto, abandono afetivo, traduz-se em veementes consequências jurídicas.

Na atualidade, o abandono afetivo é um conceito novo atribuído à ausência de afeto entre pais e filhos, em que estes buscam por intermédio da demanda judicial a reparação desta lacuna existente em sua vida.

Preconiza Paulo Lobo, que o alcance do princípio jurídico da afetividade não abrange o obrigar do amor ou a demonstração de afeto entre as pessoas.[37]

Paulo Lôbo posiciona-se favoravelmente à indenização por abandono afetivo. Para ele, "o artigo 226 da Constituição não se resume ao cumprimento do dever de assistência material. Abrange também a assistência moral, que é dever jurídico cujo descumprimento pode levar à pretensão indenizatória." Desta forma, continua ele "o abandono afetivo nada mais é que inadimplemento dos deveres jurídicos de paternidade."[38]

No mesmo sentido é o entendimento de Sylvia Maria Mendonça do Amaral, para quem a indenização por abandono afetivo, e fundamenta que "é uma maneira de ensinar, que as relações afetivas e familiares geram direitos e deveres para as pessoas nelas envolvidas e que essas relações têm que ser alvo de intensos cuidados."

Na visão de Rodrigo da Cunha Pereira "como não é possível obrigar ninguém a dar afeto, a única sanção possível é a reparatória. Não estabelecer tal sanção aos pais significa premiar a irresponsabilidade e o abandono paterno."

Maria Berenice Dias também posiciona-se favoravelmente à indenização por dano afetivo e destaca: "a indenização por dano afetivo poderá

[37] O primeiro caso levado à Justiça foi em Minas Gerais em 2005, em que o autor ingressou com ação de indenização por abandono afetivo contra seu pai. O Tribunal de Justiça de Minas Gerais acolheu a apelação, mas o STJ rejeitou e entendeu que a indenização por "abandono afetivo ser incapaz de reparação pecuniária." RESPONSABILIDADE CIVIL. ABANDONO MORAL. REPARAÇÃO. DANOS MORAIS. IMPOSSIBILIDADE. A indenização por dano moral pressupõe a prática de ato ilícito, não rendendo ensejo à aplicabilidade da norma do art. 159 do Código Civil de 1916 o abandono afetivo, incapaz de reparação pecuniária. Recurso especial conhecido e provido [...]. Ainda outro questionamento deve ser enfrentado. O pai, após condenado a indenizar o filho por não lhe ter atendido às necessidades de afeto, encontrará ambiente para reconstruir o relacionamento ou, ao contrário, se verá definitivamente afastado daquele pela barreira erguida durante o processo litigioso? Quem sabe admitindo a indenização por abandono moral não estaremos enterrando em definitivo a possibilidade de um pai, seja no presente, seja perto da velhice, buscar o amparo do amor dos filhos. (REsp 757.411-MG, da Quarta Turma. STJ. Rel. Min. Fernando Gonçalves. DJ 27 mar. 2006).

[38] LÔBO, Paulo – Famílias, São Paulo: Saraiva, 2008, p. 37.

converter-se em instrumento de extrema relevância e importância para a configuração de um direito das famílias mais de acordo com a atualidade, podendo desempenhar papel pedagógico no seio das relações familiares."[39]

Podemos assim perceber que o abandono afetivo é um tema controvertido tendo em vista a complexidade das relações humanas e da própria mente humana, muito embora, na atualidade busque-se no judiciário a solução para os conflitos desta natureza.

Nada adianta alicerçar o quadro legislativo de um país tendo em vista um direito sem amor, que desvaloriza o ser humano, o despersonaliza, como leciona Jacob Dolinger. Sendo a base do direito em seu entendimento não a norma simples, mas o animus, a amizade, o respeito alheio.[40]

Podemos assim antever que a afetividade, vem consignado como um princípio jurídico bastante valorizado na construção das relações familiares na atualidade, embora estando, como dispõe José Carlos Amorim Vilhena Nunes "apenas implícito na ordem constitucional", notadamente nos artigos 226 §§ 3º e 4º da Constituição Federal que trata do reconhecimento da família formada pela união estável e da família monoparental; 227, caput, que garante à criança e ao adolescente o direito à convivência familiar e seu § 6º, que equipara os filhos havidos ou não da relação de casamento ou através da adoção; art. 229, que trata do dever de mútua assistência entre pais e filhos; art. 230, que trata do dever familiar de amparo aos idosos. Todos esses direitos decorrem da existência de amor e afeto entre os membros da família.[41]

Concebe Maria Berenice Dias que a Constituição elenca um imenso rol de direitos sociais e individuais, como forma de garantir a dignidade do ser humano a todos os cidadãos. Visa com isso, assegurar o afeto, que representa a inserção do ser humano no sistema jurídico de proteção de sua integridade psíquica e incessante busca de felicidade pessoal.

[39] DIAS, Maria Berenice – Manual de direito das familias, p. 113 e ss.

[40] DOLINGER, Jacob – Direito & Amor, op. cit., p. 16 e 17.

[41] NUNES,José Carlos Amorim Vilhena – Novos vínculos jurídicos nas relações de família. Tese de Doutorado apresentada ao Departamento de Direito Civil da FADUSP em 2009, p. 29 e 30.

Nesse sentido, "os vínculos familiares baseiam-se no amor e no afeto, inaugurando uma nova ordem jurídica para a família, onde ao afeto é atribuído valor jurídico".[42]

A culpa também permeia as relações jurídicas que envolvem a família. Na lição de Maria Berenice Dias "a averiguação, identificação e apenação de um culpado só tem significado quando o agir de alguém coloca em risco a vida ou a integridade física, moral, psíquica ou patrimonial de alguém".

No âmbito do direito civil, a culpa está intimamente ligada a um ato de vontade, a uma liberalidade.

A ideia de culpa no direito de família decorre da ancestral descrição da família como uma instituição, e para sua ruptura, que ainda guarda certa polêmica, justifica-se a busca e a identificação de um culpado.

"O descumprimento dos deveres do casamento acarreta a imposição de sanções, pois o Estado em sua função regulamentadora busca desestimular a dissolução da família, intimidando os cônjuges para que se mantenham no casamento. A lei quando visa perquirir o culpado pela ruptura do elo familiar, via de regra busca aplicar penas de caráter econômico".

Entretanto, não percebe o legislador que o bem jurídico a ser tutelado é a dignidade da pessoa humana, não a rigidez dos costumes, nem mesmo falsas ideias de estabilidade oriunda da manutenção do então já frágil vinculo familiar.[43]

Numa visão histórica, temos que a Igreja Católica, por meio do Direito Canônico, há vários séculos, instituiu a noção de culpa no casamento, em vista do cometimento do pecado original absorvendo a mácula do pecado. O casamento, para a Igreja, um sacramento, é indissolúvel. O divórcio canônico era admitido em raríssimos casos, como adultério, abandono ou sevícias, isto é, quando do cometimento de ilícito penal. Em decorrência desse Direito Eclesiástico, surge o chamado *princípio da culpa*, como forma de manter edificado o casamento, que somente poderia ser desfeito mediante a comprovação de um culpado, que deveria ser punido[44].

[42] DIAS, Maria Berenice – Manual de direito das famílias, 4. ed., São Paulo: Editora Revista dos Tribunais, 2007, p. 68.

[43] DIAS, Maria Berenice – Manual de direito das famílias, p. 108.

[44] KLEIN, Fabiane. A polêmica sobre a abstração da culpa na separação judicial litigiosa. In: O Direito de Família descobrindo novos caminhos. (org.) Maria Cláudia Crespo Brauner. Canoas: Editora La Sale, 2001. pp. 47 e 48.

Nos primórdios da Idade Moderna, com a laicização do Estado, que fomentou uma mudança no pensamento e nos paradigmas da família, tendo também em vista o desenvolvimento cultural e tecnológico que o mundo conheceu, alteraram-se as concepções de formação e ruptura da sociedade familiar.[45]

Nesse sentido, uma das principais contribuições da modernidade foi a ruptura do consenso entre direito e moral, como aduz Luigi Ferrajoli, "os preceitos e os juízos morais não têm lastro no Direito, mas, tão-só, na liberdade da consciência individual"[46].

A moral, a contar da separação entre a Igreja e o Estado, não é mais um mandato das alturas, não é mais sacra, e sim profana. Esse princípio da liberdade da consciência individual traduz-se no princípio da liberdade de romper a estrutura familiar ante a falência do amor, da felicidade e do afeto, principais elementos da composição da família.[47]

Ainda hoje o direito retrata a presença da culpa em diversos âmbitos do direito de família, como: na separação judicial e na dissolução da união estável (artigo 1.572 do Código Civil), na fixação dos alimentos (artigos 1.694, parágrafo 2º, 1.702, 1.704, e parágrafo único, do Código Civil), na perda do nome de casado (artigo 1.578 do Código Civil) e na reversão dos bens e da meação ao cônjuge enfermo, que não houver pedido a separação judicial, nos casos permitidos pelo regime de bens (artigo 1.572, parágrafo 3º, do Código Civil) e, estranhamente, inclusive para fins de concessão do direito de herança ao cônjuge e companheiro (art. 1.830 do Código Civil)[48]

Muitos entendem que na atualidade, com a dessacralização do casamento, a valorização da liberdade, da igualdade, do direito à felicidade, à solidariedade, com a prevalência do afeto e da dignidade da pessoa

[45] PHILIPPI, Jeanine Nicolazzi. A Lei: uma abordagem a partir da leitura cruzada entre Direito e Psicanálise. Belo Horizonte: Del Rey, 2001. p. 89 a 101.

[46] FERRAJOLI, Luigi. Op. cit. p. 218.

[47] CARVALHO, Salo de. Pena e Garantias: uma leitura do garantismo de Luigi Ferrajoli no Brasil. Rio de janeiro: Lumen Juris, 2001. p. 174.

[48] Á luz do disposto no artigo 1.830 do Código Civil: Somente é reconhecido direito sucessório ao cônjuge sobrevivente se, ao tempo da morte do outro, não estavam separados judicialmente, nem separados de fato há mais de dois anos, salvo prova, neste caso, de que essa convivência se tornara impossível sem culpa do sobrevivente.

humana, não se pode falar em culpa ou em responsabilidade civil nas relações familiares[49].

Na relação familiar, o amor interpessoal visa a felicidade das partes, o respeito à dignidade de cada um dos componentes da estrutura familiar, o respeito e a responsabilidade. Em vista da estrutura social e do momento histórico vigente é licita a ruptura da sociedade conjugal. Entretanto, entendemos que persiste a noção de culpa no âmbito do direito de família notadamente na conduta delituosa em dissonância com os preceitos legais e morais.

Tanto isso é verdade que as diversas modalidades de família previstas na legislação pátria, seja o casamento civil, a união estável, ou as famílias homoafetivas ou nos estados intersexuais geram os deveres de fidelidade; assistência material, espiritual e afetiva; institui o regime de bens e, como regra, a vida em comum no domicílio conjugal.

A teoria da culpa adotada no quadro legislativo brasileiro, visou dificultar a ruptura da sociedade conjugal. Desta sorte, só seriam permitidos a separação e o divórcio litigiosos se um dos cônjuges fosse culpado, motivando o rompimento do casamento, por ter ele praticado atos que infringissem quaisquer dos deveres do casamento (fidelidade e mútua assistência). Então, como sanção civil, penalizava-se o cônjuge culpado com a perda do uso do sobrenome; dos alimentos para si e da guarda dos filhos, por ele ter dado causa ao rompimento do contrato civil matrimonial ao praticar atos contrários aos deveres do casamento como, por exemplo,

[49] FARIAS, Cristiano Chaves de. A proclamação da liberdade de permanecer casado. Porto Alegre: Ed. Síntese. In: Revista brasileira do Direito de Família nº 18, de junho e julho de 2003. p. 50, citando a Ap. cível nº 70005834916, da 7ª CCv. do TJRS, 02.04.2003, relator: Des. José Carlos Teixeira Giorgis, nos termos: É remansoso o entendimento de que descabe a discussão da culpa para investigação do responsável pela erosão da sociedade conjugal. A vitimização de um dos cônjuges não produz qualquer seqüela prática, seja quanto à guarda dos filhos, partilha dos bens ou alimentos, apenas objetivando a satisfação pessoal, mesmo porque difícil definir o verdadeiro responsável pela deterioração da arquitetura matrimonial, não sendo razoável que o Estado invada a privacidade do casal para apontar aquele que, muitas vezes, nem é o autor da fragilização do afeto. A análise dos restos de um consórcio amoroso, pelo Judiciário, não deve levar à degradação pública de um dos parceiros, pois os fatos íntimos que caracterizam o casamento se abrigam na preservação da dignidade humana, princípio solar que sustenta o ordenamento nacional. WELTER, Belmiro Pedro – A secularização da culpa no direito de família. In. http://www.mundojuridico.adv.br < acesso em 6.1.11>

os de violência física ou moral contra o outro cônjuge, adultério e maus tratos.

Com o passar do tempo, a teoria da culpa e seus efeitos jurídicos foram perdendo a utilidade visto que houve uma facilitação dos meios de obtenção do divórcio – em cartório –, e com a entrada em vigor da EC n.66/10.

Entretanto, me parece bastante sensato refletir, que no alcance do estabelecimento das relações interpessoais à luz da psicologia, nem sempre aquele que trai "para os olhos do direito" de fato é o traidor, o descumpridor dos deveres ou regras conjugais, pois tal como discorreremos no correr do presente trabalho, a chamada "traição" pode representar um estado intermediário onde a alma de um dos cônjuges já não está ungida à relação conjugal, mas seu corpo ainda tem medo de ir procurar seu caminho em outras plagas, dadas as circunstâncias pessoais de cada membro do casal.

Por outro lado, entendemos que nos casos de traição dos deveres conjugais, já não existe nem amor nem *affectio*, já não existe vínculo conjugal na acepção psicofilosófica do termo.

Pensamos ainda, que no panorama da lei do divórcio, a dificuldade de obtê-lo muitas vezes levava o parceiro mais infeliz a buscar auxilio, amparo, amor em outras fontes, ou mesmo chegar a formar novo vínculo relacional no âmbito da duração do vínculo conjugal anterior, ou ainda, em face do desejo voluptuoso de reconstruir a sua vida, no caso de recusa do outro consorte em realizar a separação, propiciaria o estabelecimento de uma relação precária, baseada no desprezo mútuo ou mesmo de agressão, alcançando uma das hipóteses da separação sanção.

Existe ainda uma modalidade de culpa que é a culpa recíproca, através da qual ambos concorrem para o rompimento da sociedade conjugal. Desta forma deixa-se de aplicar as sanções da lei do divórcio.

Para Paulo Nader "ao analisar o processo a fim de proferir a sentença, o juiz pode se convencer, diante dos elementos probatórios, de que ambos os cônjuges concorreram para tornar o casamento insuportável. A separação deverá ser decretada com o reconhecimento de culpa recíproca, quando então não haverá condenação".[50]

[50] NADER, Paulo. Curso de direito civil, v. 5: direito de família. Rio de Janeiro: Forense, 2006. p. 272.

Na concepção de Paulo Lobo “quando ficar caracterizada a insuportabilidade ou impossibilidade da vida em comum, que emergem das acusações recíprocas do cônjuge, deve o juiz decretar a dissolução judicial, sem investigar qual dos dois é mais ou menos culpado, e sem o requisito do prazo anual da separação de fato”.[51]

Com a evolução do pensamento e a plena alteração dos costumes a doutrina da culpa recíproca pelo fim do casamento foi sendo adotada pelos doutrinadores e julgadores do país, até que poucos eram os julgados que ainda aplicavam as sanções pelo fim do casamento. Assim, crescia a tendência de se abandonar a separação sanção, deixando-se de aplicar as sanções da lei do divórcio, tanto que a Constituição Federal prevê que os alimentos dependem do vínculo entre as partes e da necessidade de quem os pleiteia, logicamente mediante a análise da possibilidade de quem está condicionado a prestá-los, quanto porque o uso do nome, este é direito personalíssimo e, no que tange à prole, esta ficará sob a guarda de quem melhor esteja apto a criar-lhes, tendo em vista o melhor interesse da criança e do adolescente.

Esta evolução também se deveu às mudanças de comportamento da sociedade, que se deu conta que maiores males que a separação ou o divórcio era a convivência num lar sem amor. Nesse sentido, o desamor passou a ser uma das causas possíveis para se sustentar o pedido de separação e de divórcio.

Ao contrário destas conquistas sociais e jurídicas, o Código Civil atual retrocedeu e trouxe a culpa, tanto como causa de separação judicial litigiosa sanção (art. 1.572, caput), como para fixação dos alimentos (arts. 1.694, § 2º, e 1.704, parágrafo único), e ainda como determinante da perda do direito de usar o nome (art. 1.578, caput).

Podemos assim, concluir, sob a ótica da análise da afetividade e da culpa nas relações jurídicas à luz da bioética, que o amor, é um sentimento difícil de definir ou mesmo de situar, pois enquanto entendido como o compreender da alma, suas razões, irracionalidade, desejos e manifestações, “ocupa um lugar entre os Códigos e os modelos, é também uma ética e uma estética”, com intensas repercussões no mundo jurídico, social e político.

[51] LÔBO, Paulo. Famílias. São Paulo: Saraiva, 2009. p. 136.

Pela intensidade com que abate sua presa, pode ultrapassar todas as regras do direito, da moral ou mesmo da religião. Representa um risco impossível de tolerar, sendo por isso que nas sociedades tradicionais, não tem reconhecimento social nem formalização legal.[52]

Foi necessário que muito tempo se passasse até que o amor fizesse parte do casamento e entrasse no universo do direito e apresentasse uma maior visibilidade nas produções jurídicas.

[52] POIRIER, Jean – História dos costumes – o amor, a palavra, o gesto e os modos de pensar, Lisboa: Editorial Estampa, 2000, p. 207 e 208.

# 2.
# AMOR COMO DIREITO DA PERSONALIDADE

Ao conjunto de poderes conferidos ao homem para figurar nas relações jurídicas dá-se o nome de personalidade.

A Constituição de 1988 consagrou em seu texto o reconhecimento de que a pessoa é detentora de direitos, entendida "como as características que distinguem o ser humano, ao mesmo tempo em inerentes à sua personalidade que integra a sociedade e o gênero humano. São características que configuram pressupostos da própria existência da pessoa".

De acordo com essa definição "o primeiro elemento que aparece na relação jurídica é o sujeito ou a pessoa, sem o qual ou sem a qual não pode existir o direito". Oriunda do latim *persona* exprime a atuação que cada indivíduo desempenha no cenário jurídico e num senso evolutivo do termo "passou a palavra a expressar o próprio indivíduo".

Assim, decorre desta acepção jurídica que "pessoa é o ente físico ou moral, suscetível de direitos e obrigações, sinônimo de sujeito de direito ou sujeito de relação jurídica".[53]

O Código Civil dedicou um capítulo exclusivo para os chamados direitos da personalidade, tendo por objetivo precípuo a preservação do respeito à dignidade da pessoa humana e os direitos protegidos constitucionalmente,

[53] MONTEIRO, Washington de Barros Monteiro; PINTO, Ana Cristina de Barros Monteiro França– Curso de Direito Civil, 42. ed, São Paulo: Saraiva, 2009, v.1 p. 64; BORDA, Guillermo A – Derecho Civil – parte general. Tomo 1, Buenos Aires: Editorial Perrot, 1953, p.187

como o direito à vida, à integridade física e psíquica, à honra e à liberdade pessoal[54].

Aduz José Enrique Bustos Pueche que "é bem conhecida a lição de Hermogeniano: *omne jus causa hominum constitutum est*"; a finalidade do direito é servir a pessoa. O fim institucional do direito civil considerou sempre a proteção da pessoa, do indivíduo. O que ocorria que em muitas vezes a preocupação com a proteção patrimonial desse indivíduo suplantava-se à sua própria proteção individual, firmando-se assim a proteção em face dos bens externos da pessoa. Via-se a pessoa mais como elemento de uma relação complexa, do que em si mesma.[55]

As ideias filosóficas e cristãs foram paulatinamente desmistificando a "coisificação" do homem, presente no direito antigo, até que a inerente diferenciação entre estes desaparecesse no mundo moderno. Desta forma temos que pessoa natural é qualquer ser vivente da espécie humana independente de raça, cor, sexo, idade, credo, estado de saúde ou nacionalidade, que possui intrínsecas características e peculiaridades que induzem a sua dignidade.[56]

O direito veio a seu turno regular as relações sociais decorrentes das interações interpessoais. O ser humano constitui portanto, a causa primeira e última do Direito. O pensamento filosófico tem influenciado e ampliado a visão jurídica sobre os seres humanos, auxiliando o Direito a melhor entender e atender suas necessidades e particularidades.

Analisando a evolução histórica dos direitos da personalidade, preleciona Daisy Gogliano que "o primeiro ordenamento jurídico que se tem notícia, constando disposições sobre o direito da personalidade foi o Código de Hamurabi (2000 a.C.), onde já apareciam delineamentos de proteção ao nome, ao respeito à vida, à dignidade da pessoa humana".

[54] MALUF, Carlos Alberto Dabus; MALUF, Adriana Caldas do Rego Freitas Dabus – Introdução ao direito civil, 2. ed., São Paulo: Saraiva, 2018, p. 169 e ss.

[55] PUECHE, José Enrique Bustos – Manual sobre bienes y derechos de la personalidad, Madrid: Dykinson, 1997, p. 17 e 18.

[56] Muito embora o desenvolvimento científico no que tange à decodificação o DNA humano tenha chegado à conclusão de que existe só uma raça: a raça humana.

Também no Código de Manu, datado do século XIII a.C, podiam ser encontradas disposições a respeito dos direitos inerentes ao homem.[57]

A noção de personalidade em si, apesar de não possuir sistematização, remonta ao direito romano, reconhecendo-se esta inicialmente aos indivíduos que reuniam três qualidades essenciais: O *status libertatis*, o *status civitatis* e o *status familiae*. Às pessoas dotadas de *status libertatis* era conferida, em Roma, a cidadania, e com ela a capacidade jurídica plena, a aptidão para ter e exercer direitos. Assim sendo, somente os cidadãos possuíam integrais direitos da personalidade.[58]

Em contraposição à concepção romana do ente humano, no direito moderno a noção de personalidade relaciona-se com a capacidade, que a seu turno é a aptidão para adquirir direitos e exercer para si ou para outrem os atos da vida civil. O conjunto desses poderes constitui a personalidade. A pessoa natural é por sua vez o ente a quem a ordem jurídica outorga esses poderes.

Observa Castan Tobenãs a presença de um componente de dignidade inerente ao homem servindo como fio condutor para a elaboração de uma teoria dos direitos da personalidade.[59]

Assim também concebe Adriano De Cupis, para quem os direitos da personalidade, em face de seu caráter de essencialidade, são em sua maior parte direitos inatos, que não se exaurem em sua determinação e recebem proteção jurídica nos ordenamentos modernos, oriundo de uma universalização da pressão dos ideais da sociedade em reconhecê-los e protegê-los como tal.[60]

Na lição de Capelo de Souza, o homem passou a ser reconhecido como o centro do ordenamento jurídico sendo seu valor íntimo e suas necessidades agentes favorecedores do desenvolvimento da sistematização de um direito geral da personalidade, que apresentou no decorrer da história

[57] GOGLIANO, Dayse – Direitos privados da personalidade, São Paulo: Quartier Latin, 2012, p. 20 e ss.

[58] SOUSA, Rabindranath V. A. Capello de – O direito geral da personalidade, Coimbra: Coimbra Editora, 1995, p. 28; GODOY, Cláudio Luiz Bueno de – A liberdade de imprensa e os direitos da personalidade, São Paulo: Atlas, 2001, p. 15.

[59] TOBEÑAS, Castan – Derecho Civil Español,común y foral. Madrid, 1955, t. 1 v. 2 p. 735 e 736.

[60] DE CUPIS, Adriano – I diritti della personalitá. Milano: Jovene, 1951, p. 21.

da humanidade um fortalecimento e uma positivação que passaram a ser tutelados por norma expressa.[61]

Preleciona Limongi França que "o direito existe para que a pessoa, em meio à vida social seja aquinhoada segundo a justiça com os bens necessários à consecução de seus fins naturais".[62]

Ensina Fábio De Mattia que "localiza-se a elaboração da teoria dos direitos da personalidade na reação surgida contra o domínio absorvente da tirania estatal sobre o indivíduo, a escola Jusnaturalista e a Revolução Francesa consagraram *os direitos fundamentais e essenciais do indivíduo*, estes oriundos da sua íntima condição de indivíduo, que somado à proteção estatal gerava a categoria dos direitos inatos".[63]

Apesar de o Código Civil Francês não ter acolhido nenhuma disciplina específica sobre os direitos da pessoa enquanto fruto direto da Revolução Nacional. Outros países, como a Áustria incluíram em seu Código de 1811, cuja elaboração datava de 1797, sofrera nítida influência do direito natural.

Ressalta Fábio Maria De Mattia, amparado por Arturo Valencia Zea que "há autores que afirmam que os direitos humanos são em princípio os mesmos da personalidade; mas, quando fala-se de direitos humanos referimo-nos aos direitos essenciais do indivíduo em relação ao direito público, quando desejamos protegê-los das arbitrariedades dos Estado. Quando nos deparamos com os direitos da personalidade, nos encontramos diante dos mesmos direitos, porém sob o ângulo do direito privado, devendo defendê-los frente aos atentados perpetrados por outras pessoas".[64]

Após a Segunda Guerra Mundial, com a influência da grande expansão científica que passou o mundo, retomou-se a preocupação com a delimitação de um direito geral da personalidade bem como da proteção da esfera individual da personalidade humana, estando presente a sistematização dessa proteção individual nas cartas constitucionais dos diversos países.[65]

[61] SOUSA, Rabindranath Capelo de – O direito geral da personalidade, p. 30.

[62] FRANÇA, Rubens Limongi – Direitos da personalidade coordenadas fundamentais.Revista do Advogado, AASP, n. 38, p. 6.

[63] DE MATTIA, Fábio M. – Direitos da Personalidade – aspectos gerais. In. Revista de Direito Civil, Imobiliário, Agrário e Empresarial ano 2 jan/mar 1978, p. 35.

[64] DE MATTIA, Fábio M. – Direitos da personalidade – aspectos gerais, p. 37.

[65] A Constituição alemã de 1949 introduziu a preocupação com os direitos fundamentais do homem – Die Grundrechte –Artikel 1 Die würde des Menschen: "A dignidade dos homens

Foi à partir da Constituição alemã de 1949, que houve uma retomada do conceito geral de personalidade, compreendido como a prerrogativa de conservação e desenvolvimento da própria individualidade, valor intrínseco do homem, conteúdo de sua dignidade, que corresponde a uma verdadeira fonte do direito na concepção de Fábio Maria De Mattia, os direitos da personalidade.[66]

Desta sorte, pode-se salientar que na medida em que foram se desenvolvendo as ideias de valorização do ser humano, sua compreensão como centro e fundamento, foi-se desenvolvendo a teoria dos direitos da personalidade bem como suas formas de tutela.[67]

Leciona Daisy Gogliano que "os direitos da personalidade são direitos subjetivos inerentes à pessoa humana, são prerrogativas concedidas a uma pessoa pelo sistema jurídico para abarcar todas as formas de expressão do direito, assegurada pelos meios de direito para fruir como senhor dos atributos da sua própria personalidade. Demonstram-se estes ainda, como aspectos individualíssimos da pessoa humana, suas emanações e desdobramentos decorrem da necessidade da preservação e resguardo da integridade do ser humano no seu desenvolvimento psicossocial".[68]

Com a evolução do pensamento, introduziu-se o conceito oriundo do sofista Protágoras de que "o homem é a medida de todas as coisas". Valoriza-se assim o interesse pelo homem considerado em si mesmo.

É nesse contexto que, em tratados de caráter ético, renova-se o tema da dignidade do homem. Neles, o homem é visto como âmago da Criação, valoriza-se a sua liberdade e lhe é reconhecida uma dignidade inerente à sua própria natureza enquanto ser humano.

Nesse contexto valoriza-se sua essência basilar, na qual o amor faz parte de sua natureza constitutiva.

O pensamento moderno é inaugurado, de forma mais acabada, por René Descartes (1596-1650). Com ele, tem início o racionalismo (doutrina que recebe esse nome por privilegiar a razão, considerada o fundamento de

é intocável. Cuidá-la e protegê-la é uma obrigação do poder estatal. DE MATTIA, Fabio M – Direitos da personalidade – aspectos gerais, p. 39 e 45.

[66] DE MATTIA, Fábio Maria de Mattia – Direitos da Personalidade: aspectos gerais, p. 40 e 41.

[67] GODOY, Cláudio Luiz Bueno de – A liberdade de Imprensa e os direitos da personalidade, p. 19.

[68] GOGLIANO, Daisy – Direitos Privados da Personalidade, p. 163 e ss.

todo o conhecimento possível). No início do seu Discurso do método, Descartes nos diz que a razão (ou bom senso), que está presente natural e igualmente em todos os homens, é o que capacita o indivíduo a "bem julgar e distinguir o verdadeiro do falso". Mas, ao revés dos antigos pensadores, que partiam da certeza, Descartes parte da dúvida metódica, pondo em questão todas as supostas certezas dos antigos pensadores. Descobre-se o subjetivismo, através do qual Descartes buscava no indivíduo, no sujeito pensante ("Penso, logo existo") a fonte do conhecimento.

Na concepção de Immanuel Kant, só o ser dotado de racionalidade, precipuamente o homem, tem valor absoluto, porquanto – a pessoa – existe como fim em si mesmo. Contrapondo-se ao homem, teríamos todo ser irracional, chamado coisa. Esta, por existir como meio, tem valor relativo, atribuído arbitrariamente, segundo as necessidades deste ou daquele ser racional.

Essa diferenciação leva Kant a seguinte assertiva: "age de tal maneira que uses a humanidade, tanto na sua pessoa como na pessoa de qualquer outro, sempre e simultaneamente como fim, e nunca simplesmente como meio". Poderíamos assim interpretar tal assertiva: qualquer pessoa ao agir deve fazê-lo com benevolência, clemência, compaixão – bondade – vendo tanto a si mesma quanto a outrem, jamais como recurso para atingir um objetivo, mas – sempre e simultaneamente – como o próprio objetivo, alvo, meta dessa ação. É nesse valor absoluto que tem o ser humano que se encontra a sua dignidade. Dela jamais deve ele se apartar, jamais deve dela abrir mão. E, ao respeitar a dignidade de outrem, estará ele confirmando a sua própria dignidade.

Figura dominante do pensamento pós-kantiano Hegel (1770-1831) escreveu: "De modo nenhum podemos renunciar ao pensamento: é o que nos distingue do animal; na sensibilidade, na cognição e conhecimento, no instinto e na vontade, enquanto humanos, há pensamento."

Sobre a personalidade, escreveu Hegel que ela só começa "quando o sujeito tem consciência de si, não como um eu simplesmente concreto e de qualquer maneira dominado, mas sim de um eu puramente abstrato e no qual toda limitação e valor concretos são negados e invalidados". Para Hegel é a personalidade que "principalmente contém a capacidade do direito e constitui o fundamento (ele mesmo abstrato) do direito abstrato, por conseguinte formal. O imperativo do direito é, portanto: sê uma pessoa e respeita os outros como pessoas. Tal é a condição do homem na natureza: por um lado é por ela abrangido e faz parte dela; por outro lado, como sujeito pensante, reflete-se na natureza, resume-a toda em si mesmo, coloca-a e compreende-a como sua idéia. Deste supremo ponto de vista, a realidade não é já qualquer coisa de extrínseco, mas é propriamente, uma função ou representação do pensamento".[69]

Nessa ótica, aduz Limongi França que são três os campos básicos nos quais incidem as relações jurídicas: a própria pessoa, a pessoa ampliada na família e o mundo exterior, vale dizer, os bens patrimoniais. Desta sorte, define como bens da personalidade os diversos aspectos que envolvem a pessoa natural, bem como seus prolongamentos e projeções.

Preleciona ainda que, a despeito do asseverado por Adriano de Cupis "direitos da personalidade são tão somente aqueles concedidos pelo ordenamento, ou seja, são de natureza positiva", existem além dos direitos privados da personalidade definidos em lei, outros reconhecidos pelos costumes e pelo direito científico.[70]

Classifica os direitos da personalidade, corporificando os bens que possuem proteção legal de acordo com os aspectos determinados da personalidade a que se referem: direito à integridade física, direito à integridade intelectual e direito à integridade moral.

Esta última abrange o direito à liberdade civil, política e religiosa, à honra, ao recato, ao segredo pessoal, doméstico e profissional, à imagem, e o direito à identidade pessoal (abrange o direito ao nome, ao estado, ao domicílio e à carga genética),familiar (formação da família tendo em vista a relação amorosa), relação na qual introduz-se a *affectio* e o amor, objeto precípuo do estudo em tela e identidade social (direito ao esquecimento para transexuais e intersexuais), direito à liberdade e à orientação sexual. Direito à intimidade (direito à orientação sexual, direito à escolha amorosa, direito a formação da família segundo as predisposições naturais, direito ao patrimônio genético)[71]

[69] MORAES, Walter – Direito da personalidade, p. 34 e 35; GOGLIANO, Daisy _ direitos privados da personalidade, p. 86 e ss.

[70] FRANÇA, Rubens Limongi – Direitos da Personalidade Coordenadas Fundamentais. In. Revista do Advogado n. 38, p. 5 e 7; DE CUPIS, Adriano – I Dirittti della personalitá.Milano: casa Editricce Dott. Eugenio Jovene, 1950, p. 15.

[71] FRANÇA, Rubens Limongi – Direitos da personalidade coordenadas fundamentais, op. cit., p. 9 e 10; MALUF, Adriana Caldas do Rego Freitas Dabus – Curso de bioética e biodireito, p. 95 e ss; MALUF, Adriana Caldas do Rego Freitas Dabus Maluf – Direitos da personalidade

Muito extenso é o rol dos bens da personalidade que estão diretamente relacionados à gênese do ser humano, sua identificação e consequente inserção no universo familiar, distinguindo-o dos demais concidadãos e outorgando-lhes prerrogativas próprias, notadamente após a grande evolução científica que passou o século XX e que vem passando o século XXI, que passa a ser conhecido como o século biotecnológico.

Podemos destacar, dentre estes, o direito à identidade pessoal, que abrange o nome, e sua poderosa função identificadora da qual se destaca importante interesse social, os sinais da personalidade, constituindo-se este, como concebe Raymon Lindon, num direito que pertence ao mesmo tempo aos direitos da personalidade a ao direito de família; *a verdade* como concebe Walter Moraes, que na concepção de Sessarego atingiu o seu apogeu no período entre guerras, e redescobriu o homem como um ser livre, dotado de intrínseca dignidade, e com plena liberdade de ser ele mesmo, vivenciando suas íntimas emoções "que confere um contato direto com o interior do ser".

Sua identidade forma-se à partir de uma determinada concepção de mundo e constitui-se num complexo de elementos, numa pluralidade de aspectos somáticos, psicológicos, sociais, interrelacionados entre si, que individualizam o ser humano, valorizando as imanações de sua personalidade.[72]

Como retrata Javier López-Galiacho Perona, comprovada é a importância da construção jurídica do direto à sexualidade e à identidade sexual, como expressão da identidade pessoal e consequente manifestação afetiva, devendo para tanto destacar-se como um direito da personalidade, em estreita conexão com outros direitos de mesma natureza, como o livre desenvolvimento da personalidade, a dignidade humana, o direito à saúde, à intimidade, à honra, ao sigilo e à proteção da integridade física e moral.

no novo Código Civil e os elementos genéticos para a identidade da pessoa humana. In. ALVES, Jones Figueiredo; DELGADO, Mario Luiz (Org). Novo Código Civil questões controvertidas, São Paulo: Método, 2003, v. 1, p. 87.

72 MORAES, Walter – Direito da personalidade. In. FRANÇA, Rubens Limongi (Org.) Enciclopedia Saraiva do Direito, São Paulo:Saraiva, s/d, p. 32; SESSAREGO, Carlos Fernández – Derecho de la identidad personal, Buenos Aires: Editorial Astrea, 1992, p. 1 a 5; 15; NONATO, Orozimbo – Personalidade, Repertório Enciclopédico do direito brasileiro, v. XXXVII, Rio de Janeiro: Ed.Borsoi, s/d, p. 77 e 78; LINDON, Raymond – Les droits de la personalité, Paris: Dalloz, 1974, p. 5 e 6.

Ressalta ainda que a inclusão do direito à identidade sexual no âmbito dos direitos da personalidade teve origem na jurisprudência e na doutrina italiana.[73]

Encontra guarita nesse sentido a exteriorização da homossexualidade como um direito personalíssimo com desmembramentos de ordem social, econômica, política e com reflexos no direito de família uma vez que a Carta Constitucional veda a discriminação por orientação sexual em seu artigo 3º, IV; mas o preconceito, o medo, o próprio desconhecimento e a intolerância vem impedindo que estes formem relações afetivas viáveis e protegidas por lei.

Também nos casos diagnosticados de transexualidade, onde vem comprovada a importância do fator psicológico na determinação do sexo do indivíduo, devendo para tanto ser reconhecido ao transexual o direito à identidade sexual e consequentemente, registral. Desta sorte, embora muitas vezes eivada de contradições conjecturais, as decisões concernentes às alteração de assento de nascimento são recentes no universo jurídico, o que em muito prejudica o reinserção social do transexual operado, além dos inúmeros conflitos, nem sempre bem resolvidos quanto a alteração de seu sexo registral, o que criam-lhe barreiras para a formação familiar. Conflitos estes que vem sendo em sua maioria resolvidos com base na jurisprudência, por falta de uma legislação atinente ao tema, e cuja forma peculiar de relacionar-se vem estudada e definida pela psicologia social.

Assim, entendemos com Adriano De Cupis que em cada momento histórico, em cada ambiente social, existem particularidades sobre a essencialidade dos direitos da personalidade: "mudando a consciência moral, muda-se a forma de reconhecer a posição do indivíduo no seio da sociedade, assim como altera-se o direito concebido como essencial à personalidade, até chegar-se a tal ponto que o atributo dessa essencialidade assuma um integral valor jurídico positivo, garantindo segurança, respeito aos direitos em geral da pessoa humana".[74]

De grande importância na literatura médica e jurídica são também os casos de diagnosticada intersexualidade, onde a ambiguidade que a

[73] PERONA, Javier López-Galiacho – La problemática jurídica de la transexualidad, Madrid: McGraw-Hill, 1998, p. 110 e 111.

[74] DE CUPIS, Adriano – I diritti della personalitá., p.19.

caracteriza, gera inúmeros conflitos de ordem pessoal, social e jurídica, levando muitas vezes a conflitos para a determinação da identidade sexual do paciente.

Nesse sentido vemos que a autodeterminação sexual do indivíduo, embora direito personalíssimo, singra mares de desconhecimento, preconceito, intolerância. Como relata Alexandre Miceli Alcântara de Oliveira "quanto mais o indivíduo luta para afirmar a sua personalidade, mais se vê lutando contra modelos de comportamento e valores impostos, e o resultado, quando não é a sublimação absoluta da individualidade, é a relativização dos seus valores". Aduz que a identidade está intimamente relacionada com a sexualidade, no sentido da autoconsciência individual, ou seja, tal como entendemos, na forma como o homem se relaciona com o mundo.[75]

Nas palavras de Giselle Groeninga "a identidade pessoal é composta de três níveis inseparáveis – o individual, o grupal e o social", e da intersecção destas advém o equilíbrio psicofísico da pessoa humana.[76]

Entendemos que a identidade indica uma característica pessoal que aproxima o indivíduo de um grupo especifico e o distancia de outro, representando um sentimento de pertencimento *locus* determinado, e que a seu turno se liga diretamente com os relacionamentos sociais e escolhas amorosas do cidadão.

O enamoramento, dada a dimensão das sensações que provoca, tanto positivas quanto negativas, vem recendo na contemporaneidade status jurídico de bens da personalidade, pois cada vez mais vem a verdadeira *affectio* valorizada no pensamento técnico-científico, na doutrina juscivilística e nas decisões legislativas e jurisprudenciais.

**O direito à integridade física**, abrange o direito ao próprio corpo, a integridade psicofísica, que mantém íntima relação com as questões de gênero e sexualidade, daí advindos seus consequentes reflexos na formação da família e na manifestação amorosa.

[75] OLIVEIRA, Alexandre Miceli Alcântara de – Direito de autodeterminação sexual, São Paulo: Ed. Juarez de Oliveira, 2003, p. 1, 7 e 64.

[76] GROENINGA, Giselle Câmara – Os direitos da personalidade e o direito a ter uma personalidade. In. TARTUCE, Flávio e CASTILHO, Ricardo (Coord.). Direito Civil – Estudos em homenagem à professora Giselda Maria Fernandes Novaes Hironaka, São Paulo: Método, 2006, p. 657.

Em relação ao direito ao corpo, temos numa concepção filosófica amparada na ideias sartrianas que o homem encontra no desenvolvimento de sua liberdade duas grandes limitações, a fatalidade do corpo físico – que lhe confere uma identidade própria e a visão que se tem de si mesmo – representada pela presença dos outros na esfera da vida privada. Ambos impõem ao homem a estruturação de um ser em cuja realidade não se tem possibilidade de escolha.[77]

Acham-se inseridos aqui a problemática que atinge os indivíduos portadores de disforia de gênero, transexuais e intersexuais, cujos desdobramentos atinentes ao direito de família tem suscitado inúmeros debates e controvérsias nos últimos tempos.

Abrange também o direito à integridade física, o direito à vida, aos alimentos, o direito ao planejamento familiar, os direitos do embrião e do nascituro, os direitos oriundos da reprodução assistida, tanto no que tange aos direitos dos pais quanto dos filhos.[78]

O direito geral da personalidade, interpretado como direito de auto-determinação ético-existencial, projeta-se sobre as escolhas atinentes ao sentido da vida, as quais se manifestam os direitos do corpo bem como o direito à identidade sexual.

São direitos físicos da personalidade, o direito à integridade física, além da proteção da incolumidade e da higidez corporal, condenando-se desta forma todos os atos atentatórios a sua manutenção.

Como preleciona Rabindranath Capelo de Sousa, o homem representa uma unidade onde todos os seus componentes se interpenetram e completam, sendo a integridade física tutelada, sendo considerada inviolável pela lei. É entretanto, a realidade biológica que o direito reconhece e protege em si mesma, recebendo proteção toda a composição físico-somática-psíquica do homem, bem como as relações fisiológicas decorrentes.

Assim, o direito de autodeterminação sexual do indivíduo, relaciona-se com a sua especificidade física e moral, sua individualidade, aliado ao direito à diferença, tendo em vista peculiaridades próprias estabelecidas desde as intrínsecas características biológicas até o estabelecimento de estilos de vida ou padrões de comportamento não predominantes.[79]

[77] SESSAREGO, Carlos Fernández – Derecho de la identidad personal, p. 9.

[78] MALUF, Adriana Caldas do Rego Freitas Dabus – Curso de bioética e biodireito, p. 38 e ss.

[79] SOUSA, Rabindranath V. A. Capelo de – O direito geral de personalidade,p. 116, 211 a 214.

O direito à intimidade, que reflete o direito de inserção social, política e familiar do ser humano, respeitadas as peculiaridades de cada um, suas necessidades e potencialidades, valorizadas pelos princípios constitucionais, amparadas na cultura de cada povo e no momento histórico em que se vive.

No que tange ao relacionamento amoroso, é sabido que o ser humano é gregário pela própria natureza, logo, ao ser levado a viver em grupo, busca relações de afeto.

A estrutura da família mudou com o passar dos tempos. Na atualidade é fincada no amor, no afeto e na busca da realização sexual e de intimidade. Esses laços de afetividade iniciam-se no namoro e podem perdurar ou não. A intimidade enquanto bem da personalidade, abrange em nossa concepção uma feição de múltiplos aspectos que passam pela afinidade sexual, espiritual, intelectual, valorativa, afetiva, visando acima de tudo a realização pessoal do ser humano em sua mais rica diversidade.

O direito à identidade sexual encontra-se intimamente ligado à intimidade pessoal e à própria imagem individual, que favorece a inserção do indivíduo na sociedade, no mercado de trabalho, possibilitando o pleno desenrolar de sua personalidade e consequentemente desenvolvimento da própria sociedade.

O direito à identidade sexual como expressão do direito à intimidade vem reconhecido expressamente por inúmeras decisões do Tribunal Europeu de Direito Humanos.[80]

Nas palavras de Sessarego "regulam-se em completa intesubjetividade a vida humana social, as normas como regras de convivência e os valores como critérios de regulação da vida em sociedade. A vida humana social é sem dúvida o elemento primordial da questão".[81]

Aqui entendemos, na esteira do pensamento de Raymon Lindon que se insere o direito ao esquecimento, direito da personalidade a ser outorgado nos estados intersexuais; para o jurista,"este elemento figura na definição de vida privada", sendo um elemento desta.[82]

[80] PERONA, Javier López-Galiacho – la problemática jurídica de la transexualidad, p. 128 e 129.

[81] SESSAREGO, Carlos Fernández – Derecho de la identidad personal, p. 12.

[82] LINDON, Raymond – Les drois de la personalité, Paris: Dalloz, 1974, p. 25.

O direito demonstra-se como um fenômeno cultural, com larga criatividade humana, destinada a assegurar dentro da sociedade uma justa solidária e pacífica convivência, devendo assim tutelar os interesses existenciais do indivíduo garantindo-lhe um espaço de liberdade para gozar dos direitos inerentes à sua personalidade.[83]

O direito à vida, que numa dimensão bastante ampla e sempre permeada pelo amor e pela affectio, abrange as questões relativas à concepção e descendência – a inseminação artificial, o nascimento, o planejamento familiar, ocupa-se das diversas formas de procriação – natural ou artificial, passando pelas técnicas relativas ao uso das células germinativas, do embrião, da cessão temporária de útero, a clonagem; à liberdade de concepção; à proteção do menor pela família e pela sociedade, aqui presente a possibilidade de adoção do embrião, do nascituro, da criança e do adolescente; a mudança de sexo; a transexualidade; a intersexualidade; a psiquê,(enquanto função fisiológica); além de muitos outros, pois este rol devido à sua amplitude e complexidade não pode ser taxativo.

Nesse sentido muito bem sintetizou Walter Moraes para quem "a característica mais marcante do direito da personalidade é o de versar sobre bens essências ao homem enquanto sujeito de direitos, no sentido de não ser possível, sem tais bens, existir ou integrar-se socialmente, desenvolvendo normalmente sua personalidade. É daí que decorre o não ser cabível privar-se alguém de um bem personalíssimo, prescindir dele ou passá-lo a outrem".[84]

Inclui-se nesse *locus* o direito à convivência familiar e social, que goza de proteção constitucional, e é suma importância para a promoção da dignidade da pessoa humana, uma vez que envolve diversos direitos da personalidade, que perpassam desde o direito à vida, ao nome, ao lar, à saúde, à alimentação, ao respeito, à segurança, à liberdade, à identidade, à intimidade, ao recato, entre outros.

[83] As reflexões filosóficas do século XX, prestigiam o homem colocando-o no centro do ordenamento jurídico que a seu turno demonstra-se sobretudo decorrente de uma realidade social imperativa que pressiona para a concessão de direitos fundamentais decorrentes tanto da evolução do pensamento filosófico quanto das descobertas científicas que em muito revolucionaram as relações de família, de conjugalidade de parentalidade entre outros. O direito passa assim a ser visto como uma realidade cultural.

[84] MORAES, Walter – Direito da personalidade, p. 32.

Nesta ótica percebe-se que o direito à liberdade manifesta-se na formação familiar, no sentido de outorgar aos indivíduos o direito de ungir-se a determinada entidade familiar, ao planejamento da prole, o acesso às diferentes vias de filiação – natural, adotiva ou decorrente de assistência às técnicas de reprodução assistida mediante o uso das atribuições naturais advindas do estado amoroso.

Devido a grande importância que o tema confere ao ser humano e a sua consequente inserção no universo familiar, político e social, bastante antiga é a preocupação sobre o tema.

À luz dos ensinamentos de Daisy Gogliano, na história um dos primeiros textos que se tem notícia invocando os direitos da personalidade pertence à Samuel Strick e data de 4 de fevereiro de 1625, resultado da polêmica havida com Casimiro de Osten, cavaleiro da Pomerânia, que invocou à Santíssima trindade o direito divino de mudar de sexo, de doar partes do corpo, o direito à alma psíquica do ser humano, o direito à liberdade, à honra, à boa reputação.[85]

A raiz da teoria dos direitos da personalidade segundo apontam Daisy Gogliano e Walter Moraes, remonta aos pensadores da escola do direito natural que teve égide no período Iluminista e o Idealista do século XVIII. Kant fundou sua teoria e sistema jurídico no valor da liberdade, que para ele era um direito inato e definiu, os direitos pessoais como a posse ou ao arbítrio que o homem possuía e que poderia gerar certa ação. "Concebeu o direito do homem como uma expressão real do direito pessoal". Associava o valor fundamental da pessoa humana ao princípio da liberdade. Suas ideias influenciaram todo o pensamento filosófico seguida por Fichte, Humboldt, Hegel, Hubmann; ao lado desses filósofos situam-se os jusnaturalistas que defenderam a inclusão dos direitos da personalidade no direito, como: Hufeland, Zeiller, Gros, Rotteck, Ahrens, Röder, Leuze, Scheyhing.[86]

Foi, entretanto através da Declaração dos Direitos do Homem advinda da Revolução francesa que os direitos da personalidade entraram para o ordenamento positivo.

[85] GOGLIANO, Daisy – Direitos privados da personalidade, p. 64

[86] MORAES, Walter – Direito da Personalidade in: Enciclopédia Saraiva do Direito nº 26, p. 36; GOGLIANO, Daisy – Direitos privados da personalidade p. 64 e ss

Na lição de Gerard Cornu a ideia dominante na consciência universal na atualidade é que todo ser humano necessita de liberdade e tranquilidade para que desenvolva plenamente sua personalidade, advém daí a proteção legal para esses direitos inatos. Essa preocupação tornou-se o centro do discurso político e filosófico na modernidade, inspirando a referida Declaração Universal dos Direitos do Homem, que protege a vida privada e familiar do ser humano, coibindo as ingerências cometidas em face destas.[87]

Para Orlando Gomes "sob a denominação de direitos da personalidade, compreendem-se, os direitos personalíssimos e os direitos sobre o próprio corpo. São direitos considerados essenciais ao desenvolvimento da pessoa humana que a doutrina moderna preconiza, como direitos absolutos, desprovidos, porém, da faculdade de disposição. Destinam-se a resguardar a eminente dignidade da pessoa humana, preservando-a dos atentados que pode sofrer por parte dos outros indivíduos"[88]

Em face da natureza jurídica desses direitos da personalidade, Goffredo da Silva Telles Jr. Definiu-os como direitos subjetivos da pessoa de defender o que lhe é próprio, ou seja, a vida, o amor, a integridade, a liberdade, a sociabilidade, a reputação, a honra, a imagem, a privacidade, a intimidade, a autoria entre outros. Definiu ainda a personalidade como o conjunto de caracteres da própria pessoa, sendo desta forma objeto de direito.[89]

Sustenta Fábio De Mattia, amparado por Arturo Valencia Zea que a doutrina atual considera os bens da personalidade como verdadeiros direitos subjetivos. Representam o poder volitivo de cada um sobre si mesmo, o que se traduz num dever jurídico de respeito por parte de terceiros. Aponta ainda, que "a vontade humana, mola propulsora e pressuposto da personalidade jurídica, opera não apenas sobre o mundo exterior (direitos patrimoniais, direitos familiares) mas também sobre a mesma realidade antropológica do ser humano. Cada qual é guia de sua vida, corpo, honra

[87] CORNU, Gerard – Droit Civil – les personnes. Paris: Montchrestien, 13º édition, 2007, p. 57e 58.

[88] GOMES, Orlando – Introdução ao Direito Civil, 2. ed, Rio de Janeiro: Forense, 1965 p. 131 e 132.

[89] TELLES Jr., Goffredo – Direito subjetivo. In. FRANÇA, Rubens Limongi (Org.). Enciclopédia Saraiva de Direito, São Paulo: Saraiva, s/d, v. 28, p. 315 e 316.

e demais atributos e energias que emanam da constituição psíquica do ser humano, de sua alma, e compõem a sua personalidade".[90]

À luz do pensamento de Walter Moraes "para que a pessoa possa subsistir como sujeito de direito e desenvolver a sua vida jurídica, torna-se necessário que esteja de posse de certos bens ou valores - os bens de personalidade. A personalidade em si, poderia ser compreendida como o conjunto de elementos que lhe dá estrutura, que lhe confere vida e existência digna".[91]

Aduz Adriano De Cupis, para quem os direitos da personalidade nutrem um nexo estreitíssimo com a essência do ser humano "a ponto de poder-se dizer orgânico", e além disso identificam-se com os bens de maior valor suscetíveis de domínio jurídico.[92]

Entendemos que os direitos da personalidade traduzem as emanações mais íntimas da pessoa humana, possibilitando a sua autodeterminação, a elucidação dos seus valores mais íntimos, a sua maneira particular de existir, suas crenças e seus valores, sua forma de se demonstrar na sociedade em que vive. Por permear-se com sua constituição psicofísica. Consiste plenamente na sua própria individualidade.

A parte da definição dos direitos da personalidade, de sua classificação, de suas origens históricas, desenvolve Pinto Ferreira a temática da influência efetiva da personalidade na psique humana.

Ensina que "a personalidade é o elemento estável e permanente da conduta de uma pessoa, é a sua maneira de ser habitual, é o que a distingue de um outro ser humano, onde cada indivíduo por força de determinados caracteres biológicos e padrões culturais aos quais esteja inserido aproxima-se e distancia-se dos demais indivíduos, por força também de sua experiência individual nesse mundo social, da sua constituição e do seu temperamento".[93]

São também direitos essenciais à própria pessoa, como ensinou Ravá, e inerentes à vida, como na concepção de Ráo, ou ainda os direitos

[90] DE MATTIA, Fábio Maria – Direitos da personalidade – aspectos gerais, p. 39 e 40.

[91] MORAES, Walter – Direito da Personalidade, p. 29.

[92] DE CUPIS – I diritti della personalitá., p. 19.

[93] FERREIRA, Pinto – Personalidade I, In. FRANÇA, Rubens Limongi (Org.). Enciclopédia Saraiva de Direito nº 58, São Paulo: Saraiva, s/d, p. 208.

supremos do homem que lhes garantem o gozo dos seus bens pessoais como preconizou Ferrara.[94]

Entendemos a personalidade como um fato natural, um conjunto de atributos inerentes à condição humana, inatos ao homem.

Para Carlos Alberto Bittar "consideram-se como da personalidade os direitos reconhecidos à pessoa humana tomada em si mesma e em suas projeções na sociedade, previstos no ordenamento jurídico exatamente para a defesa de valores inatos no homem, como a vida, a higidez física, a intimidade, a honra, a intelectualidade e outros tantos".[95]

Vemos assim que no que tange aos seus direitos personalíssimos, as necessidades, os interesses e pretensões do sujeito de direito hão que ser atendidas e satisfeitas. E é buscando atender esse objetivo que o Direito tutela os bens jurídicos. Esses bens jurídicos são, pois, objeto de direito.

Os direitos da personalidade têm por objeto aqueles componentes da natureza humana, já referidos, mas ligam-se preponderantemente nos dizeres de Walter Moraes à vida; à potência vegetativa (forças naturais, crescimento, nutrição, procriação); à potência sensitiva (sensação, cognição sensitiva, senso comum, fantasia, autoestima, memória); à potência locomotiva (ambulação); à potência apetitiva (apetite sensitivo, concupiscível, irascível); à potência intelectiva (inteligência, vontade, liberdade, dignidade); à potência realizada (atos).[96]

Revestem-se os direitos da personalidade das seguintes características: são inatos pois se adquirem no momento da concepção, nascem e se extinguem com o seu titular, absolutos – pois materializam seu caráter pela sua oponibilidade erga omnes, irradiando efeitos em todos os campos e impondo à coletividade o dever de respeitá-los; intransmissíveis – pois não podem ser transmitidos a outrem uma vez que formam a individualidade própria de cada um; indisponíveis; irrenunciáveis; imprescritíveis; impenhoráveis; inexpropriáveis; ilimitados – pois em face das últimas conquistas biotecnológicas não se tem como enumerar taxativamente quais direitos da personalidade são tipificados em norma e inestimáveis – o que vale dizer que eles não tem um equivalente em dinheiro, são bens

[94] MORAES, Walter – Direito de Personalidade, p. 29.

[95] BITTAR, Carlos Alberto – Os direitos da personalidade, 2. ed., Rio de Janeiro: Ed. Forense Universitária, 1995, p. 1.

[96] MORAES, Walter – Revista de direito privado RDP riv 2/187; RT 590/19.

não patrimoniais, o que gera no entender de San Tiago Dantas, um dos problemas mais delicados da técnica jurídica, qual seja o da reparação das lesões sofridas pelos direitos da personalidade.[97]

Destas intrínsecas características afluem consequências inestimáveis ao direito de família passando pela própria individualização da pessoa natural, o respeito às suas preferência volitivas, suas necessidade e potencialidades, o direito à intimidade, ao recato individual e familiar, à saúde, ao equilíbrio psicofísico, entre outros, passando pela aquisição do nome, a determinação do seu estado pessoal, a aquisição da cidadania, o respeito à identidade de gênero e os consequentes desmembramentos na composição familiar, o direito à parentalidade, à biparentalidade e as consequências patrimoniais, sucessórias, assistenciais decorrentes, a possibilidade de adoção, gestação – natural e substituta, entre outros, observadas na atualidade a função social da família e principalmente o respeito ás ínsitas manifestações emocionais derivadas do sentimento amoroso.

Podemos entender desta forma, o homem é um ser inteligente e capaz de querer, dotado de autoconsciência. É também dotado de grande complexidade psíquica. Sua natureza, vem considerada em toda a sua totalidade indivisa como um bem, e a higidez de sua vida, como um valor a ser perseguido. Além de a felicidade, bem perquirido por todo o ser humano, um direito fundamental e uma obrigação do Estado de procurar fornecer todos os subsídios necessários para sua assunção.

O homem, que na concepção tomista vem definido por um composto misto de corpo e alma. Possui uma natureza própria, subjetiva, que dependendo dos fatores internos e externos aos quais estiver submetido aproxima-se ou afasta-se do saudável convívio natural em sociedade, reduzindo as infinitas possibilidades que a mente e o corpo disponibilizam ao homem.

É precisamente no seu inter-relacionamento com o próximo – o outro –, no seu diálogo com ele, na sua capacidade para amar além do

[97] SAN TIAGO DANTAS, FC – Programa de Direito Civil – parte geral, Rio de Janeiro: Editora Rio, 1979, p. 194 e 195; DINIZ, Maria Helena – Direito Civil Brasileiro, 18. ed., São Paulo: Saraiva, 2002, v. 1 p. 119 a 120; MORAES, Walter – Direitos de Personalidade, p. 33; BORDA, Guillermo A – Derecho Civil – parte general, p. 239; MALUF, Carlos Alberto Dabus; MALUF, Adriana Caldas do Rego Freitas Dabus – Introdução ao direito civil, p. 284

físico, transcendendo a este e alcançando a essência do ser amado, que o homem descobre o seu universo interior e ganha o universo exterior.

Tendo em vista que a vida está em constante mutação e as ciências progressivamente vem fazendo mais e mais descobertas, ainda se demonstra insuficiente o conhecimento alcançado para apontar no cérebro humano as definições pessoais. No decorrer dessas fases evolucionárias, do ser humano vimos o progressivo aumento de suas faculdades existenciais (razão, vontade, autoconsciência), que aparecem em níveis cada vez mais elevados de complexidade.

Amparado pelo conhecimento da neurologia, vemos que existem áreas especificas do cérebro humano que registram as emoções e as sensações, responsáveis pela identificação das afeições dos indivíduos nas situações com as quais se defronta. Vemos assim, que a capacidade cognitiva do homem deriva diretamente dos sentimentos e emoções vividos pelo seu organismo.

"As ciências cognitivas têm conseguido comprovar, com alguma segurança (seja conjugando análises químicas e estados mentais; seja através da ressonância magnética, ou da eletroencefalografia; ou da utilização de tomógrafos por emissão de pósitrons, mais conhecidos por PET (positron emmission tomography), que "os processos de sensações, ordenação das sensações, representações e impressões internas (pensamentos) são físicos ou no mínimo têm total correspondência física".[98]

Com base na dialética socrática, tem-se que o homem ao conceber suas próprias ideias, vai ao encontro de si mesmo, faz de si próprio o seu ponto de partida. Tenta ser ele mesmo sua própria alma. A recuperação da saúde da sua própria alma se dá através do conhecimento de si mesmo.

Assim é o amor, aquele sentimento de pertencimento, de autoconhecimento de engrandecimento das potencialidades individuais da alma humana. O direito de vivê-lo, sem sombra de dúvida, seja no seio da família, em suas diversas modalidades, seja através das relações de parentalidade correspondem a direitos personalíssimos do ser humano.

[98] MARAZZITI, Donatela – O amor no foco da pesquisa neurocientífica. In. http://projeto-come.blogspot.com/2010/06/amor_e_ciumes.html

# 3.
# O AMOR E SUA INTERFACE COM OS DIREITOS HUMANOS

Os direitos humanos podem ser compreendidos como direitos fundamentais inerentes à pessoa humana, sem distinção de raça, cor ou nacionalidade. A historiografia contemporânea vem demonstrando que mesmo em países signatários de documentos internacionais à semelhança da Declaração Universal dos Direitos do Homem, promulgada pela ONU em 1948, não tem havido uma redução na violação dos direitos humanos. O problema fundamental desses direitos está em sua concretização, que se faz a partir de uma democracia substancial consolidada.

## 3.1. Evolução histórica dos direitos humanos

Data da Antiguidade a ideia de que o homem era detentor de direitos inatos, ínsitos, inerentes à sua personalidade. Rudimentos a esse respeito já podiam ser encontrados no Código de Hammurabi (século XX aC)e no Código de Manu (séc XIII aC).[99]

Como bem retratou Fábio Konder Comparato "a convicção de que todos os seres têm direitos a serem igualmente respeitados, pela sua humanidade, nasce com a lei escrita, como regra geral e uniforme, igualmente aplicável a todos os indivíduos que vivem uma sociedade organizada".

Tendo em vista a evolução histórica dos direitos humanos, podemos apontar:

[99] GOGLIANO, Daisy – Direitos privados da personalidade, p. 23 e ss.

Na Grécia antiga, a preeminência da lei escrita tornou-se fundamento da sociedade política. Sua autoridade ou força moral suplantava a autonomia do indivíduo, grupo ou classe social. Funcionava como um antídoto contra o arbítrio governamental, embora se conhecesse no período a lei não escrita, que designava o costume juridicamente relevante, ou de cunho religioso que não se prestavam a ser promulgadas no território exclusivo de uma só nação. A igualdade primordial dos homens situava-se entre a essência do ser humano, o papel que este desempenhava na sociedade, o que os estoicos denominaram substância.[100]

O Cristianismo também desempenhou um papel fundamental para a definição do homem – Santíssima Trindade. A mensagem evangélica postulava no plano divino uma igualdade entre todos os seres humanos, apesar de suas intrínsecas diferenças individuais e grupais.

A segunda fase na história da elaboração do conceito de pessoa, inaugurou-se com Boécio, no século VI, e definia-a como um composto de substância espiritual e corporal.

Foi assim, advinda dessa concepção medieval de pessoa que se iniciou a elaboração do princípio de igualdade essencial entre os seres humanos, apesar de suas diferenças. Essa igualdade de essência da pessoa formou o núcleo de conceito universal de direitos humanos: direitos comuns a toda espécie humana, resultante de sua própria natureza. Desse fundamento de igualdade os canonistas medievais tiraram a conclusão lógica de que todas as leis contrárias ao direito natural não teriam força jurídica.

A terceira fase na fase da elaboração teórica do conceito de pessoa como sujeito de direitos universais, adveio com a filosofia Kantiana que preleciona que a dignidade da pessoa não é advinda pura e simplesmente de sua essência, mas de sua racionalidade, sua autonomia pessoal. (A concepção kantiana de dignidade leva à condenação de muitas práticas de aviltamento da pessoa à condição de coisa-escravidão, atentados, entre outros).[101]

[100] COMPARATO, Fábio Konder – A afirmação histórica dos direitos humanos, 3. ed, São Paulo: Saraiva, 2003, p. 11 a 16.

[101] No século XX a criação do universo concentracionário veio demonstrar tragicamente a veracidade da concepção de Kant: os *gulags* soviéticos e os campos de concentração foram gigantescas máquinas de despersonalização humana; despojando o homem de sua liberdade e seus haveres, esvaziando o seu ser de sua intrínseca personalidade.

A quarta fase, na lição de Comparato, situa-se no reconhecimento de que o homem é o único ser vivo que dirige sua vida em função de suas preferências valorativas.

A quinta e última fase, abriu-se no século XX, com a filosofia de vida e o pensamento existencialista, que reage contra a despersonalização do homem no mundo contemporâneo, reflexo da mecanização e da burocratização da vida.[102]

O período histórico marcado pela modernidade, culminou na expansão da civilização europeia sobre o resto do mundo, contribuiu para a formação do corpus jurídico-filosófico dos direitos do homem.

Para Miguel Reale, a pessoa humana é a medida do valor referencial das ideologias e cujo processo ideológico coincide com o dos chamados direitos humanos, cujas políticas estatais a serem adotadas devem possibilitar a realização concomitante do bem individual e do bem comum. O valor da pessoa humana representa o valor-fonte dos quais emanam os outros valores.[103]

Nesse sentido pode-se destacar que a inclusão histórica dos direitos do homem obedeceu à seguinte trajetória: iniciaram com a Magna Carta da Inglaterra do século XIII, que vem sendo apontada como a precursora das futuras declarações de direitos humanos, muito embora não constitua uma afirmação universal de direitos humanos, o referido documento teve o mérito de restringir o poder absoluto do monarca, consagrando os direitos dos barões e dos prelados ingleses; passando pela Revolução Gloriosa Inglesa do século XVII, até a Revolução Americana e Francesa do século XVIII, para concluir finalmente com a Declaração Universal das Nações Unidas do século XX.[104]

Preleciona Norberto Bobbio "que a doutrina dos direitos humanos seja uma aquisição da modernidade e especificamente do pensamento liberal é uma opinião amplamente difusa e que faz parte da imagem que o Ocidente tem de si e que projeta sobre o resto do mundo". Representa a seu turno o processo histórico da afirmação de um valor, a dignidade da

[102] COMPARATO, Fábio Konder – A afirmação histórica dos direitos humanos, p. 20 a 27

[103] REALE, Miguel – O Estado democrático de direito e o conflito das ideologias, 3. ed., São Paulo: Saraiva, 2005, p. 100.

[104] TOSI, Giuseppe –História e atualidade dos direitos humanos – in www.espdh.hpg.ig.com.br/texto 1.htm, p.1.

pessoa humana, cujo maior desafio, entende ser no limiar do século XX, não mais a determinação de sua classificação, natureza ou fundamento, mas sim os mecanismos de tutela para sua efetiva garantia.[105]

Necessária se faz a presença concomitante de direitos do homem, democracia e paz, para que flua a coexistência pacifica da humanidade na sociedade contemporânea.[106]

Para Bobbio, portanto, "os direitos humanos são um construído jurídico historicamente voltado para o aprimoramento político da convivência coletiva", como bem retratou Celso Lafer.

Giuseppe Tosi aponta como modelo jusnaturalista as seguintes características: o individualismo, que impõe que os homens gozam de direitos naturais inatos, tais como o direito à vida, à liberdade, à propriedade, à segurança, entre outros; o estado de natureza: estado de guerra (Hobbes), de paz (Locke) ou de liberdade plena (Rousseau); o contrato social, compreendido como um pacto artificial celebrado entre indivíduos livres para a formação da sociedade civil onde todos se tornam súditos visando o bem comum e o Estado, que nasce da livre associação dos indivíduos para garantir a efetivação dos direitos individuais inatos.[107]

As etapas que caracterizam os processos de afirmação dos direitos humanos são, segundo a lição de Norberto Bobbio: a positivação (transfere a aspiração em positivação e permite a tutela jurídica da dignidade da pessoa humana), a generalização (trata da igualdade e da não discriminação), a internacionalização (direito cosmopolita) e a especificação(caracterização dos seres humanos em suas características próprias).[108]

Tais doutrinas surgiram nos séculos XVII e XVIII, no período de ascensão da burguesia que reivindicava maior liberdade de ação e representação política frente à nobreza e ao Clero. Consistiram numa justificativa ideológica para os movimentos revolucionários que levaria à dissolução do mundo feudal e à formação do mundo moderno. O jusnaturalismo

[105] BOBBIO, Norberto – A Era dos direitos, São Paulo: Ed. campus, 2004, p. 45.

[106] BOBBIO, Norberto – A Era dos direitos, p. 1.

[107] TOSI, Giuseppe – História e atualidades dos direitos humanos, p. 2; De Mattia, Fábio – Direitos da personalidade: aspectos gerais, Revista de Direito Civil Imobiliário, Agrário e Empresarial, São Paulo, ano 2, v.3, jan/mar 1978, p. 35.

[108] LAFER, Celso – A internacionalização dos direitos humanos, São Paulo: Manole, 2005, p. 8.

moderno, sobretudo através dos iluministas, teve grande influência sobre as revoluções liberais dos séculos XVII e XVIII:

- A Declaração de direitos (Bill of Rights) de 1668 da assim chamada Revolução Gloriosa que concluiu o período da revolução inglesa, iniciado em 1640, levando à formação de uma monarquia parlamentar;
- A Declaração de Direitos (Bill of Rights) do Estado de Virginia de 1777, foi a base da declaração de independência dos Estados Unidos;
- A Declaração dos Direitos do Homem e do cidadão da Revolução francesa de 1789, que aboliu o Ancien Régime e abriu caminho para a proclamação da República.

Os direitos da tradição liberal tem seu núcleo central nos direitos de liberdade. O Estado limita-se a garantia dos direitos individuais através da lei sem intervir diretamente na sua promoção. Assim, a declaração dos Direitos do Homem e do Cidadão preconizou a igualdade destes perante a lei, consagrou uma nova era do pensamento preconizando os ideais de valorização do indivíduo, introduzindo no pensamento jurídico os direitos da personalidade.[109]

Na luta contra o absolutismo, o liberalismo fincava a questão central na garantia das liberdades individuais contra a intervenção do Estado nos assuntos particulares. Agora, contrario senso, tratava-se de obrigar o estado a fornecer os subsídios necessários para a promoção do bem-estar social (diminuindo as diferenças econômicas e sociais).

Quando, após a experiência terrível das duas guerras mundiais, os líderes políticos das grandes potências vencedoras criaram em 26.6.1945, em São Francisco, a ONU e conferiram-lhe a tarefa de evitar uma terceira guerra mundial e promover a paz entre as nações, consideraram que a promoção dos direitos naturais do homem fosse a condição principal para a obtenção de uma paz duradoura. Por isso, um dos primeiros atos da Assembleia Geral das Nações Unidas foi a proclamação em 10.12.1948, de uma Declaração Universal dos Direitos Humanos, cujo artigo 1º trata: "Todas as pessoas nascem livres e iguais em dignidade e em direitos. São

[109] MORAES, Walter – direito da personalidade. In: França, Rubens Limongi (coord). Enciclopédia Saraiva do Direito. São Paulo: Saraiva, [s.d.], v. 26, p. 36.

dotadas de razão e de consciência e devem agir em relação umas às outras com espírito de fraternidade".

Para Hanna Arendt o "tudo é possível" da experiência totalitária mostrou como uma forma até então inédita de organização da sociedade, descartou explicitamente os valores consagrados da justiça e do direito. Preconizou o pensamento de retomada dos valores ocidentais, assinalados pela pluralidade e diversidade através do exercício da liberdade.[110]

Assim, ao proclamar os direitos fundamentais, a ONU tornou evidente não se tratar de concessão ou reconhecimento, esclarecendo que a existência de tais direitos independe de qualquer vontade ou formalidade uma vez que eles são inerentes a pessoa humana, nenhum indivíduo, entidade, governo ou Estado tem legitimidade para retirá-los ou restringi-los.

A Declaração Universal reafirma o conjunto de direitos das revoluções burguesas – direitos de liberdade, civis e políticos – e os estende a sujeitos que anteriormente estavam excluídos: proíbe a escravidão, proclama os direitos das mulheres, defende os direitos dos estrangeiros, afirma os direitos de tradição socialista – direitos de igualdade – e do cristianismo social – direitos de solidariedade-, e os estende aos direitos culturais.

A partir da Declaração, através de várias conferências, pactos, protocolos internacionais, a quantidade de direitos se desenvolveu basicamente através de três tendências: a universalização – em 1948, aderiram à Declaração Universal somente 48 Estados. Atualmente já aderiram quase a totalidade das nações do mundo, ou seja, 184 países em 191 países membros da comunidade internacional. Iniciou-se assim, um processo que está transformando os indivíduos em cidadãos do mundo; a multiplicação – nos últimos cinquenta anos a ONU promoveu uma série de conferências específicas que ampliaram a gama dos bens a serem protegidos e a diversificação – definiu-se mais claramente quais eram os sujeitos titulares de direitos a serem defendidos: mulheres, crianças, idoso, doente, homossexual, entre outros.

Esse processo deu origem a novas gerações de direitos:

– a primeira geração inclui os direitos civis e políticos; direito à vida, à propriedade, à liberdade, à segurança, à proibição da escravidão,

[110] LAFER, Celso – A reconstrução dos direitos humanos – um diálogo com o pensamento de Hanna Arendt, São Paulo: Companhia das letras, 2006, p. 15.

a garantia da igualdade entre homens e mulheres no casamento, direito a liberdade religiosa e de pensamento, direito de *habeas corpus,* proibição da tortura ou tratamento desumano ou degradante, são direitos clássicos, negativos, pois exigem uma abstenção de parte do Estado, que foram universalizados pela Revolução Francesa do século XVIII. Correspondem à fase inicial do constitucionalismo ocidental, mas prevalece nas constituições ainda nesse terceiro milênio;

- a segunda geração inclui os direitos econômicos, sociais e culturais: surgidos a partir de meados do século XIX, com a Revolução Industrial e o surgimento de grandes massas de operários trabalhando sob o mesmo teto fabril. Estes direitos que só podem ser desfrutados com o auxílio do Estado são: o direito ao trabalho em condições justas e favoráveis, o direito de pertencer a sindicatos, o direito à educação e cultura, o direito a um nível adequado de vida, o direito à seguridade e seguro social, direito à proteção especial da maternidade e da infância.
- a terceira geração inclui os direitos a uma nova ordem internacional: são também denominados direitos de fraternidade ou de solidariedade, trazem como nota distintiva o fato de se desprenderem do indivíduo como titular, destinando-se à proteção de grupos humanos. Assim os beneficiários são não só os indivíduos, mas também os povos. Esses direitos surgiram após a segunda guerra mundial. São exemplos o direito a um ambiente sadio, direito ao meio ambiente ecologicamente equilibrado, o direito à paz, o direito ao desenvolvimento e o direito aos bens que constituem o patrimônio comum da humanidade.
- a quarta geração vem representada por uma categoria nova de direitos e representam o direito à vida das gerações futuras, o direito a vida saudável, o desenvolvimento sustentado, o direito à informação, direito a democracia, à identificação pessoal, à biotecnologia, à composição da família, ao patrimônio genético, ao meio ambiente ecologicamente equilibrado, os direitos dos pacientes, entre outros. É importante salientar que nem todos os autores reconhecem a existência de uma quarta dimensão ou geração de direitos.[111]

[111] MALUF, Adriana Caldas do Rego Freitas Dabus – Curso de bioética e biodireito, p. 121 e ss.

Nessa geração de direitos, derivados da Revolução Biotecnológica, encontra-se inserida a noção de alteridade, respeito e amor pelo próximo, norteando as relações humanas com a higidez da vida social, evidenciada pela solidariedade. Para tanto, diversos Documentos internacionais passaram a tratar do tema, entre eles: a Declaração Universal dos Direitos Humanos de 1948, A Convenção sobre Direitos Humanos e Biomedicina de 1996, a Declaração Universal sobre o genoma humano e dos direitos humanos, de 1997, entre outras[112]

A gama de direitos humanos (num plano público) ou de direitos da personalidade (num plano privado) é ilimitado. Esses direitos situam-se numa escala de conjunto de valores que abrangem várias dimensões: ética, jurídica, política, econômica, social, cultural, educativa. Todas essas feições devem ser analisadas conjuntamente e de forma interligada, pois ajudam a formar o todo que representa o gênero humano. "a ordem no universo só pode ser mantida por meio de um processo incessante de auto-organização, com a permanente adaptação ao meio ambiente. Ademais, a essência do ser humano é evolutiva, porque a personalidade do indivíduo, é sempre na duração de sua vida, algo de incompleto e inacabado".[113]

Para Manoel Gonçalves Ferreira Filho "o reconhecimento dos direitos sociais não pôs termo à ampliação do campo dos direitos fundamentais. Na verdade, a consciência de novos desafios, não mais à vida e à liberdade, mas especialmente à qualidade de vida e à solidariedade entre os seres humanos redundou no surgimento da terceira geração de direitos fundamentais – direitos de fraternidade. A primeira geração seria a dos direitos de liberdade, a segunda dos direitos de igualdade, formando junto com a terceira a tríade preconizada na Revolução Francesa".[114]

Nesse sentido, entendemos que dada a magnitude da abrangência dos direitos humanos, bem como da profunda interrelação que existe entre o direito e o amor, que a liberdade de manifestação deste último em sua mais rica diversidade representa um direito humano fundamental.

[112] MALUF, Adriana Caldas do Rego Freitas Dabus – Curso de bioética e biodireito, p. 124.

[113] COMPARATO, Fábio Konder – A afirmação histórica dos direitos humanos, p. 29.

[114] FERREIRA Filho, Manoel Gonçalves – Direitos humanos fundamentais, São Paulo: Saraiva, 2003, p. 57.

Muitos são os desdobramentos que compõem o amor e sua proteção como direitos humanos. No plano internacional, além da proteção integral da vida e da dignidade humana, vemos que as principais questões vem marcadas pela aceitação da diferença entre os povos estão na esfera cultural – onde o multiculturalismo se impõe como uma manifestação de amor a essa diferença ancestral entre os homens com todas as suas manifestações nas diferentes esferas da existência humana – entre elas a formação da família, na esfera religiosa – advindo a necessidade de respeito à diversidade de crenças (suas manifestações e consequente inserção social), na esfera política (no sentido da fruição das liberdades públicas no que tange à agremiação política, manifestação do pensamento e expressão, direito ao acesso à informação (que deve respeitar o direito à intimidade do outro lado), direito de associação, direito ao meio ambiente equilibrado, na esfera pessoal, onde entendemos que vêm protegidos os direitos de liberdade individual, a proteção do indivíduo em todas as suas etapas de desenvolvimento (do pré-embrião ao idoso), o direito à formação da família, o direito à filiação, o direito à identidade sexual e à identidade de gênero, a proteção da mulher, a proibição da discriminação racial (e consequente busca de inserção das parcelas desfavorecidas da população à educação, à habitação, ao trabalho), entre muitos outros, pois a gama de direitos que recebem proteção como direitos humanos é inestimável.

Esses direitos vêm em sua grande parte previstos na Declaração Universal de 1948, em seus artigos, buscando o equilíbrio das relações humanas, na paz do mundo.

Para Celso Lafer "a Carta, ao consagrar entre os seus propósitos a internacionalização sem discriminações dos direitos humanos, teve, como *vis directiva*, a ideia de uma sociedade internacional, composta por indivíduos livre e iguais, por isso grande foi a sua importância na luta pela vigência dos direitos humanos na convivência coletiva, e nesse sentido, pode ser considerada um evento inaugural de uma nova concepção da vida internacional".[115]

[115] LAFER, Celso – A Declaração Universal dos direitos humanos – sua relevância para a formação da tolerância e do pluralismo. In. MARCÍLIO, Maria Luiza (org.) A Declaração Universal dos Direitos Humanos – Sessenta anos, São Paulo: Edusp, 2008, p. 27 e 28.

Nas palavras de Maria Luiza Marcílio, "o princípio do bem comum deriva dos princípios da dignidade, da unidade e da igualdade de todas as pessoas, princípios estes que se integram e compõem o princípio da solidariedade ou fraternidade entre os homens". Nesse sentido, vê-se que os direitos humanos buscam a proteção integral da pessoa humana, sendo esta uma responsabilidade de toda a sociedade – de políticos, legisladores, magistrados, educadores, visando a construção de um mundo alçado na solidariedade. Assim sendo é intensa também a preocupação com a paz duradoura no mundo, pois esta vem depois do amor, e nunca depois da guerra.[116]

Entendemos que o amor, por sua vez, decorre da aceitação e da tolerância, do respeito às íntimas manifestações da alma humana, e deve estar em sintonia com o momento histórico vigente, com a manifestação dos costumes, com o direito à liberdade individual.

Assim sendo, a manifestação do amor concretiza-se na formação da família, que por sua vez, a validade de sua formação representa um direito humano a ser respeitado e protegido tanto no plano interno como pela comunidade internacional.

O direito de família representa o mais humano dos direitos, uma vez que cuida da inserção do indivíduo num dado núcleo familiar, donde advirá intrínsecas repercussões na sua existência, tanto no plano social, como no econômico ou psicológico.

A inserção inevitável dos sujeitos ao direito de família, faz decorrer inúmeros direitos humanos. Daí decorre a relação dos direitos humanos com o poderes-deveres que interagem nos relacionamentos familiares, a fim de proteger a humanidade dos homens desde a concepção até o mais idoso dos sujeitos, assim como decorre o direito fundamental à família, a fim de concretizá-lo no grupo social mais elementar que é a família".[117]

Pode-se depreender dessa lição que o direito à família como um direito humano fundamental, intimamente ligado ao direito à vida, à higidez psíquica, moral, intelectual e social.

[116] MARCÍLIO, Maria Luiza – A Declaração Universal dos Direitos Humanos: primado da dignidade e do bem comum. In. MARCÍLIO, Maria Luiza (org.) A Declaração Universal dos Direitos Humanos – Sessenta anos, São Paulo: Edusp, 2008, p. 21.

[117] BARROS, Sérgio Resende de – Direitos humanos e direito de família –fonte:www.srbarros.com.br – Palestra proferida em 29.08.03, na XII Jornada de Direito de Família, realizada no Auditório da Assembléia Legislativa do Estado do Rio Grande do Sul. p. 1.

Aduz Sérgio Resende de Barros que "outros direitos humanos fundamentais também se ligam à família, tais como: a liberdade, a igualdade, a fraternidade, a solidariedade, a segurança, o trabalho, a saúde, a educação, bem como a própria felicidade humana e tantos outros valores que são objeto dos direitos humanos, que se ligam ao direito à família e se realizam mais efetivamente no lar familial".

Aduz ainda que a base do lar é o afeto. "por isso, o direito ao afeto constitui o primeiro dos direitos humanos operacionais da família. O lar sem o afeto é uma mentira de lar. Mas, assegurado pelo afeto, o lar é o recinto basilar da família, que a congrega".

O lar por sua vez, associa-se aos direitos que garantem a infraestrutura física da família, no sentido que reporta-se ao direito à moradia e ao bem de família; aos direitos que protegem a estrutura social da família, reportando-se ao direito de contrair matrimônio, ou união estável, o direito ao planejamento familiar, o direito à isonomia entre os pares, o direito ao poder familiar, o direito à paternidade (ou maternidade), direito à adoção, às técnicas de reprodução artificial, à assistência familiar, entre outros, bem como aos direitos ligados à estrutura econômica da família, como o direito à gratuidade do casamento, o direito à herança e à sucessão, o direito aos alimentos e por fim, referem-se a direitos que atinentes à estrutura psíquica da família, que se traduz no direito à convivência doméstica, o direito ao apoio da família em matéria de educação, cultura, saúde, reconhecimento de vínculo parental, direito ao parentesco e à afinidade, bem como o direito à plena inserção familiar e à solidariedade, notadamente contabilizada pelo respeito e amparo entre os membros da família. Enfim, o direto ao afeto "sentimento maior que garante o agrupamento humano por um laço mais forte e dá consistência aos demais direitos humanos da família".[118]

Desta sorte pode-se depreender que pertencer a um agrupamento familiar representa na óptica dos direitos, um direito humano fundamental, que não pode ser negado a nenhum ser humano, sob o pretexto de qualquer prática discriminatória.

Na realidade nacional, e ainda mais reforçada em muitas Constituições e quadro legislativo de muitos países do mundo, encontram-se legitimadas,

[118] BARROS, Sérgio Resende de – Direitos humanos e direito de família –fonte:www.srbarros.com.br – p. 2 e 3.

lado-a-lado diversas formas de configuração familiar, buscando albergar todos os seres humanos em face das suas necessidades, possibilidades, estruturas íntimas ou potencialidades. O afeto, seria portanto, um amálgama que contribui para a concretização da família em sua ampla magnitude.

"O Direito ao amor é a máxima expressão do direito ao afeto. O amor é a substância e a culminância do afeto. Não se desenvolve um sem o outro. O amor faz do indivíduo um ser humano. Identifica os entes humanos, uns com os outros, tão fortemente, que gera em todos nós a solidariedade humana, que é a única força capaz de construir – dignamente – a humanidade em toda a humanidade, a partir de seu grupo inicial: a família. E repita-se: não só construir, mas assegurar a humanidade construída, o que é o fim próprio dos direitos humanos".

"Eis aí como o afeto é o laço não apenas interno (entre os familiares), mas também externo (entre as famílias), capaz de – pondo a humanidade em cada família – compor todas as famílias em uma só humanidade, constituindo quiçá um dia a família humana universal, cujo lar é a aldeia global, cuja base física é o globo terrestre, mas cuja origem sempre será como sempre foi: a família. Eis a que visa o enlaçamento afetivo. Ele tende a construir a humanidade pela força maior da solidariedade humana, em cuja origem está a solidariedade familiar. E é por esse laço maior que se amarram entre si, inseparavelmente, os direitos humanos e os direitos integrantes da família como instituto jurídico, a principiar do próprio direito fundamental à família, que por consequência tem por lastro o direito maior de todos os direitos humanos: o direito à humanidade".[119]

Também a criança e o adolescente constituem objeto dos direitos humanos, pois sem ser a única são uma das maiores razões da existência da família. Recebem um afeto multiplicado – dos pais, dos avós, de todos os familiares – enlaçado com o afeto de toda a sociedade, que se empenha em protegê-los da melhor maneira possível, como se deve proteger o ser humano desde a concepção. Nesse sentido, o Constituinte assegurou direitos humanos fundamentais e operacionais à criança e ao adolescente nos artigos 226 a 229 da Constituição Federal.

[119] http://srbarros.com.br/pt/direitos-humanos-e-direito-de-familia-cont.

O artigo 230 confere proteção ao idoso em seus direitos fundamentais. Vemos que aí também prevalece a marca atuante do afeto e do amor nas relações interpessoais.

Vemos assim que o direito de família principia no direito à família e deriva dele os demais direitos da família, que são direitos humanos difusos.

Também formas novas de família, como a família homoafetiva e nos estados intersexuais, não deverá ser mais privada dos direitos humanos, em virtude de preconceito ou desconhecimento. Essa modalidade de família, que clama por amparo legal, exige ser reconhecida pela legislação do direito de família.[120]

Estaria na atualidade a família multiespécie inserida nesse mesmo conceito? Na atualidade já se tem conhecimento de relações afetivas entre homens e máquinas e entre homens e hologramas, sem falar na presença dos animais de estimação nos seios familiares.

Teria nesse sentido, sido estendido o conceito de direitos humanos para esses relacionamentos? Entendemos que diante das peculiaridades do tema muito estudo deve ser realizado, mas a princípio, entendo que sim, posto que em todo o lugar em que estiver a alma espiritual, o amor sincero e o afeto, ali estaria a plausibilidade do reconhecimento (de sua tentativa pelo menos).

Por direitos humanos entendemos um conjunto de faculdades e instituições que em determinado momento histórico, concretiza as exigências da dignidade, a liberdade e igualdade humana, as quais devem ser reconhecidas positivamente pelos ordenamentos jurídicos a níveis nacional e internacional. São concebidos de forma a incluir aquelas reivindicações morais e políticas que no consenso contemporâneo, todo ser humano tem o dever de ter perante sua sociedade ou governo, reconhecidas como direito.

A luta pelos direitos humanos, sempre encontrou barreiras políticas, econômicas, religiosas e culturais para se sedimentar, mesmo ponderando, como o fez Flávia Piovesan, que a Declaração dos Direitos Humanos representa o marco maior desse processo de (re)construção dos direitos humanos. Introduzindo a concepção de universalidade e indivisibilidade

[120] BARROS, Sérgio Resende de – Direitos humanos e direito de família – fonte:www.srbarros.com.br –p. 7.

desses direitos, convertendo-os em direitos de legítimo interesse da comunidade internacional.[121]

Forma-se assim, um sistema normativo global de proteção dos direitos humanos, integrado por instrumentos de alcance geral – Pactos Internacionais de Direitos Civis e Políticos e de Direitos Econômicos, Sociais e Culturais de 1966; e por instrumentos de alcance específico, como as Convenções internacionais que buscam responder a determinadas violações de direitos humanos, como a tortura, a discriminação racial, a discriminação contra as mulheres entre outros.

Na dinâmica do processo de consolidação da democracia, o Brasil tornou-se parte dos principais instrumentos jurídicos internacionais de proteção dos direitos humanos, participando ativamente dos principais foros internacionais sobre o tema.

A Carta Magna de 1988 introduziu o primado da prevalência dos direitos humanos, como princípio orientador das relações internacionais e da democracia do país.

Nesse sentido convém salientar o posicionamento de Norberto Bobbio, para quem atualmente o problema fundamental dos direitos humanos está na dificuldade dos governos em construir condições para a realização dos direitos proclamados. "A busca dos fundamentos para os direitos do homem não terá nenhuma importância histórica se não for acompanhada pelos estudos das condições, dos meios, e das situações nas quais este ou aquele direito possa ser realizado".[122]

Tal como relacionado anteriormente, os direitos humanos foram e continuam sendo historicamente afirmados. Representam uma construção das sociedades políticas reafirmadas cotidianamente na vivência e defesa dos direitos e deveres mais primários à organização social. São ainda a constituição de regras de convivência e de organização da comunidade política, que asseveram as liberdades individuais e impõem limitações e deveres de ação ou omissão ao Estado.

No âmbito da proteção dos direitos humanos, emergem na atualidade outros direitos, carecedores de defesa, promoção e proteção: o reconhecimento de novos atores sociais e novas demandas públicas que

[121] PIOVESAN, Flávia – Direitos humanos e globalização. In. SUNDFELD, Carlos Ari; VIEIRA, Oscar Vilhena. Direito Global, São Paulo: Max Limonad, 1999, p. 195 a 197.

[122] BOBBIO, Norberto – A Era dos direitos, São Paulo: Ed. Campus, 1992, p. 45.

impõem ações positivas no sentido de asseverar o respeito à diversidade humana.

Desta sorte, ante a afirmação histórica dos direitos humanos, o princípio da dignidade da pessoa humana tomou vulto e passou a permear todas as estruturas jurídicas, sendo o reconhecimento da condição de pessoa que assegura os direitos e garantias individuais historicamente determinados, aliado ao reconhecimento de que esta é detentora de direitos subjetivos, inatos, intrínsecos à sua condição humana, inerentes à sua personalidade.

Assim, após o tratamento dos problemas clássicos de racismo, antissemitismo, xenofobia ou discriminações fundadas no sexo, veio a discriminação em face da orientação sexual e da identidade de gênero, representar um direito humano fundamental susceptível de ser tratado pelos instrumentos jurídicos internacionais e nacionais, funcionando como a base da construção sócio política de inserção e agente revelador das transformações paradigmáticas relativas às liberdades públicas com reflexos na formação da família.

A questão da formação da família por homossexuais e transgêneros vem ocupando grande espaço nas discussões doutrinárias de muitos países na atualidade, tanto que diversos deles já adotaram em seu quadro legislativo a possibilidade do casamento civil homossexual. Outros, entretanto relutam em conceder-lhes os mesmos direitos que os casais formados por pessoas de sexo diferente.

Decorrente do direito à visibilidade tem-se o direito à livre manifestação do pensamento, do afeto, e o direito à diversidade sexual, como parâmetro que deverá conduzir ações sociais capazes de enfrentar energicamente o preconceito, a discriminação e homofobia, combatendo os estereótipos negativos que se ligam aos homossexuais e transgêneros. O direito à visibilidade representa o reconhecimento da dignidade da pessoa humana tal como preconiza o art. 6º da Declaração Universal dos Direitos Humanos de 1948 que ao reconhecer a condição de pessoa como atributo ético que assegura o respeito aos direitos humanos desse segmento social, garante-lhe a possibilidade de plena interação social.[123]

A Comissão de Direitos Humanos, reafirmando o estabelecido na Declaração Universal dos Direitos Humanos, e em diversos Pactos

[123] SALES, Dimitri Nascimento – Direito à visibilidade: direito humano da população GLBTT, p. 941; MOHR, Richard – The long arc of justice, p. 17.

e Convenções Internacionais (Pacto Internacional sobre Direitos Econômicos Sociais e Culturais, no Pacto Internacional sobre Direitos Civis e Políticos, na Convenção de Eliminação de Todas as Formas de Discriminação Contra a Mulher, na Convenção Contra Tortura e Outros Castigos ou Penas Cruéis Desumanas ou Degradantes e na Convenção sobre os Direitos da Criança), lembrando que o reconhecimento da dignidade e igualdade entre todos os homens é a base da liberdade, da justiça e da paz mundial e reafirmando a inadmissibilidade de qualquer forma de discriminação, proclama que todos os seres humanos nascem livres e iguais em dignidade e direitos sem distinção e ainda afirmando que a educação em direitos humanos é fundamental para a alteração de atitudes e condutas para promover o respeito à diversidade na sociedade, expressa profunda preocupação com a ocorrência no mundo todo das violações aos direitos humanos das pessoas fundadas em sua orientação sexual, sublinha também que o reconhecimento desses direitos fundamentais está além da orientação sexual do indivíduo. Assim, chama todos os Estados a promover e proteger os direitos humanos independente da orientação sexual.[124]

Podemos concluir frente ao exposto que os valores dominantes em cada época histórica apresentam um sistema de exclusões baseados em preconceitos punitivos e discriminantes, sendo a contemporaneidade alçada cada vez mais em princípios que valorizem o ser humano em sua dignidade, buscando a tolerância e a inserção social do mesmo, visando a autorrealização do indivíduo tendo em vista, que é imperativa a distinção entre a homossexualidade do indivíduo e outros aspectos de sua personalidade.

Como bem elaborou Stuart Mill, a valorização da liberdade e da diferença diretamente afetam a problemática da construção familiar nos estados intersexuais.[125]

De acordo com seus princípios, a liberdade do indivíduo deve prevalecer contra o controle social e político. A mais ampla variedade da vida e do caráter humano não pode ser obtida sem proteger os indivíduos uns

[124] MALUF, Adriana Caldas do Rego Freitas Dabus – Novas modalidades de familia na pós modernidade, p.

[125] Este foi o maior defensor da liberdade civil, intelectual, individual elaborou os princípios de maneira clara fundando o liberalismo moderno, suplantou formulações iniciais do problema sobre o individualismo e a tolerância – temas recorrentes aos direitos humanos.

dos outros e principalmente do terrível peso da pressão social, a "tirania da maioria", um dos males contra os quais a sociedade exige proteção e clama por tolerância.[126]

Preconizou ainda, que a tirania social, muitas vezes é mais temível do que muitas espécies de opressão política, pois penetra mais profundamente nos detalhes da vida privada, escravizando a própria alma do indivíduo, viola o dissentimento impedindo a formação de qualquer individualidade em desacordo com o modelo dominante.[127]

Tratou desta forma de elaborar a defesa da liberdade social e civil, procurando instituir os limites do poder que a sociedade poderia legitimamente exercer sobre o indivíduo.

O homem é um ser capaz de escolha e que busca determinados fins à sua própria maneira, e tantas mais forem as maneiras, mais rica se torna a vida do homem (valoriza Stuart Mill a possibilidade de alterar os rumos de sua vida em direções inéditas ou inexploradas, ampliando o campo de sua liberdade de ação, de escolha, de pensamento), buscando assim a sua felicidade e realização pessoal – fim precípuo da existência humana, valorizando a diversidade, a versatilidade, a plenitude da vida, a espontaneidade, a singularidade do homem, do grupo ou da própria civilização, evitando para tanto a mesquinhez, a uniformidade, o efeito danoso da perseguição, o esmagamento dos indivíduos pelo peso da autoridade, do costume ou da opinião pública, a intolerância à livre crítica, o preconceito, a injustiça.[128]

Uma pergunta chave para o tema é: tem a sociedade o direito de intervir no afeto privado? É justo impedir/possibilitar que duas pessoas com identidade de gênero constituam uma união com o mesmo efeito do casamento tradicional? Não há como provar que o afeto entre duas pessoas do mesmo sexo cause prejuízos concretos a quem quer que seja. Na verdade, é a intolerância com a diferença que causa prejuízos a pessoas que apenas desejam ter soberania sobre a própria intimidade.

[126] Lembra Robert H. Hopcke que "tudo o que é de ordem pessoal é também político, assim, a busca de uma melhor compreensão da homossexualidade não pode deixar de ter um significado político e histórico". – Jung, junguianos e a homossexualidade, p. 15.

[127] MILL, John Stuart – A Liberdade/Utilitarismo. São Paulo: Martins Fontes, 2000, p. 10 e 11.

[128] MILL, John Stuart – A Liberdade, p. XI a XVI.

Os maiores valores encontrados no pensamento de Stuart Mill foram a liberdade individual, a variedade e a justiça, alegando inclusive que sem o efetivo exercício da variedade/diversidade, formas inteiramente imprevisíveis de felicidade humana restariam desconhecidas, não realizadas.

Elaborou seu pensamento a fim de descobrir "as verdadeiras finalidades da vida", e entre elas, a verdade, a intimidade, a feição, o amor, reflexos diretos da dignidade humana, que representa o cerne dos direitos humanos.

A máxima dos Direitos Humanos, consagrada pela humanidade é o **amor**, que vem previsto como fundamento dos Direitos Humanos tendo em vista o respeito à pessoa humana e à sua dignidade (art.1º, inc. III CF/88), ante os deveres e responsabilidades sociais, impostos pela ética suprema do valor moral espiritual, pelo caráter e pela virtude de cada um de nós, sem qualquer tipo ou espécie de discriminação tal como prevê a Constituição Federal em seus artigos 3º, IV e 5º, I e *caput*.

Assim sendo, vemos que os Direitos Humanos têm como base o Amor, a solidariedade e a tolerância, entre os seres humanos sem distinção, em todas as suas etapas evolutivas: do embrião ao paciente terminal, e com igualdade para a liberdade e fraternidade – tripé da Revolução Francesa, 1789 –, objetivando a construção de uma sociedade justa, tal como preconiza a Constituição federal em seu artigo 3º, I, tem sua estrutura basilar prevista na Declaração Universal dos Direitos Humanos de 1948.

Em face da importância dos direitos humanos para o estabelecimento, fruição e disseminação do amor, pensamos que o principal objetivo na contemporaneidade é fazer com que estes direitos sejam respeitados: sua efetivação é a maior problemática.

Assim se dá a proteção do amor como um direito fundamental do ser humano: conjugando-se democracia, direitos humanos e paz.

# 4.
# AMOR – DIVERSAS DEFINIÇÕES E EFEITOS JURÍDICOS

Difícil é na prática, frente à influência multicultural definir com exatidão o que vem a ser o sentimento amoroso. Entretanto, inegáveis são os seus efeitos no campo do direito, principalmente na pós-modernidade, etapa do pensamento e da evolução da cultura e da ciência, que mais uma vez colocando o homem no centro do ordenamento, passa a valorizar seus mais íntimos anseios, numa visão hedonista da administração de sua vida pessoal e consequentemente na efetivação de seus laços familiares e afetivos

Reflexos dessa situação podem ser sentidos na formação da família atual, e não apenas na fixação do casal, ou par amoroso, mas também no que tange à filiação, tendo em vista a evolução das técnicas de reprodução assistida, que dão margem às mais diversas configurações de laços parentais.

Desta forma, perguntamo-nos: O que é na verdade o amor? Pensamos com os filósofos que se trata de uma lembrança, de uma reminiscência de completude; de um encantamento forte e poderoso que se sente por uma outra pessoa. Os sentimentos de desamparo e solidão, resultantes do corte que demarca os limites do eu e inaugura o espaço do desejo nos fazem eternos rastreadores em busca do aconchego perdido no qual toda a relação amorosa se espelha.[129]

[129] ARATANGY, Lídia Rosemberg – O anel que tu me deste, São Paulo: Artemeios, 4. ed, 2007, p. 17.

Corresponde a uma superação da realidade, que aplaca a desesperança, que protege (ou que se faz desejar proteger), que ampara. Tal como enuncia Francesco Alberoni "representa uma força criadora poderosa, através da qual a inteligência e a paixão transfiguram o presente e moldam o futuro".[130]

O amor, oculta energias poderosas que exercem um reinado de tirania sobre o indivíduo, que se torna singular, único, altamente importante. Simboliza um encontro tão poderoso, que os amantes não querem se despedir depois de um encontro, que pode ser entendido como a presença de uma ausência. (O que comprova, acreditamos, que seja impossível sentir paixão romântica por duas pessoas ao mesmo tempo).

A ternura e a vontade de proteção são os componentes intrínsecos do sentimento amoroso, que por sua vez inclui reações conscientes e inconscientes como manifestações de gesto e olhar (o olhar fala mais alto do que a palavra... sentimos uma emoção doce envolver o nosso coração); de alteração do tom de voz, de expressões faciais e corpóreas, que emanadas, permitem ao parceiro identificar os sinais lançados como de natureza amorosa.[131]

Essa possibilidade de se captar os sinais lançados no mundo do sensível, traz consignado um entendimento kantiano sobre a manifestação das impressões, dos sentimentos, dentre os quais se destaca o amor: são atos que denotam princípios que tem validade universal, assim admitidos com base nas experiências vividas nas interações humanas que desencadeiam ações e reações reciprocamente consideradas (comprovadas no universo da física) com toda natureza material.

[130] ALBERONI, Francesco – Lições de amor, Rio de Janeiro: Rocco, 2008, p. 19.

[131] A voz transmite cada sensação, cada mínima emoção, que brota do interior da alma e que por ela é modulada. Representa o mais rico meio de expressão humana passível de deixar compreender o estado de saúde e ânimo da pessoa. Para a medicina oriental, a modulação e o tom da voz são regulados pelos pulmões e rins, enquanto que sua transmissão e a cadência dependem do coração; a cada vez que se bloqueia um sentimento, ou uma emoção a voz é influenciada por isso. Quando se utiliza o tom macio e sedutor significa "eu a considero atraente mas temo fazer um papelão se lhe digo isso abertamente". A comunicação por meio do tato também é bastante poderosa, pode ser definida como a forma mais primitiva e fundamental de comunicação. Às vezes uma carícia ou um toque de mão conseguem exprimir mais do que muitas palavras, o afeto e a empatia que experimentamos por outra pessoa. GUGLIELMI, Anna – A linguagem secreta do corpo – a comunicação não verbal, Rio de Janeiro: Vozes, 1999, p. 145, 205 e 206.

Na ótica do pensamento de kant "se a doutrina dos costumes fosse a doutrina da felicidade, seria absurdo buscar princípios *a priori* para ela, uma vez que por mais plausível que possa parecer afirmar que a razão, mesmo antes da experiência, poderia garantir um gozo duradouro das genuínas alegrias da vida".

Pensamos com kant que somente a experiência real é capaz de ensinar ao homem o que lhe traz alegria, felicidade, contentamento, realização.

Para tanto Helen Fisher retrata que, quando o processo amoroso se instala e os amantes não sabem se seu amor é apreciado e retribuído, eles se tornam hipersensíveis aos sinais enviados pelo adorado, dissecando suas atitudes, para assim poder perceber se aquele retribui ou não os seus sentimentos. Além disso, criam uma gama toda nova de interesses, crenças, valores e estilos de vida para agradar aos seus amados. Assim, cientes do seu desejo amoroso, os amantes reorganizam sua vida para acomodar seu amado.

Assim sendo, a pessoa enamorada concentra integralmente sua atenção no amado, em detrimento de tudo e de todos, inclusive trabalho – família – amigos. Essa "atenção concentrada é um aspecto essencial do amor romântico", posto que ele se funda na gênese dos impulsos naturais.[132]

Nesse sentido posicionou-se Erich Fromm, para quem, mais do que uma sensação agradável, o amor é uma arte, cuja capacidade de experimentação deve ser desenvolvida por cada um individualmente.

Existe ainda, no processo de capacitação para o potencial de enamoramento, as intrínsecas particularidades que cada indivíduo apresenta na realidade social, e que apresentam um grau variável de racionalidade e subjetivação, tais como: sucesso, aparência física agradável (beleza), dinheiro, poder, bom trato, traquejo social, cultura, entre outros, como identidade de interesses e valores.

Inclui também os conceitos de importância do objeto a ser amado, onde "as pessoas se atrairiam por outras de modos muito semelhantes aos seus – ai notamos o subjetivismo e do personalismo do processo de atração, onde as partes atuariam como prêmios que se busca na vida. Depende, portanto, do que se está em voga em face do momento histórico, bem como do ponto de vista físico como do mental".

[132] FISHER, Helen – Por que amamos – a natureza e a química do amor romântico, p. 30 e 31. Para o apaixonado, cada momento junto com o amado é revivido com muita intensidade.

Evidencia outrossim, numa síntese conclusiva, "um valor de negócio compreendendo uma verdadeira transação amorosa (no sentido jurídico do termo), pois o objeto precisa ser desejável para obter valor social, e ao mesmo tempo precisa desejar o outro avaliando-lhe os predicados e potencialidades manifestos e ocultos"

Procura-se assim, "o melhor objeto disponível no mercado, dadas as limitações de seus próprios valores de troca".[133]

Por mais materialista e até repreensível que a ideia possa parecer, nossa experiência no tema, nos demonstra que muitos casais se formam, se desfazem, se mantém ou não em face desse "valor de troca social". Que permeia os panos das conversas, as justificativas morais que embasam as rupturas dos relacionamentos de cunho afetivo.[134]

Com muita precisão Zeno Veloso ao tratar dos temas de família, aduz que "em matéria de casamento, seja quando dá certo, seja quando não dá aborda uma comunhão de interesses".

Aduz ainda Erich Fromm que o problema do amor, quando questionado pela maior parte das pessoas, reside em três questões principais: onde a primeira questão envolve o binômio amar/ser amado – onde a maior insegurança advém de como adquirir capacidade para ser amado/a, ser digno de amor (é ai que se inicia a grande e infindável jornada rumo ao consumo de bens materiais e imateriais para se conquistar a atenção do potencial parceiro); a segunda envolve a escolha em si do objeto de amor; a terceira envolve uma confusão conceitual entre o ato inicial de se apaixonar e a situação permanente de amar, realmente, o outro parceiro.[135]

Apresenta, portanto, o processo de enamoramento um componente absolutamente racional que a prática nos impede de descartar. Infelizmente.

Pensamos, entretanto, que em matéria de amor e relacionamento amoroso, a razão nem sempre pode ser a melhor conselheira, pois esses

[133] FROMM, Erich – A arte de amar, São Paulo: Martins Fontes, 2000, p. 1 a 4.

[134] É muito comum quando se contam histórias de relacionamentos que se formam, ouvir-se frases do gênero: X se caosu com Y por interesse, também ela/e filha/o de A, grande empreendedor do mercado financeiro. Ah, X se separou de Y? Nossa apesar de filha/o de A ela era desequilibrada/o. Note-se aqui a presença marcante e onipresente da "moeda de troca".

[135] FROMM, Erich – A arte de amar, p. 1 a 4.

sentimentos nascem, como veremos logo mais a partir de variáveis nem sempre conhecidas no mundo intelectual.

Inclui ainda o amor, sentimentos de equivalência, de afinidade, de compatibilidade, de idealização. Sentimos muitas vezes que o ótimo é diferente do bom.

O amor abrange portanto, inúmeros significados: afeição, compaixão, misericórdia, inclinação, atração, apetite, paixão, bem querer, satisfação, conquista, desejo, libido, entre outros... mas de uma forma geral, o amor interpessoal envolve a formação de um vínculo emocional com alguém, que seja capaz de receber os sinais característicos do comportamento amoroso e a partir deles enviar os estímulos sensoriais e psicológicos necessários para a sua manutenção e motivação.

A pessoa que faz brotar em outra o sentimento amoroso, torna-se para o outro um ser único, que corresponde à especificidade do seu desejo, à concretização da sua verdade. Logo, o enamoramento é o estado nascente de um movimento coletivo formado por duas pessoas, que quebram os vínculos sociais preexistentes e estabelecem entre si um novo relacionamento erótico e espiritual que leva à formação de uma nova comunidade, o casal, através do qual, ambos reestruturam todos os relacionamentos e valores: com a família, com os amigos, com o trabalho, a religião ou a política, representando, um verdadeiro renascimento, a formação de um a nova estrutura social mais rica, mais completa e mais feliz que a anterior.[136]

Apresenta ainda um potencial de anulação, concentração e invariabilidade, podendo ser compreendido como um processo complexo e contraditório que apresenta uma qualidade de expansão que se mostra fundamental na vida do amante, o que explicaria o aspecto absorvente e possessivo que assume em certas personalidades primárias, como leciona Mira y López.[137]

Como características bem destacadas do processo de enamoramento, podemos destacar: o nascimento de sensações românticas, um aumento

[136] ALBERONI, Francesco – Lições de amor, p. 25.

[137] "Tem a capacidade de aumentar na razão direta de sua impossibilidade de realização, tendo em vista as resistências que lhes opõem. Triunfa frente seus adversários. A antinomia que guarda consignado demonstra-se na sua capacidade de apresentar delicadeza e sensibilidade, variabilidade e instabilidade. É delicado e forte, puro e perverso, terno e cruel, audaz e tímido, sincero e teatral." MIRA y LÓPEZ, Emilio – Quatro gigantes da alma, Rio de Janeiro: José Olympio editora, 2010, 27º ed, p. 121.

de sensibilidade, a assunção de um significado especial por parte do objeto de amor, a atenção concentrada nos atos do ser amado, o pensamento obsessivo, a idolatria das qualidades do amado, a ebulição de emoções, o aumento da energia vital, as oscilações de humor, o desejo de união emocional – que suplanta em muitas vezes o desejo sexual –, a busca do conhecimento das atitudes do amado, a mudança de prioridades, a dependência emocional, a empatia, a esperança, um aumento do desejo sexual.[138]

Há séculos as ciências procuram definir o que é o amor, o que o desencadeia, o que acaba com ele e o que o faz durar, mas o processo de enamoramento em si, se inicia quando começamos a notar a presença especial de outra pessoa, através da qual, novos sentimentos e emoções passam a se aflorar.[139]

Toma a partir daí, o amor, uma função ativa de cuidados com o ser amado, de preocupação com seu crescimento e vida. É válido ressaltar, como o faz Erich Fromm, o respeito em relação ao outro só é possível, se o indivíduo possuir independência, sem a necessidade de explorar o outro. A falta de amor, por outro lado, leva a um estado de isolamento e aprisionamento do homem.[140]

Sentimos a presença de uma nova emoção, que congrega atração e espontaneidade. É marcada pelo encontro de mentes, pela presença constante do outro em nossos pensamentos e fantasias, a vontade suprema do contato físico. Sentimo-nos invadidos por um sentimento especial em sua presença, que nos faz sentir mais leve, mais feliz, mais atraente.

Muitas vezes, quando nos enamoramos, tal é a novidade da sensação, chegamos mesmo a duvidar se o estamos. Cria-se um desejo, uma ânsia que só se aplaca quando revemos a pessoa amada ou se escutamos a sua voz... tudo volta e desaparece, mas se essa inquietude volta e volta uma vez mais a reaparecer, e se impõe, então estamos mesmo verdadeiramente enamorados.

138 FISHER, Helen – Por que amamos – a natureza e a química do amor romântico, p. 18 a 42.

139 Para diferenciar conceitualmente emoção e sentimento podemos apontar que emoção é um estado agudo e transitório que se estabelece no íntimo do ser humano, enquanto o sentimento representa um estado mais atenuado e durável. BOCK, Ana Merces; FURTADO, Odair; TEIXEIRA, Maria de Lourdes Trassi – Psicologias – uma introdução ao estudo da psicologia, São Paulo: Saraiva, 2002, p. 191.

140 FROMM, Erich – A arte de amar, p. 34 e 35.

Para Kant, a faculdade de um ser atuar em conformidade com suas representações (de prazer ou desprazer) é denominada vida, pois unge o ser humano a sentimentos de grande dimensão ligados ao desejo e a aversão a determinados atos, fatos ou objetos.[141]

Nesse sentido, aduz Hanna Arendt que para Santo Agostinho, "amar não é mais do que desejar uma coisa por si mesma, pois amor é desejo (*appetitus*).Todo o desejo está ligado a qualquer coisa determinada que se deseja, e é esse objeto do desejo que, antes de mais nada, fez nascer o desejo, estimulou-o, deu-lhe a sua direção".

O desejo, em sua concepção basilar, dirige-se para um mundo conhecido, onde a coisa conhecida é um bem (*res*), pois a ela se aspira por ela própria (*proper se ipsam*).[142]

Retrata ainda que o caráter específico deste bem é o de não ser possuído, (o que entendemos como uma projeção do nosso eu, uma aspiração interior) pois imediatamente após ser possuído, o desejo acaba, a não ser que exista o perigo de perder aquilo que foi adquirido. Nesse caso, o desejo de possuir transforma-se em medo de perder, ou de não obter aquilo que desejamos.

Está nesse sentido, ligado por um movimento de retorno ao homem que conhece o bem e o mal do mundo que se esforça para viver feliz, e é a partir dessa atitude fundamental, o querer ser feliz, que é determinado o respectivo bem de cada desejo, sendo que o desejo, ou ainda mais o amor, é a possibilidade dada ao homem de entrar em posse do seu bem.

O mais interessante do processo é que no instante em que é possuído, o desejo se transforma em medo, pois da mesma forma em que o desejo quer o bem, o medo receia o mal. Nesse diapasão, ao desejo de possuir corresponde incessantemente o medo de perder. O bem maior ao que o amor aspira, na concepção agostiniana, é a manifestação da vida.[143]

No mesmo sentido, entendemos o amor como uma energia criadora, que transforma a existência do homem, que acalma a desesperança, que

[141] KANT, Immanuel – A metafísica dos costumes, São Paulo: Folha de São Paulo, 2010, p. 43.

[142] Podemos concluir assim na síntese de seu pensamento, que a existência/presença do outro, faz despertar mecanismos internos em nosso psiquismo, que nos faz desejar-lhe, estando pois na gênese do sentimento amoroso.

[143] ARENDT, Hanna – O conceito de amor em Santo Agostinho, Lisboa:Instituto piaget, 1997, p. 17 a 19.

preenche o pensamento, dando um sentido especial às atitudes, aos desejos, aos sentimentos. De fato, pensamos, é um sentimento intimamente ligado à vida em todas as suas manifestações.

O homem percebe a força criadora do amor e por ela se deixa envolver, quando de alguma forma se sente insatisfeito, inquieto, sozinho, mas também se vê cheio de vida e preparado para um novo encontro, que o faça renascer livre e feliz. O enamoramento explode quando o indivíduo sente-se comprimido, acuado, aprisionado, impedindo de expressar suas potencialidades. Quando ao sentir-se assim, consegue enxergar o outro que de alguma forma lhe rompa essas barreiras, abre-se, liberta-se, desabrocha.

Como ensina Francesco Alberoni "apaixona-se quem descobre que está vivendo uma vida árida e vazia, e sente queimar dentro de si o desejo de uma felicidade que nunca experimentou".

Desta forma, podemos perceber que se apaixona a pessoa que de alguma forma está buscando uma renovação, uma mudança, um movimento novo que lhe imponha o risco, o medo, o inusitado, o recomeço. E isso se dá por várias razões, que vão desde a modificação interior, à alteração do ambiente, por não se sentir mais a vontade com o parceiro atual, por não conseguirmos mais realizar nossos desejos mais profundos e expressar nossas potencialidades, por sentirmo-nos prisioneiros dos hábitos e da rotina, pela presença da hipocrisia, do tédio, ou mesmo por já termos galgado um espaço tal nas realizações sociais e profissionais que nos levam a um retorno a nossa essência mais primitiva. "Procuramos alguém que nos permita saborear uma nova maneira de ser, assim podemos nos apaixonar em qualquer fase da nossa vida, mas principalmente nos momentos em que a nossa vida dá uma virada".

Pode-se sentir o sentimento amoroso nesse sentido, por aquele que nos completa, que nos enriquece, por aquele que é suficientemente parecido conosco para nos dizer alguma coisa que possamos assimilar, mas também diferente, para nos mostrar o que não temos, de forma que possamos mudar. No momento propício para que o amor se instale, apaixonamo-nos pela pessoa que com o seu comportamento, seus sentimentos e valores, suas experiências de vida, seus sonhos e entusiasmo, sua inteligência, carisma, vontade de viver, sua beleza e sobretudo pelo prazer e inclusão que nos proporciona, nos leva a compreender que juntos podemos realizar nossos desejos mais profundos, fundamentais e até proibidos, que podemos preencher todos os vazios da nossa alma e realizar-nos em nossa plenitude. Assim, experimentamos uma atração irresistível seguida da necessidade premente de nos fundirmos física e espiritualmente com ela.[144]

Tal como descreve Nuno Amado "o amor convida ao belo e ao banal, ao supérfluo e ao profundo, ao sério e ao ridículo. Que dizer de algo que é a melhor e a pior coisa do mundo, que é ridículo e sublime, que é cego e vê o mundo através de lentes cor-de-rosa, que é obsessivo e generoso, invejoso, rico e pobre, arde e cura, mata e salva?"

Concebe Jacques Maritain que o amor é um convite de Deus à vida mais próxima de sua verdade absoluta.[145]

Para José Luiz Furtado "o amor é mais antigo que a sabedoria da razão que sobre ele se debruça como tema de conhecimento, mesmo porque ele próprio é sabedoria, sabedoria do coração que não espera os sábios da razão terminarem sua tarefa para exercer-se, em toda a plenitude de que é capaz".[146]

De qualquer sorte percebemos nitidamente a importância do amor na vida humana.

À luz do entendimento de Francesco Alberoni o enamoramento é um processo no qual a outra pessoa, aquela que encontramos e que nos correspondeu, se nos impõe como objeto pleno do desejo. Esse acontecimento nos obriga a uma reorganização de toda a nossa vida, obriga-nos a repensar tudo, especialmente o nosso passado. O estado nascente de enamoramento tem a extraordinária propriedade de refazer o passado, com todas as suas características.

As pessoas enamoradas reveem o passado e se dão conta, de que, o que aconteceu foi assim, daquele jeito, porque naquele momento, fizeram opções, que agora não querem mais. O passado, que agora reavaliado, não é negado, nem oculto, é apenas privado de valor.

"O novo enamoramento tem o condão de apagar do relacionamento anterior; o ressentimento, o rancor, o desejo de vingança. Aquele passa a não ter mais valor nenhum. Há um distanciamento, não há mais tensão,

[144] ALBERONI, Francesco – Lições de amor, p. 25 a 27.

[145] MARITAIN, Jacques – La perfezzione é nel' amore, Roma: Cittá Nuova, 2010, p. 13, 19 a 21.

[146] FURTADO, José Luiz – O amor, São Paulo: Editora Globo, 2008, p. 13.

nem medo, nem vingança. Seu passado adquiriu um novo significado à luz do novo amor. A alegria desse amor torna o enamorado dócil, meigo, bom".[147]

Este faz despertar o romantismo, uma química diferente, o desejo, a busca de completude, manifestada no plano racional pela compatibilidade de objetivos, de características pessoais, permeada pela admiração, que gera um sentimento interno de pertencimento, de reencontro com nossa essência mais primitiva.

Nesse sentido, acreditamos que o clima romântico dá-se mais por ações do que por palavras, são os gestos inconscientes que mais revelam: o tronco se inclina, os olhares se encontram, as mãos se tocam, a voz balbucia, o amante se sente feliz nos braços do amado, o coração dispara, o corpo estremece, as emoções florescem. Faz surgir um sentimento de euforia, de alegria e de paz quando se está junto do amado. Valoriza-se desta maneira, o jeito como o outro é, como fala, como sente, que por sua vez cria no enamorado um sentimento de vivacidade, de pertencimento, de aconchego. Em contrapartida, a expectativa adiada faz adoecer o coração, é o amor não salutar.

A intimidade surge, portanto, através de sinais não verbais onde o olhar desempenha um papel poderoso, assim como a receptividade, a distinção da presença do outro, a conversa, o toque, a sincronicidade – que demonstra o grau de entrosamento do casal, a equivalência, a afinidade, concretizado na idealização do outro.[148]

Quando se efetivamente se vê o outro? Para Clarice Lispector "há vários modos que significam ver: um olhar o outro sem vê-lo, um possuir o outro, um devorar o outro, um apenas estar num canto e o outro estar ali também – tudo isso significava ver". Às vezes não vemos o outro, mas estamos com ele, não o vemos com os olhos, mas com o toque físico do corpo".[149]

[147] ALBERONI, Francesco – Enamoramento e amor. Rio de Janeiro; Rocco, 1986, p. 18 e 19 – trad. Ary Gonzales.

[148] Sinais como encarar o outro de frente, o toque constante no parceiro, a inclinação do corpo, o contato visual, assentir o que o outro disser, rir\sorrir das histórias contadas, uma certa dose de medo ou insegurança, certa ansiedade, a identidade de interesses, a conexão com o outro, o compartilhamento de interesses, são comprobatórios do interesse amoroso. O olhar furtivo, com o canto do olho, aliado a um sorriso e as sobrancelhas levantadas, pode indicar o interesse amoroso, ou de qualquer forma exprime in teresse e admiração.

[149] LISPECTOR, Clarice – A paixão segundo GH, Rio de Janeiro: Rocco, 2009, p. 75 e 77.

Leciona Darwin que a emoção do amor é uma das mais fortes que a mente é capaz de produzir. Por ser uma sensação prazerosa o amor geralmente provoca um sorriso suave e um certo brilho no olhar, um intenso desejo de tocar a pessoa amada, bem como tornar claro o sentimento de amor por qualquer outro meio.[150]

Alguns impulsos dirigem-se à pessoa amada: a curiosidade, o prazer na conversa e na companhia do outro, a admiração, a presença penetrante do olhar que reafirma o afeto, assim como a vontade de agradá-la e vê-la feliz. O amante faz despertar o melhor de si que concretiza-se pelo prazer e plenitude na companhia do ser amado. Tudo depende nesse contexto, da maneira como nós o vemos e entendemos a relação.

Vemos assim, que mais um componente poderoso pode estar ligado à gênese do sentimento amoroso: a atitude.

Esta corresponde a seu turno à somatória não apenas de gestos, olhares ou outras manifestações simbólicas do amor, mas permite que o outro se sinta valorizado, distinguido, importante, possibilitando no mesmo sentido o alcance do seu eu interior. Sendo válido ressaltar que sempre haverá uma coerência entre a forma como agimos e o que estamos sentindo.

Podemos assim concluir que o amor se estabelece, em grande parte, em decorrência de termos detectado na outra pessoa determinadas propriedades que nos despertam a admiração e o interesse, aliado ao momento particular de cada um – estarmos sós ou insatisfeitos no relacionamento oficial, esse sentimento de incompletude nos impulsiona na direção do encantamento amoroso, que por sua vez sempre terá a interferência ainda que parcial da admiração (no fato de detectarmos na pessoa peculiaridades que nos encantam e com as quais queremos conviver).[151]

Existem, portanto, duas formas de linguagem fundamentais que permitem o estabelecimento da relação entre duas pessoas: a linguagem verbal e simultaneamente, uma linguagem não verbal, com a qual se colorem as palavras pronunciadas e sobretudo, exprimem-se as emoções

[150] DARWIN, Charles – A expressão das emoções no homem e nos animais, São Paulo: Companhia de bolso, 2009, p. 183. Refere Darwin que a necessidade imperiosa de contato físico é experimentada também pelos animais quando acometidos de afeição seja pelo seu dono, seja por outro ser de sua espécie.

[151] GIKOVATE, Flavio – Nos os humanos, São Paulo: Mg editores, 2009, p. 114 a 117.

mais profundas e verdadeiras, oriunda dos gestos, da postura e, inclusive, do silêncio.

A linguagem corporal de ambos os parceiros é essencial para que o amor se desenvolva ou não. Entre os sinais que se externam na formação da intimidade, temos: tornar conhecida sua presença, seja por meio de um sorriso, um meneio de cabeça ou uma olhadela; conversar; virar-se em direção ao interlocutor; tocar o parceiro; ter sincronização nas atitudes. Amamos portanto, o outro pelo bem e pelas emoções que ele nos provoca

Mostrar receptividade e valorização do outro, além de compatibilidade de interesses e estilos também é muito importante para o estabelecimento do vínculo amoroso. Tudo fica mais interessante se além da semelhança, surgirem complementos que possam tornar a vida mais instigante, aberta a novas experiências e possibilidades, tornando-se mais alegre, mais completa, mais feliz, compensando assim as carências individuais.[152]

Na síntese de Anna Guglielmi "numa comunicação interpessoal a mensagem é transmitida verbalmente em 7% dos casos, em 38% pela modulação da voz e 55% por meio da linguagem corporal, pois os gestos, posturas e expressões revelam muito da intimidade do indivíduo, às vezes mais que o desejado. O corpo não mente, pois está em contato direto com nossas emoções mais profundas, nossos medos, nossas ânsias, nossa alegria e os transmite diretamente nos gestos das mãos, das pernas, nos músculos do corpo. Importante é a linguagem corporal na comunicação humana, pois pela manifestação física de um estado de ânimo – a qual entendemos como manifestação da alma –, podemos alcançar nosso interior mais profundo e assim, distinguir dentro e nós a emoção que criou determinada reação física".[153]

Para Ana Maria Machado, é fundamental o papel da linguagem corporal, mesmo nos tempos do amor virtual, onde a força da linguagem utilizada é extremamente sedutora, pois ambas são linguagens que manifestam a imaginação, que por sua vez deve entender como dissociável da

[152] LOWNDES, Leil – Como fazer qualquer pessoa se apaixonar por você, p. 74 e ss.; CASCUDO, Luis da Câmara – Civilização e cultura, São Paulo: Global editora, 2004, p. 245.

[153] Muito é importante a postura e a sincronicidade para a manifestação do interesse amoroso. GUGLIELMI, Anna – A linguagem secreta do corpo – a comunicação não verbal, Rio de Janeiro: Vozes, 1999, p. 241 a 243; CAMARGO, Paulo Sérgio de – Linguagem corporal, São Paulo: Summus editorial, 2010, p. 96 e ss.

construção cultural da noção de amor, pois a imaginação tem o condão de transformar em erotismo algo que era somente um impulso biológico, através da utilização concreta de uma linguagem simbólica.[154]

Desta sorte, dois são os caminhos que basicamente podem levar ao estabelecimento do relacionamento amoroso: o físico (baseado na aparência, nos gestos, no olhar) e a atitude (baseada nas práticas adotadas nos diferentes polos da existência e que corresponde à forma pela qual a pessoa enxerga o mundo).

Podemos ainda descrever que ocorre nesse processo o compartilhamento de três sintomas principais: a atração física e sexual, o desejo de estar próximo e o desencadeamento de emoções fortes oriundas da presença ou mesmo da lembrança do ser amado. Sentimos que a pessoa despertou em nós um sentimento verdadeiro e profundo.

Implica portanto no amor: a atribuição de elementos divinos ao outro, força, coragem, obstinação, supressão da realidade, aumento da carga erótica, disposição para querer o bem, coragem em assumir os valores escolhidos, curiosidade, presença de sensações românticas diferentes da obrigação, conexão emocional. É sentir algo especial por alguém que inspira a renovação pessoal do outro (por isso sabemos, os amantes se olham com curiosidade).[155]

No mesmo sentido é a concepção de A. P. Arnold para quem há a possibilidade de a expressão emocional ser classificada em uma base fisiológica, alçada em fenômenos autônomos. Assim sendo, o sentimento de amor produz a sensação de relaxamento muscular, a suavização da voz, vasodilatação, midríase, relaxamento intestinal, secreção glandular, salivação, ondas de calor e hiperglicemia. Todos esses componentes podem apontar para um fato singelamente conhecido: o amor representa um genuíno estado de afeição.[156]

O amor pode ser definido, como o sentimento que temos por aquela pessoa que nos provoca uma agradável sensação de aconchego, de paz,

[154] MACHADO, Ana Maria; SCLIAR, Moacyr – Amor em texto, amor em contexto, São Paulo: Papirus, p. 24.

[155] A coragem é um requisito imprescindível para o amor porque esse é um sentimento forte, extremamente poderoso, e vai requisitar essa coragem para poder se manifestar. Ele reformula o nosso entendimento da vida, faz-nos arriscar tudo, inclusive a vaidade pessoal.

[156] MARINO Jr., Raul – A religião do cérebro, São Paulo: Editora Gente, 2005, p. 49.

de serenidade. Desta forma, podemos sintetizar que escolhemos nossos parceiros segundo critérios complexos que incluem identificação pessoal, sensação de aconchego, carga de erotização, de admiração intelectual e psíquica, de confiança recíproca, da presença de afinidades. Esta última garante o estabelecimento da intimidade plena, no sentido em que o outro se sente aceito, inserido, sabendo que podem contar com o outro em qualquer situação.

Podemos assim sintetizar com Gabriel Chalita, que o amor é uma Ode à vida, englobando por conseguinte sensações e sentimentos vários, como: ânsia de liberdade, medo, coragem de arriscar, sede de viver, altruísmo, criatividade, capacidade de raciocínio, persuasão e argumentação, entre muitos outros, onde o corpo fala, demonstrando a forma como nos demonstramos no mundo, apontando ainda nossa postura, nosso estilo e mesmo nosso modo de ver o mundo, sendo que a forma como agimos, pensamos e vivemos, é na verdade a somatória de todas as nossas experiências vividas desde o momento de nossa concepção.[157]

Existe ainda um componente subjetivo muito forte que atua no interesse amoroso, que obedece à preceitos entronizados desde o ventre materno, onde a psicologia vai melhor definir as relações de causa e efeito do relacionamento parental com as futuras escolhas amorosas dos filhos.

Representa o amor ainda, uma energia ligada à vida. Quanto se está em contato com o ele, o corpo responde: a aura se ilumina, a criatividade atinge o auge assim como se aflora uma enorme sensação de estar vivo. Faz despertar o desejo de crescimento interior, fornece coragem para superar os bloqueios internos e viver, transformando aquilo que já não serve mais.

Nas palavras de Carlos Alberto Dabus Maluf "existem muitas formas de mostrar o amor: ele não é apenas um sentimento, mas uma maneira especial de se tratar a quem amamos", e assim se faz.

O nascimento do amor entretanto não é aleatório: devemos estar atentos às oportunidades que envolvem um Parceiro Amoroso em Potencial, que por sua vez pode

ser entendido como qualquer pessoa disponível para o amor e que seja livre de necessidades psicológicas obscuras.[158]

[157] CHALITA, Gabriel – pedagogia do amor, São Paulo: Editora Gente, 5. ed, 2003, p. 27 a 30.

[158] LOWNDES,Leil – Como fazer qualquer pessoa se apaixonar por você, São Paulo: Record, 2008, p. 22.

Há quem entenda que o enamoramento requer predisposição pois quem se acomoda na solidão, dificilmente vai se enamorar, pois não sente o incômodo por ela provocada nem tampouco a percepção realista de que estar só o torna infeliz.

Não concordamos inteiramente com essa concepção. Não há dúvida que ambas as partes devem estar receptivas, mas não cremos que um bloqueio eterno dos sentimentos exista em sua plenitude. Pois como elencamos anteriormente, o amor obedece a requisitos involuntários, cuja faísca pode se acender quando menos percebermos, pois este faz despertar o gosto da novidade, traz alegria e vontade de viver.

Muito importante nesse processo é fazer com que se desperte no outro o desejo de estar junto com alguém. A consciência de que existe vida além da solidão imposta, ajuda no processo de enamoramento. A ideia principal em nosso entendimento sedimenta-se em criar um clima de amor, de inserção, de segurança e acolhimento, para que o então solitário saiba, que é bastante viável manter sua independência, sua solitude, sua individualidade e relacionar-se afetivamente com alguém que lhe nutra amor sincero.

O amor, tal como já foi dito, nasce como um encantamento que se estabelece entre duas pessoas, mas o desenvolvimento das ciências trouxe-nos a concepção de que envolve ainda uma poderosa mistura de física, química, biologia e psicologia que pode ser definida e calculada, e talvez, quem sabe temperada por uma pitada de magia.

Assim, pensamos com Franceso Alberoni que o verdadeiro enamoramento acontece quando a pessoa em questão passa a preencher nos pensamentos e intenções de forma preponderante: “a pessoa amada é a primeira coisa que vem a nossa cabeça quando acordamos e a última antes de adormecermos”, ao seu lado vivemos momentos de indescritível felicidade, estamos sempre serenos, em paz conosco mesmo e com o mundo, e ao contrário, o seu afastamento nos traz a enorme sensação de perda, de incompletude. Com ela tudo se torna estimulante e rico, ao percebermos que essa pessoa se tornou o nosso coração, a nossa alma, podemos ter certeza de que estamos verdadeiramente enamorados.[159]

[159] ALBERONI, Francesco – Lições de amor, p. 28 e 29.

A atração mútua representa a pedra angular do amor, mas seu desenlace é influenciado pelo ambiente, pela presença (ou não) de filhos, família e sobretudo pelo parceiro, que pode aceitar ou recusar, num momento qualquer da existência, compartilhar de nosso amor eterno. "No relacionamento feliz, o desenvolvimento nos acompanha por toda a vida. No trágico, ele nos larga em algum lugar do caminho. Essa é a diferença".[160]

Sentimos que algo poderia ter acontecido com aquele parceiro em potencial, mas cada um continuou o seu caminho. Permanece a lembrança do deslumbramento, mesmo depois do esmorecimento de um amor que poderia ter nascido e florescido, mas que infelizmente, perdeu-se furtivamente.[161]

Sinteticamente podemos então compreender que **o** amor requer permissão, ou seja, um sentimento de reciprocidade que ocorre de forma natural, quase espontânea, capaz de dar início e alargar as relações de afetividade entre dois seres que estão em contato e que vêm a desenvolver um sentimento de afeição mútua. Essa permissão ocorre por sua vez, em um nível de aceitação natural, através do qual um dá ao outro a abertura

[160] Num plano físico podemos elencar com atitudes que denunciam a atração: o diálogo involuntário presente no contato visual, no sorriso, na invasão do espaço pessoal do outro –tocar muito –, no olhar arregalado, na gesticulação um tanto nervosa, na busca de informações sobre o outro, estar sempre observando o que o outro está fazendo, virar-se fisicamente em direção ao outro quando se fala – o que indica: "quero estar a seu lado", aliado ao desejo de parecer atraente aos olhos do outro, de agradar-lhe, de parecer-lhe interessante e estimulante. Também estão presentes a vontade/necessidade de contato físico (beijos, mãos dadas e até sexo), de estar a sós. O coração dispara, as atenções voltam-se para a pessoa amada a qual faz rir de suas falas, desperta o constante pensamento, fantasias e ilusões no outro, que arruma sempre desculpas para estar a seu lado. Ou seja, o ser amado faz despertar uma química diferente, uma excitação, estimulando fantasias e outros impulsos sensoriais. Em suma, todos os processos diários desempenhados pelo amado são pelo amante percebidos com encantamento, pois aí reside a natureza precípua do amor: a divinização do ser amado, sua especificidade e especialidade. Há o desencadeamento de uma sensação tão prazerosa que faz com que os parceiros queiram entrar em contato físico. Num plano emocional confere alegria, estímulos e realizações ao ser amado, fazendo com que lhe aumente a criatividade, a inspiração, a tolerância, o desejo, o prazer. Sente-se uma presença forte do fator vital, do aguçamento de todos os sentidos. Assim é a atração, um poderoso componente inicial do amor e consequentemente da relação amorosa.

[161] DELAHAIE, Patrícia – Amores que nos fazem mal, São Paulo: Larousse, 2005, p. 20; ANSELMO, Silvio – Luce perpendicolare – poesie e contemplazioni – diário di uma ricerca spirituale, Roma: L'Edizioni la parola, 2010, p. 31 e 40.

natural de aproximação, sem que sejam necessárias atitudes específicas por quaisquer das partes. A razão do sentimento de amor recai na própria pessoa amada, que em seus gestos, palavras, atitudes e ações conferiu permissão para que a outra pessoa o dedicasse aquele sentimento de amor.

Instala-se o amor, quando o sentimento preenche de alguma forma a alma e o corpo do outro, perdurando no tempo e no espaço, nas lembranças e nas memórias as sensações vividas.

Tal como aduz Leil Lowndes existem meios de se induzir um determinado comportamento nas pessoas, métodos para lhes incitar várias emoções e transformar o comportamento, para tanto, inicialmente necessitamos conhecer suas necessidades e motivações, e em seguida, valendo-nos de práticas verbais e não-verbais nos esforçamos para lhes alterar o comportamento. Dentre estas pode-se destacar as técnicas de comunicação, para conhecer as necessidades conscientes e inconscientes do parceiro.[162]

O estado de enamoramento, ao contrário do que muito se pensou, não nasce aleatoriamente, mas pelo contrário, obedece a alguns requisitos, como: a primeira impressão positiva causada, que por sua vez abrange diversas reações involuntárias, pois no momento em que os olhos se encontram define-se o futuro do relacionamento (a abordagem ou o recuo); a aparência; o cheiro; a semelhança, que prevê existência de personalidades semelhantes e necessidades complementares; a proximidade; o valor que se atribui à outra pessoa em face de sua realidade social; a segurança, no sentido em que possibilita conferir estabilidade e legitimidade ao parceiro, fazendo-o sentir-se especial, diferente, destacado. Dá-se através dos elogios, dos pequenos gestos, das demonstrações de carinho; amenizar a diferença entre os sexos (que entendemos pode ser demonstrada através de seus interesses e habilidades); eletricidade sexual,(estimulada pela postura e aparência física); a reciprocidade.[163]

[162] LOWNDES, Leil – Como fazer qualquer pessoa se apaixonar por você, p. 21.

[163] AMADO, Nuno – Diz-me a verdade sobre o amor – a psicologia da atracção, da paixão e das relações amorosas, p. 11 e ss; LOWNDES, Leil – Como fazer qualquer pessoa se apaixonar por você, p. 23 a 29; CAMARGO, Paulo Sérgio de – Linguagem corporal, p. 96 e ss. Ou seja, podemos compreender que para despertar o sentimento amoroso, precisamos ver despertos inúmeros predicados. As semelhanças conscientes tais como valores básicos, convicções e, reações e modo de ver o mundo também devem ser parecidas, além de valorizar seus feitos, hobbies e realizações, afinal todos queremos parceiros que compartilhem nossos interesses na vida.

Pode também ser desencadeado por elementos presentes em nosso psíquico, e a visão do nosso objeto inconsciente, desperta um sentimento de familiaridade, de especialidade nesse ser. O que se busca mesmo inconsciente no processo de enamoramento é a verdade individual de cada um, culminada pela exteriorização da essência dos sentimentos e dos pensamentos.

Interessar-se verdadeiramente pela realidade do outro; elogiá-lo; desenvolver mutuamente empatia e identificação; expor a admiração que se tem pelas atitudes do outro; observar a equidade entre o casal; a aparência, que antes de mais nada, é uma percepção visual e social; a instrução; a sociabilidade e a natureza interior, permeado por certo grau de erotização, contam muitos pontos no estabelecimento da relação amorosa.

Desta sorte, temos que a presença destes indícios muitas vezes não se mostram claros para os envolvidos, pois os sinais de interesse amoroso podem ser confundidos com os de amizades e de polidez, pura e simplesmente. Como resolver determinado impasse? Cremos que a intuição seja a nossa melhor conselheira, também a repetitividade das atitudes no tempo e no espaço, o que nos possibilita analisar a interação com aquela pessoa, suas atitudes, postura física e atributos do olhar, para assim podermos entender se o interesse que existe é de natureza amorosa e é mútuo.

A análise da reciprocidade das intenções é imprescindível para o estabelecimento do relacionamento amoroso, não apenas para o nascimento do vínculo inicial, como também para analisarmos se a relação preenche as nossas necessidades amorosas basilares. Nesse sentido, a autoestima é a peça fundamental para a saúde individual no relacionamento amoroso.[164]

Por isso entendemos que é importante o conhecimento de algumas características, muitas vezes não-verbais que pode assumir a posição individual no relacionamento, onde se destacam: a avaliação de como nos sentimos após estar com o parceiro (se exaurido, apoiado, cheio de energia, deprimido, satisfeito); o que recebemos do relacionamento; o que investimos no relacionamento; se partilhamos comportamentos destrutivos ou construtivos após estar com essa pessoa; a conscientização dos pontos positivos e negativos desse relacionamento ("o que ganho por

[164] É válido ressaltar que existem algumas características que são desejáveis num relacionamento amoroso: a intimidade, o mútuo adjutório, uma vida sexual gratificante, a fidelidade, a identidade de interesses e considerações.

estar com essa pessoa supera os aspectos negativos do relacionamento?"); como o parceiro reagiria se eu mudasse ou me libertasse do padrão relacional antigo.[165]

O amor se instala como um sentimento que gera a completude do outro. Logo, nenhum fator externo representa um obstáculo real para a sua existência, nem a diferença cultural, nem a diferença social, religiosa ou financeira. É bastante comum na sociedade ocidental o homem ter um destaque profissional que o retira da convivência amorosa, até o momento em que encontra uma mulher viva, inteligente e corajosa, mas sem a sua cultura, que o ama de forma erótica, com paixão, transmitindo-lhe otimismo e alegria de viver. Por que ele não deveria se apaixonar? Essa mulher lhe dá o que ele nunca teve: leva-o consigo para um mundo que ele jamais conheceria. Com o seu saber, ele enriquece a capacidade intelectiva dela, mas ela o melhora com sua intuição, com seu instinto e vitalidade. Ambos se completam.

Não existe a perda da individualidade no enamoramento, ao contrário, este revigora aquela, possibilitando a fluência máxima das potencialidades humanas.

John Money, cunhou o termo mapa do amor, para descrever o fenômeno da impressão mental que acomete os seres humanos, desde o início da sexualidade. Essa primeira impressão gravada no subconsciente, por outro lado pode apresentar um viés positivo ou negativo, aproximando ou afastando as pessoas nesse sentido.

Na síntese de seu pensamento, as experiências esquecidas, tanto positivas quanto negativas, podem ser recordadas pelo seu inconsciente sexual. Dadas as condições externas do momento, pode desencadear uma descarga de fenilalanina e através da ação desse hormônio, as condições fisiológicas do corpo se alteram e ocorre o início do processo de enamoramento.[166]

Aduz Flavio Gikovate que "quando estamos bem conosco mesmo, temos boa auto estima, tendemos a nos encantar com pessoas mais parecidas conosco. Quando apresentamos um juízo negativo de nós mesmos, temos a tendência de admirarmos aqueles que forem o oposto de nós. Essas características a longo prazo determinarão irritação, descontentamentos e frustrações". Assim sendo, podemos concluir que os parceiros

[165] LINN, Denise – Quatro passos do poder pessoal, São Paulo: Larousse, 2008, p. 74 e 75.

[166] LOWNDES, Loeil – Como fazer todo mundo se apaixonar por você, p. 34, 137 e ss.

que nos atraem bem como os que atraímos, correspondem àquilo que atingimos em nosso desenvolvimento pessoal.

As relações baseadas em afinidades determinam uma intimidade mais intensa, que pode provocar medo – de perda de identidade. Por outro lado "pisa-se" num terreno conhecido – o amado não irá esperar de nós nada muito diferente daquilo que já somos.

Por afinidade entendemos a forma como se vê o mundo e se administra as vicissitudes que aparecem cotidianamente: importante é analisar o caráter do parceiro, o seus projetos de vida, seus sonhos e capacidades de realização. Pequenas rusgas no que tange a preferências outras, de menor importância, podem ser controladas no dia-a-dia.[167]

Nesse sentido, pensamos no antigo mito de que opostos se atraem. Será mesmo? O que na verdade distinguiria a oposição da complementariedade? Pensamos, por via de consequência, que em matéria de amor e subsequente relacionamento, que o oposto (diverso, diferente) só é atraente quando existirem áreas de semelhanças suficientes na vida a dois que esta permaneça equilibrada e a oposição ocorra numa área complementar, que apresente uma importância secundária.[168]

De toda forma, frente à complexidade do comportamento humano e do alto grau de subjetividade que se impõe para a escolha amorosa, pensamos com Jacques Lacan que "o objeto do desejo é algo tão difícil, que não é todo dia que encontramos aquilo que é a imagem exata do nosso desejo. Mas que quando encontramos sabemos identificar. Temos uma imagem formada de nosso objeto de desejo e procuramos nos objetos do mundo algo que se assemelhe a ele. Quando o identificamos, investimos libido nele – nós o amamos".

O parceiro amoroso encontra na configuração de seu sentimento uma grande identidade de interesses com o outro. Ou seja, as pessoas tendem a se apaixonar por quem sente o que é o amor da mesma forma que elas,

[167] GIKOVATE, Flavio – Superdicas para viver bem e ser mais feliz, São Paulo: Saraiva, 2006, p. 44.

[168] Nesse sentido vemos que ninguém é obrigado a gostar de viajar, dançar ou patinar no gelo, mas a forma de encarar a vida, a presença de valores morais ou mesmo a forma de se lidar com a família ou o dinheiro, são vitais para o estabelecimento e perenidade do amor bem como da relação amorosa.

pela maneira como se tratam no dia-a-dia, como investem na relação e no cuidado com o outro, como podem amá-las da maneira como elas querem ser amadas.

Na verdade, os momentos reais de amor são silenciosos. Quando se está realmente sentindo amor, esse sentimento cria à sua volta uma radiância que diz tudo o que não podemos ou não conseguimos dizer, ou talvez, que nunca poderá ser dito. Nesse aspecto o passado e o futuro se apagam, sobrepondo-se o interesse apenas no momento em que se está vivendo. Sabemos, entretanto, que não se tem o condão de amar ou deixar de amar.

O amor é algo mais antigo que a sabedoria da razão que sobre ele se debruça como tema de conhecimento. Ele próprio é sabedoria, é sabedoria do coração, que não espera os sábios da razão terminarem sua tarefa para exercer-se em toda a plenitude de que é capaz. É portanto, um fenômeno espiritual.

Entretanto, para que cresça forte e verdadeiro deve proporcionar alegria, realização, ampliar sua autoestima. Deve "vir de dentro", crescer interiormente e aprender, dada a manifestação de seus sinais a vencer os obstáculos para que possa fluir.

Podemos sentir sinais exteriores desse processo: sentimo-nos mais leves, mais atraentes, mais engraçados. "Estou maravilhosamente em seus braços, você me estimula, me atrai, me anima, me faz rir, me alegra, me deixa otimista, me sinto maravilhosa".

Todas essas sensações se tornam um vício, e passamos a esperar os encontros, a sentir inquietação, desejo, rubor nas faces, ansiedade. Começamos a fantasiar sobre os encontros, sobre o outro. "Uma palavra, um olhar, um gesto, tudo muito bem analisado, muito bem interpretado, amplificado. Fantasia-se em cima de sinais imperceptíveis, historias grandiosas. É nesta fase que se inicia o amor, quando começamos a estimular o desejo, a estender as conversas, a preencher os vazios, a escutar de novo a voz, a rever os gestos... os apaixonados alimentam o amor muito acima do que ele representa".[169]

Quando se está junto da pessoa amada, esquecemos a hora, o trabalho insano, os problemas. Sentimo-nos regenerados para a vida, que leva sempre o seu rumo normal. Traduz-se portanto, num vínculo emocional com

[169] DELAHAIE, Patrícia – Amores que nos fazem mal, p. 25.

alguém que alimente estimulações sensoriais e psicológicas necessárias para a sua manutenção e motivação.

Nada impede os amantes de aproveitar ao máximo a presença do outro: o amor não idealiza os defeitos, não os torna qualidades, ele os sublima, compreende, transforma, eleva, enobrece como particularidades únicas do outro ser. O amor consiste em encontrar alguém que nos traga novidades.[170]

Até esta fase, como se diz em linguagem popular, tudo são flores. A partir desta, devemos fazer um balanço a cada etapa da relação para assegurar que a atração é mútua para não nos decepcionarmos ao escutar um não, daquela pessoa que até agora nos animava e motivava com suas investidas e receptividade.

Por outro lado, podemos apontar como sinais claros de desamor: a perda da curiosidade, o tédio, a incompetência em agradar, a falta de admiração, o retorno à solidão – voltamo-nos para nós mesmos, de novo. Tudo depende, por via de consequência, do modo como vemos o relacionamento, na sua maior expressão de realidade: "É fingir que gosta do que não gosta, é fingir que não gosta do que gosta".

Nesse sentido é importante para a manutenção do relacionamento amoroso fazer com que o parceiro se sinta amado, valorizado, respeitado, amparado. Tenha suas necessidades íntimas atendidas.

Para tanto, deve-se deixar transparecer que o seu corpo está reagindo ao dele, que há empatia, identificação pessoal, tensão. Deve-se focar os assuntos nos interesses dele, realizar um rastreamento de suas atividades, estar por perto "dando uma força", elogiar seus feitos.

A conexão emocional, faz com que os parceiros se sintam bem na companhia do outro, gerando o brilho harmonioso da simpatia, uma noção de amistosidade em que uma pessoa sente a cordialidade, a compreensão e a sinceridade da outra. Esses sentimentos mútuos fortalecem os elos interpessoais de forma mais temporária ou mais duradoura.

Essa conexão especial envolve três elementos basilares: atenção mútua, sentimento positivo compartilhado e uma linguagem não verbal bem coordenada.

170 DELAHAIE, Patrícia – Amores que nos fazem mal, p. 27.

Um indicador da conexão emocional é a empatia mútua, onde os parceiros se veem partilhando os mesmos sentimentos. Sentimo-nos importantes um para o outro. A diferença para essa conexão e o traquejo social é que no segundo caso percebemos que a pessoa não está sintonizada com os nossos sentimentos. A atenção em si, não basta para estabelecer uma conexão. (é necessário haver uma boa troca de aceitação, provocada em grande parte pelo tom de voz e pela expressão facial. Assim, vemos que as mensagens não verbais que enviamos podem ser mais importantes do que a mensagem verbal que emitimos.[171]

Em minha forma de pensar, o amor é acima de tudo uma projeção externa de um eu criado pelas percepções desse eu ampliado nas convenções sociais, históricas e religiosas. Vem representado no universo do simbólico, esmiuçado em ínsitas sensações.

Num outro sentido, o encontro amoroso só acontece depois que os amantes vencem as forças a serviço do desamor: o medo da entrega, o egoísmo, a insegurança.

Quanto à essa questão, faz alusão Nilton Bonder aos sacrifícios que o homem faz em sua vida. Perguntamos: para que? Para quem? Quem precisa de nossas restrições? "Quantas pessoas poderíamos ter-nos relacionado na vida e não o fizemos por ofertar sacrifícios ao nada? Sacrifícios foram feitos ao deus da timidez, ao deus da vergonha, ao deus do medo de ser rejeitado. Quantas vezes deveríamos ter dito sim ou não em vez de nos desgastarmos em relacionamentos inúteis, visando dissimular virtudes que seriam oferecidas aos deuses da expectativa, da cobrança, da culpa, entre outros".

A alma fica inconformada com sacrifícios vazios do corpo que por sua vez é responsável por uma intrincada rede de negociações psíquicas.[172]

Observemos atentamente se essa sensação preenche nossa existência de forma verdadeira: se nos permite viver de acordo com nossa natureza mais profunda, valorizando nossos sentimentos.

Para tanto, penso que devemos atentar para alguns requisitos: Temos a vida íntima que gostaríamos? Nossa vida amorosa, familiar e sexual está como pede o nosso coração? Conhecemo-nos o suficiente? Nossas

[171] GOLDMAN, Daniel – Inteligência social – o poder das relações humanas, p. 33 e 34.

[172] BONDER, Nilton – A alma imoral, Rio de Janeiro: Rocco, 1998, p. 59.

amizades são aquelas que satisfazem o nosso espírito? Preenchemos a nossa verdadeira vocação? Aceitamo-nos como somos realmente com os nossos defeitos e qualidades?

Podemos concluir com Flávio Gikovate, que o amor deriva da admiração, da identidade com o outro, da aparência física que desperte o desejo, a curiosidade. Tenha um "que" de inacessível, que se possa compreender os clamores da alma.

O encantamento amoroso nesse sentido, "contém um importante componente racional e lógico", uma vez que valemo-nos de critérios preestabelecidos para a seleção dos parceiros, que por sua vez, ainda, estão intimamente ligados ao amor-próprio e à vaidade pessoal, que representa um foco de grande excitação pessoal ao nos percebermos admirados positivamente por aquele que nos despertou a curiosidade. Da mesma forma, que se as peculiaridades do outro quando em desacordo com as expectativas lançadas por parte daquele que se enamorou, tende a fazer extinguir-se o sentimento.[173]

Assim sendo, podemos concluir que pode-se enamorar-se de outrem por vários motivos: pelo jeito como se olha, como se fala, como se ri, pela aparência física, pelo modo de ser, pelo que representa, como age. Configura a identificação pessoal. Tem ainda o condão de despertar nossa confiança, e nos garantir segurança, pois a escolha dos afins é também racional.

A imposição desse sentimento materializa-se na transformação do outro de uma figura neutra, em outra única e especial, sem a qual não podemos passar mais do que algumas horas afastados: ela se transforma no objeto do nosso amor! Este pode, entretanto, provocar alegrias extraordinárias, ou tristezas profundas, corações disparados, suores inesperados, sustos corantes, angustias, tormentas, desatinos, desvarios, insônia, dores intensas.... dependendo da forma como ele é cultivado.

Isso posto, temos que o estado agradável e confortável da alma, que reflete nossa conexão pessoal com nosso eu interior, está intimamente ligado com o avançar positivo do relacionamento. O estado inicial de euforia tende-se a se amenizar, passando assim o amor a provocar uma

[173] GIKOVATE, Flávio – Ensaios sobre o amor e a solidão, São Paulo: MG editores, 2006, p. 39 a 42.

sensação íntima de paz, de ternura, de proteção e aconchego, de equilíbrio, de harmonia; onde sua manifestação física é a ternura.[174]

A saúde do relacionamento amoroso representa a somatória do encantamento amoroso, (faz com que automaticamente priorizemos o outro), mais confiança (sem sufocá-lo). Em sentido oposto, temos a vaidade e a inveja, como poderosos agentes para impedir a felicidade a dois.

Em algumas vezes a conveniência toma corpo no universo dos relacionamentos. Assim diferentemente do prazer e da plenitude na companhia do outro – que define verdadeiramente o amor – o tédio, e a agressividade tomam conta da relação, onde a covardia, a acomodação e o medo de enfrentar os problemas reais da vida sobrepõem-se à falta de entrosamento do casal.

Muitos casais se questionam sobre o que é "dar certo" do ponto de vista amoroso. Entendemos que inclui a presença do carinho e do respeito mútuos; da paz e da harmonia no relacionamento; da solução pacífica das controvérsias que surgem no dia-a-dia quotidiano aliado ao prazer enorme que existe na companhia do outro.

Deve-se prestar atenção aos sinais não verbais do relacionamento – que indicam a saúde do mesmo – ao invés de se cobrir com os véus da hipocrisia e enganar-se a si mesmo e aos demais, mantendo-se num relacionamento já esvaziado de afetividade, possibilitando o surgimento de inúmeras patologias com o passar dos tempos.

Entre estas podemos apontar a criação de uma vida psíquica dupla, secreta, onde a imagem que se projeta de si mesmo e do próprio relacionamento pode funcionar como um porto seguro para a manutenção de um relacionamento já esvaziado do fator vital.[175]

O amor se concretiza na realização de uma vida em comum, que depende de muitas afinidades, do bom encaminhamento das coisas práticas, das afinidades dos projetos de vida, do modo de ser nessa área, tendo em vista os códigos valores específicos de cada pessoa. O amor se estabelece, em grande parte, quando detectamos no outro certas propriedades

[174] Como aduz Gikovate, a presença da pessoa amada passa a nos provocar sensações de paz, aconchego e proteção, harmonia e serenidade, e não mais conflito, insegurança, insatisfação ou medo. GIKOVATE, Flávio – Ensaios sobre o amor e a solidão, p. 43.

[175] SALTZ, Gail – Anatomia de uma vida secreta, São Paulo: Editora Gente, 2007, p. 14.

que nos despertam admiração e interesse (ou curiosidade), deriva ainda de nos sentirmos aconchegados, protegidos, afagados, pois o modo como somos olhados nos envaidece e nos faz sentir especiais, únicos. O amor nos traz uma forte experiência subjetiva, interna.

Muitos outros fatores são importantes para o nascimento do encantamento amoroso, tais como o momento particular da vida de cada um (não estar plenamente satisfeito no aspecto sentimental, por exemplo. Pois quando estamos sós, sentindo incompletude ou mesmo vazio emocional, o nosso interior nos impulsiona para o encontro amoroso); a coragem para amar e a disponibilidade afetiva.[176]

Além destes também fazem nascer o interesse amoroso: a prosperidade, a aparência física, a atitude, os sinais de gênero, a saúde, a juventude. Desta forma temos que a realidade intrínseca de cada um pode afetar o seu valor como parceiro amoroso. Isso se deve, em parte, às convenções morais e éticas que permeiam os relacionamentos sociais e também os interpessoais.

Vemos, entretanto, que existem muitos encontros amorosos que inicialmente são alicerçados na atração física, cultural, social ou mesmo emocional não se desenvolvem, posto que pode haver a existência de algum fator impeditivo para que ele prossiga, como: casamento ou compromisso anterior de uma das partes, mudança geográfica, estado de saúde, entre outros. Portanto, podemos concluir que existem razoes sensíveis para o amor nascer e razões práticas para ele se efetivar.

Frente a outras circunstâncias, onde o encantamento amoroso tem condições de fluir, temos que aqueles que querem atrair um parceiro amoroso muitas vezes se esforçam para melhorar esses recursos.

Aponta Aílton Amélio da Silva que alguns desses recursos que recebem mais atenção por parte daqueles que estão iniciando relacionamentos amorosos são os seguintes:

ser capaz de desenvolver um bom relacionamento, ser boa companhia, amorosa no trato, gentil, atencioso, ter habilidades e motivações para conduzir boas conversas; ser ambicioso e batalhador; exibir sinais de

[176] Muitas vezes nossa vida está organizada, equilibrada, planejada. Aí surge o amor com sua força avassaladora, desequilibra tudo, surgem nonas emoções e sensações. Em algumas vezes já estamos esperando por elas, em outras, tudo é novidade. Sua imperatividade atua sobre nosso pensamento e sobre nossa vontade.

prosperidade e cuidar da aparência. Embora a importância que é atribuída a cada um dos recursos citados acima varie entre as partes, estes contribuem sensivelmente para aumentar a desejabilidade social de quem os possui ou dá sinais de que pode adquiri-los ou desenvolvê-los

Elabora Ovídio que o amor é selvagem em sua essência, rebelde nos seus ensinamentos, mas é também uma criança em idade maleável e que se deixa guiar.[177]

Em face de suas considerações, elaborou alguns ensinamentos que considerara básicos para fazer nascer, florescer e solidificar o amor.

Destaca que em primeiro lugar, deve-se escolher o objeto do amor, em seguida, consagrar esforços para enternecê-lo, e finalmente, esforçar-se para que o encantamento inicial perdure, dirigindo assim, cuidados especiais para o ser amado, onde o ser amado sentindo-se protegido, baixa a guarda e permite que o amor apareça (aqui incluem proteção, defesa, cuidados com a alimentação, ambientação, entre outros), relacionamento com os que lhe são próximos (principalmente os criados, pois além de lhes ter acesso, conhecem os segredos).

A aproximação é portanto fundamental, nesse sentido "se o sexo forte julgar melhor não fazer avanços, a mulher vencida, tomará para si o papel de fazê-los...no mundo animal é sempre a fêmea que chama o garanhão de cascos duros". Entre os homens a paixão é mais reservada, sua chama respeita as leis.[178]

Refere também que o primeiro atributo da atração é o olhar, o qual sabemos, que desde o primeiro instante, lança mensagens para o cérebro, instituindo um local para guardar a imagem vista – atração ou repúdio. Podemos assim abstrair que o principal órgão da atração não é o coração mas os olhos.

Além deste, destaca a importância da elegância natural – beleza sem aparatos –, asseio pessoal, a atitude firme, elogiar o outro "é um prazer para os mais castos ouvir elogios para seus atributos", unir os dons do espírito às vantagens do corpo (se quer ser amado, seja amável), desenvolva seus atributos naturais, pois o que cativa o coração é uma condescendência hábil regada por doces palavras(fazendo atenção às necessidades do outro), a diversão, paciência e perseverança também são atributos necessários,

[177] OVIDIO – A arte de amar, Porto Alegre: L&PM Pocket, 2001, p. 17.

[178] OVIDIO – A arte de amar, p. 18 e ss.

assim como os bons modos sociais, admirar os feitos do ser amado, dar provas de sua dedicação, expressar os seus sentimentos e transmitir segurança, dependendo da circunstância, provocar o ciúme "quando o coração se abate no indolente torpor da segurança, é preciso empregar agulhas penetrantes para acordar o amor".

Assim, concluímos com Ovídio, que é importante saber identificar o que atrai uma pessoa à outra amorosamente. Esses motivos podem variar do mais puro e singelo amor à mais arguta e premeditada conveniência: podemos gostar de alguém por aquilo que ela representa para nós, como juventude, conhecimento, justiça (ou injustiça) e poder. Muitas vezes de forma recorrente escolhe-se parceiros que sabemos que a relação nunca dará certo.

Eis que elabora Paulo Sternick "no amor ou na falta dele, o ser humano expressa um lado profundo e primitivo, cujas raízes estão na sua personalidade e na sua infância. Conhecer um pouco das razões de nossas escolhas afetivas pode aumentar a felicidade no amor e na vida". Concordamos plenamente.[179]

De qualquer forma, o amor se tornou uma das mais raras experiências da vida.

Como tal, sinteticamente, podemos concluir que o amor e a sexualidade, antes de mais nada, devem ser avaliados interiormente – os reflexos da alma – para serem vividos com responsabilidade e segurança; pois o amor, pela magnitude emocional que encerra deve ser bem vivido, aqui entendido no sentido de bem resolvido, bem elaborado, uma vez que lhe é facultado a capacidade de transformar a vida humana em dois extremos bem conhecidos: o céu (quando bem resolvido) e o inferno (quando mal resolvido).

Representam ambos uma troca que para ser saudável para ambas as partes deve ser capaz de adicionar pontos positivos – alimentos nutritivos – para a alma humana, o que viabiliza o crescimento pessoal. Devendo-se para tanto, na medida em que utilizando o pensamento e refletindo sobre as nuances que o relacionamento sugere ter a segurança necessária para impor os limites necessários à preservação da dignidade humana.

[179] STERNICK, Paulo – É preciso identificar o que nos atrai no outro. In. O livro do amor I – da sedução ao casamento, São Paulo: OESP Gráfica AS, 2002, p. 39 e 40.

Na síntese de Jacques Maritain, o amor verdadeiro dá aos amantes uma forma superior de liberdade e felicidade, uma forma purificada em sua natureza espiritual na qual a personalidade de cada um é dilatada e elevada, fazendo-se que passem a centrar –se no outro ou mesmo no sentido mais amplo passem a ver o seu eu mais íntimo, no outro. "É uma forma de êxtase que leva o ser humano a sair de sua reclusão basilar e existir fora de si mesmo – é uma forma de transcendência no outro".[180]

Para ele a importância de amor é suprema. Este representa a experiência mística mais alta da alma humana, que atinge a realidade espiritual através do conhecimento que este proporciona. Concordamos totalmente com esse pensamento, pois o que deseja o ser humano antes de tudo? De que necessita na vida antes de mais nada? Todos temos necessidade de sermos amados, reconhecidos, valorizados, ou em outras palavras, temos necessidade de inserção, de sentirmo-nos especiais e contribuindo para a sociedade – e dela fazendo parte – que é na síntese de meu pensamento o início, o meio e o fim da vida.[181]

O mundo estava ai, parado, confuso, sem graça, sem sal. Você me incentivou a explorá-lo, a procurar conhecer suas belezas, a ter vivacidade para encontrá-las.

Vê-se assim, que é difícil definir o amor, face às diversas conceituações que este recebeu no desenvolver da história da humanidade. O amor interpessoal, por sua vez, refere-se ao amor existente entre os seres humanos. Representa um sentimento mais forte que o simples gostar ou simpatizar.

Existem alguns sentimentos que podem ser associados com o amor interpessoal, onde destacam-se: o carinho, que pode ser definido como um sentimento de ternura aliado à proximidade física; a atração, que visa satisfazer as necessidades emocionais básicas do ser humano; o altruísmo, caracterizado pela preocupação que se tem com o outro; a reciprocidade; o compromisso, que visa manter o amor; a intimidade emocional, caracterizada pela troca de emoções e sentimentos; a amizade; o parentesco;

[180] MARITAIN, Jacques – La perfezione è nell'amore, Roma: Città Nuova, 2010, p. 46.

[181] Para Jacques Maritain a vida eterna começa na existência terrena, pois a alma humana vive respira onde está e o amor tem força suficiente para fazer a alma humana experimentar a unidade com Deus. Daí vemos, a divinização do amado por parte daquele que ama, bem como a sensação de completude e de união espiritual com Deus quando manifestamos o amor apaixonado.

a paixão; a intimidade física e o auto interesse. Além destes também a sexualidade pode ser um importante elemento na determinação da forma de um relacionamento, pois tem a enorme capacidade de gerar vínculos.

No que tange às relações amorosas interpessoais, os afetos despertados solicitam de forma veemente a presença do outro, e estimulam a bondade e a benevolência de quem sente. O amante deseja a presença do amado e tudo faz para o seu bem, aliado à atração sexual e o desejo de intimidade de corpo e alma, estamos diante da força mais poderosa do mundo.

Apesar da magnitude de sentimentos, emoções e sensações que desperta no ser humano, vemos que nem todas as consequências do amor são positivas, podendo como dispõe Donatella Marazziti perceber que alguns problemas gerados nas relações amorosas se assemelham a transtornos psiquiátricos, não só por aspectos envolvendo o comportamento, mas também em reação a determinadas drogas.[182]

Podemos entender assim que o amor representa uma intensa relação interpessoal, cujo arrobo oriundo do encantamento inicial tende a desaparecer com o tempo sendo substituído por uma relação amorosa permeada pelo aconchego e inserção gratificantes.

## 4.1. As várias espécies de amor

A palavra amor (do latim *amor*) presta-se a múltiplos significados. Pode significar afeição, compaixão, misericórdia, ou ainda, inclinação, atração, apetite, paixão, querer bem, satisfação, conquista, desejo, libido, entre outros. O conceito mais popular de amor envolve, de modo geral, a formação de um vínculo emocional com alguém, ou com algum objeto que seja capaz de receber este comportamento amoroso e enviar os

[182] A instabilidade emocional, por exemplo é típica do amor maníaco: "lembra o temperamento ciclotímico, caracterizado por fortes oscilações de humor e, nos casos extremos, remete à alternância entre as fases típicas do transtorno bipolar". Dependendo dos indivíduos envolvidos, uma experiência amorosa pode provocar alteração de humor semelhante àquela provocada por drogas como cocaína e anfetamina. Donatella Marazziti revela que, apesar disso, em sua experiência clínica nunca encontrou um paciente disposto a abrir mão deste "sentimento privilegiado, elevado muitas vezes a eixo e sentido da própria existência". MARAZZITI, Donatella – O amor no foco da pesquisa neurocientifica. In http://projetocome.blogspot.com/2010/06/amor_e_ciumes.html < acesso em 27.8.10>

estímulos sensoriais e psicológicos necessários para a nossa manutenção e motivação.

Muitas são as espécies do amor, assim como várias são as suas raízes. De uma forma geral, podemos entender, que o amor é antes de mais nada uma postura que se adota em face da vida, em face do outro, em face da própria existência e sobrevivência humana. Envolve portanto uma faculdade, a capacidade de se dar.[183]

Do ponto de vista da psicanálise, toda relação afetiva, seja de amor, seja de amizade, é um investimento de energia sexual, onde o amor traz consignado um grande paradigma biológico: ao mesmo tempo em que o enamorado se sente mais exuberante também se sente mais exausto, mais cheio e mais vazio, mais vivo e mais amortecido; sendo que do ponto de vista psicológico esse dualismo se explica em virtude do intercâmbio de energias envolvidas nesse processo que altera substancialmente a existência do indivíduo.[184]

O amor tem várias raízes na concepção de Mira y López: uma raiz niilista ou tânica que o aproxima da morte, em decorrência da indefinível sensação afetiva de anulação vital, ou morência, que provoca afastando o enamorado da vida exterior. Na concepção de Ortga y Gasset gera uma redução do mundo habitual. Sua raiz tânica – que deixa o nosso *eu* em suspenso – é assimilada na totalidade do processo amoroso como um ato necessário e criador, nas palavras de Mira y López; uma raiz agressiva, possesiva e imperialista – advinda de um impulso vigoroso de conquista ou dominação que visa alcançar o objeto libidinoso partindo-se para a ofensiva, que lança mão de atos simbólicos (gestos, palavras e atitudes que fazem ressaltar as qualidades pessoais do conquistador; além de seus potenciais sexuais e sociais) – o que implica numa dominação completa do ser amado, tanto de seu corpo, quanto de sua mente; uma raiz genital, ligada à perpetuação da espécie e à necessidade humana de complementação; uma raiz criadora, capaz de extrair como nenhuma outra o máximo potencial criador do ser humano. Revela-se pelo entusiasmo que provoca,

[183] Nesse sentido aduz Erich Fromm que "amar uma só pessoa e ser indiferente ao resto dos homens, não representa uma forma de amor, mas de egoismo ampliado no centro de uma relação simbiótica".

[184] MIRA y LÓPEZ, Emilio – Quatro gigantes da alma, p. 123 e 124.

revelando os mais belos prismas, atraentes e capacitadores da ação criativa – seja de obras ou de valores.[185]

Apresenta ainda o amor, várias fases para o seu pleno estabelecimento. Para Platão "o amor é uma escada de sete degraus que vão da atração por uma pessoa até a intimidade com as realidades superiores do cosmo. É a súbita visão de um rosto que faz a multidão sair do foco, uma palpitação, uma somatória de emoções muitas vezes compartilhadas".

A primeira fase do amor, é definida como a fase da iluminação – onde ocorre a eleição do objeto amoroso, estando esta diretamente ligada ao estado íntimo pessoal, de acordo com a escala pessoal de valores de cada um. Projeta-se no exterior o motivo de suas vivências e atribui-se estas a determinada pessoa, que passa a constituir o suposto foco desencadeante do processo amoroso, (ou seja, tal como visto, é uma projeção natural do nosso eu que encontra reflexo em outrem). Ressaltamos que em face do amor, a pessoa amada sofre para aquele que ama uma verdadeira transfiguração, que nela vê as qualidades e valores que permanecem ocultos a um olhar indiferente, sendo que a velocidade desse reconhecimento pode ser instantânea ou progressiva, conforme o caso.

Uma coisa é certa: na presença do encantamento amoroso, as virtudes são evidenciadas e os defeitos absorvidos adquirindo um encanto. Transforma-se o ser amado no objeto idealizado de amor.

Segue-se então rumo à segunda fase do amor, a fase de insinuação e exploração, onde aprimora-se a sedução para afirmar a conquista, e consequentemente a posse do ser amado; a terceira fase é a fase da correspondência (ou vivência do ego), quando efetivamente experimenta-se o retorno do investimento amoroso; a esta fase advém a quarta fase do amor, caracterizada pela fusão e simbiose, incorporam-se as realidades, as individualidades, o mundo pessoal de cada um deixa de existir substituindo-se pelo mundo conjunto, o que é bom para nós; a quinta fase do amor, corresponde a uma fase de elevação e criação, que preenche de satisfação e entusiasmo a vida deixando transbordar essa felicidade para outras esferas da existência do casal (entendo que se trate da manifestação concreta da realização pessoal).[186]

[185] ORTEGA y GASSET, – Estudos sobre o amor, p. 41 e 42; MIRA y LÓPEZ, Emilio – Quatro gigantes da alma, p. 124 a 132.

[186] MIRA Y LÓPEZ, Emilio – Quatro gigantes da alma, p. 133 a 146.

O amor, para ocorrer, não importando os tipos, deve obrigatoriamente ser *permitido*. O que significa ser *amor permitido*? Na realidade quando sua força poderosa se impõe, ela não permite que ele passe despercebido e isso atribui-lhe um comportamento natural entre os seres humanos. A permissão a qual nos referimos toma por base um sentimento de reciprocidade capaz de dar início e alargar as relações de afetividade entre duas pessoas que vêm a nutrir um sentimento amoroso entre si.

A permissão ocorre em um nível de aceitação natural, mental ou físico, no qual o ser dá abertura ao outro sem que sejam necessárias quaisquer manifestações externas das partes.

A liberdade de amar, quando o sentimento preenche de alguma forma a alma e o corpo do ser humano, surge e se impõe, nada importando o tempo de sua duração. Permanecerá nas lembranças e nas memórias.

Por que você me ama? Pergunta-se ao ser amado. Porque você permitiu, responde o outro. Percebemos que essa dinâmica remete ao mais simples mecanismo de reciprocidade e lealdade, se um pergunta ao outro a razão de seu sentimento de amor em direção a ele, a resposta só poderia ser essa. A razão do sentimento de amor em direção à outra pessoa recaí na própria pessoa amada, que através de seus gestos, palavras, pensamentos e ações conferiu permissão para que a outra pessoa o dedicasse aquele sentimento de amor, ou seja, estava receptivo, vulneravel a que esse sentimento penetrasse.

Representa nesse sentido um ato de vontade, de decisão volitiva de comprometer a vida inteiramente com a da outra pessoa.

Entretanto é necessário nos darmos conta da importância do timming e do animus, para que o sentimento amoroso flua saudável e positivo. Tal como aduz Patricia Delahaie "será que amamos demais? Sim, quando oferecemos afeição, solicitude, compaixão, gentileza àqueles que zombam disso, ou que fingem não notar. Tornamo-nos pessoas adoráveis, mas nos tornamos também vítimas e às vezes mártires de relações amorosas desiguais".[187]

Essa dinâmica pode ter raízes num plano interno, de uma privação amorosa na infância, que retorna na idade adulta. Num plano externo, essapermissividade de invasão pode derivar de uma baixa auto-estima, criada pelo proprio ambiente social em que se vive.

[187] DELAHAIE, Patrícia – Amores que nos fazem mal, p. 15.

"Ama-se" muito rapidamente, eis ai o problema. Elucidação de carências afetivas? De pressões sociais? O fato é que sem conhecer o outro e sua realidade, não podemos saber o que – ambas as partes – esperam de uma relação amorosa. Ou mesmo se a esperam!

O amor pode ser entendido de diferentes maneiras, mas é por si só o sentimento em excelência, o que quer dizer que é o sentimento primário e inicial de todo e cada ser humano.

Entretanto, precisa ser revestido de certas peculiaridades para se estabelecer. Na concepção de Betty Milan delicadeza e respeito lhe são essenciais, assim como obedece ao principio da homogamia, para falar com Aílton Amélio da Silva.[188]

É sabido que a vida moderna ajuda sensivelmente a separação das pessoas. Os encontros com pessoas interessantes são momentos especiais que não devem ser desperdiçados, ainda que estejam destinados à apenas uma noite. Quando nada acontece, fica aquela expectativa de que poderia ter sido bom. Corre-se o enorme risco de frustrar o interessado a sua falta de atitude, principalmente se for repetitiva, fazendo desta forma que se percam boas oportunidades de relacionamento.

Tal como concebe Nuno Amado, vários são os tipos de amor, e nesse sentido uma incompatibilidade de estilos de amar pode comprometer o equilíbrio do relacionamento do casal.[189]

Existem na atualidade diversas teorias para definir os vários tipos de amor romântico: a teoria do apego, a teoria dos estilos de amor e a teoria triangular.

Tal como descreve Aílton Amélio da Silva, a teoria do apego é uma das teorias mais interessantes e úteis sobre o amor, pois em muito ajuda a entender como nascem os diferentes tipos de amor, enfocando que o tipo de apego que desenvolveremos na idade adulta está diretamente ligado àquele que desenvlvemos na infância, remetendo assim

[188] MILAN, Betty – Eros, o deus do amor, só toca quem sabe ouvir e respeitar. In. O livro do amor I – da sedução ao casamento, São Paulo: OESP Gráfica AS, 2002, p. 11; SILVA, Aílton Amélio da – Pequenos motivos, grandes romances. In. O livro do amor I – da sedução ao casamento, São Paulo: OESP Gráfica AS, 2002, p. 13.

[189] AMADO, Nuno – Diz-me a verdade sobre o amor – a psicologia da atracção, da paixão e das relações amorosas, p. 107.

o homem à três tipos basilares: o seguro, o ansioso ambivalente e o evitativo.[190]

Quanto aos estilos de amor, esta teoria foi desenvolvida pelo antropólogo canadense John Alan Lee. Segundo esta teoria existem três estilos primários de amor: Eros, Ludos e Estorge. Destes surgem os estilos secundários: Mania, Ágape e Pragma.

*O amor Eros* representa a parte consciente do amor que uma pessoa sente por outra. É o amor que se liga de forma mais clara à atração física, e freqüentemente compele as pessoas a manterem um relacionamento amoroso continuado. Sente-se atração imediata pelo parceiro, causada principalmente pela aparência física. A sexualidade desempenha um papel muito importante. Corresponde ao amor apaixonado com forte componente sexual.

O amor erótico, induz ao desejo de uma fusão completa com o outro, tem uma natureza exclusiva, e não universal. Para Erich Fromm "talvez seja a forma mais enganadora de amor que há, pois seus sintomas confundem-se com os da paixão". Sua duração depende mesmo do momento da descoberta do outro, que uma vez satisfeita, fá-lo desaparecer, pois sua natureza é ser de curta duração.

Deve-se fazer ainda atenção quanto aos rumos do amor erótico em relação à sua base e fusão que confere aos amantes, pois o isolamento que confere ao casal, numa forma marcada de egoísmo, faz com que os amantes, separados da humanidade, permaneçam separados um dos outro e alienados de si mesmos. Nesse sentido, "sua experiência de união é uma ilusão".[191]

Ao contrário vem o amor *Psique,* que representa o sentimento mais espiritual e profundo.

O amor Ludos – É o amor brincalhão, que sabe se divertir a dois, tornando a existência mais leve e sem muita preocupação com o futuro. É inconsequente por natureza e prefere a diversidade à continuidade. Quem ama dessa forma é capaz de ter vários relacionamentos ao mesmo tempo.

[190] Uma pesquisa realizada nos EUA demonstrou que 56% dos entrevistados desenvolviam o tipo seguro, 20% o ansioso ambivalente e 26% o tipo evitativo. In. SILVA,Aílton Amélio da – Qual é o seu estilo de amor? http://metadeideal.uol.com.br/artigos/htm.

[191] FROMM, Erich – A arte de amar, p. 66 e 72.

O amor Estorge – Seu nome deiva da divindade grega da amizade. Por isso, quem tende a ter esse estilo de amor valoriza a confiança mútua, o entrosamento e os projetos compartilhados. O romance começa de maneira tão gradual que os parceiros nem sabem dizer quando exatamente. A atração física não é o principal. Os namorados-amigos não tendem a ter relacionamentos calorosos, mas sim tranqüilos e afetuosos. Preferem cativar a seduzir. E, em geral, mantêm ligações bastante duradouras e estáveis. O que conta é a confiança mútua e os valores compartilhados. Os amantes do tipo storge revelam satisfação com a vida afetiva. Acontece geralmente entre grandes amigos. Normalmente os casais com este tipo de amor conhecem muito bem um ao outro, pois são atraídas por parceiros com os mesmos interesses e perspectivas.

O amor Pragma (do grego, "prática", "negócio" – composto de Ludus e Estorge) representa uma forma de amor que prioriza o lado prático das coisas. O indivíduo avalia todas as possíveis implicações antes de embarcar num romance. Se o namoro aparente tiver futuro, ele investe. Se não, desiste. Cultiva uma lista de pré-requisitos para o parceiro ou a parceira ideal e pondera muito antes de se comprometer. Procura um bom pai ou uma boa mãe para os filhos e leva em conta o conforto material. Está sempre cheio de perguntas. O que será que a minha família vai achar? Se eu me casar, como estarei daqui a cinco anos? Como minha vida vai mudar se eu me casar? É um tipo de amor interessado em fazer bem a si mesmo, pois que espera algo em troca. Demonstra-se como um amor que nasce na cabeça e não no coração.

O amor Philiae – Em grego, significa altruísmo, generosidade. A dedicação ao outro vem sempre antes do próprio interesse. Quem pratica esse estilo de amor entrega-se totalmente à relação e não se importa em abrir mão de certas vontades para a satisfação do ser amado. Investe constantemente no relacionamento, mesmo sem ser correspondido. Sente-se bem quando o outro demonstra alegria. No limite, é capaz até mesmo de renunciar ao parceiro se acreditar que ele pode ser mais feliz com outra pessoa. É visto por muitos, como uma forma incondicional de amar. A interpretação cristã sobre a origem de Jesus, engloba este tipo de amor para descrever o *ato* de Deus, que, ao ver a humanidade perdida, entrega seu filho unigênito, para ser morto em favor do homem. Representa o amor amizade, companheiro, que tudo compartilha.

O amor Ágape (composto de Eros e Estorge), pode ser definido como o amor divino, espiritualizado, que nos ajuda a ser mais generosos, a aceitar as imperfeições do outro com naturalidade. É uma forma de amor romântico permeado pelo companheirismo, pela praticidade, pela alegria, pelo anseio do absoluto. Representa uma forma generosa e altruística de amor, que pode ter contornos espirituais. Quem ama dessa forma coloca o interesse e o bem-estar do parceiro antes do seu. É válido ressaltar que quando a relação for desrespeitosa e estagnada, pode envenenar a alma por anos a fio.

O amor Mania (composto de Eros e Ludus) – O amor é vivenciado de uma forma quase obsessiva e domina muitos momentos e pensamentos. Quem ama dessa forma sente a necessidade de se fundir completamente com o seu parceiro.[192]

À luz da teoria triangular, elaborada por Robert J. Sternberg, que caracteriza o amor dentro do contexto de relações interpessoais por três componentes distintas, ou três ingredientes básicos: intimidade, paixão e compromisso. Como refere Aílton Amélio da Silva "em alguns relacionamentos estão presentes apenas dois ou um dos elementos", a análise da presença destes sugere à saúde do relacionamento.

Intimidade – Refere-se ao sentimento de ligação estreita, proximidade e conexão existente em uma relação. Alguns dos sinais que revelam a presença da intimidade são: querer promover o bem-estar do parceiro, sentir-se feliz no relacionamento, valorizar o parceiro, poder contar com o parceiro em caso de necessidade, compreensão mútua, dar e receber suporte emocional, confiança para abrir seus segredos mais íntimos.[193]

[192] SILVA, Aílton Amélio da – Qual seu estilo de amor? http://metadeideal.uol.com.br/htm.< acesso em 20.12.09 >

[193] O amor romântico é construído em cima de uma projeção e da idealização da imagem de outrem, em vez de sê-lo sobre a realidade. A pessoa amada não é percebida com clareza, mas sim através de uma distorção da realidade. Em face disso, encontramos alguns defensores da idéia de que a falta de intimidade física adiaria o desencanto natural inerente ao relacionamento amoroso. Logo, para garantir a realização do casamento, não é profícuo que se tenha um conhecimento mais profundo da essência do outro. Será verdade? Ou ilusão? Será construir castelos de areia? Apesar de creditarmos certa força a essa idéia, pensamos na durabilidade e funcionalidade da relação marital, e esta deve obedecer mutuamente aos anseios da alma e da racionalidade humana, ambas forças preponderantes para o equilíbrio psicofísico do ser humano.

Paixão – Engloba as unidades que levam ao romance, a atração física, e à consumação sexual. Apresenta dois componentes principais: o romântico e o físico (realizado pela atração sexual). O primeiro está presente quando há sentimentos e pensamentos românticos em relação ao parceiro, o segundo quando da atração sexual pelo outro.

Para Sternberg a paixão é entendida como um conjunto de impulsos que conduzem à atração física, ao romance e à consumação sexual. Envolve elementos como o desejo, o pensamento obsessivo, a idealização e a adoração.

Pode estar também ligada à expressão de desejos e necessidades, indo além das necessidades sexuais, envolvendo elementos como a autoestima, a dominação/submissão e a vinculação.

A paixão não necessita ainda estar adstrita somente aos amantes, podendo permear diferentes relações. Sua característica principal é a necessidade ativa do outro, ou seja, a consciência de que existe alguém de quem desejamos imensamente algo.

Compromisso – Existem compromissos a curto prazo e a longo prazo. No primeiro caso, este ocorre quando decidimos que gostamos da outra pessoa, no segundo caso, este ocorre pela manutenção do relacionamento.[194]

Segundo a concepção de Sternberg, o valor de uma experiência amorosa depende da interação desses três componentes: "o tipo de amor uma experiência depende de suas forças em relação ao outro. Nesse sentido, diferentes fases e tipos de amor podem ser explicados como diferentes combinações destes três elementos, tais como, a importância relativa que cada um desses componentes apresenta, bem como as mudanças que ocorrem ao longo do tempo no desenvolvimento do relacionamento amoroso. Desta forma, aduz que um relacionamento baseado apenas em um único elemento é mais frágil, e portanto menos provável de sobreviver as intempéries da vida humana do que um outro baseado em dois ou três dos elementos.

De acordo com sua concepção, denominada teoria triangular do amor os três componentes, ilustrativamente marcados nos vértices de um triângulo, interagem uns com os outros de modo a formar sete diferentes tipos de experiências amorosas.

194 AMADO, Nuno – Diz-me a verdade sobre o amor – a psicologia da atracção, da paixão e das relações amorosas, p. 113 a 117; SILVA, Aílton Amélio da – Qual seu estilo de amor? http://metadeideal.uol.com.br/htm.< acesso em 20.12.09 >

O amor à primeira vista – Qualquer estímulo por menor que seja é capaz de desencadear o amor: ao localizar um parceiro amoroso em potencial, os primeiros gestos são fundamentais, se à partir desse estímulo, baseado em forte atração física, o amor florescer, pode ser chamado de amor à primeira vista.

Importante é realçar que o desejo instantâneo, ou a luxúria à primeira vista existe, com toda certeza. Não sabemos nada sobre a outra pessoa, não temos qualquer intimidade com ela, nem nenhum compromisso, mas a atração é forte e pouco depois de a vermos não pensamos em outra coisa.

Mesmo que a impressão inicial não seja aquela que persista, não dá para descartar sua importância. Se a primeira impressão foi boa, a medida que os encontros aumentam, crescem também o conhecimento, a familiaridade e há mais possibilidades de que esse sentimento se transforme em amor e consequentemente em uma relação afetiva duradoura.

Por outro lado, o chamado amor à primeira vista pode se dar segundo especialistas, pela urgência ou "ansiedade sentimental" em incluir alguém em nossa vida afetiva – carência – e levar o indivíduo a pular as etapas necessárias do curso normal de uma relação.

Num primeiro momento, o contato visual é muito importante, faz despertar um instinto primitivo, pois ao se olhar direta e intensamente nos olhos de outra pessoa, o corpo produz uma substância química semelhante à feniletilamina que dá a sensação de se estar apaixonado e se traduz em uma intensidade silenciosa.[195]

Outra situação que leva a sofrer de urgência de amor é o desejo de querer substituir um fracasso amoroso. Primaz nesses casos é prestar atenção nas atitudes da outra pessoa, tendo especial importância a forma com que ela conduz o relacionamento, ou seja, o que ela faz e diz. Fazendo então uma análise para dos prós e contras da relação, as diferenças de caráter existente entre os parceiros, suas afeições e perspectivas.

Diferente desta modalidade de amor, que ocorre imediatamente, existe o gostar puro e simples, que ocorre quando impera a afinidade e o prazer de estar junto, caracterizado por uma gostosa sensação de completude, sem entretanto, jamais sentir-se um impulso irresistível de beijar aquela pessoa ou demais contato físico de natureza erótica.

[195] LOWNDES, Leil – Como fazer qualquer pessoa se apaixonar por você, p. 38, 39 e 49.

Quando existe apenas o compromisso, Sternberg denomina amor vazio. Caracteriza alguns casamentos formais – onde ou o amor deteriorou-se, ou a decisão do matrimônio foi tomada por outras pessoas, como ocorre nos casamentos de Estado, e os noivos não sentem qualquer afinidade ou paixão. Pode ocorrer também, que um amor mais forte deteriore-se em amor vazio.

Por fim, existe também o que denominou de não-amor, que ocorre nas relações em que não há paixão, nem intimidade nem compromisso.[196]

Combinando-se os componentes, temos o amor romântico, onde os amantes sentem-se atraídos um pelo outro, partilham gostos e perspectivas, mas ainda não existe um compromisso ou decisão formal sobre o futuro da relação. Nessa modalidade de amor, a intimidade não resiste, porque a relação não é com a pessoa real, mas com a ilusão, onde o amante acredita que vai encontrar a si mesmo e a vida em toda a sua plenitude. Quando acaba a idealização do outro, surge o desencantamento. A simples convivência torna evidente as diversas características de personalidade da outra pessoa, que englobam suas peculiaridades passando por defeitos e qualidades, e inclusive pelas inseguranças que o outro possui. Assim, algumas características podem causar admiração e outras repúdio, e de qualquer forma passamos a perceber o outro como um ser "não tão perfeito" como o achávamos no início da relação.

Como concebe Regina Navarro Lins "o que uma pessoa projeta na outra, na realidade, são partes de si mesma, desconhecidas potencialidades que nunca tocou nem conheceu porque sempre tentou vivê-las através do outro".

Qualquer transgressão à ordem moral ou social estabelecida, é perdoada em nome do amor. Torcemos para que o amor verdadeiro vença sempre.[197]

Na concepção de Robert A Johnson, "o amor romântico é o maior sistema energético dentro da psique ocidental, é o *locus* onde homens e mulheres tentam conseguir transcendência, plenitude, êxtase e sentido para a sua vida".

Como fenômeno social, o Ocidente habituou-se a entendê-lo como a única forma verdadeira de amar, viabilizando o casamento, as renúncias, as loucuras e tudo o mais que for possível em seu nome.

[196] AMADO, Nuno – Diz-me a verdade sobre o amor – a psicologia da atracção, da paixão e das relações amorosas, p. 117 e 118.

[197] LINS, Regina Navarro – A cama na varanda, p. 96.

Nesse sentido podemos perceber que o amor romântico não é apenas uma forma de amor, mas todo um conjunto psicológico, que engloba uma combinação de crenças, ideais e expectativas, que existem em nosso inconsciente dominando nossos pensamentos e reações, fazendo desta forma que se predestinemos os acontecimentos da relação. Significa, acima de tudo "estar apaixonado", e impõe ao parceiro que nos alimente perenemente com a volúpia de sensações que o estado de apaixonamento promove.[198]

O amor romântico também está relacionado com vários sentimentos muito complexos: respeito, admiração, lealdade, gratidão, solidariedade, apreensão, acanhamento, nostalgia, senso de justiça e até remorso. Essas "emoções cognitivas superiores" não são, entretanto, imediatas, nem estão associadas a maneirismos faciais específicos, pois em cada momento histórico são expressas de maneira diferente ou mesmo – por vários motivos – os homens e as mulheres são impelidos a fingi-los. Como lembra Helen Fisher "ficamos presos a dezenas destas emoções complexas quando estamos na agonia do amor romântico".

No entanto, "calma, tensão, contentamento, ansiedade, dor moderada, prazer moderado, entre outros, também contribuem para os sentimentos de amor romântico. São emoções de fundo que garantem uma persistente disposição de ânimo que nos acompanha á medida em que as emoções e motivações mais fortes fluem e refluem".

Nesse diapasão vemos que "o medo pode superar a alegria; o ciúme, reprimir a ternura; o amor romântico, entretanto, permanece no topo, dominando todas as emoções: pode dominar os impulsos, o medo, a raiva, a repugnância. Pode atropelar o senso de dever em relação à família e aos amigos...pode até triunfar sobre a vontade de viver"[199]

O amor companheiro une intimidade e compromisso. O casal abdica da paixão em nome do companheirismo e da fidelidade.

O amor de fato, une paixão e compromisso, embora o casal ainda não tenha adquirido grande intimidade (ocorre nos casos em que um compromisso é motivado principalmente pela paixão, sem a influência

[198] JOHNSON, Robert A – we – a chave da psicologia do amor romântico, São Paulo: Mercuryo, 1995, p. 13.

[199] FISHER, Helen – Porque amamos – a natureza e a química do amor romântico, p. 127 a 129.

estabilizadora da intimidade. A relação, no entanto, segundo o qual uma parte individual concorda com favores sexuais puramente por questões de compromisso, ou é pressionado / forçados a atos sexuais que não compreendem o amor de fato tende a desencadear o amor vazio).

O amor verdadeiro (consumado ou total) é aquele em que estão presentes intimidade, paixão e compromisso, "desejamos, conhecemos e queremos viver com aquela pessoa, a qual recebe apoio incondicional da outra". Representa a forma mais completa do amor, a relação ideal com que as pessoas almejam.

No entanto, Sternberg adverte que a manutenção de um amor perfeito pode ser ainda mais difícil do que alcançar. Ele salienta a importância de traduzir os componentes do amor em ação. "Sem expressão", adverte ele, "mesmo o maior dos amores pode morrer". Assim, temos que o amor consumado pode não ser permanente, e com o fim da paixão transforma - se em amor companheiro.[200]

Tendo em vista a maturação do amor no relacionamento interpessoal, entendemos que a presença do amor Eros é imprescindível, pois ele é quem garante o amalgama do casal.

**Tabela dos tipos de amor de Sternberg**

| | Paixão | Intimidade | Compromisso |
|---|---|---|---|
| 1. Amizade/gostar | | x | |
| 2. Paixão | x | | |
| 3. Amor vazio | | | x |
| 4. Amor romântico | x | x | |
| 5. Amor Companheiro | | x | x |
| 6. Amor de fato | x | | x |
| 7. Amor Verdadeiro | x | x | x |

Nos casos de não-amor, não estão presentes nenhum dos componentes acima.

[200] STERNBERG, Robert J. - A Teoria triangular do amor, Psychological Review, 1987, p. 119 a 135. In. http://content2.apa.org/journals/rev/93/2/119

Pode entretanto, a relação existir sem sua presença, como vimos, compondo outras formas de amor. Desta forma, quando se instala esse sentimento, suas consequências não podem ser resolvidas com base na racionalidade, no concretismo.

A saída para esse impasse nos parece clara, embora não tão simples: acabar o relacionamento e, lutando contra o medo, buscar estabelecer-se em outro com maior componente erótico; ou ainda, incentivar através da análise interna dos motivos psíquicos que bloqueiam o amor, procurar compreender as razões que impedem o erotismo de se manifestar, procurando a partir daí, adotar um comportamento mais aberto voltado para a liberação de canais sensíveis para que essa energia criadora se manifeste.

Como aduz Nuno Amado, quando analisamos a presença dos três componentes principais presentes nos diversos tipos de amor: paixão, intimidade e compromisso; podemos medir o grau de satisfação que pode ser extraída de cada relação.

É válido ressaltar que com o tempo, os componentes podem variar e com eles o tipo de relação, não se mantendo nesse sentido, equilibrados. Sob essa ótica, a teoria elaborada por Sternberg abre espaço para a presença de fatores sociais, biológicos, personalíssimos e psicossociais englobados por seus componentes. Seus tipos de amor aproximam-se da realidade fática dos casais, abrangendo as nuances e complexidades do amor, no sentido em que valoriza as características pessoais dos envolvidos, suas ações, percepções e aspecto temporal.

Como ocorreu para Sternberg, os componentes podem evoluir com o tempo: a paixão tem uma evolução simples: aumenta de forma súbita no início, e com a mesma velocidade decai. O compromisso, sobe aos poucos até se estabilizar num determinado patamar. Nas relações bem-sucedidas permanece no alto, nas relações conflituosas tende a cair ou mesmo a oscilar, e nas relações que não deram certo, apresenta uma queda acentuada que pode resultar na separação do casal. Quanto à intimidade, ela tende a se estabilizar com a durabilidade do relacionamento, fazendo nascer a familiaridade com o outro, embora não mais acompanhada de um sentido de descoberta presente nos primeiros tempos.[201]

[201] AMADO, Nuno – Diz-me a verdade sobre o amor – a psicologia da atracção, da paixão e das relações amorosas, p. 120 a 122.

Entretanto, vemos que na prática os amores com um baixo componente erótico não perdura, pois tendem a não completar os parceiros, que vazios, acabam partindo para outras relações, mesmo que clandestinas.

Diversas formas de relação amorosa podem-se estabelecer numa infinita teia dada a multiplicidade de caracteres psicológicos que apresenta o ser humano. Emilio Mira y López discorre sobre os vários tipos de amor que comprometem o ser humano: o amor puro e impuro – baseado mais no impulso sexual do que na *affectio*; o amor passageiro e o duradouro – medido pela sua durabilidade, estabilidade e componente de espiritualidade (é válido ressaltar que quanto à qualidade do amor – aquela complementariedade que gera no ser humano, esta pode estar presente em matizes muito mais profundas no amor passageiro do que num outro amor, "languidamente arrastado no decorrer de uma vida". Vemos assim que o fator cronológico nada tem a ver com a essência do processo amoroso); o amor egoísta e o generoso – ligado à natureza e intensidade das concessões que se faz para manter o relacionamento.[202]

Essa gama enorme de tipos de amor varia de acordo com a natureza psíquica do ser humano, pois é sabido que cada um ama como é, ou como pode, e não como deseja ou imagina. Decorre daí que se torna impossível descrever os rumos que pode tomar a evolução amorosa, partindo-se desde a forma de amor em que oscila a intensidade amorosa, levando à vivência de uma perpétua tensão a quem sente e a quem o inspira, denominado amor esquizoide; passando a outra forma, que leva à coisificação do amado, manifestando-se extremamente egocêntrico, imperialista e absorvente, denominado amor paranoide; ou ainda que gera a necessidade compulsiva da troca de parceiro quando atinge-se o clímax da integração psicofísica do amantes, denominado amor hipomaníaco; ou manifesta-se impregnado pelo medo ou rancor, fazendo-se sentir mais o seu lado perigoso do que o aprazível, onde se exageram os obstáculos e diminuem-se os recursos para transpô-los, denominado amor pessimista que se interrelaciona com o amor compulsivo, que se demonstra inquieto, temeroso, permeado de impacientes urgências e inexplicáveis prorrogações, que complica o decurso da convivência e destrói toda possibilidade de interpenetração anímica, mostrando uma sensibilidade patológica; já o amor ansioso, pela

[202] MIRA y LÓPEZ, Emilio – Quatro gigantes da alma, p. 147 a 149.

angustia que é permeado não permite que se viva o êxtase da serenidade e da beleza garantida pelo amor saudável.

Fonte inesgotável de manifestações o amor pode ainda ter uma gênese canibalesca – "onde se devora o outro", tânica – onde se manifesta um caráter negativo, mortal; sádica; tirânica; sexual; intelectual; instável, entre muitas outras, representando mesmo, sem sombra de dúvida, uma manifestação da vida pessoal e histórica do indivíduo.[203]

Paradoxalmente, ao lado do sentimento de completude que invade os amantes, pode-se passar boa parte do tempo com uma profunda sensação de solidão ou mesmo frustração causada pela incapacidade de se construírem relacionamentos mais equilibrados, afetuosos, baseados em compromisso. Muitas vezes culpamos os outros por não terem correspondido às nossas expectativas pessoais.[204]

Ao lado das muitas nuances e manifestações que conhece o amor, uma dúvida sempre permeará a cabeça dos estudiosos do tema: Pode-se amar várias pessoas ao mesmo tempo? Baseando-se no pensamento de Sternberg, pensamos com Nuno Amado que sim, uma vez que os componentes do amor podem variar de forma diferente entre os diferentes casais. Numa relação X podemos apresentar preponderantemente a paixão enquanto com outra pessoa, numa relação Y podemos apresentar o compromisso e a intimidade, por exemplo.

Existem, portanto, sobreposições entre os diferentes tipos de amor nas diversas relações, embora as nuances de todas elas sejam importantes, assim como pode variar na mesma relação, com o tempo, as alterações psíquicas e circunstanciais das partes.

Aduz Nuno Amado que o tipo de evolução mais comum nos relacionamentos amorosos parte de um componente erótico ou romântico para modalidades associadas à vida a dois (amor companheiro, intimidade, compromisso), mas que essa ordem pode ser invertida, pois muitos casais começam como amigos e a partir daí floresce a paixão.

Em analise à teoria de Sternberg, divide o componente denominado paixão em fascínio e desejo, sendo que o primeiro compreende os aspectos da paixão que não estão relacionados com a consumação sexual enquanto

[203] MIRA y LÓPEZ, Emilio – Quatro gigantes da alma, p. 147 a 159.

[204] JOHNSON, Robert A – We – a chave da psicologia do amor romântico, p. 14.

esta é preponderante no desejo, que pode ocorrer em situações onde não existe fascínio.

Elabora uma interessante metáfora: "o fascínio traz as sementes do amor, o desejo providencia a energia para o seu crescimento, o compromisso é a terra onde pode crescer uma relação e a intimidade é a água que a alimenta".

Baseado nessa concepção, existem alguns elementos que devem ser analisados para compreender a presença dos quatro componentes supra citados na relação:

Fascínio – Até que ponto estou encantado/a por _________ ?

Desejo – Até que ponto sinto atração por __________?

Intimidade – Até que ponto sinto que nos conhecemos?

Compromisso – Até que ponto sinto dedicação a _________ e à nossa relação?[205]

Em face a todo o exposto sintetiza Jacques Maritain que o amor humano comporta diversas formas diferentes, dentre as quais se pode destacar o amor romântico, o amor autêntico e o amor extremo.

O amor romântico (forma sublimada do amor paixão) vive de uma ilusão, funciona como uma miragem ou simulacro do amor verdadeiro. Acredita-se eterno, mas é efêmero, manifesta-se como um amor de concupiscência através do qual o amor carnal tem um lugar especial e preponderante. Em suas palavras "é bom para o ser humano passar por essa exultância que faz desempenhar o desejo de acasalamento, mas com a condição de não pretender-se que esta perdure".

Já o amor autêntico pode ser caracterizado como o amor em que um se dá realmente ao outro – ocorre o compartilhamento da essência do ser – É tido como o "amor entrega total", enquanto o amor extremo é um amor de devoção e amizade frente o ser amado. Pode ser entendido como uma forma insensata ou mesmo impossível de se amar tendo em vista certos aspectos da existência humana. Devendo ainda ser entendido como um amor incondicional que se tem por uma outra pessoa.[206]

Para Maritain o amor contém em si um paradoxo: enquanto exige-se a plena comunhão de almas, de corpos e de essências, de outra requer a

205 AMADO, Nuno – Diz-me a verdade sobre o amor – a psicologia da atracção, da paixão e das relações amorosas, p. 123 e 124.

206 MARITAIN, Jacques – La perfezione è nell'amore, Roma:Città Nuova, 2010, p. 30 a 36.

manutenção de uma parte ontológica da pessoa em sua unidade basilar, além disso, compõe uma comunhão durável de afeto onde o sexo e a paixão são apenas o primeiro incentivo, e o objetivo principal da relação é consagrar-se inteiramente ao bem e à felicidade do outro.[207]

Existem casos em que o amor nasce unilateralmente ou não encontram correspondência. As situações em que o amor provoca sofrimentos são basicamente as seguintes: no amor platônico, no amor não correspondido, no amor impossível, no amor que morreu.

O amor platônico – Este amor ocorre unilateralmente, podendo ser desconhecido pelo amado e, por definição, nunca foi consumado através de algum tipo de relacionamento amoroso. Surge em duas situações principais: quando o amado é inacessível ou quando o amante não teve condições psicológicas para tentar realizar o seu amor.[208]

O amado pode ser inacessível por muitos motivos como, a distância geográfica, social ou cultural. Geralmente quem experimenta este tipo de amor nunca teve qualquer tipo de contato direto com a pessoa objeto de interesse amoroso. O amor é baseado na idealização do amado, já que muitas das suas características são desconhecidas. (pesquisas apontam para o fato de que a maioria das pessoas já teve pelo menos um amor platônico na sua vida).

O amor platônico também pode ocorrer quando quem ama nunca teve a coragem de apresentar sinais deste amor e verificar se ele era correspondido e nem tentou conquistar o amado. Isto pode acontecer, perfeitamente quando um dos parceiros é muito tímido ou tem a autoestima muito baixa.

Podem ainda estar presentes sinais ambíguos que evidenciam alguma preferência amorosa, que no entanto, nunca se concretizaram na prática. O amor platônico impõe àquele que ama em segredo a esperança de concretização, onde nas palavras de Marcel Proust "uma pessoa que não é exatamente sentimental, assim se torna quando reduzida ao amor platônico, ou seja, um devoto respeitoso dos meandros do outro".[209]

Raízes históricas e filosóficas demonstram que essa modalidade de amor, tão conhecida e difundida no mundo todo teve sua gênese num amor

[207] MARITAIN, Jacques – La perfezione è nell'amore, p. 39.

[208] Estatísticas comprovam que cerca de 70% dos amores não são compartilhados, pois muitas vezes as pessoas não tem a coragem de mostrar seus sentimentos.

[209] PROUST, Marcel – Correspondance avec madame Strauss. Paris: UGE, 1994, p. 22.

homossexual não correspondido de Platão, que desgostoso com a execução de Sócrates, de quem foi discípulo, empreendeu inúmeras viagens. Em Siracusa, conheceu o nobre Díon com quem desenvolveu calorosa amizade, fazendo evidenciar sua tendência homossexual. Segundo relatos históricos, há poucas dúvidas de que tenha se apaixonado por ele, fato este que fê-lo conceber o que conhece-se por "amor platônico". O papel do amor como força educacional é um tema de grande importância no pensamento de Platão.[210]

Nessa modalidade de amor, nenhum sexo acontece, mas não se consegue negar a excitação que corre pelas veias do amante quando o ser amado se aproxima. A natureza da interação das partes é bastante intensa. Pense como se sente depois de estar com ele: leve, feliz e atraente. Mas não culpado/a pois seu cônjuge sabe tudo sobre ela/ele. Tudo sobre ela/ele? Ele sabe que já ficou tentando imaginar como seria se...?

Também no amor platônico pode o relacionamento revestir-se com as características de um caso, pois o fato de o sexo ou o envolvimento existir apenas no pensamento do indivíduo é um sinal de que se está procurando outra ligação. O fato de haver uma ligação intelectual entre duas pessoas que tenham muito em comum só aumenta o potencial de que um relacionamento completo venha a acontecer. O limite para o quase caso platônico se estabelece quando nos damos conta de que preferimos a presença deste/a amigo/a à do nosso namorado/a ou cônjuge.[211]

O amor não correspondido – Esta paixão também é unilateral e pode levar a várias tentativas de conquista do amado. Quem ama pode dedicar muito tempo pensando no outro, criando oportunidades para encontrá-lo e deixando de se envolver com outros parceiros. Quando o amado não é claro e definitivo na sua recusa, isto pode prolongar o tempo em que a outra pessoa vai permanecer apaixonada. A esperança por parte de quem ama continua a se alimentar desta ambiguidade. Preleciona Aílton Amélio da Silva que "um dos requisitos para que haja o apaixonamento é a esperança de reciprocidade. No entanto, como muitos sinais de amizade

[210] LUCE, J V – Curso de filosofia grega, Rio de Janeiro: Jorge Zahar Editor, 1992, p. 27. trad. De Mário da Gama Kury.

[211] NORWOOD, Mandi – Até que a falta de tesão nos separe, São Paulo: Landscape, 2003, p. 177 e 178.

e polidez são idênticos ou parecidos com os sinais de interesse amoroso, aqueles podem ser confundidos com estes e, desta forma, criar esperanças infundadas. Por exemplo, quando uma pessoa é atraente e apresenta sinais de polidez ou amizade por um possível parceiro amoroso, existe o risco de este confundi-los com sinais de interesse amoroso e se apaixonar unilateralmente, ficando com o coração ocupado".

Entendemos pessoalmente, que ninguém é motivo de nada na vida de ninguém. Se ficamos tristes ou felizes com a atitude do outro, é porque essa atitude encontrou eco dentro de nós, foi ao encontro de nossos próprios ressentimentos ou alegrias. O outro nada mais é do que um instrumento para que possamos vivenciar nossos próprios sentimentos.

Em ambos os casos, seja no amor platônico, seja no amor não correspondido, sentimos a tristeza de não se permitir que a beleza conhecida pela alma na manifestação do amor se expanda, fazendo com que mesmo em se conhecendo a beleza – oriunda da revelação do amor –, a tristeza, a noite prevaleça.

No entanto, sua energia criadora é bastaste intensa, encontrando-se a libido em seu grau mais elevado, pois alia-se à fantasia, à imaginação, à idealização, ao um subjetivismo muito exaltado.

O amor impossível – Pode ser definido como aquele que é correspondido, mas que não pode ser vivido devido à presença de obstáculos intransponíveis. O obstáculo mais frequente para viver um grande amor correspondido é o comprometimento de um ou de ambos os amantes com outras pessoas. Por exemplo, um deles é casado e não pretende sair, ou não consegue sair, deste relacionamento para viver o seu novo amor. Os amantes respeitam este compromisso anterior e não se permitem viver esta nova paixão ou amor.

Um derivativo do amor impossível é o amor clandestino, neste caso os amantes passam a viver seus amores clandestinamente. A situação que melhor representa este tipo de amor é aquela onde um ou ambos os parceiros são comprometidos com outras pessoas, mas resolveram ou não conseguiram evitar viver este novo amor, ao mesmo tempo em que mantêm aqueles compromissos.

Via de regra o início de um amor clandestino é permeado por medo e culpa, mas é maravilhoso e excitante. No entanto, depois de algum tempo o sofrimento vai sobrepujando a satisfação que é gerada por este tipo de relacionamento, sobretudo quando o envolvimento vai aumentando e os amantes vão integrando áreas das suas vidas e passando a contar com o outro para satisfazê-las.

Nesta altura, geralmente um dos amantes começa a pressionar o outro para obter mais atenção e para que este apresse o rompimento do seu compromisso com a outra pessoa e constitua uma nova família com ele. O parceiro que tem outro compromisso também paga um bom preço por este relacionamento clandestino. Terá que dissimular várias atitudes e sentimentos, sofre pressões por parte do amante e sente-se desonesto por estar vivendo uma situação como essa.

O poliamor – Nessa modalidade de amor temos a presença de uma relação que comporta vários parceiros, e que pode ser estável, responsável, consensual, enriquecedora e duradoura, não sendo sinônimo de promiscuidade.[212]

Entretanto, esta forma relacional está longe de ser aceita pela sociedade, pelos costumes e mesmo pelo direito, embora já esteja singrando os mares da transgressão de valores mais tradicionais e permitindo assim, na pós-modernidade, que o homem busque formas de relacionamento e composição da família que esteja melhor adequada às suas necessidades, personalidade e potencialidades.

Tanto isso é verdade que já busca a jurisprudência brasileira resguardar protetivamente a família concubinária, mesmo que plúrima, quando as partes comprovadamente estiverem de boa fé na sua formação, denominado casamento putativo.

Entre as diversas formas de amor apresentadas, podemos concluir que nenhuma se mantém intacta durante toda a existência humana, em lugar do arroubo apaixonado, passa a existir o afeto e a amizade, mantendo-se entretanto, a chama vital.

Concluímos assim, que onde houver chama vital há o interesse, há o amor.

O amor que morreu – Neste caso, o amor era correspondido até que um dos parceiros deixa de amar o outro. Existem três motivos principais para deixar de amar: a falta de cuidados com o amor; mudanças nos critérios usados para avaliar a atratividade de parceiros amorosos e o apaixonamento por uma terceira pessoa.

[212] LINS, Regina Navarro – A cama na varanda, Rio de Janeiro: Best Seller, 3. ed., 2008, p. 411 e 412.

Quanto à morte do amor devido à falta de cuidados, tem-se que um ou ambos os parceiros deixaram de cuidar do amor que havia entre eles. Age–se como se, após a conquista do parceiro, o amor durasse eternamente, sem a necessidade de outros cuidados. Ledo engano!

Em relação à morte do amor devido à mudança nos critérios usados para avaliar a atratividade de parceiros amorosos, esta se dá pela alteração das prioridades, valores e gostos no decorrer da vida. No campo amoroso, também é esperado e natural que mudemos consideravelmente aquilo que queremos e admiramos em um parceiro amoroso. Por este motivo, pode acontecer que o nosso companheiro que era considerado muito atraente no início do relacionamento agora não preencha mais as novas expectativas que desenvolvemos. Podemos sentir-nos decepcionados com o desempenho do parceiro e deixar de amá-lo.

Por fim temos o fim do amor devido ao apaixonamento por uma terceira pessoa. Este caso representa o sofrimento de quem está sendo traído. O amor era correspondido até que um dos parceiros se apaixonou por uma terceira pessoa. Esta nova paixão geralmente enfraquece o amor que já existia. Tal paixão pode durar pouco tempo, ou ser o início de algo mais sério, como um novo amor. Este novo amor pode levar a uma traição e a uma separação dos parceiros originais. Os casos de traição são uma das maiores causas de separação em todo o mundo.

Além destas já citadas, outras dores que podem ser confundidas com dores de amor, tais como aquelas que são consequência direta do amor não realizado: sensação de catástrofe e de vazio experimentadas por uma pessoa cujo parceiro a deixou de amar, pois um relacionamento amoroso estável oferece, além das atividades propriamente de natureza amorosa (afetos, romance e sexo), uma estrutura para a realização de atividades sociais e econômicas voltadas para a administração da vida diária.[213]

À luz do exposto podemos entender que sempre que um amor estiver trazendo mais sofrimento do que felicidade e não houver esperanças de reverter esta situação, é melhor que se interrompa o relacionamento amoroso, recomponha-se e recomece a vida. Saber afastar-se de relacionamentos destrutivos é um sinal de maturidade e amor-próprio.

[213] SILVA, Aílton Amélio da – Dores de amor. http://metadeideal.uol.com.br/diva/artigos/htm < acesso em 20.12.09>

Para Flavio Gikovate, a dor de amor incendeia, rasga, dilacera, arrebenta. A perda da pessoa amada faz com que nos sintamos abandonados, sós. A dor de amor é equivalente à dor de morte, pois deixamos de ser uma pessoa especial para voltar a ser uma pessoa comum aos olhos do nosso amado. "pelos estragos que acarreta, o amor é a coisa mais séria que existe na vida".[214]

Concebe José Luiz Furtado que o desejo, componente forte do sentimento amoroso, fixa um objeto para o amor. Aquele precede este. Amamos porque desejamos, e este desejo incendeia o seu objeto e o torna único, exclusivo, absoluto, funcionando assim como base dos futuros atos de amor. "Sem o amor o desejo é cegueira, sem o desejo o amor é vazio, sem objeto ou intensidade, sem fixação".[215]

Para Luiz Alberto Py, o parceiro ideal não é aquele que mais nos entusiasma, mas aquele que tem a capacidade de nos tornar melhores, de nos engrandecer.[216]

A família é um grande polo de autoafirmação e autoconhecimento. Pode gerar tanto uma relação de grande afinidade, quando esta é harmônica, baseada na afinidade legítima e no respeito, quanto permeada de grande potencial conflituoso, sendo a relação conturbada, onde oscilam as emoções e as cobranças, sendo presente o desafeto e a indiferença. Daí advém a importância da liberdade da formação familiar.

Funciona entretanto, como grande ferramenta pedagógica para a evolução da alma humana. Há quem diga que o amor é a base de toda a existência humana. Esquecem-se, porém, que na vida há os que se anulam em nome do amor e acabam abandonados. Há os que investem tudo nos outros acreditando que serão correspondidos e vivem reclamando do egoísmo alheio. Há os que sonham com um amor perfeito, que pretendem encaixar o ser amado nesse modelo e acabam descobrindo que cada um é como é e não temos poder para mudar ninguém. Há os que confundem apego com amor. São egoístas que esperam do outro o que não são capazes

[214] GIKOVATE, Flavio – Namoro, conhecendo as razões do coração, São Paulo: Moderna, 2. ed, 2009, p. 11.

[215] FURTADO, José Luiz – Amor, p. 36.

[216] PY, Luiz Alberto – Parceiro ideal é aquele que traz à tona o melhor de nós. In. O livro do amor I – da sedução ao casamento, p. 91.

de dar de si. Quando a ilusão projetiva desaparece percebem o ridículo das atitudes que cometiam.

Nesse sentido, aduz Helen Fisher que a paixão amorosa é um impulso humano fundamental, tanto nos parece verdadeira essa afirmação, que podemos comprovar o número de atos de assédio, homicídios, suicídios, casos de depressão oriunda da rejeição amorosa, além dos altos índices de divórcio e adultério que ocorrem nas sociedades de todos o mundo.

Assim sendo, incansavelmente nos perguntamos: o que afinal é o amor?[217]

## 4.2. Aspectos biofísicos do amor

O progresso no conhecimento da função cerebral, em particular o desenvolvimento de múltiplas técnicas de imagem, abriu janelas para a compreensão dos mecanismos responsáveis pelo comportamento humano. Começou-se a esboçar-se algumas relações entre a estrutura neuronal e a conduta humana (de caráter amoroso ou comportamental).

É sabido na atualidade que o ser humano é representado por um sistema psicobiofisicosocial. Desta forma, para um entendimento mais completo sobre o comportamento humano é necessário analisar como agem os sistemas biológicos, psicológicos e sociais.[218]

A atração interpessoal é a atração que ocorre entre as pessoas que pode conduzir ao estabelecimento da amizades e do relacionamento romântico. O estudo da atração interpessoal é uma importante área de pesquisa em psicologia social, sendo que esta está relacionada com a vivência individual do amor, a aversão ou o ódio que despertamos no outro. Pode ser vista como uma força que age entre duas pessoas que tende a atraí-las evitando a sua separação. Ao medir a atração interpessoal, deve-se referir às qualidades do atraído e as qualidades do atrator para conseguir a exatidão da previsão. Sugere-se que para determinar a atração, a personalidade e a situação devam ser levadas em consideração. A repulsa também é um fator importante nesse processo de atração entre duas pessoas, pois ao contrário de uni-las gera o afastamento.

[217] FISHER, Helen – Por que amamos – a natureza e a química do amor romântico. Rio de Janeiro: Record, 2004, p. 13 e 14.

[218] MYERS, David G – Psicologia, Rio de Janeiro: Gen/LTC, 7. ed, 2004, p. 38.

Pensamos que é importante a utilização de recursos de outras áreas do conhecimento, em particular da neurociência, para tentar melhor compreender o processo de estabelecimento do sentimento amoroso e os desdobramentos que provoca para poder compreender e mensurar as eventuais consequências jurídico-comportamentais que acarreta.

Ao identificarmos um parceiro amoroso em potencial, nos perguntamos o que desencadeia o amor romântico? O que o faz durar? O que faz-nos investir na sedução – aquela capacidade de despertar no outro o desejo de nos amar?

É sabido que o sistema nervoso funciona como um dispositivo capaz de perceber variações energéticas do meio externo ou interno do organismo, analisar essas variações quanto à sua qualidade, intensidade e localização, visando organizar os comportamentos que representem uma resposta adequada face ao estímulo considerado. Esse círculo de atividade é denominado arco reflexo.[219]

Desta sorte, vemos que o amor é um encantamento que mistura aspectos físicos, químicos, biológicos e psicológicos, que podem ser definidos e calculados, e que por sua vez resulta de uma série de reações químicas ocorrentes no cérebro que provocam efeitos físicos e mentais.

As principais expressões do amor são: o apego, o desejo e o cuidado. Estes têm uma biologia singular cujo objetivo principal é reunir os parceiros numa trama química específica. Quando eles se alinham, o amor se fortalece, quando se estranham, o amor pode minguar.

Estas três expressões supracitadas, obedecem na dinâmica do sentimento amoroso à três redes neurais próprias, onde cada uma delas pressupõe a ação de diferentes químicas cerebrais e hormônios, que conferem um conjunto de características químicas diferentes, próprias às diferentes formas de amor.

Concebe Daniel Goleman que o apego determina quem procuramos quando em busca de socorro, são as pessoas que mais sentimos falta quando ausentes; o cuidado nos dá o impulso de cuidar das pessoas com as quais mais nos preocupamos. Logo, quando há apego, há união; quando cuidamos de alguém estamos tentar suprir suas necessidades; já o sexo,

[219] BRANDÃO, Marcus Lira – As bases psicofisiológicas do comportamento, São Paulo: EPU, 1991, p. 13.

complementarmente, representa um vínculo poderoso que une o casal. A presença das três condições é imprescindível para que haja o estabelecimento do vínculo amoroso completo.

Os circuitos cerebrais subjacentes interagem em diferentes combinações nas muitas variedades de amor, bem como em nossa capacidade de conexão, seja em situações de amizade ou compaixão, ou mesmo em esferas maiores como o anseio espiritual ou o desenvolvimento de íntimas afinidades.

Vemos assim que os motivos do amor são subcorticais, embora a execução do amor possa exigir cuidadoso planejamento, requer inteligência social em sua completude para formar elos satisfatórios.

Pode-se assim concluir que conhecer a complexa rede neural do afeto pode explicar algumas de nossas confusões e problemas. Os três principais sistemas desenvolvidos no amor – apego, cuidado e sexualidade, apresentam regras próprias e complexas. Em qualquer momento um pode predominar sobre os outros, garantindo desta forma rumos novos à relação. Quando em ação, os três sistemas juntos, alimentam o romance, gerando uma ligação relaxada, afetuosa e sensual, na qual a conexão pode florescer.[220]

Entende Helen Fisher que a experiência amorosa pode ser dividida em três fases parcialmente sobrepostas: luxúria, atração e sexo.

Enquanto a luxúria, que pode ser definida como o desejo sexual apaixonado inicial, promove o acasalamento e envolve o aumento da liberação de substâncias químicas, tais como a testosterona – tanto no homem quanto na mulher – e o estrogênio. Favorece que o indivíduo procure a união sexual com qualquer parceiro que pareça apropriado. Estes efeitos raramente duram mais de algumas semanas ou meses.

Já a atração é individualizada e, romantizada, faz com que o desejo se volte para um candidato específico para o acasalamento. Assim sendo, a atração romântica incentiva os indivíduos a concentrar suas energias no acasalamento em relação a uma pessoa só, e envolve a fixação de tolerar

[220] Preleciona Daniel Goleman que o primeiro passo para formar a união amorosa envolve o desencadeamento do sistema de apego em seu modo de reconhecimento. Esse sistema entra em ação desde a infância, possibilitando assim formar-se as primeiras redes de apego e incidindo na maneira como formamos nossa conexão inicial com o parceiro romântico. GOLEMAN, Daniel – Inteligência social – o poder das relações humanas, p. 217 e 218.

o cônjuge (ou mesmo a criança) o tempo suficiente para criar o filho, encontrando-se intimamente ligado ao estimulante natural dopamina, e também a norepinefrina e a serotonina. Já a ligação homem mulher são produzidos principalmente pelos hormônios oxitocina e vasopressina, e funciona como um amálgama entre o casal para viabilizar a coabitação prolongada.

Pode-se concluir desta forma, que as três redes cerebrais são sistemas de múltiplos propósitos. Além de seu viés reprodutivo, o impulso sexual, serve, como leciona Helen Fisher, para a manutenção de uma rede de amizades, proporciona prazer e aventura, tonifica os músculos e relaxa a mente. Já o amor romântico estimula a manutenção da parceria romântica ou viabiliza a formação de nova parceria, levando uma das partes a procurar outra ligação, rompendo assim o vínculo inicial, que no caso da sociedade matrimonializada, culmina com o pedido de divórcio, como prevê a regra do artigo do Código Civil, dada a impossibilidade da vida comum ou ruptura dos deveres do casamento, onde se destaca a fidelidade e a monogamia. Já o sentimento de ligação, nos impulsionam a expressar um afeto genuíno na esfera social, bem como pelo ser amado.[221]

Estudos recentes em neurociência têm indicado que quando as pessoas se apaixonam, o cérebro libera um determinado conjunto de substâncias químicas, os hormônios, aqui incluídos os feromônios, a dopamina, a noradrenalina e serotonina, (que atuam de forma semelhante ao das anfetaminas), estimulando o cérebro do centro do prazer e levando a efeitos colaterais como aumento da **frequência cardíaca, perda de apetite** e do sono, e um intenso sentimento de excitação. A pesquisa indicou que esta fase dura geralmente de um ano e meio a três anos.[222]

[221] Para os homens, tanto a sexualidade quanto a agressividade são ativadas pela ação da testosterona, o hormônio sexual, em áreas conectadas do cérebro. Quando os homens ficam excitados sexualmente, seus níveis de testosterona chegam disparam. O hormônio masculino também alimenta o desejo feminino pelo sexo, ainda que não em tanta intensidade quanto nos homens. No momento do flerte, uma equipe de neurocientistas ingleses descobriu que, quando um homem é alvo de um olhar direto de uma mulher que considera atraente, seu cérebro ativa um circuito de dopamina que provoca uma descarga de prazer. GOLEMAN, Daniel – Inteligência social – o poder das relações humanas, p. 233 219; FISHER, Helen – Por que amamos – a natureza e a química do amor romântico, Rio de Janeiro: Record, 2010, p. 106.

[222] O desejo atrai o objeto visando saciar-se. Quando saciado o desejo, o cérebro libera a dopamina, um neurotransmissor, que produz a sensação de prazer. A ciência moderna, com

A evolução das pesquisas médicas levaram-nos ao conhecimento de que os hormônios programam o cérebro humano desde antes do seu nascimento, ditando seus pensamentos, atitudes, identidade de gênero e até orientação sexual.

Enquanto a sexualidade e a agressividade são ativadas pela ação da testosterona, o hormônio sexual, em áreas conectadas do cérebro, há também a questão da dependência. Aqui entram em ação a dopamina, responsável pelo prazer cujos níveis aumentam em função da intimidade crescente e do grau de libido da pessoa; a oxitocina, substância química que dá origem à necessidade de cuidar do outro – permeia mais o cérebro da mulher do que do homem –; a vosopressina, hormônio intimamente ligado à oxitocina.

As interações hormonais, não são diretas ou simples, e têm seu timming de liberação no cérebro. A dopamina e a norepinefrina acendem o desejo sexual porque elevam os níveis de testosterona.[223]

A luxúria e os estágios de atração são considerados temporários, sendo que uma terceira fase é necessária para sustentar a relações de longo prazo: conhecida por *attachement* é o vínculo que promove a duração dos relacionamentos. O apego é geralmente baseado em compromissos, como casamento e filiação, ou mesmo na amizade mútua, baseada em valores e interesses comuns. Entretanto, a forma como as pessoas pensam e se comportam no amor é influenciada por suas concepções de amor adquiridas na convivência familiar e relacional.

Ela tem sido associada a níveis mais elevados de hormônios circulantes como a oxitocina e a vasopressina, presentes em um grau maior em relacionamentos de curto prazo. Concebe Enzo Emanuele que a molécula de

base um suas pesquisas conclusivas, demonstraram que a luxuria e o amor romântico estão associados com diferentes regiões do cérebro humano.

[223] No período que antecede ao ato sexual os níveis de oxitocina atingem seu pico no cérebro masculino. Tanto no homem quanto na mulher, essa substância alimenta muitos dos deliciosos sentimentos do contato sexual, mantendo-se seus níveis elevados após o orgasmo, proporcionando um período de relaxamento e interação durante o qual os elos se consolidam.. Entretanto, a secreção da oxitocina pode representar um paradoxo: em uma interação a vasopressina reduz os níveis de testosterona; em outra a testosterona suprime a ação da oxitocina. Nesse sentido vemos que pelo menos no nível hormonal a paixão não precisa desaparecer com o compromisso. GOLEMAN, Daniel – Inteligência social – o poder das relações humanas, p. 234 e 249; MYERS, David G – Psicologia, p. 67 a 69.

proteína conhecida como fator de crescimento neural (NGF) apresenta níveis elevados quando as pessoas se apaixonam, retornando posteriormente, num prazo de aproximadamente um ano, aos níveis normais.[224]

O conhecimento atual da neurobiologia do amor romântico continua limitado. Em virtude da complexidade de um sentimento como o amor, não seria surpreendente que uma diversidade de mecanismos bioquímicos pudessem estar envolvidos em mudanças de humor e de comportamento na fase inicial do romance.

Questiona-se, nesse sentido, se a luxuria poderia desencadear o sentimento amoroso. Entretanto, dado o circuito cerebral que aciona, distinto daquele do amor romântico, não impõe uma conexão entre atração sexual e amor romântico.

Diversos estudos referentes aos modelos biológicos de amor tendem a vê-lo como um instinto de mamíferos, semelhantes a fome ou sede. Do ponto de vista na neurobiologia, os cientistas ao examinarem a dinâmica do sistema cerebral, apontando conclusivamente para a influência dos hormônios para a sensação de fusão com um companheiro a longo prazo. Já a psicologia tende a encarar o amor como mais de um fenômeno social e cultural, do que qualquer outro. Há provavelmente elementos de verdade em ambas as vistas.

Tal como já visto, o amor é certamente influenciado por hormônios, como oxitocina, a vasopressina, as neurotrofinas e feromonas, sendo a forma de sentir e se comportar no processo amoroso mais influenciadas pelas concepções de amor aprendidas desde a infância, do que condicionada pelos aspectos psiquicobiofisicos presentes no relacionamento. A visão convencional da biologia é que existem duas grandes vertentes no amor: atração sexual (muito presente no amor apaixonado) e vínculo amoroso, que por sua vez ativam diferentes áreas cerebrais, e possuem manifestações bioquímicas também diversas.

Uma das principais substâncias químicas que provoca o sentimento amoroso é a fenilalanina. Da família das anfetaminas, é secretada em altas doses no estado de apaixonamento. A adrenalina também é liberada, gerando aquele estado de constante alerta e bem-estar comum nas pessoas

[224] Emanuele, E.; Polliti, P.; Bianchi, M.; Minoretti, P.; Bertona, M.; & Geroldi, D (2005). "Raised plasma nervo fator associado com níveis de crescimento na fase inicial do amor romântico". *Psychoneuroendocrinology* **setembro 05.. 05.** http://www.biopsychiatry.com/lovengf.htm.

apaixonadas. Além destas tem-se também a influência das endorfinas, que atuam diretamente no sistema imunológico. Quando do contato físico, os cérebros feminino e masculino, "fazem uma análise" da compatibilidade genética das partes.[225]

No que tange à base psicofisiológica do comportamento emocional, temos que esta é regulada pela estimulação do sistema simpático, particularmente da medula suprarrenal. Este mecanismo é ativado em todas as funções de alerta do organismo e o prepara para uma ação de emergência (como a necessidade de fuga ou luta – ambas podemos entender como ligadas ao componente amoroso).[226]

O amor apaixonado representado pelo intenso desejo, é muitas vezes acompanhado por uma manifestação fisiológica intensa que se externa por uma excitação fisiológica, que vem caracterizada preponderantemente por falta de ar, aceleração dos batimentos cardíacos, irrigação sanguínea local – rubor das faces-, excitação sexual, xerostomia (secura da boca) entre outros estímulos que podem ser físicos ou mentais; enquanto que o sentimento amoroso é baseado no afeto e numa sensação de intimidade prolongada, que não é acompanhado de excitação fisiológica.

Há muito tempo, os estímulos fisiológicos são relacionados com os estados emocionais. Nesse sentido as emoções podem ser definidas como a percepção das alterações fisiológicas desencadeadas pelo estímulo emocional. Existe portanto, um componente fisiológico associado a um componente cognitivo nas emoções. Logo, advindo daí temos que, "sentir medo ou amor é sentir as alterações autonômicas provocadas pelo estimulo emocional".

Refletindo sobre o que desencadearia o sentimento amoroso no cérebro, pudemos concluir com Marcus Lira Brandão e Arthur C. Guyton que é necessário um estado motivacional particular para tanto. Experiências com ratos comprovaram a eficácia do estímulo das áreas de recompensa e prazer localizada no cérebro.

O hipotálamo continua sendo visto como uma estrutura central na geração e elaboração de respostas motoras, autonômicas e endócrinas que

[225] PEASE, Allan; PEASE, Bárbara – Por que os homens fazem sexo e as mulheres fazem amor? 13. ed., Rio de Janeiro: Sextante, 2000, p. 137 e 138.

[226] BRANDÃO, Marcus Lira – As bases psicofisiológicas do comportamento, p. 71.

compõem o comportamento emocional apropriado para cada estímulo ocorrido no corpo humano.[227]

Hormônios como a oxitocina e a vasopressina são nele sintetizados, bem como nos ovários e nos testículos. A oxitocina é um estimulante natural do vínculo envolvido nas sensações da ligação adulta homem-mulher.[228]

Constitui desta forma o sistema límbico e suas conexões, o substrato cerebral que motiva as tendências, os desejos e as emoções dos seres humanos, ligando-os, como aduz Raul Marino Jr. "ao Criador e ao significado do mundo".[229]

Muito provavelmente a primeira fase romântica de uma relação amorosa estaria associada com alterações nos níveis circulantes de neurotrofinas (NTS). Numa pesquisa realizada nos EUA com 58 candidatos, concluiu-se que os níveis plasmáticos de NGF, BDNF, NT-3 e NT-4 foram significativamente maiores ($p < 0{,}001$) em indivíduos que estavam nas fases iniciais do romance do que em outros que estavam em uma relação de longa duração [123 (10) pg / ml] ou mesmo em indivíduos com nenhuma relação [149 (12) pg / ml]. Notavelmente, houve também uma correlação positiva entre os níveis de NGF e da intensidade do amor romântico, avaliada com a escala de amor apaixonado ($r = 0{,}34$, $p = 0{,}007$). Não houve diferença nas concentrações de NTs.

Em 39 indivíduos envolvidos em relações amorosas mais longas, após 12-24 meses, manteve-se a mesma relação, uma vez que já não apresentavam o mesmo estado mental da fase inicial do relacionamento. Analisados em conjunto, estes resultados apontam para o fato de que alguns comportamentos e / ou características psicológicas presentes nos indivíduos, cujo grau de interesse amoroso diminuiu, poderia estar diretamente relacionado com os níveis de NGF presentes na corrente sanguínea.[230]

[227] BRANDÃO, Marcus Lira – As bases psicofisiológicas do comportamento, p. 78 e 82; GUYTON, Arthur C – Fisiologia básica, Rio de Janeiro: Interamericana, 2. ed., 1977, p. 338 e 402 e ss.

[228] Ambos os hormônios, denominados "hormônios da satisfação", são secretados durante o ato sexual, sendo a vasopressina aumentada no homem e a oxitocina nas mulheres, aumentando o poder de fusão entre os seres. FISHER, Helen – Porque amamos – a natureza e a química do amor romântico, p. 119 e 120.

[229] MARINO Jr., Raul – A religião do cérebro, São Paulo: Editora Gente, 2005, p. 27.

[230] Emanuele, E.; Polliti, P.; Bianchi, M.; Minoretti, P.; Bertona, M.; & Geroldi, D (2005). "Raised plasma nervo fator associado com níveis de crescimento na fase inicial do amor

As consequências evolutivas de amor são tão importantes que as ciências médicas buscam as respostas para elas em algum processo biológico estabelecido para regulamentá-las. Recentes descobertas sugerem que a serotonina (5-HT) transportador poderia estar ligado ao neuroticismo e ao comportamento sexual, bem como ao transtorno obsessivo-compulsivo (TOC). As semelhanças entre uma ideia supervalorizada, como a típica dos indivíduos na fase inicial de uma relação de amor e a obsessão, levou a comunidade científica a explorar a possibilidade de que as duas condições podem compartilhar as mesmas alterações no nível do transportador da 5-HT. Assim, pesquisas demonstraram que os indivíduos que estavam na primeira fase romântica de um relacionamento amoroso não eram diferentes dos pacientes com TOC em termos de densidade do transportador 5-HT plaquetária, que mostrou ser significativamente menor nos controles normais. Isto sugere que alterações neuroquímicas comuns que envolvem o sistema 5-HT, estariam ligadas às dimensões psicológicas compartilhada nos dois estados, tendo em vista um nível de idealização.[231]

Estudos científicos analisam a influência do hormônio oxitocina no estabelecimento de relacionamentos humanos, levando-se a conclusão de que este estaria associado com a capacidade de manter relacionamentos interpessoais e laços psicológicos saudáveis com outras pessoas.

Num primeiro olhar sobre a base biológica para a ligação humana, concluiu-se que a oxitocina poderia ser mediador experiências emocionais nas relações íntimas, pois esta seria liberada em resposta a estados emocionais intensos, sendo estimulada nas sensações positivas e diminuída nas negativas, atuando assim, no estado psicológico de homens e mulheres.

Em uma pesquisa realizada na Universidade da Califórnia, encontrou-se ainda uma diferença significativa da secreção de oxitocina entre mulheres que apresentavam relacionamentos conflituosos (níveis mais baixos) e mulheres que eram mais seguras em seus relacionamentos (níveis mais altos).

A oxitocina também pode desempenhar um papel nos níveis mais elevados de depressão e stress interpessoal observada em mulheres.

romântico". *Psychoneuroendocrinology* **setembro 05.. 05.** http://www.biopsychiatry.com/lovengf.htm.

[231] MARAZZITI, D; AKISKAL, HS; ROSSI, A; CASSANO, GB – Alteração da serotonina transportador no amor romântico. Psychol Medica, Maio de 1999, v. 29(3), p. 741 a 745.

Segundo a maioria dos psiquiatras, as mulheres experimentam depressão duas vezes mais frequentemente que homens e tendem a ser mais afetadas pelas dificuldades de relacionamento.

Vê-se assim, que do ponto de vista bioquímico, a paixão, etapa inicial do amor, é muito semelhante ao vício. Uma das regiões cerebrais intensamente estimuladas em ambas as situações é o Centro do Prazer e Recompensa situada bem na área central do cérebro, onde está o sistema límbico. E, uma das principais substâncias liberadas é a dopamina que "provoca" sensações típicas da paixão: prazer, euforia, energia aumentada e bem-estar. O estilo ou perfil do outro faz com que se estimule a produção de hormônios, vitais para a sensação amorosa: o perfume, o cheiro, o timbre de voz, os modos, alguma peça de vestuário, desencadeando um poderoso componente psíquico.

O estilo ou perfil do outro faz com que se estimule a produção de hormônios, vitais para a sensação amorosa: o perfume, o cheiro, o timbre de voz, os modos, alguma peça de vestuário, desencadeando um poderoso componente psíquico.

Temos assim, que apesar da complexidade do tema e da dificuldade de se definir o amor ele é observado pelo estudo neurofisiológico, como derivado da atividade de algumas moléculas. Leciona Donatella Marazziti que "apesar de existirem algumas hipóteses, há poucos dados reais com base em imagens cerebrais acerca de uma construção bioquímica do amor". Entretanto, há uma distinção bem demarcada do funcionamento neurológico entre a fase inicial de uma relação amorosa, isto é, a paixão e seus fortes efeitos fisiológicos, e a etapa seguinte, quando a relação já está consolidada.

Essas hipóteses, por seu turno, poderão ser verificadas em um futuro próximo

através da utilização de algumas técnicas, como a tomografia por emissão de pósitrons (PET) e a ressonância nuclear magnética (RNM), que prometem bons resultados. Essas técnicas, no entanto, estão em uma fase ainda muito incipiente, mas a utilização médica das imagens será cada vez de uso mais corrente nos âmbitos clínico e de pesquisa.[232]

[232] MARAZZITI, Donatela – O amor no foco da pesquisa neurocientífica. In. http://projeto-come.blogspot.com/2010/06/amor_e_ciumes.html

A neurobiologia, campo cada vez mais proeminete em matéria de estudo sobre o comportamento humano, vem delimitando uma definição tripartida do amor, em que se diferenciarien três processos cerebrais diferentes, mas interrelacionados, e regulados pela atuação hormonal: o primeiro deles vem caracterizado por um impulso sexual muito acentuado, regulado pela testosterona e detectável no âmbito neuronal pela análise do córtex anterior, representa um sentimento de breve duração; o segundo, vem definido por uma atração sexual selectiva, caracterizada pela paixão amorosa, e vem regulada pela dopamina, que age nos circuitos cerebrais ligados ao prazer,possuindo por sua vez uma duração mais prolongada; o terceiro deles, caracterizado pelo afeto, apresenta uma longa duração que permite a continuidade do vínculo entre o casal, vem regulado pela oxitocina e pela vasopressina, que também afetam o circuito cerebral ligado ao prazer, a sua duração é indeterminada (pode-se prolongar toda a vida).

O equilíbrio dos três processos controla a biologia reproductiva dos seres humanos (e de outras espécies animais).

Na área da neurobiologia, existem estudos apoiados em resultados de eletroencefalografia e no registro das correntes elétricas que ocorrem no cérebro durante o estado "paixão", comprovam que apresenta a mesma elevada atividade como aquela registrada durante a libido. Quando alguém se apaixona registra-se maior produção de **dopamina**, responsável pelo estado de euforia, **adrenalina**, responsável pela excitação, a endorfina, pela sensação de felicidade e bem estar e finalmente eleva a testosterona que contribui para a maior apetência sexual. Simultaneamente são libertados substâncias químicas, os **feromônios** ou feromonas que exercem atração olfativa em animais da mesma espécie. Por outro lado diminui drasticamente o nível de serotonina, o que faz com que o estado "estar apaixonado" se assemelha ao estado registrado durante outras doenças psíquicas. Por isso muitos apaixonados se comportam mais impulsivamente, sem inibição como se estivessem fora do seu controlo racional. Após alguns meses, o corpo se acostuma as estas elevadas doses (segundo a OMS dura no máximo 24 a 36 meses) e diminui gradualmente a "intoxicação" do cérebro.

Mesmo que ainda não totalmente conclusivos, diversos estudos têm demonstrado que na análise anatomo-fisiológica dos cérebros dos indivíduos apaixonados, vê-se que estes exibem uma semelhança estrutural com aqueles acometidos por uma doença mental. Isso se deve ao fato de que o amor cria uma atividade cerebral intensa na mesma área do cérebro onde a fome, sede, as drogas atuam, criando uma atividade cerebral específica.

Tal como se sabe, o sistema nervoso é o coordenador de todos os processos que visam adaptar o indivíduo ao meio, apresentando-se desta forma, num plexo de centros e vias nervosas complexas que se interligam.[233]

Assim sendo, com uma estrutura que inclui o sistema nervoso central (que inclui o cérebro e a medula espinhal) e o periférico (formado por nervos e gânglios), além de uma enorme gama de células especializadas, representa o sistema nervoso uma área que reage aos estímulos externos, ligados ao meio, e internos do homem, propiciando o início, a aceleração e a integração das respostas orgânicas a esses estímulos.[234]

Nesse aspecto, o amor poderia ter um componente mais físico do que emocional em sua base constitutiva. Entretanto, vemos que ao longo do tempo, a intensidade dessas reações bioquímicas se altera, e em decorrência disso, diferentes áreas do cérebro são ativadas, principalmente aquelas que envolvem compromissos de longo prazo.

Em matéria de sentimento amoroso, a grande questão é apurar até que ponto as sensações e percepções observadas pelos homens, as quais este tem imediata consciência, correspondem à realidade das coisas como elas são e não apenas como elas parecem ser (visto que os sentidos podem se deixar enganar pelas aparências).

Tendo como ponto de partida a analise bioquímica das interações, quando um impulso elétrico é aplicado diretamente na superfície do córtex somatossensorial faz-se com que o indivíduo possa sentir o estimulo em sua própria pele. Em matéria de sentimento amoroso e o consequente estabelecimento de relação amorosa, é grande a interação da mente e do cérebro, sendo que imperativa é a atuação dos juízos de valor, que podem ainda ser conflitantes (escolher A pois este é melhor que B, mas gostar mesmo mais de B). Em muitos casos, como dispõe Eduardo Giannetti, os impulsos que ocorrem dentro do nosso organismo estão vedados aos ditames da nossa vontade consciente, que vem amparada por uma gama de valores éticos e morais aprendidos desde a primeira infância.

[233] SOUSA, Romeu Rodrigues de – Anatomia Humana, São Paulo, 2. ed, 1983, p. 117; PERKIN, G David – Neurologia – Atlas Mosby em cores e texto, São Paulo: Manole, 1998, p. 280 a 283.

[234] FALLIS, Bruce D; ASHWORTH, Robert D – Histologia Humana, p. 93.

Tal como leciona Romeu Rodrigues de Sousa "o mecanismo das emoções foi inicialmente relacionado com o tálamo e com o hipotálamo. Atualmente, relaciona-se esse mecanismo a um conjunto de estruturas denominada sistema límbico, que correspondem além do tálamo e hipotálamo, a muitas outras formações encefálicas". Normalmente os hemisférios cerebrais funcionam como um todo único.[235]

O hipotálamo é a área do cérebro responsável pela convergência da intrincada rede de fibras nervosas que defluem em nosso sistema nervoso. Ele pertence ao sistema límbico que por sua vez representa a região associada às sensações viscerais, ao processamento das emoções e às motivações primárias, fazendo com que este envie mensagens para todo o resto do corpo, uma vez que interage com o hemisfério cerebral direito e esquerdo do cérebro.

Vemos assim que os estados mentais afetam os estados do corpo, gerando um elo entre o pensar e o agir. Nesse sentido a atividade neural, evento que ocorre fisicamente no cérebro, precede no tempo o evento mental e a consequente ação, ou seja, a consciência da decisão de agir.

Ou seja, a ação é toda elaborada no cérebro, que aciona as diversas regiões constitutivas envolvendo um feixe de células nervosas. As emoções nesse sentido, envolvem quatro dimensões básicas: a experiência subjetiva (consciente ou não), as alterações neurofisiológicas cerebrais, as manifestações corporais e faciais, a elaboração de uma resposta comportamental.[236]

Quanto ao comportamento sexual, este está intimamente ligado ao comportamento reprodutivo, assim, as bases fisiológicas de ambos estão sobrepostas.

O comportamento sexual é um comportamento motivado e envolve alguns mecanismos neurais comuns ao comportamento emocional (ou mesmo ao comportamento alimentar), mas é também motivado por outros fatores não biológicos.

É regulado primariamente pelos hormônios lançados na circulação sanguínea pelas glândulas sexuais e pela hipófise. O hipotálamo

[235] SOUSA, Romeu Rodrigues de – Anatomia Humana, p. 153; FALLIS, Bruce D, ASHWORTH, Robert D – Histologia humana, São Paulo: Edart, 1976, p. 93 e ss.

[236] GIANNETTI, Eduardo – A ilusão da alma – biografia de uma idéia fixa, p. 107 e ss.

desempenha um papel fundamental na organização do comportamento sexual.[237]

O contato físico oriundo do compromisso amoroso, também obedece a uma base neuronal. O olhar lânguido e apaixonado é o prenuncio de um beijo, pois tal como já vimos anteriormente, os olhos oferecem lampejos para os sentimentos mais íntimos do ser humano, pois como leciona Daniel Goleman, os olhos contém terminações nervosas que levam diretamente a uma estrutura cerebral crucial para as emoções da empatia e da combinação, a área orbitofrontal do córtex pré-frontal. Quando os olhos de duas pessoas se encontram, eles interligam suas regiões orbitofrontais que são especialmente sensíveis a pistas como o contato visual. Esses caminhos sociais desempenham um papel crucial no reconhecimento do estado emocional do outro.

O córtex orbitofrontal, localizado atrás e acima das órbitas dos olhos, ocupa um lugar estratégico, a junção da parte mais elevada dos centros emocionais e a parte mais baixa do cérebro pensante, conectando desta forma, neurônio a neurônio, realizando a sinapse, três regiões importantes do cérebro: o córtex, as amigdalas – de onde fluem muitas das reações emocionais, e o tronco cerebral – as zonas reptilianas, referentes à reação automática aos impulsos externos). Essa estreita conexão sugere uma ligação rápida e poderosa, que facilita a coordenação instantânea de pensamentos, sentimentos e ação. Representa essa região portanto, um epicentro para dar sentido ao mundo social à nossa volta.

Assim, ao reunir as experiências internas e externas sentidas, o COF realiza um cálculo social instantâneo que indica como o indivíduo se sente em relação à pessoa com quem nos relacionamos, como ela se sente a nosso respeito e o que se fazer em virtude de sua reação.

Logo, a sutileza, a harmonia e as interações dependem em grande parte desse circuito nervoso. (um exemplo que pode ser vivenciado nesse sentido é o fato de que o COF contém neurônios sintonizados para detectar emoções no rosto de alguém ou para provocá-las com o tom de voz e conectar aquelas mensagens sociais com a experiência visceral: as duas pessoas sentem que se gostam.

[237] BRANDÃO, Marcus Lira – As bases psicofisiológicas do comportamento humano, p. 47 e ss.

Esses circuitos rastreiam o significado afetivo. Resultados de exames de ressonância magnética apontam para o fato de que o COF se ilumina como reação aos retratos de entes queridos. Quanto maior for a atividade do COF, mais forte é o sentimento de amor e afeto.

Nesse sentido, temos que os resultados do COF apontam o índice de aceitação social que temos do outro (o cheiro de uma pessoa representa um sinal primário de aceitação/gostar ou não desta pessoa).

Para a moderna neurologia, as células fusiformes são o segredo da rapidez da intuição social em matéria de estabelecimento da empatia entre duas pessoas, pois formam conexões extremamente densas entre o COF e a parte mais elevada do sistema límbico, o córtex cingulado anterior ou CCA, que por sua vez coordena a atenção, os pensamentos, emoções e reações do corpo, ligando-os aos sentimentos. Concentram-se por sua vez em regiões do cérebro – do COF – que se ativam durante as reações emocionais que mantemos com os outros, bem como na área do CCA, que desempenha um papel igualmente importante na vida relacional.

Essa ligação cria uma espécie de comando nervoso, a partir do qual as células fusiformes se estendem para partes diversas do cérebro. É válido ressaltar que essas células são ricas em receptores de serotonina, dopamina e vasopressina, que, como vimos, representam um importante papel no que tange ao estabelecimento do prazer, estabelecendo a empatia, o amor, o prazer, com repercussões também no humor do indivíduo.[238]

A disputa pelo reconhecimento do amor, faz com que o parceiro exerça plenamente a sua sensualidade. A identidade funciona como uma ruptura do simbólico, como uma quebra de limites, aguça as fantasias e as projeções egóicas.

Para Flavio Gikovate a sensualidade pouco tem a ver com a beleza. Diz respeito a um estado de alma, que demonstra estar a vontade com seu corpo, e dele tem um enorme prazer em extrair as venturas. Os indivíduos sensuais apresentam-se de um jeito descontraído, informal, sincero. São criaturas de verdade, que transmitem a impressão de serem mais livres, de não julgarem o comportamento dos outros, nem tão pouco seu modo de ser. Sabem aproveitar os agradáveis estímulos eróticos." A verdade é

[238] GOLEMAN, Daniel – Inteligência social – o poder das relações humanas, p. 74 a 78; FALLIS, Bruce D; ASHWORTH, Robert D – Histologia humana, p. 98 e ss.

que, nesse contexto, em pouco tempo a aparência física estará em segundo plano".[239]

Também no mesmo sentido é o pensamento de Teresa J. Hornsby, para quem a mulher ao ser definida como formosa também poderia ser entendida como agradável, e aos homens era difícil resistir-lhe, o que nada teria a ver com beleza física.[240]

As personalidades (valores e convicções) semelhantes, as necessidades complementares, a forma de ver o mundo, o prazer nas mesmas atividades para que possam divertir-se juntos, tanto faz nascer a afeição amorosa, quanto fazê-la durar.

As qualidades complementares que realçam a nossa vida, a satisfação na realidade do outro, a segurança e a legitimidade que este nos importa, e logicamente, a receita para o sexo, faz amenizar a diferença entre os seres (independente do gênero) fazendo nascer a afeição amorosa.

São ainda de vital importância para o estabelecimento do sentimento amoroso, o olhar, a receptividade, a empatia, a identidade, a curiosidade, ampliada numa sincera dose de esperteza, para não deixar a oportunidade passar. É ainda, como pensamos, uma questão de inteligência.

Esta tais interações psicofísicas que se encerram faz com que, como aduz Betty Milan, o amante divinise o amado, cuja presença transforma qualquer lugar num oásis. "Quando o ser amado aparece, suspende-se a realidade, tudo o mais deixa de ter importância, de despertar o interesse".

Desta forma, ressalta também que amor sem erotismo não existe, assim como sem cumplicidade, curiosidade, admiração ou desejo.[241]

Entretanto, nem sempre podemos precisar em que momento aquele olhar se aproximou da alma do amante e a cativou. O que temos a nosso favor é a análise das circunstâncias que o indivíduo encerra, tornando-o desta forma mais receptivo à onda amorosa e seus reflexos.

Mas com certeza, se fez presente a conexão emocional que inspira a renovação pessoal: o desejo de se tornar outra pessoa, de ter uma vida mais rica e interessante. A somatória de ingredientes que esta consigna implica no coração que dispara, nos sonhos que se multiplicam, na adrenalina que surge quando se vê o ser amado, estabelecendo-se assim uma rede

[239] GIKOVATE, Flavio – Superdicas para viver bem e ser mais feliz, p. 32.

[240] HORNSBY, Teresa J – A sexualidade na bíblia, São Paulo: Cultrix, 2007, p. 86.

[241] MILAN, Betty – Fale com ela, p. 86.

de elementos atraentes, como o riso, a cumplicidade, a mesma disposição de espírito – mesmo que secretos, dissimulados –, mas que demonstram a mesma predisposição para estar junto, correspondendo ao alicerce do amor.

"algo entrou em mim e vive aqui. Não sou simplesmente eu mesma. Suas emoções se fizeram minhas". O que faz nascer o amor? O encantamento !

O homem sente desejo visual pela mulher, lançando-se à sua conquista e a mulher sente-se especial ao se perceber desejada. Acende-se assim um mecanismo de reciprocidade que situa-se na base biopsicofisica do amor.

A presença do amado faz com que se despertem intensas sensações no outro, acometido pelo enamoramento. Como emoção podemos entender que são as expressões afetivas acompanhadas de reações intensas e breves do organismo, em resposta a um acontecimento inesperado ou mesmo muito aguardado, já anteriormente fantasiado.

Nas emoções é possível observar uma relação entre os afetos e a organização corporal, pois diversas reações orgânicas se apresentam, tais como: distúrbios gastrointestinais, cardiorrespiratórios, sudorese, tremores, aumento intenso do nível de batimento cardíaco, entre outras.

As emoções representam na vida íntima da pessoa, uma espécie de linguagem através da qual podem se expressar as percepções internas que o indivíduo tem em relação aos acontecimentos externos. São sensações fortes, passageiras, intensas, mas mutáveis....[242]

Podemos assim diferenciar as emoções dos sentimentos em face da sua intensidade e durabilidade. Enquanto as emoções proporcionam uma expressão afetiva aguda, marcada pela intensidade, o sentimentos são mais duradouros e menos explosivos, não vindo também acompanhados de reações orgânicas intensas.

Tal como lecionam Ana Mercês Bock, Odair Furtado e Maria de Lourdes Teixeira "considera-se a paixão uma emoção e o enamoramento, a ternura, a amizade, como sentimentos, manifestações do mesmo afeto básico, o amor.

É válido ressaltar que a vida afetiva – que inclui emoções e sentimentos – compõe o homem e constitui um aspecto de fundamental importância

[242] BOCK, Ana Mercês Bahia; FURTADO, Odair; TEIXEIRA, Maria de Lourdes Trassi – Psicologias – uma introdução ao estudo de psicologia, p. 196 e 197.

na vida psíquica, pois as emoções e sentimentos funcionam como alimentos do psiquismo humano. "Necessitamos deles porque dão cor e sabor à nossa vida, orientam-nos e nos ajudam nas decisões".[243]

Na concepção de Luiz Alberto Py, o amor está na origem da vida, pois obedece ao chamado da natureza. Numa concepção antropológica, aduz que a sexualidade passou a existir quando se estabeleceu uma forma de reprodução que necessita de componentes de dois seres para se estabelecer, garantindo assim, a perpetuação da espécie. Logo, atender ao chamado do sexo significa aceitar o chamado da natureza para realizar a preservação da espécie.

Nesse sentido, aduz que "podemos tomar como ponto de partida para a compreensão do amor carnal, aquele que atrai homens e mulheres, o imperioso comando da natureza, sendo que esta força instintiva nos conduz à busca de alguém com quem compartilhar as alegrias e os mistérios da sexualidade".

Aqui residiria então a primeira manifestação de amor, pois não basta a simples resposta ao convite da natureza, o ser humano precisa de mais, sua estrutura psíquica foi elaborada para isso. "o sexo revestido pelo amor permite a realização harmônica dos reclamos da natureza, pois a longa duração da relação amorosa é necessária para a formação do casal e da família".[244]

Em contrapartida a repressão de sentimentos tão poderosos tem um preço fisiológico e à saúde de cada indivíduo, refletindo grande esforço emocional. A franqueza é a resposta padrão do cérebro. Os circuitos neurais transmitem toda alteração de humor aos músculos da face, tornando os sentimentos visíveis instantaneamente, pois a exibição da emoção é automática e inconsciente, por isso sua supressão exige esforço consciente. Ocultar o que se sente, exige esforço ativo, que raramente dá certo.[245]

Podemos concluir com Raul Marino Jr que o cérebro, sobretudo através de seus lobos frontais, pode ser entendido como o órgão responsável pela

[243] BOCK, Ana Mercês Bahia; FURTADO, Odair; TEIXEIRA, Maria de Lourdes Trassi – Psicologias – uma introdução ao estudo de psicologia, p. 198.

[244] PY, Luiz Alberto – Quem sabe dizer de onde vem o amor? In. O livro do amor – parte I – da sedução ao casamento, São Paulo: OESP Gráfica AS, 2002, p. 9 e 10.

[245] GOLEMAN, Daniel – Inteligência social – o poder das relações humanas, Rio de Janeiro: Editora Campus, 2007, p. 24 e 25.

gênese e elaboração do sentimento amoroso. Advindo daí temos que o amor, em sua mais alta manifestação representaria uma transformação criativa de nossas respostas ao outro.[246]

Também no que concerne à sexualidade, está vem condicionada pela atividade neurobiológica. O centro nervoso responsável pelo impulso sexual é o hipotálamo, que é a parte do cérebro que também controla as emoções. É nessa área que os hormônios, principalmente a testosterona estimulam o desejo por sexo. A diferença substancial entre a secreção de testosterona, que é de 10 a 20 vezes mais proeminente no homem, que também possui uma estrutura de hipotálamo maior, explicaria o apetite sexual mais ampliado no homem do que na mulher.[247]

## 4.3. O amor na visão da psicologia

A psicologia surgiu como ciência independente e basicamente experimental de uma amálgama de ideias oriundas da filosofia e da fisiologia, no final do século XIX e se ocupou intimamente do estudo da mente humana.

Traduz mecanismos complexos de análise das informações sensoriais, que nos ajudam a compreender os acontecimentos internos e externos que nos acometem cotidianamente. Assim, os psicólogos fazem uma distinção entre sentimento e emoção, usualmente utilizados como sinônimos na linguagem leiga corrente.

Tal como concebe David A Statt a emoção implica em uma grande carga de sentimentos, mas é mais amplo, por possuir também um aspecto cognitivo ou racional. É através do seu aspecto cognitivo que os sentimentos de uma pessoa se associam com o seu ambiente, pois representam estes, uma manifestação do conhecimento, do sentir, da noção, do senso que se tem de alguma coisa.

Corresponderia ainda, a uma perturbação ou variação do espírito advinda de diversas situações externas. Representa outrossim, uma reação intensa e breve do organismo a um evento inesperado, a qual se acompanha de um estado afetivo de conotação penosa ou agradável. Seria nesse sentido, um estado de ânimo despertado por um sentimento de

[246] MARINO Jr., Raul – A religião do cérebro, p. 29.

[247] PEASE, Allan; PEASE, Bárbara – Por que os homens fazem sexo e as mulheres fazem amor? p. 137.

qualquer origem, vindo de fora – mas que pensamos – tenha tocado fundo nossa alma.

O comportamento emocional representa a ação externa de um componente interno, que nos condiciona a agir naquele sentido direcionado. Essa definição foi posteriormente refutada por William James, tendo em vista que uma mesma manifestação externa, pode, através dos mecanismos psíquicos desencadear atitudes diametralmente opostas.

O que nos leva a concluir pela importância do autoconhecimento, do amor-próprio e demais mecanismos psíquicos intimamente ligados com o estabelecimento do vínculo amoroso.

É grande também a importância das pistas ambientais para a percepção. Os rótulos verbais usados para designar as emoções resultam tanto de reconhecer as mudanças fisiológicas ocorrentes, os sentimentos e os processos cognitivos que nos permitem interpretar esses sentimentos em seu contexto social.

Assim, em sua concepção, o amor é uma emoção, cujo processo de amar implica num sentimento de excitação, de alerta fisiológico, que é um sentimento totalmente neutro, podendo estar presente em outros contextos também como: medo, dor ou sexo.[248]

Tal como leciona Raul Marino Jr. as emoções referem-se a sensações subjetivas que ocorrem em resposta a um fator externo estimulante. É antes de mais nada uma reação aguda que envolve grandes manifestações somáticas, experimentadas como uma situação mais ou menos intensa. Representa, portanto uma maneira de sentir e uma maneira de agir, e possui ainda quatro elementos basilares: o conhecimento, ligado a experiências passadas; a expressão, que mostra-se externamente por meio de atividades somáticas e autônomas como a expressão facial, as lágrimas, a alteração da voz, o enrubescimento, o riso, a fuga ou o ataque; a experiência, que é a parte subjetiva do processo emotivo, e podem tanto ser agradáveis quanto desagradáveis; excitação, que reflete a vivacidade expressiva dos processos mentais que ocorrem durante o processamento da emoção.[249]

Na visão psicanalítica de Freud, o amor, manifestação da libido, surge das pulsões sexuais, inicialmente instalado entre a mãe e o filho e

[248] STATT, David A – Introdução á psicologia, São Paulo: Ed. Harbra ltda, 1986, p. 111 a 116.

[249] MARINO Jr., Raul – A religião do cérebro, p. 44 e 45.

posteriormente ampliado para o pai e demais integrantes da família. O amor adulto baseia-se no amor materno, com possibilidade antagônica de ser imitativo ou oposto.[250]

Assim sendo, o sexo social e racionalmente conhecido não corresponde à sexualidade psicanalítica, esta, como já dito é sinônimo de pulsão, que por sua vez enraíza o psiquismo no corpo, fundamenta o inconsciente, cria a divisão do sujeito e produz a força que anima o desejo.[251]

Nesse sentido podemos compreender que o amor, alimento da alma, tornou-se uma das mais raras experiências da vida. A influência do meio é muito destacada para seu surgimento, percepção e manutenção.

Desde o início da vida, nascemos com a plena capacidade de amar, a criança nasce cheia de amor e sente perfeitamente o que ele é, os pais, já permeados pelas vicissitudes da vida, muitas vezes não sabem ou não conseguem manifestar esse amor. Assim, pode se instaurar um processo de desentendimento entre pais e filhos, e a criança começar a odiar os pais, porque não se sente amada nem respeitada. O amor começa a se estabelecer na base de uma troca: dependendo do que fizer, de seu desempenho na vida. Passa então, a obedecer condições: primeiro tem que se tornar merecedora, para ai sim receber o amor dos pais. Para tanto, muitas vezes a criança começa a ser falsa; perde toda a noção do seu valor intrínseco, o respeito por si mesma e começa a se sentir culpada.

O grande problema é que essa dinâmica perdura em sua vida e passa a permear os relacionamentos maduros que essa criança, agora crescida, vai manter, resultando muna forma patológica de amar.

Nesse sentido, podemos perceber que o amor só cresce saudável em meio ao próprio amor, necessitando de um ambiente amoroso para se difundir.[252]

Para Freud, os instintos são elementos básicos da personalidade, são forças motivadoras que impulsionam o comportamento e determinam o seu rumo, são uma forma de energia fisiológica transformada que liga as

[250] FRIEDMAN, Howard S; SCHUSTACK,Miriam W – Teorias da personalidade,p .494; BETTELHEIM, Bruno – Freud e a alma humana, São Paulo: Cultrix, 1982, p. 51.

[251] COSTA, Jurandir Freire – O vestígio e a aura – corpo e consumismo na moral do espetáculo, Rio de Janeiro: Garamond, 2004, p. 27.

[252] OSHO – A essência do amor, São Paulo: Editora Cultrix, 2009, p. 9 e 10 – trad. de Denise de C Rocha Delela.

necessidades do corpo aos desejos da mente (ou alma). Assim, os instintos podem ser definidos como impulsos que determinam condutas que não necessitam ser aprendidas (são inatas), manifestam-se pois de forma espontânea e nos ajudam a resolver as necessidades de sobrevivência.[253]

A meta do instinto é satisfazer a necessidade e, assim, reduzir a tensão. A teoria freudiana sugere que o homem é motivado a recuperar e manter uma situação de equilíbrio fisiológico para manter o corpo sem tensão.

Classificou os instintos em duas categorias: instintos de vida e instintos de morte: Os instintos de vida, têm por objetivo maior a sobrevivência do indivíduo e de espécie, são orientações para o crescimento e desenvolvimento do o indivíduo. Sua manifestação mais importante é o sexo que inclui todos os impulsos meramente afetivos e amigáveis, aos quais se aplica a palavra amor. Freud considerava o sexo a manifestação básica do ser humano. Grande parte da sua teoria da personalidade girou em torno da necessidade de inibir ou reprimir os desejos sexuais. Quanto aos instintos de morte ou destrutivos, estes têm por célula basilar o impulso agressivo.[254]

Na síntese do pensamento de Freud, conhecer-te a ti mesmo, representa conhecer sua alma, seu eu interior preponderante. A psicanálise seria então a leitura do tratamento que se origina na alma, e para ele, a psique, a vida e a alma são a mesma coisa.[255]

Podemos entender então á luz do seu pensamento que o amor é uma força criadora especialmente forte, mas que "pode" ser controlada pela razão, que joga a resolução das questões amorosas para outro nível, no campo das pulsões inconscientes.

Para Jung, a libido, descrita por Freud como uma energia sexual, mas uma energia de vida ampla e indiferenciada. O sexo tinha para Jung um papel mínimo para a motivação humana.

Por meio da energia psíquica, denominada psique, executam-se as atividades psicológicas como a percepção, o raciocínio, os sentimentos e os desejos.

Aduziu também que quando uma pessoa investe uma grande quantidade de energia psíquica numa determinada ideia ou sensação, esta pode

253 GIKOVATE, Flavio – Nós os humanos, p. 10.

254 SCHULZ, Duane P; SCHULTZ, Sydney Ellen – Teorias da personalidade, p. 47 e 48.

255 BETTELHEIM,Bruno – Freud e a alma humana, p. 90.

influenciar muito sua vida pessoal fazendo-a dedicar a maior parte de sua energia vital para a realização dessa tarefa.[256]

Para Karen Horney, a importância do amor é inquestionável, sendo a falta de calor e afeto o mal básico genuíno.[257]

Na visão de Henry Murray, a pesquisa da personalidade humana e sua relação com o estabelecimento da relação amorosa, situa-se no plano das necessidades e a consequente motivação do comportamento humano. Esta tem o condão de organizar e direcionar a capacidade intelectual e perceptiva do cidadão por envolver a presença de uma força psicoquímica no cérebro, sendo que as necessidades podem derivar tanto de processos internos quanto de fatores ambientais ou externos. Elenca a busca de segurança, sexo e sensualidade como necessidades a serem supridas.[258]

No mesmo sentido é o pensamento de Joaquim Quintino Aires, para quem a estrutura da personalidade vai definir significativamente a estruturação e a qualidade das relações afetivas, podendo nesse sentido dificultar-se o estabelecimento de vínculos afetivos entre as pessoas, uma vez que podem ser desenvolvidos mecanismos psíquicos de rejeição à convivência social, onde se manifesta o amor.[259]

Aduz ainda, que a construção psicológica do indivíduo não está previamente definida, pois depende da forma como os outros lidam com a criança, com o adolescente, com o adulto, ao longo de toda uma vida. E depende também de todas as atitudes que irá desempenhar ao longo de sua vida. Nesse sentido, podemos concluir que a forma como nos relacionamos em sociedade, a grande expressão de nossa personalidade, dependerá muito da forma como interagimos com as pessoas e como estas respondem aos nossos estímulos.

Elenca alguns tipos básicos de personalidade que dificultam o relacionamento amoroso: a insegura, – que temem a ruptura amorosa, a rejeição, os próprios sentimentos. Acabam nesse sentido muitas vezes optando em não se relacionar com ninguém, para assim evitar o desgaste da ruptura, embora a solidão também não lhes seja agradável. “Podemos entender

[256] SCHULZ, Duane P; SCHULTZ, Sydney Ellen – Teorias da personalidade, p. 91.

[257] FRIEDMAN, Howard S; SCHUSTACK, Miriam W – Teorias da personalidade, p. 129.

[258] STATT, David A – Introdução à psicologia, p. 116; SCHULZ, Duane P; SCHULTZ, Sydney Ellen – Teorias da personalidade, p. 91.

[259] AIRES, Joaquim Quintino – O amor não se aprende na escola, p. 33.

que as pessoas que se comportam desta forma bloqueiam a própria possibilidade de amar, devido ao medo irracional de serem abandonados" –; a que tem dificuldade de compartilhar o espaço pessoal – apresentam medo da intimidade, seja física, seja emocional; a idealizadora – que se relaciona com os sentimentos vívidos em pessoas que se imaginam, que se criam, e não com as pessoas reais. Funcionam como se vivessem num mundo de fantasias, onde na realidade não se ama ninguém, pois essa fantasia foi construída a partir de alguém real, mas preenchida com desejos e preferências pessoais. Na prática é como se amassem a si próprios (nesse sentido, não vivenciamos a concretude do amor, pois as alegrias que se experimentaram foram apenas de um sentimento, não de uma partilha com alguém real); a onipotente – que não abre espaço para o reconhecimento da essência do outro, pois o amor é antes de mais nada um construído, firmado num processo de aprendizado-; a dominadora/controladora – que não se permite transigir e assim dar importância também aos anseios do próximo que podem ser completamente diferente dos nossos, bem como permitir-se quebrar algumas regras e paradigmas preestabelecidos em nome da higidez relacional.[260]

Vê-se assim, que determinadas formas de estruturação da personalidade podem funcionar como um entrave para o estabelecimento da relação amorosa, que é antes de mais nada um construído psicológico, social e evolutivo. Os estágios iniciais de enamoramento, cujas nuances já foram descritas anteriormente, são na realidade movimentos de esperança de completude, sem a qual não se pode chegar ao amor.

Pode esta ainda desencadear comportamentos destrutivos, que impedem os indivíduos de confiar em si mesmos, conhecer e valorizar sua essência e peculiaridades, mantendo assim relacionamentos afetivos instáveis e desequilibrantes. Entre estes, podemos destacar: a necessidade constante de aprovação, a codependência, o medo de se expor num relacionamento, o complexo de inferioridade, o exagerado sentimento de culpa, a falta de confiança em si próprio, a baixa autoestima.[261]

Nesse sentido, alude Flavio Gikovate que existe um componente narcísico no estabelecimento do amor. A vaidade manifesta-se e permeia as

260 AIRES, Joaquim Quintino – O amor não se aprende na escola, p. 30 e ss.

261 STAMATEAS, Bernardo – Autossabotagem, São Paulo: Academia, 2009, p. 37 e ss.

escolhas amorosas, visto o desejo interno de chamar a atenção das outras pessoas, se destacar e com isso receber aceitação e inserção social.

Existe uma nítida influência da razão na escolha amorosa em face do ambiente sociocultural em que vivemos "a busca de destaque e importância levará muito em conta quais são os olhos que estão nos olhando, qual a posição daquele observador no grupo humano", manifesta-se assim, pensamos, um caráter racional do ato de gostar amorosamente de outro alguém.[262]

Na concepção de Erich Fromm a importância do amor é muito grande na vida humana. As abordagens existencial e humanista, concentram-se na importância do amor para o pleno desenvolvimento da personalidade do indivíduo. Entendia o amor como crucial na abordagem de questões sobre significado e existência.

Aduz que o amor é uma arte que exige conhecimento, esforço e experiência, não podendo nesse sentido, existir à parte de uma personalidade madura e produtiva, pois representa a resposta para uma questão inevitável: a existência humana. Capacita o homem a superar o isolamento e ao mesmo tempo mantém sua integridade pessoal. Engloba, a seu turno, um exacerbado sentimento de excitação, capaz de incentivar as atitudes mais ambivalentes no ser humano.[263]

A vida afetiva do indivíduo pode ser analisada no âmbito da psicologia através do estudo dos afetos. Estes se expressam nos desejos, sonhos, fantasias, nas expectativas, nas palavras, nos gestos, nas atitudes, no pensamento de cada um. È o que os diferencia dos outros e os faz viver. Integra a subjetividade humana individual. As expressões físicas, os pensamentos e as fantasias só podem ser compreendidas quando considerarmos os afetos que as acompanham.

Os afetos, por seu turno, tem sido vistos como deformadores do conhecimento objetivo pois liga-se aos aspectos íntimos da existência do homem, aos seus sentidos espirituais (amor, vontade, entre outros). Podem ser produzidos fora ou dentro do indivíduo, à partir de estímulos externos oriundos do meio físico ou social, no primeiro caso, ou derivado de sua alma (ou psique) no segundo.

262 GIKOVATE, Flavio – Nós os humanos, p. 89.

263 FRIEDMAN, Howard S; SCHUSTACK, Miriam W – Teorias da personalidade, p. 307, 496 a 498.

O prazer e a dor são as matrizes psíquicas dos afetos, ou se constituem em afetos originários. Entre estes dois extremos encontram-se inúmeras nuances, que podem ser de difícil identificação.

Existem dois afetos que constituem a vida afetiva do indivíduo: o amor e o ódio, pois ambos estão sempre presentes na vida psíquica do homem de modo mais ou menos integrado, associados aos pensamentos, às fantasias, aos sonhos, que se expressam de diferentes maneiras na conduta de cada um.

Os afetos auxiliam o ser humano na busca da explicação para muitas situações, servem de critério de valoração positiva ou negativa para as diversas intercorrências da vida, ajudam a preparar as ações, participando ativamente da percepção que se tem das situações vividas e das reações ao meio. Desempenha também uma função adaptativa.

Com estão intimamente ligados à consciência humana, permitem ao indivíduo dizer ao outro quais são os seus sentimentos, suas aspirações, sua disposição.[264]

Desta forma, através dos afetos ligamos nossa vida a de outrem, seja baseado em afetos positivos (de vida e amor), seja baseado em afetos negativos (de destruição e ódio) seja ainda baseado em afetos ambíguos (que nos permitem odiar que devemos amar, amar a quem devemos ignorar, e assim por diante).

Nesse sentido, podemos entender que o relacionamento humano, principalmente no que tange às relações amorosas, devem ser analisados à luz dos afetos que produzem, para que se possa fazer uma escolha consciente dos riscos envolvidos nessa relação para que se possa estabelecer uma relação saudável, através da qual se possa viver bem, numa realidade onde sejam mínimos os desconfortos que possam ser resolvidos e máximos os momentos de equilíbrio – momentos felizes – nos quais permanecemos em paz, e que por sua vez têm a capacidade de nos proporcionar indescritíveis sensações oriunda da fruição dos sentidos.[265]

Para que o amor possa ser fruído de maneira saudável, equilibrando as tensões existentes entre os desejos da alma e do corpo, é necessário

[264] BOCK, Ana Mercês; FURTADO, Odair; TEIXEIRA, Maria de Lourdes Trassi – Psicologias – uma introdução ao estudo de psicologia, p. 192 e 193.

[265] GIKOVATE, Flávio – Superdicas para viver bem e ser mais feliz, São Paulo: Saraiva, 2009, p. 15 a 18.

em primeiro lugar que o indivíduo se reconheça como pessoa, se aceite e possa estabelecer consigo mesmo um relacionamento equilibrado, onde este será capaz de elaborar\administrar as inevitáveis dores e frustrações próprias da existência humana. Para tanto precisará dispor de condições psicológicas e materiais que o permitam escolher os seus próprios caminhos, afastando-se dos focos de desconforto físicos e emocionais aproximando-se de pessoas e locais que lhes confira um grau mais acentuado de prazer em face de suas preferências valorativas.

Podemos assim diferenciar as emoções dos sentimentos em face da sua intensidade e durabilidade. Enquanto as emoções proporcionam uma expressão afetiva aguda, marcada pela intensidade, o sentimento.

De acordo com a psicologia moderna para que se estabeleça um relacionamento amoroso saudável é necessário que o indivíduo já esteja com sua personalidade desenvolvida, o que se dá na casa dos vinte anos em média. Para Erik EriKson "o amor é consequência de um desenvolvimento saudável e normal.

Phillip Shaver, em uma abordagem moderna, vale-se de modelos de apego aprendidos durante a infância para justificar as diferenças na qualidade dos relacionamentos.

Definiu três modelos de apego romântico: amantes firmes – formados por pessoas que formam relacionamentos íntimos facilmente e permitem que outras pessoas tornem-se íntimas delas; amantes esquivos – pessoas que não se sentem confortáveis na intimidade e amantes ansiosos-ambivalentes – formado por pessoas que desejam se aproximar, mas não sentem segurança no relacionamento.[266]

Impossível ainda é enumerar as razões pelas quais se pode amar. A abordagem cognitiva sobre o amor procura classificar os diferentes tipos de amor e igualmente distinguir nossas paixões de nossos pensamentos. Há diversos tipos de amor porque diversas são as maneiras que nos levam a refletir e interpretar nossos impulsos, motivações e relações interpessoais.

Uma coisa é certa, para o estabelecimento do sentimento amoroso vários fatores objetivos, subjetivos e circunstanciais estão em jogo, mas para a sua perpetuação, é importante o equilíbrio das ideias, valores e sobretudo sentir-se confortável junto a alguém de personalidade afetuosa

[266] FRIEDMAN, Howard S; SCHUSTACK, Miriam W – Teorias da personalidade, p. 496.

e sensível que possibilite a atuação do amor amigo, altruísta, preocupado e verdadeiro.

As diferenças culturais também refletem-se no amor, pois como já foi dito, fatores econômicos, sociais, religiosos sempre tiveram bastante influência no estabelecimento dos relacionamentos afetivos.

Assim como, através de estudos realizados nos continentes americano e europeu apontaram para uma maior praticidade em relação ao amor e menor idealização em relação ao sexo na América. Entretanto, foi unânime a conclusão de que o amor apaixonado estava correlacionado com a satisfação no casamento.

No entanto a perspectiva de nunca encontrar um par para amar e ser amado, aterroriza muita gente. É difícil determinar o que se passa no pensamento alheio. Trabalhamos sempre com as nossas experiências pessoais, e tudo o que podemos fazer em matéria de amor é projetar sobre o outro o que sentimos, desejamos ou tememos.

Nesse sentido, ninguém está livre de se desesperar por amor, nem de despertar em outra pessoa a loucura possessiva. Nunca é possível prever as expectativas geradas em você ou no outro pelo início de um relacionamento. Assim sendo, é sempre melhor pecar por certa rudeza do que deixar margem para que o outro projete algo que não existe, e possivelmente nunca vai existir. Por outro lado, muitas vezes, encontramos com alguém que sentimos que vale a pena encontrar de novo, pois ficou faltando alguma coisa que ainda merece ser observada.[267]

Tal como exposto, podemos perceber que um sentimento que deveria nascer de forma natural recebe muitos complicadores quando a racionalidade aparece e quer normatizar aquilo que a natureza pré-determinou.

Podemos entender que muitas vezes o indivíduo busca a realização de um *eu* romântico, e não de um *eu* autêntico. Desta forma, o "estar loucamente apaixonado" pode ser visto tanto como um privilégio do destino, quanto como um empobrecimento do ego, onde a mente se vê obcecada por uma única imagem, representando uma destruição do self pelo self.

E assim sendo, muitas vezes na ânsia de viver o êxtase que o amor romântico provoca, já prevenidas das surpresas desagradáveis do

[267] FISHER, André – Como o mundo virou gay? p. 62 e 63.

desencantamento, o indivíduo lança mão de estratégias psíquicas para autossabotar o relacionamento amoroso.[268]

Muitos aspectos chamam atenção da comunidade científica, em matéria de amor: a carência humana que se manifesta em relacionamentos assimétricos por parte das pessoas "que amam demais", cujo perfil demonstra que estas se desdobram em adaptações para atrair o parceiro e assim atrair o seu amor; a escolha geralmente reincidente de modelos de amor frios ou agressivos que reproduzem os modelos conhecidos de afeto da infância - onde a criança eivada de afeto, cresce insegura e com baixa autoestima, ou mesmo situações em que se quer o amor a qualquer custo, justamente para que se altere esse paradigma de exclusão de origem familiar.

Pode parecer recorrente em psicologia a influência da infância nas relações afetivas adultas, mas indubitavelmente esta representa um marco muito importante na formação psíquica do indivíduo, seja quando foi feliz, cercada de amor e carinho, seja quando não foi, marcada por abusos e violências.

Temos assim que as imagens projetadas desde a infância vão condicionar o curso das experiências individuais e sociais que o ser humano terá durante sua vida, passando pela fase da imitação, que leva a gênese de uma construção sensório-motora e mental; passando pela elaboração de um sistema de indícios de percepção, num jogo de causa e efeito entre as atitudes desempenhadas (inicialmente esporádico e posteriormente sistemático), elaboração de um sistema de assimilações e acomodações das imagens recebidas, intervindo nessa fase uma nova faculdade, que explica o que está exatamente em causa, sendo fato que o símbolo formada no individuo desde a infância, pressupõe um interesse e um valor afetivo, como aliás todo pensamento.[269]

Assim sendo, entendemos que a base psíquica que o indivíduo carrega vai influir preponderantemente em suas escolhas amorosas (e escolhas de uma forma geral), bem como na forma de impor (ou não) limites de tolerância e autopreservação quando essa escolha resultar em

[268] LINS, Regina Navarro - A cama na varanda, p. 101; STAMATEAS, Bernardo - Autossabotagem, p. 153.

[269] PIAGET, Jean - A formação do símbolo na criança, 3. ed, Rio de Janeiro: LTC, 1990, p. 17, 48, 97, 221.

relacionamentos desastrosos. Insiste-se em relacionamentos afetivamente vazios por falta de coragem para romper – na verdade com paradigmas internos já conhecidos e bem sedimentados, por falta de segurança de recomeçar sua vida, por falta de condições financeiras, entre outros.

Estudioso do tema John Money, elaborou o conhecido mapa amoroso, como sendo um dos mecanismos pelo qual os seres humanos são atraídos por esta ou aquela pessoa em particular.

Lembramos que mesmo antes da escolha amorosa, já havíamos desenvolvido um mapa mental permeado de circuitos cerebrais que determinam o que desperta a nossa sexualidade, o que nos leva a apaixonarmos por uma pessoa e não por outra.

As crianças desenvolvem esses mapas amorosos entre os cinco e os oito anos de idade em virtude dos símbolos construídos oriundos do relacionamento em família, com os amigos, além de suas próprias experiências e oportunidades.

Advindo daí, sabemos que algumas características de temperamento de nossos amigos e parentes nos atraem e outras nos repelem, e pouco a pouco, essas memórias começam a formar um padrão mental que se materializa num modelo do que nos agrada ou desagrada. Desta forma, esse mapa inconsciente vai produzindo forma da imagem do parceiro ideal. Mais tarde, quando na adolescência as sensações sexuais inundam o cérebro do indivíduo, esses mapas amorosos vão se solidificando, se especificando, detalhando as características físicas e psíquicas do parceiro ideal. Produzimos assim, um quadro mental do parceiro idealizado, dos cenários que nos atraem, dos tipos de conversas e de atividades eróticas que nos excitam.[270]

Ai está a explicação pensamos, para o fato de que quando conhecemos alguém que se pareça com esse protótipo idealizado temos a impressão de que já o conhecemos anteriormente, às vezes de longa data. De onde? Pensamos que está adstrita a longa construção simbólica desenvolvida durante toda uma vida.

A partir daí, apaixonamo-nos pelo ser que se enquadra nesse construído amoroso, por nós projetado. O objeto da paixão é, geralmente bem diferente do nosso projeto idealizado, porém fazemos com que se encaixe no padrão de nossas preferências valorativas.

[270] LINS, Regina Navarro – A cama na varanda, p. 102 e 103

Como previu Money, o mapa amoroso varia de pessoa para pessoa, em virtude dos inúmeros elementos subliminares que atuam em conjunto para tornar essa pessoa mais atraente do que outra.[271]

Outro foco de sofrimento amoroso oriundo de escolhas internas baseadas em nosso psiquismo, são relacionamentos que envolvem parceiros que não sabem amar. Suas atitudes externam-se por esquivas de compromisso (marcadas por excesso de trabalho, reuniões, e outros interesses), boicote de relação, disfarces e dissimulações, entre outros, derivado de um medo irracional de perder sua identidade ou sua liberdade, satisfazendo-se preponderantemente como outras formas de amor que não o conjugal, mas que ao mesmo tempo manipulam presas "fáceis" para suprir sua carência "de normalidade", podendo gerar no outro além da desilusão amorosa pura e simples, comportamentos doentios, depressivos ou mesmo patológicos.

Existem ainda os comportamentos que são considerados perversos: aqui situam-se os narcisistas, os agressivos, os sem-escrúpulo, os violentos, os insensíveis ao amor, cujo principal prazer resume-se em diminuir a vítima, renegando-a. Entre os perversos cria-se um clima anti-amor: querem privar no outro aquilo que não conhecem para si. Querem desestabilizar, aterrorizar e manter a dependência.[272]

Nessa problemática pode ainda ser incluído a repetição de padrões infelizes da infância de cada um dos casais, que dificulta o convívio estreito de ambos, o choque de gerações e de vontades, a dependência – emocional e financeira –, a preponderância da personalidade individual, que condiciona a própria natureza do homem, os sonhos e as limitações de cada um, tudo isso interfere significativamente no surgimento do sentimento amoroso e no estabelecimento da relação do casal.

Desenvolveu o psicólogo americano Zick Rubin um estudo que visa definir o *amor* pela psicometria. Sua obra afirma que três fatores constituem o amor: o apego, carinho e intimidade.

Com amparo na física, diversas outras teorias foram desenvolvidas com amparo nos conhecimentos sobre eletricidade, tais como a lei de Coulomb, que mostrou que as cargas positivas e negativas se atraem, os análogos da vida humana foram desenvolvidas, tais como "os opostos se atraem".

[271] MONEY, John – The psychologic study of man, 1957.

[272] DELAHAIE, Patrícia – Amores que nos fazem mal, p. 38 e ss.

Ao longo do século passado, pesquisas realizadas sobre a natureza humana do acasalamento leva em conta o caráter e a personalidade individual. Logo muitas pessoas tendem a gostar de outras semelhantes a si mesmos. No entanto, tendo em vista o sistema imunológico, parece que os seres humanos preferem outros que são diferentes de si mesmos.

Outras teorias, entretanto, afirmam que o amor se desagregaria em dois componentes principais, o altruísta e o narcísico. Essa visão é representada na obra de Scott Peck, cujo trabalho no campo da **psicologia aplicada** exploraram as definições do amor e do mal. Peck afirma que o amor é uma combinação de preocupação "para o crescimento espiritual de outro," simples e narcisismo. Em combinação, o amor é uma *atividade,* e não simplesmente um sentimento. Ou ainda, o amor corresponde a uma criação social e cultural.

Concordamos nesse sentido com Peck, pois acreditamos que o sentimento amoroso seja na realidade um construído diário, regado nas profundezas do encontro de nossa essência mais profunda, repleta de estruturas psíquicas moldadas pela influência de nossa experiência social, manifestadas nesse sentido por nossas esperanças, objetivos, projeções, frustrações, entre outras manifestações psíquicas de porte.

É sabido que o campo que abrange as relações humanas é bastante vasto dada a complexidade do ser humano. Entretanto, visamos estudar no presente trabalho alguns mecanismos que envolvem a atração entre as pessoas, a gênese do amor, o inicio do relacionamento amoroso, sua duração, as possibilidades de transgressão e a consequente ruptura. Nessa *via crucis* existencial, visamos ainda analisar as estruturas psicológicas e racionais que estão presentes nesse universo.

Nesse sentido, podemos entender a atração interpessoal como a atração que ocorre entre duas pessoas e que pode conduzir ao estabelecimento da amizade e do relacionamento romântico.

O estudo da atração interpessoal é uma importante área de pesquisa em psicologia social, sendo que esta está relacionada com a intima convivência do homem com o amor, com a aversão ou mesmo com o ódio, nas diversas relações que despertamos no outro. Pode ser vista ainda, como uma força que age entre duas pessoas que tende a atraí-las evitando a sua separação. Ao medir-se o grau de atração interpessoal que permeia uma dada relação, ou as diferentes relações deve-se referir-se inicialmente às qualidades das partes, bem como as expectativas dos envolvidos, além de outras estruturas psíquicas para assim tentar-se mapear, mesmo que com relativo grau de exatidão o exercício proposto.

Sugere-se que para determinar a gênese da atração, a personalidade e a situação pessoal deve ser levada em conta.

Penso que exista na escolha do objeto amoroso além da identificação interpessoal, do sentimento de completude que esse objeto proporciona, um comportamento narcísico individual, realizado através dos mecanismos presentes na vaidade definidos como "um prazer erótico de se exibir, de se destacar, de chamar atenção, de ser diferente", esse sentimento gera um impulso (que pode e deve ser dominado), mas que condiciona a idealização do companheiro, a luta incessante para seu encontro, conquista e de alguma forma, incorporar os atributos desse personagem à sua realidade.

Logo, a escolha do objeto amoroso obedece à estruturas internas poderosas, que depois, faz desencadear toda a gama de sentimentos e sensações anteriormente descritas. Assim sendo, também o amor, é uma forma de auto-aceitação e inserção social.[273]

Entre os muitos fatores podem condicionar a atração interpessoal, destacam –se: a atração física, a proximidade, a familiaridade, a semelhança, a complementaridade, o gosto recíproco, o reforço, e sem dúvida a projeção subjetiva de nossas necessidades pessoais. Da mesma forma, e observadas as mesmas razões, a repulsa é também um fator importante no processo de atração interpessoal, pois da mesma forma que determinadas características pessoais tendem a implantar uma atração entre duas ou mais pessoas, podem levar à uma repulsa extrema em outras relações.

De acordo com o texto Rowland Miller, em relacionamentos íntimos, o efeito de proximidade pode ser definido como: "quanto mais se ver ou interagir com uma pessoa, maior a probabilidade de ele ou ela está a tornar-se nosso amigo ou parceiro íntimo." Este efeito é muito parecido com o mero efeito de exposição em que mais uma pessoa é exposta a um estímulo, quanto mais a pessoa gosta, mas que no entanto, desperta algumas exceções

Como mencionado acima, o mero efeito de exposição, também conhecido como o princípio da familiaridade, afirma que quanto mais somos expostos a algo, mais passamos a gostar dele. Esse mecanismo pode ser aplicado tanto aos objetos quanto às pessoas.

[273] GIKOVATE, Flávio – No divã do Gikovate, Rio de Janeiro: Editora Globo, s/d, p. 28 e 29.

A convivência é o cerne basilar da implantação da afetividade ou da repulsa, pois da mesma forma que afinidades podem se manifestar, também o pode a animosidade em virtude do desmascaramento da personalidade de cada um.

A semelhança é um determinante crucial da atração interpessoal, tal como desenvolveu Morry podendo produzir uma atração inicial entre elas. Essa similaridade pode ser percebida por uma grande identidade, e essa percepção facultaria tanto o nascimento da amizade quanto do relacionamento romântico. [274]

A intencionada semelhança pode se estabelecer em diversos aspectos, sendo que a similaridade interpessoal e a atração são construídos multidimensionais, através dos quais as pessoas são atraídas a outros que são semelhantes a elas em no que tange à aparência física, às atitudes, ao estilo interpessoal, social e cultural, à personalidade, aos interesses e preferências de atividades de comunicação e habilidades sociais.

Para esse processo de identidade também é importante considerar: a aparência física (apontando para níveis de atração similar ao casal); a atitude (de acordo com a lei da atração proposta por Byrne, a atração que uma pessoa desperta na outra está diretamente relacionada com a proporção de atitudes associadas à semelhança com essa pessoa, pois funciona como um reforço identitário daquela. Com base na teoria da coerência cognitiva, a diferença de atitudes e interesses pode levar à aversão e esquiva, enquanto a semelhança de interesses e atitudes ajuda a promover a atração social); a identidade de contexto sociocultural (aqui incluem-se também características demográficas, religião, orientação política); a personalidade (a atração interpessoal foi positivamente correlacionada com a personalidade semelhante. As pessoas tendem a desejar parceiros românticos, que são semelhantes a si mesmos em afabilidade, consciência, extroversão estabilidade emocional, a abertura à experiências

[274] Newcomb, TM (1963). Stabilities underlying changes in interpersonal attraction. Estabilidades mudanças subjacentes na atração interpessoal. Journal of Abnormal and Social Psychology, 66(4), 376-386. Journal of Abnormal Psychology e Social, 66 (4), 376-386.; Morry, MM –Relationship satisfaction as a predictor of perceived similarity among cross-sex friends: A test of the attraction-similarity model. Relações satisfação como preditor da similaridade percebida entre amigos sexo oposto: Um teste do modelo de similaridade atração. Journal of Social and Personal Relationships, 24, 117-138. Jornal das relações sociais e pessoais, 24, 117-138, 2007.

e estilo de vinculação, assim como interesses comuns, habilidades sociais semelhantes).[275]

Assim sendo, muitos estudos e teorias são elaborados para se entender as razões pelas quais o ser humano faz suas escolhas amorosas. Entre estas destaca-se a idade compatível, o nível de educação, e outras semelhanças já estudadas, como religião e preferência política como os principais atores para a escolha decisiva do parceiro (em face dos interesses comuns), o que nos leva a perceber um "que" de racionalidade que permeia a escolha amorosa. Diferente da atração sexual que tem uma gênese instintiva, a escolha amorosa, de caráter social, baseia-se muitas vezes no uso da razão para se sedimentar.

São por esses motivos grandes os efeitos da semelhança na atração interpessoal, semelhança esta que também promove o compromisso do relacionamento, assim como a complementariedade, que permite ao homem individualmente manter suas características basilares buscando sua complementação no outro. Ao que parece, pelo resultado de pesquisas realizadas na área, indivíduos com boa autoestima procuram parceiros parecidos consigo, os de baixa autoestima buscam parceiros complementares.

A importância da similaridade e complementaridade pode depender do estágio do relacionamento. A similaridade parece ter um peso considerável na atração inicial, enquanto a complementaridade assume importância conforme o relacionamento se desenvolve ao longo do tempo.

Existe ainda a teoria da troca social. À luz dessa teoria, os sentimentos das pessoas em direção a um parceiro em potencial são dependentes da sua percepção da efetiva recompensa e do custo-benefício encontrado nessa relação: o tipo de relação afetiva que elas entendem que merecem, aliado

[275] Waldron, VR, e Applegate, JL (1998). Similarity in the use of person-centered tactics: Effects on social attraction and persuasiveness in dyadic verbal disagreements. Similaridade no uso de táticas centrada na pessoa: Efeitos sobre a atração social e poder de persuasão em diádica discordâncias verbais. Communication Reports, 11(2), 155-165. Relatórios de comunicação, 11 (2), 155-165; Walster, Elaine, William G. Walster; Ellen Berscheid; Karen Dion (Março 1971). "A atratividade física e data de escolha: um teste da hipótese de correspondência". *Journal of Experimental Social Psychology;* Newcomb, TM (1963). Stabilities underlying changes in interpersonal attraction. Estabilidades mudanças subjacentes na atração interpessoal. Journal of Abnormal and Social Psychology, 66(4), 376-386. Journal of Abnormal Psychology e Social, 66 (4), 376-386.

à sua probabilidade de ter um relacionamento saudável com alguém. As recompensas são parte de uma relação que a torna útil e agradável, já o custo pode ser entendido como um ônus que se deve suportar na relação. Isto sugere que as pessoas esperam recompensas ou custos, dependendo do tempo investido no relacionamento. Se o nível de recompensas esperados são mínimos e o nível de custos é elevado, o relacionamento sofre e ambos as partes podem tornar-se insatisfeitas e infelizes. Por último, a comparação das alternativas possíveis significa que a satisfação depende da possibilidade de que uma pessoa poderia substituir o relacionamento em questão por um outro mais desejável, seja alterando-lhe as bases, seja trocando o parceiro.

Toda a complexa dinâmica do amor parece sintetizada no fato de que no amor autêntico, há uma espécie de fuga incontrolável para os universos imaginários onde a paixão se projeta, tornando o amante incapaz de formular demandas precisas de insatisfação, ou mesmo nomear aquilo que o outro lhe desperta, gerando o nascimento do seu desejo. Isso nos demonstra que ou o ser amado aparece envolto num véu de embelezamento ou não é amado. O verdadeiro objeto do amor é a imagem do outro projetada no nosso desejo, é o que simbolicamente ele representa. No mesmo sentido o amor que tem fim, é aquele amor que se descobriu erguido sobre um motivo.

Ademais, faz também parte do campo de especulação analítica da psicologia o seguinte questionamento: O que significa efetivamento o amor interpessoal?

Perguntamo-nos na esteira do pensamento de Flávio Gikovate "Quanto de nosso relacionamento amoroso é de fato interpessoal? e assim sendo, qual o papel do outro em nosso relacionamento amoroso?"[276]

Quanto do enamoramento corresponderia à nossa projeção egóica a um fato exterior viabilizador de ínsitas e poderosas sensações? E quanto do outro existe para provocar em nossa vida boas sensações associadas ao sentimento amoroso?

É válido ressaltar, que o instinto sexual, em sua base difere-se frontalmente do amor, não sendo para tanto nem parentes. Este trata-se de uma experiência pessoal, onde o outro participa como desencadeador das excitações visuais capaz de provocar estímulos táteis, ou ainda, a

[276] GIKOVATE, Flávio – No divã do Gikovate, Rio de Janeiro: Editora Globo, s/d, p. 28 e 29.

fantasia criada na mente individual funcionaria como um poderoso agente desencadeador dos mesmos reflexos táteis e sensitivos; pois como ocorre unilateralmente e obedece a anseios estritamente pessoais e muitas vezes secretos e não assumidos conscientemente, o outro não tem conhecimento de que está servindo de estimulo para tais sensações. Nesse sentido, o amor unipessoal, é na realidade uma experiência pessoal, e não interpessoal, vivenciado no nível das relações afetivas intrapessoais.

No dia a dia, momentos de relação interpessoal mesclam-se com momentos em que predominam os anseios individuais. O grande segredo vem na busca da descoberta de quais os fenômenos efetivamente interpessoais que estão presentes em nossa vida anímica.

Via de regra os fenômenos interpessoais são fenômenos de interação entre duas pessoas, levando em conta, o outro e sua s aspirações. Assim, como no debate bioético, a manifestação do amor interpessoal consiste em colocarmo-nos no lugar do outro, buscamos conhecer as razões de sua alma, buscamos praticar a alteridade, e assim, procurarmos buscar a melhor saída para os investimentos pessoais, profissionais e materiais, que fazem parte da realidade cotidiana do amor.

Assim sendo, para que as relações interpessoais possam ser reconhecidas como tais, é necessário que se forme uma efetiva unidade do casal, onde cada um dos membros, vai se reconhecer como ser uno pertencente a um agrupamento marcado pela afetividade, o casal, definido pelo direito e conhecido pela sociologia como família.

### 4.4. O amor na visão da filosofia

Concebe Miguel Reale que a filosofia "significa amizade ou amor pela sabedoria", reflete outrossim, o mais alto grau que essa paixão pela verdade possa exprimir. Para ele, "a filosofia começa com um estado de inquietação e de perplexidade, para culminar numa atitude crítica diante do real e da vida".

Assim é o amor, um sentimento, emoção ou sensação, ou até ilusão que se instala na mente das pessoas, se impõe de tal maneira, que passa a não ser apenas necessário, mas imprescindível, para a apreciação completa da vida, sua beleza, seus fenômenos, suas explicações.

Em seu entendimento, o homem passou a filosofar no momento em que se viu cercado pelo problema e pelo mistério, adquirindo consciência de sua dignidade e racionalidade.

Amparado pela ideias de Kant, define a atitude filosófica como a vontade de captar e renovar o entendimento sobre os problemas universais, sobre o cosmos e sobre a vida, procurando satisfazer as exigências que se impõem expondo-lhe novos significados tendo em vista os diversos momentos histórico-culturais.

Representa essa busca filosófica, portanto, uma orientação para a verdade, procurando encontrar respostas para o sentido da vida, na qual se situam o homem e o cosmos. Obedece a seu turno, a alguns princípios basilares que governam a realidade natural e o mundo moral, realizando uma compreensão crítico-sistemática do universo e da vida.[277]

Amparados em Miguel Reale, podemos entender que numa concepção filosófica, estudar o amor, fenômeno imutável e atemporal, é tentar buscar respostas de valor universal, não redutíveis ao tempo e ao espaço, devido à essência do ser humano.

A filosofia grega teve origem no início do século VI aC, na cidade de Mileto, na Jônia, alastrando-se por todo o mundo antigo, mantendo-se e reinventando-se por mais de mil anos[278]

Revelou veios muito diferentes do pensamento, indo da ciência ao misticismo, do idealismo ao materialismo, do dogmatismo ao ceticismo. O tema fulcral do interesse da filosofia centrava-se na busca abrangente do conhecimento acerca do mundo, envolvendo a percepção do lugar do homem nele, proporcionando orientação e inspiração para a condução da vida de milhares de pessoas.[279]

No período pré – socrático, o ímpeto principal da investigação filosófica se dirigiu para a efetivação de um entendimento racional do mundo exterior da natureza, explorando a origem do mundo, a diferença entre aparência e realidade, o movimento e a transformação que poderiam ser compatibilizados com a manutenção de uma substância permanente.

Nesse contexto, as figuras míticas do período aparecem em diversas versões cheias de significado. Na Teogonia de Hesíodo, havia um universo banhado pelo caos, pela desorganização. Quando nasce Eros, o amor, essa

[277] REALE, Miguel – Introdução à filosofia, São Paulo: Saraiva, 4. ed., 2007, p. 3, 4 e 8.

[278] LAW, Stephen – Filosofia, Rio de Janeiro: Zahar, 2009, 2. ed, p. 24.

[279] LUCE, J V – Curso de filosofia grega, Rio de Janeiro: Jorge Zahar Editor, 1994, p. 9 – trad. Mário da Gama Kury.

força de natureza espiritual passa a reger a partir daí a coesão de um novo universo que se descortina.

Á luz da referência mitológica sobre o amor, a tristeza e a inquietude fazem parte de sua constituição.

Tal como aduzem Maria Lucia de Arruda Aranha e Maria Helena Pires Martins "os pré-socráticos Parmênides e Empédocles referem em suas obras os princípios do amor e do ódio que preside a combinação dos elementos entre si para formarem os diversos corpos físicos".[280]

A filosofia grega, que começou como uma tentativa de entender o mundo sem recorrer ao mito religioso, terminou como uma teologia racional que tentou definir detalhadamente a relação entre Deus, a alma e o mundo.

Sócrates (469-399 aC), desde jovem começou a dispensar especial atenção ao estudo do homem. Utilizou para isso a técnica da argumentação e do debate dialético, entendendo ainda que a melhor forma de conhecimento e educação é a autoeducação. "conhece-te a ti mesmo" é um dos seus pensamentos mais destacados. Defendeu um exame crítico da maneira de viver de cada pessoa com vistas ao estabelecimento de uma escala de valores autêntica, baseada na razão e não na tradição.

Para ele, a moralidade como arte ou proficiência para bem viver deve ser também capaz de prescrever uma meta clara de felicidade ou bem-estar e o meio de atingi-la, através da adoção de uma conduta reta. Representou uma forma de proficiência e para tanto pressupôs que a competência deveria basear-se no conhecimento.

Nesse sentido, tendeu a sugerir uma conexão estreita entre as várias espécies de virtude e a inteligência. Para ele a vida sem autodomínio não era digna de ser vivida. Preocupava-se desta forma em cuidar da alma, que considerava a residência da virtude, cuja excelência dependia da posse do conhecimento, que se traduziria num discernimento racional dos princípios de conduta. Entendia nesse sentido, "que a educação deve formar o filósofo não apenas para a vida contemplativa, mas também para a vida ativa".[281]

Para ele, a vontade verdadeira é desejar conscientemente o que é bom – a bondade da alma, do espírito ou da personalidade –, "agir erradamente

[280] ARANHA, Maria Lúcia de Arruda; MARTINS, Maria Helena Pires – Filosofia, p. 335.

[281] PLATÃO – Fedro, São Paulo: Martin Claret, 2007, p. 24

ou ser injusto é fechar os olhos à verdade, provocando consequências prejudiciais a si mesmo, e ninguém em sua opinião pode realmente querer esse resultado".

"Que proveito terá um homem se ganhar todo o mundo e perder sua alma" é como aduz J V Luce, é "uma pergunta muito socrática".[282]

Lísias, em muitos dos debates que travava com Sócrates, abordou certa feita o amor. Para ele não se deve prestar favores a quem se ama, mas a quem são dignos de favores. Em seu pensamento, poder-se-ia reconhecer o amante por meio de suas atitudes, como a perseguição ao amado ou mesmo todo o esforço que dispensa para possuí-lo, pois os apaixonados não se preocupam com a verdade ou com o bem, tal a cegueira ou ilusões de amor que essa emoção provoca.

Para Sócrates, por outro lado, o amor é desejo, mas nem todo desejo é amor. O primeiro é a razão conduzindo o homem ao que é melhor, à temperança, o segundo, como desejo inato do prazer que não permite que a razão se aflore, leva à intemperança.

Nesse sentido o desejo, sem o aconselhamento da razão, busca o prazer e a beleza num ápice que chamamos de Eros ou amor. Os que amam sentem desejo por aquilo que é belo, ver beleza no mundo é perceber algo que incita pelos sentidos no caminho do abstrato, provocando uma reflexão em busca da verdade e da justiça. Nesse sentido, o belo pode ser qualquer coisa física que provoque uma reação, uma abstração que conduza à verdade, que remeta à ideia de que é maior do que a própria expressão, fazendo assim uma ligação entre o mundo sensível e o inteligível.

Assim sendo, apaixonamo-nos pelo que é belo, pelo que produz vida, e por ver beleza no mundo, sentimo-nos instigados em pesquisar sobre a verdade e a justiça.

Para que se possa estabelecer uma relação entre o amor e a verdade, faz-se necessário conhecer sobre o que é a alma, aquela parte imaterial, imortal, que habita o homem, que se move por si mesmo que tem por objetivo principal conhecer as verdades eternas, ligadas à justiça, à sabedoria, às ciências, à verdade ela mesma, à beleza, ao pensamento; são verdades incontestáveis, que não estão sujeitas à mudanças.

Busca-se desta forma, o conhecimento do que é divino, bom, belo e justo, que são qualidades que a fazem fortalecer, ao passo que as qualidades

[282] LUCE, J V – Curso de filosofia grega, p. 95.

contrárias a enfraquecem. Temos assim que nem todas as almas conseguem atingir os píncaros da iluminação através do afastamento das baixas paixões, buscam o bom uso das sensações do conhecimento, visando a racionalidade, para que todo esse conhecimento se aflore.[283]

Em meio ao joguete que enreda "O Banquete", no qual, à mesa, os personagens prestam-se a discursar sobre o amor, tecendo-lhes extremos elogios e louvores, Sócrates, em meio às exaltações que são postas à mesa, levanta a questão de que o amor busca o que não tem, aquilo que lhe falta. Referindo-se aos conselhos que recebera de Diotima em sua meia idade, onde o amor ocupa o lugar da "imortalidade do eu", grande objeto narcísico de fazer-se em outro, pois o amor "é sempre pobre, e longe está de ser delicado e belo, como a maioria imagina, mas é duro, seco, descalço e sem lar".

No afã das elocubrações, chega mais um convidado ao banquete, é Alcebíades, que fora enamorado por Sócrates em sua juventude, e Sócrates por ele, como se refere "...o amor deste homem se me tornou um não pequeno problema. Desde aquele tempo, com efeito, em que o amei, não mais me é permitido dirigir nem o olhar nem a palavra a nenhum belo jovem, senão este homem, enciumado e invejoso faz coisas extraordinárias, insulta-me e mal retém suas mão da violência". Alcebíades relata então, a relação que tiveram: "senti diante deste homem, somente diante dele, o que ninguém imaginaria haver em mim...sabei que nem a quem é belo tem ele a mínima consideração... nem tão pouco a quem é rico... e é ironizando e brincando com os homens que ele passa toda a vida".

Alcebíades jovem e belo, tentou conquistar Sócrates, fazer dele seu pederasta, seu amante, mas Sócrates "não é", e então, como poderia "ser" objeto de desejo?

Segundo o relato de Alcebíades, na noite em que armou a "cilada do amor" para o mestre, com um cuidadoso jantar, declarando seu amor em todas as palavras e gestos, Sócrates o relevou. Não porque não o amasse. Não porque não fosse belo. Ao que parece "ele engana fazendo-se de amoroso, enquanto é antes na posição de bem-amado que ele mesmo fica, em de amante". Sócrates, parecia e era desejado como um amante, mas sua busca, era a de ser um amado. Naquela noite, segundo Alcebíades,

[283] MORBIDELLI, José Donizetti – Discursos de Lísias e Sócrates sobre o amor – Platão. In. http://recantodasletras.uol.com.br/discursos< acesso em 16.8.10>

dormiram abraçados, e "quando me levantei com Sócrates, foi após um sono em nada mais extraordinário do que se eu tivesse dormido com meu pai ou um irmão mais velho".

Alcebíades culpava Sócrates, por ter perdido sua juventude, ludibriado--a e insultado-a. Sem dúvida, não se pode ver outra coisa aqui, que um amor reprimido, apaziguado, sublimado. Um amor que não gozou, que não virou prazer. [284]

Embora represente o amor uma condição *sine qua non* da felicidade para a maioria dos homens, o amor vem abordado pelos filósofos gregos com grande prudência.

Na antiguidade grega, desenvolveu-se o conceito de amor, através das ideias de Platão. Para ele, o homem apresentava uma dualidade psicofísica, ou seja, duas partes o compunha: o corpo e a alma, sendo o drama da existência humana a tentativa de dominação da alma sobre os desejos do corpo. Devendo nesse sentido para ele, o amor sensível estar subordinado ao amor intelectual.

Em Fedro, discorre-se sobre o amor, que não é apontado apenas como uma fonte de problemas e maldições, mas também é inspirador de ações sublimes, o motor das ações humanas, impulsionando também o saber – no sentido que incentiva também a curiosidade.

Trata Platão do mito do carro alado e seu cocheiro, apontando desta forma que em matéria de amor, a razão trava uma luta entre a vontade e a concupiscência. O amoroso é assim *arrancado da miséria do tempo que passa,* pois suspende-se a realidade. "Eros, por seu turno, não é um deus, nem um anjo de doçura, mas um *daimonion.* O amor cheira a perigo. Quando se anuncia faz um abalo terrível, uma devastação, um choque, uma loucura que impregna com emoções contraditórias aquele que ama. E é, muitas vezes pior quando se vai, pois a imensidão da dor amorosa é profundamente enigmática, e aí ligamo-nos à teoria platônica, de eterna busca da metade partida do homem, segundo a qual o que foi vivido durante um dia, uma semana ou dez anos, tinha como objetivo uma sensação de eternidade. Quando o amor se vai, perdemos tudo, mais que a vida, perdemos a razão de viver".[285]

[284] PLATÃO – O Banquete, Rio de Janeiro: Difel, 2005, p. 44.

[285] LANCELIN, Aude; LEMONNIER, Marie – Os filósofos e o amor, Rio de Janeiro: Agir, 2008, p. 22.

O amor equivaleria nesse sentido a uma loucura, a um delírio (o contrário do domínio dos sentidos), à expressão do desejo. "obtemos grandes bens de uma loucura inspirada pelos deuses", que além de nos trazer a emoção inspiradora, nos faz alcançar a felicidade, pois mostra a essência da beleza. Aduz ainda, que a visão do belo gera um medo extraordinário que, num primeiro momento, faz o homem recuar, se recompor, e aí partir novamente para a aproximação do objeto amado.[286]

O desejo que brota do encontro com o amado penetra pelos olhos deste até atingir-lhe a alma. Faz assim com que ele sinta o seu próprio reflexo no "espelho do amante". Desta sorte, na presença do amado a dor do amante se esvai. Quando o amado está longe, o amante sente tristeza, incompletude.

Aduz que "toda gente pode reconhecer o amante reparando na maneira como ele segue o amado, a maneira pela qual o persegue e se esforça para possuí-lo. Quando os vemos a conversar, podemos saber se já deram ou se estão prestes a dar satisfação aos seus desejos".

E ainda aponta: "o amor infeliz aflige-se com aquilo que a ninguém incomoda; o amor feliz acha que tudo é encanto, as menores e mais insignificantes coisas".[287]

Para Platão, o amor é desejo. Só que deseja o que ama e o que não ama, obedece-se nesse ponto a dois princípios básicos contidos no ser humano: o desejo inato de prazer e a razão, a que chama-se de temperança, caso contrário predominará a busca incessante pelo prazer efêmero que a beleza promete. Quando se lança com toda a força que os desejos intemperantes possuem, o seu poder é irresistível. A essa força toda poderosa chamamos de amor, ou Eros. É também coragem e força, que inspira o homem na consecução de seus desejos e na proteção do ser amado.

Essa força, entretanto, em seu pensamento tem uma força dominadora e que visa controlar o amado, limitando-o a liberdade, impulsionado por um caráter meramente egoísta. Percebe-se claramente quando esse interesse acaba ou diminui: o amante torna-se outro, é incapaz de cumprir as promessas e juramentos feitos sob o domínio da loucura da paixão. Torna-se esquivo.[288]

[286] PLATÃO, Fedro, p. 79, 80 e 91.

[287] PLATÃO – Fedro, São Paulo: Martins Claret, 2007, p. 65.

[288] PLATÃO – Fedro, p. 69 a 73.

Em O Banquete, obra anterior ao Fedro, Platão explica a busca da completude humana pelo amor, através do mito do andrógino, onde o homem grande e potente teria enormes dimensões e uma compleição duplicada em relação à anatomia do homem tal como conhecemos na atualidade, e se vê, decorrente da ira dos deuses dividido em dois, dando assim início à busca de sua completude – da alma gêmea – eternamente, cuja busca consiste o amor, sendo que a proveniência de cada metade explica o tipo de amor que surgirá: homossexual – feminino ou masculino-, ou heterossexual.

Essa busca do ser humano pela completude, representa uma forma de aperfeiçoamento do "eu". Eros representa a ânsia de ajudar o eu autêntico a se realizar. Sob o olhar de Platão, "o amor é uma tentativa de restabelecer a unidade originária, o todo primitivo". Para ele, na juventude predomina a admiração pela beleza física, e com o tempo, passa a descobrir que a beleza da alma é mais preciosa que a do corpo. "O amor envolve então uma relação corpo e alma, na qual Platão subordina Eros e Logos, ou seja, subjuga as paixões à razão".[289]

Na concepção socrática, "o amor é o desejo de alguma coisa que esteja faltando, sendo capaz de desabrochar, viver, morrer e ressuscitar no mesmo dia".

O amor socrático significa um amor centrado na beleza do caráter e na inteligência de uma pessoa, em vez de em seus atributos físicos. Refere-se ao laço especial de afeto entre dois homens a que Platão tinha se referido num de seus diálogos, exemplificando-o com o afeto que havia entre Sócrates e seus discípulos homens, em particular entre Sócrates e Alcibíades, como já referido.

Essa modalidade de amor passou a ser entendida como um amor à distância, que não se aproxima, que não toca, que não envolve. Reveste-se de fantasias e de idealizações. O objeto do amor é o ser perfeito, detentor de todas as boas qualidades e sem máculas. Parece que o amor platônico distancia-se da realidade e, como foge do real, mistura-se com o mundo do sonho e da fantasia.[290]

[289] ARANHA, Maria Lucia de Arruda; MARTINS, Maria Helena Pires – Filosofando – introdução à filosofia, São Paulo: Moderna, 3. ed., 2007, p. 326 e 335.

[290] O amor platônico teve sua gênese num envolvimento de Platão pelo jovem Díon, com o qual desenvolveu calorosa amizade. Tal como dispõe JV Luce "há poucas dúvidas de que ele

Ocorre de maneira freqüente na adolescência e em adultos jovens, principalmente nos indivíduos mais tímidos, introvertidos, que sentem uma maior dificuldade de aproximar-se do objeto de amor, por insegurança, imaturidade ou inibição do ponto de vista emocional.

Levando-se em conta a definição atual do amor platônico, existe um paradoxo quando se leva em consideração a vida e os ensinamentos desses filósofos. Para Platão reconhecendo que o desejo erótico do homem pelo jovem desvia as energias, é sábio resistir e opor-se o *Eros* (amor) de sua expressão sexual, canalizando-se as forças para as esferas intelectuais e emocionais. É válido ressaltar que devemos estabelecer uma distinção entre o amor platônico (acepção de amor não-sexual) e o amor segundo Platão, ligado á verdade e à beleza. Entretanto, quando a expressão "*amor platônico*" é utilizada modernamente, não se leva em consideração esta diversidade da visão do amor por Platão.

A interpretação de *Amor platônico* como manifestação do Eros masculino, mesmo que não consumado, está ligado à construção de uma identidade homossexual, e o modelo cultural da *amizade platônica* (pederastia) era usada por estudantes homossexuais desde o início da Renascença.

Justamente por sua acepção homossexual, o amor platônico foi compreendido como algo elevado, ligado à alma, pois não destinava-se a procriação, no romantismo, sinônimo do amor inatingível, do qual o amante teria a satisfação no espírito – o sentimento de amor, por si, já se basta, em contraposição, o amor socrático seria aquele referente à pederastia, ou à atração erótica do mestre por seu discípulo.[291]

Platão defendia que o verdadeiro amor nunca deveria ser concretizado, pois quando se ama tende-se a cultuar a pessoa amada com as virtudes do que é perfeito. Quando esse amor é concretizado, não raro aparecem os nativos defeitos de caráter da pessoa amada. Em sua idealização sobre

tenha se apaixonado por Díon". LUCE, J V – Curso de filosofia grega, p. 96. Possui entretanto essa concepção de amor um grande paradoxo, pois ironicamente, tanto esta forma de amor já definida por Platão – quanto os já referidos Sócrates e Ficino – falavam do amor como uma espécie de amizade pedagógica, mas também tinham especial predilecção sexual por jovens do sexo masculino. Os três possuíam este afeto puro pelos discípulos, mas nutriam interesse erótico por rapazes. O conceito de **amor platônico** surge, assim, num contexto em que se debatia a pederastia (homossexualidade) mundana contra o amor filosófico puro (castidade), decorrentes da visão contida nos escritos de Platão.

[291] PLATÃO – O Banquete, p. 41.

o amor aduziu "o amor é um dos muitos gênios, cuja função é manter o contato entre os mundos destes dois últimos seres, e asim completar o universo".[292]

Enfatiziu a existência de várias formas de amor, das quais apenas uma é denominada com esse nome, que tem como escopo fundamental a ação de procura do que é belo.Sendo a idéia de transfiguração o que há de mais característico na concepção platônica de amor, que obedece a uma base tangível para seu nascimento e desenvolvimento, afastando-se das criações da fantasia.

O amor poderia ser entendido "como um ser intermediário entre os deuses e os mortais, que inspira o desejo de ter sempre o bem, sendo sua ação, uma ação que garante aos mortais a imortalidade que lhes é possível".[293]

Na síntese do pensamento platônico sobre o amor, temos que este desempenha uma grande força educacional, onde a atração sexual é a base do início do amor, e o parceiro representa um meio de progresso no entendimento filosófico, sendo o apogeu do seu pensamento a descrição da idéia do bem, numa tríade que assim se definia:"beleza, simetria e verdade".[294]

Podemos assim concluir que para Platão, o amor é um sentimento inexplicável que assola os homens que o permitem, visa à felicidade, não através da satisfação das pulsões do corpo, mas pelo preenchimento da falta, que caracteriza o ser humano, na renovação de um desejo cada vez mais elevado. Seria portanto, um primeiro estágio de elevação da alma, um contato com a verdade e a beleza, que resulta numa noção de eterna perenidade.

Representa outrossim, um encontro consigo mesmo, oriundo de uma relação interpessoal baseada na intersubjetividade.

Nesse sentido, além de um ser racional, é também o ser humano um ser desejante, tal é a força da energia que o impulsiona a agir, a procurar a realização do prazer e a alegria que representa o encontro com o amado, objeto do seu desejo.

Nas relações amorosas, a natureza do desejo que se busca, não é o meramente carnal, mas principalmente, deseja-se ser reconhecido como

[292] PLATÃO – O Banquete, p. 49.

[293] PLATÃO – O Banquete, p. 54 e ss.

[294] LUCE, J V – Curso de filosofia grega, Rio de Janeiro: Jorge Zahar Editor, p. 103.

um ser especial pelo outro. A relação amorosa funda-se basicamente na reciprocidade. "amar é desta forma desejar o desejo do outro".

Como já vimos, o amor é um convite para sair de si e se abrir para o mundo. Desta fora, uma pessoa muito centrada nela mesma, não é capaz de ouvir o pelo do outro.

O narcisista, por estar extremamente centrado em si, não consegue interagir com o mundo e perceber a presença do outro....aí morre afogado nas águas (da solidão).Da mesma forma age o egocentrico. O indivíduo assim posicionado não é também capaz de enxergar o outro, ama a si mesmo, refletido na imagem do outro. Permite assim que surja uma modalidade de amor, conceituada como amor romântico, que contém uma alta dose de imaginação, projeção e idealização.

Na síntese de Maria Lucia de Arruda Aranha e Maria Helena Pires Martins "o exercício do amor é conquista da maturidade, quando a pessoa constrói sua identidade na intersubjetividade".[295]

Na concepção aristotélica "o amor é o sentimento dos seres imperfeitos, posto que a função do amor é levar o ser humano à perfeição". Para ele, o amor é um ato, e há mais prazer em agir, do que em sofrer passivamente, sendo objeto do amor do outro.[296]

Em Aristóteles, o amor é uma força metafísica, mas que também é necessidade, imperfeição ou deficiência; ao amor unem-se a tensão emotiva e o desejo: ninguém é afetado pelo amor se antes não foi tocado pelo gozo da beleza. Toda paixão (amor ligado ao prazer) termina em amizade, que pode ser entendido como a vontade de viver junto com aquele que se tem afeição e harmonia.[297]

Buscou este, em seus tratados de filosofia prática, o estudo das condições do bem-estar humano, no plano individual e coletivo. Para ele, o bem (bem-estar ou felicidade) para o homem é uma atividade da alma em conformidade com sua essência, ou seja, de acordo com sua virtude.[298]

[295] ARANHA, Maria Lucia de Arruda; MARTINS, Maria Helena Pires – Filosofando – introdução à filosofia, p. 336 e 337.

[296] FURTADO, José Luiz – Amor, p. 35.

[297] FERREIRA, Helder Alexandre – Manual de Filosofia –verbete amor. In. http://www.caestamonos.org/edicoesespeciais/O_amor.html.

[298] ARISTÓTELES, Ética a Nicômaco, São Paulo: Martins Claret, 4. ed., p. 29 a 35; LUCE, J V – Curso de filosofia grega, p. 128.

À luz do pensamento aristotélico podemos perceber se esteve presente a disposição virtuosa através da quantidade de prazer ou desgosto que acompanhar a ação.[299]

Como importante concepção aristotélica, que deve permear todas as áreas da vida humana, temos que: "até onde depende dele, um ser humano deve aspirar à imortalidade e deve esforçar-se para viver de acordo com o elemento dominante em sua natureza", sendo que a honra é imprescindível para a obtenção da felicidade.

Em sua concepção o amor tem início na alma, em virtude da tendência natural que cada um tem de amar a si próprio.[300]

Seguindo Aristóteles, o homem deve buscar viver de acordo com sua natureza mais íntima, "sua lei natural", onde a felicidade que dessa prática decorre, nada mais é do que a ausência de perturbações da mente, e não de satisfação corporal.

Os estoicos mais antigos eram contrários à emoção porque a consideravam incompatível com o autodomínio racional. De acordo com o pensamento de Lucrécio, o amor é uma alienação da exterioridade, um excesso, infinito e cruel, que penetra profundamente no âmago do ser humano apaixonado e o destrói.[301]

Pode o amor ser entendido então, como fruto da imaginação, que tem a capacidade de transcender a realidade, que se instala de forma impiedosa e não se esvai facilmente depois de instalado. Tem um lado paradoxal, que ao mesmo tempo é difícil de ser desmentido quanto de ser confirmado.

Na medievalidade forte foi a influência de Santo Agostinho no pensamento filosófico-teológico da época. Ao examinar a relação corpo e alma, avalia que estes constituem uma unidade, embora a alma seja imortal e o corpo, mortal. Pelo uso do livre-arbítrio o ser humano consegue evitar o mal, porque a alma pode governar o corpo, ou eleger o caminho do mal, mergulhando no pecado – transgressão intencional de um dos mandamentos divinos.[302]

[299] Casou-se com Pítia na meia idade. STRATHERN, Paul – Aristóteles, Rio de Janeiro: Jorge Zahar editor, 1996, p. 21.

[300] DOLINGER, Jacob – Direito & Amor, p. 13.

[301] LUCE J V – Curso de filosofia grega, p. 139; LAW, Stephen – Filosofia, p. 28 e 29; LANCELIN, Aude; LEMONNIER, Marie – Os filósofos e o amor, p. 28 e 29.

[302] COTRIM, Gilberto – Fundamentos da filosofia, São Paulo: Saraiva, 2006, p. 112 e 113; ARANHA, Maria Lucia de Arruda; MARTINS, Maria Helena Pires – Filosofando – introdução à filosofia, p. 327.

Em sua concepção "amar é desejar (*appetere*) uma coisa por si mesma", pois amor é desejo e a finalidade principal desse desejo, é a felicidade, a vida propriamente dita, estimulada por esse sentimento de amor, que confere verdade e completude ao homem, fazendo assim com que este fique mais perto do bem.[303]

Entretanto, tal como descreve, esse amor transforma-se em medo da perda daquele que criou a vida, possibilitou o contato com a beleza. Assim sendo, no instante em que o desejo de possuir é realizado, imediatamente transforma-se em medo, fazendo com que o presente perca sua significação original.[304]

Podemos entender o amor segundo o pensamento de Santo Agostinho como uma energia criadora de vida, que traz embutida o medo da perda (morte), mas que ainda necessita desse medo para incentivar o necessário cuidado para evitar a sua morte.

É uma força que intermedia a existência individual do homem com o seu objeto de desejo. A relação entre ambos, é aclamada pela presença do objeto desejado. Entende ainda, que a verdadeira beatitude é estar satisfeito junto do objeto desejado, que representa a supressão da separação.[305]

Todo amor é inicialmente um desejo, uma energia canalizada para uma realização. Essa realização leva a beatitude através da fruição desse amor. Nas palavras de Santo Agostinho "ninguém é feliz se não fruir do que se ama. Fruir é estar perto do objeto desejado, firme e sem inquietude. Através dessa proximidade, já não se procura mais nada, pelo contrário, permanece aí. Uma coisa é desejada por ela mesma, e quando perto dela, essa procura se apaga. Nesse sentido, fruir consiste em ligar-se ao amor de uma coisa por essa mesma coisa", é ter paz.[306]

Assim, pela evolução de sua obra e alteração substancial de sua vida pessoal, que conheceu uma reviravolta, Santo Agostinho abordou o amor sob o enfoque da significação do amor ao próximo, do amor em Deus fruto do autoconhecimento do homem em sua relação com o amor divino,

[303] ARENDT, Hanna – O conceito de amor em Santo Agostinho, p. 23 a 25; MANNION, James – O livro completo da filosofia, São Paulo: Madras, 2005, p. 58.

[304] ARENDT, Hanna – O conceito de amor em Santo Agostinho, p. 17 e ss; LAW, Stephen – Filosofia, p. 30 e ss.

[305] ARENDT, Hanna – O conceito de amor em Santo Agostinho, p. 27 a 29.

[306] ARENDT, Hanna – O conceito de amor em santo Agostinho, p. 36 e 65.

ideal cristão. Abordou também com grande inovação questões atinentes à natureza da alma e intimidade do ser humano.[307]

A filosofia agostiniana pode ser definida como uma busca da compreensão das paixões humanas e seu relacionamento com Deus, que traz ao homem a luz da sabedoria e o acesso à verdade. Inicialmente Agostinho se entregara à paixão com volúpia, dando margem à concupiscência de sua alma. Buscava incessantemente o amor em toda a sua dimensão até a sua conversão ao trabalho e ao amor em Deus.[308]

Inclui aqui junto aos filósofos, os poderosos ensinamentos do poeta Ovídio, que na lição de Montesquieu "desvendou os mais belos segredos da natureza. Ensinou aos homens a soltar o suspiro adequado e às mulheres a recebê-lo, aos homens, saber o momento propício aos amantes, e às mulheres a oferecê-lo. Como era um homem mundano que sabia amar o melhor e que amava a todos, humanizou tanto a virtude que o pudor se harmonizou com a galanteria".

Em suas reflexões Ovídio procurara ensinar a habilidade em tratar com o sentimento amoroso. Não ensina entretanto, o amor, mas a sedução, reconciliando os dois sexos e conferindo à mulher espaço participativo no jogo amoroso, mesmo tendo em vista que séculos de "civilização" a excluiriam.[309]

Percebeu desde logo que o envolvimento amoroso tem por fim o prazer, mas não o prazer sexual ou procriativo, mas o prazer que realiza, que completa. Nesse sentido, ainda hoje estabelecido segundo as mesmas fontes, temos que vem seu exercício regulado por normas rígidas de conduta social e leis impessoais que fazem com que se macule a gênese desse sentimento, em suas mais diversas matizes e inocule-se um convívio social muitas vezes falso, triste e até mesmo desonroso.

Ovídio louva em seus escritos, a figura feminina, a quem define como "uma caça consentida de antemão, sendo o homem visto como o caçador facilmente enganado".

Num pensamento pioneiro para a época em que viveu, Ovídio valoriza a mulher, outorgando-lhe genuíno respeito e valor como pessoa humana;

[307] MAGEE, Bryan – História da filosofia, p. 50 e ss; ARENDT, Hanna – O conceito de amor em santo Agostinho, p. 6 a 13.

[308] SANTO AGOSTINHO – Confissões, São Paulo: Martim Claret, 2008, p. 20, 52 e 63.

[309] OVIDIO – A arte de amar, Porto Alegre: L&PM Pocket, 2001, p. 7 e 9.

conferindo-lhe desta sorte, uma sensualidade verdadeira, pelo menos igual à do homem. Esse direito de prazer vai ser no correr dos séculos, esquecido. Ao destrinchar o sentimento amoroso, procura ensinar ao amante não só como conquistar sua presa, mas também a mantê-la, procurando assim demonstrar os meios de transformar a atração física em ternura contínua e segura.

Preocupou-se principalmente com a permanência do amor, mas para tanto, louvava a aparência física, e os tratos do corpo. Tinha em mente que os jogos de amor eram repletos de segredos, armadilhas e enganos, cujo prêmio final era num primeiro momento o prazer, e por derradeiro, a serenidade do coração.[310]

Já Montaigne, ao se ocupar do tema do amor, definiu inicialmente a amizade, a qual, perfeita e única, fora a amizade de cunho homossexual que desenvolvera com La Boetie, embora a tivesse definido como "um pouco estranha, diferente da atração e do amor físico", e ainda diversa da amizade oriunda das relações naturais e das relações de parentesco.

Em sua concepção essa forma de amizade se separa essencialmente do amor, posto que este é imperativo, volúvel, fogoso, inconstante, subordinado aos imperativos do desejo e às solicitações da carne, enquanto que a amizade é serena, constante, resultante do encontro das vontades e implicando numa fruição espiritual, cuja gênese brota das entranhas da alma.[311]

Para Montaigne, o segredo de fazer o amor durar é adiar o êxtase, pois tudo o que se adia o gozo, aumenta-o. Entretanto, o amor em sua concepção, não passa de uma agitação desperta, vivaz e alegre. Aduz que a paixão afeta a soberania do sujeito, e nesse sentido, em matéria de amor prefere permanecer numa zona de justo equilíbrio, pois "todo gozo é bom conquanto não suprima a liberdade, a independência e a autonomia".[312]

310 OVIDIO – A arte de amar, p. 8 a 12.

311 ROMÃO, Rui Bertrand; CALAPEZ, Pedro – Montaigne – Ensaios, Lisboa: Relógio d'Água Editores, 2000, p. 32.

312 Montaigne viveu um amor homossexual com Etienne de la Boetie, e com ele conheceu a comunhão de almas. ROMÃO, Rui Bertrand; CALAPEZ, Pedro – Montaigne – Ensaios, Lisboa: Relógio d'Água Editores, 2000, p. 31; LANCELIN, Aude; LEMONNIER, Marie – Os filósofos e o amor, p. 46 e 47.

Entendeu a realização sentimental numa dicotomia: amor de um lado, por ele definido como "uma amizade superior" e casamento de outro, em face às extremas obrigações que congregava.

Entendeu a tardiamente a força construtiva do amor "sem esperança e sem desejos não valemos mais nada". Assim na síntese de seu pensamento o amor possui uma força superior, que enriquece o *eu*. Entretanto, jamais conseguiu reconciliar em sua vida pessoal as esferas física e espiritual de seu ser.[313]

Na concepção de Jean Jacques Rousseau, existe no amor uma inegável e possante energia, que embora possa levar ao crime, também pode levar às ações mais desinteressadas. "há no amor alguma coisa que devolve a morte a seu lugar, mesmo quando resulta nela".

A alegria amorosa não é pura para Rousseau, assim sendo, buscou durante toda a sua vida uma forma de antídoto para a força de Eros. O amor é ainda em sua concepção antinatural, e nada inocente, assim como o é o desejo sexual. Representa ainda o amor uma paixão artificial, criada pela literatura, uma força contagiosa impregnada de valores sociais. "a escolha da eleita, parece ser tão íntima, mas é na realidade frequentemente ditada pelo mais impessoal conformismo, ou seja, muitas vezes apaixonamo-nos por determinada pessoa, porque o desejo dos outros a tornou desejável".

O amor contém uma característica de vaziez, uma vez que sua promessa de eternidade revela-se falsa e os amantes de outrora podem ser inimigos na atualidade. A imaginação cria e desfigura o objeto de amor.

Para ele uma coisa é certa: não existe amor que não nos aflija, que não nos debilite, pois a todo vínculo se mistura uma preocupação.

O objeto do amor é imaginário, mas nem por isso seus efeitos deixam de ser reais, e nos impelem ao verdadeiro belo. Uma decepção, por seu turno, gera um verdadeiro turbilhão emocional no ser humano, deixa-lhe uma indelével marca. "Da impressão desagradável deixada pelo contato com o amor na adolescência, pode depender a tortura de uma vida inteira". Já o sexo prepara uma vida mentirosa dividida entre o desejo e o dever.[314]

313 MONTAIGNE, Michel de – Os Ensaios, São Paulo: Martins Fontes, livro II, 2006, p. 5; LANCELIN, Aude; LEMONNIER, Marie – Os filósofos e o amor, p. 52 e 53.

314 LANCELIN, Aude; LEMONNIER, Marie – Os filósofos e o amor, p. 59 e ss.

Para Spinosa a vida existe num todo integrado e harmonioso, sendo a realidade a verificação de um sistema dedutivo de normas, com todo o rigor da lógica, em que questionava a possibilidade da existência de espaço para a escolha moral, ou para o livre-arbítrio num mundo onde tudo era cientificamente determinado.

Desenvolve a noção da concepção de formação dual do ser humano, formado por corpo e alma (espírito), segundo a qual não haveria hierarquia entre eles sendo a sua relação de mera correspondência. O que se passa em um deles reflete no outro, sendo assim o corpo e a alma exprimem, no seu modo próprio a mesma coisa. (segundo uma doutrina judaica "o corpo seria como a alma em sua forma exterior").[315]

Concordamos plenamente com sua concepção pois frequentemente vemos refletidos no corpo – sob a forma de doenças ou atitudes –, ou no semblante – sob a forma de expressões-, as decodificações emocionais elaboradas pela alma – por mim denominado reflexos da alma, que engloba as manifestações do sentimento de amor em suas diversas fases, desde o início do enamoramento até as fases posteriores quando a relação já se encontra deteriorada.

Como Descartes, que via o amor como uma emoção da alma produzida pelo movimento dos espíritos vitais que a incita a unir-se voluntariamente aos objetos que lhe parecem convenientes, Spinoza evitou as paixões por acreditar que elas impediam o caminho para a paz interior.[316]

Para Kant, homem probo e celibatário, o amor é uma manifestação de sentimento, independentemente da vontade ou do desejo de amar "não posso amar porque quero amar, e menos ainda porque devo, não se pode haver uma obrigação de amar".

O sexo e a consequente dependência que ele causa, causou grande desconfiança em kant, em virtude de sua poderosa natureza impositiva e imediatista, que destes sentimentos todos se afastou, conservando entretanto "uma graça visível" (capaz de agradar às mulheres antes mesmo de se abrir a boca) aliado a uma vaidade que o fazia impecável, pois entendia "o mundo livre de Eros como perigosamente abandonado pelas graças". Desta forma, via o papel do amor como agente civilizador da brutalidade do ser humano. Muitas vezes o amor aparece na vida do homem num

[315] MAGEE, Bryan – História da filosofia, p. 91 a 93.

[316] MANNION, James – O livro completo da filosofia, p. 90.

momento onde ele ainda não tem a necessária independência ou mesmo "quando não se tem mais idade para decidir rapidamente".[317]

É sabido, desde a aurora dos tempos que a oportunidade amorosa não se apresenta muitas vezes. Deixou-a escapar o vento a leva... para outras paragens, ou mesmo para outros braços.

Podemos concluir que a força imperiosa do amor não foi desprezada nem por kant, que adotou para dela "escapar" uma vida celibatária, metódica e voltada eminentemente para os estudos e a produção filosófica. Entendeu que o amor continha uma noção de antropofagia, onde os interesses dos sexos, levava-os a uma consumação mortal, embrutecedora, que gerava uma coisificação do ser humano[318], uma vez que este se vê compelido – principalmente as mulheres – a adaptar-se ao estilo dos diferentes amantes, ou mesmo ás diferentes conjecturas temporais.

Através da análise da sua obra podemos procurar interpretar o sentimento amoroso, seja à luz da razão pura, onde analisam-se os fatos independente da experiência, uma vez que as ideias da razão podem corresponder à realidade, pois em matéria de amor rompe-se a dicotomia entre o racionalismo e o empirismo, aliando o resultado obtido pela análise dos sentidos com o resultado efetivamente obtido da prática da razão.

Difícil é, portanto, conhecer o amor em si, mas sim nos é possibilitado perceber os significados que demonstram as atitudes amorosas. O próprio homem, nesse sentido, participa da sua construção. O amor passa a ser aquilo que pensamos dele a partir das sensações que ele nos desperta e da concretude da realidade que se impõe pela sua prática.

Mesclando a forma concreta com a experiência sensível, segundo a definição kantiana de conhecimento podemos conviver com as manifestações do sentimento amoroso.

Diferentemente da razão pura que se ocupa das ideias, a razão prática volta-se para a ação moral, que advém do fato de que os homens agem de acordo com sua vontade, através da autodeterminação, moldada pela moral. Através da análise do mundo ético, kant aborda as questões da liberdade humana, da imortalidade da alma e da própria existência de Deus,

[317] LANCELIN, Aude; LEMONNIER, Marie – Os filósofos e o amor, p. 82; MANNION, James – O livro completo da filosofia, p. 108 a 110.

[318] LANCELIN, Aude; LEMONNIER, Marie – Os filósofos e o amor, p. 90.

sendo a liberdade a base da constituição da lei moral, necessitando para se manifestar que não contenha nenhuma impossibilidade (contradição).

De acordo com o disposto em Metafísica dos costumes, a vida humana é marcada por atos tais influenciados por uma forma de agir segundo as leis da faculdade de desejar, que por sua vez demonstra a forma do ser humano ser por meio de suas representações. Nesse sentido, o prazer seria a representação da coincidência do objeto da ação com as condições subjetivas da vida em relação a esse mesmo objeto.[319]

Pode-se então concluir à luz do pensamento de kant, que a experiência é fornecedora de matéria de conhecimento, mas o espírito humano, graças às suas estruturas basilares fundadas em experiências anteriores constrói a ordem do universo no qual se encontra inserido.[320]

Para kant, a capacidade de experimentar prazer ou desprazer numa representação é chamada sentimento pois envolve um subjetivismo na elaboração da relação dos homens com o mundo ao seu redor. O prazer está necessariamente ligado ao desejo, enquanto o gosto liga-se ao prazer meramente contemplativo, a determinação da faculdade do desejo é chamada apetite, sendo o apetite habitual denominado inclinação. Para ele, a conexão do prazer com a faculdade do desejo é chamada interesse.

Mesmo em matéria de amor, há quem defina um comportamento de inspiração eminentemente kantiana, onde a determinação da vontade advém do uso da razão, e assim produz objetos que correspondam às representações conhecidas *a priori*, funcionando a realidade objetiva como agente limitador da faculdade do querer.

Traz portanto, consignado, um caráter dicotômico entre o querer sensível e o querer racional, aos quais a liberdade atua como agente predisponente da ação, moldada pelos valores individuais e coletivos, onde a razão pura pode encerrar em si mesma um fundamento prático, suficiente para a determinação da vontade e a razão prática pode conter uma vontade patologicamente afetada pelas leis práticas conhecidas do ser natural, que impõem um "dever ser".

Visam todos os atos a obtenção do prazer e da felicidade, onde o princípio que faz desta o supremo fundamento de determinação do arbítrio

[319] KANT, Immanuel – Crítica da razão prática, p. 6 e 7.

[320] KANT, Immanuel – Crítica da razão prática, São Paulo: Ícone editora, 2005, p. 59; ARANHA, Maria Lucia de Arruda; MARTINS, Maria Helena Pires – Filosofando, p. 135 e 136.

é o princípio do amor de si. Para determinar-se o valor da vontade basta determinar-se qual a intensidade e a duração desse prazer (o que hoje chamamos de custo-benefício).[321]

Para Schopenhauer o amor é uma espécie de astúcia da natureza, no sentido do processo natural de seleção dos membros mais aptos da espécie humana. Remete-nos a instintos primários quase divinos, onde são enaltecidos a vontade e os ditos instintos, visando a conservação da espécie. Ou seja, em sua concepção, o amor remete o homem ao seu lado mais irracional, que ludibria a consciência.[322]

Aborda que o modelo primário de amor conhecido é o amor da mãe. E assim, a lembrança da criação e da proteção materna, permite, à luz de seu pensamento que o homem se sinta atraído pela "mocidade fecunda" em todas as suas manifestações corpóreas e não pela velhice.

Entretanto, muitas vezes, a força poderosa do amor se manifesta furtivamente, dadas as condições não favoráveis. Para ele o amor encontra suas raízes no instinto sexual, visando somente a reprodução da espécie.

Tem, entretanto, o poder de gerar a fixação exclusiva de um ser sobre outro, cuja posse levará à felicidade infinita e a perda, por outro lado a um sentimento inexprimível que beira a loucura e a morte, pois faz a vida perder a alegria, parecer vazia e insípida. Essa "necessidade insana de um ser único, cuja falta despovoa o mundo inteiro" intrigou Schopenhauer, que a seu turno jamais desprestigiou os poderes de tão forte adversário.

Desenvolveu um sentimento pessimista em relação ao amor e às mulheres, as quais entendia como manipuladoras do sexo escravizando desta forma os homens, sendo o casamento a arma mais letal de que dispõe para garantir a sua sobrevivência, a da sua espécie, além de lhe incorporar liberdade e intelecto. Para ele, uma vez desaparecida a ilusão do amor e saciado o instinto da espécie, instalava-se a decadência. Assim, defendia o fim da monogamia.

Para ele"o apetite sexual é o desejo que forma a própria essência do homem", o amor é definido como "o mal sagrado", que oferece joias falsas e sofrimentos atrozes levando a um ininterrupto destruir e recomeçar.[323]

321 KANT, Immanuel – Crítica da razão prática, p. 44.

322 FURTADO, José Luiz – O amor, p. 19.

323 LANCELIN, Aude; LEMONNIER, Marie – Os filósofos e o amor, p. 95 a 108; MAGEE, Bryan – História da filosofia, p. 144.

Em sua concepção, no que tange ao amor homossexual, não é verdadeiramente uma forma de amor pois não há fecundidade nem preservação da espécie, mas sim, é um amor falacioso, antinatural. A presença feminina da criação está sempre presente, por isso existe no casal homossexual aquele mais efeminado que representa a mulher, estando desta forma latente a noção de criação.

Os filósofos neo-platônicos do Renascimento estabeleceram uma concepção deste amor como o ideal de amor humano. Castiglione e Bembo desenvolveram um conceito de *amor platônico* segundo o qual o homem supera a sensualidade quando sua razão compreende que a beleza é tão mais perfeita quanto mais afastada está da matéria impura e corrupta. Através desse conhecimento, o amor se transforma em um "afeto platônico", que é a união exclusiva da mente e da vontade de ambos os amantes.

Este afeto mútuo conduzirá a ambos à contemplação da beleza universal e, portanto, à contemplação de Deus. Desta idéia se depreende que a concepção filosófica do amor ideal oferece uma justificativa para centralizar os valores da vida exclusivamente no amor humano que legado de Deus, sem considerar todos os demais valores. A tragédia está em que a natureza do homem combina a matéria com o espírito, e o corpo físico impulsiona fortemente a que se rompa o círculo cósmico do amor, quando ancorado num amor imperfeito e inferior.

O amor é a força infinita que rege o mundo, representa a força soberana de viver, o gênio da espécie. O interesse dessa força soberana se impõe aos interesses do homem causando-lhe sofrimento, posto que uma vez tocado pelo gozo da beleza, passa a viver na ânsia desse louco e inexistente amor.

Para Nietzsche, o amor pode ser entendido como a eclosão de forças capaz de aniquilar, pois quer consumir por inteiro seu objeto, reinar indivisivelmente sobre o corpo e a alma da sua vítima. Traz consignado a idéia de vida e de morte "para poder subtrair o objeto ao jogo sacrílego da mudança, pois o amor teme à mudança mais do que a destruição".

Em seu entendimento a paixão amorosa traz consignada uma essência trágica, destrutiva. Definiu ainda o amor "em seus meios, a guerra; em seu princípio, o ódio mortal dos sexos", guerra esta travada nas profundezas do ser, no jogo íntimo das pulsões que dão vida aos desejos humanos, atos e pensamentos.

É no âmago da vida que se situa a relação entre os sexos, que é a seu turno a expressão mais primitiva e inocente da sua alma. A civilização européia, através dos seus institutos construiu para si instintos recalcados em nome da moral capaz de transformar sensações necessárias em violência interiorizada que só pode conduzir ao definhamento e à destruição de si. Para Nietzsche "a castidade é uma incitação pública á contranatureza", sendo o menosprezo da vida sexual um atentado contra a vida, um verdadeiro pecado contra o espírito santo.

A espiritualização das pulsões, ou sua sublimação é o que pode se entender por amor. Todo amor encontra sua fonte na sensualidade, sendo que existem, grandes divergências em torno da sexualidade e do amor em face do gênero, devido ás intrinsecas particularidades que permeiam os homens e as mulheres, por isso entende como ineficaz a supressão dadifernça entre os sexos, que torna a mulher menos desejável por parte do homem.

Quanto à paixão, definiu-a como fugaz, o casamento, uma prisão transformada em instituição, capaz de aprisionar pela vida inteira. Entendeu ainda que para o casamento dar certo era necessário amizade, para que as conversas substituíssem o fogoda paixão que se esvaíra.

Entendia que a moral e os valores do homem ocidental derivavam de crenças religiosas que ele próprio estava deixando de sustentar, sendo necessário portanto reavaliar esses valores, assim como a ética e a moral, pois "Deus está morto" e suas concepções não podem ser transcendentais. Estes devem ser criações humanas para os humanos, estando o homem livre para escolher quaisquer valores que nos interesse ter.

Para ele viver a vida plena era experimentar a felicidade pessoal em vez da frustração. Para tanto, deve o homem abraçar plenamente seus valores, afirmar a vida, viver a plenitude de sua capacidade, lutar para auto-realizar-se e ousar: Ousar ser quem se é. Nesse sentido, bom para Nietzche é aquilo que afirma a vida, devendo o homem, quando necessário reavaliar radicalmente seus valores.[324]

Para Heidegger, mesmo não sendo um pensador do amor, em seu livro "Ser e Tempo" assinala a primazia ontológica do amor enquanto acesso à verdade. Desenvolveu como tese central de seu pensamento que o Dasein,

[324] NIETZSCHE, Friedrich – Além do bem e do mau, São Paulo: Companhia de bolso, 1992, p. 11, 42, 102, 112 a 115; NIETZSCHE, Friedrich – Assim falou Zaratrusta, Rio de Janeiro: Civilização brasileira, 2005, 14. ed, p. 38 e 39; LANCELIN, Aude; LEMONNIER, Marie – Os filósofos e o amor, p. 138 a 148; MAGEE, Bryan – História da filosofia, p. 172 a 177.

"o ser-aí" ou a maneira de um ente existir, é "ser-no-mundo", inter-relacionado com as coisas e a sociedade, pois o homem deseja acima de tudo que sua vida tenha um significado real e ao mesmo tempo metafísico.[325]

Elaborou uma teoria das paixões e dos afetos definindo-os como modos fundamentais como o homem faz a experiência da sua abertura para o mundo e do retraimento do ente no qual ele é. Distingue o amor e o ódio como paixões em face dos simples afetos, que por sua vez atravessam a integridade do ser humano e permitem que o homem enxergue sua própria essencia e realidade.

No mesmo sentido, Hanna Arendt, aduz que o amor introduz o ser no seio do universo vivo.

Na síntese filosófica do pensamento de ambos "Ser no amor é fazer a experiência da existência mais autêntica e descobrir a dois que esse ser expulso da existência significa também querer a existência do outro. E querê-lo ardorosamente".

No amor, ao mesmo tempo que nos revelamos a nós mesmos, entramos em íntimo contato com o outro. Representa a magnitude desse sentimento uma potência de vida, sendo que aquele que nunca sofreu essa potência não está no mundo dos vivos.

A infidelidade a qual temia não era o adultério, mas o abandono, a renegação do amor. Na literatura filosófica com ênfase aos arroubos do amor, trazem Aude Lancelin e Marie Lemonnier que "a história de Hanna Arendt e Martin Heidegger não foi uma história de amor fiel, mas a história da fidelidade ao amor", que por sua vez nem a distância, nem o casamento com terceiros, nem a Segunda Guerra mundial, com todos os seus desdobramentos, conseguira apagar.[326]

Na concepção aredtiana, o pensamento deve estar enraizado nas experiências vividas para que possa estabelecer algo de relevante e significativo. Assim, Hanna Arendt preocupou-se com o conhecimento da existência do homem no mundo.[327]

Para Jean Paul-Sartre, o indivíduo tinha plena liberdade de escolha de seus valores, e assim estaria fixando regras básicas para suas próprias vidas, e determinando o desenrolar de sua personalidade. A excessiva liberdade

[325] MAGEE, Bryan – História da filosofia, p. 209 a 213.

[326] LANCELIN, Aude; LEMONNIER, Marie – Os filósofos e o amor, p. 157 a 173.

[327] CORREIA, Adriano – Hanna Arendt, Rio de Janeiro: Jorge Zahar editora, 2007, p. 7.

entretanto, gera um medo grande do desconhecido, fazendo com que por defesa muitas pessoas finjam estar presas a normas e regras existentes. Para viver a vida ao máximo, deve o homem coadunar-se com as escolhas que antecipadamente realizara.[328]

Em matéria de amor, as escolhas poderiam ser passionais ou de conveniência. Esta segunda modalidade por não preencher o espirito humano pode levar ao pensamento de que a escolha inteira de uma vida repousava numa imensa mentira. A recusa do fascinio amoroso pode se dar através da escolha do amor refúgio, numa relação sem passionalidade, nem fascinação, mas apenas concreta racionalidade. Logo, tem a serenidade de se ocupar das obras do espirito?

Não creio, não foi assim que ocorreu com aqueles que fizeram essa opção de vida. O amor verdadeiro representa um estado de beatitude que qualquer um pode experimentar, o ser torna-se único pela especial graça de amá-lo que alguém dispensa, conferindo-lhe uma singularidade excepcional. A alegria do amor funda-se na justificativa de existir.

Para Sartre "amado, não sou mais um elemento destacando-se contra o fundo do mundo, sou aquele por quem alguém diferente vê o mundo. Sou o próprio mundo".[329]

Os diversos filósofos, tiveram a árdua tarefa autoimposta de tentar definir o amor, sua gênese e desdobramentos. Assim, não renunciaram aos seus projetos diante da complexidade dessa tarefa, lutaram!

Para aqueles que conheceram o amor de perto, este daria a inspiração necessária para superar suas vicissitudes, como queria Schopenhauer, daria tolerância, como pressupôs Nietzsche, desejo, como expôs La Rochefoucault, prazer, como queria Stendhal, e até mesmo certa superioridade como pensara Voltaire. Oferece ainda esse tão grandioso sentimento, uma das mais belas lendas da mitologia, trazida por Platão, ou como concebeu Demócrito a máxima "não amar ninguém é não ser amado por ninguém".[330]

Nas sociedades contemporâneas, pós-modernas ou hipermodernas, tal qual são definidas pelos diferentes filósofos, marcadamente hedonista, consumista e permissiva, vemos que a maneira de amar mudou. Outras

[328] MAGEE, Bryan – História da filosofia, p. 217.

[329] LANCELIN, Aude; LEMONNIER, Marie – Os filósofos e o amor, p. 195 e ss.

[330] CORDEIRO, Renata – O amor – receitas práticas e sábias, p. 19.

formas relacionais entraram em cena, uma vez que a busca do prazer imediato e a recusa de suportar frustrações são componentes que não se coadunam com o delicado trabalho de construção da relação amorosa.

Além disso, a busca de emoções fortes e da satisfação imediata dos desejos pessoais substitui os amores ternos cuja intensidade passional se atenua com o passar do tempo, pois como se sabe, a paixão é altamente volátil pela própria natureza.

O vazio conceitual do amor, aliado ao medo da dor da renúncia e da perda, leva a uma fragilização de sua expressividade, ficando as relações cada vez mais superficiais, mais frugais, tornando-se, desta forma mais raro o encontro verdadeiro, uma vez que o amor funda-se antes de mais nada no compromisso.

Tem-se demonstrado de extrema dificuldade a perpetuação dos laços afetivos no mundo atual. Como aduz Luciene Felix "eterno e em constante mudança, o amor é um dos deuses mais antigos e potentes do universo", concilia a permanência de Parmênides com a mudança de Heráclito, tendo por seu objetivo principal a união dos seres.[331]

Difícil é também, a conceituação exata do amor, mesmo para a ciência que se refere à especulação do conhecimento como é o caso da filosofia. "Ao desencanto generalizado do mundo, o amor, sentimento mágico e único, teria resistido mal, pois sobre o romantismo ressabiado, subsistiria toscamente dissimulado o real do sexo, do cálculo e da vontade de potência".

Embora seja um tema central na vida humana, dá-se na contemporaneidade pouca importância para a sua especulação filosófica, a fim de se descobrir mais e mais sobre a compreensão da existência humana, pois "o feitiço do amor teria se transformado em banalidade sórdida, em deplorável fiasco entre os corpos, onde a exploração do corpo toma um vulto de capital narcísico".

Observemos que se Platão associou o desejo à falta, a contemporaneidade substituiu a falta metafísica pela necessidade vulgar, inesgotável, uma verdadeira fábrica de frustrações.[332]

[331] FELIX, Luciene – Amor líquido – sobre a fragilidade dos laços humanos. In. Jornal Carta Forense, abril 2010, p. A23.

[332] LANCELIN, Aude; LEMONNIER, Marie – Os filósofos e o amor, Rio de Janeiro: Editora Agir, 2009, p. 7 e 8.

Como retratam Aude Lancelin e Marie Lemonnier "Na era da permuta dos corpos e da insaciabilidade perpétua, o Eros-impulso transformou-se em Eros-tirano", fazendo-se assim, ressurgir uma alma tiranizada, que está sempre às voltas com a penúria e o vazio, tal como descrita por Platão na antiguidade.

Para libertar Eros em toda a sua manifestação, faz-se imperioso descobrir por trás do desencantamento contemporâneo, o entusiasmo genuíno do coração puro. Identificar e valorizar "a força primitiva da torrente que nos move misteriosamente" como prediz Ortega y Gasset, que já desde o século passado muito lamentava a falta de se debater as questões abrangentes do amor verdadeiro.[333]

Tendo em vista as poderosas transformações que faz o amor na forma como o indivíduo vê ou sente o mundo, podemos questionar: Vale a pena amar? Os ideais do amor romântico são ilusões? Devemos amar de forma comedida ou entregarmos a ele sem reservas?

Essas questões permanecem sem resposta: às vezes a ilusão do amor é melhor do que o amor verdadeiro, pois o amor também pode ser perigoso....

O trabalho da filosofia no correr dos séculos, foi debruçar-se nas questões que acometem o dia-a-dia do ser humano, forçando-o a pensar sobre a vida, a morte, a alegria, a dor, a justiça, a felicidade, o amor, o sentido da vida.[334]

Entretanto, como legado advindo de tantos anos de história e reflexão podemos concluir que da manifestação do desejo, da plenitude, da interposição do comando da razão, possui o amor grande paradoxo: ao mesmo tempo em que se busca a completude, visamos a manutenção da individualidade, o estabelecimento de vínculos que respeite a integridade do outro.

O amor é, antes de mais nada, uma relação marcada por grande diversidade de sentimentos, paradoxos e ambiguidades: vai-se do amor ao ódio com uma facilidade incrível quando sentimos que não recebemos a mesma quota de atenção que despendemos ou nos achamos merecedores. Queremos a liberdade e a individualidade, mas tememos perder a completude que a relação nos proporciona.

[333] LANCELIN, Aude; LEMONNIER, Marie – Os filósofos e o amor, p. 24.

[334] FURTADO, José Luiz – Amor, São Paulo: Editora Globo, 2008, p. 12.

Nas palavras de Edgard Morin "nas sociedades burocratizadas e aburguesadas é adulto quem se conforma em viver menos para não ter que morrer tanto".[335] Á luz do seu pensamento podemos concluir, que o segredo da vida amorosa é este: deve-se arriscar-se a morte, viver a dificuldade, e vencê-la.

Para Gilles Lipovetsky a modernidade vem marcada por uma alta dose de individualidade, de imediatismo. Há uma priorização do momento presente em detrimento da expectativa do futuro, e também um grande reinvestimento afetivo em um certo número de sentimentos e valores tradicionais: o gosto pela sociabilidade, o voluntariado, a valorização do amor, pois o homem busca antes de mais nada a assunção da felicidade.[336]

## 4.5. O amor e o gênero

Muito vem se ocupando a psicologia no estabelecimento de parâmetros que possam definir a personalidade amorosa em face do gênero, assim como as expectativas que decorrem do fato de ser homem ou mulher *partner* de um relacionamento amoroso, ou mesmo indivíduos não binários.

O gênero a que pertença expõe o indivíduo à experiências sociais, culturais, ambientais, comportamentais e sentimentais muito diferentes, o que lhe confere uma formação heterogênea no que tange à personalidade e às ambições amorosas.

Isso se deve ao fato de que a formação psicológica do homem e da mulher são diferentes, e isso, por sua vez, proporciona um desenrolar do relacionamento amoroso diferente também, em função dessa característica.[337]

O papel da mulher evoluiu com o passar dos tempos, sendo que o Iluminismo, a Revolução Industrial e a Revolução Francesa, representaram uma influência significativa para a sua emancipação, ampliando sua esfera de atuação e projeção, pois outrora fora esta segregada do espaço

[335] MORIN, Edgar – Amor, poesia, sabedoria, Rio de Janeiro:Bertrand Brasil, 1998, p. 7 a 10.

[336] LIPOVETSKY, Gilles – Os tempos hipermodernos, São Paulo: Barcarolla, 2004, p. 8 e 43.

[337] JOHNSON, Robert A – We – a chave da psicologia do amor romântico, São Paulo: Mercuryo, 1995, p. 10.

público e confinada à reduzida realização pessoal no lar conjugal, na esfera privada.[338]

Assim, o movimento de emancipação feminina fez surgir na Europa um movimento de alteração dos papéis de gênero e da própria relação entre os sexos o que levou a mulher a buscar (e encontrar) sua identificação também no que tange ao papel afetivo. Não lhes interessava mais renunciar à sua liberdade, identidade ou poder de escolha, nem ao amor, ou à exaltação dos sentimentos ternos ou platônicos. Essa situação mostrou-se antagônica com a situação anterior onde os casais se casavam sem amor, e a mulher passava a dever ao marido uma sujeição incondicional.[339]

É sabido, entretanto, que a delimitação temporal indica o *modus operandi* das relações amorosas em face do gênero, bem como, suas aspirações e mecanismos específicos de realização.

A construção histórica do feminino e do masculino, que hoje sabemos é intercambiável, também teve grande importância para o processo de imposição da mulher, especificamente no que tange aos seus arranjos afetivos. Leia-se aqui, não somente a formação de sua família relacional – seja ela casamentária, fruto de união estável – plúrima ou não –, concubinária ou homoafetiva, mas também monoparental ou unilinear, fruto do acesso ás técnicas de reprodução assistida, que não dependem nem por força de lei, nem em virtude do costume, da necessidade do ser masculino, adentrando a esfera familiar, o que fez aumentar a autonomia da mulher no que tange aos direitos personalíssimos ao corpo, à sexualidade e à reprodução, fazendo-se alterar o antigo rosto da "mãe solteira".

Alterou-se portanto, sensivelmente a relação público-privada, travada entre a mulher e seu meio, as relações de poder, para falar com Foucault, a influência do olhar geracional, que também foi diluída, uma vez que a mulher, de todas as gerações, devido certamente a influência massiva da mídia, da moda, dos hábitos de consumo e mesmo do processo de globalização, passou a admitir uma postura mais parecida, voltada sem

338 DARNTON, Robert – O iluminismo como negócio, são Paulo: Companhia das letras, 1996, p. 13.

339 PINSKY, Carla Bassanezi; PEDRO, Joana Maria – Igualdade e especificidade. In. PINSKY, Jaime; PINSKY, Carla Bassanezi (Org.) História da Cidadania, São Paulo: Contexto, 2003, p. 269; STEARNS, Peter N – História das relações de gênero, São Paulo: Contexto, 2007, p. 16 e 17.

dúvida para a libertação da mulher das amarras, que lhes foram impostas para a dominação ideológica, que de alguma forma tentara, sem sucesso diminuir-lhe a capacidade de amar.

Na atualidade, o próprio movimento de globalização, alterou as concepções dos relacionamentos que afetam os gêneros, interseccionando crenças e valores, propiciando o estabelecimento, a manutenção e até a ruptura de determinadas formas relacionais que não encontram mais eco na atualidade, uma vez que pelo próprio movimento continuo – chamado circularidade – a questão do masculino e do feminino se tangenciam, se manifestam e se apagam, levando a uma nova forma de formação social da mente, que em muito reflete na forma de ser e na forma de amar.

Nesse diapasão, vemos que a mentalidade é fruto de heranças longínquas que impõe uma maneira de ser, gerando crenças, medos e inquietações, que se por um lado constituem valores fundamentais, por outro levam à formação de monolíticas estruturas psicológicas, fazendo-se presentes nos elementos menos comunicáveis entre as civilizações que as isola e as distingue.

Vemos então que nesse movimento, o homem é moldado pelo costume e pela força inconteste do instinto, que leva a ruptura de barreiras que impediam ou dificultavam a sua manifestação.

A natureza humana, de caráter universal antagoniza-se com a força propulsora do meio, fazendo com que o ser humano questione o ambiente, o mundo que o cerca e reaja.

Inaugura-se assim, a valorização do amor romântico, que a seu turno não representa apenas uma forma de amor, mas um conjunto psicológico que combina ideais, crenças, atitudes e expectativas, penetrando no inconsciente das pessoas passando desta forma a dominar seus comportamentos e reações.

A noção dos direitos sexuais e reprodutivos foi resultado do avanço teórico e político dos movimentos feministas. A liberdade de escolha erótica tornou-se uma luta feminina mais severa após a Segunda Guerra Mundial.[340]

[340] MALUF, Carlos Alberto Dabus; MALUF, Adriana Caldas do rego Freitas Dabus – Curso de direito de familia, p. 72 e ss.

Desta forma, o novo papel da mulher originou uma nova concepção de feminilidade, fruição dos sentimentos e desempenho dos papéis sociais, além da expectativa da sociedade para que o indivíduo desempenhe os papéis de gênero que lhes foram designados pela natureza.

Em face da alteração dos papéis femininos também alteraram-se os papéis masculinos, gerando uma intensa crise de masculinidade. "Além da igualdade de direitos, as mulheres querem os homens mais suaves, devendo assim reformular seus papéis no casamento, na família e na sexualidade".[341]

Por outro lado, em profunda análise da questão feminina, concebe Simone de Beauvoir que "ninguém nasce mulher: torna-se mulher". Nenhum destino biológico, psíquico, econômico define a forma que a fêmea humana assume no seio da sociedade; é o conjunto da civilização que elabora esse produto intermediário entre o macho e o castrado que qualificam de feminino. Somente a mediação de outrem pode constituir um indivíduo como um *outro*.

No período da infância, o corpo dos meninos e meninas representa a irradiação de uma subjetividade, o instrumento que efetua a compreensão do mundo: é através dos olhos, das mãos e não das partes sexuais que apreendem o universo, pois eles têm os mesmos interesses, os mesmos prazeres; vivenciam as mesmas sensações.[342]

Interrelacionam-se de forma ambígua homens e mulheres desde o final da primeira infância. O primeiro invejando a calma, docilidade e possibilidade de expressar seus sentimentos das mulheres, e estas invejando-lhes a força, a independência e a virilidade.

Criada inicialmente num universo eminentemente masculino e onde o casamento era o seu destino natural, a suprema necessidade para a mulher é seduzir um coração masculino, é a recompensa a que todas as heroínas aspiram; não lhes sendo requerida

outra virtude senão a beleza. Compreende-se que a preocupação da aparência física que se torna uma verdadeira obsessão feminina, é preciso sempre ser bonita para conquistar o amor e a felicidade; a feiura associa-se cruelmente à maldade e à desgraça.

[341] STEARNS, Peter – História das relações de gênero, p. 115; LINS, Regina Navarro – A cama na varanda, p. 154.

[342] BEUAVOIR, Simone de – O segundo sexo, p. 9.

No universo feminino, aduz Simone de Beauvoir o amor e sofrimento se entrelaçam, gerando para a mulher uma sensação de poder que advém da superação dessas adversidades.[343]

Assim sendo, a maioria das mulheres despende grande parte de suas energias para construir um relacionamento amoroso com seu parceiro e também lidar com sentimentos, ideias e reações que lhes são, na essência aparentemente incompreensíveis. Nesse sentido, a análise dos mitos românticos, como Tristão e Isolda, ajudarão a mulher a compreender melhor seu parceiro, avaliar seu relacionamento e também a conhecer-se melhor em sua íntima subjetividade.[344]

Na prática, homens e mulheres têm as mesmas necessidades psicológicas, e também de amor, de expressar suas emoções, mas no que tange ao desempenho dos papéis masculinos, o ideal do homem impede-lhe a satisfação de suas necessidades, abrindo espaço para a violência masculina no dia-a-dia.

A vida amorosa da mulher, até mesmo por uma questão antropológica, inicia-se mais cedo do que a dos homens: fantasiando-se de adulta, imaginando romances tórridos, amadurece sentimentalmente.

Traduz Simone de Beauvoir que os jogos e sonhos (frequentemente solitários) orientam a menina para a passividade, desde cedo ela percebe que aceitar a si mesma como mulher é demitir-se e mutilar-se; e se a demissão é tentadora, a mutilação é odiosa. Para o homem, tudo é mais imediatista e real. O amor, nessa mesma tenra fase da mulher, encontra-se a anos luz de ser vivenciado.[345]

Na vida adulta os homens escondem a necessidade que têm das mulheres mostrando-se autossuficientes e desprezando-as. Negando suas necessidades de dependência, sentem-se mais fortes e poderosos.[346]

Entretanto, quando se sente atraído por uma mulher, dois sentimentos contraditórios o assaltam: o desejo de intimidade (de aprofundar a relação) e o temor de se ver diante do seu próprio desamparo e do desejo de ser cuidado por uma mulher (como era pela mãe), da mesma forma que um simples olhar feminino tem a capacidade de restaurar no homem o seu senso de valor.

343 BEUAVOIR, Simone – O segundo sexo, p. 33.

344 JOHNSON, Robert A – We – a chave da psicologia do amor romântico, p. 10 e 11.

345 BEUAVOIR, Simone – O segundo sexo, p. 35.

346 NAOURI, Aldo – Adultérios, São Paulo: Martins Fontes, 2009, p. 183.

Uma coisa é certa: homens e mulheres veem o mundo com outros olhos, de maneira peculiar, sensivelmente diferente. Noções de atenção, interesse, preocupação, carinho, valorização, amor, são frequentemente interpretada de forma diversa pelos sexos, gerando conflitos, desentendimentos ou mesmo funcionando como causa de ruptura de relações (nas diversas fases do seu estabelecimento). Nesse sentido, conhecer as peculiaridades emocionais em face do gênero faz reduzir a tensão oriunda do conflito de comunicação que permeia a totalidade dos relacionamentos amorosos.

Aduz Robert Johnson que "parece haver um estranho vácuo na psicologia masculina. A maioria dos homens consegue seu auto-preço através da participação da mulher: seja ela esposa ou mãe", pois a mulher que tem a capacidade de conscientização mais aguçada que o homem, mostra-o o seu valor, da mesma forma que tem a força poderosa de destruí-lo através do uso indiscriminado da palavra, através de comentários cáusticos que sabe realizar muito bem.

O homem, continua Johnson, depende substancialmente da mulher para encontrar um significado real para si mesmo. A vida é muitas vezes sem graça e estéril para ele, a não ser que alguém lhe confira um significado maior.[347]

A mulher, por sua vez, define o senso de si mesma pelos seus sentimentos e pela qualidade de seus relacionamentos, pois valorizam a comunicação e os relacionamentos acima de tudo. Diferente do homem, a mulher não tem medo de se apaixonar, e viver assim a mais intensa das emoções.[348]

Está muito envolvida com seu crescimento pessoal, o desenvolvimento da espiritualidade, os atributos relacionados à vida e à cura dos males relacionais da coletividade, enquanto os homens se preocupam com o sucesso pessoal e não gostam de compartilhar seus problemas ou demonstrar fragilidade. Os homens se sentem motivados e fortalecidos quando se sentem necessários, já as mulheres, quando se sentem valorizadas e acalentadas. Desta forma, entendemos que respeitar as intrínsecas diferenças mostra-se imprescindível para a saúde do relacionamento.[349]

[347] BRITO, Francisco – Eles pedem em casamento elas pedem o divórcio, p. 49.

[348] GRAY, John – Homens são de marte – mulheres são de vênus, Rio de Janeiro: Rocco, 9.ed, 1996. p. 28.

[349] GRAY, John – Homens são de marte – mulheres são de vênus, p. 56 e ss.

Notadamente a forma como nasce, se solidifica e se demonstra o amor, é substancialmente diferente entre os homens e as mulheres, podendo em face disso, surgirem inúmeros conflitos de interpretação de seus sinais. Logo, a escolha do parceiro amoroso é substancialmente importante para a mulher.

O sinal de início do relacionamento geralmente é dado por esta, que com um comportamento receptivo envia ao homem um sinal que indica "quero conhecer você", assim, o homem se aproxima, inicia uma singela conversa que pode levar ao estabelecimento do relacionamento amoroso. Quando apaixonados, os homens ficam motivados com a possibilidade de serem necessários para as mulheres, tornam-se mais benevolentes, e isso aumenta a sua vontade de servir os outros. Sentindo-se autoconfiantes, são capazes de realizar mudanças importantes. Quando lhe é dada a oportunidade de mostrar seu potencial, mostram o melhor de si. Assim, "libertando-se da corrente aprisionadora do auto referenciamento", a felicidade da parceira os faz feliz.

A mulher, quando apaixonada, tem necessidade de se sentir apoiada, fica feliz quando acredita que suas necessidades serão satisfeitas. Precisa se sentir amada, acalentada. Desta forma, empatia, compreensão e compaixão são de grande valia para fazê-la tornar-se mais receptiva e apreciar o apoio do homem amado. Proximidade, atenção e intimidade são de grande valia para a mulher. Esses sentimentos fazem-na confiante e acreditando merecedora de amor, mais tranquila, abandonando o comportamento de compulsividade.[350]

É capaz de investir toda a sua sensualidade feminina, marcada por carinhos e atenções, quando sentir que o relacionamento tem futuro. Sabe alimentar a autoestima do homem para tê-lo sempre a seu lado.[351]

O amadurecimento pessoal, de ambos os sexos, faz com que se estabeleçam limites naturais entre o dar e o receber, de liberdade e fusão, de independência e identidade, visando assim o estabelecimento de um relacionamento mais simétrico, onde impere a motivação no relacionamento, a responsabilidade pelo autoconhecimento das atitudes nefastas no relacionamento e a prática dessas atitudes. Esse comportamento é muito importante, pois num relacionamento assimétrico existe uma

[350] GRAY, John – Homens são de marte – mulheres são de vênus, p. 59 a 61.

[351] BRITO, Francisco – Eles pedem em casamento elas pedem o divórcio, p. 48.

grande tendência de o parceiro que faz mais concessões culpar o outro por seus fracassos, frustrações ou não realização de seus sonhos.

A autoestima tem um valor muito importante nesse processo: faz a mulher perceber que se é digna de dar, também o é de receber. Desta forma, abre as portas para a aproximação do homem que também se dê. O conflito se estabelece quando aquele que se investe mais no relacionamento (geralmente a mulher) se cansa da situação e se fecha para a relação, como que indiferente a esta. Assim como a mulher inconscientemente tem medo de receber, o homem tem medo de dar, de errar, de não ser bom o suficiente. Para ele a visão de infelicidade dela lhe confirma o seu maior medo: ele não é bom o bastante.[352]

A grande questão é que estando presas à crença de que o amor romântico é o amor verdadeiro, gera muita infelicidade e frustração para o parceiro que se vê impedido de experimentar uma relação amorosa autêntica, e quando ocorre o desencantamento, a sensação que se assola é de plena desgraça, pois esvaiu-se a pessoa que representava a personificação de nossas fantasias.

Assim sendo, num estudo realizado entre depressão e amor romântico, temos que as mulheres sofrem mais depressão que os homens na proporção de dois para um. Essa proporção é encontrada nas mulheres casadas. As viúvas, solteiras e divorciadas, apresentam taxas mais baixas que os homens.[353]

Os principais padrões psicodinâmicos que levam à depressão são: a submissão à outra pessoa, que é dominadora, viver em função do outro esperando sua aprovação e consequente bem querência, dependência, viver tendo o amor romântico como objetivo dominante.

Mais do que a busca do *eu* autêntico, persiste entre as mulheres a busca do amor romântico. E é válido ressaltar que as potencialidades femininas não canalizadas, que são reprimidas, permanecem no inconsciente armazenando energia, até o momento em que irrompem arbitrariamente na vida consciente.[354]

Isso pode ser explicado pelo fato de que o casamento representa a morte e a ressurreição para a mulher. Para o homem, o casamento não

352 GRAY, John – Homens são de marte – mulheres são de vênus, p. 66 a 68.

353 Fonte: http://www.webartigos.com < acesso em 29.06.2021>

354 LINS, Regina Navarro – A cama na varanda, p. 99 e 100; JOHSON, Robert A – She, p. 34.

apresenta o mesmo caráter sacrificial, não estando este portanto, subjugado aos seus ditames. Assim, temos que a experiência do casamento é diferente para o homem e para a mulher.[355]

A experimentação dos sentimentos dá-se diferentemente para o homem e a mulher, sendo intensa a luta masculina para não deixar-se enfeitiçar por ela. Procura assim manter-se afastado de toda a suavidade inerente à feminilidade, que pode acabar viciando-o se ele a interpretar mal, vivendo-a externamente. Logo, como leciona Robert A Johnson "seduzir ou deixar-se seduzir é coisa vedada a alguém que busca o Graal, pois significa sempre uma prisão", assim como também se considera viver o prazer de uma experiência que não aconteceu.[356]

O homem, estabelece uma enorme estrutura de valores e sentimentos, a qual mantém-se fiel. Existe, um ciclo relacional que permeia sua realidade emocional, que a mulher deve conhecer: ele tem necessidade de alternar sua independência e liberdade com a intimidade do relacionamento. Acho pessoalmente que todos nós, homens e mulheres temos essa intrínseca necessidade de liberdade.

Alguns comportamentos podem ser, como elencou John Gray, persecutórios, levando a um afastamento natural do casal. São eles: o físico, o emocional e o mental. No primeiro, a mulher segue fisicamente o parceiro por onde ele andar; no segundo ela o segue emocionalmente, sufocando-o com um excesso de atenções e elogios, e no terceiro, ela desenvolve um comportamento que lhe induzem a culpa ou também desenvolve um outro comportamento que lhe faz extremamente solicita e acomodada, tentando desesperadamente ser perfeita, de modo que ele não tenha razão para se afastar. Desiste de si mesma e tenta se tornar o que acredita que ele deseja que ela seja.[357]

Para Simone de Beauvoir, parte da complexidade do relacionamento afetivo entre o homem e a mulher dá-se pelo fato de que os dois sexos são vítimas ao mesmo tempo do outro e de si. Perpetuar-se-á desta forma, o inglório duelo em que se empenham enquanto homens e mulheres não se reconhecerem como semelhantes, enquanto persistir o mito do "eterno

[355] JOHNSON, Robert A –She – a chave do entendimento da psicologia feminina, São Paulo: Mercuryo, 1996, p. 31 e 32.

[356] JOHNSON, Robert A – He, p. 53 e ss.

[357] GRAY, John – Homens são de marte – mulheres são de vênus, p. 120.

feminino". Liberta a mulher, libertar-se também o homem da opressão que para ela forjou.[358]

Para Francesco Alberoni o processo de enamoramento se estabelece da mesma forma independente do gênero; ambos experimentariam os mesmos sentimentos, as mesmas ansiedades, as mesmas paixões. Mesmo os neurofisiologistas demonstram que aquele possui um circuito independente para o amor e o sexo.

A mulher possui condições de efetivar um alto grau de controle sobre os sentimentos e sobre o mundo interior, uma habilidade desconhecida para a maioria dos homens. Ela tem a capacidade de penetrar no lugar mais profundo do seu ser, onde reside o equilíbrio psíquico oriundo das manifestações emocionais as quais a mulher é submetida. Já o homem não possui em tese o mesmo grau de sensibilidade.

Em matéria de sofrimento amoroso, é comum advir do ímpeto de ruptura a ideia de suicídio, pois este representa um estágio de consciência em favor de um novo esquema que se avizinha, ou seja, aponta para o conhecimento de um novo nível de consciência.[359]

Mesmo entre os homossexuais e os heterossexuais não há diferença alguma, pois ambos apresentam as mesmas estruturas e os mesmos mecanismos para o estado nascente de enamoramento. Diferentes são, entretanto, as preferências, as sensibilidades e as formas de apego. Estudos comprovam que os casais heterossexuais são pouco dispostos a aceitar a traição sexual, enquanto os casais homossexuais masculinos são mais tolerantes e os casais homossexuais femininos são mais afeitos a exclusividade e ao ciúme.

Tendo em vista a imperatividade dessa dimensão relacional, temos que o relacionamento afetivo entre o homem e a mulher, assim como todas as demais formas relacionais presentes na pós-modernidade, alcançaram uma nova dimensão no decorrer do tempo histórico, alterando significativamente os papéis de gênero, o interesse na manutenção dos vínculos amorosos, influenciando a qualidade do amor.[360]

358 BEAUVOIR, Simone – O Segundo sexo, Paris: Gallimard, 1967, p. 66.

359 JOHNSON, Robert A – She, p. 63 a 66.

360 MALUF, Adriana Caldas do Rego Freitas Dabus – Novas modalidades de família na pós-modernidade São Paulo: Atlas, 2010, p. 26 e 27.

Entretanto, um estudo realizado nos anos 90 apontou para uma sensível diferença de qualidades consideradas fundamentais para a caracterização da personalidade individual de homens e mulheres. Essa diferença entre os gêneros vai influenciar significativamente sua visão sobre o amor e o relacionamento amoroso.

Para as mulheres as características mais importantes para integrar sua personalidade são: inteligência, lealdade, equilíbrio, prestatividade, confiabilidade, ser amável, cortês, paciente, agradável, compreensiva, otimista e carinhosa.

Para os homens a importância reside nas seguintes qualidades: ser sexy, sagaz, feminina, lógica, desalinhada, tensa, modesta, rebelde, severa, não-convencional, apressada, complicada, bem educada, capaz de montar com ele um futuro promissor e uma família feliz.[361]

A essas características somam-se: a boa autoestima, senso de equilíbrio, conhecimento do próprio valor, o estabelecimento de intrínsecas prioridades, o autoconhecimento e o senso de humor. Ou seja, valoriza-se na atualidade a chamada "inteligência social" ou como preferimos "inteligência relacional", onde aprende-se a cuidar de forma integrada de si e do outro – seja marido, companheiro, filho, amigo ou parente –, sem automutilar-se, sem sacrificar a sua alma.

A inteligência emocional é na pós-modernidade um requisito básico para o estabelecimento de um relacionamento sólido, para ambos os gêneros, sendo por via de consequência muito valorizada a pessoa equilibrada, bem resolvida em paz com sua essência constitutiva.

Na concepção de Luiz Alberto Py, esse fato se deve basicamente, às diferenças que medem-se principalmente pelos mecanismos de identificação, que permitem o entendimento dos sentimentos da outra pessoa bem como seus pensamentos, vontades e aspirações.

Nesse sentido, homens e mulheres, por instinto, sentem, pensam e reagem de formas muito diferentes em matéria de amor e paixão, devendo

[361] J E Williams; R C SATTERWHITE; J L SAIZ – The importance of psychological traits: a cross-cultural study: Plenum Press, 1998, p. 63. Apud SCHULZ, Duane P; SCHULTZ, Sydney Ellen – Teorias da personalidade, São Paulo: Thomson, 2001, p. 4 e 5; consideram-se assim diversas expectativas em relação ao gênero, para a obtenção de uma personalidade saudável, elaborada à partir da identidade social do gênero. FRIEDMAN, Howard S; SCHUSTACK, Miriam W – Teorias da personalidade, São Paulo: Pearson, 2. ed, 2004, P. 36.

pois, as almas masculina e feminina serem compreendidas para que se estabeleça uma relação de equilíbrio.[362]

Para Freud, os instintos são elementos básicos da personalidade, são forças motivadoras que impulsionam o comportamento e determinam o seu rumo, são uma forma de energia fisiológica transformada que liga as necessidades do corpo aos desejos da mente (ou alma).

Na pós-modernidade, ao lado dos relacionamentos convencionais entre o homem e a mulher, estabelecem-se os relacionamentos homossexuais e nos estado intersexuais.

Uma outra visão sobre a identidade é elaborada pela psicologia que a relaciona com a constituição histórica da subjetividade e pela antropologia, que a relaciona com a noção de pessoa, sendo válido ressaltar que a subjetividade na visão da psicologia se refere principalmente à construção identitária dos sujeitos nas sociedades pós-modernas, formando assim outros paradigmas para o estabelecimento das identidades culturais e seus desdobramentos no universo relacional, com amplas repercussões no direito civil contemporâneo.

Nesse sentido, temos que as sociedades contemporâneas caracterizam-se pela pluralidade e pela autonomia, abrangendo as leis, a formação da família, a estrutura política, religiosa, trabalhista e social.[363]

O estudo da personalidade é fundamental para a compreensão da natureza humana em toda a sua dimensão. Apesar disso, ocupa um lugar discreto na preocupação da psicologia.

Nesse sentido o corpo e a consequente identidade de gênero desempenham um papel preponderante na formação do *eu* do indivíduo, na sua realização pessoal, na sua satisfação pessoal, favorecendo o despertar do desejo e do amor em outrem. Representa outrossim, á luz da concepção freudiana uma fonte de ações específicas, de onde se destacam as pulsões sexuais e de autoconservação, a disputa entre as pulsões de vida e morte, de aceitação e de repúdio, daí a intrínseca relação existente entre o corpo humano e a formação do eu, que nada mais é do que uma projeção da superfície corporal.[364]

[362] PY, Luiz Alberto – Homens e mulheres pensam diferente, é bom saber disso. In. O livro do amor I – da sedução ao casamento, p. 25.

[363] KEMP, Kênia – Identidade cultural. In. GUERRIERO, Silas (Org) – Antropos e psique – o outro e sua subjetividade, São Paulo: Olho d'água, 2001, p. 71.

[364] COSTA, Jurandir Freire – O vestígio e a aura, p. 72 e ss.

Segundo os ditames de psicologia evolucionista, o homem se encanta pela beleza e sensualidade da mulher e a partir daí muitas vezes se esquece de analisar se ela possui objetivos de vida semelhantes aos seus, se é amável, confiável, se possui gênio compatível com o seu, além de outros atributos como aspectos da personalidade, inteligência, formação moral, além de outras qualidades que no longo prazo se farão muito mais marcantes que beleza e charme. A mulher, por outro lado, encanta-se com o status do homem.

Desta sorte, vê-se que as características que são valorizadas para a busca de um parceiro derivam das funções de gênero e das diferentes funções biológicas que se apresentam tendo em vista a formação da família, a reprodução e a aceitação social.[365]

Para o homem, quando identificam uma mulher que lhes agrada, partem para a caçada com todos os seus atributos: procuram, instigam, jogam charme, usam poder, seduzem e principalmente demonstram claramente para a companheira o quanto eles a querem, não se importando em estragar uma amizade, seja por meio da amizade colorida, do sexo, ou do namoro sério; vai querer aproximar-se da mulher que lhe despertou o interesse de qualquer forma; vai procurá-la pessoalmente e se sentirá inseguro em aproximar-se dela, de convidá-la para sair. Qualquer minuto na companhia do amado é uma benção para ele.

Dentro das diferenças principais que acometem homens e mulheres no relacionamento, uma coisa é certa: quando se nota que o comportamento do outro começa a não fazer bem, instigando o sofrimento, aliado a uma sensação constante de insegurança e, no caso feminino, de lágrimas, é sinal que o relacionamento não está produzindo o efeito desejado, correto, e por conseguinte, não preenche as intrínsecas necessidades da alma.[366]

O relacionamento amoroso obedece a uma ordem antropológica: as mulheres buscam segurança, proteção, aconchego e legitimidade, os homens nem sempre.

[365] FRIEDMAN, Howard S.; SCHUSTACK, Miriam W – Teoria da personalidade, p. 493 e 494.

[366] BEHRENDT, Greg; TUCCILLO, Liz – Ele simplesmente não está a fim de você, p. 25, 27, 40, 46.

Alguns sinais de cunho psicológico devem ser analisados quando se tratar de relacionamento humano, como a fobia a compromisso que alguns homens desenvolvem, que faz com que estes tenham que lutar contra a dicotomia de desejar enormemente um relacionamento *versus* a vontade de fugir para bem longe deles.

A carência, que leva a não visualização do verdadeiro eu do parceiro quando este começava a ser revelado, a desconsideração do seu potencial de convencimento, ou mesmo a presença de qualidades tais que tornavam o outro apropriado, muitas vezes podem impedir que se estabeleça um relacionamento duradouro e saudável, amparado em expectativas realistas, da mesma forma que pela essência fragilizadora que gera, muitas vezes atrai uma pessoa com intenções duvidosas.[367]

Para tanto, ao iniciarmos um relacionamento afetivo devemos ter em mente que alguns requisitos são necessários: a cautela, o respeito mútuo das intrínsecas necessidades e potencialidades, o contato com a realidade – tentando separar desta a ilusão e a fantasia –, além do respeito aos valores e princípios pessoais.[368]

Importante nesse sentido é estar sempre conectados à nossa essência e sobretudo, ter em vista que manter o auto equilíbrio e o senso de realidade é fundamental. Nesse aspecto está incluído o *timmig*, pois intensidade cedo demais assusta o parceiro – e dá a nítida impressão da ebulição dos elementos psíquicos internos.

Pensamos com Steven Carter e Julia Sokol que é imprescindível: a manutenção dos valores pessoais; do equilíbrio; dos princípios; ficar atenta a qualquer dúvida e preocupação que se possa ter a respeito dele (inclusive orientação sexual e identidade de gênero); jamais agir impensadamente; deixar avançar naturalmente o relacionamento, sem tecer fantasias sobre o futuro. E principalmente, dada a complexidade da estrutura relacional, é importantíssimo perceber que se não der certo é porque não tinha que dar! E não porque tenhamos alguma coisa errada em nossa essência. Devemos ainda, tirar lições proveitosas e aplicá-las em futuros relacionamentos.

[367] CARTER, Steven; SOKOL, Julia – Homens gostam de mulheres que gostam de si mesmas, p. 85.

[368] CARTER, Steven; SOKOL, Julia – Homens gostam de mulheres que gostam de si mesmas, Rio de Janeiro: Sextante, 2008, p. 19 a 23.

Além disso, sensibilidade, senso de propriedade, uma certa dose de malícia, equilíbrio e independência, e imposição de limites, tornam o relacionamento mais palatável.[369]

Parceiro amoroso em potencial, o homem em conflito apresenta um mundo de duplas mensagens e comportamentos contraditórios, pois ao mesmo tempo que deseja um relacionamento sólido com a mulher que ama, também vê esse relacionamento como uma armadilha.

Nesse sentido, podemos entender que apresenta fobia a compromisso, sendo sua marca registrada seduzir com requintes de atenções e abandonar sem motivo explicito.[370]

Pelo alto teor de sua insegurança, que é enorme, apesar de se sentir só não consegue mudar o seu comportamento. Quando fortemente atraído por uma mulher, fica aterrorizado com a situação e termina imediatamente a relação, não permitindo que esta se desenvolva.

Para complicar um pouco mais a já intricada questão relacional, para a mulher, o homem que demonstra interesse por ela acaba chamando sua atenção, e dando-lhe um espaço em suas intenções.

É sabido que uma relação amorosa além de agradável e gratificante, requer uma estrutura que faz com que o homem com fobia a compromisso se sinta aprisionado, e a partir daí procure esfriar o relacionamento sob o pretexto de recuperar o seu espaço.

Desde o início, o homem com fobia a compromisso quer que a mulher reaja a ele, passando a não medir esforços para conquistá-la. Devemos, entretanto, ao olhar fixamente para a questão, lembrar que um impacto assim tão violento desde o início de um relacionamento, com toda certeza deve-se muito mais à reação à uma fantasia preexistente do que à realidade concreta e palpável.[371]

Na prática o que transforma um homem errado num namorado tóxico depende do modo como ele trata a namorada, se a faz sofrer, e em última instância deprimir-se e cobrir-se em lágrimas. Esta, como mecanismo de

[369] MALUF, Adriana Caldas do Rego Freitas Dabus – Novas modalidades de família na pós-modernidade, p. 84 e 85; CARTER, Steven; SOKOL, Julia – Homens gostam de mulheres que gostam de si mesmas, p. 34 e ss.

[370] CARTER, Steven; SOKOL, Julia – Homens que não conseguem amar, Rio de Janeiro: Sextante, 2009, p. 78 e 80.

[371] CARTER, Steven; SOKOL, Julia – Homens que não conseguem amar, p. 110.

defesa, torna-se perita em desculpar os truques que o namorado tóxico usa. Ou seja, a emissão de sinais ambíguos, confusos, tende a desequilibrar a estrutura psíquica do parceiro, contaminando o relacionamento.

Como comportamentos típicos dos homens errados, podemos elencar: ser indiferente o bastante para fazer o outro desejá-lo ainda mais; ser acessível o bastante para fazer a mulher pensar que pode ficar com ele; ser misterioso, instigante e enigmático; ser um tanto contraditório, mas parecer sincero; ser incapaz de pedir desculpas ou voltar atrás; desconsiderar os limites estabelecidos pela normas de convivência; além de desonesto, maldoso, desafiador, condescendente, emocionalmente problemático (que faz despertar os intrínsecos sentimentos protetivos da mulher, que passa a preocupar-se com ele em tempo integral), lisonjeiro, egocêntrico, um tanto irrequieto e dispersivo – só consegue manter atenção por um curto período de tempo; capaz de manifestar emoções ou atitudes extremas; ser egoísta, introspectivo, dramático, aventureiro, sexualmente inovador; capaz de assumir riscos, carismático, gosta de frases e ações de duplo sentido; infiel e mais grave, perigoso e manipulador, é capaz de mudar sua definição de mulher ideal caso perceba que você se encaixa nela.[372]

As mulheres espertas, entretanto, quando diante de um homem que valha a pena: insistem e se dedicam a ele; não perdem tempo em um relacionamento que não tem futuro; gostam mais de si mesmas do que de qualquer homem. Perceberam quando os homens não atendem às necessidades delas.

No mesmo sentido que o homem, a mulher também pode apresentar fobia ao compromisso, mas, via de regra a chama da maternidade a detém. Penso que a falta de segurança que o homem produz faz com a mulher não queira compromisso com este homem e não com qualquer homem. Com os homens a questão se detém no universo das pulsões, ou melhor, no impulso sexual.[373]

Em suma, seja para o homem ou para a mulher, a personalidade é um requisito marcante no quesito atração para o estabelecimento de uma

[372] GRISH, Kristina – Mulheres certas que amam homens errados, São Paulo: Editora Gente, 2007, p. 37.

[373] CARTER, Steven; SOKOL, Julia – Homens que não conseguem amar, Rio de Janeiro: Sextante, 2009, p. 37.

relação, além claro, da aparência pessoal. Os atributos mais destacados para se descrever o ser amado, do ponto de vista masculino, são: distinta, simpática, afável, gentil, elegante, segura de si, tranquila. É importante que a primeira impressão que a mulher cause num homem seja positiva porque esta costuma determinar como ele a verá desse momento em diante.

Além desta, a autoestima também é um componente bastante destacado na atração dos sexos. Mulheres independentes emocionalmente, realizadas, seguras e talentosas possuem mais chances de se realizar nos relacionamentos amorosos. Simpáticas e positivas, além de boas ouvintes (ouviam o que diziam os seus parceiros, mostravam interesse e preocupação com seu bem-estar. Poucas coisas são tão importantes). Demonstram com atos de carinho, preocupação com sua saúde, sua carreira e seu futuro. Entendemos que antropologicamente a mulher cuida da tribo, do clã, da família, logo faz parte da sua rotina genética preocupar-se com o parceiro que lhe devote sincera afeição.

Da mesma forma que as pessoas em geral, homens e mulheres, sentem-se atraídas por pessoas que dão a impressão de gostar delas.

Na realidade, a primeira impressão transmitida é não verbal: é a mensagem que você transmite ao entrar num ambiente! Na chamada "segunda impressão" utiliza-se o aperto de mão correto, o olhar amistoso, os movimentos suaves e comedidos, a voz agradável, as habilidades de conversação e a capacidade de transmitir simpatia, empatia e confiabilidade, enfim, respeito e dignidade.

A essas características juntam-se os atributos culturais e relacionais, além claro da aparência e com ela a mensagem enviada.

Nesse contexto relacional, deixe transparecer ao homem seus valores, pensamentos, sua educação, realização profissional, posição social e ambição[374]

Na prática, as evidências comprovam que muitas vezes, busca-se namorar não uma pessoa de verdade, mas a projeção interna de um ser idealizado. Existe nesse sentido um "príncipe encantado" e uma

[374] MOLLOY, John T – Por que os homens se casam com algumas mulheres e não com outras? Rio de Janeiro: Sextante, 2003, p. 40 e ss. Na contemporaneidade são também atributos importantes para a mulher: boa educação, realização profissional, posição social e ambição. Capacidade de lutar junto ao companheiro nas diversas vicissitudes que a vida congrega.

"cinderela" nos sonhos de cada ser humano, embora algumas características sejam desejadas por ambos os sexos, como: uma aparência saudável e bem cuidada, uma boa situação financeira e cultural, bom-humor, bons relacionamentos, ter crenças e objetivos compatíveis, carinhoso, capaz de amar e se entregar.[375]

Ou seja, busca-se uma identidade valorativa, mais ungida a complementariedade do que a oposição, vulgarmente defendida como atraente.

Entretanto, a parte dos atributos referidos supra, vemos que as relações amorosas na pós-modernidade são permeadas de verdade, de respeito às convicções pessoais e aos valores aprendidos no lar familiar, na própria vida e decodificados pessoalmente por cada ser humano.

A mulher, outrora um ser monogâmico, e "programada" para o compromisso, evoluiu rumo a satisfação pessoal no relacionamento. Desde cedo habituadas às normas de conduta para atrair e segurar o parceiro, correspondendo às expectativas sociais, vive atualmente um processo de ruptura dos paradigmas preestabelecidos, reformulando os antigos conceitos e buscando a sua satisfação pessoal, transgredindo muitas vezes o curso normal dos acontecimentos tal como eram estipulados.

Vimos assim que vários fatores influenciam na gênese do relacionamento amoroso em face do gênero, onde o cerne da sociedade moderna patriarcal determinou a fixação dos ideais de masculinidade e feminilidade, oriundos inicialmente de um determinismo biológico e de uma influência cultural que designou a aptidão feminina para as ligações afetivas enquanto a masculina, ao contrário, seria para uma aversão a essas ligações, gerando um ideal de individualidade masculina.[376]

Visando sanar, mesmo que em parte, as diferenças conceituais em matéria de relacionamento em face do gênero, pensa-se em algumas atitudes que se podem adotar para reconciliar afetivamente homens e mulheres, no que tange à sexualidade, intimidade e espiritualidade, valorizando assim sua integridade pessoal, tendo em vista seus desejos,

375 FISHER, André – Como o mundo virou gay? p. 61 e 62.

376 MARREGA, Maria Fernanda; BRUNS, Maria Alves de Toledo – Super-homem e a mudança da história: um estudo sobre papéis de gênero. In. CUNHA, Marcus Vinicius; PASIAN, Sonia Regina; ROMANELLI, Geraldo (Orgs.) – Pesquisas em psicologia – múltiplas abordagens, São Paulo: Vetor editora, 2009, p. 83 e 84.

necessidades, verdades, experiências, vulnerabilidades, percepções, aspirações e principalmente tabus.

A reconciliação dos gêneros somente poderá se dar com a igualdade, a liberdade e o diálogo supremo, de onde se abstrairá as reais potencialidades humanas no caso concreto.[377]

### 4.5.1. O relacionamento homoafetivo e nos estados intersexuais

Além do relacionamento amoroso que se estabelece entre o homem e a mulher, a pós-modernidade conhece formas novas que se efetivam entre pessoas do mesmo sexo (ou gênero) e nas formas intersexuais.

O homossexual apresenta uma variação do impulso sexual e da afetividade, uma vez que em maior ou menor grau, sente-se atraído sexual e afetivamente por pessoas do mesmo sexo.[378]

E assim, relaciona -se afetiva e sexualmente, quer de fato, quer de forma fantasiosa, imaginária, com parceiros pertencentes ao mesmo sexo que o seu, mantendo-se, todavia, satisfeita com seu sexo biológico".[379]

Aduz Robert H. Hopcke que a homossexualidade tece contornos à delimitação da personalidade do indivíduo, dando-lhe uma forma concreta que em muitas vezes exige que este trilhe um caminho muito particular. Nesse sentido, "a descoberta da própria homossexualidade é em geral um momento significativo no desenvolvimento da personalidade o 'assumir-se' é muitas vezes o primeiro passo da longa trajetória chamada por Jung e seus adeptos de individuação, o estabelecimento de uma personalidade própria e individual com profundidade e substâncias verdadeiras".[380]

A construção social do desejo implica na coexistência de um complexo de emoções que se originam num predeterminismo biológico, na natureza mais íntima da existência. "É um dado cultural, no qual as interpretações cognitivas aprendidas na convivência desempenham um diminuto papel,

[377] KEEPING, William; BRIX, Cynthia; DWYER, Molly – Dualidade divina – o poder de reconciliação entre homens e mulheres, São Paulo: Cultrix, 2007, p. 11, 16 e 17.

[378] MALUF, Adriana Caldas do Rego Freitas Dabus – Novas modalidades de família na pós-modernidade p. 123.

[379] BRANDÃO, Débora Vanessa Caús – Parcerias homossexuais Aspectos Jurídicos, São Paulo: Ed. Revista dos Tribunais, 2002, p. 17.

[380] HOPCKE, Robert H. – Jung, junguianos e a homossexualidade. Trad. Cássia Rocha, São Paulo: Ed. Siciliano, 1993, p. 14 e 15; Harvard Law Review – Sexual orientation and the law, USA, 1990, p. 2.

pois o desejo consiste em fazer determinado objeto desejável, sinteticamente, ele está em nossa cabeça".[381]

Para Stéphane Clerget, a homossexualidade é uma construção social que se estabelece em virtude de um processo interativo de classificação social e autoidentificação.[382]

Outrora considerada doença ou perversão, as principais organizações mundiais de saúde não mais consideram a homossexualidade uma doença. Desde 1973 deixou de ser considerada como tal pela Associação Americana de Psiquiatria, sendo, na mesma época, retirada como tal do Código Internacional de Doenças (CID – 10). Logo, a posição adotada pela Associação Americana de Psiquiatria em 1992 "A homossexualidade por si não implica em nenhuma debilidade de julgamento, estabilidade, ou habilitação social de nenhuma natureza.[383]

A Assembleia Geral da Organização Mundial da Saúde, OMS, em 17 de maio de 1990, retirou a homossexualidade de sua lista de doenças mentais, declarando que a homossexualidade "não constitui doença, distúrbio ou perversão", mas sim um estilo de comportamento, geneticamente prevalente.[384]

Desta forma, o relacionamento homoafetivo vem singrando os mares do reconhecimento, de legitimidade, de valoração.

Sabe-se na atualidade, que diversos fatores são predisponentes para a homossexualidade: genéticos, hormonais, ambientais, psicológicos, relacionais. Exprimem tanto a ideia de semelhança, igualdade ou analogia com o sexo que o indivíduo almeja ter, quanto significa a expressão da sexualidade com outra pessoa do mesmo gênero que o seu.

Como informa Roberto Graña, "os desvios sexuais geralmente têm sua gênese na infância, fruto de um pré-determinismo primitivo que se origina basicamente nas relações parentais das crianças, desde a sua

[381] NUSSBAUM, Martha C – Constructing love, desire and care. In. Sex, preference and familly – essays on law and nature, New York/Oxford: Oxford University Press, 1997, p. 26.

[382] CLERGET, Stéphane – Comment devient-on homo ou hétéro. Paris: JCLattes, 2006, p. 74.

[383] Homosexuality – Position Statement – Approved by the Board of Trustees, December 1992 – This position statement was proposed by the Committee on Gay, Lesbian, and Bisexual Issues of the Council on National Affairs. Number 199216.

[384] MALUF, Adriana Caldas do Rego Freitas Dabus– Direitos da personalidade e elementos genéticos para a identidade da pessoa humana, p. 68.

concepção até os 3 ou 4 anos de idade, influenciado pelo ambiente no qual ela se desenvolve, manifestando-se todavia preponderantemente a partir da puberdade".[385]

Os fatores genéticos e hormonais são bastante atuantes no desenvolvimento da sexualidade e do comportamento reprodutivo. Como se sabe, o comportamento sexual está intimamente relacionado ao comportamento reprodutivo, assim, as bases fisiológicas de ambos encontram-se sobrepostas. São regulados primariamente pela ação de hormônios lançados na circulação sanguínea pelas glândulas sexuais e pela hipófise.[386]

Como bem retrata Marcus Lira Brandão, existem vários fatores que atuam em diferentes estágios do desenvolvimento humano para determinar o comportamento sexual que o indivíduo irá manifestar na idade adulta. Entre estes, destaca o meio hormonal perinatal, a socialização pré-puberal, os hormônios puberais e os parceiros sexuais disponíveis.

Durante a vida perinatal os hormônios sexuais contribuem decisivamente na determinação da diferenciação sexual que se manifestará mais tarde de forma mais proeminente através do caráter cíclico do comportamento reprodutivo no sexo feminino, que por sua vez se encontra submetido aos estímulos da glândula pituitária, que a seu turno se encontra sob o comando do cérebro. Tem-se demonstrado, através de experimentos clínicos, que é possível alterar a forma com que o cérebro controla o sistema endócrino nas fases iniciais da vida, ou seja, é possível alterar o sexo do cérebro experimentalmente.

A secreção hormonal anômala, aliada à influência matriz do *stress* nessa fase inicial de diferenciação sexual, pode levar a uma alteração do comportamento sexual em face do sexo cromossômico, uma vez que a liberação de beta-endorfina no *stress* suprime a produção de testosterona no feto.

[385] BRANDÃO, Débora Vanessa Caús – Parcerias Homossexuais Aspectos Jurídicos, São Paulo: Ed Revista dos Tribunais, 2002, p. 17 e 18; DIAS, Maria Berenice – União Homossexual: o preconceito e a justiça, p. 31.

[386] Todavia, como demonstrou Stéphane Clerget, o fator genético não é preponderante na gênese do comportamento homossexual, visto que, em se analisando gêmeos idênticos, a incidência de homossexualidade em ambos é de 52%, no caso de gêmeos bivitelinos a probabilidade é de 22%, no caso de irmãos biológicos os números apontam para 9,2% e de irmãos adotivos para 10,5%.In.Comment devient-on homo ou hetero, p. 80.

O envolvimento desses mecanismos no aparecimento da homossexualidade no homem não pode ser descartado.[387]

Após o nascimento, as gônadas de ambos os sexos tornam-se relativamente latentes até a puberdade. Durante a infância, a experiência social e a aprendizagem ou reforçam e fortalecem as predisposições comportamentais ou as contrariam. Se existir uma boa correlação entre o sexo anatômico, predisposições comportamentais determinadas no período perinatal e socialização adequada, emergirá uma personalidade heterossexual estável, caso contrário, algum grau de conflito ou anormalidade poderá ocorrer, como bem relatou Lira Brandão.

Podemos observar a importância do impacto (ou a falta) do hormônio masculino sobre o cérebro para a determinação da identidade sexual do indivíduo, que será resultado da interação entre o cérebro em desenvolvimento e os hormônios sexuais.

Sintetiza ainda, que "o estudo dos controles fisiológicos do comportamento sexual pode facilitar enormemente a compreensão das motivações sexuais na espécie humana, mas é óbvio que a psicofisiologia não pode responder a todas as questões".[388]

No amparo da psicologia, a psicanálise Freudiana enfoca a sexualidade segundo as diferentes fases do desenvolvimento humano: a identificação com o mundo e com a família, a fase do complexo de Édipo, a fase de descoberta do próprio corpo e do prazer oral, até chegar à adolescência com a vivência das pulsões sexuais.[389]

À luz da concepção junguiana, a sexualidade representa uma pluralidade de impulsos separados constituídos de vários componentes mais ou menos fixos. A homossexualidade se traduziria por uma adaptação imperfeita à realidade externa ou mesmo por uma baixa capacidade relacional. Representa também um grau de imaturidade psicológica baseada em transferências inadequadas em relação aos pais; uma projeção inadequada de conteúdos psíquicos (identificação versus projeção; arquétipo *anima/animus*); perturbação no relacionamento com as mulheres (mãe). O que Jung considera imperfeito nesses casos não é nem a homossexualidade

[387] BRANDÃO, Marcus Lira – As bases psico-fisiológicas do comportamento, São Paulo: EPU, 1991, p. 51 e 52.

[388] BRANDÃO, Marcus Lira – As bases psico-fisiológicas do comportamento, p. 52 e 55.

[389] CLERGET, Stéphane – Comment devient-on homo ou hétéro, p. 187.

nem a heterossexualidade em si, mas a natureza inconsciente dos conteúdos psíquicos projetados, daí a natureza muitas vezes mal-orientada da paixão sexual.[390]

Independentemente da gênese multifatorial de seu caráter, é reconhecido que o homossexual merece respeito e segurança jurídica em suas relações afetivas e patrimoniais.

Para Stéphane Clerget, num enfoque neurobiológico a homossexualidade faz parte da composição da natureza humana. Ademais de seus caracteres multifatoriais, firma-se mediante a repetição de atividades prazerosas adquiridas a partir de potencialidades inatas.[391]

Estudos sobre a sexualidade enfatizam que a história da criação da homossexualidade e seus termos permite compreender o fato de que a dita *normalidade* depende da estigmatização, da subalternização de identidades para se consolidar socialmente, num universo compreendido por uma heteronormatividade, assim como a forma pela qual se manifesta a orientação sexual do indivíduo e sua identidade de gênero vão refletir diretamente na maneira como ele será considerado no meio social.[392]

Entendemos que para se realizar uma melhor compreensão do tema que abrange a diversidade sexual deve-se abordar as variáveis da identidade sexual, três tópicos correlatos, embora distintos: a definição de sexo, de gênero e de orientação sexual.

Quanto à definição de sexo, este retrata as características biológicas dos aparelhos reprodutores femininos e masculinos. Não determina, por sua vez, a identidade de gênero nem a orientação sexual do indivíduo.

O gênero representa um conceito mais abstrato, eivado de subjetividade, não representa uma questão biológica, mas indica um papel social desempenhado na coletividade pelo ser. Para Judith Butler representa uma interpretação cultural do sexo, um construído identitário.[393]

[390] HOPCKE, Robert H. – Jung, junguianos e a homossexualidade, p. 35 a 53; MILMANIENE, José E – Extranãs parejas, Buenos Aires:Ediciones Paidós, 2000, p. 42 e 43.

[391] CLERGET, Stéphane – Comment devient-on homo ou hétéro, p. 150, 173.

[392] MALUF, Adriana Caldas do Rego Freitas Dabus – Novas modalidades de família na pós-modernidade p. 127.

[393] BUTLER, Judith – Problemas de gênero. Rio de Janeiro: Civilização brasileira, 2008, p. 24 e 26.

Quanto à orientação sexual esta indica o impulso da energia sexual de cada indivíduo, ou seja, aponta para a forma como o indivíduo vai canalizar a sua sexualidade.[394]

Assim sendo, os três indicadores representam as expressões da vivência social de uma pessoa. Perceber essas possibilidades entre outras é perceber a diversidade sexual e respeitar a diversidade humana.

Para Robert H. Hopcke "a ideia de que a orientação sexual é na realidade uma gama de comportamentos e identidades e não uma condição, de que a homossexualidade é uma das muitas variações normais do comportamento sexual humano foi comprovada pelos vários estudos realizados por Kinsey, demonstrando a sua utilidade teórica na compreensão desse comportamento".[395]

A homossexualidade pode ser definida tanto pelo comportamento sexual do indivíduo quanto pelos seus sentimentos e atração em relação à outras pessoas portadoras do mesmo sexo biológico que o seu, ou ainda pela sua autoidentificação como homossexual.[396]

Em face do exposto, podemos concluir que a orientação sexual, quer para heterossexuais, quer para homossexuais não parece ser algo que uma pessoa escolha. Alguns estudos recentes indicam que a orientação sexual tem uma grande influência genética ou biológica sendo, provavelmente, determinada antes ou pouco depois do nascimento. Sendo estes estudos não conclusivos, é irresponsável assumir que a homossexualidade é uma escolha. Tal como os heterossexuais, os homossexuais descobrem a sua sexualidade como um processo de crescimento. A única escolha que o homossexual pode tomar é a de viver a sua vida de acordo com a sua verdadeira natureza, ou de acordo com o que a sociedade espera dele.[397]

Descrever a homossexualidade como um simples caso de escolha é ignorar a dor e confusão por que passam tantos homens e mulheres homossexuais quando descobrem a sua orientação sexual. Seria absurdo pensar que esses indivíduos escolheram deliberadamente algo que os

394 HOPCKE, Robert H. – Jung, junguianos e a homossexualidade, p. 142 e 143.

395 Kinsey elaborou minucioso estudo sobre a sexualidade humana no século XX. HOPCKE, Robert H. – Jung, junguianos e a homossexualidade, p. 16.

396 NUNAN, Adriana – Homossexualidade: do preconceito aos padrões de consumo, Rio de Janeiro: Ed. Caravansarai, 2003, p. 158.

397 MALUF, Adriana Caldas do Rego Freitas Dabus Maluf – Novas modalidades de família na pós-modernidade, p. 128.

deixaria expostos à rejeição por parte da família, dos amigos e da sociedade. Este preconceito também ignora todos os homossexuais que tentaram viver a sua vida como heterossexuais, escondidos atrás de uma fachada de casamento, sempre sentindo um vazio e falta de realização pessoal.

Há ainda muito a aprender sobre a sexualidade humana, assim como o desencadeamento do sentimento amoroso, seus efeitos e duração.

Quanto ao estabelecimento do sentimento amoroso entre pessoas do mesmo sexo dá-se de uma forma bastante interessante: nas relações entre pessoas do mesmo sexo em que um dos dois não assume o papel do sexo oposto costumam ser duplicadas as características dos sexos masculino e feminino.

No que tange ao relacionamento homossexual feminino, as companheiras procuram analisar a relação a ponto de perderem os limites do razoável questionando os caminhos da vida comum. No relacionamento homossexual masculino, a infidelidade é bastante recorrente e hipervalorizam a liberdade individual.

Como o relacionamento amoroso homossexual carece de referências públicas, criam-se novos paradigmas para atender aos ditames dos parceiros, sendo possível estabelecer novos papéis, abandonando as velhas expectativas, construindo um novo padrão de convivência.[398]

Um problema que ocorria com certa frequência e ainda ocorre, e talvez perdurará ainda um tempo, embora a aceitação do homossexual seja crescente, é o homossexualismo enrustido, ou seja, o estabelecimento de relações heteroafetivas entre homens de orientação homossexual e mulheres, por motivos de egodistonia, medo de se expor socialmente, vergonha, desejo de constituir uma família "normal", entre outros, fazendo assim incidir em erro a mulher que por eles se interessa.

Cria-se nesse sentido, muitas vezes, em face das vicissitudes sociais que acompanham a problemática da inserção social do homossexual e a consequente erradicação da homofobia, que este desenvolve uma vida secreta, paralela, que lhe confere a possibilidade de ser quem se é, de estabelecer uma intrínseca personalidade individual.

Em algumas circunstâncias, "os segredos pessoais podem ser fontes profundas de vergonha, culpa, ansiedade e desespero", nesse sentido determinados hábitos, preferências ou manifestações devem permanecer

[398] FISHER, André – Como o mundo virou gay?, p. 65.

escondidas, intactas, a qualquer preço, e estes, por exigirem tanto esforço e vigilância, acabam transformando-se na essência da vida daquela pessoa, suas atitudes, seus gestos, seus modos de entrar em relações com os outros mudam conforme as circunstâncias. "Ele pode parecer heterossexual no escritório, assexuado na família, e expressar sua orientação sexual somente na presença de alguns amigos".[399]

Boa parte desse conflito, se dá, não só pela homofobia e discriminação, mas sobretudo porque muitas vezes descobrem tardiamente sua orientação sexual. Sendo assim, ele não cresceu em seu papel, não foi educado como tal, devendo ainda reaprender as regras do amor, da amizade e da sociabilidade.

A identidade homossexual constrói-se aos poucos e nem sempre se expressa da mesma maneira: muda de acordo com o contexto imediato e os momentos da vida. Acostumados a se proteger da opinião pública, por autoproteção, escondem boa parte dos seus desejos e de suas necessidades afetivas, e em geral mostram apenas um aspecto superficial de sua personalidade, escondem sua realidade cotidiana. Pode-se facilmente concluir que são pessoas solitárias, pouco sociáveis ou sinceras.[400]

Entretanto, como vemos na prática corrente de muitos relacionamentos, a manutenção de uma vida secreta pode influenciar significativamente as relações familiares e sociais. A presença de conflitos íntimos de homens e mulheres, que optaram uma vida oculta, pode desencadear imprevisíveis consequências na vida afetiva dos casais com fortes repercussões individuais, pois muitas vidas secretas podem permanecer confidenciais por um tempo relativamente longo, por medo, ingenuidade ou até mesmo necessidade.

Essas intricadas questões, relacionam-se, preponderantemente com a não aceitação da homossexualidade de um dos componentes do casal. É válido ressaltar que muitos homossexuais temem a exposição e consequentemente a execração social. Essa egodistonia que se segue faz com que desejem levar uma vida "normal", o que por sua vez transforma sua vida

[399] ALMEIDA, São José – Homossexuais no Estado Novo, Porto: Sextante editora, 2010, p. 169 a 172; CASTAÑEDA, Marina – A experiência homossexual, p. 19; SALTZ, Gail – Anatomia de uma vida secreta, p. 14.

[400] CASTAÑEDA, Marina – A experiência homossexual, p. 20; MALUF, Adriana Caldas do Rego Freitas Dabus – Novas modalidades de família na pós-modernidade, p. 139.

pessoal num verdadeiro campo de batalha, pois o temor da discriminação demonstra-se bastante patente, bem como ter que negar diariamente quem se é a nível essencial.[401]

Tal como prelecionam Ticiana Azevedo e Consuelo Dieguez, muitas vezes a mulher conhece um homem, apaixona-se, só que uma sensação de que algo está errado paira sobre sua cabeça. Esses homens, criam expectativas nas mulheres que jamais vão ser satisfeitas, imputam-nas frustrações oriundas de não se sentirem amadas, valorizadas, desejadas, para disfarçar uma realidade que não querem ou não podem assumir.[402]

Muitos podem ser os sinais não verbais de homossexualidade, que passam despercebidos por uma mulher apaixonada, ou acometida por um nível exagerado de carência: supervalorização do consumo, de grifes ou símbolos de status; vaidade exacerbada; evidente preferência por companhias masculinas; nunca se interessa por mulher solteira ou disponível – sente-se mais voltado para o ato da conquista, do desafio, do que para a conquista em si; desinteresse pelo sexo (foge dele de todas as maneiras, e quando o pratica, o faz de maneira mecânica e nada criativa) e pela companhia mais íntima com as mulheres (aqui incluído o beijo e os carinhos físicos), preferindo *contrario sensu* a companhia da família das namoradas ou esposas e dos ambientes formais; interessa-se mais por fofocas, bebe e assume-se, é exibicionista, exageradamente apegado à mãe, à rigidez conceitual, aos ditames éticos e morais e muitas vezes trata mal a mulher com mesquinharia e indiferença.[403]

Ainda no que tange aos sinais não verbais de homossexualidade, os ambíguos são os mais problemáticos: esperar "uma pessoa", nunca chegar aos finalmente, ter "relacionamentos"; assim como os álibis: o sobrinho, a eterna noiva, a namorada que ele não apresenta a ninguém, a ex-mulher de 10 mil anos atrás (sempre retraído, um pouco triste, como se faltasse alguma coisa muito importante em sua vida, catalisa todas as suas energias para o trabalho, razão de sua existência), o amor platônico (divulga aos quatro ventos que está apaixonado por uma mulher – difícil ou impossível

[401] SALTZ, Gail – Anatomia de uma vida secreta, p. 86.

[402] AZEVEDO, Ticiana; DIEGUEZ, Consuelo – Cuidado! Seu príncipe pode ser uma cinderela, Rio de Janeiro: Best Seller, 2010, p. 24.

[403] AZEVEDO, Ticiana; DIEGUEZ, Consuelo – Cuidado! Seu príncipe pode ser uma cinderela, p. 65 e ss. Para os mais religiosos, lembramos que estes se abstém da comunhão.

– quando aparece a oportunidade de concretização, sem apresentar uma explicação razoável ou convincente, cai fora... uma brincadeirinha romântica, que não teria razão em continuar, pois jamais assumiria qualquer coisa; articulam mudanças geográficas para não ter que assumir para seus familiares e conhecidos sua orientação homossexual.

Para que não nos iludamos, a amizade só não basta, quando um dos lados está acometido pela paixão. Esta, pela força de sensações que gera, não se extingue se não for consumada, quando aparece torna-se imperativa, fundamental.

Tal como se sabe, à partir da adolescência, quando se consolida a identidade sexual do homem o ser humano se encaminha para o encontro de seu par, na busca de um destino amoroso e sexuado, que se estabelece em consonância de suas potencialidades, seus impulsos, ambiente social assim como estilo existencial. Sendo muito importante evidenciar que o conjunto das determinações psicossociais e ideológicas de um sujeito se embasam em suas atitudes sexuais e que quando estas se encontram maculadas afetam todas as áreas da existência humana (tanto que alguns casais praticam variadas modalidades de sexo, incluindo a variação de gênero, que desafiam a noção de sexualidade como uma criação monolítica)[404].

Devido à diferença cultural de alguns locais, podem viver abertamente sua opção sexual e afetiva, não perecendo á opinião pública nem ser confinado a frequentar o mundo gay. Perguntamos: essa é a verdade suprema da vida? Enganar a si mesmo e aos amigos e familiares? Mesmo com todo o desenvolvimento da ciência e da cultura, assim como a abertura das relações humanas, ainda se discute se resta aos homossexuais o casamento de fachada, a sublimação e a carreira religiosa.[405]

Como diz um conhecido meu “queria um carimbo de hetero num passaporte gay”!

Pergunto-me efetivamente para que? Para ter a aprovação dos outros? Esquecem-se “como é gostoso a gente estar apaixonado por alguém e

[404] MILMANIENE, José E. – Extrañas parejas – psicopatologias de la vida erótica, p. 9; KAHR, Brett – O sexo e a psique, Rio de Janeiro: Best Seller, 2007, p. 282 e ss.; SPENCER, Colin – Homossexualidade uma história, p. 360 e 361.

[405] FISHER, André – Como o mundo virou gay? p. 9; AZEVEDO, Ticiana; DIEGUEZ, Consuelo – Cuidado! Seu príncipe pode ser uma cinderela, p. 94 e ss.

poder curtir essa! Esse contato de pele, de corpo, de cheiro, é um negócio fantástico". Privam-se assim homens e mulheres do sentimento mais nobre que existe: o amor verdadeiro por alguém. Desta forma, muitos homossexuais optaram por viver uma vida mentirosa e totalmente sem-graça em respeito aos dogmas e convenções sociais.[406]

Comportamentos obsessivos, de qualquer natureza, que afastem as oportunidades de contato físico entre o casal, também contam pontos como fortes indícios de que o homem tenha tendência homossexual, pois como vimos faz parte do encantamento amoroso o olhar especial, os aspectos não verbais de contato e proximidade física, somando-se à imperatividade do sentimento de paixão "que não permite a espera" pelo contato a dois.

O relacionamento entre o homem homossexual e a mulher hetero obedece a regramentos outros de natureza social, cultural, política e até religiosa, mas nada tem a ver com aquele encantamento puro e genuíno que nos leva ao contato mais íntimo com a natureza de nossa alma.

Já o casal gay ou lésbico não é como o casal heterossexual, apresentam outras dinâmicas, etapas, problemas e recursos específicos. Questiona-se muito se a homossexualidade se refere ao domínio físico ou ao afetivo? Ás práticas ou ao pensamento? Às reações fisiológicas ou às emoções? Entendemos com Marina Castañeda que em relação à homossexualidade, além dos plurímos fatores que a constituem é um construído derivado do discurso, da sensibilidade, da adoção de um determinado estilo de vida, que correspondem tanto à história social como pessoal do indivíduo. Entram em cena desta forma, valores intangíveis como o desejo, as fantasias, o amor – toda base psíquica da sexualidade que jamais será explicável pela ciência.[407]

Hoje em dia sabemos que a homossexualidade não é apenas uma questão de conduta, mas abrange toda a profundidade do ser humano – traduz-se por sentimentos, modo de ver o mundo, gostos, reflexos, sonhos e atitudes. Pode assim apresentar vários níveis (ou graus), que vão desde o

[406] CARVALHO, Nelson Luiz de – O terceiro travesseiro, 7. ed, São Paulo: Arx, 2003, p. 24 e 37.

[407] MALUF, Adriana Caldas do Rego Freitas Dabus – Curso de bioética e biodireto, p. 288 e ss; CASTAÑEDA, Marina – A experiência homossexual, p. 25 e 65; MALUF,Adriana Caldas do Rego Freitas Dabus – Novas modalidades de família na pós-modernidade, p. 124.

biológico até o social, até chegar aos níveis mais pessoais de formação da família e vivências pessoais.

Entretanto, há ainda por parte da sociedade, revestido de homofobia, uma tendência à desqualificação do amor homoafetivo, afirmando que a relação que vivem não é de amor, mas abrange uma convivência superficial de sexo e amizade, um pálido reflexo do verdadeiro amor, que só pode ser realizado entre o homem e a mulher.

Na prática vemos que a realidade se apresenta de forma diferente. No mundo inteiro multiplicam-se os relacionamentos homoafetivos, protegidos ou não pela lei.

O casal homossexual partilha muitas características do casal heterossexual, além de intrínsecas diferenças. A razão de ser de ambos não é diferente: é uma relação fundada em virtude da afetividade.

Essa característica garante ao mesmo tempo a força e a fraqueza do casal homossexual, que tem muita dificuldade de se legitimar aos olhos da sociedade. As razões que unem o casal homossexual são muitas vezes mais legítimas do que as que unem o casal hetero, assim como estes têm maior flexibilidade de constituir a relação e de lhe dar um contorno próprio, é mais livre e não está preso a estereótipos como a divisão de papéis feminino e masculino presente na relação heterossexual. Entretanto, os parceiros homossexuais tal qual os heterossexuais são influenciados por fantasias, desejos e necessidades mais ou menos conscientes ou mais ou menos comunicáveis.

O maior problema que enfrentam é a sua invisibilidade, pois vivem em muitos países á margem das normas sociais, o que lhes obriga a dissimular os gestos de carinho e os sentimentos em público. Permanecem assim em flagrante isolamento.

Passaram a pertencer à uma outra comunidade: a família de eleição formada por seus amigos e simpatizantes de sua condição. A falta de dimensão de futuro e engajamento que lhes é imposto pela falta de cobertura legal e aceitação social, torna a relação fragilizada, passível de se dissolver.

Outras marcas peculiares do casal homossexual são: a semelhança de seus componentes, gerando uma certa ausência de diferenciação, que por sua vez representa um dos piores inimigos do relacionamento; a rivalidade; a competitividade; a inveja; o ciúme forte e às vezes exagerado e a homofobia internalizada.

Como pontos fortes, a relação homoafetiva engloba a liberdade individual (onde o sexo tem um papel lúdico e os amigos podem em alguns momentos serem amantes), a facilidade de comunicação (que engloba franqueza e camaradagem) e a solidariedade, muito particulares.[408]

Os casais homossexuais masculinos e femininos apresentam dinâmicas próprias bastante específicas, tais como se seguem:

O relacionamento amoroso homossexual feminino, tem sua base no feminismo e nas transformações sociais, econômicas e jurídicas que revolucionaram a condição da mulher, libertando-a do julgo masculino em vários aspectos: afetivo, sexual, econômico e social.

O traço mais marcante do casal lésbico é a intensidade afetiva, onde todas as emoções – o amor, o êxtase, o desejo, o ódio, o ciúme – se desenvolvem de um modo que pode parecer desmedido, irracional. A relação reveste-se de grande intensidade, marcada pela união, pela fusão das almas, pela identificação com a parceira, empatia e uma alta dose de superproteção.

A interação entre as lésbicas é muito grande, a comunicação é total. Elas se sentem compreendidas e adoradas como jamais foram. Esse estado de simbiose, faz com que muitas mulheres se apaixonem intensamente pela outra, sendo capazes de cometer loucuras. Há ainda um grande sentimento de posse e desejo de controlar a outra (em ações e pensamentos). A ligação amorosa entre mulheres contém elementos da relação primária entre mãe e filha.

Entretanto, essa fusão emocional intensa faz que com o tempo o desejo sexual diminua vertiginosamente. Essa situação aliada a dificuldades no domínio da autonomia faz com que a seja alta a taxa de separação do casal lésbico, bem como tenha esse relacionamento uma duração mais curta (de cinco anos em média).[409]

O relacionamento amoroso homossexual masculino, em sua vertente própria, tem seus fundamentos no machismo – que traz consignado sérias convicções sobre a identidade masculina –, duplica-se nesse sentido as características de gênero masculino.

[408] CASTAÑEDA, Marina – A experiência homossexual, p. 175 e ss; SPENCER, Colin – Homossexualidade uma história, p. 335 e 336; LINS, Regina Navarro – a cama na varanda, p. 298 a 300.

[409] LINS, Regina Navarro – A cama na varanda, p. 301 e ss; CASTAÑEDA, Marina – A experiência homossexual, p. 209 e ss.

Esse relacionamento, obedecendo aos ditames do machismo tradicional impede até certo ponto a intimidade, a igualdade e o compromisso no par masculino. É altamente erotizado (o ideal masculino gay é de uma virilidade exagerada), versátil (abandonam-se os conceitos tradicionais de homossexual "masculino" e "feminino", havendo em seu lugar a alternância de papéis conforme a vontade ou a conveniência) e despreocupado (encontram com outros homens opções sexuais que não estão normalmente ao seu dispor, não há preocupação com gravidez e com ela a realização de eventual casamento forçado, é maior a frequência de relações sexuais e de liberdade, casos estes que contribuiriam para o aumento da promiscuidade sexual).

Na formação do casal masculino o sexo desempenha um papel preponderante, fala-se menos de sentimentos, ouvem-se menos e interrompem-se com mais facilidade, há uma competitividade mais acentuada seja em termos profissionais ou aparência física, geralmente há um espaço para a prática sexual fora do espaço relacional. Procuram desta forma uma relação mais autônoma, apesar disso, há grande presença de ciúme – que vem frequentemente acompanhado pela inveja.

Casando autonomia e pluralidade sexual, atualmente muitos homossexuais masculinos aspiram a uma estabilidade de relacionamento, moldada no relacionamento tradicional heterossexual. Tal qual em outras sociedades, para eles o casamento não precisa necessariamente incluir o amor romântico, a monogamia nem a perpetuidade. Assim sendo, vemos que os homossexuais não tem um modelo preestabelecido de relacionamento.[410]

Em face dessas peculiaridades a autoestima do homossexual estaria ligada ao seu desempenho (e sucesso) diante de seus pares, gerando contrário senso uma tendência destrutiva e aumentando a incidência de depressão.[411]

A iniciação homossexual masculina se dá basicamente por causas objetivas, ou seja, através da manutenção de relações sexuais com pessoas do mesmo sexo e posteriormente pela conscientização da homossexualidade; já a homossexualidade feminina se inicia através dos sentimentos e

[410] CASTAÑEDA, Marina – A experiência homossexual, p .253 a 273.

[411] CASTAÑEDA, Marina – A experiência homossexual, p. 129, 157, 243.

subjetividades. Assim pouco a pouco integram-se as duas dimensões da sua personalidade.[412]

A vida amorosa dos heterossexuais é permeada por uma sequência nas relações amorosas que progride em complexidade e em profundidade, desde as paqueras adolescentes, passando pelos amores da juventude, o casamento, a procriação e assim por diante. As etapas de sua vida sucedem-se de maneira mais ou menos previsível. Entre os homossexuais a dinâmica é diferente: um menino pode estar apaixonado por outro e, nunca demonstrar, dividir ou consumar seus sentimentos, passando ao largo das experiências tão necessárias da adolescência. Uma pessoa pode viver sua primeira paixão homoerótica tardiamente sem ter tido uma experiência que lhe permitisse entendê-la, da mesma forma que pode começar a coabitar pouco tempo após sem ter passado pelas etapas anteriores. Tal como visto, as etapas do desenvolvimento hetero e homossexual não obedecem a mesma ordem, nem se realizam da mesma forma.

Pode ocorrer de um homossexual se apaixonar por um heterossexual, nada impede esse fato, por autoproteção pode adotar condutas heterossexuais com todos os riscos que essa prática possa lhe trazer tanto física quanto mental.

Quanto ao amor homossexual existe uma desqualificação desse sentimento. Afirma-se que o que estão vivendo não é amor, mas uma combinação mais ou menos superficial entre sexo e amizade, uma dependência do outro ou exagero neurótico. Afirma-se que o amor verdadeiro só exista entre o homem e a mulher, o amor homossexual é um pálido reflexo do verdadeiro amor.

412 De acordo com um estudo realizado nos Estados Unidos, os homens homossexuais tomam consciência de seus desejos aos 13 anos de idade em média, tem sua primeira experiência aos 15 anos e aos 22 já possuem sua primeira relação de casal. Aos 28 anos, desenvolvem uma identidade gay positiva. Já as lésbicas tomam consciência de seus desejos aos 14 anos, têm sua primeira experiência por volta dos 20 anos, e mantém sua primeira relação como casal aos 23 anos, mas só adquirem sua identidade lésbica plena por volta dos 30 anos de idade. Assim, a construção da identidade gay dura em média quinze anos. Quanto aos heterossexuais, estes têm seus primeiros desejos por volta do 12 anos, têm sua primeira experiência sexual e amorosa por volta dos 18 anos – um processo que dura em média seis anos. Vemos assim a enorme diferença entre o desenvolvimento psicossexual entre hetero e homossexuais. CASTAÑEDA, Marina – A experiência homossexual, p. 83.

Podemos assim concluir, que o relacionamento homoafetivo tem suas intrínsecas peculiaridades em face da duplicação dos papéis de gênero do casal. Enquanto o relacionamento homoafetivo masculino é marcado por ser racional, prático, direto e físico, o feminino se demonstra mais emocional, verbal, direto e psíquico. Em ambos os casos é necessária a individuação das partes para que o relacionamento perdure de forma saudável.

Dentro de suas íntimas vicissitudes, a homofobia internalizada faz com que a autoestima do homossexual seja baixa, o que lhe acarreta a não imposição de limites no relacionamento. Assim como, relacionam-se de forma extremamente prestativa com os outros a fim de obter aceitação, mesmo em face de sua "peculiaridade"[413]

Outras vezes essa homofobia internalizada leva a realização de falsos casamentos, contratos com mulheres de fachada, tudo para demonstrar que levam uma vida "normal". Por que levar uma vida dupla? O resultado é que eles saem pela vida arrastando esposas infelizes e mal-amadas.[414]

"Marcado o casamento, minha vida se transformou por completo, minha noiva fez grande amizade com meus pais e eu me sentia cada vez mais dividido. A sensação de estar vivendo uma grande farsa era muito grade".[415]

Entretanto, sempre me perguntei se o homossexual podia amar verdadeiramente uma mulher: a resposta veio afirmativa, sim, podem amar verdadeiramente suas mulheres, só que o fazem de forma fraternal, sem contato físico, o que muitas vezes gera frustração e reversão de expectativas atingindo frontalmente a autoestima da mulher. É válido ressaltar que "apenas a excitação genital não capta a riqueza de sensações eróticas, como a afeição e a admiração. Interesse social e emocional são elementos muito importantes na atração bissexual, assim como dinheiro, poder e fama".[416]

[413] CASTAÑEDA, Marina – A experiência homossexual, p. 129 e 153.

[414] AZEVEDO, Ticiana; DIEGUEZ, Consuelo – Cuidado! Seu príncipe pode ser uma cinderela, p. 153 a 155.

[415] CARVALHO, Nelson Luiz de – O terceiro travesseiro, p. 173.

[416] AZEVEDO, Ticiana; DIEGUEZ, Consuelo – Cuidado! Seu príncipe pode ser uma cinderela, p. 180.

A mulher, por seu lado, pode facilmente se apaixonar pelo amigo homossexual sendo ele enrustido ou assumido. Isso dá-se pelas intrínsecas qualidades que aqueles desenvolvem: elogiam e valorizam suas qualidades, muitas vezes ocultas para os homens héteros (O problema é que a relação de amizade funciona, a afetiva, não, pois os interesses são conflitantes); são mais divertidos e bem-humorados; glamourosos; bem-tratados; mais amigos e humanos. Compreendem bem o universo feminino. Um dos novos mitos urbanos presentes no dia-a-dia, refere que os homens mais interessantes disponíveis são os gays, e por essa razão os relacionamentos amorosos constituem uma grande decepção para muitas mulheres.[417]

O peso da cultura, da religião, do costume, do medo, faz com que muitas vezes convole-se o casamento entre o homossexual não assumido e a mulher, e vice-versa, um dos lados pode estar de boa fé, o outro nem tanto. Tem talvez a falsa ilusão de que "quando casar sara", e entra de cabeça numa relação fadada ao fracasso.

O casamento, enquanto ato registral civil, é válido, se presentes os requisitos do consentimento válido e autoridade celebrante competente, mas pode em meu entender ser anulável em virtude de erro essencial quanto á pessoa do outro cônjuge, quando por exemplo, houver escusas reiteradas quanto á prática afetiva e sexual, ou se esta for feita de fora precária.

Entretanto, pensamos com San Tiago Dantas, que tal prova há de ser muito difícil, "pois só pode-se falar em boa fé onde houver erro excusável... não podem resultar de falta grosseira, de negligência no conhecer de sua própria condição, sob pena de o cônjuge não poder recolher os benefícios do casamento – putativo ou válido –, quando a relação for permeada de certos indícios que ao homem comum não podem deixar de alertar, não se pode invocar a boa fé, porque o erro não é escusável. Quando estiver presente um daqueles requisitos de posse de estado e de fama, isto por si só é suficiente para indicar, embora não para provar, o estado da família".[418]

O amor homossexual tem sido palco de muitos estudos e discussões em diversas áreas do conhecimento, na atualidade. Os paradigmas de

[417] FISHER, André – Como o mundo virou gay?, p. 29 e 30.

[418] SAN TIAGO DANTAS, Francisco Clementino – Direitos de família e das sucessões, Rio de Janeiro: Forense, 1991 – Revista e atualizada por José Gomes Bezerra Câmarra e Jair Barros, p. 229.

surgimento do amor e da afetividade estão se alterando, sobretudo após a entrada da mulher no mercado de trabalho o que levou-a à emancipação, e consequentemente à escolha do parceiro com quem irá se relacionar.

Via de regra o homossexual é bem cuidado, tem gosto apurado, é mais delicado, compreensivo, disponível, carinhoso, fiel, do que o homem hétero, passando então a despertar o interesse das mulheres. "O gay passou a ser o objeto de desejo das mulheres independentes".

Além disso, os pesquisadores americanos William Masters e Virginia Johnson descobriram que a forma de fazer amor de casais homossexuais (tanto de homens como de mulheres) difere muito dos padrões heterossexuais. O csal homossexual, observaram eles, demora bem mais tempo na fase das carícias preliminares, demonstra mais afeto e fica feliz em alcançar o clímax de formas diferentes e não apenas com a penetração. Alguns casais literalmente passam horas trocando carinhos e excitando-se, sem se preocupar em terminar a relação sexual. Para eles, fazer amor é uma experiência que envolve o corpo todo, e o orgasmo é apenas o aspecto final da relação.

Elencam algumas práticas do relacionamento amoroso homossexual: o ato amoroso é buscado em si mesmo, sem preocupação com o orgasmo; exploram o corpo todo extraído da prática intensas sensações; controlam a impaciência, pois ela simplesmente indica que sua mente está em outro lugar e que você provavelmente não deveria fazer amor nesse momento.

Podemos concluir dessa forma que o amor enquanto sentimento afetivo, nada tem em comum com a formação da família, de caráter eminentemente social, político, histórico, religioso e cultural ou com o sexo, que se caracteriza pela explosão de hormônios e sensações de caráter estritamente individual.

Os homens e as mulheres homossexuais acabam levando na maioria das vezes uma vida dupla e de grande sofrimento, seja porque assumiram sua sexualidade, seja porque não assumiram. Sofrem pela família exposta à apreciação pública, pelos filhos, pela execração social.

Uma dinâmica ocorre em todos os relacionamentos que envolvem pessoas que não se conhecem ou não se aceitam: a autopunição. Os indivíduos que se consideram fora dos padrões estabelecidos na sociedade, acabam por não se valorizar, escolhendo companheiros exploradores ou de condição social ou intelectual muito inferior.

Em face de tão complexa problemática, as ciências humanas pesquisaram e chegaram a algumas conclusões sobre o tema, as ciências jurídicas deliberaram que outras formas de relacionamento amoroso estão sendo legitimadas na contemporaneidade, assim, nos parece que surgirá uma nova geração mais aberta à diversidade e á tolerância, entendendo que existem outras formas de viver a afetividade e a sexualidade.

É crescente o número de mulheres que se envolvem com gays, e mantém com eles uma relação de amizade com grande afetividade, posto que eles possuem algumas características que toda mulher gostaria de ter num homem ao lado dela: companheirismo, alto astral, sensibilidade, sinceridade, entre outras. As mulheres sabem que o amigo gay é excelente companhia para ir a baladas, fazer compras, jantar em restaurante japonês, olhar vitrines e até frequentar o mesmo cabeleireiro.

Algumas mulheres têm fixação por gays por acreditar que podem convertê-los em heterossexuais. Para essas mulheres, conseguir envolver-se sexualmente com um gay é como um troféu, uma forma de inflar o ego, de sentirem-se poderosas perante os homens.

O mesmo acontece quando um gay relaciona-se sexualmente com um homem heterossexual: é uma forma de poder, uma necessidade de autoafirmação. Para Vincenzo Gonzaga, um homem heterossexual que experimenta uma relação com outro homem não é necessariamente um gay. A curiosidade é intrínseca a todas as formas de sexualidade; assim como uma mulher hétero não deixa de ser hétero porque teve uma experiência com outra mulher, um gay não deixa de ser gay por ter estado com uma mulher. O problema é quando a curiosidade passa a ser rotina.[419]

A sexualidade humana é bastante complexa. Outra de suas manifestações é a bissexualidade.

Definir a bissexualidade é extremamente complexo: há autores que entendem que toda a humanidade é bissexual; outros que ninguém o é e outros ainda que a bissexualidade não existe. O fato é que o comportamento existe, e cria conflitos identitários e relacionais para as partes envolvidas, situando-se desde o momento onde o indivíduo se percebe

[419] FRANCO, Andréa – Por que toda mulher precisa de um gay em sua vida, São Paulo:Matrix, 2009, p. 50.

atraído pelos dois sexos, e muitas vezes se vê enamorado de pessoas pertencentes aos dois gêneros.[420]

Podemos entender que a bissexualidade consiste na atração fisica, emocional e espiritual por pessoas tanto do mesmo sexo quanto do sexo oposto, com níveis variantes de interesse por cada um, bem como à identidade correspondente a esta orientação sexual.

Bissexual é portanto um termo aplicado aos seres que se sentem atraídos por ambos os sexos, servindo portanto de um quase meio-termo entre o hetero e o homossexual. O número de indivíduos que apresentam comportamentos e interesses de inclinação bissexual é maior do que se suporia à primeira impressão, devendo-se a pouca discussão desses casos, havendo essencialmente uma tendência geral para a polarização da análise da sexualidade, determinada pela heterossexualidade e pela homossexualidade.[421]

Segundo Marina Castañeda, a autodefinição é central na bissexualidade, que visam a seu turno conceituar a sexualidade de uma forma radicalmente nova – não são nem heterossexuais nem homossexuais. Como prática adotada preferem o sexo rápido com o homem e a relação duradoura com a mulher.[422]

420 O relatório Kinsey publicado em 1948 contribuiu para a tese de que a bissexualidade é um continuum hetero-homossexual e a fluidez dos desejos sexuais. LINS, Regina Navarro – a cama na varanda, p. 277.

421 Um estudo realizado em 2002 nos Estados Unidos pelo *National Center for Health Statistics* descobriu que 1,8% dos homens com idade entre 18-44 se consideravam bissexuais, 2,3% homossexuais e 3,9% se identificavam como "algo mais". O mesmo estudo descobriu que 2,8% de mulheres com idades entre 18-44 se consideravam bissexuais, 1,3% homossexual, e 3,8% como "algo mais".[6] O *The Janus Report on Sexual Behavior*, publicado em 1993, mostrou que 5% dos homens e 3% de mulheres se consideram bissexuais e 4% dos homens e 2% de mulheres se consideravam homosexuais.[6] A seção 'Saúde' do The New York Times declarou que "1,5 por cento de mulheres americanas e 1,7 por cento de homens americanos identificar-se [como] bissexual." O trabalho do Dr. Alfred Kinsey em 1948, "*Sexual Behavior in the Human Male*", descobriu que "46% da população masculina tinham apresentado tanto atividades heterossexuais como homossexuais, ou "interagiu" com às "pessoas de ambos os sexos, no decurso da sua vida adulta." Dr. Fritz Klein acredita que a atração emocional e social são elementos muito importantes na atração bissexual. Um terço dos homens em cada grupo não apresentaram excitação significativa.

422 SPENCER, Colin – Homossexualidade uma história, p. 373; CASTAÑEDA, Marina – A experiência homossexual, São Paulo: A Girafa, 2007, p. 281.

A bissexualidade pode se apresentar de dois tipos: sucessiva – quando o indivíduo muda de orientação sexual várias vezes no decorrer de sua vida, mas mantém sucessivas relações com pessoas de um sexo determinando, e simultânea – quando mantém relações com ambos os sexos concomitantemente.

Dada a complexidade dessa segunda forma, que torna difícil emocionalmente o relacionamento ao mesmo tempo com pessoas dos dois sexos, alguns autores entendem a bissexualidade como uma defesa à homossexualidade ou à heterossexualidade, presente nos casos de homofobia interiorizada no primeiro caso e defesa contra a heterossexualidade no segundo. Outros autores entendem-na como uma transição da heterossexualidade para a homossexualidade e vice-versa. Assim é bastante possível que uma lésbica se interesse por um homem.

A bissexualidade apresenta ainda dois tipos diferentes: de caráter sexual ou afetivo, onde o desejo leva a pessoa a uma direção e a afinidade emocional para outra, "como se os dois sexos respondessem a camadas ou necessidades divergentes da personalidade".[423]

A orientação bissexual masculina faz com que os homens bissexuais busquem em suas relações com outros homens o que lhes faltam em suas relações heterossexuais: relações sexuais mais frequentes, mais intensas e mais variadas, assim como afinidades mais importantes. Apreciam a liberdade que suas relações masculinas lhes oferecem, que não implicam necessariamente o engajamento afetivo nem as responsabilidades inerentes às relações heterossexuais. Por que não se tornam homossexuais, simplesmente? Porque sentem também a necessidade de relações mais íntimas do que aquelas, frequentemente impessoais, encontradas com outros homens; e lhes faltam a estabilidade e os filhos do casal heterossexual.

Com as mulheres a relação é diferente: você cultiva a relação, cuida dela, e depois a vê crescer, vê seus frutos; tem seus ciclos, como a natureza. É uma relação mais profunda e mais prolongada. A mulher garante o esteio e a proteção, supre a afetividade, garante relações mais duradouras quando se considera a amizade. Com os outros homens a relação é mais momentânea. Contudo, a maior parte das fantasias sexuais que ocorrem

[423] CASTAÑEDA, Marina – A experiência homossexual, p. 294.

são com outros homens. O impulso sexual e a estética encontram-se do lado dos homens; o afetivo, mais do lado das mulheres.

Vemos assim que a bissexualidade não é somente uma questão de erotismo. Compreende uma série de elementos afetivos, sociais e ideológicos que faz dela uma opção talvez "ideal", mas certamente completa e difícil de viver.[424]

Diferencia-se a bissexualidade, por sua vez, da pansexualidade, posto que os pansexuais não compreendem o gênero como dois blocos rígidos, binários – divididos entre o masculino e o feminino, mas como uma corrente fluida. Assim, os pansexuais podem sentir atração por pessoas independente do gênero ou sexo biológico, ou seja, podem se relacionar com pessoas de diferentes gêneros (homens, mulheres ou transgêneros em sua mais ampla magnitude) e diferentes orientações sexuais.

Normalmente os indivíduos transgêneros ou intersexuais são mais propensos a assumir a pansexualidade, pois tem uma maior dimensão do significado dos diferentes níveis que existem entre os limites do masculino e do feminino.[425]

Em relação aos estados intersexuais a questão torna-se um pouco mais complexa. Os casos diagnosticados de transexualidade, outrora conhecida por transtornos de identidade de gênero merecem destaque. Em grande maneira influenciam a aceitação pessoal, as relações sociais, a qualidade de vida e o sentido de realização desses indivíduos.

Uma questão que desperta interesse científico sobre o tema é relativa à escolha amorosa dos parceiros. Quem se sentiria atraido amorosa e sexualmente por transexuais, intersexuais, e outras individuos não binarios, ou seja, por quem sofre de uma variação de identidade de gênero?

Blanchard e Collins realizaram um estudo a respeito de homens que se interessam por travestis, transexuais e homens feminilizados. Dão a esse desejo o nome de ginandromorfofilia. Afirmam que essa população é muito maior do que se imagina em função do mercado publicitário, bastante aquecido em publicações visando esse público-alvo.

Definem basicamente três padrões de comportamento: o primeiro grupo, ou padrão comportamental, refere-se a homens que buscam essa população com fins românticos, visam portanto relacionar-se afetivamente

424 CASTAÑEDA, Marina – A experiência homossexual, São Paulo: A Girafa, 2009, p. 30.

425 Fonte: http://www.engajamundo.org. < acesso em 18.06.2021>

com eles. Não se travestem e não fazem diferenciação de termos entre transexuais, travestis ou qualquer outro tipo; são de identidade de gênero masculina e vivem como tal; segundo grupo é aquele que se reconhece como travestis, seja ao se vestir, seja no estilo de vida. Procuram parceiros para encontros sexuais ou ligações afetivas. O terceiro e último grupo, residual, é aquele em que se encaixam os travestis e transexuais, que não buscam alguém parecido com eles mas, sim, homens masculinos, de preferência, hipermasculinos.

Os pesquisadores ressaltam que nenhum dos integrantes das três categorias se definiu como homossexual. Apenas poucos se definiram como bissexuais. A grande maioria não fez referência ao seu estado civil, poucos assumiram que eram casados.

As conclusões finais são de que a grande maioria desses homens não é composta por indivíduos com atividades ou comportamentos travésticos. Os ginandromorfófilos "puros" se diferenciam dos travestis "puros" por vários motivos, desde a forma como se reconhecem, esperam ser tratados (como homem ou mulher) até pela preferência de papel dominante na interação sexual. Para esses estudiosos, todas essas evidências constituem a base para a afirmação de que a ginandromorfofilia se constitui como interesse erótico separado e particular.

Além destes, como vimos os individuos pansexuais, relacionam-se muito bem com pessoas de todos os generos, incusive os transexuais e os individuos não binarios.

Já entre transexuais femininos, Steiner e Bernstein direcionam a pesquisa mais para as características da relação estabelecida do que meramente do parceiro.

Encontram, em relação às parceiras, que:95% tiveram previamente coito com parceiros homens; 10% tiveram relações homossexuais (com mulheres), enquanto 90% negam esse tipo de relação; 73% relatam orgasmo com homem, 27% negam; 100% relatam orgasmo no sexo com parceiro transexual; 95% se vê como mulher durante a relação sexual, 5% como homem e como mulher em tempos alternados; 91% reconhece seu parceiro como homem durante fantasias sexuais, 9% o vê nos dois papéis (masculino e feminino).

Em relação aos transexuais:100% preferem parceiras mulheres; 41% já tiveram intercurso sexual com homens; 85% já tinham tido relação sexual com mulheres; 23% revelam orgasmo durante a atividade sexual com homens; 85% dizem ter orgasmo durante intercurso sexual com mulheres; 100% quer ter um pênis; 100% se vê como homem durante o sexo e vê a parceira como mulher.

Concluem afirmando que os transexuais querem exercer o papel de pai e muitas vezes escolhem parceiras que já tenham filhos; além disso, as companheiras contribuem para sua estabilidade na fase de transformação. Já as parceiras relatam casamentos infelizes prévios e vêem a atual relação com esse "homem sem pênis" como segura, sem riscos de gravidez e estável. O somatório dessas buscas faz desse tipo de relacionamento um espaço sexual e emocionalmente gratificante, o que favorece que a parceria dure muitos anos.

Existe ainda uma outra forma de amar, que foje aos padrões convencionais de amor, mas que impõem-se como tal. Definida como fetichismo,travestismo e outras formas de amor objetal, que tem por característica basilar o fato de que a exitação erótica primária, presente em uma parcela da população tem origem num objeto (de qualquer natureza), e não em uma outra pessoa, necessitando impreterivelmente desses objetos para que flua o amor erótico, enfatizando assim o aspecto teatral e projetivo do amor sexual.

### 4.5.2. Evolução histórica dos direitos dos homossexuais e transgêneros

A homossexualidade e a transexualidade são comportamentos que sempre existiram na história da humanidade. Registros arqueológicos muito antigos apontam para 12.000 aC na Era Paleolítica, a presença de pinturas que apontavam para relações sexuais entre mulheres. Também na Era Mesolítica – 5000 a.C. – encontram-se presentes vestígios de homoerotismo em cavernas na região de Addara, na Sicília. Também entre os Sumérios sua presença foi marcante, tanto que entre eles se encontrava a mais antiga epopeia preservada pela história, a Epopéia de Gilgamesh – 2500/2800 a.C., que inclui o relato da primeira história de amor homoerótico que se tem notícia.[426]

Na civilização egípcia, embora não se disponha de documentos legais sobre o tema, encontram-se resquícios de práticas homossexuais

[426] TOURNIER, Paul – Os gays na história, Barcelona: Editorial Estampa, 2006, p. 14.

em pinturas datadas do século XXVI a.C.; como também desenhos em tumbas.[427]

Na antiguidade, o homossexualismo era uma presença destacada. Os registros mais conhecidos do tema foram resgatados da história grega. Durante os séculos VII a VI a.C., a Grécia antiga vivenciou grandes fatos históricos, representados através de sua arte, onde a homossexualidade era abordada através dos deuses, dos heróis, dos mitos e das lendas.

Referiu Platão, em O Banquete, que inicialmente três eram os gêneros humanos: o masculino, o feminino e o andrógino, sendo ainda o ser humano apresentado em tamanho duplicado daquele que se apresenta na atualidade. Dotados de força e vigor, aliados a uma grande presunção, esses seres, despertando a ira dos deuses, foram divididos ao meio, e assim, enfraquecidos. A busca pela completude em sua tipologia inicial deu vazão para que se instaurassem os comportamentos homossexuais masculino ou feminino, ou heterossexual.[428]

Bastante frequente na Grécia, era ligada à intelectualidade, à estética corporal e à ética comportamental, onde, segundo Plutarco, diversos estadistas como Sólon mantinham relações homossexuais. Este, por seu turno, o fazia com Peisistratos.[429]

Assim sendo, naquela época, tanto as relações homossexuais quanto as bissexuais eram encaradas com naturalidade, ou mesmo com um sobrevalor, sendo comuns os registros históricos de afeição e convivência duradoura.[430]

Mesmo Platão referiu que a inclusão apenas de homens nas academias bem como o culto ao corpo, levavam à prática de relações homoeróticas.[431]

[427] SPENCER, Colin – Homossexualidade – uma história, Rio de Janeiro: Record, 1999, p. 32.

[428] PLATÃO – O Banquete, Rio de Janeiro: Difel, 3. ed., 2005, p. 122 a 125.

[429] Sólon era parente direto de Platão pelo lado materno.

[430] SPENCER, Colin – Homossexualidade – uma história, p. 40 a 48.

[431] Desgostoso com a execução de Sócrates, de quem foi discípulo Platão, empreendeu inúmeras viagens. Em Siracusa, conheceu o nobre Díon com quem desenvolveu calorosa amizade fazendo evidenciar sua tendência homossexual. Segundo relatos históricos, há poucas dúvidas de que tenha se apaixonado por Díon, fato este que fê-lo conceber o que conhece-se por "amor platônico". O papel do amor como força educacional é um tema de grande importância no pensamento de Platão. – LUCE,JV – Curso de filosofia grega, Rio de Janeiro: Jorge Zahar Editor, 1992, p. 97 – trad. Mario da Gama Kury.

Conforme pode-se perceber em Platão, o amor entre pessoas do mesmo sexo não escandalizava, mas, também não era fomentada. "Parece ter sido produto da vida nômade dos dórias, mas sobretudo, foi a educação espartana, de caserna, que deu origem a que esse comportamento tomasse raízes na Grécia. Era, em certos lugares, uma verdadeira instituição pública. Em Creta, quando os moços entravam na idade viril e não encontravam um amante eram considerados pelos rapazes como uma vergonha".[432]

Nos textos referentes ao Antigo Testamento são encontrados relatos históricos de homossexualidade em suas escrituras, sendo esta, entretanto, concebida como uma abominação punida com a pena capital para ambos os envolvidos.[433]

Em Roma a homossexualidade era tolerada, vista no mesmo nível que as relações entre casais, entre amantes ou entre senhor e escravo. Entre os romanos a homossexualidade não era reprovada, mas tinha algumas regras. Por exemplo, era inaceitável que um senhor fosse passivo com seu escravo. A felação era um crime aos olhos dos cidadãos romanos. Tirando as regras que sempre existem em qualquer cultura, a homossexualidade era muito presente em Roma e praticada por todos, inclusive pelos Césares. A prática era de livre escolha do cidadão. Vê-se portanto, que as relações homoeróticas, principalmente entre homens adultos e jovens, só eram repudiadas quando ameaçavam subverter a hierarquia social da época. No período justinianeu, Roma adota um posicionamento contrário às práticas homossexuais.[434]

A prática homofóbica foi perpetuada na Idade Média, quando a homossexualidade era associada à heresia e à usura, ou mesmo à feitiçaria, e na Idade Moderna, quando então eram banidos da sociedade aqueles que se deixassem levar por arroubos de amor romântico entre pares do mesmo sexo.

O relacionamento entre a homossexualidade e a religião varia de acordo com o momento histórico e o lugar. Alguns grupos não influenciados pelas religiões abrâmicas vem a homossexualidade como sagrada, enquanto as

[432] PLATÃO – Fedro, São Paulo: Martins Claret, 2007, p. 62, 71 – trad. Alex Marins.

[433] Registros do Velho Testamento podem sugerir uma relação homoerótica entre Davi e Jonatas; Isaque e Esaú; Saul e Davi. Fonte: http://pt.wikipedia.org/wiki/cronologia dos direitos homossexuais.

[434] TOURNIER, Paul – Os gays na história, p. 53 a 55.

três grandes religiões a tem como negativa, pecaminosa, desencorajando ou mesmo proibindo e condenando sua prática.

Tem-se portanto, que o maior preconceito contra o homossexualismo provém das religiões. Cultura, religião e sexualidade profundamente entrelaçadas censuram os denominados "pecados da carne". À luz da tradição judaico-cristã, as práticas homossexuais eram concebidas como pecaminosas, uma perversão, uma aberração da natureza, representando o descumprimento do que se julgava ser a palavra de Deus e a fraqueza do indivíduo diante das tentações demoníacas. O matrimônio entre o homem e a mulher, com finalidade de procriação representava o remédio de Deus para a preservação (salvação) do homem.[435]

As autocracias combinadas da Igreja e do Estado, acabaram por gerar, em meados do século XIV, uma visão da sexualidade bastante diferente daquela que havia na antiguidade. Nascia, assim, os contornos do "Estado homofóbico" que, intervindo no exercício da sexualidade, descartando o conceito de bissexualidade da consciência da sociedade, começou a estabelecer uma polaridade entre o que é permitido e o que é publicamente reconhecido. A homossexualidade era considerada como a contestação do mundo tal como quisera Deus e que fora fundada na harmonia e na separação radical dos sexos".[436]

A natureza sexual humana, da forma como era vista socialmente, passou a apresentar uma dicotomia: hetero ou homossexual. Posteriormente, foi formada uma sociedade separada, clandestina, de orientação sexual homossexual ou bissexual.

No período medieval, a prática homossexual ocorria com mais frequência nos mosteiros e academias militares sendo, entretanto, a Igreja sua principal perseguidora. Pelo pensamento dominante da época, qualquer atitude em descompasso com a maioria estava em descompasso com Deus. Essa fórmula garantia o domínio da Igreja, assegurando o cumprimento de seus dogmas e mandamentos.

Na Idade Moderna, as Ordenações do Reino condenavam veementemente essa prática, sendo, inclusive, imputado aos seus praticantes, penas terríveis de morte ou degredo.

[435] DIAS, Maria Berenice – União homossexual: o preconceito e a justiça, ed. Livraria do advogado, Porto Alegre, 2000, p. 26 e 27.

[436] BOUHDIBA, Abdelwahab – A sexualidade no Islã, p. 20, 21 e 51.

Foi só a partir do século XIX que a medicina definiu a homossexualidade como uma doença fisiológica causada por distúrbios genéticos ou biológicos. Na concepção de Spencer Colin, esta passagem de pecado para crime, e daí para insanidade, foi provocada pelas intensas mudanças sociais que ocorreram no período.[437]

O termo homossexual, tal como é conhecido na atualidade, foi cunhado inicialmente pelo médico húngaro Karoly Maria Benkert aduzindo que, além do impulso sexual normal para homens e mulheres, a natureza dotara alguns indivíduos de um impulso homossexual, que cria antecipadamente uma rejeição pelo sexo oposto. Assim, o termo passou gradualmente a ser empregado nos meios acadêmicos, tendo sido o panfleto de Benkert praticamente esquecido até ser divulgado posteriormente pelo médico alemão Magnus Hirchfeld (homossexual), em 1905.Em inglês, o termo foi empregado pela primeira vez em 1892 por J.A.Symons. Os médicos Hirschfeld e Havelock Ellis foram os responsáveis pela divulgação do termo para o grande público.[438]

Na lição de Spencer Colin, o médico Kal Heinrich Ulrichs foi um dos primeiros a clamar por justiça e humanidade para amantes do mesmo sexo. Argumentou que os instintos chamados "anormais" eram inatos e, portanto, naturais, assim como, no início do desenvolvimento embrionário, as gônadas eram desdiferenciadas só posteriormente, vindo a se subdividir em três categorias: masculino, feminino e *urning* (termo cunhado em alusão a Urano no Symposium de Platão, que apresentavam características físicas e um gênero e instintos sexuais de outro).[439]

Passou, então, a homossexualidade a ser encarada pela comunidade científica como uma perversão, uma degeneração, em muito assemelhada ao travestismo, que guardava uma forte herança genética.

O século XIX foi uma época em que se multiplicaram as formas alternativas de amar, em que houve oposição à sexualidade ortodoxa, em que era pregada a liberdade individual, aduzindo que o amor, mais do que o casamento, deveria ser pré-condição para as relações sexuais.

Houve no período o famoso caso envolvendo o escritor Oscar Wild, homossexual que foi condenado pelo crime de pederastia, posto que

[437] SPENCER, Colin – Homossexualidade-uma história, p. 235 e 259.

[438] SPENCER, Colins – Homossexualidade – uma história, p. 273 e 274.

[439] SPENCER, Colin – Homossexualidade – uma história, p. 275.

existia na Inglaterra, amparado por uma lei promulgada em 1533 no Código de Henrique VII, o delito de homossexualidade e de corrupção entre os jovens.

No início do século XX, a psicanálise introduziu a visão psicológica da homossexualidade, visão esta que é menos moralista com Freud, embora considere – a como um distúrbio no desenvolvimento da sexualidade e, portanto, uma anomalia.

Importante contribuição ao tema veio com Lowenfeld e Jung, para quem "embora a homossexualidade seja uma anomalia que possa se manifestar junto com doenças e processos degenerativos, na maioria dos casos trata-se de um desvio psíquico isolado em relação à norma e não pode ser considerado patológico ou degenerativo, sendo improvável que diminua o valor do indivíduo como membro da sociedade".[440]

Em meados do século XX, o primeiro relatório *Kinsey* (1948), elaborado pelo Instituto Kinsey para Pesquisa Sobre Sexo, Gênero e Reprodução, verificou que práticas homossexuais eram bem mais difundidas do que o pensado nos Estados Unidos, abalando os alicerces da tradicional família americana ao divulgar a afirmação de que 10% da população humana teria uma orientação homossexual. Estudos realizados posteriormente apontam para a variação desse índice para 4 a 14%. A principal dificuldade para a obtenção de um valor real está no fato de muitos homossexuais continuarem a esconder a sua orientação sexual.[441]

Foi, entretanto, nos anos sessenta que apareceram os primeiros movimentos *gays* e que a Associação Americana de Psicologia (APA)

[440] Jung comenta o artigo 175 do Código Penal alemão que torna a homossexualidade um delito criminal, e, na esteira de muitos outros psiquiatras da época, entende que a homossexualidade não deve ser abordada pelas autoridades legais. – HOPCKE, Robert H. – Jung, junguianos e a homossexualidade, p. 27. Também o médico Magnus Hirshfeld, quem cunhou o termo homossexual, fundou na Alemanha o Comitê Científico Humanitário, com o objetivo de abolir o § 175 do CP alemão, educar o público e motivar os próprios homossexuais na luta por seus direitos. Sua larga pesquisa do tema, incluindo livros, fotografias e depoimentos de pacientes foi destruída quando os nazistas chegaram ao poder.

[441] Fonte:http://pt.wikipedia.org/wiki/Homossexualidade – Kinsey institute, p. 3; elencou também o supra referido relatório que nos Estados Unidos 37% dos homens e 13% das mulheres já haviam tido um relacionamento homoafetivo, caindo na imprensa sensacionalista como uma verdadeira bomba. Seus relatórios apontaram para o início da revolução sexual da década de 60.

afirmou que a homossexualidade não é doença psicológica (American Psychological Association, 1975), negando a existência de causas psicológicas específicas da homossexualidade e situando-a no quadro das orientações sexuais, e como uma variação natural da expressão sexual humana e considera os homossexuais indivíduos normais, tanto do ponto de vista clínico, quanto do psíquico.[442]

De fato, esta visão psicossocial da homossexualidade, embora ainda pouco difundida, vinculou-se, nas últimas décadas, a um conjunto de movimentos sociais que lutam pela universalidade dos direitos humanos.[443]

No Brasil, até recentemente a psicologia omitiu-se no processo de retirar o estigma dos homossexuais. Enquanto diversas entidades científicas condenaram a discriminação à homossexualidade, boa parte dos psicólogos trataram a homossexualidade como um distúrbio que deveria ser assumido ou, se possível, superado.

A descriminalização da prática homossexual observou uma grande evolução a partir de meados do século XX, cedendo a intolerância lugar a uma maior compreensão a respeito do tema, contestando-se as posturas discriminatórias.

O princípio da igualdade e da dignidade da pessoa humana passaram a permear o pensamento e a ação dos pensadores do direito, tendo em consideração que os fenômenos sociais são por definição diferentes entre si, impondo uma posição política capaz de administrar as diferenças basilares dos cidadãos.[444]

À partir de 1933 a maioria dos países da comunidade internacional começou a descriminalizar a homofobia, iniciando-se pela Dinamarca, expandindo-se posteriormente pela Europa e depois, por boa parte do mundo.[445]

Em 27.6.1969, os clientes do bar Stonewall, em Nova York, envolvem-se em confrontos com a polícia, em resposta a atos de intimidação. Este

[442] HARVARD LAW REVIEW – Sexual orientation and the law, p.34; Fonte:American Psychological Association –http://www.psych.org/Departments/EDU/Library/APAOfficial documentsrelated/Positionstatements/200214aspx.

[443] Robert H. Hopcke. – Jung, junguianos e a homossexualidade, p. 17.

[444] CARUSI, Donato – Principio di eguaglianza, diritto singolare e privilegio, Napoli: Edizioni Scientifiche Italiane, 1998, p. 24.

[445] MALUF, Adriana Caldas do Rego Freitas Dabus – Novas Modalidades de família na pós-modernidade, São Paulo: Atlas, 2010, p. 137.

foi considerado o ponto de partida do moderno movimento pelos direitos dos homossexuais. Esse movimento teve por objetivo a conscientização da necessidade de se outorgarem direitos aos homossexuais e erradicar da sociedade a figura da homofobia.

Através desse movimento pioneiro, os homossexuais, sob o slogan –"saindo do armário" – passaram a não mais se ocultar como antes, vindo a público com crescente êxito. Passaram eles próprios a proceder à análise de sua problemática, reclamando o direito à vida e o respeito de seus sentimentos.[446]

Somente no final do século XX, com o advento de inúmeras leis protetivas aos direitos dos homossexuais, o uso das liberdades individuais e os preceitos oriundos dos direitos humanos fez com que parte da comunidade mundial aceitasse, mesmo que de forma velada, a existência da prática homossexual – agora não mais vista como crime mas sim como uma livre manifestação da sua personalidade e a necessidade premente da positivação legal de sua proteção.

Quanto aos transgêneros sua trajetória não foi muito diferente. Não existem referências disponíveis a respeito de homens vivendo como mulheres ou mulheres vivendo como homens antes do Império Romano.

Existem entretanto, evidências de homens que se travestiam e viviam como mulheres, chegando até a se emascular. Comportavam-se como mulheres e não desejavam ser vistos como homens.

Vários imperadores romanos são descritos por se travestirem ou apresentarem características afeminadas. Contudo, dois casos merecem destaque. O primeiro diz respeito a Nero que após chutar sua esposa grávida, Poppaea até a morte, arrependeu-se e, tomado de remorsos, buscou alguém parecido com ela. Encontrou em um escravo, Sporus, essa semelhança. Ordenou então a seus cirurgiões que o transformassem em mulher. Após a cirurgia os dois se casaram formalmente e Sporus viveu como mulher a partir de então.

Já o imperador romano Heliogábalo casou-se formalmente com um poderoso escravo, adotou o papel de esposa e oferecia metade de seu império ao médico que o equipasse com uma genitália feminina.

No século IX, lenda ou não, teria existido o Papa João VIII nomeado em 855 sucessor do Papa Leão IV. Na verdade, seria uma mulher travestida de

[446] DIAS, Maria Berenice – União homossexual: o preconceito e a justiça, p. 29.

homem que teria engravidado e morrido ao dar à luz um bebê. Segundo a historiografia, a Papisa Joana teria nascido mulher e especula-se que o Papa João VIII poderia ter realmente sido uma mulher pseudohermafrodita feminina.

Há referências até no meio médico de que nessa época da história existiam pessoas de um gênero que se passavam e viviam como se pertencendo ao gênero que não o de seu nascimento.

Diversos monarcas procediam da mesma forma, tais como: o Rei Henrique III de França se apresentou aos deputados travestido usando um longo colar de pérolas e um vestido curto. Um dos mais famosos personagens de "cross-gender" é o Chevalier d'Eon, que deu origem ao epônimo "eonismo" para significar o fenômeno do travestismo em linhas gerais. Ele era o rival de Madame de Pompadour como amante de Luis XV. Quando o rei descobriu seu erro de avaliação, nomeou-o embaixador. Quando Luis XV faleceu, ele viveu permanentemente como mulher. Passou seus últimos anos na Inglaterra e viveu 49 anos como homem e 34 como mulher.

Não apenas na França esse fenômeno se manifestava. Nos Estados Unidos é famoso Lorde Cornbury, primeiro governador colonial de Nova York, que chegou ao Novo Mundo vestido como mulher e despachava assim em seu escritório.

De acordo com a mitologia, os gregos possuíam ainda um deus chamado Hermafrodita, que era o patrono da união sexual. Filho de Hermes e Afrodite, que possuía mamas e pênis, lembra muito os atuais travestis ou transexuais, tanto em forma física como em postura: masculina e feminina ao mesmo tempo.

Assim, o travestismo e a androgenia estão intimamente relacionados ao casamento do herói grego. São vários os heróis que mudam de sexo: Ceneu, Ífis, Leucipo eram mulheres que foram transformadas em homens na época do casamento; Himeneu, Cécrops, Átamas, eram homens e se transformaram em mulheres também na época do casamento. O autor sugere que o casamento do herói seria uma forma de restituição de um equilíbrio perdido, retoma-se assim o mito andrógino narrado por Platão.

Na pos modernidade, ao lado das questões incidentais de identidade de gênero que envolvem os transexuais, os travestis e os intersexuais, tambémm eclodiu a questão dos individuos denominados não binarios.

Estes, tambémm não se enquadram no gênero com o qual foram identificados ao nascer, mas odem se identificar com ambos os gêneros, com nenhum gênero, com objetos, animais, frutas, flores, seres fantásticos, planetas e muito mais.

Assim, no que tange aos estados intersexuais temos os transexuais binários (que se identificam com o gênero masculino ou femnino oposto ao seu), quanto os transexuais não binários, que detém um gênero fluido, ou seja, constroem a propria identidade, identificando-se a algo, alguem ou alguma coisa.

Ao lado de conceitos como sexo, orientação sexual e identdade de gênero, temos também a expressão de gênero que resulta da combinação entre comportamento social e maneirismos, como a escolha de roupas, penteados, modos, que geralmente é considerado como pertencente ao universo masculino ou feminino. Assim, quem situa-se fora de um alinhamento previo destas orientações é denominado não binário.

Na atualidade, o pensamento filosófico e jurídico passou a valorizar os direitos fundamentais dos homossexuais e transgêneros, amparando-lhes e outorgando-lhes leis civis protetivas que permita sua plena inserção na sociedade.

Assim, temos que o reconhecimento de direitos e garantias à população LGBTT (LGBTQIA+) é uma necessidade contemporânea e premente, seja pela necessidade de respeito à diferença humana, seja pelo desafio do combate à homofobia e outras formas de discriminação em razão da orientação sexual e identidade de gênero.[447]

Os princípios primordiais que norteiam a aproximação aos direitos sobre orientação sexual se referem à igualdade (o respeito à diferença) e à não-discriminação, visando assegurar a justiça social e garantir a dignidade de lésbicas, gays e bissexuais e transgêneros, que, por sua vez, não reivindicam "direitos adicionais" ou "especiais", mas a observância dos mesmos direitos das pessoas heterossexuais, dentre os quais a assunção do *status familiae* em seus relacionamentos.[448]

Vistas sob diferentes prismas no decorrer da evolução histórica da humanidade, as questões que envolvem gênero e sexualidade são, antes de

[447] SALES, Dimitri Nascimento – Direito à visibilidade: direito humano da população GLBTT, p. 929; WINTEMUTE, Robert – Sexual orientation and human rights, p. 1.

[448] SALES, Dimitri Nascimento – Direito à visibilidade: direito humano da população GLBTT, p. 429, 435 a 437; WITEMUTE, Robert – Sexual orientation and human rigths, United Kingdom, Clarendon Paperbacks, 1997, p. 110 a 112.

mais nada, verdadeiras construções sociais, tal como os direitos humanos. Afirmar os direitos das minorias configura-se como alterar de alguma forma a ordem vigente, no caso, o referencial de heterossexualidade. Logo, as questões atinentes à homossexualidade implicam na afirmação de um posicionamento político.

Podemos concluir, frente ao exposto, que os valores dominantes em cada época histórica apresentam um sistema de exclusões baseado em preconceitos punitivos e discriminantes, sendo a contemporaneidade alçada cada vez mais em princípios que valorizem o ser humano em sua dignidade, buscando sua tolerância e a inserção social, visando a autorrealização do indivíduo tendo em vista os aspectos de sua personalidade.

Na pós – modernidade a identidade de gênero adquiriu formas múltiplas. Assim, existem três tipos principais quando se fala em identidade de gênero: masculinos, femininos e não binários. Entretanto, na atualidade, é importante ressaltar que uma pessoa pode expressar mais ou menos características consideradas femininas ou masculinas em todos os casos.

Nesse sentido, as experiências da pós – modernidade mostraram que é importante olhar para os tipos de identidade de gênero com a consciência de que são baseados nos sentimentos e nas experiências de vida de pessoas reais e não apenas definições científicas.

Arlei Wiclif Leal da Silva, traz consignada algumas das identidades e expressões não-binárias de gênero, aduzindo que " enumerar e discriminar algumas das identidades e expressões não-binárias consiste em um empreendimento árduo, não apenas em razão da relativa escassez de material disponível para obtenção das concernentes informações, mas, sobretudo, porque as conceituações podem encaixilhar as experiências e delimitar prejudicialmente a vivência humana, em constante e infindável construção".[449]

Aponta assim, algumas terminologias de gênero:

> "agênero – pessoa que não se identifica com nenhum gênero existente, nem se comporta socialmente como tal mantendo a identidade dentro do espectro não binário da generidade; bigênero – pessoa que se identifica com ambos

[449] SILVA, Arlei Wiclif Leal da – Identidades legitimamente diversas: um estudo pela visibilidade inclusiva da não binariedade de gênero, Tese de Doutorado apresentada ao Departamento de Direito Civil da Fadusp em 2021, p. 79 e ss.

os gêneros, feminino e masculino, alternada e/ou simultaneamente; gênero fluido – pessoa que flui entre os gêneros masculino, neutro e feminino, conforme se sinta em cada dia e em cada momento, inclusive, algumas vezes no mesmo dia; pangênero – quem possui uma identidade de gênero não normativa e adota papeis sociais de diversos gêneros na sua própria construção, podendo identificar-se tanto com o feminino, quanto com o masculino alternada ou simultaneamente e até com nenhum dos dois"ou com todas as possibilidades de identificação pessoal; andrógino – pessoa que não se identifica apenas com os gêneros binários (homem e mulher), mas que em sua identidade carrega características e comportamentos de ambos os gêneros".

Fomenta-se assim, na pós-modernidade "a desconstrução de antigos caracteres hegemônicos fundados no patriarcalismo e no sexismo, gerando uma estética unissex, expressa no comprimento dos cabelos, vestuários ou nos acessórios".[450]

De forma inclusiva, vemos então que ao lado do conceito de gênero, que agrupa e define os indivíduos tendo em vista suas similaridades constitutivas, temos o conceito de cisgênero, que abrange os indivíduos que se identificam com o seu sexo biológico originário; o transgênero, que abrange as pessoas que se identificam com um gênero diferente daquele exprimido pela sua identidade sexual biológica.

À partir daí, adentramos na esfera da não-binariedade, ou seja, abrange os indivíduos que não se identificam completamente com o gênero biológico original, nem com outro gênero. Logo trata-se de pessoa que pode não se ver em nenhum dos papéis comuns associados aos gêneros, como também pode vivenciar uma mistura de ambos.

Alguns questionamentos bioéticos defluem daí: como um homem pode se sentir como uma mulher no corpo errado? Como alguém pode não se identificar com nenhum gênero ou com ambos? Como esta identidade é formada? Se a pessoa não se identifica com nenhum papel de gênero ela se identifica com o que?

Sob a ótica jurídica, como proceder frente aos aspectos registrais de uma pessoa não binaria?

[450] SILVA, Arlei Wiclif Leal da – Identidades legitimamente diversas: um estudo pela visibilidade inclusiva da não binariedade de gênero – Tese de Doutorado apresentada ao Departamento de Direito Civil da Fadusp em 2021, p. 78.

A prática identitária tem trazido à baila uma gama enorme de possibilidades de opções de gênero, tais como apresentamos a seguir, lembrando que a identidade de gênero não é estática, admite graus e por via de consequência inúmeras combinações.

Representa a seu turno a forma como o ser humano se comunica no mundo, em muitas vezes transitando em duas esferas distintas com elementos dos dois gêneros, de forma igualitária ou não; em outras vezes um gênero preponderando sobre o outro; em outras vezes o gênero se manifesta ligando-se a fatores externos, fáticos, físicos, sensoriais, fantásticos, da natureza, entre outros.

Assim sendo, elencamos algumas modalidades de identidade de gênero presentes na atualidade.

Gênero não binário: aquele que não é nem 100% homem e nem 100% mulher. Definem seu gênero de forma mais específica "nem homem e nem mulher, transitando entre os dois gêneros, muitas vezes possuindo em seu corpo, gestos, mente e coração elementos dos dois; gênero queer, é uma categoria abrangente para identidade de gênero não binaria. Pessoas queergender podem expressar uma combinação de masculinidade e feminilidade, ou nenhuma, em sua variância e expressão de gênero; agênero: expressa a ausência de gênero. Algumas pessoas também utilizam esta identidade para definir um gênero neutro, ou para comunicarem que não desejam ser encaixadas em nenhum gênero; gênero-fluido: expressa a possibilidade de se alterar o gênero de tempos em tempos. Exprime uma capacidade de transcender o gênero, seja no aspecto biológico, emocional, comportamental ou social e político, realizando uma verdadeira mescla entre o masculino e o feminino; homem não binário: são pessoas trans de identidade de gênero não binária que vivenciam a masculinidade sem efetivamente sê-lo a todo o momento; mulher não binária: são pessoas de natureza trans de identidade de gênero não binaria que vivenciam a feminilidade sem efetivamente sê-la a todo momento. Entende que o conceito de feminilidade ou de ser mulher pode ser útil para sua identidade; Demigênero: são pessoas que apresentam parte de um gênero, sendo a outra parte conhecida ou desconhecida. A pessoa pode ter fluidez de gênero na outra metade, sendo, portanto, gênero semi fuido; andrógino: representa um gênero que é a mescla dos gêneros homem e mulher. Algumas pessoas também utilizam este termo como um termo para a mescla de dois gêneros quaisquer; neutrois: indica o gênero neutro.

Traduz-se muitas vezes como indiferença perante o gênero ou ainda a falta dele. Gênero inexistente; cancegênero: pessoa que considera a ageneridade como sua identidade base, mas seu gênero é fluido entre diversos outros; egogênero: pessoa que possui um gênero que considera único a si; ilusogênero: pessoas que, conquanto saibam qual é o seu gênero, sabem que ele é falso, em decorrência de fatores pessoais, familiares, sociais entre outros; nanogênero: indica uma pequena porção de gênero presente em uma pessoa.

Existem ainda outras categorias que se incluem tangenciando outras anteriormente citadas: transandrógine/ transdrógine: Alguém que possui uma identidade e/ou expressão relacionada à androginia ou a ser andrógine; transfeminine: Alguém que foi designado como homem ao nascimento, mas que possui uma identidade e/ou expressão relacionada à feminilidade ou a ser mulher. Mulheres trans binárias também podem se dizer transfemininas; transmasculine: Alguém que foi designada como mulher ao nascimento, mas que possui uma identidade e/ou expressão relacionada à masculinidade ou a ser homem. Homens trans binários também podem se dizer transmasculinos; transneutre: Alguém que possui uma identidade e/ou expressão relacionada à neutralidade ou a ser de um gênero neutro; transxenine: Alguém que possui uma identidade e/ou expressão relacionada à xeninidade ou a ser xenogênero; inergênero: representa uma identidade de gênero influenciada ou informada por intersexualidade. Apenas para pessoas intersexo; neurogênero: representa um gênero definido ou influenciado por neurodivergência. Assim como não-binárie, pode ser uma classificação ou um gênero específico.

Outras modalidades de gênero se apresentam: gênero-orientação: Um gênero caracterizado pela orientação da pessoa. Geralmente o termo é usado com alguma orientação específica, como em gênero-pan ou gênero-arromântico; gênero-alterumano: um termo para pessoas cujo gênero está ligado a serem alterumanas. Pode ser usado como um termo guarda-chuva para identidades como kingênero, que por sua vez apresenta-se como uma modalidade de gênero influenciado pelo kin, ou seja, envolve pessoas que se identificam como não humanas, parcial ou totalmente, acreditando descender de seres fantásticos, animais, alienígenas, entre outros. Apenas para otherkins (outros, diferentes), therians (kins com animais), ou fictionkins; nímise: Um gênero que existe, mas que é ambíguo ou indefinido; aporagênero: Um gênero separado completamente de mulher, homem e gênero neutro. Também não é caracterizado por alienação diante do conceito de gênero, ou por falta de gênero; aingênero: Uma identidade de gênero aporina (definida por características de um aporagênero). Este termo pode ser usado como um guarda-chuva para identidades assim; maverique: Um gênero específico definido por autonomia e convicção, em relação a saber que este gênero não é homem, nem mulher, nem neutro, e nem qualquer identidade derivada destas; aliagênero: que retrata alguém cuja experiência de gênero é separada das construções de gênero comuns em sua própria sociedade. Uma identidade de gênero baseada em se sentir distante das identidades de gênero convencionais; ilyagênero: representa um gênero que é presente e tangível, mas que não é agênero, neutro, homem e/ou mulher, nem relacionado, adjacente ou resultado de mistura entre estas identidades; auingênero: Um termo que cobre identidades de gênero definidas por autonomia, isto é, por autodeterminação do que sua identidade é/significa e independência de outros conceitos de gênero; autonomique: representa um gênero totalmente autônomo definido por senso de liberdade pessoal em sua identidade, independência de conceitos de gênero e autogovernança, sem ser xenogênero, maverique ou sem gênero; egogênero: Um gênero pessoal único para quem o experiencia, que não pode ser descrito de outra forma; generique: Um gênero genérico e pouco especificado, mas autônomo: definido por senso de liberdade pessoal em sua identidade, independência de conceitos de gênero e autogovernança; Xenogênero: abrange qualquer identidade de gênero caracterizada pela relação com coisas que não são normalmente associadas com gênero, como plantas, animais, minerais, sentimentos, cores, estéticas e sensações; Xingênero: Uma identidade de gênero xenina, definida por características de um xenogênero; Vanabrélique: representa um grupo de gêneros que podem ser descritos por um termo, como "fogo", "doce" ou "magia". Pessoas podem dizer que seus gêneros são "Vanabrela: gelo" ou "Vanarella: anjo e árvore", por exemplo; Estetigênero/ Videgênero: Um termo que abrange qualquer identidade de gênero caracterizada por ou baseada em uma estética; Córique: Alguém cuja identidade de gênero é relacionada a alguma coisa "-core" (cottagecore, metalcore, scenecore, emocore, etc). Córique está mais para um termo guarda-chuva ou para quem não quer especificar sua identidade, já que se tende a usar apenas metalcórique, emocórique, etc. como identidades; Gênero-estrela: tipo de gênero relacionado a outros mundos, a alienígenas, um gênero além da compreensão; Caelgênero/ gênero astral: gênero esteticamente associado com o espaço/cosmos; Lunegênero: Um gênero relacionado à Lua em si, de forma espiritual, estética ou qualquer outra; Aiteiriogênero: gênero etéreo e de outro mundo que não parece ter se originado na Terra, fazendo com que seja impossível de defini-lo em palavras. É um termo direcionado a quem é neurodivergente ou otherkin e se sente desconectado da realidade; cor-gênero: Um gênero associado com certa cor, e com o que tal cor representa; Gendoux: identidade de gênero influenciada por qualquer estética que tem a ver com cores pastéis. Pode caracterizar um gênero que parece leve, colorido e gracioso; Fleurgênero: Um gênero relacionado com uma estética de leveza e/ou suavidade, como cores pastéis, flores e afins; Gênero-fofo: alguém cujo gênero é baseado em fofura (bem subjetivo); Biogênero: gênero conectado à natureza em algum sentido; Floragênero: gênero que parece estar profundamente enraizado ou entrelaçado com uma ou mais espécies de plantas; Ouygênero: gênero relacionado com árvores e madeira; Laique: gênero caracterizado por vigor sobrenatural e senso de desencarnação. Sinestesicamente, este gênero parece morto-vivo, incorpóreo e/ou extradimensional, como uma ausência conspícua; Lunetiane: Alguém cujo gênero é ligado a uma leve energia celestial feminina. Tal gênero nunca é hiperfeminino e não é necessariamente relacionado com ser mulher ou com ter certo alinhamento de gênero; Mercuriane: Alguém cuja identidade de gênero é ligada a uma leve energia celestial. Esta energia pode ser ligada a algum gênero, mas não é masculina ou feminina. Alguém que é mercuriane pode também ter um gênero vazio, ou não sentir ter um gênero; Cervagênero: gênero que contém energia animal feminina; Cervogênero: gênero que contém energia animal masculina; Cervusgênero: gênero que contém energia animal neutra; Quela: gênero associado com "menina", mas não com "mulher". Esta associação não é relacionada com idade, e sim com arquétipos. Quella tem a ver com princesas, ar, água e com a cor azul. Pode ser um gênero feminino, mas não precisa ser; Qufa: gênero que pode ser descrito como "mulher", mas não como "menina". Ele não é necessariamente feminino. É associado com os papéis de rainha, feiticeira e mãe; com fogo, terra e água; com paixão, ternura e sensualidade; Gênero-esmeralda/rubi/safira: gênero esteticamente relacionado com esmeraldas. É neutro, não-binário e um pouco fluido; Fingênero: identidade de gênero definida por feminilidade. Este termo pode ser usado como um guarda-chuva para identidades assim; Maingênero: termo guarda-chuva para identidades de gênero relacionadas a ser homem. Não foi especificado se este termo inclui o gênero binário homem ou não; Lingênero: identidade de gênero andrógina (definida por androginia). Este termo pode ser usado como um guarda-chuva para identidades assim; Mingênero: identidade de gênero masculina (definida por masculinidade). Este termo pode ser usado como um guarda-chuva para identidades assim; Mueegênero: termo guarda-chuva para identidades de gênero relacionadas a ser mulher. Não foi especificado se este termo inclui o gênero binário mulher ou não; Ningênero: identidade de gênero neutra (definida por neutralidade). Este termo pode ser usado como um guarda-chuva para identidades assim; Ceterogênero: gênero não-binário relacionado especificamente à masculinidade, feminilidade, ou neutralidade; Femigênero: gênero não-binário feminino por natureza, no sentido de possuir feminilidade; mascugênero: gênero não-binário masculino por natureza, no sentido de possuir masculinidade; Nonera: gênero com forte conexão com feminilidade, mas que definitivamente não tem nada a ver com ser mulher; Nonvir: Um gênero com forte conexão com masculinidade, mas que definitivamente não tem nada a ver com ser homem; Eramen: gênero homem que não é masculino; Verella: gênero mulher que não é feminino; Cenrel: identidade de gênero para quem se sente mais confortável dentro do espectro de gênero neutro e possui uma conexão forte com masculinidade; Censari: identidade de gênero para alguém que se sente mais confortável no espectro de gênero neutro e possui uma conexão forte com masculinidade e feminilidade; Femil: Um gênero para mulheres/meninas que não possuem alinhamento nenhum com feminilidade, e que ao invés disso possuem algum alinhamento com masculinidade, com ou sem a existência de outros alinhamentos também; Melle: Um gênero para homens/meninos que não possuem alinhamento nenhum com masculinidade, e que ao invés disso possuem algum alinhamento com feminilidade, com ou sem a existência de outros alinhamentos também; Femache: Alguém que é simultaneamente homem e mulher. Ume femache não é necessariamente metade homem e metade mulher; Pangênero: define aquele que possui gêneros demais para contar, incluindo gêneros desconhecidos, e/ou uma experiência infinita de gênero; Bigênero: aquele que possui dois gêneros. Pode ser um de cada vez, ambos ao mesmo tempo, ou outras combinações; Trigênero: aquele que possui três gêneros. Pode ser um de cada vez, todos ao mesmo tempo, ou outras combinações; Ogligênero: Alguém que possui alguns gêneros, mas não muitos; Poligênero: Alguém que possui vários gêneros. Pode ser um de cada vez, todos ao mesmo tempo, ou outras combinações; **Poligênero-fluxo**: Uma identidade composta por mais de um gênero, mas com a intensidade de cada gênero mudando de tempos em tempos; Polifractal de gêneros: identidade de gênero composta por múltiplas identidades compostas por mais de um gênero (alguém que é neutrois-geodo, fraspe e venufluide como experiências simultâneas mas separadas); Gradiância: Uma identidade de gênero definida por um gênero bem definido, e outros gêneros em volta dele. Quanto mais longe os gêneros estiverem do gênero "núcleo", mais difícil é de entendê-los ou defini-los; Gênero-salpicado: Uma identidade poligênero aonde há um gênero principal e pequenos toques/pequenas partes de outros gêneros "por cima";Lamingênero: Uma identidade composta por várias fatias ou camadas de gênero; Chelogênero: Um gênero protegido por outro, que age como um casco. Esse "casco" é relevante em situações sociais e/ou desconfortáveis; Gênero-geodo: Um gênero composto por uma "concha base" que contém gêneros parecidos ou subgêneros dentro dela. (alguém pode ser mingênero-geodo por ter vários gêneros como verneu, femil, gênero-rubi e jupariane); Fraspe: gênero único que se divide em outros, podendo haver diversas experiências entre eles, assim como a luz branca se divide em um espectro de cores. Os gêneros podem se fundir de novo em um só, e o número de gêneros pode mudar de tempos em tempos; Gênero-cósmico: identidade de gênero vasta e complexa que só é possível entender um pouco dela de cada vez. Ela é formada por muitos gêneros, e só é possível entender quais são quando se foca em pequenas partes da identidade. É uma identidade de gênero infinita em relação às suas possibilidades; Mosaigênero: identidade composta por vários fragmentos de gêneros e sentimentos; Fisgênero: Uma identidade similar a bigênero ou poligênero, mas com um sentimento definitivo de que esses múltiplos gêneros estão separados de alguma forma; Gênero-borrão: Uma identidade poligênero, na qual os diferentes gêneros estão tão "borrados" que é difícil ou impossível de identificar quais são; Centrigênero: Uma identidade que está no meio de/entre múltiplos gêneros; Duogênero: Alguém cujo gênero é uma combinação de homem e mulher por ser intersexo; Amalgagênero: Um gênero que é afetado por ou misturado com a identidade intersexo de alguém. Termo exclusivo para pessoas intersexo; Vacagênero: Alguém que não tem gênero por influência/causa de ser intersexo, e/ou que é agênero por ser intersexo; Gênero-fluxo: Alguém que passa por mudanças na intensidade de seu gênero. A pessoa pode sentir seu gênero mais fraco algumas vezes, e/ou pode sentir ausência de gênero algumas vezes; Fluxofluide: Alguém cujo gênero muda de tempos em tempos, sendo que a intensidade de tais gêneros muda de tempos em tempos também.

Vimos assim que o gênero retrata a forma com que o ser humano se percebe na vida pessoal e por via de consequência na vida social.

Difere-se do conceito de sexo – que pode ser entendido como o conjunto dos elementos somáticos que distingue as partes entre masculino e feminino e orientação sexual, que demonstra a forma com que o indivíduo usa a sua sexualidade.

Assim, as formas de orientação sexual são: assexual, retratando o indivíduo que não tem atividade sexual, heterossexual, retratando o indivíduo que se relaciona com pessoas do sexo oposto ao seu; homossexual, retratando o indivíduo que se relaciona com pessoas do mesmo sexo biológico que o seu.

A pós modernidade trouxe também a figura do pansexual, que retrata o indivíduo que se relaciona com todos os indivíduos em geral independente de sexo ou identidade de gênero, e por fim, o digisexual, que apresentaremos a seguir.

Assim, na atualidade outras realidades relacionais permearam a identidade de gênero e a orientação sexual; estando a sociedade prestes a testemunhar o crescimento dos digisexuais, ou seja, pessoas que se relacionam afetivamente e sexualmente com máquinas e robôs, posto que a tecnologia está cada vez mais presente na nossa vida, inclusive na vida intima do casal.[451]

Para Neil McArthur a digisexualidade está emergindo como uma nova forma de orientação sexual, que envolve tanto o campo emocional quanto

[451] Fonte: McArthur, Neil – Digisexuality emerges as a new sexual identity. In. http://www.cbc.ca.spark.
<acesso em 18.06.2021>; SILVA, Arlei Wiclif Leal da – Identidades legitimamente diversas: um estudo pela visibilidade inclusiva da não binariedade de gênero – Tese de Doutorado apresentada ao Departamento de Direito Civil da Fadusp em 2021, p. 78 e ss.

o campo da sexualidade, tendo em vista o desenvolvimento da robótica e da inteligência artificial.

Nesse sentido, os digisexuais, são atraídos por robôs para se relacionar, tanto sexual quanto afetivamente.[452]

Assim, fala-se no sextech, a modalidade de sexo do futuro, praticada com robôs, que segundo Ian Person, dominará a cena nos idos dos anos 2045. Para ele "o sexo de amanhã será cada vez mais tecnológico, mas não só porque se popularizarão os bonecos com formato humanoide equipados com inteligência artificial e sistemas operacionais sofisticados, mas também porque poderemos acariciar nosso par a centena de quilômetros de distância, imprimir em 3 D uma réplica exata de seus genitais e finalmente coordenar seus movimentos com um aplicativo móvel".

"Assistimos ao nascimento de robôs concebidos para práticas sexuais como o Harmony, a primeira máquina erótica com inteligência artificial, apresentada em 2018 pela empresa Real Doll – boneca inflável que custa aproximadamente U$ 14.000,00 e é capaz de falar, memorizar preferências de seu parceiro e de realizar práticas sexuais diversas".

"A mesma empresa lançou recentemente Henry, sua versão androide. Outros exemplos são Emma, de origem chinesa ou Samantha, espanhola".[453]

Vemos que a modernidade chegou ao espaço relacional, mas não há uma legislação clara que estabeleça limites a esses produtos, ou vete a sua comercialização.

O relatório futuro *of sex*, tal qual o relatório Kinsey, revolucionou o tema. Assim, diversos especialistas na área de informática e bionanotecnologia, afirmam que no futuro será viável a recriação de pessoas de nosso entorno, escolhendo-lhe o temperamento, o comportamento social ou sexual. E assim, será o parceiro do futuro totalmente customizado.

No Japão, na atualidade, já é cada vez maior o número de pessoas que se relacionam com parceiros virtuais.

Para Ian Pearson, três tecnologias terão um impacto significativo nesse segmento: a inteligência artificial, a robótica e a tecnologia *active skin*, "que

[452] McArthur, Neil; MARKIE, L C Twist – The rise of digisexuality: terapeutic challenges and possibilities, sexual and relationship therapy, 32; 3-4, 334-344, DOI, 2017.

[453] Fonte: Jornal El Pais – O que é sextech – o sexo que praticaremos no futuro. In. http://brasil.elpais.com < acesso em 28.06.2021>

propiciará que com que dispositivos microscópicos sejam inseridos na pele humana, muito perto dos vasos sanguíneos e dos nervos, o que permitirá a uma inteligência artificial externa receber informações sobre as respostas sexuais da pessoa, podendo registrar e reproduzir sensações".[454]

No caso dos robôs ou androides, eles serão alimentados por uma tecnologia artificial, capaz de adaptar suas atividades aos desejos e fantasias de seu proprietário – aqui denominado usuário.

Como demandas de caráter bioético podemos apontar: teria essa máquina o condão de substituir o contato humano? Estaria apto para suprir o afeto?

Quanto ao sexo virtual proporcionado pelos gadgets modernos, capaz de alterar a dinâmica sexual e enganar os sentidos ilusionando o cérebro, como se poderia auferir níveis confiáveis de segurança, intimidade e privacidade para os usuários? (privacidade digital).

A gameficação do ser humano! Um neologismo para explicar os contornos da evolução sexual humana fruto da aplicação da inteligência artificial. Estaria retirando não só o romantismo mas o papel de protagonista do homem em suas relações com o próximo?[455]

Estamos diante da geração denominada: pos –satisfyer... com seus desejos, aspirações, traumas e frustrações.

Podemos assim concluir que em muito evoluiu a dimensão da determinação do gênero por partes dos indivíduos. Incontáveis são as possibilidades de inclusão nas diversas categorias. Há quem se identifique com o sexo biológico, com o sexo oposto, com os dois sexos, com nenhum sexo. Há que transite entre os dois. Há quem se identifique com objetos, animais, com seres fantásticos, com seres extraterrestres, com robôs e muito mais.

Fica entretanto o questionamento jurídico de como qualificá-los diante das questões de ordem prática que permeia o cotidiano do homem moderno. Pensamos que para tal feito, visando a segurança e a higidez dos negócios jurídicos, seja identificar as partes mediante o emprego de qualificadores não mutantes, como a identidade registral.

[454] Fonte: Jornal El Pais – O que é sextech – o sexo que praticaremos no futuro. In. http://brasil.elpais.com < acesso em 28.06.2021>

[455] Fonte: Jornal El Pais – O que é sextech – o sexo que praticaremos no futuro. In. http://brasil.elpais.com < acesso em 28.06.2021>

Aquela visão da binariedade do ser humano acabou abrindo espaço para um forma mais fluida, mais dinâmica de se ver e de se definir, isto posto, tomaram vulto as formas não binarias de identidade, flexibilizando a visão originária de uma identidade de gênero marcada pela divisão binária entre o masculino e o feminino, tendo em vista a valorização do ser humano em sua mais intrínseca magnitude e diversidade, para fazer com que o homem, para falar com Hanna Arendt "sinta-se em casa no mundo".

## 4.6. O amor na visão do direito

Numa visão jurídica, o amor é encarado sob várias concepções. Com a finalidade de retratar um pouco da realidade do amor no mundo do direito, analisaremos no aspecto cível a formação da família e no aspecto penal a presença dos crimes passionais no cenário nacional.

Pensamos com Jacob Dolinger que é primaz a intersecção do direito com o amor, seja no que tange ao respeito às escolhas individuais, seja na formação da família, no respeito às transações com os semelhantes, no amor à pátria e às suas leis, na tolerância com o diferente, cobrindo -os todos com a compreensão construtiva que lhe é característica, pois "os princípios básicos do direito são viver honestamente, não lesar a outrem e atribuir a cada um o que é seu", e aqui, entendemos que insere-se a liberdade de escolha pessoal, baseada na afinidade amorosa pura e simples para embasar as relações humanas.[456]

### 4.6.1. Evolução histórica do amor na formação da família

Quanto à evolução histórica do amor no mundo, temos que ao longo da história, as ciências médicas e as ciências humanas muito têm se ocupado sobre o fenômeno do amor e suas manifestações.

Nos últimos anos, a psicologia evolucionista, a biologia evolutiva, a antropologia, a neurociência e a biologia vem contribuindo enormemente para a compreensão da natureza e função do amor. A disseminação de seus resultados sociais vem sendo largamente explorada pela literatura, pela filosofia e pela sociologia.

O homem foi desenvolvendo no decorrer de sua evolução formas de relações afetivas, a partir do que tinha em comum com o mundo animal – a atração sexual. Ao estabelecer relações de parentesco, aprendeu a desviar

[456] DOLINGER, Jacob – Direito & Amor, p. 15.

a forma instintiva de atração transmutando-a inicialmente em forma de afeto parental e fraternal, e posteriormente em afeto altruísta.

Essa forma de elaboração do amor fraterno é fundamental para o tipo de sociedade e de relação pessoal que escolhemos na constituição de nosso processo civilizatório.

Denomina-se identificação a forma de elaboração na qual investimos libido no outro de maneira diferente da usada no investimento amoroso – sexualizado. É através do processo de identificação que enriquecemos e formamos a nossa personalidade, daí atribuir-se um enorme valor à ela.[457]

No entanto, o processo de amor, apesar de sempre ter despertado a curiosidade dos cientistas e pensadores, nem sempre pôde ser explicado com exatidão.

Na cultura persa o amor interpessoal apresentava uma dimensão bastante ampliada. Abrange todas as esferas da vida do ser humano, e alcançar o amor divino é o objetivo final da vida.

Na tradição chinesa existiam duas bases filosóficas para o amor, uma oriunda do confucionismo que enfatizou o amor benevolente, que incide sobre direitos, ações e atitudes das partes no relacionamento preconizando que era natural que se gostasse de forma diferente de pessoas diferentes e outra oriunda de Moshim que defendeu um amor universal. No budismo chinês, o amor apaixonado era considerado um desejo capaz de ser egoísta ou altruísta funcionando como um elemento fundamental para o esclarecimento. Carrega consigo um sentido muito específico de responsabilidade, compromisso e lealdade. A mulher aparecia sempre em desigualdade frente ao homem no modelo chinês.[458]

No Budismo japonês, *ai* significa cuidar do amor apaixonado, que corresponde a um desejo fundamental, que pode evoluir para qualquer egoísmo ou abnegação e iluminação. *Amae*, é uma palavra japonesa que significa "indulgente dependência", e faz parte da educação familiar. De acordo com o entendimento de sociólogos japoneses o relacionamento afetivo entre a criança e a mãe vai influenciar as modalidades de amor adulto que aquele indivíduo experimentará.

457 BOCK, Ana Mercês Bahia; FURTADO, Odair; TEIXEIRA, Maria de Lourdes Trassi – Psicologias – uma introdução ao estudo de psicologia, p. 236.

458 STEARNS, Peter N – História das relações de gênero, p. 39.

Na Grécia antiga, o amor era chamado de "a loucura dos Deuses", tal a soma de sensações que congregava, chegando mesmo, o médico Hipócrates definir que "os males do amor aumentariam o calor do corpo e do coração, podendo levar à destruição do sangue".[459]

Podia-se distinguir nesse período uma pluralidade de sentidos em que a palavra "amor" é usada, ainda hoje utilizada para determinar os diversos sentidos que o amor pode adotar. Além da amizade, da verdade, da virtude e da beleza, esse sentimento pode ser traduzido como o sentir da alma.

De seu estudo ocuparam-se intensamente os filósofos gregos. Platão refinado sua própria definição, aduz que Sob a influência de Eros, a contemplação que inicialmente se instala, transforma-se numa apreciação da beleza dentro do outro, ou mesmo na apreciação da beleza própria. Eros ajuda ao conhecimento da recordação da beleza da alma e contribui para a compreensão da verdade espiritual. Amantes e filósofos são todos inspirados a procurar pela verdade no eros. Algumas traduções o descrevem como "o amor do corpo."

O amor definido como **Philia** representa uma forma virtuosa e desapaixonada de amor, um conceito desenvolvido por Aristóteles. Inclui a lealdade aos amigos, família e comunidade, e exige força, a igualdade e familiaridade. É motivada por razões práticas, uma ou ambas as partes beneficiarem da relação. Também pode significar "o amor da mente".

Já o amor do tipo **Storge** representa o afeto natural que se sente por outra pessoa; O amor **Xenia**, significava hospitalidade, uma prática extremamente importante na Grécia Antiga, compreendida como uma amizade quase ritualizada formada entre duas pessoas.

Em Roma, já se valorizava o sentimento amoroso. Pode-se perceber nitidamente seus contornos no pensamento de Ovídio, que ocupou-se da arte de amar. Entretanto, embora não se discuta sua importância o amor interpessoal não foi efetivamente valorizado no direito romano para a constituição da família.

Tal como leciona Fustel de Coulanges, a origem da família antiga não se encontra no afeto natural e nem na geração. O direito grego e o direito romano não levavam em conta esse sentimento, que por sua vez poderia até existir no íntimo do coração, mas nada contava para o direito.

[459] AMADO, Nuno – Diz-me a verdade sobre o amor – a psicologia da atracção, da paixão e das relações amorosas, Alfragide: Academia do livro, 2010, p. 28.

A religião do lar e dos antepassados representou a formação basilar da família na antiguidade. Desta sorte, temos que "a família antiga é uma associação religiosa, mais do que uma associação natural".

O casamento foi a primeira instituição estabelecida pela religião doméstica. Devia este ser pleno de descendentes. Logo, em caso de esterilidade, nem o afeto, nem o direito natural poderiam a esse fato se sobrepujar, podendo os cônjuges ser substituídos pelos parentes em caso de esterilidade, estando a mulher obrigada a se entregar a esse parente que lhe fora designado. Em última análise, havia também a possibilidade de efetuar-se o repúdio da mulher.[460]

Em face do caráter sagrado da família e da propriedade, valorizado na antiguidade, temos que o lar era inviolável. Ali a família se constituía e cultuava o Deus doméstico, que não se confundia com o do seu vizinho. O culto aos mortos também era muito importante nesse período, a ponto de podermos concluir que a necrópole precedeu a metrópole, fazendo por conseguinte que a família desenvolvesse uma íntima relação como o solo habitado.[461]

Ocuparam-se de sua importância os filósofos e pensadores nas diferentes etapas da história da humanidade, reconhecendo o seu valor como energia criativa, como amálgama entre duas pessoas, como retorno à essência mais íntima do ser humano – chegando mesmo à aproximá-lo de Deus. Entretanto, as relações nitidamente amparadas na *affectio* não eram valorizadas nos tempos idos onde a rígida moral e costumes, a influência religiosa, o interesse material e de poder, fruto de uma mentalidade marcada pela hierarquia de classes, culminavam em sobrepor-se a tão forte sentimento em nome da manutenção de um status estabelecido pelo homem e não diretamente ligado à Deus.

O conceito de amor tal como conhecemos agora fundou-se nas concepções do amor romântico desenvolvido na Europa durante ou após a Idade Média, embora haja referências à sua manifestação e importância nas cantigas de amor e de amigo típicas da Idade Média.

[460] COULANGES, Fustel – A cidade antiga, São Paulo; Martins Fontes, 4. ed., 1998, p. 35 a 37, 48.

[461] MALUF, Adriana Caldas do Rego Freitas Dabus – Limitações urbanas ao direito de propriedade, São Paulo: Atlas, 2010, p. 13.

Podemos refletir então não apenas sobre o que é o amor, como ele nasce e se solidifica, ou mesmo como ele morre, mas também para que ele serve, qual é a sua real função? Seria somente conferir um prazer agridoce a todos aqueles que o experimentam, ou mortificar de frustração àqueles que dele se afastam?

Pensamos à luz dos fatos históricos que a principal finalidade do amor, denominado erótico, objeto de estudo no trabalho em tela, é o da formação da família através das relações interpessoais. Pensadores de todas as épocas se ocuparam dos anseios do amor, da formação da família, bem como de sua dissolução.

Esta por sua vez observou inúmeras alterações em sua gênese no curso da existência humana, devido à mutação dos valores sociais, culturais, políticos, religiosos, econômicos, geográficos, populacionais, personalíssimos, entre tantos outros, decorrentes das descobertas científicas e consequente valorização da pessoa humana.

Entretanto, sob os olhos da lei, o amor não era valorizado, nem mesmo para a formação da família, *célula mater* da sociedade, que externaria a função principal do enamoramento, qual seja, unir-se em amor conjugal, e neste ninho inserir a prole, visando assim não só a intrínseca proteção, inspiração e felicidade pessoal, como também a perpetuação de espécie.

Tendo em vista o conceito e evolução histórica da família, podemos antever que o sentimento amoroso sequer fazia parte de seus requisitos iniciais.

Tema riquíssimo e largamente explorado desde a Antiguidade, teve em Ovídio, um fiel pesquisador. Este, vivendo no auge do Império romano sob a potesta de Augusto, fase em que o amor em si não era valorizado para a formação da família, entendia os seres humanos livres de corpo e alma, numa época em que os sentimentos não estavam liberados para que falassem mais alto do que a razão e sobretudo, do que a razão de Estado.

Exaltava o amor e suas virtudes acima de qualquer coisa. Mal compreendido em sua época, teve suas ideias perpetuadas na Idade Média e no Renascimento, inspirando grandes escritores e pensadores de então, como Montaigne.

Mais tarde os românticos irão preferir, os textos de Ponto-Euxino, sua tristeza e depurações de alma. Ovídio entretanto, veio servir de paradigma para os grandes poetas latinos. À luz de seus ensinamentos, em qualquer das hipóteses, em matéria de amor, deve este ser salutar, caso contrário, deve-se cortar o mau pela raiz "se sentir algum desgosto, detenha seus passos logo na entrada, pois o tempo a tudo fortalece...a alma é a parte mais preciosa do ser humano, mais do que o corpo".[462]

Vemos desta forma, que o amor engloba uma grande enorme de significados e insere-se em diferentes contextos. A natureza ou essência do amor é um assunto muito estudado, discutido, teorizado e ainda não totalmente concluído.

Sabe-se entretanto, que o amor implica na identificação com uma pessoa, coisa ou inclusive a si mesmo, de uma forma narcísica. Além das diferenças multiculturais na compreensão desse forte sentimento, as ideias sobre o amor também mudaram muito ao longo do tempo.

Desta sorte, entendemos que o amor interpessoal refere-se ao amor entre os seres humanos. É um sentimento mais potente do que um simples *gostar* simples de uma outra pessoa. Pode existir e manifestar-se mesmo quando não haja reciprocidade. O amor interpessoal está relacionado, associado com as relações interpessoais que os homens estabelecem entre si. Tal amor pode existir entre familiares, amigos e casais. Há também uma série de distúrbios psicológicos relacionados ao amor, como erotomania.

Com a valorização do sentimento e do valor humano, à partir de meados do século XVII a sociedade moderna tenderá a aproximar duas formas de amor tradicionalmente opostas, impondo aos cônjuges que se amem como dois amantes apaixonados, e se respeitem para além da paixão, como dois seres cuja união foi conferida por Deus.

A família formada pelo casamento passa a reunir em um mesmo projeto o amor-ágape, que se traduz por um respeito carinhoso pelo outro, no interior de uma relação fraternal, duradoura e fiel e a busca do prazer sensual. O amor conjugal passará a reunir a um só tempo, a entrega apaixonada de si, culminada pelo desejo sexual e a amizade eletiva.

Vê-se assim, apesar de significar um relacionamento amoroso muito rico, pois o outro é ao mesmo tempo objeto de culto, de desejo sexual e de amizade, esse tipo de conjugalidade apresenta um grau muito alto de risco para o cumprimento de suas promessas, pois a paixão jamais prometeu aos amantes idealizados uma vida feliz; a amizade traz a compreensão mútua, mas interdita de certa forma o gozo; o desejo conduz ao prazer, mas é avesso apura amizade, a qual pressupõe o desinteresse. A partir daí temos

[462] OVIDIO – A arte de amar, p. 11 a 13, 126.

que o fracasso da vida conjugal, se acontece, é terrível, pois representa o fracasso do desejo, da amizade, da paixão, da totalidade do amor.

Sabe-se que entre os sentimentos, o amor-paixão parece ser o mais afastado do tipo de afeição exigida no casamento, o mais afastado da amizade terna e do respeito revestido de pudor através dos quais será definida a castidade sexual dos esposos. Difícil será administrar essa dicotomia na formação da família ocidental contemporânea.[463]

Na mesma época, existiam variadas seitas místicas e doutrinas heréticas cujas ideias sobre a natureza do amor eram frontalmente opostas àquelas preconizadas pela Igreja. Entre estas destacavam-se principalmente a corrente mística unitiva e a corrente mística epitalâmica. Ambas apregoavam o culto do amor e através dele a busca da união com o ser divino por fusão ou comunhão, negavam, entretanto, o caráter sacramental do casamento, por entender que este não estava referido em nenhum texto sagrado, condenavam a procriação por entendê-la pecaminosa e tomavam por modelo a ordem social que permitisse a guerra, considerada expressão do viver coletivo, tendo por base a doutrina do amor.

Como lecionam os Mazeaud, os ideais dos filósofos do século XVIII transformaram o casamento numa verdadeira união livre, formando-se e dissolvendo-se ao prazer dos contraentes, (defendeu Rousseau a ideia do estado de natureza em matéria de constituição familiar e entendeu Voltaire que o divórcio era uma necessidade natural), observadas as formalidades estabelecidas na lei. Retira-se, assim, da família, seu fundamento principal: o casamento, passando-se a perquirir, deste modo, a equiparação jurídica das diversas formas de composição familiar, bem como do *status* legal da prole advinda da pluralidade dessas relações.[464]

Ressalta Brigitte Gaudemet que a legalização do divórcio foi necessária a fim de garantir a liberdade de culto religioso, pois algumas religiões admitiam o divórcio, valorizando, assim, em primeiro plano, os interesses da sociedade e em seguida os ínsitos à família.[465]

[463] FURTADO, José Luiz – Amor, p. 57 e 58; MALUF, Adriana Caldas do Rego Freitas Dabus – Novas modalidades de família na pós-modernidade, p. 21 a 25.

[464] MAZEAUD, Henri et Leon; MAZEAUD, Jean – Leçons de droit civil, p. 30.

[465] GAUDEMET, Brigitte Basdevant – Um contract entre l'homme et la femme?quelques points à travers l'histoire em Occident.In La contratualisation de la famille, p. 31 e 32. Preleciona ainda a professora que a França foi o primeiro país europeu católico a introduzir o divórcio em sua legislação.

Na lição de John Gilissen, na Europa ocidental a família obedeceu a um modelo patriarcal, formada por todos aqueles que sentiam entre si uma relação de parentesco. Desempenhava a família um papel essencial na formação social e jurídica do Estado, tal como o fazia nas sociedades primitivas e feudal.[466]

Um mito entretanto, permeia a ideia moderna de amor: o casamento como a realização necessária da paixão que une dois seres. Já não se fala mais na atualidade apenas no casamento entre pessoas de sexos diferentes, muitos países da comunidade internacional estão reconhecendo em seus quadros legislativos a família formada por pessoas do mesmo sexo e a família formada nos estados intersexuais.

Nesse sentido, a introdução de uma concepção mais individualista durante o século XIX valorizou, na Europa, o nascimento da família nuclear; surge também a família monoparental, fruto do divórcio e da filiação extramatrimonial, passando assim a coexistirem várias modalidades de família.[467]

Estas modalidades de família abarcam na realidade a possibilidade de se valorizar o envolvimento amoroso em todas as suas facetas, que permite a assunção da identidade pessoal individual vista no ponto de vista metafísico, o equilíbrio da sua alma e a persecução dos objetivos íntimos da existência.

No Brasil, a família tal como é conhecida, sofreu influências da família romana, da família canônica e da família germânica. É notória a influência do direito canônico em nosso direito pátrio, como consequência direta da colonização portuguesa.[468]

Em todo o período colonial e no Império, conheceu-se, como fonte formadora da família, o casamento: "casamento arranjado e o casamento por interesse", sendo estes solenes contratos sociais de grande importância de inclusão na sociedade da época. Como aduz Mary del Priore "testamentos revelam tensões entre pais que viam seus filhos contrariá-los ao casarem-se por amor". A preocupação com a manutenção do

466 GILISSEN, John – Introdução histórica ao direito, p. 563 e 564.

467 BRAHINSKY, Corinne – Droit de la famille, Paris: Dunod, 1994, p. 10.

468 GONÇALVES, Carlos Roberto – Direito civil brasileiro, 5. ed, São Paulo: Saraiva, 2008, v. 6, p. 16; BOSI, Alfredo – História concisa da literatura brasileira, São Paulo: Cultrix, 1994, p. 11.

*status* social era muito mais importante do que o amor entre as elites da época.[469]

Nesse período as práticas sociais visavam abafar a sexualidade feminina, a qualquer custo, uma vez que esta abalava o equilíbrio doméstico, a segurança do grupo social e a própria ordem das instituições civis e religiosas. O pudor e a modéstia femininas eram muito valorizadas na época. Como os casamentos eram decididos pelos pais, desde muito cedo a mulher devia ter seus sentimentos domesticados e abafados. A Igreja, através do confessionário, vigiava de perto os gestos, os atos, os sentimentos e até os sonhos das jovens moçoilas, educadas em famílias de fina estirpe da sociedade nobiliárquica colonial.

Com o desejo e as sensações pretensamente domados, eram realizados os casamentos, que podia ser com homens bem mais velhos. O vigor da sexualidade era condenado pela moral social e religiosa da época, onde a Igreja tentava regular o desejo. Assim eram condenadas as manifestações apaixonadas que levava á cópula irresponsável. A maternidade passava a ser o ápice da vida da mulher no casamento.

"O ideal do adestramento completo" como previu Mary del Priore "jamais foi alcançado por inteiro", pois já nessa época as mulheres, rebelavam-se da vaziez a que suas vidas eram submetidas e deixavam-se muitas vezes arder no fogo do desejo passional. A faceirice, a elegância, a graça, a gentileza, o encanto, esses eram atributos femininos para atrair os homens nessa época.

O adultério, assombrava os homens da época colonial brasileira. Apesar de todas as dificuldades, as referências históricas apontam para inúmeros casos de adultério.

Embora quisesse-se controlar a sexualidade feminina esta era em vão: burlava-se a vigilância de pais e maridos... a transgressão ocorria até dentro das próprias casas com outras mulheres.

A mulher do Brasil colonial reinventou a sedução, "sempre esgueirando-se pelos desvãos de uma sociedade misógina e suportando a culpa do pecado atribuído pela Igreja". O desejo, o amor apaixonado sempre "arrumou um jeito" de se manifestar, ardeu na força da paixão, comoveu, incitou os corações, reacendeu a velha arte de amar.

[469] DEL PRIORE, Mary – História do amor no Brasil, São Paulo: Ed. Contexto, 2005, p. 159.

Apesar de oprimidas e abandonadas, as mulheres sempre souberam construir sua identidade – amorosa ou sexual – amansando os homens, seja através de seus encantos naturais, seja solicitando o divórcio junto à justiça eclesiástica[470]

A importância do amor e da afetividade começou a crescer no Brasil colônia. O rapto consentido passou a ser cada vez mais comum quando o namoro não era apreciado pelas famílias. A possibilidade teórica de escolha mais livre do cônjuge apareceu em 1813, quando se reduziu a maioridade de 25 para 21 anos e o aumento da idade para se casar, passou a oferecer aos jovens melhores condições para contestarem seus casamentos forçados.

Comum também era, nos mesmos tempos, largar-se a mulher imposta e constituir nova família com outra moça que não se importasse com o status do casamento. O homem passaria assim a manter duas casas. Um pouco dessa situação também derivava do costume de a mulher casada passar a vestir-se inteiramente de preto e não utilizar mais nenhum adereço, passando a ser vista somente pelo marido.[471]

Vemos assim que o ideal do amor domesticado presente nos primórdios do Brasil colônia, nem sempre obedecia aos seus ideais preconizados. Era um amor domesticado que se perfazia na constituição da família e da prole. Estava ainda o débito conjugal permeado por uma ideia de punição e de pecado. Além disso o casamento obedecia a rígidos critérios de igualdade pois era inicialmente tido como um negócio para a vida inteira.[472]

No mesmo período colonial havia uma outra forma de família que vigia, a família indígena, de forte acento de poligamia, onde os chefes podiam viver com até catorze mulheres sem causar estranhamento. As relações de parentesco obedeciam a regramentos mais flexíveis, embora se proibisse o incesto.[473]

[470] DEL PRIORE, Mary – História das mulheres no Brasil, p. 54 e ss, 73; SODRÈ, Nelson Werneck – História da literatura brasileira, 10. ed, Rio de Janeiro: Graphia editorial, 2002, p. 68 e ss.

[471] DEL PRIORE, Mary – História das mulheres no Brasil, p. 268 e 269.

[472] SODRÉ, Nelson Werneck – História da literatura brasileira, p. 89; DEL PRIORE, Mary – História do amor no Brasil, p. 30.

[473] DEL PRIORE, Mary – História das mulheres no Brasil, São Paulo: Ed. Contexto, 2004, p. 18 e 19.

Na Europa da Idade Média, os trovadores introduzem novas relações entre homens e mulheres. Versos que continham a continência sexual conservando uma conotação carnal, que agradava à aristocracia. A aventura do amor cortês evidenciou a exaltação carnal e espiritual nas relações amorosas. Representou uma exaltação mais evidenciada do que prática, mais descrita do que vivenciada. A dama inacessível era posta em um pedestal enquanto o homem se esforçava para ganhar seus favores. O sentimento amoroso, essência de todas as virtudes, reproduzia as condições sociais existentes, apontando para uma série de provas que consistiam num método de purificação do desejo.

O momento em que a poesia trovadoresca se expande, é também aquele em que o Concílio de Latrão, de 1215, elabora a legislação do matrimônio, alçado a sacramento em 1439, no Concílio de Florença.

Ao lado do amor contido presente no casamento, desenvolvia-se um tipo diferente de amor, fora do ambiente doméstico, era o amor paixão, mantido entre os concubinos. No lugar do amor erotizado, fincava-se o casamento no amor ágape ou caritas.

Na literatura medieval, o contexto do trovadorismo, passou a tratar-se dos temas amorosos e de aventuras de cavaleiros em busca da honra e do amor de uma donzela, a produção literária desse período foi de extrema importância para a formação de uma cultura leiga na Europa. Nesse contexto, o amor cortês valorizava o amor embora o casamento nessa época, não fosse adstrito aos assuntos do amor, e sim aos interesses patrimoniais e de manutenção da linhagem a história dos sentimentos se destacou com a emergência do amor romântico e da família burguesa.[474]

O amor cortês, representou a primeira manifestação de amor como hoje conhecemos, uma relação pessoal. Surgiu no século XII com os trovadores pertencentes à nobreza da Provence, e mais tarde se estendeu para outras regiões da Europa. Representa basicamente o amor dedicado por um jovem solteiro á uma mulher casada, portanto impossível de ser conquistada, pois o adultério da esposa é a pior das transgressões, sendo seu cúmplice punido rigorosamente, mas o amante nada teme, deseja ardentemente ser merecedor do amor dessa mulher. Quando finalmente

[474] MOISÉS, Massaud – A literatura portuguesa através dos textos, São Paulo: Cultrix, 29º ed, 2002, p. 20 e ss.; CEREJA, William Roberto; MAGALHÃES, Thereza Cochar – Português – linguagens, p. 89 e ss.; DEL PRIORE, Mary – História do amor no Brasil, p. 23.

convence-a do seu valor, trocam olhares furtivos, sinais, compartilham um segredo. Estão unidos pelas leis da cortesia.

Antes do amor cortês, o que havia era o desejo sexual e a busca da satisfação, o que é muito diferente da experiência de se apaixonar-se, pois o amor verdadeiro faz elevar o espírito, numa espécie de arrebatamento oriundo do encontro de olhares, "uma experiência entre duas pessoas".

Sabe-se que do amor fazem parte a aventura e a liberdade, e não as obrigações e as dívidas, por ser um dom livremente dado. Nesse sentido antagonizava-se com a estrutura do casamento, um contrato celebrado entre as partes, sem espaço para considerações pessoais. Era consenso na época de que no casamento poderia haver estima, mas nunca amor.[475]

Segundo a mentalidade da época, o homem que toma sua mulher deve comportar-se como seu senhor, e mantê-la sob suas regras. O amor do marido por sua mulher se chama estima, e o da mulher pelo seu marido se chama reverência. Aparecem então outras formas de amor: o amor cortês, sublimado; o amor venal, com as mulheres livres; o amor livre; o amor jogo.

As relações do casal eram pouco afetivas, sendo constantemente as mulheres abandonadas, repudiadas, humilhadas ou surradas. Na concepção da época, o marido tinha direito sobre o corpo da mulher, como um usufruto; a alma pertencia a Deus, e nesse sentido, a esposa concederia a cada um, o que lhe era devido.[476]

Por temor de fragmentar a herança, mantém-se solteiros os filhos homens com exceção do mais velho. Assim, multiplicam-se nesse período o número de homens solteiros, celibatários, que nutriam grande desejo de encontrar uma donzela e se tornarem senhores, fundar a sua própria descendência e linhagem. Por conta dessas privações as fantasias de agressão e de rapto eram comuns na época.

Nesse sentido, o amor cortês nasceu como uma reação contra a anarquia dos costumes feudais. Representou uma repressão dos impulsos, pois não tinha um eminente caráter sexual, pelo contrário, de forma educativa e delicada, tinha a função de estimular o ardor dos jovens, assim como a abnegação, a submissão, a fidelidade, o desejo do bem do próximo.[477]

[475] LINS, Regina Navarro – A cama na varanda, p. 73 a 75.

[476] LINS, Regina Navarro – A cama na varanda, p. 77.

[477] LINS, Regina Navarro – A cama na varanda, p. 82 e ss.

A partir da descoberta da imprensa o amor invade as casas passando a ser analisado e valorizado como tema de reflexão, sendo assim o afeto vivido através das letras: prosa ou poesia. A ideia da presença de um poderoso amor, ao mesmo tempo carnal e espiritual se apresentava nos textos da época. Valoriza-se então a busca do prazer, elemento que permite ao casal triunfar sobre todos os impedimentos de ordem moral, cultural ou jurídicos.

Os progressos da repressão sexual levou a sociedade ocidental, condenada a respeitar a decência e o pudor, a aceitar e conhecer, mesmo de forma disfarçada a erotização dos relacionamentos, enfatizando assim as virtudes do sexo. Os poetas passam a buscar as alegrias do leito ou do beijo. "as diversas etapas do amor sensual ou do desespero amoroso nunca foram tão bem cantadas como o fizeram Ronsard ou Shakespeare, que celebraram o êxtase advindo da satisfação do desejo amoroso.[478]

Os ideais de amor cortês espalharam-se pela Europa medieval e transformou o comportamento humano em face dos ditames do amor, da afinidade, a presença dos sentimentos elevados, da experiência espiritual.

Assim, a essência do amor romântico é considerar o objeto amado precioso e difícil de possuir. Logo, deriva dessa época que o valor da mulher é efeito psicológico da dificuldade de conquistá-la, assumindo desta forma o amor formas poéticas e imaginativas, recheadas de simbolismo, contida numa forma de adoração que não podia se misturar com um relacionamento pessoal, com o casamento ou o contato físico.[479]

Durante o século XVII, já se avistava o amor como fruto de uma emoção da alma, que por sua vez era diversa do desejo puro e simples. Representava assim o amor uma dedicação ao outro marcado por um abandono de si, o desejo por seu turno, era marcado pela posse narcísica, pelo egoísmo. Mesmo assim, as emoções não eram valorizadas no ato do casamento, sufocadas em nome do sacramento, as emoções amorosas eram vividas preferencialmente fora do casamento.[480]

[478] LIGNY, Cécile de; ROUSSELOT, Manuela - La littérature française, Paris: Nathan, 1992, p. 23; BURGESS, Anthony - A literatura inglesa, São Paulo: Ática, 2. ed.,1971, p. 9, 19 e 89

[479] LINS, Regina Navarro - A cama na varanda, p. 85.

[480] CEREJA, William Roberto; MAGALHÃES, Thereza Cochar - Português - Linguagens, São Paulo: Atual Editora, 4º ed, v. 1, 2005, p. 82 e ss.; DEL PRIORE, Mary - História do amor no Brasil, p. 76 e ss.

No século XVIII, a poesia feita nas colônias, dará maior visibilidade ao amor e às práticas de sedução, auxiliando assim na disseminação do sentimento – já largamente conhecido e praticado às escondidas.

Na Europa, no mesmo período assistiu-se ao nascimento de um movimento literário ambíguo: punia-se a sexualidade de um lado e celebrava-se a volúpia sexual de outro. O amor? Contava menos que o sexo.

Em seguida, passar-se-ia a valorizar de forma cada vez mais veemente a paixão, dando-se visibilidade ao culto romântico do amor, ligando-o mais estreitamente à dor do que á felicidade. Continuava, entretanto a Igreja a querer fazer triunfar sobre os instintos, uma moral fundada na razão.[481]

Vê-se assim que após a Revolução Francesa e a industrialização, surgiu a ideia de que o casamento deveria ser fruto do amor romântico, passando-se assim a mesclar-se sexo e casamento, como fato natural.

Nesse sentido, o amor verdadeiro, já definido, seria a expressão irresistível da unção das forças da alma, com o costume e a tradição.

Até meados do século XIX o amor podia ser sintetizado de duas formas diferentes: casto e racional, oriundo do casamento e erótico, praticado fora deste. O panorama começou a mudar com a influência da literatura que pregava um amor só, consistente e erótico, afastando-se assim da sua base inicial e pondo em xeque as características culturais que dificultavam o triunfo do amor apaixonado. Começava-se assim a aproximar-se duas formas de amor tradicionalmente opostas.

Com o advento do romantismo, passou-se a valorizar o sentimento por si, o outro era apenas um objeto de desejo pelo qual o sentimento se manifestava.[482]

Como lecionam Ana Maria Machado e Moacyr Scliar, as formas de amor são construções culturais, são fruto de uma elaboração da razão humana que se apóia em condições que não são só de razão ou de sentimento, mas também sociais e culturais, embora exista no amor um impulso natural.[483]

O século XX trouxe muitas inovações decorrentes das novas estruturas políticas e econômicas que se descortinavam. No que tange ao direito de família, muitas alterações ocorreram, embora mantivessem-se ainda

[481] DEL PRIORE, Mary – História do amor no Brasil, p. 84 a 86.

[482] DEL PRIORE, Mary – História do amor no Brasil, p. 214.

[483] MACHADO, Ana Maria; SCLIAR, Moacyr – Amor em texto, amor em contexto, p. 9 e ss.

muitas das estruturas que se estabeleceram no longo dos tempos, fruto ainda da perpetuação da consciência jurídica popular.

Os princípios de liberdade e igualdade consignados no período possibilitaram a disseminação do divórcio e o reconhecimento da família natural ao lado da então denominada família legítima. Também se relativizaram os conceitos de autoridade marital e parental. Nesse sentido, houve uma significativa alteração dos costumes e uma evolução paralela da legislação familista, dando égide à valorização da individualidade dos membros do casal.[484]

O amor passou a permear a escolha do parceiro como razão legítima para a formação da família (seja casamentária, seja formada na união estável ou homoafetiva), visam, numa acepção psicológica realizar através da formação da família tudo aquilo que a fantasia criou, que a mente absorveu que a interpretação da realidade viabilizou.

Essas mudanças por sua vez, influenciadas pelas formas de viver e de pensar, provocaram uma ruptura no modelo ético adotado pelo comportamento do homem e da mulher, os paradigmas vão se alterando e os pares vão paulatinamente sendo escolhidos mediante afeição e afinidades. O casamento de conveniência passa a ser vergonhoso e o amor passa a ser o cimento da relação.

Tal como prelecionam os Mazeaud "o legislador não tardará a ceder à dupla corrente representada pelo costume e pelo pensamento".[485]

A implementação da industrialização que levou à entrada da mulher no ambiente de trabalho, fez com que se alterasse significativamente o pensar das relações. Assim, o amor e a prática do namoro, passou a obedecer a outros regramentos. Inicialmente aceito de forma tímida e vigiada, conheceu uma flexibilização dos costumes, que permitiu o estreitamento das relações, bem como a própria estrutura do processo de vivência dessa relação. A afinidade sexual, entretanto, não era valorizada nesse momento.

O amor homossexual também não era aceito ou valorizado. Os casais, vítimas de todos os preconceitos, tiveram que viver seu amor nas sombras, pelo menos até meados dos anos 60, sendo-lhes imputados tratamentos químicos e até cirúrgicos para o seu "problema", ou mesmo o confinamento em hospícios psiquiátricos.

[484] SAN TIAGO DANTAS – Direitos de família e das sucessões, p. 65 a 76.

[485] MAZEAUD, Henri et Leon; MAZEAUD, Jean – Leçons de droit civil, p. 33.

Tal como demonstra Mary Del Priore, já em 1947 o médico legal Jorge Jaime já defendia a possibilidade do casamento homossexual, entendendo que assim evitar-se-ia a prostituição masculina e o erro a que seriam submetidas moças puras em se casar com homossexuais enrustidos.[486]

Com a revolução sexual, ocorrente nas décadas de 60 e 70, marcada com a chegada da pílula anticoncepcional no Brasil, a moral sexual se flexibiliza e o amor passa a ser valorizado. As separações ocorriam de forma mais acentuada assim como o estabelecimento de casos paralelos.

As relações extraconjugais tornaram-se aceitáveis na medida em que contribuem para a manutenção do casamento, sendo que a infidelidade se transforma em um dever imposto pela conquista da felicidade erótica quando o casamento não sugere mais um ideal de amor. "Tornar a sexualidade exequível no interior de um contrato, é o objetivo da sexologia contemporânea".[487]

Na pós-modernidade o amor e a família conheceram uma nova realidade. A segunda metade do século XX assistiu a um processo sem precedentes de mudanças na história do pensamento e da técnica, que levaram a uma alteração paradigmática no modo de se pensar a sociedade e suas instituições.

Desta forma, com a mudança dos costumes e dos valores, a gênese dos relacionamentos amorosos passou a estar mais fincada no afeto e na valorização da dignidade da pessoa humana, observadas as peculiaridades que envolvem o ser individualmente considerado.

Segundo a concepção de Jung, num determinado momento da história de um povo, emerge uma nova crença coletiva, possibilitando o surgimento de novos valores, ou novas maneiras de se pensar o universo, integrando ao inconsciente coletivo.[488]

É o que aconteceu na atualidade!

Para Giselda Hironaka, "a estrutura da família foi se alterando paulatinamente com a mudança dos costumes, dos valores, com a introdução de novos comportamentos e novos princípios, com o abandono de matizes em desuso".

[486] DEL PRIORE, Mary – A história do amor no Brasil, p. 298.

[487] FURTADO, José Luiz – Amor, p. 95.

[488] JOHNSON, Robert A – We – a chave da psicologia do amor romântico, p. 15.

Aponta como elementos transformadores da família contemporânea a independência econômica da mulher, a igualdade e emancipação dos filhos, o divórcio, o controle de natalidade, a reprodução assistida, a reciprocidade alimentar, a afetividade, e mesmo a autenticidade, que "tornaram a estrutura familiar mais maleável, adaptável às concepções atuais da humanidade"; alteram-se, assim, cotidianamente, a família e as relações familiares, que passam a desempenhar distintos papéis, onde sem dúvida o principal deles é a valorização da função afetiva da família que se torna o refúgio privilegiado dos indivíduos contra as pressões sociais e econômicas interpostas pela existência.[489]

Assim, adotaram-se hábitos e instituições mais flexíveis e abertos, que, recusando as estruturas rígidas e uniformes, hierarquizadas do passado, fazem vigorar o ecletismo cultural, a informação, o estímulo das necessidades. Liberam-se os costumes, fazendo-se prevalecer a inclusão sobre a exclusão, abandonam-se as ideologias dominantes hegemônicas, ampliando-se nesse sentido a autonomia individual e a valorização da realização pessoal do indivíduo. Essa abertura ideológica abarca os diversos planos da existência humana – as escolhas pessoais, a sexualidade, as barreiras ideológicas de expressão individual. Valoriza-se a essência do ser humano e suas reações às diversas forças a que é submetido.[490]

Para Luc Ferry, "o século XX funcionou como um ácido, fazendo desmoronar, ou pelo menos apagar, os princípios de sentido e valor que formavam os quadros tradicionais da vida humana".

Tendo em vista as intensas modificações que a pós-modernidade trouxe para a vida social e para o direito, temos que a afetividade se tornou um dos seus sentidos principais; fazendo com que a família, deixe de fundar-se na conveniência, passando a valorizar a verdade, a *affectio,* alterando significativamente o sentido da vida.

"A história da família moderna, fundada no sentimento, vai mostrar que a única coisa que vale a pena, no final, é a pessoa, relacionando, assim,

[489] HIRONAKA, Giselda Maria Fernandes Novaes – A incessante travessia dos tempos e a renovação dos paradigmas: a família, seu *status* e seu enquadramento na pós-modernidade. In. Direito de família diversidade e multidisciplinariedade, Porto Alegre, IBDFAM – RS, 2007, p. 12 a 14.

[490] MIZRAHI, Mauricio Luiz – Família, matrimonio y divorcio, Buenos Aires: Editorial Astrea, 1998, p. 62 e 63; MACHADO, Ana Maria; SCLIAR, Moacyr – Amor em texto, amor em contexto, São Paulo: Papirus/7 mares, 2009, p. 8.

a vida privada como verdadeira Meca da existência, a exaltação dos princípios democráticos, e a valorização da vida afetiva sob todas as suas formas, buscando a felicidade."

Como leciona Carbonnier, "a família é um fenômeno de grupo, de associação e dissociação, que subsiste pela diferença e pela satisfação de necessidades diversas, dentro da amplitude do quadro social, que se transforma no tempo, nas funções, nas estruturas, e continuará sempre a se transformar, certamente agrupando formas novas, impondo novos contornos".[491]

Pode-se entender, assim, a família na pós-modernidade como aquela que faz emergir novas formas de sentido, oriundo das transformações históricas e ideológicas que sofreu.

Em relação às características intrínsecas das diversas modalidades de família, que vêm se descortinando, podemos entender que convivem simultaneamente a família casamentária, a família formada na união estável, a família concubinária, a família monoparental, a família unilinear, a família homossexual e a família formada nos estados intersexuais; a família mosaico ou reconstituída; a família unipessoal; a i-famillly; entre muitas outras formas que vem se descortinando a cada dia.

Tendo em vista que um dos pilares do século XX foi o desenvolvimento de um processo de construção de uma cultura em nível global, que gerou uma desconstrução do modelo anteriormente conhecido, determinado, dando espaço para o nascimento de formas novas de relacionamento cultural, onde entendemos vem situar-se a nova visão principiológica da família, alçada em valores como a identidade, a verdade, a opção, o amor, o afeto e o encantamento, entendemos que dentro deste panorama, nada obsta a pertinência do reconhecimento da família formada por pessoas do mesmo sexo, ou mesmo nos estados intersexuais, uma vez que o elo coesivo de seus partícipes, o amor e o afeto, permeia essas relações ao lado da exclusividade, da transparência, da publicidade e do consentimento que caracterizam as outras formas de família.

A pós-modernidade traz consignada a valorização precípua da verdade e da realização pessoal, a busca do prazer, deixando de lado o conformismo e a comodidade, fortemente associada à noção de dever dos tempos anteriores. Abre-se, então, espaço para que o homem, liberto de fortes amarras

[491] CARBONNIER, Jean – Flexible droit, 8 édition, Paris, LGDJ, 1995, p. 239.

de preconceito e noções comportamentais pré-estabelecidas, passe a buscar sua real felicidade, tendo em vista suas opções e preferências.[492]

Representa nesse sentido, "o momento histórico preciso em que todos os freios institucionais que se opunham à emancipação individual desaparecem, dando lugar à manifestação dos desejos subjetivos, à realização individual, ao amor-próprio. O âmbito social não é mais um prolongamento do privado".[493]

Estabelece a família na contemporaneidade, uma forma mais plural e menos conservadora, mais democrática, menos autoritária, mais humanizada, voltada para a valorização do homem, suas crenças princípios e sobretudo os anseios de sua alma.

O amor tomou, portanto, outro vulto: passou a ocupar um papel de destaque. Entretanto, estabeleceu-se uma contrapartida, a liberdade amorosa trouxe a responsabilidade e a solidão. Nesse sentido vê-se que o limite imposto pela tradição, também viabilizou a perpetuação das instituições, sendo por outro lado o mal do homem pós-moderno o tudo agora. Quer amor, segurança, fidelidade, liberdade, fusão e individualidade. O domínio da sexualidade tornou-se um fardo para os mais jovens, pois sua valorização é extrema.

E o amor? Como sabemos ele traz em seu bojo a dependência, a rejeição, a servidão, o sacrifício, a adaptação, a transformação.

Nas palavras de Mary del Priore "há grande contraste entre o discurso sobre o amor e a realidade da vida dos amantes", que vemos está cada vez mais dificultada pela própria liberdade e aceitação desenfreada que tanto buscara.[494]

Novas modalidades relacionais surgem todos os dias mesclando os ditames do amor romântico, da atração, do desejo, do sexo, da luxuria, da afetividade, das diversas modalidades de amor, com os progressos das ciências e da tecnologia.

Assim, o reconhecimento do amor, adquire novas formas na pós-modernidade, para além dos namoros e casamentos "arranjados" com

[492] HIRONAKA, Giselda Maria Fernandes Novaes – A incessante travessia dos tempos e a renovação dos paradigmas: a família, seu status e seu enquadramento na pós-modernidade, p. 19.

[493] LIPOVETSKY, Gilles – O tempos hipermodernos, São Paulo: Barcarolla,2004, p. 8 e 9; 23.

[494] DEL PRIORE, Mary – História do amor no Brasil, p. 321.

visa a satisfação financeira e social das famílias, um novo lócus de relacionamento se descortinou: o namoro virtual.

Vê-se assim que a evolução das leis e dos costumes provocou intensa reorganização nas relações interpessoais, isso decorre, sabemos, de uma individualização do homem no seio da família, onde a relação amorosa passou a fazer parte da base da formação do casal e é valorizada como a condição necessária para a manutenção do elo conjugal. O reforço positivo desse amor na vida cotidiana tem a responsabilidade basilar de garantir a coesão da família.[495]

Este, muitas vezes ungido aos grandes sites de relacionamento, faz descortinar grandes experiências no plano afetivo e sexual, tornando-se um fato bastante presente na vida moderna, uma vez que dinamiza a vida social e relacional muitas vezes exasperada pela carga horária alucinante da vida moderna.[496]

Os mitos modernos que permeiam a relação conjugal na pós-modernidade são: o mito da completude (pois continuamos a acreditar que existe um outro que nos completa);o mito da transparência (que substitui o voto de fidelidade, no sentido de que trata-se de um compromisso mútuo de comunicar ao parceiro todos os sentimentos e desejos, inclusive o compartilhamento de confidências de eventuais envolvimentos paralelos. O objetivo desse mito é o de evitar o sentimento de exclusão da intimidade do outro, aliado à busca da fusão e da cumplicidade);o mito da liberdade; o mito da perfeição (que impõe que o relacionamento amoroso não possa ter rachaduras, que levaria à perda total do investimento feito. Pensamos que o relacionamento amoroso precisa necessariamente adentrar a realidade fática humana tal qual ela se apresenta, ou seja, naturalmente imperfeita,

495 TAP, Pierre – Couples et familles.Dynamique des changements, causes et perspectives. In. DUPUY, Geneviève Bergonnier; ROBIN, Monique – Couple conjugal, couple parental:vers de nouveaux modèles, Paris; Éditons Éres, 2007, p. 251.

496 Os sites de relacionamento representam hoje uma versão atualizada das antigas agências de matrimônio, e oferecem em seus quadros além dos candidatos ao casamento, interessados em relacionamento casual, ou interação virtual sem compromisso sério. A escolha dos parceiros também ficou facilitada: a qualquer hora, de qualquer lugar, acessa-se o perfil dos candidatos, podendo escolher suas qualificações segundo a escala pessoal de valores. Pesquisa realizada pelo grupo Meetic que controla no Brasil o site Par Perfeito 2,5 milhões de visitantes acessam o site por mês no Brasil (e 15,5 milhões o fazem no mundo).Fonte: O amor nos tempos da internet. In. Revista Época, set 2009, n. 592, p. 108 e ss.

com oscilações de natureza econômica, psicológica, trabalhista, educacional, além de outras mudanças circunstanciais que podem ocorrer); mito da paixão fugaz (que ilude os amantes fazendo-os crer que manterão para sempre a loucura fictícia dos primeiros tempos) além do mito do casal modelo – imune a toda e qualquer intempérie.[497]

Na atualidade a função social da família, abrange diversos âmbitos: religioso, político, econômico, de proteção, procriativo, sociocultural; mas sobretudo, são as funções de amparo e apoio mútuos (onde o amor aparece sob a forma de solidariedade) que se sobressaem pois representa a família o *locus* de inserção do indivíduo, que possibilita o desenvolvimento de sua personalidade e potencialidades, abrangendo diversos valores sociais a serem protegidos, como o valor à vida, à saúde, à moradia, à igualdade entre outros.[498]

### 4.6.2. As diversas modalidades de família

Tendo em vista o amor que une dois seres, na pós-modernidade, a legislação dos diversos países estende sua proteção às mais diversas formas de formação familiar, baseadas no afeto e no desejo sincero de constituir uma relação estável e duradoura, libertando o indivíduo da força opressora do costume possibilitando o desenvolvimento de sua personalidade e consequente realização pessoal.

A presença da afetividade na gênese das relações familiares faz-nos ver à luz do pensamento de Jacob Dolinger a estreita relação que existe entre o direito e o amor, pois consiste a relação conjugal ou convivencial na mais pura expressão da alma, sendo capaz de elevar os sentimentos e com eles as crenças e atitudes em relação a Deus, à bondade, à tolerância entre os povos, agindo como concebeu Freud "como um fator civilizador" que produz efeitos não só no plano individual como no coletivo.[499]

Desta forma, valorizando ao mesmo tempo amor e cultura, ao lado da família matrimonial, largamente difundida no mundo do direito, nos diversos momentos históricos, encontramos atualmente uma pluralidade

[497] ARATANGY, Lídia Rosemberg – O anel que tu me deste – o casamento no divã, p. 27 a 37.

[498] MALUF, Adriana Caldas do Rego Freitas Dabus Maluf – Novas modalidades de família na pós-modernidade, São Paulo: Atlas, 2010, p. 43 a 47.

[499] DOLINGER, Jacob – Direito & Amor, p. 4 e 5.

relacional constituída fora do matrimônio, onde podemos apontar: a união estável, o concubinato, a monoparentalidade, a união livre, a família homoafetiva, a família nos estados intersexuais, a poliafetividade, a e-family, a uniparentelidade, a família unipessoal, a família multiespécie entre outras.

#### 4.6.2.1. A família casamentária

O casamento sempre foi a base constitutiva da família legitima. Entretanto, com o desenvolvimento das sociedades e alteração dos costumes, modificou-se também a conceituação da família, retirou-se a primazia da família matrimonial como sendo "a família legítima" e estendeu-se sua proteção a outras modalidades de família que também recebem proteção legal e ideológica.

Na lição de San Tiago Dantas "na sociedade moderna ocidental, o matrimônio monogâmico é a base geral sobre a qual se assenta a família, sendo que cada vez mais se busca dentro da evolução social a que se assiste, o equilíbrio do homem e da mulher na relação conjugal, em cujo fundamento se prevê uma sobreposição do interesse social sobre o interesse individual".[500]

Para Washington de Barros Monteiro e Regina Beatriz Tavares da Silva casamento é "a união permanente entre o homem e a mulher, de acordo com a lei, a fim de se reproduzirem, de se ajudarem mutuamente e de criarem os seus filhos...a reprodução não é mais a finalidade precípua do casamento, devido ao fato de que muitos casais optam por não ter filhos, mas o mútuo adjutório sim, sempre foi e será não só a finalidade, mas o efeito jurídico do casamento".[501]

As finalidades do casamento são basicamente constituir a família tradicional, procriação, realizar a comunhão de vida e de interesses através da *affectio maritalis.*

"A principal finalidade do casamento é estabelecer uma comunhão plena de vida, oriundo do amor do casal, baseado na igualdade de direitos e deveres dos cônjuges e na mútua assistência"; sendo os demais objetivos

[500] SAN TIAGO DANTAS, F C – Direito de família e das sucessões, p. 13 e 14.

[501] MONTEIRO, Washington de Barros; SILVA, Regina Beatriz Tavares da – Curso de direito civil, p. 23.

que normalmente se atribui ao casamento secundários – não essenciais – como a procriação ou a satisfação sexual.[502]

Não encontramos na doutrina civil clássica doutrina pátria uma definição expressa do que seja em si o casamento, podemos entendê-lo como um ato solene, com forma prevista em lei, que tem em vista a formação de um grupo social, que visa o amparo mútuo dos seus partícipes em todas as esferas da vida íntima, baseado em afeição genuína, com finalidade de crescimento interior, desenvolvimento das intrínsecas potencialidades, visando o bem-estar, a felicidade, a perpetuação do ser humano em observância da higidez da sociedade.

A importância do casamento na doutrina civil advém do significado que a sociedade tradicionalmente atribui à família.

Completa Paulo Nader que "amor e responsabilidade são os valores que devem preponderar no casamento, pois a plena integração dos cônjuges representa uma garantia à continuidade da união ao mesmo tempo que viabiliza o crescimento individual. Nesse sentido, se a relação familiar é sólida, harmônica, o espírito se encontra em condições de realizar projetos. Ao contrário, a falta de harmonia no lar retira dos consortes a paz interior, indispensável à vida saudável e à concentração de energias para as atividades profissionais. Mais grave ainda são os reflexos negativos na formação e autoconfiança dos filhos". Muitos civilistas como Orlando Gomes e Clovis Bevilaqua entendem o exercício da sexualidade como a razão determinante do casamento.[503]

### 4.3.3.2. A família formada pela união estável

Também a união estável passou a ser reconhecida como uma forma legítima de constituição familiar. Recebe amparo constitucional, no art. 226 § 3º da Constituição Federal. Considera-se união estável a entidade familiar estabelecida entre o homem e a mulher, de forma pública, contínua e duradoura, com *animus* de constituir uma família, diferente do concubinato, que restringe-se às relações entre homens e mulheres impedidos de casar.

[502] GONÇALVES, Carlos Roberto – Direito civil brasileiro, 5. ed., São Paulo: Saraiva, 2008, v.VI, p. 30 e 31.

[503] NADER, Paulo – Curso de direito civil, 4. ed., Rio de Janeiro: Forense/Gen, 2010, v. 5, p. 38 e 39.

No Brasil, define-se união estável, à luz do artigo 1723 do Código Civil, como a entidade familiar entre o homem e a mulher, configurada na convivência pública, contínua e duradoura, e estabelecida com o objetivo de constituição da família. Note-se que a menção expressa dos termos "homem" e "mulher" afasta a possibilidade de configurar-se união estável entre seres do mesmo sexo.

Impõe-se para a constituição da união estável, tal como disposto no artigo 1723 § 1º do Código Civil, a observância dos impedimentos previstos no artigo 1521 do Código Civil, e dos deveres recíprocos entre os companheiros elencados no art. 1724 do Código. Não vigoram, entretanto, as causas suspensivas previstas no artigo 1523, tal como dispõe o artigo 1723 § 2º do mesmo Diploma Legal.

Consistia, portanto, a união estável, na ligação entre o homem e a mulher, marcada pela ausência da celebração do casamento, mas que apresente o *animus* de se manter uma comunhão de vida estável, durável e pública, com aparência de casamento, onde se atribui aos companheiros o dever de lealdade similarmente ao dever de fidelidade dos cônjuges, não sendo necessária a coabitação para configurá-la.[504]

Entende Álvaro Villaça Azevedo que o início da convivência se dá sem a observância de qualquer formalidade de celebração, mas pelas consequências que encerra equipara-se, em verdade, a um casamento de fato, pois vivem os conviventes como se fossem marido e mulher, sem o ser.[505]

Pode-se ver, que muitos reflexos do casamento encontram-se consignados na união estável, tendo em vista a socialização do direito. No entendimento de Jean Carbonnier "a verdade é que por trás de sua aparência de independência, a união fora do casamento, é como que teleguiada pela presença do casamento ou ainda, anteriormente, pela presença da sociedade".[506]

Assim sendo, podemos concluir que a família formada pela união estável, representa um fato natural e bastante presente na sociedade através dos tempos históricos, legitimada na realidade brasileira pela jurisprudência, por leis esparsas até encontrar respaldo constitucional,

[504] CORNU, Gerard – Droit civil – la famille, p. 86 e 87.

[505] AZEVEDO, Álvaro Villaça – Estatuto da família de fato, São Paulo: Ed.Jurídica brasileira, 2001,p. 298 e 299.

[506] CARBONNIER, Jean – Flexible droit, p. 222.

rompendo assim com a injustiça, o casuísmo, o preconceito, permitindo que o homem inserido na tipologia de família que melhor lhe convier, possa tendo sua intrínseca dignidade valorizada, desenvolver os atributos inerentes à sua personalidade.

Na atualidade, em recente votação ocorrida em 5.5.2011, o Supremo Tribunal Federal, por unanimidade acordou em equiparar a união estável homossexual à união estável heterossexual, em todo o seu alcance, tendo em vista os princípios constitucionais da dignidade da pessoa humana, da liberdade e não discriminação, marcantes no Estado democrático de direito.

#### 4.3.3.3. Da diferenciação entre união estável e namoro qualificado

Uma questão muito discutida na atualidade é a diferenciação da união estável e do simples namoro. Para diferenciar os dois institutos, inicialmente devemos ater-nos à constituição do próprio instituto. Como saber se a relação configura um namoro ou uma união estável? É possível formalizar um documento para constituir um ou outro? Quais as consequências jurídicas de um e de outro? Quais os direitos dos companheiros na união estável? E dos namorados?

Como saber se a relação configura um namoro ou uma união estável?

Diferente da união estável que tem previsão constitucional e vem regulada pelo Código Civil, o namoro não é conceituado pela lei. Assim sendo, não há requisitos a serem observados para sua formação, a não ser os requisitos morais, impostos pela própria sociedade e pelos costumes.

Nesse sentido, os costumes e a moral nos trazem a ideia de que para uma relação ser considerada um namoro, deve estar presente a fidelidade recíproca, a constância da relação e a publicidade – marcada pelo conhecimento do relacionamento por parte da família e dos amigos do casal.

Nada impede, no entanto, que alguns relacionamentos quebrem essas regras morais. Há namoros em que não há fidelidade, inclusive com a concordância mútua dos namorados nesse sentido. É o chamado "relacionamento aberto". Esse fato, por si só, não desconfigura a existência da relação, que na prática existe, e pode ser chamada de namoro ou um mero "caso". Da mesma forma, um namoro pode ser uma relação eventual, ou uma relação da qual nenhuma pessoa tenha conhecimento, além do próprio casal.

Portanto, para que configure o início do namoro, basta que duas pessoas iniciem um relacionamento amoroso, o que abrange desde encontros casuais, até relacionamentos mais sérios, em que há publicidade, fidelidade e uma possível intenção de casamento ou constituição de união estável no futuro.

No entanto, a confusão que pode surgir entre o namoro e a união estável ocorre nas relações nas quais há observância das regras morais impostas pela sociedade. São aqueles relacionamentos duradouros, com convivência contínua do casal, em que há fidelidade mútua, pelo menos na aparência, no qual ambos se apresentam na sociedade como namorados.

A doutrina divide o namoro em simples e qualificado. O namoro simples é facilmente diferenciado da união estável, pois não possui pelo menos algum de seus requisitos básicos. É, por exemplo, o namoro às escondidas, o namoro casual, o relacionamento aberto.

Já o namoro qualificado apresenta a maioria dos requisitos também presentes na união estável. Por esse motivo é tão difícil, na prática, encontrar as diferenças entre a união estável e o namoro qualificado.

Entretanto, muito embora as semelhanças existentes entre ambos, o que os diferencia é o objetivo precípuo de constituir família – presente na união estável e ausente no namoro qualificado.

Para que se forme a união estável, o relacionamento amoroso deve ser contínuo e não casual; deve ser público – a discrição não desconstitui a união estável. O que não se admite é a união secreta; e por fim a união deve ser duradoura.

A coabitação não é requisito para se constituir a união estável. Desta forma, um casal pode conviver em união estável, mesmo que em casas diferentes. Na prática, porém, a união estável só vai se configurar nestes casos quando a residência em casas separadas tiver uma causa justa, como por motivos profissionais.

Além disso, deve ser observado a inexistência de impedimentos matrimoniais, previstos nos incisos do artigo 1.521 do Código Civil.

Assim sendo para a constituição da união estável, o casal deve manifestar a sua vontade de constituir família, vivendo nesse sentido como se casado fosse. Isso significa dizer que deve haver assistência moral e material recíproca irrestrita, esforço conjunto para concretizar sonhos em comum, participação real nos problemas e desejos do outro entre outros.

No namoro qualificado, por outro lado, embora possa existir um objetivo futuro de constituir família, não há ainda essa comunhão de vida. Apesar de se estabelecer uma convivência amorosa pública, contínua e duradoura, um dos namorados, ou os dois, ainda preservam sua vida pessoal e sua liberdade. Os seus interesses particulares não se confundem no presente e a assistência moral e material recíproca não é totalmente irrestrita.

A pós-modernidade trouxe o questionamento em matéria de formalização das relações amorosas: qual seria a validade do contrato celebrado como forma de constituição do namoro ou união estável? É possível formalizar um documento para constituir um namoro ou uma união estável?

Primeiramente, é importante salientar que o artigo 1.723 do Código Civil é norma de ordem pública. Assim sendo, não é possível que o casal renuncie qualquer dos requisitos de formação da união estável, mesmo se ambos estiverem de mútuo acordo. Isso significa que o "contrato de namoro" não tem validade para evitar a configuração da união estável, a qual se constituirá com ou sem contrato, desde que os seus requisitos estejam, de fato, presentes. Por outro lado, não significa que um contrato de namoro não possa ser celebrado. Embora não apresente condições de validade em inobservância do texto de lei, funciona como um instrumento útil para registrar a vontade do casal. (Isso porque, em algumas situações, é muito difícil de saber e de provar se determinado indivíduo tem ou não o intuito de constituir família). Sem dúvida alguma, uma declaração escrita exterioriza e comprova a intenção dessa pessoa, é muito importante em eventual processo judicial.

Devem estar presentes os requisitos de probidade e boa-fé, nos termos do artigo 422 do Código Civil, pois no advento de haver declarações mentirosas que tente descaracterizar a união estável quando os requisitos estão presentes, este será eivado de nulidade. Da mesma maneira, não é possível que o casal pactue viver em união estável, simulando um fato inexistente, caso os requisitos do artigo 1.723 do Código Civil não estiverem realmente preenchidos. Assim, por exemplo, um contrato de união estável não terá validade para um casal que estabeleça uma relação sem o objetivo de constituir família. Caso fique comprovado que o relacionamento é desprovido de qualquer dos requisitos da união estável, este contrato também será nulo.

Diferentemente dos companheiros, cujos direitos pessoais e patrimoniais são resguardados pela lei, os namorados não têm direito à herança nem aos alimentos. Assim sendo, com o fim do namoro, não há qualquer direito na meação dos bens do ex-namorado. Aliás, nem há que se falar em regime de bens ou em partilha de bens entre namorados.

Os namorados, por sua vez, não têm qualquer direito, pois o namoro não é uma entidade familiar. Entretanto, caso haja contribuição financeira de um dos namorados em algum bem que seria utilizado pelo casal no futuro, e, se dessa contribuição sobrevier prejuízo comprovado com o fim do namoro, o ex-namorado prejudicado tem direito ao ressarcimento, pois o nosso ordenamento jurídico veda o enriquecimento sem causa.[507]

#### 4.6.2.4. Dos esponsais

Diferente é a situação jurídica oriunda do noivado, tendo em vista os esponsais. Os esponsais são podem ser definidos como a promessa recíproca de casamento que fazem um homem e uma mulher, popularmente conhecido por noivado, corresponde à fase preparatória para o matrimônio.

Trata-se, na realidade, de uma promessa de contratar, uma vez que o negócio jurídico correspondente ao casamento, só se concretizará no momento de sua celebração, preenchidos os requisitos legais. Desta sorte, antes da celebração em si do ato formal do casamento, é comum entre os pretendentes a realização da promessa de casamento, através da qual formalizam, diante da família, sua intenção de se casar, sem haver, no entanto, a obrigação de estabelecer-se ali, a data exata do evento.

O Código Civil de 1916 não regulou os esponsais e consequentemente nem a responsabilidade decorrente do rompimento do noivado, bastando para tanto a aplicação da regra geral da responsabilidade civil, constante do art. 159 da Lei Civil.

Entretanto, era prevista a possibilidade de a mulher, quando acometida em sua honra, reclamar de seu ofensor um dote correspondente à sua condição e estado, quando seduzida, mediante promessa de casamento não cumprida, em seu art. 1548.

[507] MALUF, Carlos Alberto Dabus; MALUF, Adriana Caldas do Rego Freitas Dabus – Curso de direito de família, 4. ed., São Paulo: Saraiva, 2021, p. 372 e ss.

Também não o regulou o Código Civil de 2002. Entretanto, no art. 186 estabelece a regra geral dos atos ilícitos, que se aplica a todas as relações civis.

Inexiste, entretanto, qualquer medida judicial que obrigue o noivo arrependido ao cumprimento da promessa de matrimônio, pois o consentimento deve ser dado precisamente no instante da celebração do casamento.

A promessa de casamento, enquanto intenção, não pertence ao universo do direito das obrigações, pois não tem cunho patrimonial, sua natureza funda-se em ato de natureza pessoal, de caráter eminentemente afetivo.

É possível, por outro lado, que um dos noivos venha a sofrer prejuízo material com a ruptura injustificada da outra parte, arrependida, advindo das despesas inerentes ao preparo das bodas. Neste caso, provada a culpa do arrependido, assiste ao prejudicado direito de obter judicialmente a reparação do dano.

À luz dos princípios emanados da Constituição Federal de 1988, art. 5º, X, fica assegurado o direito à indenização por danos morais, no caso de rompimento injustificado de promessa de casamento. Nesse sentido, caberá ação de ressarcimento sob esse fundamento, a ser intentada pelo noivo que seja moralmente atingido em sua honra pela ruptura do compromisso de casamento; uma vez que além de eventuais prejuízos de ordem patrimonial, também podem advir desordens de origem psicológica, cuja reparação ensejam danos morais. "Aplica-se, para que subsista semelhante responsabilidade, a regra do art. 186 do Código Civil, segundo a qual fica obrigado a ressarcir aquele que, por ação ou omissão voluntária, negligência ou imprudência, violar direito e causar dano a outrem".[508]

O fundamento da responsabilidade civil no rompimento injustificado do noivado é a culpa, ou seja, trata-se de responsabilidade subjetiva.

Nesse sentido, é necessária a reunião dos seguintes fatores: ter a promessa de casamento sido feita livremente pelos noivos seguida da recusa em cumpri-la, sendo ela feita de forma expressa ou tácita – resta claro entretanto, que existindo impedimentos legais para o casamento, a promessa deve ser entendida como nula, devido á natureza do objeto

[508] MONTEIRO, Washington de Barros; SILVA, Regina Beatriz Tavares da – Curso de direito civil, p. 113.

não ser licita, podendo ser configurado dolo em algumas situações práticas onde ocorre a pura omissão de fato impeditivo pela outra parte, como não informar o outro que já se é casado; ter havido a recusa injustificada do rompimento, além da existência do nexo causal e que exista dano, uma vez que, comumentemente, o rompimento dos esponsais importa em repercussões de caráter psicológico, pecuniário e moral.

Nesse sentido, "deverá o juiz examinar o caso concreto para poder assim decidir sobre a causa justa que dará lugar à indenização".[509]

Assim sendo, àquele que se vê frustrado com o abandono na iminência de se casar – seja como se diz "à porta da igreja", seja quando envolvido em situações que diretamente que comprometam a honra e a boa reputação dada a repercussão social do fato, teria legitimidade para pleitear a reparação por danos morais. Eventuais despesas pecuniárias envolvidas nas bodas, devem também integrar o quantum da reparação.

Em relação à indenização do dano material, que decorre de gastos realizados em virtude do casamento futuro, devem ser levadas em conta a razoabilidade dos gastos e a concordância prévia da outra parte. Gastos exorbitantes, feitos sem o consentimento do outro, não devem ser indenizados. O razoável, como esclarece Antonio Chaves, é que "as expensas sejam ressarcíveis na medida em que corresponda às condições econômicas das partes, alcançando as efetivamente desembolsadas e as que o noivo ou a noiva se haviam comprometido a contrair".[510]

Assim, em síntese, não é o simples rompimento do noivado que gera a possibilidade de ressarcimento de danos morais. O término do amor é um risco que permeia os relacionamentos afetivos, por diversos motivos que perpassam à ordem objetiva e subjetiva da existência. O rompimento do noivado representa o exercício regular de um direito, personalíssimo, pois ninguém é obrigado a casar sem o querer, dadas as repercussões de grande envergadura que decorrem do ato matrimonial – mudança de estado, formação da família, deveres e obrigações frente à pessoa do outro cônjuge e à consequente prole. A exposição do outro a situação vexatória, perante a comunidade social a que pertença, é que pode ensejar

[509] DINIZ, Maria Helena – Curso de direito civil brasileiro, p. 45 e 46.

[510] CHAVES, Antonio – Tratado de direito civil – direito de família, São Paulo:Revista dos Tribunais, 1991, v. 5, t. 1, p. 88.

o dano moral. Atitudes como o abandono "à porta da Igreja", sumiço intempestivo de um dos noivos, não dar o respectivo consentimento no momento da celebração da cerimônia oficial do casamento, permitir a distribuição dos convites de casamento, já tendo em mente que este não vai se realizar, entre outros, são critérios factíveis para a averiguação do constrangimento capaz de causar dano à honra e boa imagem social do outro.

No caso de doação feita em contemplação de casamento futuro, ficará esta sem efeito, se o casamento não se realizar, assim como a instituição de beneficiário de seguro, no mesmo sentido.[511]

Pode ainda ocorrer a formação de sociedade de fato entre os noivos, sendo que neste caso não se detém qualquer tipo de contrato ou documento que estipule os direitos e obrigações dos sócios, nem tampouco os objetivos sociais da empresa, ou registro no órgão competente.

Por analogia, pode-se entender possível a configuração de sociedade de fato entre os noivos, com o objetivo de construção de um patrimônio comum, com vistas ao futuro casamento. Cria-se deste modo uma verdadeira sociedade de fato entre os noivos quando, confiantes um no outro, adquirem bens em nome apenas de um deles.

Assim sendo, uma vez desfeito o noivado, "deve ser provada a contribuição de cada parte para a divisão do bem de acordo com a participação no valor do patrimônio adquirido".

A justificativa da aplicação dos princípios e efeitos da sociedade de fato ao noivado é a vedação do enriquecimento sem causa como princípio norteador de todo o Direito Civil.

Conforme disposição do art. 884 do Código Civil: "Aquele que, sem justa causa, se enriquecer à custa de outrem, será obrigado a restituir o indevidamente auferido, feita a atualização dos valores monetários". Como exemplos práticos da sociedade de fato que ocorre entre os noivos podemos apontar a aquisição de bem imóvel, mobiliário ou automóvel, com a contribuição de ambos, em nome de apenas um deles.[512]

[511] MONTEIRO, Washington de Barros; SILVA, Regina Beatriz Tavares da – Curso de direito civil, p. 117; DINIZ, Maria Helena – Curso de direito civil brasileiro, p. 46.

[512] MONTEIRO, Washington de Barros; SILVA, Regina Beatriz Tavares da – Curso de direito civil, p. 116 e 117.

#### 4.6.2.5. Do concubinato e da família paralela

A família concubinária também possui respaldo legal. Como formação social natural, as primeiras uniões entre o homem e a mulher ocorriam de maneira espontânea, informal, sem nenhum ordenamento específico que a regulasse. Seriam, na prática, relações puramente concubinárias. Posteriormente, os costumes e a organização jurídica da sociedade trouxeram a formalização legal da família, mas, ao lado desta, subsistiram as uniões informais, concubinárias.[513]

Destaca Álvaro Villaça Azevedo duas espécies de concubinato: O concubinato puro que se apresenta como uma união duradoura, sem casamento,entre o homem e a mulher desimpedidos, constituindo uma família de fato, sem qualquer detrimento para a família legítima, sendo o caso dos solteiros, divorciados ou viúvos e o concubinato impuro, quando apresentar um cunho adulterino, baseado no estado de casado de um ou de ambos os concubinos; incestuoso ou desleal, ocorrente entre pessoas casadas que mantenham um segundo lar *de fato*. Indica, ainda, o professor, que em detrimento do segundo tipo, só o primeiro teria a proteção do Estado e da própria sociedade.[514]

Em virtude das mudanças que ocorreram no universo do direito em face dos costumes, os tribunais brasileiros estão decidindo pelo reconhecimento de plúrimas uniões estáveis para fins sucessórios e previdenciários quando um dos parceiros esteja de boa-fé.[515]

A família plúrima ou paralela, é aquela que visa se formar a despeito do princípio da monogamia, observado no ordenamento legal pátrio.

O Código Civil denomina concubinato as relações não eventuais existentes entre homem e mulher impedidos de casar.

O art. 1.521 dispõe que não podem casar as pessoas casadas. Preferimos denominar esse concubinato *família paralela*, para diferenciá-lo do

[513] OLIVEIRA, Euclides de – União Estável – do concubinato ao casamento, São Paulo: Método, 2003, p. 71.

[514] AZEVEDO, Álvaro Villaça – Estatuto da família de fato, p. 211 e 212.

[515] Diferente é o modelo islâmico de família onde é permitido ao homem ter até quatro mulheres – em algumas regiões, ter diversas mulheres em outras, divorciar-se através do repúdio, levando à convivência sem amor com um número elevado de mulheres em toda a vida. Outra situação é encontrada na Indonésia, onde a herança cultural ancestral tornou válido em algumas regiões o casamento poliginico, ou seja, ao contrário do que existe no resto do mundo, uma mulher pode ter vários companheiros durante sua vida.

concubinato em que existe apenas uma família. Portanto, na família paralela, um dos integrantes participa como cônjuge de mais de uma família.

Caso o impedimento seja o casamento anterior, temos duas situações: será união estável se o casamento foi faticamente desfeito, ou será concubinato se o casamento anterior coexistir com o novo relacionamento. É válido ressaltar que essa modalidade convivencial não é vista com bons olhos pela sociedade.

Dessa forma, "os relacionamentos paralelos, além de receberem denominações pejorativas, são condenados à invisibilidade. Simplesmente a tendência é não reconhecer sequer sua existência. Somente na hipótese de a mulher alegar desconhecimento da duplicidade das vidas do varão é que tais vínculos são alocados no direito obrigacional e lá tratados como sociedades de fato. Muitas uniões que persistem por toda uma existência, muitas vezes com extensa prole e reconhecimento social, são simplesmente expulsas da tutela jurídica". E, assim, "negar a existência de famílias paralelas – quer um casamento e uma união estável, quer duas ou mais uniões estáveis – é simplesmente não ver a realidade".

"Já existe na jurisprudência pátria menção significativa de proteção da família paralela para fins de concessão de benefícios patrimoniais. Quando finda a relação afetiva, comprovada a concomitância com o casamento, deve o patrimônio acrescido no período ser dividido, na proporção do tempo da mantença do duplo vínculo. Fica entretanto preservada a meação da esposa, que se transforma em bem reservado, ou seja, torna-se incomunicável, enquanto a meação do varão será dividida com a companheira, com referência aos bens adquiridos durante o período de convivência, estando o mesmo princípio válido para os casos de duas ou mais uniões estáveis paralelas, quando uma vem constituída antes da outra, sendo portanto o quinhão repartido, em três montantes – restando um terço para o varão e um terço para cada uma das companheiras".

Na hipótese de falecimento do varão casado, a depender do regime de bens, é necessário resguardar em primeiro lugar a meação da viúva. Uma vez apurado o *quantum* do acervo hereditário e excluída a legítima dos herdeiros, a parte disponível deve ser dividida com a companheira, com expressa referência aos bens adquiridos durante o período do convívio.

Quando, por outro lado, há a morte da companheira, seus herdeiros vêm a juízo buscar o reconhecimento da união estável. Assim, deixar de reconhecer a família paralela como entidade familiar leva à exclusão dos direitos no âmbito do direito de família e das sucessões.

É de ressaltar que a jurisprudência, em sua maior parte, nega o reconhecimento dessa modalidade de família, não a identificando como união estável. Quando muito há o reconhecimento de uma sociedade de fato, partilhando-se os bens adquiridos nesse período desde que comprovada a efetiva participação para sua aquisição.[516]

Quanto ao tema, há uma decisão provisória em sede do STF que se ocupa do tema de reconhecimento de efeitos previdenciários das uniões estáveis paralelas ou concomitantes.

Em setembro de 2019 iniciou-se a sua análise, em sede do Recurso Extraordinário 1.045.273/SE, que analisa a concomitância de uma união estável homoafetiva com uma heteroafetiva.

Na questão em tela não se analisa a concomitância de casamento e de concubinato (ou união estável), posto que é objeto de outro processo no STF, também em repercussão geral (Recurso Extraordinário 883.168/SC – Tema 526) –, mas analisa-se a possibilidade de existência de várias uniões estáveis ao mesmo tempo.

Essas duas questões, de grande repercussão para o Direito de Família e também das Sucessões, devem ser analisadas no próximo ano.

Na realidade brasileira houve também a tentativa de regulamentação das uniões plúrimas denominadas poliamorismo.

O Conselho Nacional de Justiça está discutindo uma nova questão surgida das uniões entre pessoas: o poliamor, ou seja, a possibilidade de se legalizar a união estável envolvendo mais de duas pessoas.

Em CNJ deve orientar os cartórios sobre o comportamento diante de uma solicitação desse tipo, com pedidos de reconhecimento familiar por famílias que sejam compostas por três ou mais pessoas. Assim, determinou que as Corregedorias-Gerais de Justiça proíbam os cartórios de seus respectivos estados de lavrar escrituras públicas para registar uniões poliafetivas.

As entidades ligadas ao Direito de Família, no entanto, se manifestam de forma contrária à autorização de uma família a partir da união estável

[516] O STJ vem reconhecendo à mulher indenização por serviços domésticos prestados, e também já determinou a divisão do seguro de vida e a repartição da pensão com a viúva, na mais perfeita forma de justiça salomônica. DIAS, Maria Berenice. *Manual*, p. 49-51.

de poliafetivos, considerando ser esta inconstitucional, uma vez que o estado democrático brasileiro é alçado na monogamia.

O Instituto Brasileiro de Direito de Família defende que o Estado não deve interferir em relações afetivas entre as pessoas. Para o IBDFAM, a união estável seria uma forma de reconhecimento dos direitos dos integrantes desse novo modelo familiar.

A Associação de Direito de Família e das Sucessões, no entanto, considera que a união poliafetiva, diferentemente da união homoafetiva, não é aceita pela sociedade. Além disso, a monogamia é uma norma de relacionamento em países com altos índices de desenvolvimento. Segundo a ADFAS, os piores índices de desenvolvimento humano ocorrem exatamente nos países que permitem a poligamia, com na África e no Oriente Médio. A entidade ainda manifestou sua preocupação com a partilha de pensões previdenciárias e com a divisão de contrato em associações.

O Conselho Nacional de Justiça, no entanto, não chegou ainda a um consenso.

Em dezembro de 2020 o STF decidiu a questão ao julgar o RE 1045273, com repercussão geral reconhecida, ao julgar a divisão da pensão por morte de um homem que tinha uma união estável reconhecida e prole de um lado, e de outro um relacionamento paralelo há doze anos. Consignada foi a impossibilidade tendo em vista a caracterização de bigamia, situação vedada pela lei brasileira

Em 2019, cinco ministros votaram pela possibilidade de se reconhecer uniões estáveis simultâneas contra três outros ministros, que se recusaram a esse reconhecimento. A questão veio lapidada pelos ministros Dias Toffoli, Nunes Marques e Luiz Fux (Presidente) que definiram a questão em estrito respeito à Constituição e á legislação infraconstitucional, que consagram a monogamia como base do direito de família brasileira.

Em seu voto, Alexandre de Mores deixou claro que a lei brasileira consagra o dever de fidelidade e monogamia, o que impede tanto uniões simultâneas quanto as chamadas uniões poliafetivas.

Para o Min. Dias Toffoli não é possível reconhecer direitos previdenciários às relações concubinárias.

Fica assim, decida a questão do reconhecimento das famílias paralelas no Brasil.

#### 4.6.2.6. Da família monoparental

Uma terceira forma de família prevista na Constituição Federal brasileira é a família monoparental, prevista no art. 226 § 4º da Constituição Federal, e que configura-se pela inter-relação da prole com apenas um dos seus genitores, trazendo a ideia da família desvinculada da presença de um casal. Podendo ser fruto da ruptura da sociedade conjugal ou do simples fim de um relacionamento amoroso.[517]

Configura-se desvinculadamente da ideia de um casal e seus filhos, pois é formada pela presença e inter-relação da prole com apenas um dos seus genitores por diversas razões: viuvez, divórcio, separação judicial, adoção unilateral, não reconhecimento da prole pelo outro genitor, inseminação artificial (homóloga – após a morte do marido, ou de mulher solteira; heteróloga), produção independente[518].

Entretanto, "não é dotada de um estatuto próprio, com deveres específicos, sendo-lhe aplicáveis as regras do direito de família, atinentes às relações de parentesco em geral. Na ocorrência de aquisição de maioridade ou emancipação do filho, deixa de existir o poder parental, reduzindo-se a entidade monoparental apenas às relações de parentesco, inclusive no que tange ao direito alimentar"[519].

Para Rui Geraldo Camargo Viana, a monoparentalidade representa a antítese real da família natural, mas as evidências dos fatos concretos determinados numericamente reclamavam o respaldo jurídico para a proteção dos filhos expostos "a toda uma série de discriminações nas relações públicas e privadas, ditadas pelo moralismo cristão casamentário"[520].

E, nesse sentido, para Eduardo de Oliveira Leite tal opção, outrora considerada marginal, tornou-se frequente, justificando uma atitude não mais reticente por parte da sociedade e da própria lei, dada a grande magnitude que essa família tomou na atualidade. Apresenta entretanto, uma característica basilar: a fluidez, ou seja, é uma família fadada a extinguir-se, seja pelo recasamento dos pais, seja pela maioridade do filho[521].

[517] MALUF, Carlos Alberto Dabus; MALUF, Adriana Caldas do Rego Freitas Dabus – Curso de direito de familia, p. 507 e ss

[518] LEITE, Eduardo de Oliveira. *Famílias monoparentais*, 2. ed. São Paulo: Revista dos Tribunais, 2003, p. 31-33, 36 e 45.

[519] LÔBO, Paulo. *Famílias*, p. 67.

[520] VIANA, Rui Geraldo Camargo. A família. In: *Temas*, cit., p. 32.

[521] LEITE, Eduardo de Oliveira. *Famílias monoparentais*, cit., 2003, p. 19 e 31.

A família monoparental extingue-se com a morte do genitor monoparental, ainda que tenha sido designado um tutor para os filhos menores, quando cessar-lhes a dependência ou constituírem nova família[522].

#### 4.6.2.7. Da família unilinear

A família unilinear, é aquela em que o parentesco ocorre por uma só linha de ascendência, concebida pelos meios artificiais de procriação.

A pós-modernidade prevê que na gênese das novas modalidades de família surja a família unilinear, cuja mãe, solteira ou mesmo não ungida a nenhum relacionamento afetivo, pode inseminar-se artificialmente dando à luz um filho que só possuirá uma linha de ascendência, tendo em vista o anonimato do doador, nos termos da Resolução n. 2.294/2021 do Conselho Federal de Medicina (CFM).

A referida Resolução do CFM garante também o acesso às técnicas de reprodução assistida aos homossexuais e transgêneros.

A mesma Resolução prevê que a instituição que promove a inseminação deve armazenar os dados referentes aos aspectos clínicos e genéticos do doador, como a existência de patologias, anomalias hereditárias, entre outros, e também assegura o sigilo da identidade da receptora e do nascituro; pois, analogamente à adoção, que rompe todos os vínculos com a família biológica em nome do princípio da segurança da família constituída, também nas hipóteses de gravidez por inseminação heteróloga o mesmo princípio está em jogo, ficando o doador distante da relação familial porque desta não faz parte (Resolução n. 2.294/2021 do CFM).

Entretanto, como leciona António de Carvalho Martins, "essa hipótese de monoparentalidade é encarada como sendo prejudicial ao filho e colhe por isso, na maioria das vezes, a generalizada censura na literatura jurídica"[523].

Vemos, assim, que a omissão do "pai biológico" ou mesmo da "mãe biológica" enfatiza uma tendência mundial da paternidade para o futuro:

[522] LÔBO, Paulo Luiz Netto. *Famílias*, p. 68; LEITE, Eduardo de Oliveira, *Famílias monoparentais*, p. 21-23.

[523] MARTINS, António Carvalho. *Bioética e diagnóstico pré-natal*: aspectos jurídicos. Coimbra: Coimbra Ed., 1996, p. 51 e 71.

a socioafetiva, fundada mais nos laços da afetividade do que nos laços da consanguinidade"[524].

A Resolução n. 2.294/2021 do CFM não impõe nenhuma limitação ideológica ao acesso às técnicas reprodutivas à mulher solteira (somente a idade para doação de material genético – 37 anos – e para doação de espermatozoides – 45 anos – e a idade para se submeter ao procedimento – 50 anos incompletos), dando destaque ainda para a gestação compartilhada em casos de uniões homoafetivas femininas.

Trouxe também a novel Resolução as seguintes considerações: o número total de embriões gerados em laboratório não pode exceder a oito; os embriões criopreservados com três anos ou mais ou abandonados só podem ser descartados mediante autorização judicial; o número máximo de embriões a serem transferidos é dois para pacientes ate 37 anos e três para pacientes acima desta idade; vige o anonimato do doador; é permitida a doação de gametas de parentes de até 4º grau de um dos receptores, evitando-se a consanguineidade; só é permitida a informação do sexo do embrião nos casos de doenças ligadas ao sexo ou de aneuploidias de cromossomos sexuais; na gestação de substituição a cedente deverá ter pelo menos um filho vivo.

O Código Civil, em seu art. 1.597, III, tratando da matéria, favorece a monoparentalidade ao permitir a utilização do material genético do marido já falecido na fecundação *post mortem, entretanto, mantem-se silente sobre a necessidade de previa e expressa autorização do referido marido; e hoje vemos, que a autorização deve ser bilateral (marido e mulher) por tratar-se de utilização de partes separadas do corpo.*[525]

Para nós, entretanto, tal prática não deve ser estimulada; deve-se analisar o melhor interesse da criança, tendo em vista as intrínsecas consequências pessoais que essa prática congrega, em face do exercício da autonomia e da liberdade pessoal, direitos personalíssimos.

A parentalidade deve ser sempre efetuada de maneira responsável, associada ao princípio da dignidade da futura pessoa humana, "devendo, para tanto, ser analisado por equipe multidisciplinar o requerimento da

[524] SOARES, Sônia Barroso Brandão. Famílias monoparentais: aspectos polêmicos. In: *Problemas de direito civil constitucional*, São Paulo: Renovar, 2001, p. 557.

[525] MALUF, Adriana Caldas do Rego Freitas Dabus – Novas modalidades de família na pós modernidade, p. 115.

mulher interessada nesse tipo de procedimento, a fim de que se constate que foram observados os limites impostos pela Constituição Federal, bem como destacar o projeto parental existente no campo do planejamento familiar, observando-se analogamente ao disposto nos arts. 29 e 43 do ECA a presença de ambiente familiar adequado e motivos legítimos para receber o novo ser".[526]

Portanto, na falta de uma legislação específica em matéria de reprodução assistida, é de todo possível, por analogia, aplicar as regras contidas no ECA, em matéria de planejamento familiar, levando em conta, para tanto, a presença da afetividade com o novo ser, compatibilidade com a medida adotada no sentido de estabelecer um projeto de vida que propicie a inclusão do filho que virá, visando seu bem-estar e o consequente desenvolvimento de sua personalidade[527].

Subsiste, contudo, o direito personalíssimo do filho gerado pelos métodos artificiais de concepção de buscar o conhecimento de sua verdade biológica, sem, no entanto, alterar seu *status familiae* anterior, pois representa direito personalíssimo do indivíduo o conhecimento de sua ascendência genética, excluindo-se, todavia, os efeitos patrimoniais e sucessórios.

Concebe Paulo Otero que a biparentalidade é um direito da personalidade do ser concebido, tendo em vista "sua identificação como indivíduo, singular e irredutível, fincada na sua exclusiva personalidade física e psíquica, no direito à historicidade pessoal"[528].

Entretanto, tendo em vista a análise dos princípios constitucionais vigentes, ao lado do personalíssimo direito de procriação, expressão do direito de constituir família (e o seu correlato direito de recusar a procriação), e valendo-se de uma interpretação extensiva e atual desse direito, nada obstaria recorrer às novas técnicas de reprodução assistidas[529].

[526] MALUF, Carlos Alberto Dabus; MALUF, Adriana Caldas do Rego Freitas Dabus – Curso de direito de familia, 4. ed., p. 746 e ss.

[527] GAMA, Guilherme Calmon Nogueira da. *A nova filiação – o biodireito e as relações parentais.* Rio de Janeiro: Renovar, 2003, p. 785 e 783; ELIAS, Roberto João. *Comentários ao Estatuto da Criança e do Adolescente.* São Paulo: Saraiva, 1994, p. 18 e 28.

[528] OTERO, Paulo. *Personalidade e identidade pessoal e genética do ser humano:* um perfil constitucional da bioética. Lisboa: Almedina, 1999, p. 72; GIORGIS, José Carlos Teixeira. *A paternidade fragmentada,* p. 59.

[529] OTERO, Paulo. *Personalidade,* p. 19 e 20.

A questão entretanto, dada a sua complexidade, não é isenta de controvérsias nem mesmo na comunidade internacional.

Na Alemanha, "o direito ao conhecimento à própria ascendência deriva do direito geral da personalidade e não compreende somente o conhecimento da paternidade genética, mas também da maternidade. Portanto, pode a criança exigir, em princípio, a informação sobre sua ascendência genética em relação a qualquer dos pais"; nos EUA, reconhece-se ao filho o direito de saber a identidade genética de seu progenitor, pois sustenta-se que a informação completa sobre a origem biológica é um aspecto fundamental da identidade da pessoa, sem que isso determine para o progenitor que ele tenha que desempenhar o seu papel de pai, com direitos e obrigações correspondentes[530].

Na França, a legislação bioética não entende a procriação assistida como um direito à maternidade, mas a aprecia diante das circunstâncias de cada caso concreto, dentro dos limites das leis de bioética. Gérard Cornu é pela inadmissibilidade do ato, pois este altera toda a finalidade da procriação assistida[531].

Na Espanha a *Ley de Técnica de Reproducción Asistida* n. 35, de 31 de maio de 1988 (modificada pela Lei n. 45/2003, e esta pela Lei n. 14/2006), possibilitou em seu art. 6º, o acesso às técnicas de reprodução assistida a qualquer mulher maior e capaz, independentemente de seu estado civil ou orientação sexual, mediante o fornecimento de consentimento livre e informado[532].

Na Itália as técnicas de reprodução assistida vêm reguladas pela Lei de n. 40, de 19 de fevereiro de 2004, que permite a procriação artificial somente ao casal, ou aos conviventes, em idade potencialmente fértil, mediante comprovação de necessidade terapêutica, como dispõe o art. 4º.[533]

530 SCHLÜTER,Wilfried, *BGB – Familienrecht* (Código Civil Alemão – Direito de Família), 9. ed. Porto Alegre: Sergio A. Fabris, Editor, 2002, p. 339-342. Vigoram na Alemanha as leis *KindeRG* – que reformou o direito à descendência – e a *Embryonenschutgesetz*, de 1990, que dispõe sobre a proteção dos embriões.

531 CORNU, Gérard. *Droit civil*, p. 464; Conseil D'État – Les lois de bioéthique: cinq ans après – Adoptées par L'Assemblée Générale du Conseil d'État lê 25 novembre 1999, p. 113-114.

532 PICAZO, Luis Díez; GULLÓN, Antonio. *Sistema de derecho civil*. 10. ed. Madrid: Tecnos, 2007, v. 6, p. 251-252; Ley 14/2006, que regula as técnicas de reprodução assistida na Espanha.

533 BIANCA, Massimo. *Diritto civile*: la famiglia. 4. ed. Milano: Giuffrè, 2005, v. 2, p. 402.

Em Portugal, a lei n. 32/2006 trata da reprodução assistida e estabelece que são os beneficiários de suas técnicas. Segundo os ditames legais, o acesso às técnicas de reprodução assistida está adstrito aos maiores e capazes, casados ou conviventes e de sexos diferentes

Essa pratica discriminatória, entretanto, faz com que os candidatos à inseminação recorram ao tratamento de infertilidade em outros países ou recorra à chamada inseminação caseira, buscando potenciais fornecedores de material genético na internet.

Nos Estados Unidos, rege-se a reprodução medicalmente assistida pelas leis: *Uniform Parantage Act*, de 1973 e 1987; *Uniform Status of children of assisted conception Act*, de 1997; *Human fertilisation and embryology* Act de 1990.

A lei norte americana mais significativa em matéria de reprodução assistida é a Lei Federal de 24 de outubro de 1992 (Fertility clinic rate and certification Act). E, no pais, quando atingir a maioridade, pode o indivíduo buscar sua identidade genética (direito personalíssimo imprescritível).

Em dois estados americanos (Texas e Indiana) foram aprovadas leis sobre fraudes à reprodução assistida.

#### 4.6.2.8. Da família anaparental

Esta modalidade de família não é regulada pelo legislador, mas pode ser definida como a relação familiar baseada na *affectio* e na convivência mútua, entre pessoas que apresentem grau de parentesco ou não.

Assim, o exemplo mais visível seria o caso em que duas irmãs, via de regra solteiras ou viúvas – residam juntas e amealhem um patrimônio comum. Formariam nesse sentido uma família entre si, com os direitos e deveres oriundos do direito de família.

Pode abranger também a relação entre primos ou demais pessoas que tenham uma relação de parentesco entre si, sem que haja conjugalidade entre elas ou mesmo vinculo de ascendência ou descendência.

Na concepção de Sérgio Resende de Barros, a noção de família anaparental baseia-se no afeto familiar, mesmo sem contar com a presença dos genitores. De origem grega, o prefixo "ana" traduz ideia de privação; neste caso, designa a existência da família sem pais.[534]

[534] MALUF, Carlos Alberto Dabus; MALUF, Adriana Caldas do Rego Freitas Dabus – Curso de direito de familia, 4. ed., São Paulo: Saraiva, 2021, p. 56 e 57.

Na pós modernidade há a concepção de que a família pode não se constituir apenas entre pessoas com vínculos de parentesco. Um exemplo disso seria o fato de pessoas amigas que decidam viver juntas sem nenhum tipo de conotação sexual. Estas também não gozam de proteção legal, posto não estarem elencadas expressamente no rol protetivo do art. 226 da CF, embora entendamos que este rol seja meramente exemplificativo, o que levaria a possibilidade de irmãos socioafetivos formarem a família anaparental, que é marcada pela ausência de um pai e uma mãe; ou mesmo entre netos e avós.

"Há nesse sentido, a ADI n. 0171510-3320138260000 TJSP em cujo teor se extrai: um rapaz que ocultou morar com a avó a fim de conseguir o financiamento habitacional, porém o TJSP decidiu que isso não seria motivo de sua exclusão porque ele e a avó formavam uma família anaparental e, portanto, estava incluído entre os tipos de família contemplados pelo programa"[535]

Um julgado paradigmático sobre o tema refere-se sobre a possibilidade de adoção sob a égide de família anaparental: RESP 1217415 RS 2010/0184476, Relator Min Nancy Andrighi, julgado em 12.06.2012, Terceira Turma DJ 28/6/12 no qual consta que a chamada família anaparental – sem a presença de um ascendente quando constatado os vínculos subjetivos que remetem à família, merece o reconhecimento e igual status daqueles grupos familiares descritos no art. 42 § 2 do ECA. RS 2010/0184476-0".

Pode-se assim concluir que pelo entendimento da ministra o objetivo da norma é colocar o adotando em família estável independente da forma de sua composição.

Há também a possibilidade de reconhecimento da família anaparental e a impenhorabilidade do bem de família; "Exeução.Embargos de terceiro. Lei n. 8009/90.Impenhorabilidade. Moradia da família. Irmãos solteiros que residem no imóvel comum constituem uma entidade familiar e por isso o apartamento onde moram goza de proteção de impenhorabilidade, prevista na lei 8009/90, não podendo ser penhorado na execução de dívida assumida por um deles. RESP 159.851-SP, DJ de 22.06.1998"

[535] UCHA, Leticia Alvarez – Os efeitos jurídicos do reconhecimento da família anaparental. In.http:// Ibdfam.org.br <acesso em 22.07.2021>

Outros julgados no mesmo sentido é o RESP 57606/MG "execução. Bem de família. Imóvel que serve de moradia as embargantes, irmãs e solteiras entende-se a impenhorabilidade de que trata a lei 8009/90".[536]

De forma conclusiva, entendemos que uma vez reconhecida a família anaparental no rol das entidades familiares previstas no art. 226 da CF, todos os direitos e deveres presentes no universo familiar seriam-lhe extensivos, como o direito aos alimentos, ao direito real de habitação, bem como os direitos sucessórios.

Quanto a estes últimos, entendemos que é primaz a efetiva regulamentação a fim de dirimir eventuais (e muitas dúvidas) que surgirão no novel processo sucessório, devendo à luz do direito material atual ficar adstrita à sucessão testamentaria.

#### 4.6.2.9. Da família unipessoal

Pode uma pessoa sozinha estar ungida a um projeto familiar? A partir de colocações com esta, surgiu a ideia da família unipessoal, tendo em vista a proteção do bem de família, e à consequente aplicação da Lei n. 8.009/90 e da Súmula 380 do STF.

Assim sendo, tendo em vista que a Lei n. 8.009/90 não determina expressamente o número de pessoas que devem compor a unidade familiar para sua aplicação, podemos entender que também é passível de ser aplicada à pessoa individualmente considerada, não importando seu estado civil.

"O sentido social da norma busca garantir a proteção do patrimônio pessoal. Essa finalidade permite desvendar a exata extensão da lei. Caso contrário, sacrificar-se-ia a interpretação teleológica para prevalecer a interpretação literal".

"A possibilidade da instituição de bem de família à pessoa sozinha (não apenas a solteira, mas também a viúva, a casada que está separada de fato), por certo, consiste na questão mais intrincada no tema da legitimidade para a instituição do bem de família. É imprescindível a convivência *more uxorio* para se instituir bem de família? "

"Pensamos que não. Diante de uma perspectiva acentuadamente humanista e pluralista, que atingiu a gênese da formação familiar na

[536] UCHA, Leticia Alvarez – Os efeitos jurídicos do reconhecimento da família anaparental. In.http:// Ibdfam.org.br <acesso em 22.07.2021>

pós-modernidade, parece-nos bastante viável reconhecer o direito personalíssimo de não se vincular afetivamente a outra pessoa, sem que, no entanto, haja qualquer comprometimento dos direitos reconhecidos àqueles que integrem uma unidade familiar em quaisquer das formas existentes na atualidade".

"Nesse sentido, entendemos que inexiste qualquer óbice à instituição do bem de família por pessoa sozinha, como dispõem os arts. 1.711 e 1.722 do CC".[537]

### 4.6.3.10. Da família mosaico ou reconstituída

Esta modalidade de família, surge com a ruptura de vínculos familiares anteriores e a consequente formação de novos vínculos, que incluem, ou podem incluir os filhos oriundos das relações anteriores, além daqueles que o casal tiver em comum.

Tem como características principais ser portadora de múltiplos vínculos, ambiguidade de compromissos e interdependência.

Entendemos, entretanto, que o vínculo que permanece entre os pais e os filhos nas famílias mosaico é de monoparentalidade, mesmo porque permanecem inalteradas as relações parentais – que englobam direitos e deveres – dos pais com os filhos.

A lei pátria confere a possibilidade de adoção pelo companheiro do cônjuge do genitor, configurando a chamada adoção unilateral, à luz do disposto no art. 1.626, parágrafo único, do CC e no art. 41, § 1º, do Estatuto da Criança e do Adolescente (ECA), permanecendo, porém, a obrigatoriedade de anuência do pai registral.[538]

### 4.6.3.11. Da família eudemonista

A família eudemonista pode ser entendida como a família cuja formação decorre do afeto, ou seja, cuja viabilidade produz felicidade em seus componentes, bem supremo da existência humana. Visa a felicidade individual vivendo um processo de emancipação de seus membros.

[537] MALUF, Carlos Alberto Dabus; MALUF, Adriana Caldas do Rego Freitas Dabus – Curso de direito de família, 4. ed., p. 57 e ss.

[538] MALUF, Carlos Alberto Dabus; MALUF, Adriana Caldas do Rego Freitas Dabus – Curso de direito de família, 4. ed., p. 57 e ss.

O eudemonismo é a doutrina que enfatiza o sentido de busca pelo sujeito de sua felicidade.

O termo Eudaimonia, advém do grego e significa felicidade, realização. Assim, a doutrina eudemonista tem por base de que a felicidade é o objetivo fundamental da existência humana, e esta, entendemos e procuramos demonstrar nas páginas da presente obra, que decorre da verdade intima, do amor, da afetividade e do consequente reconhecimento legal e social dos fatos individuais da vida humana.

A absorção do princípio eudemonista pelo ordenamento altera o sentido da proteção jurídica da família, deslocando-o da instituição para o sujeito, como se infere da primeira parte do § 8º do art. 226 da CF: o Estado assegurará a assistência à família na pessoa de cada um dos componentes que a integram".

### 4.6.3.12. Da família homoafetiva

A família homoafetiva e a família formada nos estados intersexuais, valorizando a problemática fática do tema, vêm paulatinamente ganhando visibilidade e reconhecimento legal em diversos países do mundo, tendo em vista o respeito à dignidade da pessoa humana, a valorização dos direitos humanos e o exercício da tolerância advindo do respeito da diferença.

Entende-se assim que a família é um fato natural, oriunda da própria natureza humana, que surge à margem de qualquer convenção a ser estabelecida, que tem, por seu turno, o condão de regulamentar esse fenômeno que se dá naturalmente, oferecendo-lhe contornos legais rígidos.

O casamento civil, por outro lado, representa uma convenção social. O homem, por seu turno, deseja obedecer ao legislador, mas não pode desobedecer à sua natureza íntima. Assim, visa constituir uma família, dentro da lei se possível, fora da lei, se necessário."[539]

Tal como concebe Richard Mohr, a assunção de um relacionamento estável e duradouro, com intimidade, cumplicidade e afetividade, visando

[539] PEREIRA, Virgilio de Sá – Lições de direto de família, 2. ed., Rio de Janeiro: Ed. Freitas Bastos, 1959, p. 8; HIRONAKA, Giselda Maria Fernandes Novaes – Família e casamento em evolução, AASP, p. 21.

a mútua proteção e a consequente formação de uma família é que determinará a existência de um "casamento" entre dois pares.[540]

A família pode ser compreendida como o lugar onde é possível integrar sentimentos esperanças e valores, sendo o caminho para a realização do projeto de autonomia, verdade, liberdade e felicidade pessoal.[541]

Apesar de estar sempre presente na sociedade, jamais se teve a noção do relacionamento homoafetivo como fonte de estrutura familiar.

Somente no final do século XX, com o advento de inúmeras leis protetivas aos direitos dos homossexuais, o uso das liberdades individuais e os preceitos oriundos dos direitos humanos fez com que parte da comunidade mundial aceitasse, mesmo que de forma velada, a existência da prática homossexual – agora não mais vista como crime mas sim como uma livre manifestação da sua personalidade e a necessidade premente da positivação legal de sua proteção.

Passando a ser protegida por leis antidiscriminação desde a década de 1970, apenas recentemente a família formada por pessoas do mesmo sexo passou a ter respaldo legal.

Apesar da aparente evolução da aceitação do homossexual na sociedade e na vida cívica em muitos países, a homofobia ainda é um fenômeno presente na atualidade. As razões para a sua existência fincam suas bases no racismo e em todas as formas de preconceito. Representa uma oposição instintiva a tudo aquilo que não corresponde aos valores com os quais determinado indivíduo ou grupo social se identifica, bem como às normas implícitas e estabelecidas por essa mesma maioria. Daí advém a necessidade de reafirmação dos papéis tradicionais de gênero, considerando o indivíduo homossexual como alguém que falha no desempenho do papel que lhe corresponde segundo seu gênero.

Quanto aos aspectos legais, diferente de muitos países europeus (como a Espanha, Portugal, Inglaterra, Holanda, Bélgica, Suécia, Noruega, Dinamarca, que possuem previsão legislativa para o casamento sexualmente neutro; a Alemanha que possui reconhecimento legal da união estável registrada e a França que reconhece contratualmente a relação

540 MOHR, Richard – What is marriage anyway? In: A More perfect union: why straight América must stand up for gay rights, USA, 1996, p. 1 a 3 – www.buddybuddy.com.

541 HIRONAKA, Giselda Maria Fernandes Novaes – Família e casamento em evolução. Revista Brasileira de Direito de Família, Porto Alegre: Síntese, 1999, p. 8.

homoafetiva através do PACS) e extra comunitários (EUA, Canadá, África do Sul), no Brasil, a família formada por pessoas do mesmo sexo, apresenta muitas controvérsias, pois a doutrina pátria admite o casamento entre pessoas de sexos diferentes, e, ainda, não outorgaram os Diplomas Legais, de forma expressa, à possibilidade do reconhecimento do *status familiae* a esse grupo populacional.

A Constituição Federal, em seu artigo 226, reconhece como família aquela fundada no casamento (§§1º e 2º), na união estável (§3º) ou na monoparentalidade (§4º), em nada referindo expressamente à formação da família por homossexuais.[542]

Dispõe ainda no mesmo artigo 226§ 5º "os direitos e deveres referentes à sociedade conjugal são exercidos igualmente pelo homem e pela mulher".

Tem-se que, no que tange ao casamento, o Código Civil brasileiro estabelece em seu artigo 1514 que "O casamento se realiza no momento em que o homem e a mulher manifestam, perante o juiz, a sua vontade de estabelecer vínculo conjugal, e o juiz os declara casados".

E, quanto à união estável, estabelece em seu artigo 1723: "É reconhecida como entidade familiar a união estável entre o homem e a mulher,

[542] Inquestionável é a validade desse entendimento, uma vez que tradicionalmente a diferença de sexos sempre representou um dos fundamentos basilares da formação da família, visto o reconhecimento do casamento pelo Estado e pelo Direito Canônico. Desta forma, a Lei Civil refletiu a mentalidade dominante dos últimos séculos, donde se extrai que não necessitava proibir e nem mesmo referir a dualidade de sexos como condição para o casamento, pois estava implícito, posto que jamais se cogitou conferir status de relação jurídica matrimonial aos pares homossexuais. Com a evolução dos tempos, das ciências, dos costumes, da organização polítio-midiática das organizações GLBTT; a ampliação das pautas políticas e legislativas dos Estados e da internacionalização dos direitos humanos, uma outra posição passou a ser defendida e que vem permeando com cada vez mais intensidade as decisões jurisprudenciais, amparadas no entendimento de que como o legislador não vetou expressamente a formação da família pelo homossexual, por outro lado ele também não a vedou, entendendendo-se existir aí uma cláusula tácita de inclusão. Também a interpretação teleológica dos princípios constitucionais daria margem à recepção da família homoafetiva em se valorizando o princípio da dignidade da pessoa humana, da liberdade, da isonomia e da não discriminação – todos cânones constitucionais. Tanto assim que diversos Estados brasileiros – ES, MG, GO, PI, RS, AC, AL, DF, MT – já vêm reconhecendo direitos sucessórios aos companheiros homossexuais, direitos previdenciários (também em SP, RJ entre outros), além de muitos deles conferirem reconhecimento de união estável entre parceiros do mesmo sexo e até mesmo o direito à adoção.

configurada na convivência pública, contínua e duradoura e estabelecida com o objetivo de constituição de família".[543]

Valendo-se de uma interpretação literal, nenhum dos dois diplomas estendeu sua proteção ao homossexual, apesar de a Constituição Federal vedar expressamente a discriminação em face da opção sexual no seu artigo 3º, IV, consagrando também no artigo 5º, caput, o princípio da igualdade e no seu inciso X, o direito à intimidade, que pode ser entendida como exercício do direito e da prática sexual livres de discriminação e valorizar como cânone fundamental a dignidade da pessoa humana em seu artigo 1º, III.[544]

Tal como anteriormente referido, desde 5 de maio de 2011, o STJ conferiu o *status familiae* ao homossexual mediante a formação da união estável.

O judiciário vem adotando uma postura mais liberal, dando maior flexibilidade às leis e aplicando a analogia e a equidade aos relacionamentos homossexuais, reconhecendo-lhes alguns direitos conferidos aos heterossexuais. Assim, frente à falta de previsão legal, vem o entendimento dos tribunais assegurando direitos aos parceiros homoafetivos.[545]

Paulo Luiz Netto Lôbo pondera, por outro lado, que os tipos de entidades familiares contidos no artigo 266 e seus parágrafos são meramente exemplificativos, pois o caput do referido artigo traz consignado um conceito amplo e indeterminado de família: "a norma de exclusão do art.226 da Constituição Federal apenas poderia ser excepcionada se houvesse outra norma de exclusão explícita de tutela dessas uniões, a ausência de lei que regulamente essas uniões não é impedimento para sua existência, pois as normas do art.226 são autoaplicáveis, independentemente de regulamentação".[546]

Para cunhar-se a união estável dos homossexuais, seria preciso mudar a Constituição". Logo, somente uma Emenda Constitucional teria

[543] O Dec. n. 6384 de 27.2.08 alterou o § 6º do artigo 16 do RPS – adequou os termos do dispositivo à redação do artigo 1723§ 1º.

[544] Entretanto, posicionamento do STF vem questionar a constitucionalidade do referido artigo 1723 do Código Civil brasileiro, que fere os princípios constitucionais de isonomia, não discriminação, dignidade da pessoa humana.

[545] AMARAL, Sylvia Mendonça do. *Manual prático dos direitos de homossexuais e transexuais*. São Paulo: Ed. Inteligentes, 2003. p. 15.

[546] LÔBO, Paulo Luiz Netto. Entidades familiares constitucionalizadas: para além do *numerus clausus*. In: CONGRESSO BRASILEIRO DE DIREITO DE FAMÍLIA E CIDADANIA, 3. Anais... Belo Horizonte: IBDFAM; OAB-MG, 2002. p. 95 e 105.

competência para estender os mesmos direitos já conferidos à família e às entidades familiares às parcerias homossexuais.[547]

Na linha desse entendimento, em 2003, o Sen. Sérgio Cabral (PMDB/RJ) apresentou à Comissão de Constituição Justiça e Cidadania do Senado uma proposta de emenda à Constituição, de n.70/03, que visava alterar o § 3º do art.226 da Constituição, o que possibilitaria a inclusão dos casais homossexuais como entidade familiar reconhecida pelo Estado, excluindo-se, todavia, a possibilidade de casamento, passando a apresentar a seguinte redação: "Para efeito de proteção do Estado, é reconhecida a união estável entre casais heterossexuais ou homossexuais como entidade familiar, devendo a lei facilitar a sua conversão em casamento quando existente entre o homem e a mulher".[548]

No Brasil, "os reflexos das relações afetivas entre pessoas do mesmo sexo espraiam-se pelo direito previdenciário, direito eleitoral, direito das obrigações e finalmente chegam no direito de família".[549]

Diferente do modelo brasileiro é a posição da comunidade internacional sobre o tema. Grande parte dos países ocidentais já estenderam o reconhecimento familiar aos homossexuais – e aos transgêneros –, sendo sob a forma de casamento – advindo de Emendas Constitucionais, seja sob a forma de *partenariat* – advindo da elaboração de lei especial.

Numa visão pós-moderna, a constituição de um vínculo relacional entre dois seres, apoiado na afetividade, na estabilidade, no direito à visibilidade, independentemente de orientação sexual, e que configura uma autêntica convivência *more uxório,* vem possibilitando o reconhecimento judicial das parcerias homoafetivas, incluindo aqui a aquisição do *status familiae,* abrangendo, entre os vários direitos de cunho patrimonial, a possibilidade do direito de adoção.[550]

É inegável que a união heterossexual e a união homossexual são diferentes entre si do ponto de vista dos seus componentes, mas em nada se diferenciam no que tange ao desenvolvimento de uma convivência

[547] REALE, Miguel. *O Projeto do novo Código Civil.* 2. ed. São Paulo: Saraiva, 1999. p. 172.

[548] O Projeto foi arquivado em 20.10.2006.

[549] MONTEIRO, Washington de Barros; SILVA, Regina Beatriz Tavares da – Curso de direito civil, p. 64-68.

[550] MALUF, Adriana Caldas do Rego Freitas Dabus – Novas modalidades de família na pós-modernidade, p. 142.

afetiva, nem de sua qualificação jurídica: ambas configuram convivência *more uxorio*.

Face a todo o exposto, entendemos que a não aceitação social da homoafetividade leva à não assimilação dos homossexuais nas relações sociojurídicas, eximindo-os, desta forma, da aquisição plena de direitos civis. Posicionamo-nos, por via de consequência, no sentido da possibilidade do reconhecimento legal da família homoafetiva pois entendemos que os princípios basilares de composição familiar.

Entendemos ainda que o principal óbice para o reconhecimento legal da união estável entre pessoas do mesmo sexo é o preconceito e o desconhecimento. Podemos, entretanto, perceber que, graças aos reclames da sociedade, das manifestações das entidades GLBTTQ+, da interpretação dos princípios constitucionais, dos intensos debates doutrinários realizados, do diálogo internacional, entre outros motivos relevantes, esse panorama vem mudando na realidade brasileira, evoluindo para o reconhecimento da união estável homossexual.

A família formada por pessoas do mesmo sexo foi aos poucos sendo reconhecida em diversos países da comunidade internacional, resguardando-se peculiaridades quando à filiação: adoção ou acesso às técnicas de reprodução assistida.

Desta sorte, tem-se que o perfil constitucional da relação homoafetiva baseia-se na preservação da liberdade individual, garantida pelo Estado, que tem o dever precípuo de promover a igualdade frente à lei, bem como o respeito à dignidade da pessoa humana, onde situa-se o direito de demonstrar-se socialmente como se é, bem como situar suas relações afetivas, de acordo com suas convicções pessoais e possibilidades, a livre manifestação do seu pensamento, promover o bem de todos, sem preconceito de origem, sexo, cor, raça,credo e quaisquer outras formas de discriminação, a construção de uma sociedade livre, justa e solidária, visando erradicar a marginalização.[551]

O caminho para a efetiva sedimentação da família homoafetiva tem sido longo, passando pelos reclames da sociedade; pelas manifestações das entidades GLBTTQ+ que clamam por visibilidade, respeito de suas necessidades e direitos; pelos debates e disputas políticas; pela observação dos princípios constitucionais de igualdade, liberdade, dignidade humana,

[551] DIAS, Maria Berenice. União homossexual: o preconceito e a justiça, p. 59-63.

não discriminação – e seus reflexos nas ações legislativas posteriores; até que finalmente se atinja uma maior etapa de conscientização democrática e através, de alteração constitucional e introdução de lei própria, a introdução do casamento neutro em matéria de sexo, conferido igualdade plena de direitos familiares às partes.[552]

No Brasil, diferente de todos os outros países que alteraram sua Constituição Federal e expediram leis especiais para o reconhecimento legal da família homoafetiva, fez com que seu reconhecimento tivesse égide através do ativismo judicial, notadamente, em 5 de maio de 2011, foi julgada a Ação Direta de Inconstitucionalidade (ADI) n. 4277 e a ADPF 132, com relatoria do Min. Ayres Britto, em sede do STF. O resultado foi unanime em reconhecer a união estável entre casais do mesmo sexo como entidade familiar.

Em 25 de outubro de 2011 o STJ autorizou o casamento de duas mulheres no sul do pais. A decisão confere um precedente fortíssimo para a conversão da união estável em casamento (REsp 1.183.378/RS - rel. Luis Felipe Salomão, 4ª Turma, j. 25.10.2011, DJe, 1.2.2012).

Foi aprovada a Resolução n. 175 em 14.05.2013, durante a 169} Sessão Plenária do CNJ que obriga todos os cartórios do país a registrar o casamento civil entre pessoas do mesmo sexo. A norma também determina que sejam convertidas em casamento as uniões estáveis homoafetivas registradas previamente.[553]

#### 4.6.2.13. Da família formada nos estados intersexuais

A família formada nos estados intersexuais é formada pelo transexual, que é o indivíduo que apresenta um desvio psicológico que o faz acreditar pertencer ao sexo oposto ao seu sexo biológico originário, pelo intersexual e demais modalidades de gênero presentes na atualidade.

A questão envolvendo o transexual permeia os direitos da personalidade, uma vez que se situa na esfera do direito à vida, notadamente no que tange à felicidade pessoal; o direito à identidade de gênero; à intimidade; à livre expressão sexual; à integridade física e psíquica; ao recato; o direito

[552] MALUF, Adriana Caldas do Rego Freitas Dabus – Novas modalidades de família na pós-modernidade, p. 158.

[553] MALUF, Carlos Alberto Dabus; MALUF, Adriana Caldas do Rego Freitas Dabus – Curso de direito de família, p. 435.

à privacidade, entre tantos outros que visem possibilitar a plena inserção do indivíduo na sociedade.

Como preleciona Javier López-Galiacho Perona, a transexualidade é um fenômeno conhecido desde a antiguidade, que foi difundido na atualidade graças ao avanço da ciência, notadamente pela realização da cirurgia de redesignação sexual.[554]

Aceita-se hoje a existência de uma gradação de vários estados sexuais compreendidos entre as duas entidades extremas: o homem e a mulher, podendo-se identificar o sexo dos indivíduos de diversas maneiras preponderantes: o sexo morfológico, pelo exame dos órgãos genitais e das gônadas, ressalva feita aos casos de intersexualidade; o sexo cromossômico ou genético, pela análise dos cromossomos (conformação XX na mulher ou XY no homem); o sexo nuclear estabelecido pelo exame da cromatina sexual (o sexo cromatínico aponta para características feminizantes, ausentes nos cromossomos masculinos, o corpúsculo de Baar); o sexo psicológico ou social, definido pelo comportamento do indivíduo; o sexo jurídico, que se estabelece em face das relações assumidas na vida jurídica; o sexo hormonal, que se apresenta em face dos hormônios circulantes provenientes das glândulas sexuais, sexo gonadal, que por sua vez indicam todos os caracteres morfológicos do homem e da mulher e o sexo extragonadal, constituído por outras glândulas, como a tireoide e a epífise, cuja função é atribuir ao indivíduo outros traços de masculinidade ou feminilidade.

Para Luiz Alberto David Araújo, representa o transexualismo uma alteração da psique, que dificulta e muitas vezes inviabiliza a plena integração do indivíduo na sociedade.[555]

Como aduz Henry Frigney, o transexualismo envolve homens ou mulheres que estão profundamente convencidos de pertencerem ao sexo oposto de seu sexo biológico; tanto isso é verdadeiro que na maioria dos casos o tratamento psicológico é inócuo (na prática menos de um por cento deles apresenta sinais de intersexualidade física). Pesquisas recentes sugerem que, se em um feto masculino ocorrer uma escassez de andrógenos, embora a genitália masculina se diferencie normalmente,

554 LÓPEZ-GALIACHO PERONA, Javier. *La problemática jurídica de la transexualidad*, p. XIX.

555 ARAÚJO, Luiz Alberto David. *A proteção constitucional do transexual*. São Paulo: Saraiva, 2000. p. XI.

o cérebro adquire uma tendência feminina originando como que um cérebro feminino em um corpo masculino.[556]

O transexual apresenta uma anomalia surgida no desenvolvimento da estrutura nervosa central, por ocasião de seu estado embrionário, que, contudo, não altera suas atividades intelectuais, visto que tem um quociente intelectual um pouco superior à média.

A mudança de sexo é fonte de diversos conflitos para o transexual; entende-se que a identidade sexual tem previsão constitucional e faz parte dos direitos da personalidade. Em face dos princípios constitucionais, entre eles o princípio da isonomia previsto no artigo 1º,III,IV e art 3º,III,IV da Constituição Federal, veda-se qualquer prática discriminatória, atentatória à dignidade da pessoa humana, aos valores sociais do trabalho e da livre iniciativa, o acesso ou manutenção ao trabalho por motivo de sexo, origem, raça, cor, estado civil, situação familiar ou idade.

A identidade sexual representa, outrossim, a individualidade do ser humano em seu gênero, e demonstra especialmente a forma como esta individualidade é vivenciada em termos de consciência e comportamento; representa a experiência particular do papel sexual, que, por sua vez, traduz à sociedade e a si próprio em que grau se é homem ou mulher. Ou seja, o papel sexual é a expressão pública da identidade sexual, apresenta um questionamento sobre a própria liberdade individual.[557]

No campo relacional, desperta interesse científico a forma de escolha dos parceiros amorosos. Quem são essas pessoas que se interessam e têm desejo por transexuais, ou, em sentido mais amplo, por quem sofre de transtorno de identidade de gênero?

Estudos a respeito de homens que se interessam por travestis, transexuais e homens feminilizados, atribuiram a estes a denominação de ginandromorfofilia. Afirmam que essa população é muito maior do que se imagina em função do mercado voltado para eles: publicações, revistas pornográficas, prostituição específica em ruas e em anúncios publicados em jornais diários.

Foram encontrados três padrões de comportamento: o primeiro grupo, ou padrão comportamental, refere-se a homens que buscam essa

[556] FRIGNET, Henry. *O transexualismo*. Rio de Janeiro: Companhia de Freud Ed., 2000. p. 123.

[557] RAMSEY, Gerald. Transexuais, São Paulo: GLS, 1990, p. 195; FRIGNET, Henry. Transexualismo. Rio de Janeiro: Companhia de Freud, 2000, p. 17.

população com fins românticos, de se relacionar afetivamente com eles. Não se travestem, isso é não são transexuais, travestis ou transgêneros e não fazem diferenciação de termos entre transexuais, travestis ou qualquer outro tipo; são masculinos e vivem como tal; o segundo grupo é aquele que se reconhece como com atividades de travestis, seja ao se vestir, seja no estilo de vida. Procuram outros para encontros sexuais ou ligações afetivas; o terceiro e último grupo, residual, é aquele em que se encaixam os travestis e transexuais, que não buscam alguém parecido com eles mas, sim, homens masculinos, de preferência, hipermasculinos.

Os pesquisadores ressaltam que nenhum dos integrantes das três categorias se definiu como homossexual. Apenas poucos se definiram como bissexuais. A grande maioria não fez referência ao seu estado civil, poucos assumiram que eram casados.

As conclusões que se pode chegar são de que a grande maioria desses homens não é composta de pessoas com atividades ou comportamentos travésticos. Os ginandromorfófilos "puros" se diferenciam dos travestis "puros" por vários motivos, desde a forma como se reconhecem, esperam ser tratados (como homem ou mulher) até pela preferência de papel dominante na interação sexual. Todas essas evidências constituem a base para a afirmação de que a ginandromorfofilia se constitui como interesse erótico separado e particular.

Entre transexuais femininos, direcionaram-se pesquisas mais para as características das relações amorosas estabelecidas do que meramente do parceiro. Desta sorte, tem-se que em relação às parceiras:95% tiveram previamente coito com parceiros homens; 10% tiveram relações homossexuais (com mulheres), enquanto 90% negam esse tipo de relação; 73% relatam orgasmo com homem, 27% negam; 100% relatam orgasmo no sexo com parceiro transexual; 95% se vê como mulher durante a relação sexual, 5% como homem e como mulher em tempos alternados; 91% reconhece seu parceiro como homem durante fantasias sexuais, 9% o vê nos dois papéis (masculino e feminino).

Em relação aos transexuais: 100% preferem parceiras mulheres; 41% já tiveram intercurso sexual com homens; 85% já tinham tido relação sexual com mulheres; 23% revelam orgasmo durante a atividade sexual com homens; 85% dizem ter orgasmo durante intercurso sexual com mulheres; 100% quer ter um pênis; 100% se vê como homem durante o sexo e vê a parceira como mulher.

Concluem afirmando que os transexuais querem exercer o papel de pai e muitas vezes escolhem parceiras que já tenham filhos; além disso, as companheiras contribuem para sua estabilidade na fase de transformação. Já as parceiras relatam casamentos infelizes prévios e vêem a atual relação com esse "homem sem pênis" como segura, sem riscos de gravidez e estável. A somatória dessas buscas faz desse tipo de relacionamento um espaço sexual e emocionalmente gratificante, o que favorece que a parceria dure muitos anos.

Após o diagnóstico de transexualismo, o preenchimento dos requisitos legais para a realização da cirurgia redesignatória e o procedimento cirúrgico em si, as questões legais envolvendo os transexuais – entre elas a alteração do nome – determinam fortemente sua inclusão social e afetiva.

Visando a plena reinserção do transexual existe uma possibilidade legal de se proceder à alteração do prenome individual por motivo de modificação cirúrgica do sexo da pessoa. Com a entrada em vigor da Lei 9.708/98, alterando o artigo 58 da Lei 6.015/73, o transexual operado teria base legal para alterar o seu prenome, substituindo-o pelo apelido público e notório pelo qual é conhecido no meio em que vive, desde que não prejudique o grupo em que vive, visando assegurar, assim, os direitos básicos da cidadania.[558]

Ante a problemática atual da alteração do prenome em face da alteração do sexo do indivíduo, deve o magistrado atender às razões psicológicas e sociais que esse fato acarreta.[559]

Com base nos princípios constitucionais, entendemos que, uma vez diagnosticada a transexualidade, cumpridas todas as formalidades legais (observância da capacidade da parte, apresentação de todas as certidões comprobatórias de sua identidade, estado civil, solvência, antecedentes criminais, certidões de protestos, certidões exaradas pela justiça eleitoral, certidão da justiça do trabalho, da justiça militar quando necessário) deve-se proceder à alteração do assento registral, bem como a determinação

[558] MONTEIRO, Washington de Barros Monteiro; PINTO, Ana Cristina de Barros Monteiro França. v. 1, p. 116; MALUF, Adriana Caldas do Rego Freitas Dabus – Novas modalidades de família na pós-modernidade, p. 189.

[559] MALUF, Adriana Caldas do Rego Freitas Dabus – Novas modalidades de familia na pós-modernidade, p. 61 e 62.

do novo sexo em seu termo; visando assim, a proteção individual do requerente e a proteção de terceiros quanto às diversas modalidades de fraude.

Na atualidade é permitida a alteração de registro civil do transexual sem a realização da cirurgia de redesignação, podendo o pedido ser feito em qualquer cartório de registro civil.

Isto deu-se, desde que a Procuradoria Geral de Justiça ingressou no STF com a ADI n. 4275 para regular a questão. Esta foi julgada em 2018 e o STF decidiu por maioria conceder ao transgênero o benefício de sua readequação sem a necessidade imperativa da realização da cirurgia.

Com a decisão podem ser alterados: o nome, os agnomes indicativos de gênero (filho, neto, sobrinho), o gênero na diversas certidões, lembrando que no caso da certidão de nascimento, há a necessidade precípua da autorização do cônjuge.

O Provimento 73/2018 do CNJ dispôs sobre a averbação da alteração do prenome e do gênero nos assentos registrais.

A modificação da identidade do indivíduo traz para o direito problemas difíceis, pois referem-se desde logo ao estado da pessoa, sua identidade – aquela simbólica, oriunda do nome, e também a real – estabelecida pelo sexo social do indivíduo, onde a lei lhe confere uma imagem jurídica, que, limitando seus contornos, estabelece-lhe um plexo de direitos e obrigações. Faz surgir a abordagem jurídica do público e do privado, essenciais para a abordagem jurídica do transexualismo e sua difícil conexão com a questão filosófica-jurídica da propriedade do corpo e os limites de sua intervenção.

Inicialmente, a questão envolvendo a conjugalidade do transexual era bastante polêmica, e muito se debatia acerca da possibilidade deste de contrair matrimônio ou constituir união estável, formando, uma família nos moldes legais, posto que a Constituição Federal brasileira só prevê expressamente em seu art. 226 o casamento entre pessoas de sexos diferentes, sendo, inadmissível a união legal entre as pessoas do mesmo sexo, ainda que uma delas tenha se submetido à cirurgia de conversão sexual. Com a finalidade de proteger o consorte, defendia-se a menção do termo transexual no registro civil. O matrimônio do transexual só poderia ocorrer por processo de habilitação que requer a retificação do seu registro civil, todavia questiona-se ainda se não se trata de matrimônio inexistente por haver identidade de sexo entre os cônjuges.

Esse panorama mudou radicalmente, sendo permitido o casamento entre pessoas do mesmo sexo, como vimos, e sendo recepcionada a transexualidade como forma de expressão identitária de gênero, o que nos faz concluir poder ser o casamento convolado com um indivíduo transexual perfeitamente válido, desde que obedecidas às formalidades legais.

O casamento convolado pelo transexual não incluir-se-ia no rol do casamento inexistente, mas, dada a sua inegável peculiaridade, persiste a possibilidade de este ser anulável, tendo em vista a existência de possível erro essencial sobre a pessoa do outro cônjuge, caso o outro nubente ignorasse os fatos antes do casamento, além da presença de defeito físico irreparável que tornasse impossível a convivência comum, fruto de cicatrizes ou sequelas cirúrgicas que inviabilizassem a vida conjugal normal, tal como dispõe o artigo 1557, I,III, do Código Civil.

Discutia-se se a cirurgia redesignatória tina mesmo o condão de transformar o homem em mulher ou a mulher em homem. Divergentes eram as interpretações. Entendemos, porém, que sim, o que tornaria o transexual apto para uma vida nova, onde não somente o sexo, mas a essência do indivíduo foi alterada, possuindo o transexual aptidão para o casamento, pois inexistiria a coincidência de sexos preconizada pela lei. Desta opinião partilham Maria Berenice Dias e José Roberto Neves Amorim.[560]

Antonio Chaves sustenta a possibilidade do casamento do transexual que já tenha obtido o reconhecimento judicial da sua redesignação sexual, pois entende que, a inexistência de aptidão procriativa não é causa para a descontinuação do matrimônio.[561]

No plano internacional, decisões em igual sentido foram proferidas pela Corte de Strassburgo em 1986,1990,1998 garantindo o direito de se casar a transexuais ingleses, redesignados, pois apresentavam sexo biológico diferente de seus consortes.[562]

Harry Benjamin, que muito se ocupou do tema da sexualidade humana, concluiu em seus estudos que muitos indivíduos apesar de normalmente

[560] DIAS, Maria Berenice. *União homossexual*: o preconceito e a justiça, p. 206-210 e AMORIM, José Roberto Neves. *Direito ao nome da pessoa física*, p. 64.

[561] CHAVES, Antonio. Castração, esterilização, mudança artificial de sexo. *Revista dos Tribunais*, São Paulo, ano 69, v. 542, p. 18, dez. 1980.

[562] MALUF, Adriana Caldas do Rego Freitas Dabus – Novas modalidades de família na pós-modernidade, p. 195 e 196.

inseridos na vida familiar, optam por realizar a cirurgia conversiva. Tal situação ocorre em seu ponto de vista devido ao fato de este transexual ser portador da transexualidade secundária, cujos sintomas presentes em estado latente aparecem tardiamente, numa fase onde normalmente o indivíduo já está casado e muitas vezes com filhos. Ocorre, também, que os transexuais masculinos casados acabam desenvolvendo uma libido homossexual, e acabam por tornar-se impotentes.

Quanto aos transexuais femininos, estes apresentam, na posição do autor, uma libido homossexual ainda mais pronunciada do que o transexual masculino. Nada lhes impede, entretanto, de procriar na juventude.

Aduz, finalmente, Harry Benjamin que esses casamentos acabam por durar pouco, chegando à separação ou ao divórcio, por causas diversas que vão desde a falência do matrimônio em si até a falta dos deveres conjugais, mormente a conduta desonrosa e a injúria grave.[563]

Outra fora de estado intersexual existente é o intersexualismo. Denomina-se intersexual o indivíduo portador de diferenciação sexual anômala, situação em que existe a preponderância de um sexo, de outro ou, em casos extremos, a coexistência de ambos. Diferencia-se em sua gênese do transexual e do homossexual, já analisados anteriormente.

Após o diagnóstico de intersexualidade, é primaz a realização da cirurgia reparadora, que, quanto mais cedo for feita, maior será a adaptação sócio-psicossocial do paciente, visto que nos casos de intersexualidade há uma indeterminação da identidade sexual do indivíduo.[564]

Como aduz Roque Monteleone Neto "o termo intersexualidade refere-se a um indivíduo que possui um erro na determinação ou na diferenciação sexual sendo que os aspectos puramente biológicos da sexualidade, como o sexo genético ou o gonadal possuem diferenças óbvias dos aspectos psicossociais da sexualidade, tais como a identidade de gênero ou a orientação sexual".[565]

563 SZANIAWSKI, Elimar. *Limites e possibilidades do direito de redesignação do estado sexual*, São Paulo: Revista dos Tribunais, 1999, p. 122.

564 MALUF, Adriana Caldas do Rego Freitas Dabus – Curso de bioética e biodireito, são Paulo: Atlas, 2010, p. 277.

565 MONTELEONE NETO, Roque. Erros da determinação e a diferenciação do sexo. In: DELASCIO, Domingos; GUARIENTO, Antonio (Orgs.). *Obstetrícia, ginecologia, neonatologia*. São Paulo: Servier, 1984. p. 313.

No âmbito do direito, é atinente a questão do hermafrodita, por uma necessidade de identificar o sujeito, seja masculino, seja feminino e de se definir como ele se apresentará ao mundo jurídico".[566]

Na concepção de John Money, o hermafroditismo, ou intersexo "é uma condição congênita de ambiguidade das estruturas reprodutivas, do modo que o sexo do indivíduo não é claramente definido como exclusivamente masculino ou feminino".[567]

A determinação sexual anômala, impõe intrínsecas consequências à sociedade, no sentido em que, dificultando a determinação da identidade de gênero do indivíduo, atinge terceira pessoa, que, com este, integrará a ordem familiar.

Cumpridas todas as formalidades processuais, e realização de todos os exames apontados como necessários para constatar-se o sexo do indivíduo, entendemos que diferentemente do transexual, o nome do pseudo-hermafrodita adequado ao seu sexo prevalente, devendo o registro fazer a acomodação, pois a cirurgia de adequação de sexo, mais que um direito legal concedido, é uma conduta médica visando o bem-estar e saúde clínica do indivíduo e representa uma utilidade terapêutica e psicossocial; é um direito natural, personalíssimo do cidadão que goza de proteção constitucional, pois, a natureza fez-se num dado momento prevalecer.

Desta sorte, pode-se perceber que a inserção do indivíduo portador de pseudo-hermafroditismo a um sexo determinado decorre da realização de diversos exames que atestam sua identidade de gênero, amparada pela lei, tendo em vista os direitos da personalidade, a saber: o direito à identidade pessoal, à saúde, à intimidade, à identidade sexual, tendo em vista a valorização da dignidade da pessoa humana. Deve para tanto, ser-lhe outorgada a capacidade jurídica plena relativa à adequação sexual, não sendo possível (nem plausível) que se lhe restrinja a determinados fins.[568]

[566] PEREIRA, Rodrigo da Cunha – A sexualidade vista pelos tribunais, 2.ed, belo Horizonte: Del Rey, 2001, p. 165.

[567] MONEY, John. Sex assingnement in anatomically intersexed infants. In: GREEN, M. D. Richard (Ed.) Human sexuality a health practitioner's text. Baltimore: Williams and Williams Company, 1975. p. 480. Apud SUTTER, Matilde Josefina, p. 64.

[568] MALUF, Adriana Caldas do Rego Freitas Dabus – Curso de bioética e biodireito, p. 282; MALUF, Adriana Caldas do Rego Freitas Dabus – Novas modalidades de família na pós--modernidade, p. 212.

Tal como aduz Matilde Josefina Sutter, "para a adequação do indivíduo à sociedade é necessário que sua designação sexual corresponda à do sexo dominante, ou seja, aquele que seja funcional para o indivíduo".

Em relação aos reflexos atinentes ao direito de família, concebe Clóvis Bevilaqua que "em matéria de casamento, a regra é pela dualidade de sexos, a não ser que possam dar enganos em raros casos de hermafroditismo ou deformações". Ampliamos esse posicionamento também à união estável, alçada à égide de família no artigo 226 § 3º da Constituição Federal.

Cumprida a fase de diagnóstico, demais formalidades médico-legais e redesignação, concluímos que nada obsta ao intersexual que constitua sua família nos moldes tradicionais. Entendemos que sua conjugalidade não se encontra comprometida, pois a adequação fenotípica do sexo em face do genótipo (tal como já referido) não impõe uma alteração do sexo, mas uma acomodação frente a uma anomalia que a própria natureza gerou.

A aceitação jurídica da cirurgia reparadora e a consequente retificação do prenome e do sexo no registro civil geram para o intersexual operado aptidão para o casamento, devendo este, entretanto, informar o futuro cônjuge de sua condição, evitando assim que o conhecimento posterior ao casamento de fato tão relevante possa ensejar à outra parte o pedido de anulação do casamento por erro essencial sobre a pessoa, ante a insuportabilidade da vida em comum, à luz dos artigos 1556 e 1557,III do Código Civil. Nas palavras de Alexandre Guedes Alcoforado Assunção, "o erro essencial capaz de provocar a anulação do casamento deve estar revestido dos requisitos de anterioridade e insuportabilidade da vida em comum para o cônjuge enganado, sendo que o erro sobre a identidade do outro cônjuge pode-se verificar sobre a identidade física ou civil".[569]

#### 4.6.2.14. Da *i-familly*

Na pós-modernidade, uma modalidade de família que se descortina é a *i-family*, que pode ser entendida como aquela que nasce e se desenvolve

[569] MALUF, Adriana Caldas do Rego Freitas Dabus – Curso de bioética e biodireito, p. 281; DINIZ, Maria Helena. *O estado atual do biodireito*, p. 269-270; ASSUNÇÃO, Alexandre Guedes Alcoforado. *Código Civil comentado*. 6. ed. São Paulo: Saraiva, 2008. p. 1662. Coord. Regina Beatriz Tavares da Silva.

sem o contato físico, mas funda-se por meio da comunicação escrita nos meios virtuais: "o vínculo mantido a distância, dando espaço para que a imaginação projetiva dos apaixonados pudesse ser ainda mais criativa da família"[570].

A *affectio* - elo entre duas pessoas, evidenciando um estado físico ou moral, uma predisposição do espírito, levando aos reflexos de sua alma - independe da proximidade física. Pode-se estar do outro lado do mundo, sentindo-se mais próximo do que se estivesse na mesma sala.[571]

Nesse sentido, Conrado Paulino da Rosa descreve a i-family como sendo em caráter provisório, quando algum dos integrantes da família se afasta do convívio dos seus por questões de trabalho ou força maior (esse fato pode fazer com que a intensidade da relação aumente, pois a distância física acalma os conflitos do dia a dia), ou pode ser de caráter permanente, uma vez que a família se forma entre pessoas que jamais viveram sob o mesmo teto.

Essa família, sob sua concepção, situar-se-ia na lógica da família eudemonista, da concretização da autonomia do indivíduo e de sua relização afetiva[572].

### 4.6.2.15. Da família multiespécie

A família multiespécie é aquela baseada na afetividade inerente da relação humano-animal, tendo em vista que na pós modernidade os animais são considerados seres sencientes e portanto, dotados de sentimento.

Na esfera internacional recebe proteção legal à luz da Declaração Universal dos Direitos do Animais, proclamada na Conferência de Bruxelas em 1978 pela UNESCO.

Recebe proteção legal à luz do biodireito `aluz do art. 225 § 1, VII, da CF, do Dec n. 24645/34 regulamentado pelo Dec. 3688/1941 que estabelece medidas de proteção aos animais; pela Lei 6.638/1979 que trata da vivissecção animal, pela Lei n. 9.605/1998 – denominada lei de crimes

[570] ROSA, Conrado Paulino da. *Ifamily* - Um novo conceito de família? São Paulo: Saraiva, 2013, p. 120.

[571] MALUF, Carlos Alberto Dabus; MALUF, Adriana Caldas do Rego Freitas Dabus - Curso de direito de familia, 4.ed., p. 58

[572] ROSA, Conrado Paulino da. *Ifamily* - Um novo conceito de família?, p. 123-124.

ambientais, pela Lei 11794/1998 – Lei Arouca destinada à utilização de animais no ensino e na pesquisa.[573]

Assim, além da perquirição dos direitos dos animais tendo em vista o seu status jurídico de ser senciente, analisamos sob a ótica cível questões atinentes à operacionalidade da introdução do animal de estimação – membro da família – em algumas searas como: o direito à guarda, o direito à visita, o direito aos alimentos (quando da separação ou divórcio dos seus pais/tutores), ou o direito à herança (quando do falecimento dos seus pais/tutores).

Sob a égide de família multiespécie, analisa-se o papel do animal nas relações familiares, além de destinar amor e afetividade. Seria ele sujeito ou objeto de direitos?

Esses questionamentos começaram a ocupar lugar nos debates jurídicos devido ao grande aumento dos animais de estimação nas famílias atuais, suplantando mesmo o número de filhos.

Segundo a pesquisa do Instituto Brasileiro de Geografia e Estatística (IBGE), somente no ano de 2013, foi constatado que no país há mais de 130 milhões de animais de estimação nos domicílios brasileiros. O *site* O Globo em 2015 com base nos dados lançados pela pesquisa do IBGE, noticiou que "Cerca de 44% dos domicílios têm cães, o que equivale a mais de 52 milhões de animais; crianças são 45 milhões". [574]

Quem duvidar desses dados é só sair às ruas e observar a realidade patente à sua volta.

O ordenamento jurídico brasileiro vislumbra os animais de estimação inerentes no seio familiar como meros objetos. Entretanto, segundo a evolução dos costumes, tal posicionamento pode ser considerado ultrapassado, haja vista, o número de animais que compõem as famílias e como são tratados!

Assim sendo, quando os casais não possuírem um acordo entre si, os conflitos de interesse serão resolvidos batendo às portas do judiciário.

[573] MALUF, Adriana Caldas do Rego Freitas Dabus – Curso de bioética e biodireito, 4.ed., São Pauo: Almedina, 2020, p. 82 e ss.

[574] SANTOS, Walquiria de Oliveira dos – Familia multiespecie: analise da (in)viabilidade de tutelar judicialmente as demandas de guarda, regulamentação de visitas e alimentos para os animais de estimação após a ruptura do vinculo conjugal. In. http://ibdfam.org.br, 2020. < acesso em 25.07.2021>

Á luz o disposto no art. 82 do Código Civil os animais de estimação são bens semoventes, atribuindo-lhes cunho valorativo meramente econômico, dessa forma, nos moldes da legislação civilista os animais não são sujeitos de direito.

Contudo, na contemporaneidade o vocábulo sencientes vem sendo empregado em face dos animais domésticos, tendo em vista a possibilidade que esses seres possuem de sentir e transmitir os mais variados sentimentos.

Sob os auspícios da medicina veterinária, cães e gatos são propensos a desenvolver depressão em face da alteração de suas circunstâncias ambientais e relacionais, tendo em vista o seu caráter senciente.

Recebem proteção constitucional como prevê o art. 225, § 1º, VII da Constituição Federal: "Todos têm direito ao meio ambiente ecologicamente equilibrado, bem de uso comum do povo e essencial à sadia qualidade de vida, impondo-se ao Poder Público e à coletividade o dever de defendê-lo e preservá-lo para as presentes e futuras gerações. § 1º Para assegurar a efetividade desse direito, incumbe ao Poder Público: [...] VII –proteger a fauna e a flora, vedadas, na forma da lei, as práticas que coloquem em risco sua função ecológica, provoquem a extinção de espécies ou submetam os animais a crueldade".

Nesse ínterim, verifica-se que houve uma mudança de entendimento em relação a classificação dos animais para o homem, tendo em vista que os fatos sociais modificaram o relacionamento dessas espécies, pois mesmo a legislação estabelecendo os animais como meros seres semoventes, atualmente, os animais são tratados no cotidiano como seres sencientes.

A Constituição Federal acolheu as transformações sociais da família brasileira e reconheceu a igualdade dos cônjuges e dos filhos, bem como outras formas de constituição de família fora do casamento.

Assim sendo, tendo em vista a repersonalização das relações familiares na busca de amor, afeto, solidariedade, lealdade, confiança e respeito, e ungindo-se estas às emanações dos princípios constitucionais relativos à família como liberdade, igualdade, solidariedade, proteção integral, afetividade e outros, podemos ressaltar que a família multiespécie desponta como uma nova configuração familiar, passando os animais de estimação a ser considerados como integrantes das famílias".

Para a caracterização da constituição da família multiespécie o afeto deve ser considerado como um dos principais elementos constitutivos na relação humano-animal, e não só a simples presença física do animal no lar.[575]

É importante ressaltar que de acordo com a Portaria do Instituto Brasileiro do Meio Ambiente e dos Recursos Naturais Renováveis – IBAMA, nº 93, de 7/7/1998, conforme o anexo 01, diversas das espécies do mundo animal podem ser consideradas como animais domésticos, entre eles: Abelhas, cabra, cachorro, cavalo, galinha, galo, gato, porco, ovelha, rato, pavão, coelho, pato e diversas outras classes elencadas na referida portaria.

Entretanto, na vida contemporânea, como tutelar judicialmente os supostos direitos dos animais?

Assim, havendo a ruptura de uma relação conjugal caberá ao judiciário dirimir o destino do animal doméstico, como a guarda, o direito de visita ou mesmo a estipulação de pensão alimentícia? Poderá haver a renúncia do *status familiae*?

As posições são divergentes frente a esses temas!

Isso posto, porque o reconhecimento jurisprudencial do vínculo afetivo com os animais de estimação e sua importância no momento presente não importam na aplicação dos institutos historicamente criados para a proteção das crianças e adolescentes, sendo afastada a possibilidade de guarda compartilhada, sendo elemento estranho ao reconhecimento de direito de convivência dos pets com os ex-integrantes da relação afetiva.

A legislação civilista estabelece o parâmetro pelo qual a constância do rompimento do vínculo conjugal os animais de estimação podem tão somente ser objeto de partilha.

Entretanto, na atualidade cada vez mais a justiça tem sido acionada para decidir sobre os destinos dos animais de estimação do casal.

Nesse sentido, independente do fato de ser de propriedade de um ou outro, a tendência é reconhecer a cotitularidade dos animais de estimação, com o estabelecimento de períodos de custódia alternados e pagamento de verba de natureza alimentar.

575 SANTOS, Walquiria de Oliveira dos – Familia multiespecie: analise da (in)viabilidade de tutelar judicialmente as demandas de guarda, regulamentação de visitas e alimentos para os animais de estimação após a ruptura do vinculo conjugal. In. http://ibdfam.org.br, 2020. < acesso em 25.07.2021>

O IBDFAM discutiu sobre a temática e sedimentou o seu entendimento em seu Enunciado 11 que "na ação destinada a dissolver o casamento ou a união estável, pode o juiz disciplinar a custódia compartilhada do animal de estimação do casal"

Ressalta-se que, atualmente, no Brasil as demandas que se referem aos animais de estimação contam exclusivamente com o bom senso dos operadores do Direito, uma vez que, inexiste legislação especifica referente ao tema.[576]

Entretanto, tal assunto já foi objeto de discussão legislativa, pois 05/05/2015 o deputado Ricardo Tripoli – PSDB/SP apresentou a proposta do projeto de lei nº 1365/2015 que "Dispõe sobre a guarda dos animais de estimação nos casos de dissolução litigiosa da sociedade e do vínculo conjugal entre seus possuidores, e dá outras providências.". Contudo, esse projeto encontra-se arquivado.

O Enunciado do IBDFAM deu origem ao PL do Senado n. 542/2018 que dispõe sobre a custódia compartilhada dos animais de estimação nos casos de dissolução do casamento ou união estável.

Além deste, também o PL 62/2019 refere-se ao tema: apresentado em 04/02/2019, por Fred Costa – PATRI/MG, "dispõe sobre a guarda dos animais de estimação nos casos de dissolução litigiosa da sociedade e do vínculo conjugal entre seus possuidores, e dá outras providências." (aguarda parecer da Comissão de Meio Ambiente e Desenvolvimento Sustentável – CMADS).

Outros dois projetos de Lei sob o número 473/2019, apresentado em 05/02/2019, pelo Deputado Federal Rodrigo Agostinho PSB/SP e o de nº 4099/2019, exposto em 12/07/2019, pelo Deputado Juninho do Pneu – DEM/RJ, estão apensados ao referido projeto de lei 62/2019, haja vista que, se referem sobre a mesma temática.

"A proposta aduzida no texto do projeto de lei 62/2019 visa suprir a omissão legislativa referente à guarda, alimentos e regulamentação de visitas, assim, regimentando a temática, pois está esposado no texto do referido projeto uma análise dos direitos dos animais mediante o rompimento

[576] SANTOS, Walquiria de Oliveira dos – Familia multiespecie: analise da (in)viabilidade de tutelar judicialmente as demandas de guarda, regulamentação de visitas e alimentos para os animais de estimação após a ruptura do vinculo conjugal. In. http://ibdfam.org.br, 2020. < acesso em 25.07.2021>

de quaisquer vínculos conjugais, seja casamento, união estável, e ainda relacionamentos decorrentes de relações hetero ou homoafetivas".[577]

"No que tange a guarda, o respectivo projeto de lei estabelece em seu art. 4º que "A guarda dos animais de estimação classifica-se em: I–unilateral: quando concedida a uma só das partes; ou II–compartilhada, quando o exercício da posse responsável for concedido a ambas as partes".

Estabelece no art. 5º que o magistrado deverá analisar o caso concreto para poder deferir a guarda.

Prevê em seu art. 8º que "A parte que contrair nova união não perde o direito de ter consigo o animal de estimação, que só lhe poderá ser retirado por mandado judicial, provado que não está sendo tratado convenientemente ou em desacordo com as cláusulas, conforme despacho do juiz".

Outra proposta legislativa que se refere a guarda dos animais que encontra-se em tramitação trata-se do projeto de Lei do Senado nº 631, de 2015, proposto pelo Senador Marcelo Crivella (REPUBLICANOS/RJ), que visa instituir no ordenamento jurídico o Estatuto dos Animais, bem como alterar a redação do art. 32 da Lei no 9.605, de 12 de fevereiro de 1998, o qual, conforme o esposado no site do Senado Federal atualmente encontra-se aguardando inclusão na ordem do dia de requerimento para que haja manifestação.

Dispõe em seu art. 5º que "Toda pessoa física ou jurídica que mantenha animal sob sua guarda ou seus cuidados deverá: I – fornecer alimentação e abrigo adequados à espécie, à raça ou à idade do indivíduo; II – garantir espaço adequado e apropriado para a manifestação do comportamento natural, individual ou coletivo, da espécie; III – assegurar a inexistência de circunstâncias capazes de causar ansiedade, medo, estresse e angústia; IV – empreender todos os esforços para o animal conviver ou ser alojado com outros da mesma espécie, dependendo das circunstâncias específicas e do comportamento da espécie; V – prover cuidados e medicamentos sempre que for necessário e quando constatada dor ou doença.

Dispõe em seu art. 7º "É proibido: (...) III – abandonar animal sujeito a sua guarda ou deixá-lo a sua mercê em qualquer recinto, público ou

[577] SANTOS, Walquiria de Oliveira dos – Familia multiespecie: analise da (in)viabilidade de tutelar judicialmente as demandas de guarda, regulamentação de visitas e alimentos para os animais de estimação após a ruptura do vinculo conjugal. In. http://ibdfam.org.br, 2020. < acesso em 25.07.2021>

privado, artificial ou natural, com a finalidade de se eximir das responsabilidades inerentes ao dever de guarda".

Pode-se assim perceber, "que o PL nº 631, de 2015 visa assegurar o tratamento aos animais como seres sencientes, bem como regulamentar os deveres referente à guarda de animais, mas é silente em relação aos alimentos ao estabelecimento da guarda e regulamentação de visitas para os animais, estabelecendo tão somente os deveres do detentor da guarda de um animal de modo geral".

A Lei 14.64/2020 – denominada lei sansão – aumenta a pena do crime de maus tratos contra cães e gatos.

No entanto, em face da inexistência de norma regulamentadora das questões de direito de família para os animais, caberá ao magistrado decidir diante do caso concreto.

A título exemplificativo, trazemos um interessante julgado analisado pelo STJ, o RE nº 1713167 SP 2017/0239804-9 *in casu*, a lide era uma dissolução de união estável, onde o casal conviveu junto por mais de sete anos em São Paulo, mediante o regime de comunhão universal de bens, havendo a aquisição de um animal de estimação na constância do relacionamento e existindo intenso afeto de ambas as partes com o animal de estimação, o casal separou-se afirmando que não haviam bens a serem partilhados.

Todavia, posteriormente, o Requerente pleiteou perante o juízo de primeiro grau o direito de visitar ao animal, mas acabou sendo impedido por sua ex-companheira, que ponderou que essa prática estava lhe causando sentimento de angústia.

Em sede de primeiro grau, o pedido foi negado, posto que o juiz considerou que os animais não seriam integrantes da relação familiar. Em sentido diverso, o TJSP aplicou por analogia o instituto da guarda no caso concreto.

Diante disso, no STJ o Relator Ministro Luís Felipe Salomão decidiu pela manutenção da regulamentação de visitas, uma vez que, restou demonstrado o afeto do Recorrente com a cadela Kim, da raça *yorkshire*, ressaltando ainda que mesmo perante a omissão legislativa referente a essa relação afetuosa humano-animal, a possibilidade da concessão desta deverá será analisada perante o caso concreto.

Em seu voto entendeu que "deve ser afastada qualquer alegação de que a discussão envolvendo a entidade familiar e o seu animal de estimação é menor, ou se trata de mera futilidade a ocupar o tempo desta Corte. Ao contrário, é cada vez mais recorrente no mundo da pós-modernidade e envolve questão bastante delicada, examinada tanto pelo ângulo da afetividade em relação ao animal, como também pela necessidade de sua preservação como mandamento constitucional (art. 225, § 1, inciso VII –" proteger a fauna e a flora, vedadas, na forma da lei, as práticas que coloquem em risco sua função ecológica, provoquem a extinção de espécies ou submetam os animais a crueldade")".[578]

No mesmo sentido o TJRJ no processo nº 0009164-35.2015.8.19.0203 em caráter liminar concedeu guarda compartilhada de um animal para os ex-cônjuges.

Em sentido inverso, temos o julgado TJRS – Conflito de competência CC 70074572579. DJ 29.09.2017. Conflito negativo de competência. Ação de posse compartilhada de animal de estimação. Na ação de manutenção de posse de animal de estimação inexiste discussão que recaia sobre o direito de família. A lide trata de matéria cível de cunho declaratório, competindo ao juízo suscitante o processamento e julgamento do feito. Conflito negativo de competência julgado improcedente, em decisão monocrática, 19ª Câm. Civ., TJRS, Rel Des Eduardo João Costa.

TJSP – Apelação Cível AC 10075670820208260344, DJ 27.05.2021. "Animal de estimação. Direito de visitação. Parte autora que durante a constância de relacionamento amoroso com a ré, a presenteou com um cão. Donatária que passa a exercer domínio exclusivo. Inexistência de união estável que justificasse eventual coparticipação nas obrigações materiais e morais inerentes à criação do animal doméstico. Recurso não provido".

TJSP – Agr. Instr. 22077432322019826000. DJ 29.01.2020. Guarda de animais de estimação. Decisão que revogou a guarda compartilhada liminarmente deferida. Recurso provido.

De forma conclusiva podemos aduzir que os laços afetivos que se perfazem entre os seres humanos e os animais fez com que uma nova modalidade de família tomasse corpo. A falta de legislação especifica, no

[578] SANTOS, Walquiria de Oliveira dos – Familia multiespecie: analise da (in)viabilidade de tutelar judicialmente as demandas de guarda, regulamentação de visitas e alimentos para os animais de estimação após a ruptura do vinculo conjugal. In. http://ibdfam.org.br, 2020. < acesso em 25.07.2021>

entanto, ainda deixa os animais domésticos de estimação no campo da propriedade privada.

Falta uma legislação especifica com normas sobre guarda compartilhada, guarda responsável de animais de companhia, o estabelecimento de obrigações não apenas ao guardião do animal de estimação, mas a todas as pessoas físicas, jurídicas ou entes não personalizados.

Quanto ao reconhecimento da família multiespécie e da efetiva determinação da guarda compartilhada, teríamos analogamente a aplicação do princípio do melhor interesse da criança ao animal, que recepcionaria o melhor interesse do animal.

Assim sendo, temos que o reconhecimento jurídico da família multiespécie traria uma proteção maior aos animais domésticos de estimação, com o consequente estabelecimento de responsabilidades e deveres aos guardiães e adotantes, além de fomentar a adoção de animais em estado de vulnerabilidade.

Muitos questionamentos ainda podem ser feitos tendo em vista a presença do animal na família: em caso de lesão ou morte de animal de estimação por culpa ou dolo de terceiro, deve haver a responsabilização civil do guardião? E do animal senciente?

Outras questões se colocam tendo a bioética como base: o animal tem dono? Os animais domésticos demonstram afeto? O que permite a comercialização de animais? Pode-se separar a mãe de seus filhotes para venda ou doação? Cercear a liberdade dos animais em gaiolas ou aquários retirar-lhes-ia a dignidade? Podem os animais figurar como elementos nas experimentações cientificas?[579]

A questão sucessória continuará em aberto: na atual forma da lei, entendemos não ser possível deixar a herança diretamente para o animal, posto que não tem este capacidade para suceder, sendo possível, no entanto, destacar parte do patrimônio, e destinar a outrem, mediante o encargo de cuidar do animal.

Vemos assim que muitas questões precisam ser dirimidas para que haja o pleno reconhecimento da família multiespécie, tendo em vista os direitos dos animais.

[579] VIEIRA, Tereza Rodrigues – O afeto e a igual consideração moral demonstram o reconhecimento familiar. In. Revista IBDFAM, edição 53, out/nov 2020, p. 4 e ss.

#### 4.6.2.16. Da família poligâmica

Existe ainda uma outra forma de família que não consta dos documentos legislativos pátrios, é a família poligâmica.

A família poligâmica só aparece em sociedades que permitem casamento plural. Pode assumir teoricamente três formas: família poligâmica – composta de um homem suas mulheres e seus filhos; família poliândrica – composta de uma mulher, seus maridos e seus filhos; e a família formada pelo casamento grupal, abarcando várias mulheres e vários homens ao mesmo tempo.

Na tradição ocidental, a noção mais generalizada de família está predominantemente ligada a ideia de um casal e seus filhos, ou seja, a família nuclear.

À luz do direito pátrio, em consonância com os princípios de direito vigentes no Brasil, existente em alguns países do mundo, notadamente nos países árabes e africanos, a família poligâmica contraria os preceitos contidos nos Tratados Internacionais atinentes aos direitos humanos, pois acentua a discriminação entre os gêneros.

Vemos desta forma, que a lei familista deve, em consonância com a Lei Maior do país, representar os anseios da sociedade local tendo em vista o momento histórico vigente, tentando assim conciliar modernidade e tradição ao valorizar as práticas culturais e religiosas existentes no país.

Refletimos então se deveria a cultura ser vista como algo estático e imutável em virtude do acelerado desenvolvimento econômico, cientifico e cultural que o mundo conheceu na contemporaneidade?

Para os defensores da poligamia esta serviria para coibir a infertilidade dos casais, aumentar a ajuda feminina no trabalho doméstico e com a prole comum, ajudar a diminuir a prostituição e o número de mães solteiras.

Entretanto, a unidade existente no vínculo familiar não é do casal mas do grupo, liderado por um chefe que é o marido, mesmo se, algumas vezes, uma das mulheres, normalmente a mais velha, tem poderes de decisão. Evidencia esta prática um flagrante desrespeito aos princípios de igualdade e da dignidade da pessoa humana uma vez que o estabelecimento do estatuto conjugal é imposto pelo marido, é este quem decide ter várias mulheres e nunca o contrário sendo a declaração unilateral do marido imposta às esposas ou concretizada através de negociações com algumas delas. Inexiste também a possibilidade da ruptura da sociedade familiar através do divórcio

No que tange à administração dos bens comuns, o acesso à propriedade, da sua gestão é manifestamente desigual em relação às mulheres, mesmo com a mais velha (que em certos casos possui direito decisório). Numa união poligâmica não existe solidariedade conjugal, estabelecimento de direitos e deveres recíprocos, igualdade entre os membros, nem respeito mútuo ou dever de fidelidade, de coabitação e de colaboração.

Há evidências mais do que visíveis, de cidadãs, na cidade e no campo, que se lamentam da falta de direitos por serem segundas ou terceiras esposas. O recente processo de discussões que as ONGs femininas organizaram no quadro da divulgação da anteproposta e da proposta de Lei de Família, comprovou este aspecto.

Merecem também ser citados os depoimentos de alguns cidadãos que nasceram de uniões polígamas, e que se revoltam claramente contra esta prática. Ao invés de terem crescido numa grande e animada família cheia de crianças, alegam que, na sua infância, sofreram tratamento diferenciado entre irmãos e que, até hoje, têm traumas por causa dessa situação.[580]

Em face ao exposto, vê-se que o caso, de difícil solução deverá num primeiro momento passar pelo crivo de um plebiscito e num segundo, numa mescla de tradição e modernidade ou bem buscar a regulamentação do casamento poligâmico bilateral ou bem se aprova somente o casamento monogâmico.

Tenho para mim que ambas as hipóteses, embora exemplos de conexão entre o amor e o direito necessitam de um longo caminho para serem introduzidas nesse mundo heterogêneo e marcado pelo desamor.

Em diversas regiões do mundo a poligamia é permitida. Nos países de religião islâmica, o homem pode se casar com até quatro mulheres, com a condição de que dê atenção igual a cada uma delas. Acredita-se mais honesto ser casado com várias esposas do que ter amantes, e que é da natureza do homem ser poligâmico e da mulher ser monogâmica.

[580] SILVA, Terezinha; ANDRADE, Ximena; MAXIMIANO, Lucia; LEVI, Benvinda; ARTHUR, Maria José – Porque a poligamia é inaceitável na lei de família á luz dos direitos humanos. In.Outras Vozes, n.4, ago 2003. Fonte: http://www.wlsa.org.mz/lib/articles. < acesso em 7.1.11>

O site lembra, no entanto, que o Islã não permite o contato sexual antes do casamento e proíbe também o sexo extraconjugal. Será?[581]

A Igreja Católica se opõe à poligamia porque a considera um pecado, já que vai contra o sacramento do Matrimônio. No catolicismo a poligamia é equiparada ao adultério, e é tida como uma prática que entra em contradição "com a igual dignidade do homem e da mulher e com a unicidade e exclusividade do amor conjugal; a rejeição da fecundidade, que priva a vida conjugal do dom dos filhos; e o divórcio, que se opõe à indissolubilidade".

No continente africano, a poligamia existe sem estar necessariamente relacionada a questões religiosas. Em sociedades mais tradicionais da África Subsaariana, por exemplo, a prática é comum – segundo o relatório Social and ethical aspects of assisted conception in anglophone sub-Saharan Africa, da Organização Mundial de Saúde. O estudo da OMS afirma que, mais do que ser aceita, a poligamia é até mesmo incentivada entre os homens nesses lugares. E, em muitas regiões africanas, a religião predominante é o islamismo – o que promove uma soma de questões culturais e religiosas, fortalecendo ainda mais a aceitação da prática.[582]

Um dos fatores que serve como incentivo à poligamia na África é a valorização enorme da maternidade nesse continente. "Crianças são tão valorizadas na África que a procriação é considerada a maior razão para o casamento e a principal causa, se não a justificativa, para a poligamia e outras formas de casamento que poderiam ser consideradas mais ou menos estranhas pela perspectiva de outras culturas".[583]

A OMS aponta, ainda, consequências nada positivas da poligamia na África. Cria-se uma competição entre as diversas esposas, que lutam por direitos relacionados à gravidez, ao parto e à maternidade, e são submetidas à pressão de dar à luz herdeiros do sexo masculino – já que estão

[581] HOURANI, Albert – Uma história dos povos árabes, 2ª ed., São Paulo: Companhia das Letras, 2005, p. 209.

[582] Fonte: www.oms.org

[583] Essa atenção dada à maternidade na África chega a ser incoerente com outras ocorrências observadas no continente. Por exemplo, a prática da mutilação genital costuma causar sérios danos à saúde sexual das mulheres, dificultando as relações sexuais, o parto, ou até mesmo tornando-as estéreis. Além disso, a mortalidade infantil é altíssima no continente, que apresenta também elevadas estatísticas de crianças que se tornaram órfãs devido ao fato de seus pais serem vítimas da Aids

inseridas numa sociedade patriarcal. Um outro fator associado à prática da poligamia é o crescimento do número de filhos por pai, e da média de tamanho das famílias. Além disso, o fato de os homens terem várias mulheres na África é apontado em certas pesquisas como um dos fatores que contribuem para a disseminação do vírus da Aids no continente, cujos países já são os que mais concentram soropositivos em todo o planeta. O fato é que mesmo com a possibilidade de ter várias esposas, os homens não deixam de ter relações extraconjugais.[584]

Ainda mais rara e de difícil aceitação, é a família poliândrica, que consiste no casamento da mulher com vários homens, existente em regiões do Himalaia, no norte da Índia, quase fronteira com o Tibet. Representa um tipo de família muito raro no mundo atual.

As vantagens de vários homens, geralmente irmãos, se casarem com uma mesma mulher seriam: garantir a segurança da família, já que acabam formando uma grande comunidade, morando e criando filhos juntos; assegurar maiores chances de se conseguir trabalho, alimentos e moradia – quando irmãos decidem casar-se com mulheres diferentes, precisam deslocar-se para alcançar essas condições de vida.

Independentemente do tipo de amor que permeia os casamentos poligâmicos, que têm um caráter eminentemente cultural, ancestral, e não volitivo entre as partes, vemos que o direito internacional privado vem enfrentando problemas de ordem prática decorrentes do movimento migratório dos povos originários de países que permitem esse tipo de casamento.

Após muitos debates doutrinários e questionamentos nos fóruns de Grande Instância, o entendimento atual em sede europeia é de se aceitar como válido o casamento plúrimo dos consortes se assim o fizer a lei pessoal de cada um.[585]

Assim sendo, podemos concluir que na pós-modernidade há a oportunidade de reconhecimento de diversas formas de família, sendo a característica basilar de todas elas o amor, a proteção, a inserção, o cumprimento da ânsia de se restabelecer o corte que demarca os limites do eu e instala o espaço do desejo, como já foi referido. Desta sorte, de

[584] HERNANDEZ, Leila Leite – A África na sala de aula, São Paulo: Selo Negro, 2005, p. 13 a 16.

[585] DOLINGER, Jacob – Direito & Amor, p. 292 e ss.

forma mais pacífica ou mais controvertida, novas formas relacionais estão firmando-se no universo legislativo e cultural, visando proteger a integridade psicobiofísica dos seus participes.

As formas e os motivos de manifestação de amor são plurímos: o amor heterossexual, bissexual, homossexual, pansexual, o poliamor, a ginandromorfofilia – que se constitui pela afeição por transexuais e transgêneros-, e assim também o são as modalidades de reconhecimento e visibilidade deste, que é o mais nobre dos sentimentos.

Tal como aborda Elizabeth Roudinesco, há diversas formas de se abordar as relações entre homens e mulheres, seja no que tange à sua formação, seja administrando os mecanismos presentes na dominação existente entre os gêneros, seja conhecendo os mecanismos de estabelecimento de identidade de gênero, de desejo, de amor, de sexualidade.[586]

Todas essas formas relacionais recebem respaldo legal e ideológico na pós-modernidade.

### 4.6.3. O amor passional

O conceito popular para crime passional é de um crime cometido por paixão.

Relata a historiografia que o amor passional, levado às últimas consequências deixou suas marcas nos tribunais. Os relatos de adultério, maus-tratos, abandono de menores e da criação de filhos adulterinos eram uma constante.

Retrata Mary del Priore que o crime passional era uma modalidade de violência bastante presente nas camadas menos favorecidas. Duas eram as posições mais acatadas pelo entendimento jurídico da época: a dos criminalistas clássicos, para quem nem mesmo na égide da violenta emoção havia a supressão das faculdades mentais que fazia-se distinguir o certo e o errado, o bem e o mal, o ato criminoso do ato cumulado pelo ciúme puro e simples ou pela rejeição e a Escola Positivista liderada por Lombroso, que despojava de responsabilidade aquele que praticava o crime passional, geralmente o homem, pois como entendia-se certas formas mais intensas e violentas de paixão se assemelhavam à loucura, estando portanto na raiz dos gestos mais impulsivos podendo alterar a manifestação da vontade, deduzindo-se daí a responsabilidade penal.

586 ROUDINESCO, Elizabeth – A família em desordem, Rio de Janeiro: Zahar, 2002, p. 127.

A grande maioria dos psicólogos e dos juristas tentaram provar que a gênese desse comportamento violento está na expressão brutal do instinto sexual, ativo no homem e passivo na mulher. Falava-se então de paixão erótico-patológica, muitas vezes cometido em nome do ciúmes, da rejeição ou da prática do adultério (enquanto o adultério masculino era considerado assunto de foro íntimo, o feminino era tido por crime e gerava o maior escândalo).[587]

A psicologia trata das questões comportamentais analisando os reflexos entre as atitudes e as emoções – tidas como um aspecto extremamente relevante do comportamento humano-que são na maioria das vezes respostas reflexas a estímulos ambientais.[588]

O fato do crime ter sido realizado por motivo no qual figura o sentimento onde uma pessoa se sente dona de outra e quer que seu amor seja reconhecido como único, e se isso não acontece, a pessoa resolve cometer atos contra a vida da outra. Geralmente este tipo de crime é cometido por pessoas que argumentam se sentirem pouco valorizadas por seu companheiro/a para justificar o controle e domínio que exercem sobre ele, considerando-o uma propriedade. Neste enquadramento, argumentando ter ciúmes devido aos comportamentos do/a companheiro/a, reais ou imaginários, que não controlam, ciúmes estes gerados por essa situação, que os levam a cometer crimes. Juridicamente, o crime passional é um crime como outro qualquer e não se enquadra na figura penal atenuante de "violenta emoção". Vê-se assim, que a mulher sempre fora culturalmente desprezada pela sociedade em que viveu, desde o primórdio das civilizações. Logo, nas mesmas bases se pautou o relacionamento do casal. Tal como vimos, as primeiras uniões, hoje denominadas casamento, não tinham natureza afetiva, visando pura e tão somente manter os interesses da época.

Desta sorte, a mulher passava a possuir um dono e senhor, sendo portanto encarada como um objeto pessoal, não sendo-lhe respeitado inicialmente as preferências, valores, interesses, intenções ou manifestações de sentimento de sua alma.

Como se sabe era grande a interferência do homem – pais ou marido – nos assuntos íntimos da mulher, sendo que as relações conjugais

587 DEL PRIORE, Mary – História do amor no Brasil, p. 262 e ss.

588 MOREIRA, Márcio Borges; MEDEIROS, Carlos Augusto de – Princípios básicos de análise do comportamento, Porto Alegre: Artmed, 2008, p. 25.

sujeitavam-se à concepção do poder marital, que a seu turno podia variar de um casal para outro: afeição, indiferença, medo, condescendência, respeito, entre outros dependia do caráter individual de cada um e das circunstâncias particulares que cada caso se circunscrevia, indotodavia o poder marital até o limite de impor penas físicas à mulher (ainda hoje nos países islâmicos se aplicam penas capitais a estas).[589]

Intimamente relacionado à manutenção do relacionamento amoroso, o crime passional não fica adstrito somente ao ao delito de homicídio, mas pode-se configurar também a lesão corporal e o dano moral.

Inicialmente, como descreveremos no correr desta obra, parece-nos importante diferenciar os conceitos de amor e paixão tanto quanto ao seu objeto de desejo, quanto em suas motivações.

Nesse processo, também tem especial importancia os mecanismos de rejeição que podem ser despertados nos homens e mulheres que se sentem excluidos, não valorizados, em seu sentimento amoroso, podendo levá-los ao cemetimento de atos de violência que pode levar à morte de outrem.

Assim sendo, como aduz Alex Giostri pode-se partir para a gressão fisica ou verbal, pode-se guardar rancor e esperar um momento de se vingar, ou ainda partir para o fatal, indo de encontro com a morte: assassinato ou suicidio.

"As reações vão depender, na realidade da maneira pela qual cada um vê o mundo, da maneira como estão preparados emocionalmente, da forma como as expectativas foram depositadas no outro e sobretudo, na maneira como cada um lida com suas frustrações".[590]

A psiquiatria existencial, que delimita um novo campo de pesquisa, refere-se a uma ciência da alma, por mim abordado no presente trabalho como reflexos da alma, onde se analisa a realidade psiquica per se, distinta de conteúdos mentais, atos de comportamento, atitudes, entre outros, visando-se assim desnudar a estrutura da alma.

[589] FERRARA, Renata Silva – Das mulheres de ontem e hoje para as de amanhã – reflexões sobre a condição feminina na sociedade conjugal. In. DIAS, Josefina Maria de Santana (Coord) – A mulher e a justiça, IASP, p. 66 e 67; KAMIMURA, Akemi – Linguagem e efetivação dos direitos humanos: o desafio do direito no atendimento interdisciplinar a vitimas de violência. In. PIOVESAN, Flavia; IKAWA, Daniela (Coord.) – Direitos humanos, v. II, Curitiba: Juruá, 2007, p. 810 e 811.

[590] GIOSTRI, Alex – Afeto, amor e fantasia, São Paulo: Rag Editor, 2009, p. 93.

O que levaria, como descreve James Hillman "ao culto da individualidade em sua solidão existencial", pois depende de cada individuo isoladamente a elaboração de sua realidade interior, para assim poder sustentar-se em suas experiências de afetividade como um todo e não apenas nas relações amorosas.[591]

Contudo, devemos também ficar atentos ao ponto que antecede as causas e os sentimentos humanos, que é o próprio sujeito titular da ação, ou seja, devemos analisar a intimidade psiquica do ser humano, tendo em vista os agentes que motivam-no a tomada das mais drásticas atitudes.

Como aduz Susana J. De Oliveira Carmo "não se pode lançar mão do princípio da causalidade, porque na observação empírica do elemento humano não há margem para previsibilidade, tampouco, para prognósticos. E mesmo sob o enfoque jurídico, nunca haverá como encartar no rol de nossas certezas a forma pela qual se empreenderão os atos e atitudes que perfazem a conduta humana, pois, é elementar que haja uma orientação pessoal, intrinsecamente concebida e observada por seu titular, e, nisto consiste todo o grau de imprevisibilidade, a partir daí, temos que não há como afirmar a existência de uma propensão no agir humano. Haverá sempre algo latente ou velado, inerente a cada indivíduo".

Nesse sentido, vemos com Hanna Arendt, que é grande a distinção entre a aparência e a realidade do homem, o que demonstra a impossibilidade de se conhecer o íntimo de um, permanecendo pois, sempre um grau de obscuridade quanto às forças determinantes das atitudes humanas, tendo em vista as vicissitudes e a realidade que se impõe.

A paixão em sua manifestação pode ser vista como um sentimento despertado por desejos imperativos, representando assim uma energia sinestésica que tende ao esgotamento.[592]

Embora possamos compreender a imperatividade do sentimento amoroso, a moderna criminalistica ignora que o estado de apaixonamento possa causar um estado de tamanho torpor emocional que faça o agente delituoso sair de si e cometer o ato de violência que pode gerar a morte daquele ser que já não mais compartilha os mesmos sentimentos amorosos de antes.

[591] HILLMAN, James – Suicídio e alma, p. 111 e ss.

[592] CARMO, Susana J de Oliveira – Crimes passionais: onde termina a paixão e começa a violência? In. http://www.artigonal.com/doutrina-artigos < acesso em 13.9.10>

Posteriormente veio no cenário pátrio a promulgação da a Lei 11.340/2006, que trata da violência doméstica e familiar cometida nas mais variadas áreas de atividade humana – violência física, moral ou sexual. Em tempos passados, os crimes passionais alcançaram notoriedade e ganharam a mídia através de capacidade inventiva de grandes juristas, capazes de desnaturar traços de um caráter egoísta e covarde presentes no agente delitivo, permutando-os pela comoção propositadamente angariada àquele vitimado por uma violenta emoção, hoje o Estado ao declarar a família como base da sociedade, assegura a assistência familiar na pessoa de cada um que a integram, criando mecanismos para coibir a violência no âmbito de suas relações.[593]

No âmbito internacional, o status civil da mulher parece assemelhar-se. Esta sempre foi vitima de discriminação, recebendo para tanto um tratamento diferenciado do homem no que tange à sua incolumidade física, moral e sexual. O mesmo se aplica aos crimes passionais, considerados uma questão de honra para a maioria dos homens.[594]

Em sua maioria, defendia-se o momentâneo descontrole emocional, um violento desequilíbrio desencadeado por um comportamento reprovável do *ser amado.*

"Hoje, caem por terra as grandes teses que apontavam o criminoso passional como alguém que perdeu seu referencial de autocrítica e censura, ou, que tenha sofrido uma queda considerável em sua racionalidade, daí porque, agiria como um auto-justiceiro na prática de sua defesa, ou na pior das hipóteses, como vítima de sua própria vingança. Razão pela qual, uma vez desconsideradas as defesas fundadas em teses de privação dos sentidos ou da inteligência, nossos Tribunais têm visto o crime passional como hediondo, ou seja, crime sem atenuantes, sem diminuição de pena, ou ainda, sem qualquer fiança. Assim, a jurisprudência tem dado ao assassino passional as sanções atribuídas aos criminosos da pior espécie, vislumbrando-o como um assassino vingativo, frio e cruel, eqüidistante do ser que pode ser compreendido como apaixonado".[595]

593 FERREIRA, Ivete Senise – Comentários à lei n. 11.340/96 (lei Maria da Penha). In. DIAS, Josefina Maria de Santana (Coord) – A mulher e a justiça. IASP, p. 97.

594 MACKINNON, Catherine A – Are women human? And other international dialogues, London: Harvard University Press, 2006, p. 5.

595 CARMO, Susana J de Oliveira – Crimes passionais: onde termina a paixão e começa a violência? In. http://www.artigonal.com/doutrina-artigos < acesso em 13.9.10>

Nesse sentido, vemos que os crimes passionais possuem sempre uma essência patológica de cunho social, político ou psíquico.

Nesse sentido, no que tange à prática de violência contra a mulher e a perpetração de crimes passionais, entendemos com Ivete Senise Ferreira que ainda existe a necessidade de compatibilizar os avanços científicos e tecnológicos com as estruturas sociais e os sitemas jurídicos vigentes, revendo a concepção patriarcal na qual a sociedade veio alicerçada, estabelecendo normas restritivas mais coadunadas ao mundo moderno.

A partir daí, temos a proteção do direito à vida, a proteção da pessoa humana, sua dignidade, seus direitos personalíssimos e o respeito aos direitos humanos.[596]

Assim sendo, podemos concluir que na pós-modernidade há a oportunidade de reconhecimento de diversas formas de família, sendo a característica basilar de todas elas o amor, a proteção, a inserção, o cumprimento da ânsia de se restabelecer o corte que demarca os limites do eu e instala o espaço do desejo, como já foi referido. Desta sorte, de forma mais pacífica ou mais controvertida, novas formas relacionais estão firmando-se no universo legislativo e cultural, visando proteger a integridade psicobiofísica dos seus participes.

As formas e os motivos de manifestação de amor são plurímos: o amor heterossexual, bissexual, homossexual, pansexual, o poliamor, a ginandromorfofilia – que se constitui pela afeição por transexuais e transgêneros-, e assim também o são as modalidades de reconhecimento e visibilidade deste, que é o mais nobre dos sentimentos.

Tal como aborda Elizabeth Roudinesco, há diversas formas de se abordar as relações entre homens e mulheres, seja no que tange à sua formação, seja administrando os mecanismos presentes na dominação existente entre os gêneros, seja conhecendo os mecanismos de estabelecimento de identidade de gênero, de desejo, de amor, de sexualidade.[597]

Todas essas formas relacionais recebem respaldo legal e ideológico na pós-modernidade.

[596] FERREIRA,Ivete Senise – A mulher e a proteção á vida. In. DIAS,Josefina Maria de Santana (Coord) A mulher e a justiça. IASP, São Paulo:Lex editora, 2009, p. 19 e 20.

[597] ROUDINESCO, Elizabeth – A família em desordem, Rio de Janeiro: Zahar, 2002, p. 127.

## 5.
# A PAIXÃO E SEUS SINTOMAS

Definir a paixão não é uma tarefa fácil. Seus sintomas por outro lado, demonstram maior concretude. Uma coisa é certa: não se passa um minuto sequer sem que alguém se apaixone pela primeira vez. Á partir dessa experiência o enamorado sente que tudo em sua existência mudou.

A paixão (do verbo latino, patior, que significa sofrer ou suportar uma situação dificil) é uma emoção de ampliação quase **patológica**. Também está ligado, etimológicamente à raiz de "patologia", *pathos,* ligada ao sofrimento.

Vemos por conseguinte, que esta pode ser entendida como um comportamento complexo que abrange sentimentos confusos, pois, ao mesmo tempo que envolve euforia, alegria, prazer, satisfação, envolve, também, tristeza, depressão, angústia e ansiedade.

Através da experiência da paixão, o ser humano consegue realizar uma reflexão integral do seu ser, uma vez que o corpo e a alma passam a ser a mesma coisa. Logo, como aduz Gerard Lebrun "paixão é uma tendência bastante forte e duradoura para dominar a vida mental", é sempre provocada pela presença ou imagem de algo que nos leva a reagir, geralmente de improviso, indicando que vivemos na dependência de outrem. Entretanto, sua função basilar é aflorar as percepções passíveis da alma, faz variar os juízos e segue-se de sofrimento e prazer.

O homem não escolhe as paixões, porém é julgado pela forma com que se submete a elas. A excelência ética (arétè), só pode ser determinada pelo modo de reagir às paixões, de temperá-las.

Pode ser definida, portanto, como ação. No convívio social, os outros não nos julgam com base no que sentimos, mas com base na nossa maneira de reagir ao que sentimos. É sabido, que o que nos leva a agir é o pensamento, é a pulsão (oréxis), que vem a ser o primeiro motor de uma ação, ou faculdade que move a alma. Não há qualquer conduta que seja capaz de inibir totalmente as paixões.

Um ser acometido de paixão, vê seu mundo se transformar. Os acontecimentos passam a ter uma proporção maior do que a realidade exprime, a alma do apaixonado não está em harmonia com a instância que por natureza nele deveria dominar, daí o caráter passivo da paixão. Só impedindo que a emoção se torne tendência é que se consegue extirpá-la.[598]

Na lição de Paulo Gaudêncio, a paixão mobiliza, mas não constrói, pois confunde-se os conceitos de paixão e amor, que aduz "não são sequer parentes", contribuindo para alimentar o ego idealizado das pessoas, uma vez que embora fundada numa extrema carga emocional, é garantida pela impossibilidade de concretização. Assim, uma vez tornada possível, acaba.

A experiência clínica demonstra que o estado de paixão dura de três a quatro anos, sendo que a partir daí ou a paixão acaba ou se transforma em companheirismo. Pode, entretanto, durar mais em virtude da impossibilidade de concretização, como é sabido.[599]

Vê-se, nesse sentido, que não existe lugar para a paixão no casamento, pois ela só subsiste só através da não concretização, na esfera da idealização, ou da concretização de um relacionamento proibido. Pode-se assim concluir que ela é produto de uma projeção, diferente do amor, onde se ama uma pessoa inteira fora de nós mesmos.

Sobrevive ainda através da perpetuação de um campo tenso: o objeto do desejo precisa estar próximo, ser muito desejado, mas não ser acessível. Atingiu, consumou a paixão, ela acaba.[600]

Diante da pessoa pela qual estamos apaixonados, trememos, as mãos suam, a voz falha, ficamos ofegantes, o nosso coração dispara e o sangue,

[598] LEBRUN, Gerard – O conceito de paixão. In. NOVAES, Adauto (Org.) – Os sentidos da paixão, São Paulo: Companhia de bolso, 2009, p. 12 a 22.

[599] SILVA, Marco Aurélio Dias da – Quem ama não adoece, São Paulo:Editora Best Seller, 2002, p. 274.

[600] GAUDÊNCIO, Paulo – Minhas razões, tuas razões a origem do desamor, São Paulo: Palavras e gestos, 10. ed, 2004, p. 69 a 75.

em nossas veias, parece ferver. Perdemos a fome e o sono, perdemos até a razão. Quando estamos apaixonados temos uma enorme disposição e motivação para fazer o que for possível para conquistar, seduzir e estar junto ao nosso objeto amoroso, pois o prazer que a paixão propicia representa uma sensação indescritível, maravilhosa.

No entanto, também são indescritíveis a tormenta e o sofrimento que acontecem quando não somos correspondidos ou até quando somos, porque tememos perder o amor do nosso parceiro/a. Estamos constantemente com medo, inseguros, com ciúmes, frustrados e vulneráveis. Muitas vezes, passamos de um estágio de grande euforia para um que inclui uma tristeza profunda, de uma hora para outra, sem nenhuma razão aparente.

As alterações de humor e de disposição acontecem, em parte, porque ao nos apaixonarmos ocorrem, como já vimos, diversas reações bioquímicas no corpo humano.

Sensação de grande influência psicológica, tem sua gênese e duração intimamente ligada á imagem idealizada que se constrói desde muito cedo no plano do inconsciente. Essa imagem idealizada, por sua vez, tem muito a ver com as experiências vividas na infância ligadas ao pai e à mãe, e também ungida a um componente bioquímico, cuja secreção hormonal desempenha um papel importante.[601]

Pode representar, uma busca desenfreada, e desordenada pelo nosso eu, tão abafado por relações familiares, sociais, profissionais, insatisfatórias, que nos impulsionam para a fusão custe o que custar, com o outro. O medo que permeia a paixão devido à impotência que provoca, produz a mais terrível das sensações: a flutuação de ânimo que faz o homem experimentar, simultaneamente, temor, regozijo, desespero, esperança, remorso.[602]

A paixão, como os outros comportamentos complexos do ser humano, é determinada por uma intrincada combinação de fatores relacionados com as nossas experiências pessoais, no âmbito sociocultural e genético. Se assim não fosse, o nosso comportamento amoroso assemelhar-se-ia ao dos animais e a reprodução seria o único motivo pelo qual nos aproximaríamos do sexo oposto. Aqueles que pudessem garantir as melhores condições de

[601] SILVA, Marco Aurélio Dias da – Quem ama não adoece, p. 274 e 275.

[602] CHAUI, Marilena – Sobre o medo. In. NOVAES, Adauto (Org.) – Os sentidos da paixão, p. 64.

sobrevivência da nossa carga genética seriam os escolhidos. Entretanto, não é assim que acontece. Não nos apaixonamos apenas pelo indivíduo mais forte, o mais bonito e o melhor reprodutor. Nós apaixonamo-nos pela pessoa que mais se assemelha a nós mesmos, pessoas que idealizamos e pessoas que nos agradam.

Entretanto, a paixão é temporária, dura aproximadamente 18 a 30 meses. Depois disso, o nosso organismo vai se acostumando e ficando resistente às substâncias químicas da paixão e, se nesse intervalo, houve o desenvolvimento de intimidade e afeto, nasce o amor.

Nesta fase, o nosso corpo começa a fabricar uma quantidade maior de endorfinas (substâncias segregadas pela hipófise, que são simultaneamente neurotransmissores e hormonas), as quais têm efeito relaxante, produzindo sensações de segurança e tranquilidade. Além das endorfinas, começamos a sentir os efeitos dos hormônios oxitocina e vasopressina, que também estão presentes em níveis mais altos durante a paixão, mas que têm um papel fundamental nas ligações amorosas, pois contribuem para a manutenção do apego e do companheirismo.

Concebe Francesco Alberoni que a paixão abrange a tensão, o sofrimento. O termo paixão indica um amor no qual toda aspiração, todo desejo estão centrados num ser amado que está fora de alcance ou que só se pode atingir parcialmente.[603]

Nesse diapasão, "apaixonar-se é sentir-se imediatamente enfeitiçado por alguma coisa e essa coisa só enfeitiça quando parece encarnar uma forma de perfeição, o que significa no horizonte humano que ele nos pareça que ultrapassou todo o resto".[604]

Concebem Ana Maria Machado e Moacyr Scliar que no amor romântico alimenta-se uma profunda expectativa em relação á outra pessoa: queremos que esta nos faça sonhar, nos tire do cotidiano, nos confira um pouco do imprevisível. Entreatanto, sabemos que existe uma incompatibilidade latente entre o cotidiano e a paixão.

A paixão, é um sentimento de enorme intensidade, e portanto de curta duração, não há pois como se manter um níveltão elevado de exacerbação. O convívio mata a paixão, mas não o amor, que por sua vez, com a evolução

[603] ALBERONI, Francesco – Lições de amor, p. 36.

[604] LANCELIN, Aude; LEMONNIER, Marie – Os filósofos e o amor, p. 21.

do sentimento, vai se aproximando da amizade, e assim, vai se afastando da paixão de cunho sexual que o originou.

A paixão é emoção, que etimologicamente pode ser definida como aquilo que move o corpo. Sob a ação da paixão, o coração bate mais depressa, há o rubor, o aumento dos níveis hormonais na circulação sanguinea. Desta forma, ela tem visibilidade e expressão corporal. Sua função é de desencadear o impulso, "corresponde a um motor de arranque" mas o que vai manter a ligação é o sentimento, que se manifesta de forma sutil, silenciosa e duradoura.[605]

Entretanto, malgrado a manifestação da alma, das emoções que desperta e das ilusões que fazem dominar, a aparência é a marca fundamental da condição humana, ainda se valorizando um padrão moral de conduta. Nos dizers do século XVII "as aparências não bastam, mas sem elas de nada vale a verdade íntima".[606]

Pensamos de forma diferente, valorizando a verdade, aquilo que está consignado na alma, que por seu turno, deverá influenciar a realidade social que atrasa o desenvolvimento do homem causando-lhe infelicidade.

Concebe Betty Milan que "na paixão a meta da relação entre as pessoas é de sedução, sendo o narcisismo, o seu motor de arranque".[607]

Como aduz Nuno Amado, existem várias velocidades para se sentir a paixão: enquanto algumas nascem impositivas, poderosas, outras vêm com o tempo, surpreendendo o seu alvo, com a sua magnitude reveladora.[608]

Outra importante característica é que a paixão pode ocorrer em qualquer fase da vida, e inúmeras vezes, para qualquer pessoa. Representa desta sorte uma experiência universal e bastante reveladora para quem a sente.

Platão, em sua obra O Banquete, descreveu a problemática do homem em busca de sua completude. Para ele essa fusão se encontra nos estados de apaixonamento. "quando a paixão toma conta do coração da pessoa, ela tem a ilusão de que encontrou essa metade".[609]

[605] MACHADO, Ana Maria; SCLIAR, Moacyr – Amor em texto, amor em contexto, p. 29.

[606] RIBEIRO, Renato Janine – In. NOVAES, Adauto (Org.) – Os sentidos da paixão, p. 117 a 119.

[607] MILAN, Betty – O amante brasileiro, São Paulo: A girafa, 2003, p. 8.

[608] AMADO, Nuno – Diz-me a verdade sobre o amor – a psicologia da atracção, da paixão e das relações amorosas, p. 17.

[609] PLATÃO – O Banquete, p. 17.

A paixão é um sentimento forte, violento, que pode levar a um comportamento quase insano em prol do desejo do outro. Caracteriza-se por uma intensa carga emocional, por uma natureza sexual e principalmente por ser temporária.Independe da vontade das partes para se manifestar.[610]

Tem ocondão de relativizar a realidade, os objetivos que se perseguiam anteriormente. Somente uma coisa ocupa o pensamento dos apaixonados: o ser amado, cuja presença se faz imperativa e fonte perene de angústias e vibrações.

Altera-se desta forma a percepção do mundo, que se torna mais amplo e rico, aumentando o volume de vida a ser explorada, aliado a um turbilhão emocional que faz o apaixonado oscilar entre a euforia e o desespero, experimentando em toda sua intensidade o desejo, a saudade, o ciúme, o medo.

É uma emoção ligada à loucura porque perverte, transgride todas as lógicas. È inútil e enganosa, faz com que o apaixonado tome atitudes peculiares reconhecidas com estranheza pelos demais.

Uma outra verdade também é certa à luz do sentir de meu pensamento: a paixão não correspondida nos acaba a dignidade, uma vez que esse estado tão poderoso de comunhão dos sentimentos e da alma, nos faze perseguir esse sentimento – e desta forma o ser amado – por todos os lugares do mundo onde podemos achar que ele se encontre.

Quando tudo passa, seja porque realizamos a conjunção do amor, seja por que desistimos de realizá-la, seja por que motivo for, sentimo-nos ridiculos de ter cometido tais atos, que na verdade denotaram nada mais do que o exercício da força criadora de nós mesmos em prol da salvação da existência mediante o encontro com a outra parte de nós mesmos. Fujimos desesperadamente do nada, do medo da solidão, da incompletude. Pagamos o preço que for necessário para ter o amado ao alcance dos nossos olhos.

Assim, pode-se apontar como sintomas principais do estado de apaixonamento: o pensamento obsessivo no outro – sendo mais comum no princípio das relações e em momentos de crise, sendo também um dos

[610] Por alguns instantes, o simples contato da mão da pessoa apaixonada faz com que as cores fiquem mais vivas, os sons mais sonoros, que a pele trema, que o coração bata descompassado, que o mundo pareça diferente e os valores se alterem. Quando esse momento acaba, é como se toda a energia do mundo fosse desligada.

principais motivos para a dor enorme que acompanha os casos de rejeição amorosa, em que o amante abandonado é incapaz de deixar de pensar no ser amado; a vontade de unir-se ao outro partilhando intimamente todos os momentos da vida, "a união desejada pelos apaixonados não é apenas física, mas emocional e por vezes espiritual", leciona Nuno Amado, existindo então "uma vontade extrema de fazer do destino do outro o nosso destino,de sua vida a nossa vida, de seus problemas o nosso problema, de suas alegrias e preocupações as nossas", o desejo de ver, tocar, sentir, falar com o outro, pois o enamorado vive num eterno estado de necessidade – como já vimos anteriormente, o estado de enamoramento está aliado à uma carência, à uma necessidade de completude –, a curiosidade voraz a tudo o que cerca a vida do outro, pois o fascínio da paixão torna cada gesto do ser amado altamente significativo, presença de um estado de euforia, pois o apaixonado sente que a vida corre em suas veias, a energia liberada nos encontros, ou mesmo na expectativa destes é imensa, "não raro o individuo apaixonado apresente um estado mais criativo e despreocupado", instabilidade emocional e a realização de planos e projetos de vida.[611]

Entretanto com o passar do tempo, dada a temporalidade do estado de apaixonamento, essa sensação de interação passa a sufocar uma das partes ou ambas, fazendo com que esse desejo de partilha diminua, trazendo a pessoa para um local mais centrado de sua individualidade, pois muitas vezes o encantamento, aliado às carências pessoais faz com que não enxerguemos como o outro é na realidade, mas ao contrário, centramo-nos no resultado de nossas projeções.

A paixão enquanto excesso acrescentado à uma poderosa vontade, gera uma dicotomia: ao mesmo tempo em que possui ingredientes para levar o homem à grandes realizações, quando descontrolada pode gerar um mal muito grande. Assim sendo, podemos compreender que ela é útil quando dominada, e perigosíssima quando ingovernável.

Pode ser compreendida como o exgero de uma necessidade ou de um sentimento que se apresenta de forma ciclica, temporal e, pelas manifestações que produz, pode levar o apaixonado a cometer extremos de loucura, em nome dessa paixão.

[611] AMADO, Nuno – Diz-me a verdade sobre o amor – a psicologia da atracção, da paixão e das relações amorosas, p. 21 a 27.

Quando alguém se apaixona, refere Robert A Johnson, alcança um nível supra-humano de experiência que o/a eleva a um plano divino, onde tudo o mais fica relativizado. O casal apaixonado ao se olhar, estão "olhando através", amando a idéia do encontro, da imagem, amando o amor.

A experiência do apaixonamento consegue acabar com a tranquilidade dos amantes, pois cria uma energia muito forte que vai gerar a evolução pessoal, vai possibilitar perceber o encantamento da alma, que sente o deus que habita a outra pessoa.[612]

Como aduz Nuno Amado "a dependência do amante em relação à pessoa amada é similar à dos dependentes de drogas em relação a estas,pois a partilha não só seus efeitos iniciais de euforia e realização como os de dependência.Desta sorte, tem-se que privar o amado da convivência do outro pode ser considerada uma das experiências mais dolorosas e emocionalmente debilitantes.[613]

Numa ótica mais realista, quando percebemos que determinada paixão em vez de criar, destrói, surge a necessidade de combatê-la, de exercitar o desapego, o despreendimento, deixando fluir essa energia que se encontra estagnada e que não leva a boas realizações.[614]

Entretanto, a maioria dos estudiosos do tema entende que "a paixão não segura a relação, pois sendo uma emoção, facilmente se converte em outra igualmente poderosa: o ódio.[615]

Trata-se portanto de uma emoção de enorme intensidade, mas de curta duração. "É impossível manter aquele nível de exacerbação".O convívio mata a paixão, mas não o amor, que ao contrário daquela, forma-se no cotidiano do relacionamento.

Na visão de Stendhal, o apaixonamento nasce da visualização de uma pessoa que nos impressiona, imaginamos quanto prazer nos daria beijá-la e ser correspondido, basta agora umpouco de esperança para que ele/ela nos ame e nasce o amor.Porém se este se consumasse muito fácil logo teríamos falta do quc imaginar. Para que a paixão perdure precisa haver a dúvida, a frustração, a impossibilidade.

612 JOHNSON, Robert A She, p. 49 e ss.

613 AMADO, Nuno – Diz-me a verdade sobre o amor – a psicologia da atracção, da paixão e das relações amorosas, p. 30.

614 KARDEC, Alan – O livro dos espíritos, São Paulo; Petit Editora, 2008, p. 308.

615 PY, Luiz Alberto – Paixão vira amor sob as bênçãos da razão. In. O livro do amor I – da sedução ao casamento, p. 67.

Por definição entede Moacyr Scliar que "emoção é aquilo que leva ao movimento, que move o corpo, pois sob a ação dapaixão, o coração bate mais depressa, hormônios são despejados na corrente sanguinea, a pessoa fia arrepiada, enrubesce. Nesse sentido, paixão é uma coisa que tem expressão corporal e às vezes é visível, o sentimento por outro lado, é mais sutil, silencioso. A paixão vai desencadearo impulso, mas o que vai manter a ligação é o sentimento".

È válido ressaltar ainda, tal como aduz Jurandir Freire Costa, partiu-se de uma época onde se valorizava o sentimento,para outra, onde passou a valorizar-se a sensação. Esta por sua vez não sustenta o amor, é mais passageira que a paixão e não tem a sua intensidade. Situa-se na superfície do sentimento, representando uma forma de apreensão do mundo.[616]

A paixão aparece quando uma das partes vê no outro um comportamento que gostaria de ter mas não tem coragem de adotar. Identifica-se poderosamente com o seu eu imaginário no outro. Assim sendo, é preciso descobrir o que se esconde atrás do que parece, selecionar os pares com os quais se tem efetivamente afinidade ou até, com quem pode-se aprender alguma coisa, e em pouco tempo a existência humana ganhará em alegria, motivação e prazer.

O corpo fala: a boca diz uma coisa, mas a postura, os gestos, os olhos são reveladores. Expressam os sentimentos que seu espírito sente, podem nos contar a verdade. Basta observar. O corpo revela os nossos verdadeiros sentimentos.[617]

Cada coisa tem seu valor pelo bem que pode nos proporcionar. Jogar fora o que a vida nos deu é desvalorizar a oportunidade de viver melhor: Tudo tem seu significado, amigos, dinheiro, saúde, trabalho, entre outros, mas depende de como os utilizamos.

Assim sendo, temos que é preciso estar bem para atrair a companhia de uma pessoa que traga bem estar e felicidade. Na realidade, vemos que nas relações de paixão, a presença do outro só faz aflorar um sentimento interno já presente em cada pessoa individualmente e que se fortalece na presença do ser amado.

[616] MACHADO, Ana Maria; SCLIAR, Moacyr – Amor em texto, amor em contexto, p. 27 a 30.

[617] GASPARETTO, Zibia – Tudo tem seu preço, São Paulo: Vida e consciência gráfica editora2008, p. 57 e 111.

O acometido de paixão perde sua individualidade em função do fascínio que o outro exerce sobre ele. É tipicamente um sentimento doloroso e patológico, porque, via de regra, o indivíduo perde a sua individualidade, a sua identidade e o seu poder de raciocínio. Existe portanto um processo de desnivelamento dos sentimentos, que gera intenso sofrimento,pois com a sensibilidade mais aflorada é comum aparecerem sentimentos de rejeição.[618]

Eis aí um outro componente da paixão: o medo. Medo da perda de individualidade, medo da ausência do ser amado, medo de não ser sufucientemente bom para ser digno de atenção e amor

Nos estados de paixão existe a liberação contínua de substâncias neurotransmissoras como Dopamina e Noradrenalina além da redução acentuada de Serotonina, muito abaixo do normal, assemelhando-se ao níveis presentes nos portadores de Transtorno Obsessivo-Compulsivo; o que explicaria a intensidade dos pensamentos obsessivos da indivíduo apaixonado.

Advém daí a base científica da perda da razão durante o apaixonamento, pois seu mecanismo é semelhante ao da ação de algumas drogas potentes. Além destes neurotransmissores citados, há a participação de outras substâncias, tais como Oxitocina e Vasopressina, que estão relacionadas com o amor e as sensações de segurança e calma derivadas desse sentimento.[619]

Podemos concluir que a paixão é um sentimento sobre o não se sabe ao certo a gênese, nem a cura. Percebe-se apenas que este manifesta-se intensamente. Gera um vício. Representa o extremo do investimento libidinal no outro, ou seja, o indivíduo investe tanta libido no outro que seu eu fica empobrecido e enfraquecido, a ponto de ser dominado pelo outro. À partir daí é preciso que o indivíduo volte a investir libido em si mesmo, para que esse sentimento amadureça e transforme-se em amor (investimento libidinal com enriquecimento do eu).[620]

618 RIBEIRO, Marcos – Gostar de si mesmo abre o caminho para o amor. In. O livro do amor I – da sedução ao casamento, São Paulo: OESP Gráfica AS, 2002, p. 26 e 27.

619 AMADO, Nuno – Diz-me a verdade sobre o amor – a psicologia da atracção, da paixão e das relações amorosas, p. 34.

620 BOCK, Ana Mercês Bahia; FURTADO, Odair; TEIXEIRA, Maria de Lourdes Trassi – Psicologias – uma introdução ao estudo de psicologia, p. 235.

Deste modo pode ser um entendido como um "vício" que debilita a mente do indivíduo que supervaloriza foca a pessoa amada dedicando--lhe a integridade de seus pensamentos em detrimento de qualquer outra realização pessoal. Desenvolve-se uma intensa necessidade de contato físico com o ser amado, impondo-se sua presença á todas as demais. Pode ainda ser um entendida como um "sedativo" que suscita um prazer de admiração por todos os detalhes que envolvem a pessoa amada.

Diferencia-se do amor basicamente pela intensidade dos efeitos que provoca. Estudos realizados na área de psicologia indicam que o estado de paixão muito dificilmente ultrapassa os três anos e passado esse tempo, transmuta-se o sentir,pois a paixão é antes de mais nada uma idealização mítica do outro.[621]

O amor tem uma natureza permanente e implica em crescimento espiritual e desenvolvimento pessoal, que necessita do amor-próprio para se manifestar. Requer um ato de vontade, pois sua realização depende de empenho das partes. A paixão, pelo contrário, nasce majestosa, impede--nos o questionamento dos fatos que fazem aumentar o nosso entusiasmo. Por isso a paixão mitas vezes repousa sobre um engano de percepção dos sentimentos ou dos projetos do amado.

Aí a paixão pode se tornar destrutiva, mas oriunda de um erro de avaliação, pois a magnitude das sensações que provoca, nos impede de enxergar a distância entre os nossos sonhos e a realidade do parceiro, que não pode ou não quis nos acompanhar nessa jornada, pelo menos não tão de perto.

Tal como preleciona Patricia Delahaie a paixão é acima de tudo uma questão de temperamento apaixonado. Ela necessita de uma personalidade ardente, ambiciosa, completa, impulsiva e positiva, que age em prol do futuro que quer para si, sabendo para tanto sonhá-lo, criá-lo, a partir dos traços do presente. É a expressão máxima de um temperamento

[621] Quando o apaixonado percebe que essa idealização, foi equivocada, porquanto o outro não se comportava dentro do perfil de expectativas idealizado, é gerada uma intensa frustração, que passa a ser vivenciada com intensa irritabilidade pelo então apaixonado. Desta forma, este vai percebendo o equívoco que cometeu, pela recorrência das frustrações no tocante às suas expectativas fantasiosas que nutria pelo outro, objeto da paixão e o processo começa a regredir, a se inverter, caracterizando-se pelo reforço da identidade do então apaixonado, que passa a enxergar o outro como ele realmente é,sem ilusões.

ardente que nos leva em direção a coisas e pessoas, e nos faz pegar a vida nas mãos.[622]

Transitar da paixão para o amor, significa submetê-la ao exame da razão e constatar que o nosso objeto de amor merece a nossa confiança e devoção. Assim, são necessários dois requisitos basilares: que a pessoa a quem amamos retribua nosso amor e que seja por nós admirada. Essas duas características simultaneamente consideradas representam o alicerce de ma relação sólida e estável.[623]

O sentimento exacerbado entre duas pessoas, é um exemplo de uma paixão. A paixão pode ultrapassar barreiras sociais, diferenças de formação, idades e gêneros. Quando correspondida é causa geradora de grande exaltação para o apaixonado.

O estado de apaixonamento está intimamente ligado ao chamado limerence, que é um estado cognitivo e emocional involuntário, no qual uma pessoa sente um intenso desejo romântico para com outra pessoa. O termo foi cunhado em 1977 pela psicóloga norte-americana Dorothy Tennov.

O termo seria o equivalente na linguagem cotidiana ao "ter uma queda por alguém", embora Limerence possa durar meses, anos, ou até mesmo pelo resto da vida.

Podendo variar de intensa alegria ou desespero extremo, sendo válido ressaltar que tal estado depende da reciprocidade do objeto em questão.

Diferencia-se também a paixão da amizade, que é um investimento de libido que foi inibida em sua finalidade genital.

Representa ainda, como aduz Paulo Sternick "a infância do relacionamento", cuja maturação poderá se converter em amor. Com o passar do tempo, o romantismo emerge do enfrentamento diário das dificuldades, da colocação de novas experiências e do esforça que se faz para proteger o amor. Adquire-se uma ternura acumulada em plúrimas vivências, o afeto perde em fantasia, mas ganha em força e verdade, pois carrega

622 DELAHAIE, Patrícia – Amores que nos fazem mal, p. 19 e ss.

623 Tal como leciona Luiz Alberto Py, duas armadilhas são perigosas para a sanidade da relação amorosa: o desejo de atender a todas as necessidades do companheiro, não deixando espaço para a individualidade e a privacidade de cada integrante do casal e também a dependência contumaz que se tem do outro. PY, Luiz Alberto – Paixão vira amor sob as bênçãos da razão. In. O livro do amor I – da sedução ao casamento, p. 67.

a experiência de seu percurso, com as alegrias e tristezas decorrentes do viver.[624]

Apresenta dois componentes principais: o romântico, que se manifesta por sentimentos e pensamentos de amor, e às vezes inesperados, em relação ao outro e também pelo poder impactante da atração física.

O clima romântico dá-se mais por ações do que por palavras desencadeando uma série de reações psicofísicas: o tronco se inclina na direção do amado, o olhar se torna mais intenso, as pupilas se dilatam, os pelos se eriçam, a voz se torna mais carinhosa, as mãos se entrelaçam, os abraços são mais fortes onde os corpos inteiros dos parceiros são pressionados contra o do outro, mostra-se especialmente gentil para com o outro. Só tem olhos para este. A esperança é o requisito maior do apaixonado.

Entretanto, diversos comportamentos podem ser ambíguos, menos claros ou intermediários, causando uma dificuldade de interpretação das verdadeiras intenções do outro. Segundo a teoria do apaixonamento de Stendhal, a paixão reúne condições materiais (de aparência) e educacionais (atração e amor). Sente-se na realidade uma verdadeira atração amorosa.

Nas vezes em que os sinais emitidos são ambíguos, os únicos pontos de referência do interlocutor são as expressões que emitimos e o nosso comportamento. As pistas exteriores que devemos tentar reconhecer são provenientes da voz, dos gestos e das expressões, para determinar as emoções que elas transmitem. Quanto maior for o número de pistas fornecidas pelo contexto social, mais precisas serão nossas percepções das emoções das outras pessoas.[625]

Estabelece-se assim um diálogo involuntário, através do qual, os principais sintomas da paixão podem ser externados: o contato visual, o sorriso, o toque físico – culminando com a "invasão do espaço pessoal do outro", a observação minuciosa do outro, o pensamento contínuo no objeto de paixão (independente do horário ou do grau de ocupação); vontade de se produzir para encontrar o outro (representa na verdade uma vontade de reinvenção – sentir-se melhor, mais inteligente, mais bonito), desenvolvemos um sentimento de não sermos bons o suficiente

[624] STERNICK, Paulo – A paixão, um estado de graça, é a infância do relacionamento. In. O livro do amor I – da sedução ao casamento, p. 60.

[625] STATT, David A – Introdução à psicologia, p. 118.

para o outro; desejo de agradar, de estar a sós, de contato físico, sensação de taquicardia quando vê o outro; presença de fantasias, pretendemos prolongar ao máximo o momento do encontro com o outro (não desejamos despedirmo-nos nunca); lembrar-se constantemente do outro e isso gera felicidade; ter vontade de proteger, de prover todas as necessidades e vontades do outro, dá-se prioridade máxima ao outro, demonstração de alegria na presença do outro. Qualquer lugar na presença do outro parece um paraíso e em contrapartida, sua ausência parece uma eternidade. "não existe nenhum outro lugar que gostaríamos de estar naquele momento que não fosse ali".

Como uma manifestação física que inicialmente demonstra o interesse amoroso, temos o beijo trocado entre os apaixonados, que demonstra grande interesse amoroso e sexual. È a primeira grande forma de se comunicar um sentimento íntimo até então escondido pelo pudor. Este, quando reforçado pela outra parte, possui uma energia capaz de mudar o mundo e alterar a estrutura do simbólico. Em resumo, beijar consiste na mais pura manifestação do amor, pois transmite inequivocamente os sentimentos pessoais dos amantes em relação à outra pessoa.

Em suma, entendemos que a paixão se traduz em sua infinidade de reações fisiológicas e psíquicas, na vontade extremada de manter uma relação mais feliz com uma outra pessoa, diferente do sexo, embora o nível de libido se encontre bastante aumentado nos estados de apaixonamento.

Assim, os olhares se intensificam, a distância encurta – adotamos orientação frontal quando conversamos com o outro, contato físico, voz carinhosa, o pensamento voa. Queremos o outro sempre perto de nós, sempre. Sentimos uma força capaz de abalar o mundo. Intensificamos nossas necessidades de segurança, autoestima, realização pessoal.

Como sinais de interesse amoroso podemos apontar: a priorização do amado; divinização do outro (quando estão conversando só tem olhos para o amado); mostrar alegria quando se encontram; mantém a conversa animada; sente confiança no outro; sente medo de estar assediando ou de ser rejeitado; olhares reveladores; sorrisos; distância curta; contato físico;defende o outro; rodeia; fica sempre ao lado do amado; valoriza o outro; é portanto meigo, gentil, um pouco tímido, dissimula. Presta atenção em você; acha graça em você; se encanta com a sua presença. Reage à sua presença interagindo com você; invade o seu espaço pessoal.

Nesse sentido, o corpo fala: a postura, os gestos, as atitudes, os olhares são reveladores; fica sem graça; reconhece suas virtudes, seu trabalho, etc...

Importante é para tanto a conexão emocional, é vivenciar os mesmos sentimentos, os mesmos interesses, os mesmos gostos. A sedução romântica e sexual dá-se pela cumplicidade, pela compreensão, pela aceitação, pela atividade. Enfim, são várias as formas que se pode conhecer para cativar o ser amado.

A paixão é uma coisa incrível: Ao mesmo tempo que consome, dá ânimo. Já não consegue esconder, o que, 'aquela pessoa', causa dentro de você. Mesmo que se esforce bastante para disfarçar, todos percebem; os seus olhos brilham ao encontrar a pessoa; as mãos suam, sente um nervosismo e o coração acelerar de repente; o primeiro e último pensamento do dia, é ele; sentimos uma saudade que não passa, mesmo que tenha estado com ele, há poucos minutos atrás. Se pudesse, pararia o tempo, só para ficar ali, com ele, sempre. Quando a pessoa chega perto de você, calor e frio ao mesmo tempo se apoderam dos seus pensamentos. Quando estamos longe do amado nada nos satisfaz.

Mexe com todos os nossos instintos: perdemos o apetite, o sono, suspende-se a realidade, ficamos fora do mundo, sonhando, o coração bate mais forte, dispara, sentimos grande ansiedade em fazer contato, em estar em contato com o amado, entrando em desespero se algo o impedir pois fica muito angustiado na ausência do outro; nutrimos preocupação e cuidado excessivos com o outro; abandono de interesses e atividades antes valorizadas. Abandona a família, esquecendo-se dela mesmo consciente dos danos que se está causando. Esquece-se o passado, os valores, a ética – só se quer o amado, em tempo integral; apresenta uma insegurança intermitente, uma sensação de onipotência; dedica-se muito tempo com o outro, chegando-se muitas vezes a desenvolver um pensamento obsessivo, pois pensa-se no outro 24 horas por dia e, quando dorme, sonha com o amado; aumenta a vaidade – queremos tornar-nos sedutores; aumenta o desejo sexual e afetivo; sente-se muitos ciúmes, muito medo de perder o amado; perde-se o senso crítico, o controle de si mesmo, sua identidade, sua individualidade e o poder de raciocínio. Não consegue dominar a razão, dá costas à ela. Em suma, um inventa o outro e consome-se na imagem que projetou.

Surge uma grande sensação de bem estar, tudo fica lindo. Fica de bem com a vida como se tivesse ingerido a "pílula da felicidade". Gera grande euforia. Essa sensação de bem estar se dá pela liberação de endorfina e a euforia pela liberação de adrenalina. Ao mesmo tempo perde -se a paz interior.

Para agradar o amado, usa máscaras, mostrando só suas qualidades: antecipa os desejos do amado, escreve versos medíocres, não economiza nas declarações de amor. Não conhece limites de tempo e espaço só para estar com o amado por alguns minutos. Os fatos do dia a dia que antes o aborreciam não aborrecem mais: está tão ocupado com seus sentimentos que nem repara nas atrocidades; fala muito e não ouve ninguém. Passa a associar as vicissitudes do amado com seus sentimentos.

Na lição de Hermogeniano, o homem utiliza-se de mil máscaras na configuração literal de persona, podendo desempenhar diversos papéis de acordo com o seu interesse, necessidade ou possibilidade. "Também a máscara que colocamos, com sua dissimulação, pode ser uma defesa, que nos protege da obrigação de revelar nossos verdadeiros sentimentos".[626]

O enamorado fica cativado pela idealização do outro. Na realidade, ele ao idealizar o ser amado, antecipou-o em uma posse imaginária na qual receberá todos os atributos de uma perfeição suprema, de uma beleza máxima. "A fantasia do outro ajuda a viver a ilusão de que todos os meus vazios interiores estão preenchidos pelo outro, ser exterior, por sua pessoa viva".[627]

Nesse sentido, temos que a beleza do amado é tecida de projeções inevitáveis do meu próprio desejo interior. Eu deposito no outro todas as fantasias do meu desejo! Agora só nos resta esperar para saber se a outra pessoa também está sentindo o mesmo...

Muitos dos sinais de encantamento amoroso podem gerar na realidade uma certa ambiguidade, ficando difícil diferenciar o interesse da amizade. A iniciativa de contato, embora querida, pode vir mitigada pelo medo de rejeição, pelo temor da inadequação da exposição, pelo medo de se perder o amigo, o companheiro, o sócio...fazendo com que se perca na verdade grandes oportunidades de realização pessoal, para ambos os lados. Eis ai a importância de se vencerem os demônio terríveis que podem acometer o relacionamento amoroso: a insegurança e o medo (de perder a liberdade e a identidade).

[626] GUGLIELMI, Anna – A linguagem secreta do corpo – a comunicação não verbal, p. 225.
[627] FURTADO, José Luiz – Amor, p. 43.

Quando não correspondida, a paixão gera um sofrimento intenso, e pelo seu intenso potencial, pode desencadear uma energia tanto positiva, quanto negativa (destrutiva) nas pessoas.

Ocorre, porém, que existe a necessidade vital de existir além da impossibilidade de satisfação, o campo tenso, a esperança de concretizar. Entendemos que a paixão é o degrau inicial do amor, que se estabelecerá num momento posterior do relacionamento do casal.

Nas palavras de Ovídio "A esperança de alcançar teus fins não deve sempre transparecer nos teus pedidos: para que teu amor penetre, esconde-o sob o véu da amizade".[628]

Assim sendo, paixão faz confundir os sentidos, desconstrói a barreira de limites pessoais como bem descreveu. Entretanto, o campo tenso que permeia o sentimento de apaixonamento funciona como o amálgama necessário para que o sentimento perdure.

A esperança é requisito fundamental para o apaixonamento, cuja possibilidade de concretização faz o ser humano buscar os limites de sua imaginação. E por outro lado, perguntamos: Como acabar com uma paixão? Comece por extinguir os canais de comunicação entre os amantes.

A atração física, uma das bases da paixão, representa uma das forças ingovernáveis da natureza. A paixão enlouquece os apaixonados pois age no controle das pulsões, fazendo aumentar consideravelmente a libido. É amplamente sabido que sexo e amor não são a mesma coisa, nem caminham juntos.

Podemos assim concluir que a paixão, é um estado patológico do sentir onde há uma compressão do eu individual em relação a outrem, por nós idealizado, mistificado, no sentido de que é portador das benesses que buscamos em nós mesmos. Amamo-nos de fora para dentro, daí a felicidade suprema desse encontro.

Entretanto, para que a paixão possa de fato ser integradora, devemos ter a capacidade de perceber que o gostar está em nós mesmos e não no outro, caminho este similar ao trilhado pelo amor, forma bem mais equilibrada de bem-querência.

Quanto pode durar a paixão? Segundo alguns especialistas, a paixão pode durar apenas um tempo determinado. O ser humano está

[628] OVIDIO – A arte de amar, p. 17.

"programado" para desapaixonar depois de 18 a 30 meses de relação. Nesse momento, tanto os sentimentos podem terminar por completo, quanto, podem se transformar em uma união mais sólida e estável.

A paixão tal qual comumente conhecida, nada mais é do que um estado de plenitude, advindo de uma idealização do outro em que entram em jogo intensas reações bioquímicas.

O segundo passo após a idealização, é o reconhecimento do outro tal como é: com suas características mais marcantes da personalidade somada aos antecedentes psicológicos, familiares, espirituais, circunstanciais, culturais, emocionais, entre outros. É imprescindível que se tenha a maturidade e o desprendimento de se ver o outro como ele é e não como queremos que ele seja. Por outro lado, o estabelecimento desse equilíbrio somente é possível quando conhecemos as manifestações do nosso eu interior o suficiente para aceitarmos nossas características basilares, em vez de tentarmos completar através do outro nossas carências, lacunas e frustrações.

Sabe-se que a transformação de uma paixão repentina em algo duradouro requer profundas mudanças internas. Entretanto, quem vive uma paixão nega seus defeitos e carências, crendo apenas que está sendo o protagonista de um verdadeiro amor.

Tal como leciona Nuno Amado, o estado de apaixonamento é sempre uma experiência subjetiva, que leva a intrínsecas peculiaridades em face da personalidade individual. Nesse sentido, nem todos os indivíduos irão apresentar todos os sintomas da paixão anteriormente descritos, manifestando-se estes em diferentes proporções e perenidade. Temos então que a ideia de paixão é difícil de ser definida, levando algumas pessoas a questionarem-se se estão realmente apaixonadas.

Por outro lado, de forma conclusiva, podemos aduzir que a paixão também pode apresentar as características basilares de uma relação interpessoal, pois, a intensidade do enamoramento inicial, pode se tornar um amor muito bem sucedido, sólido e garantidor de aconchego e paz.

# 6.
# A AMIZADE E SUAS MANIFESTAÇÕES

**Amizade**, do latim *amicus*; amigo, que possivelmente se derivou de *amore*; amar, ainda que se diga também que a palavra provém do grego é uma relação afetiva, a princípio sem características romântico-sexuais, entre duas pessoas.

Oriunda também do latim *amicitia*, significa afeição, simpatia, aliança,pacto. Estudos etimológicos indicam que entre os séculos XII e XV o termo deve ter os seguintes registros gráficos: *amiçade, amizade, amyzada, amiziada e amiizade.*[629]

Em sentido amplo, é um relacionamento humano que envolve o conhecimento mútuo, simpatia e afeição, além de lealdade ao ponto do altruísmo, permeada por semelhança e complementaridade que desenvolvemos por alguém não necessariamente unido por parentesco ou relacionamento sexual, que demonstra a existência de grande apreço e solidariedade, a ponto de desenvolvermos uma concordância de sentimentos e valores, que une os amigos através de um pacto.

Aristóteles definiu o amigo como "uma alma habitando dois corpos", podendo ser entendida como uma grande virtude. Representa o bem mais precioso da vida, sendo superior mesmo à justiça "considera-se que a mais

[629] CHALITA, Gabriel – Pedagogia do amor, p. 35.

autêntica forma de justiça é a predisposição amistosa". Amizade era em seu entender "aquilo que é mais necessário para viver.[630]

Para Cìcero, assim como para Sêneca "amizade é antes de tudo confiança", um bem de tal elevação que nada pode romper.Para Montaigne, através da amizade conseguimos definir os contornos do "eu", onde só o amigo pode dar contorno e consistência à alma, que tem uma função de unificação da personalidade virtuosa. "o homem buscará no outro o ponto de apoio e referência em meio à névos de seu constante estranhamento e variação".[631]

Poderia nesse sentido, a amizade representar uma forma de amor? Ou uma manifestação amorosa, para pensarmos com Flavio Gikovate?[632]

A amizade pode ter como origem, um instinto de sobrevivência da espécie, com a necessidade de proteger e ser protegido por outros seres. Alguns amigos se denominam "melhores amigos". Os melhores amigos muitas vezes se conhecem mais que os próprios familiares e cônjuges, funcionando como um confidente. Para atingir esse grau de amizade, muita confiança e fidelidade são depositadas.

Esta representa uma das mais comuns relações interpessoais que a maioria dos seres humanos tem na vida. Em caso de perda da amizade, sugere-se a reconciliação e o perdão. Para Carl Rogers a amizade "é a aceitação de cada um como realmente ele é".

Nesse sentido, o que diferencia a amizade do amor não é a inexistência de trocas eróticas, mas a afinidade intelectual, preservando a intimidade do outro. O amor por outro lado, determina a o aconchego físico, e impera o sentimento de fusão com o outro, pois buscamos encontrar alguém que nos complete.[633]

Na lição de Sêneca "se tu vês um homem como amigo sem teres nele tanta confiança como em ti mesmo, tu te enganas muito e só tens uma vaga idéia do valor da verdadeira amizade".[634]

[630] ARISTÓTELES – A ética a Nicômaco, p. 17.

[631] REALE Jr., Miguel – A amizade e seus desafios – OESP 07.08.10, p. A2; SÊNECA – As relações humanas, 2. ed., São Paulo: Landy Editora, 2007, p. 35

[632] GIKOVATE, Flavio – Ensaios sobre o amor e a solidão, 9. ed. São Paulo: MG editores, 2006, p. 18.

[633] GIKOVATE, Flavio – Ensaios sobre o amor e a solidão, 9. ed. São Paulo: MG editores, 2006, p. 62.

[634] SÊNECA – As relações humanas, p. 31.

Bem preciosissimo, procurado e muitas vezes encontrado, desde a Antiguidade. O local de seu encontro pode ser o mais óbvio possivel, ou o mais obscuro. O mais provavel e correto ou o mais improvavel e quem sabe incorreto, mas o verdadeiro valor da amizade não é algo que se pode desprezar, nem é inteligente fazê-lo, pois os amigos não são outra coisa que a propria alegria da alma.

A forma como valorizamos a amizade, essa afeição profunda que nutrimos por outra pessoa de forma desinteressada, garante, o que denominei reflexos da alma, pois quanto mais desconfiado mais a alma se encontra turbulenta, quanto mais serena a entrega aos auspicios de outrem, mais alegria conseguimos transmitir nas relações sociais que participamos.

Ensina ainda Sêneca, que "com o amigo devemos abordar todos os temas, sendo o primeiro deles o proprio amigo. Depois de concedida a amizade,é preciso haver confiança; é antes que se faz o julgamento, é antes de se dar a amizade a outrem". Uma vez tomada a decisão e entregue a amizade, ame o seu amigo do fundo de teu coração, pois se acredita que o teu amigo lhe será fiel, ele o será".[635]

A essa concepção manifesta-se Miguel Reale Jr., para quem a realção de amizade para prosperar exige que se nutra pelo outro simpatia e aceitação do seu modo de ser, pois caso contrário, não haveria como fazer prosperar o afeto. Envolve ainda uma necessidade de compreensão do universo do outro, de forma tal que se abra ao diálogo instrutivo, à troca de confidências, a vontade de ver crescer. "Consagra-se a confiança, alimentada num clima de mútua cumplicidade e lealdade". Nesse sentido, entende, que em nome dessa lealdade e cumplicidade, a verdade dos fatos, dos atos e omissões, ou das situações, deve sempre prevalecer à frente da suposta amizade.[636]

Para Flavio Gikovate, a amizade representa o relacionamento interpessoal mais carateristico que se tem conhecimento.

Diferentemente do amor, que acomente a completude da vida afetiva da outra pessoa, a amizade exclui o encaixe romântico. Nela algumas pessoas já foram naturalmente excluidas seja porque não eram do sexo desejado, não correspondiam ao tipo fisico capaz de produzir o desejo sexual, seja em virtude de diferenças raciais, etária, culturais, sociais ou

[635] SÊNECA – As relações humanas, p. 32.

[636] REALE Jr., Miguel – A amizade e seus desafios, OESP 07.08.10, p. A2.

financeiras, ou ainda por qualquer outra razão não racionalmente definida; mas, embora preteridas em seu papel de complemento, "com sua presença e modo de ser, proporcionam uma agradavel sensação de bem-estar e prazer. Assim sendo, essa manifestação do gostar, que não pretende mais do que a companhia do outro, a boa conversa e a troca de idéias sobre os diversos temas, a lembrança da vivência comum, corresponde à essência da amizade, que tem na afinidade natural – na forma de pensar – sua maior manifestação".[637]

A amizade, sentimento que ultrapassa a explicação racional, baseia-se na confiança e na compreensão mutua, se constrói aos poucos com a experiência relacional que existe entre as pessoas. O amor, desta se difere, pois nasce de uma atração misteriosa. Enquanto a amizade representa um porto seguro, o amor representa um risco.[638]

Tem sido considerada pela religião e cultura popular, como uma experiência humana de vital importância, inclusive tendo sido santificada por várias religiões. Representa um sentimento de fraternidade, verdadeiro e inabalável, uma espécie de união e de vínculo espiritual que ganha intensidade e se solidifica no decorrer da vida. Apresenta-se como uma frágil ligação que torna os amigos "irmãos de alma",tem a intensidade de um afeto sagrado.

É um elo capaz de unir duas pessoas eternamente, mesmo que estejam geograficamente distantes, estabelece conexões enigmáticas entre os amigos pelo pensamento e pela transmissão de energia, aumentando o *quantum* de felicidade dos homens, uma vez que um amigo não julga o outro,pelo contrário:compreende, ensina, ampara.

Há quem considere a amizade superior ao amor passional, uma vez que proporciona a possibilidade de equilíbrio, paz e serenidade, diferente do amor passional, que pela intensidade do que impõe, ao contrário, retira do individuo essas características imprescindíveis para a manutenção de sua vida, saúde e higidez.[639]

De qualquer forma, pensamos que esses dois sentimentos estão intimamente relacionados, como escreveu Casimiro de Abreu "simpatia é quase amor", uma vez que estreita os laços relacionais, é permeado de grande

[637] GIKOVATE, Flávio – Ensaios sobre o amor e a solidão, p. 59.

[638] GIKOVATE, Flávio – Ensaios sobre o amor e a solidão, p. 61.

[639] CHALITA, Gabriel – Pedagogia do amor, p. 41 a 43.

identidade e afetividade, cuja beleza do sentimento se pauta na sua verdade, na capacidade de unir duas pessoas sem nenhum subterfugio, sem máscaras ou disfarces, pois a amizade não impõe a perfeição (diferente do amor, que compele o amante a querer ser perfeito)

A amizade leva a um sentimento de altruísmo e lealdade, ao ponto de colocarmos os interesses do outro à frente de seu próprio interesse. Resume-se em lealdade, confiança e amor, seja fraterno ou mais profundo; faz parte da amizade não exacerbar os defeitos do outro e dividir os bons e maus momentos; os amigos evitam ser sufocantes ao outro para que haja respeito nos direitos deste. Evitam também sufocá-los com exigências, para que não haja o risco de perdê-los; os amigos se sentem atraídos pelos outros pela forma que eles são e não pelo que eles possuem. As verdadeiras amizades tudo suportam, tudo esperam, tudo creem e tudo perdoam pelo simples fato de existir entre eles o verdadeiro amor, também conhecido como amor storge, ou amor de amigos.

Entretanto, como lembra Miguel Reale Jr. "a amizade guarda diversas forças contrapostas: medo, desconfiança e mesmo inveja".

Na síntese de seu pensamento, podemos ver que também para a mantutenção de uma amizade saudável respeitando os limites éticos da vida humana – contidos na amizade –, é necessário, como no amor, a presença do auto-conhecimento e do amor próprio, para que dessa forma possamos colocar os nossoso limites pessoais nas avaliações dos rumos da amizade, na atuação pessoal e na própria interação com os amigos, visando sempre o bem comum.

Existem várias formas de amizade diferentes: a amizade coleguismo, a amizade por correspondência, e sua versão século XXI, sob a forma de amizade virtual, são relacionamentos entre pessoas que se comunicam por carta ou internet, e desenvolvem entre si sentimentos idênticos ao de uma amizade tradicional, sem de fato jamais terem se conhecido pessoalmente; ou quando muito, se encontraram poucas vezes.

Existe ainda uma outra modalidade de amizade, a amizade entre sexos diferentes.Na maioria das culturas, considera-se normal que os amigos sejam prioritariamente pessoas do mesmo sexo, embora esta concepção tenha mudado bastante na sociedade ocidental do século XX. Ainda assim, a amizade entre pessoas heterossexuais de sexos diferentes ainda é muitas vezes vista com a desconfiança de que não seria nada mais que um mero relacionamento com conotações sexuais, disfarçado.Não existe, para a maioria das culturas, qualquer problema, erro ou desvio na amizade entre sexos diferentes, no entanto, é de frizar que existem sempre preconceitos aquando de uma amizade desta forma. Pode esta por seu turno, tomar a forma da chamada "amizade colorida", que pode ser entendida como um relacionamento amoroso e sexual, geralmente passageiro, sem compromisso de estabilidade ou fidelidade. Ou seja, é uma espécie de relação aberta em que pode existir uma intimidade física entre as pessoas.

Embora sejam conceitos diferentes, pode-se confundir a idéia de amizade colorida com o estabelecimento do chamado relacionamento aberto, ou o mais moderno ficar.

Esses conceitos não se confundem com o de amizade colorida, pois o relacionamento aberto pressupõe um compromisso prévio, o que na amizade, colorida ou não, inexiste. Já o conceito conhecido por ficar, estabelece uma prática completamente exporádica ou até mesmo uma experiência unitária de algum contato físico com outrem sem o componente da intimidade, o que na amizade, colorida ou não, persiste, pois o que mais caracteriza a amizade é a intimidade, a confiança, a empatia.

Os relacionamentos conhecidos por amizade, geralmente são alçados de grande afetividade, que por sua vez pode ser definido como uma relação de carinho ou cuidado que se tem com alguém íntimo ou querido.

Em psicologia, o termo afetividade é utilizado para designar a suscetibilidade que o ser humano experimenta perante determinadas alterações que acontecem no mundo exterior ou em si próprio. Tem por constituinte fundamental um processo cambiante no âmbito das vivências do sujeito, em sua qualidade de experiências agradáveis ou desagradáveis.

A afeição (oriunda do afeto), é representado por um apego a alguém ou a alguma coisa, gerando carinho, saudade (quando se experimenta a distância), confiança e intimidade, o termo perfeito para amor entre duas pessoas. O afeto, é um dos sentimentos que mais gera autoestima entre pessoas pois produz um hormônio que garante o bem-estar do corpo. Um conjunto de fenômenos psíquicos que se manifestam sob a forma de emoções, sentimentos e paixões, acompanhados sempre da impressão de dor ou prazer, de satisfação ou insatisfação, de agrado ou desagrado, de alegria ou tristeza.

**Existe ainda a simpatia, outro sentimento diretamente ligado à amizade e bom entrosamento interpessoal.** Derivado do latim **sympatha**, do grego, συν + πάσχω = συμπάσχω, literalmente: a sofrer em conjunto ou "com sentimento". Também pode significar o ser afetado por tais sentimentos ou emoções. O estado psicológico de simpatia está estritamente relacionado com a de compaixão e empatia, embora simpatia não deva ser confundida com empatia (mais do que simplesmente o reconhecimento do sofrimento do outro, empatia é, na verdade, uma outra partilha o sofrimento, mesmo que brevemente).

Simpatia existe quando os sentimentos e emoções de uma pessoa são compreendidos e apreciados até mesmo por outra pessoa. Em uso comum, simpatia é usualmente, o entendimento da infelicidade ou sofrimento de outrem, mas também pode referir-se estar consciente de outras emoções, positivas também.

Em sintese conclusiva, podemos aduzir que estes sentimentos não te o condaõ de formação da familia e nem tampouco detém a legitimidade de nenhum direito de cunho real, obrigacional, familiar ou sucessório.

# 7.
# O RELACIONAMENTO AMOROSO EM SUA VISÃO MULTIDISCIPLINAR

Em análise sobre o relacionamento amoroso, existe uma sequência de etapas a serem seguidas no caminho do casal, sendo que cada uma apresenta desafios próprios. A primeira delas é a **atração,** de difícil definição, pensamos que corresponde a uma somatória de elementos presentes numa visão multidisciplinar. Cada pessoa é atraída por alguém que lhe dá a impressão de ser a resposta que procurava para a vida. Pode reunir uma gama grande de atributos que as torna irresistíveis. (é válido lembrar que quando nos sentimos atraídos muitas vezes nem conhecemos o outro para saber se essa impressão que tivemos corresponde à realidade). Está a atração intimamente ligada ao desejo, que por sua vez representa algo não consumado tendo em vista a necessidade imperativa que desperta.

A segunda fase é a **romântica,** que inclui os sonhos, as fantasias, as idealizações. É uma fase importante na relação, pois a embeleza, a torna mágica e será eterna fonte de lembranças no futuro. Entretanto, é nessa fase que se aprende realmente a conviver com o outro, permitindo o seu crescimento e desenvolvimento pessoal. É aqui que deparamos com as limitações de amar do outro, seus medos, fragilidades e dificuldades.

A próxima fase é a do **reencontro**, onde a pessoa idealizada se apresentou tal como é; visamos descobrir se de fato queremos estar com aquela pessoa que agora se tornou real. Nessa fase aparecem as pequenas e grandes decepções. Ocorre a aceitação ou a separação.

Em seguida temos a fase da **ambivalência**, em que surge a vontade de ficar e melhorar a relação e ao mesmo tempo a vontade de romper com tudo e ir embora.

Se o casal não se adapta, surge a fase da **luta de poder**, quando um que dominar o outro com suas ideias e estilo de ser. Posteriormente, se o casal não aprende a compartilhar, surge a fase da desilusão e do afastamento, onde via de regra o casal se separa e começam as dúvidas sobre manter-se ou não casos extra conjugais.

Tendo consciência das intrínsecas diferenças, adentra-se a fase da **transformação,** que se traduz pelo conhecimento de que se é responsável pela própria felicidade; fazendo surgir a fase de **estabilidade e compromisso**, adquirindo os parceiros a certeza de que querem ficar juntos.

Por derradeiro, o casal que souber amar e se comprometer passará para a fase de **expansão,** quando faz novos amigos, tem filhos, estabelece novas metas em níveis sociais e desenvolve valores espirituais conjuntos.[640]

Passadas as fases iniciais de encontro, conhecimento, encantamento, disponibilidade, circunstância, verdade, entre outros, inicia-se o relacionamento amoroso. Neste, percebemos a presença dos componentes de atração e oposição.

A atração mútua representa a pedra angular do amor, mas seu desenlace é influenciado pelo ambiente, pela presença (ou não) de filhos, família e sobretudo do parceiro, que pode aceitar ou recusar, num momento qualquer da existência, compartilhar de nosso amor eterno. "No relacionamento feliz, o desenvolvimento nos acompanha por toda a vida. No trágico, ele nos larga em algum lugar do caminho. Essa é a diferença". Sentimos que algo poderia ter acontecido com aquele parceiro em potencial, mas cada um continuou o seu caminho. Permanece a lembrança do deslumbramento, mesmo depois do esmorecimento de um amor que poderia ter nascido e florescido, mas que infelizmente, perdeu-se furtivamente.[641]

Muitas vezes, quando conhecemos alguém, os primeiros segundos bastam para sabermos se essa pessoa poderá ser o nosso par amoroso. Entretanto, grande é a distância entre esse conhecimento inicial e a efetiva

[640] SHINYASHIKI, Roberto; DUMET, Eliana Bittencourt – Amar pode dar certo, p.139 e 140.

[641] DELAHAIE, Patrícia – Amores que nos fazem mal, São Paulo: Larousse, 2005, p.20.

escolha de determinado parceiro para a formação da família, pois esta obedece à diferentes interesses nas diferentes fases do desenvolvimento do relacionamento interpessoal.

Desta sorte podemos entender que toda relação amorosa começa por uma **atração,** uma curiosidade acerca da outra pessoa, que nos faz querer conhecê-la: sua alma, sua beleza, seus valores, sua maneira de falar, seu comportamento, sua forma de olhar.

A pessoa nos interessa, nos intriga, ou mesmo nos exaspera. A partir daí, surge o processo de sedução, onde o enamorado só pensa em agradar, em convencer o outro de que é a concretização de seus intentos.

Nesta fase de **sedução,** onde está presente a cumplicidade, o companheirismo, a mesma disposição de espírito, pode-se evoluir para um sentimento amoroso verdadeiro que culminaria, por assim dizer no namoro, quanto, mesmo depois de tantas afinidades, pode-se decidir pelo afastamento do outro e lutar contra a atração.

Até esse momento, o amor ainda não existe. Trata-se de um jogo com o propósito de autoafirmação, de provarmos para nós mesmos que nos sentimos atraentes, desejáveis, interessantes. O próximo passo, mediante a reciprocidade do interesse é o estabelecimento do relacionamento amoroso.

Por outro lado, o descompasso amoroso pode ser medido por um "erro de avaliação", pois apressados demais não nos deixamos perceber os sinais verbais e não-verbais, que podem estar distanciando os nossos sonhos dos do parceiro, entre estes podemos destacar a fase que cada um encontra em sua vida e que nos faz individualmente mais ou menos predispostos ao amor.[642]

Basicamente o homem e a mulher por suas características intrínsecas, demonstram polaridades opostas na relação, uma vez que que inebriantemente desconhecidos, atraem-se entre si. Mas ai reside um forte problema: se a atração depende da oposição, o estabelecimento da harmonia dependerá da dissolução dessa oposição, o que gera um grande conflito a ser resolvido (a descoberta das diferenças é a princípio amedrontadora, pois reconhece-se a alteridade do outro, mas a atração entre os parceiros também se dá pelas diferenças, logo, o indivíduo se encanta com aquilo que o outro tem e ele não tem, mas gostaria de ter. Visa-se assim viver

[642] DELAHAIE, Patrícia – Amores que nos fazem mal, São Paulo: Larousse, 2005, p. 20.

os lados menos desenvolvidos de sua personalidade. Sentimo-nos como se apossássemos de algumas virtudes ou características – e até defeitos e vulnerabilidades – do outro).[643]

Pensamos nesse sentido, que devemos analisar nossas peculiaridades, dentro daquela visão socrática do conhece-te a ti mesmo, e à partir daí poder analisar se o outro em questão apresenta em relação á nossas expectativas comportamentos estruturais alçados em semelhanças ou oposições, sendo muito importante a diferenciação precisa entre oposição e complementariedade.

Pessoalmente não sou adepta da tese de que opostos se atraem, pois as afinidades nascem das semelhanças entre os indivíduos.

Nem na física é mais assim. Jayme Tiommo, físico, comprovou que nos casos de muita diferença de ionização as partículas opostas ao invés de se atraírem se afastam.

No mesmo sentido, Nuno Amado aponta para a o fato de que "o oposto só é atraente quando existirem suficientes áreas de semelhanças e quando a oposição ocorrer numa área complementar".[644]

Existem comportamentos ou características que são complementares e que se diferentes dão uma pitada a mais na relação, como a seriedade, a extroversão, a espontaneidade, e outros que por outro lado minam a relação, como o desrespeito, a deslealdade, a desonestidade, as tendências criminosas, entre outros.

A análise das formas de amor e de sua repercussão no estabelecimento dos relacionamentos afetivos, proporcionou a reflexão de que homens e mulheres se enamoram segundo critérios parecidos. Vimos que a escolha do parceiro afetivo quase sempre é determinada por estímulos aparentemente simples, corriqueiros, mas extremamente poderosos, como o olhar, o timbre de voz, ou o jeito de andar. Tal como aludimos anteriormente, garantem um retorno ao nosso íntimo, uma auto viagem de completude.

Também a influência da genética, que acredita-se pode dirimir nossas tendências pessoais e escolhas amorosas – passando aqui pela identidade de gênero e orientação sexual –, pode atuar como agente discriminante da escolha amorosa.

643 Osho – A essência do amor, p. 91; ARATANGY, Lídia Rosemberg – O anel que tu me deste – o casamento no divã, p. 101.

644 AMADO, Nuno – Diz-me a verdade sobre o amor, p. 82.

O amor nasce, para quem está mais próximo fisicamente, e também para quem é mais parecido! Essas semelhanças podem ser físicas, de valores, de atitudes, de personalidade ou mesmo genéticas. "Por outro lado, a distância, sem um espaço comum de convivência é inimiga do cupido".[645]

Numa fase posterior ao encantamento inicial, instala-se o relacionamento. Como podemos saber se este relacionamento está bem equilibrado?

O relacionamento amoroso, longe de ser algo espontâneo, é um processo que requer dedicação, autoconhecimento, maturidade e sobretudo, coragem, vontade, garra, pois envolve expectativas individuais e supraindividuais, sociais, conscientes e inconscientes.

Ocorre, porém uma supervalorização do encantamento inicial, o que leva em muitas vezes o indivíduo a achar que vai iniciar uma brincadeira cujo maior objetivo é o prazer, quando na verdade deveriam buscar um espaço no qual pudessem desenvolver a capacidade de viver/conviver a dois. É sabido que aqueles que mais sofrem numa relação são os que pensam apenas na satisfação de suas necessidades individuais, pois desta forma com o tempo, vê, as insatisfações, as frustrações e as cobranças.[646]

Vemos que, como aduz Oscar Wilde "é preciso cuidado para não fundamentar a vida numa base de apetites estreita demais, pois ao abster-se das alegrias que as situações nos comportam, pode chegar um dia em que se percebe que em vez da sabedoria, é o desgosto de viver que a pessoa se deu por vizinho devido à essa renúncia".[647]

Assim sendo, o estado de enamoramento ocorre na vida de duas pessoas, transformando-lhes a existência. Descobrem-se as belezas do outro, e se instala uma sensação de completude. O início do relacionamento é o momento de ruptura dos constrangimentos sociais, das hipocrisias que nos libertam dos grilhões do passado, e uma vida nova autêntica e feliz parece desabrochar. É a hora em que os indivíduos se sentem cheios de entusiasmo e esperança. É um longo processo no qual cada um analisa o outro, construindo conjuntamente uma maneira de viver, um projeto de vida comum, que os leva a assumir compromissos, a aceitar os ajustes explícitos e implícitos que a nova relação impõe.

[645] AMADO, Nuno – Diz-me a verdade sobre o amor, p. 75.

[646] SHINYASHIKI, Roberto; DUMET, Eliana Bittencourt – Amar pode dar certo, p. 33.

[647] WILDE, Oscar – Aforismos, apud. CORDEIRO, Renata – O amor, p. 93

Esse ajuste é fundamental para a passagem do estado de enamoramento para o amor, pois representa o reconhecimento do limite das nossas pretensões e a aceitação das necessidades fundamentais dos direitos do outro.[648]

Completa essa concepção Flavio Gikovate, para quem "as relações para funcionarem necessitam de encantamento amoroso e confiança recíproca", além da coragem de assumir o enamoramento.[649]

Vemos assim, que é imprescindível a reciprocidade de intenções e de investimento. Desta forma, após o contato prazeroso inicial, instalada a **fase de flerte**, marcada pela da ambiguidade das demonstrações afetivas – que nos colocam na dúvida de que se aquele individuo está apenas sendo simpático conosco ou está interessado amorosamente em nós –, passamos para a **fase da ação** – onde o tempo e as atitudes vão trazer as respostas.

Por outro lado, mesmo quando consideremos que o outro parece apresentar muitas características que nos agradam num parceiro amoroso, devemos ainda avaliar se a relação preenche as nossas necessidades amorosas, ou melhor, se tiramos desta relação tanto quanto investimos nela.

Assim sendo, ponderamos que se basicamente buscamos apoio emocional, segurança, reciprocidade, intimidade, fidelidade e satisfação sexual numa relação; a falta de alguns desses atributos, salvo casos especiais, levam ao desequilíbrio da mesma impondo às partes uma dose bastante alta de autoestima para saber identifica o momento de investir ou de parar de investir numa relação.

Para Lídia Aratangy a relação amorosa nasce inicialmente do olhar, a partir daí estabelecem-se passos para seu estabelecimento. O primeiro deles é a **curiosidade** que se instala (querer saber mais do outro, o que faz, de onde vem. É esse interesse que alimenta as conversas iniciais e torna a escuta especialmente atenta); depois vem a sensação de **competência** (que inclui a deliciosa sensação de ser ouvido e compreendido pelo outro. O prazer que se sente na conversa deriva da aceitação que vemos no outro. Assim, a certeza de estar agradando cria um clima relaxado que favorece a espontaneidade da relação) e a **sensação de sentir-se transformado** a cada conversa; a **admiração recíproca** que tem o dom de destacar o que o outro tem de melhor. "Esse processo desencadeia um mecanismo

648 ALBERONI, Francesco – Lições de amor, p. 45.

649 GIKOVATE, Flavio – No divã do Gikovate, São Paulo: Editora Globo, 2009, v. 2, p. 20.

de **realimentação positiva**, em que cada um mobiliza os aspectos mais favoráveis da personalidade do outro, o que estimula o prazer e o desejo de estar perto".[650]

O amor concede além de um estado de graça e completude, um medo louco de que esse estado se acabe, e assim, podemos acabar, tomados pelo medo, sabotando a possibilidade de viver um grande amor por um lado e encarando-o como um incentivo para sermos "melhores" em outro.

Entretanto, podemos perceber que mecanismos psicológicos nos "empurram" muitas vezes para relacionamentos patológicos, que via de regra, envolve um/a parceiro/a atraente, requisitado e destrutivo, com o qual a relação é composta de mentiras, desculpas, lágrimas, maus-tratos, evasivas, abandono, que leva à mudança de estado de espírito de um momento para outro, gerando instabilidade emocional.[651]

Temos assim, que se instala a seguinte situação: se por um lado queremos viver o amor, por outro procuramos o tempo todo destruí-lo. Esse medo se instala e corrompe o coração das pessoas, e depois vêm as queixas de solidão, desilusão e sofrimento. Estabelece-se aí um paradoxo: diviniza-se o amor, por um lado, e matamo-lo por outro lado, por medo.

E ainda no culpamos, quando algo sai errado.[652]

Contém dessa forma, aspectos múltiplos que devem estar presentes quando se fala em estabelecimento da relação amorosa e não apenas do nascimento em si do sentimento amoroso: coragem de se expor e viver esse sentimento, logo é preciso desejo e esforço; manifestar o sentimento provando que se é digno de confiança; oportunidade e opção de escolha; recordação, uma vez que cada vez que se ama, repassa-se a vida a limpo rememorando situações prazerosas ou conflitantes já conhecidas; disponibilidade para cuidar do outro e vê-lo assim crescer como ser humano ligado à uma relação amorosa.

Para tanto, devemos analisar quanta energia despendemos no relacionamento e quanta recebemos de volta. Essa divisão bipartida indica o grau de conexão emocional do casal, que varia desde a "coisificação" do

[650] ARATANGY, Lídia Rosemberg – O anel que tu me deste – o casamento no divã, p. 104 a 107.

[651] GRISH, Kristina – Mulheres certas que amam homens errados, São Paulo: Editora Gente, 2006, p. 16 e 17.

[652] MACHADO, Ana Maria; SCLIAR, Moacyr – Amor em texto, amor em contexto, p. 32.

parceiro (relacionamento eu-isso), quando então não nos preocupamos com seus sentimentos e necessidades mas apenas com o que queremos do outro, até estados em que está presente a sincronicidade, ou seja a intersubjetividade que nos faz sintonizar com a realidade interior do outro (relacionamento eu-tu).

Os modos cotidianos em que o relacionamento eu-tu se apresentam, podem ir da simples polidez, da afeição, da admiração às inúmeras maneiras de demonstrar o nosso amor. A indiferença e a distância emocional presentes no relacionamento eu-isso, contrasta diretamente com os parâmetros presentes no relacionamento eu-tu. No primeiro caso, tratamos o parceiro como meio para atingirmos um determinado fim. No segundo caso, o relacionamento com o parceiro se torna um fim em si mesmo, estando aqui presentes os sinais verdadeiros do amor e da empatia.[653]

Para Içami Tiba, o namoro é o primeiro degrau para o casamento. Porém, não representa um vínculo eterno nem indissolúvel. Corresponde a uma etapa mágica de entrega total, sem, no entanto, se comprometer tanto com a outra pessoa nem com os amigos ou familiares.

Engloba ainda, esta fase, o desabrochar de certa técnica relacional, onde aprende-se a diferença entre cativar, seduzir e conquistar. A seu turno cativar significa encantar pelo jeito de ser; seduzir, significa exacerbar qualidades para atrair determinada pessoa que lhe despertou a atenção; enquanto que, conquistar, significa realizar a superação da resistência da outra pessoa.[654]

Kristina Grish elenca algumas características que permeiam os relacionamentos tóxicos: o parceiro é indiferente o bastante para fazer você desejá-lo ainda mais, acessível o bastante para fazer você pensar que pode ficar com ele, misterioso, contraditório, estimulantemente sincero, incapaz de pedir desculpas, não conhece limites, desonesto, maldoso, argumentador, desafiador, condescendente, emocionalmente problemático, lisonjeiro, egocêntrico, egoísta mas introspectivo, despreza todo mundo menos você, aventureiro, hipócrita, carismático, gosta de duplo sentido, infiel e principalmente, muda a sua definição de mulher ideal caso perceba que você se encaixa nela. O mais problemático de tudo é que

653 GOLEMAN, Daniel – Inteligência social – O poder das relações humanas, p. 121 a 123.

654 TIBA, Içami – Família de alta performance, São Paulo: Integrare Editora, 2009, p. 160 e 161.

muitas vezes os homens "errados" tem traços de personalidade que fazem a mulher pensar que ele é algo que não é.[655]

Nestes estão presentes atitudes desrespeitosas, evasivas, egocêntricas, que levam à diminuição da autoestima do parceiro, em contrapartida dos relacionamentos saudáveis, positivos, que levam ao parceiro ao desenvolvimento de suas potencialidades. Assim sendo, a qualidade do relacionamento vai em muito depender da saúde psíquica e relacional das partes.

Muitas vezes, as mulheres, em decorrência daquela necessidade antropológica de união, desrespeita seus limites e entre de cabeça no descrito relacionamento tóxico. Acreditamos que a ambiguidade dos sinais enviados num relacionamento tóxico, são o seu pior vilão. O relacionamento começa e o parceiro some no ar desequilibrando a parceira. Porque? Pensamos que um homem desaparece quando acha que a parceira está esperando mais do que ele pode dar. Ele pode ter dado motivos para isso e se sente muito culpado para ter uma conversa franca.

Entendemos que o uso da razão no lugar de 100% de sentimento, é bastante salutar para o desenvolvimento de um relacionamento saudável. Mesmo uma mulher inteligente e bem-sucedida pode apaixonar-se por qualidades erradas de um homem (não demonstrando ser emocionalmente inteligente, o que é vital para o relacionamento amoroso). A escolha do parceiro ideal deve ser baseada em características tais que permita, a ambos, que o relacionamento os faça felizes e permita o crescimento pessoal, tendo em vista o resultado positivo do relacionamento do casal.[656]

Devem estar assim presentes no relacionamento amoroso verdadeiro componentes, como a sintonia, a empatia, a visualização sensível das necessidades do outro. Quanto mais forte for o relacionamento com a outra pessoa, mais aberto a ela seremos.

Entretanto, algumas vezes, pode-se desenvolver relacionamentos obsessivos, permeados de fantasias e ilusões românticas. O problema é que, geralmente, o amor obsessivo reflete uma situação marcada por constantes separações, sentimentos que não são plenamente retribuídos, por conflitos irreconciliáveis, por medo de compromisso, por impossibilidade

[655] GRISH, Krisitna – Mulheres certas que amam homens errados, p. 36 e 37.

[656] CARTER, Steven; SOKOL, Julia – O que toda mulher inteligente deve saber, Rio de Janeiro: Sextante, 1990, p. 6 e 7.

de assumi-lo, marcando-se por muitas expectativas e alta intensidade de desespero.[657]

Nas palavras de Steven Carter e Julia Sokol "se você acha que está passando muito tempo deitada no sofá sozinha, sonhando acordada, chorando, não está amando, está obcecada; se vive constantemente perturbada, preocupada com as características de seu relacionamento, em busca de dicas e pistas que lhe ajudem a compreender o que está acontecendo, idem".

Por isso é bastante salutar que se conheça primeiro o homem em questão para se envolver depois, pois as indefinições caracterizadas pelas despedidas desajeitadas, ambiguidade de tratamento podem desestabilizar a saúde clínica e psíquica. Deve a mulher sensata saber que ter consciência do próprio valor significa saber o que tem a oferecer e não oferecê-lo rápido demais.[658]

À luz do pensamento de Freud temos que "independentemente do que possa estabelecer pontos em comum entre as pessoas – gerando a camaradagem – um fato deve ser considerado, a interação intensa entre duas pessoas que acabam de se conhecer poderia forjar uma identificação imediata, a noção de que o outro e nós formamos a mesma pessoa".

Em termos neurais conhecer o outro significa conectar-se com seus padrões emocionais e mapas mentais. Nesse sentido, quanto maior a identificação do casal, maior é a realidade compartilhada que criamos, chegando mesmo a ter uma fusão do eu.

No relacionamento amoroso, maridos e mulheres que vivam felizes tendem a ter maior facilidade de identificar suas semelhanças do que suas diferenças, caso contrário, as diferenças aparecem muito mais.[659]

Assim sendo, para medir a qualidade desse relacionamento tão delicadamente construído devemos: observar se produz mais satisfação ou

[657] Algumas características da personalidade dos parceiros escolhidos levam à uma situação desconfortável. O mito do homem poderoso por exemplo, a mulher sempre terá uma posição secundária, pois é sabido que um homem que realmente deseja o poder, o amor sempre desempenhará um papel secundário.

[658] Tão importante como detalhes de caráter e outras preferências, conhecer suas neuroses, suas marcas psíquicas, seu passado, seus valores bem como o histórico do parceiro em relação aos namoros anteriores, podem nos permitir montar um mini retrato do que seria a vida a seu lado. CARTER, Steven; SOKOL, Julia – O que toda mulher inteligente deve saber, p. 17 a 19.

[659] GOLEMAN, Daniel – Inteligência social – O poder das relações humanas, p. 126.

aborrecimento; se você vê mais atrativos fora dele do que dentro; qual é o grau de aceitação do parceiro; quais são os obstáculos psicológicos, sociais ou materiais para deixá-lo, seriam boas soluções para um primeiro momento.

A satisfação engloba a inteligência, a personalidade, a sociabilidade, as características físicas, o compartilhamento de tarefas e responsabilidades, a comunicação e manutenção de relações sociais; estabelecimento e concretização de projetos comuns, sentimento de amparo e proteção do parceiro. Estabelece-se um elo vital, onde o carisma representa a expressão da alma.

A segurança e a legitimidade, muitas vezes são negligenciadas nos relacionamentos por se estabelecerem num momento posterior da relação afetiva, quando a vulnerabilidade do início já passou e a verdadeira essência do indivíduo pode vir à tona.

Deve-se, entretanto, considerar que um parceiro equilibrado, com o qual se possa manter um relacionamento saudável deve ter algumas características intrínsecas, como: ter um estilo de vida realista, ter metas realistas, se interesse por mulheres que refletem seus valores e interesses, deseja compartilhar sua vida, dar apoio ao/a parceiro/a sem tentar controlar, saber compartilhar interesses e responsabilidades, não tem limitações irracionais, é capaz de comprometer-se, é bem-intencionado.[660]

Assim sendo, confunde-se o bônus dessa sensação de confiança com o ônus da acomodação, onde se trocava o gosto da aventura e da espontaneidade por uma subsistência espiritual chocha e morta. Entendemos que a segurança seja um bem muito mais poderoso do que sugere sua reputação maçante.

Pondera Nilton Bonder, se seria mais nobre transgredir certas normas preestabelecidas ou distanciar-se da verdade íntima de cada ser, nos momentos em que já não existe o fator vital, o sopro de satisfação vem de fora. Questiona ainda, se não seria um erro maior recusar uma parte do viver.[661]

Num plano espiritual, temos que a vida programada mesmo entre pessoas que não tem afinidade ou não conseguem manter um bom relacionamento, traz a compensação da aprendizagem. Um tem algo a ensinar ao

[660] CARTER, Steven; SOKOL, Julia – O que uma mulher inteligente deve saber, p. 33 e 34.
[661] BONDER, Nilton – A alma imoral, p. 26.

outro e a vida os une. Quando ocorre a separação, quase sempre é porque aprenderam o que precisavam, e à partir daí seguem rumos diferentes.[662]

Muitas vezes, o medo da solidão e da incompreensão social leva à formação de uma vida psíquica e afetiva dupla por parte de algumas pessoas, que estabelecem uma vida secreta que por sua vez envolve a presença de uma outra pessoa com a qual se institui uma nova identidade.

Essa vida secreta pode começar com um motivo aparentemente inofensivo, como um senso de humor apurado ou interesses compatíveis. Da mesma forma, e pelos mesmos motivos pode também terminar assim, devido à resistência encontrada nos pensamentos e valores individuais.

Pode, entretanto, ser o motor de arranque para que um dos parceiros retome sua vida afetiva e emocional, emperrada num relacionamento afetivo já inexistente. Talvez, o aparecimento de um novo "outro" possa levar à reflexão das bases estruturais em que se encontra o relacionamento atual do casal.

Forma-se assim uma vida amorosa secreta, onde inicialmente há o reconhecimento implícito da atração, em seguida, o mútuo reconhecimento através do flerte, seguido de uma troca de confidências e intimidades emocionais, culminando na possibilidade material do sexo. Visa-se através de um relacionamento deste tipo, preencher um anseio de plenitude, cujo relacionamento inicial já não produz. Assim, temos que podem se estabelecer duas modalidades de vida amorosa secreta: o caso físico e o caso emocional.[663]

Em qualquer das hipóteses, há um abalo do relacionamento anterior, denominado "oficial", com todos os desdobramentos daí decorrentes.

Por outro lado, quanto à parte passiva do casal, ninguém tem obrigação de tolerar os que os maltratam. Não se deve hesitar em abandonar os relacionamentos destrutivos em favor de sua tranquilidade, mas é necessário fazê-lo sem mágoas nem rancores. Deve-se sempre procurar conservar a sua paz, pois as relações interpessoais ocorrem por amor ou desamor, sendo ungidas por afinidade e prazer no primeiro caso e insatisfação e angústia, ou medo, no segundo.

Assim fazem as mulheres quando ungidas a um relacionamento que não as preenche. Entendemos que o amor bem vivido, bem resolvido

[662] GASPARETTO, Zibia – Falando Contigo! p. 130

[663] SALTZ, Gail – Anatomia de uma vida secreta, p. 60 e 66.

leva a uma completa felicidade, que por sua vez é a razão da existência humana.

Por outro lado, quando não existe amor, nenhum bem externo como a riqueza ou a fama terão valor. O coração se fecha, a alma fica vazia, diminui-se a autoestima.[664]

A autoestima representa um componente muito importante para o relacionamento afetivo, impõe limite e respeito para o parceiro. Nesse sentido é muito importante também a valorização do companheiro ou cônjuge frente à família e à sociedade em geral, devem ser sempre a prioridade para o amado. Um dos indicadores mais importantes da profundidade do compromisso do homem é a sua disposição em proteger a parceira dos ataques de sua família.[665]

Primaz nesses casos é a autovalorização: que corresponde à atenção que se dá aos próprios sentimentos, sendo verdadeira sempre, não se incomodando com a opinião alheia, é fazer o que sente, mesmo correndo o risco, pois uma coisa é certa: não se pode viver a vida dos outros, nem fazer as coisas fora de sua natureza.

**A insatisfação é o grito da alma**, querendo libertar-se das algemas com as quais o próprio indivíduo se amarra em relacionamentos onde falta a química, que torna tudo diferente, onde falta o riso, a imaginação, o divertimento. Onde não existe esperança, o gosto da novidade, a vontade de viver plenamente, o frio na barriga, tudo enfim deixa de ter importância, de despertar o interesse, pois o que se busca nessa vida, com verdade é a essência dos sentimentos e dos pensamentos. Importa na verdade mais como é percebido do que como é na realidade!

Pensamos com Lya Luft que a vida é um cenário com um palco e com muitas portas que podem ser enfrentadas de diversas maneiras: como um trajeto – percorrido pela alma rumo à realização pessoal; como um naufrágio – repleto de frustrações e escolhas inadequadas; um poço – muitas vezes sem fim para nós; uma montanha – inicialmente difícil de ser escalada mas que permite o desvendar de deslumbrantes paisagens quando se atinge o seu cume. Tudo isso entretanto, vai depender de

[664] BRITO, Francisco – Eles pedem em casamento, elas pedem o divórcio, Rio de Janeiro, 2005, p. 7.

[665] MOLLOY, John T – Por que os homens se casam com algumas mulheres e não com outras? p. 99 e 100.

nossas escolhas, de nosso autoconhecimento, de nossa maturidade, de nosso psiquismo, de nossa garra para enfrentar o desamor e o julgamento social. Nesse *locus* temos que "uma vida dividida numa boa relação é com certeza uma vida enriquecida".

São fartas as possibilidades de escolha, tantas quantas forem as partes envolvidas, cada uma com sua visão de mundo: cética, otimista, trágica, descontraída, indiferente. Quando fazemos uma escolha, muitos aposentos se abrem em nossa direção, com seus parques e clausuras. Ás vezes vendemos entradas para esse espetáculo, ás vezes vendemos a alma.[666]

Para a plena fruição do relacionamento amoroso, duas calamidades devem ser evitadas: a pressa e a hesitação. A relação precisa ter química, cativar pela via afetiva (beleza física, comportamentos sedutores, forma de tratamento).

Para a conquista, há a necessidade de similaridade e complementaridade. Para Stendhal é necessária a admiração, a esperança e um pouco de insegurança. Fala-se da teoria da expansão do eu. É necessário que exista um campo tenso onde a necessidade da conquista se faça presente.

A sedução romântica e sexual precisa ser perene. Cativa-se pela cumplicidade, pelo fascínio, pela compreensão, pela aceitação e pela afetividade.

São fartas e pessoais as formas de relacionamento presentes n atualidade. O companheirismo é uma marca muito valorizada, assim como o respeito à individualidade do outro.

Entendemos que o que mantém um casal unido não é a atração, mas os cuidados que um tem com o outro também têm sua função. Estes por sua vez se manifestam como uma base segura de proteção que confere ao parceiro energia, foco, confiança e coragem para suas múltiplas explorações.

Logo, diversos fatores devem ser considerados para que a relação afetiva estabelecida seja uma relação positiva, construtiva e consequentemente, feliz. Entre esses fatores, poderiam ser elencados: uma dose de comprometimento com a relação, uma boa comunicação entre os membros do casal, a predisposição em ceder espaço para a valorização das vontades ou necessidades do outro, assumir a própria fragilidade, vivenciar situações desafiadoras; além de muito empenho, é claro!

O psicólogo americano James D Laird, e sua equipe, visando tentar melhorar a qualidade dos relacionamentos humanos, desenvolveu uma

[666] LUFT, Lya – Múltipla escolha, São Paulo/Rio de Janeiro: Record, p. 7.

técnica denominada "fitar a alma", que consiste em olhar profundamente dentro dos olhos do parceiro, o que faz com que estes diminuam suas defesas, favorecendo o aumento da intimidade. Essa prática habitual, permite que as boas energias fluam entre o casal, aumentando sua afetividade.

Da mesma forma, que perceber no outro sinais de fragilidade, costuma despertar o ímpeto de oferecer cuidado e proteção, favorecendo a predisposição de protegê-lo ou mesmo amá-lo. Além dessa manifestação natural de cuidado e preservação, outros fatores também são importantes para o desenvolvimento da intimidade que por sua vez pode levar ao estabelecimento da ligação amorosa: além do olhar; já citado, também a proximidade física; a semelhança cultural, física, de princípios, hábitos e valores; o senso de humor; a sociabilidade; a bondade; a sensibilidade; a gentileza; o compartilhar das alegrias e conquistas, comemorar os bons momentos, entre outros.[667]

O importante, para o estabelecimento de um relacionamento saudável é ter preenchidas as necessidades essenciais estabelecidas individualmente por cada um de nós.

Via de regra culmina o desenvolvimento da relação amorosa, com a formação da família, que na atualidade, como vimos, apresenta-se em diversas modalidades decorrente da ordem jurídica ou mesmo da vontade das partes, manifestamente reconhecida em situações informais que passaram a ter reconhecimento no âmbito legal.

Quanto ao casamento ou mesmo na união estável, ou até na família homoafetiva e nos estados intersexuais, na visão da psicologia e da sociologia, deve o relacionamento ser fonte de gratificação, para que se possa perenemente se reafirmar o vínculo conjugal ou convivencial, pois a família é fonte de companheirismo e cuidados em geral (na prática, aqui são vistos como sinônimos, pois ambos se apresentam, nas palavras de Lidia Aratangy como "vínculos amorosos com intenção de permanência".[668]

[667] EPSTEIN, Robert – Para manter a paixão acesa. In. Revista Mente e cérebro, ano XVII, n. 205, p. 40 a 47.

[668] ARATANGY, Lídia Rosenberg – O anel que tu me deste – o casamento no divã, São Paulo: Artemeios, 2007, p. 12. Na concepção de Içami Tiba a formação da família e a qualidade do relacionamento é tão importante, que estar ungido a um mau relacionamento pode ser tão nocivo à saúde quanto qualquer outra doença crônica.

Ocorre, entretanto, na contemporaneidade que as relações interpessoais se flexibilizaram. O amor (e o sexo) virtual, ou seja, sem a presença física do parceiro, se proliferaram enormemente, assim como o relacionamento casual, que a seu turno, como aduz Flávio Gikovate, pode ser entendido mais propriamente como uma interação do que como uma relação, pois tudo se consuma com muita velocidade e sem quase nenhum conhecimento do outro, levando a uma baixa da autoestima pessoal, ao aumento do medo de abandono, rejeição, ou de "ficar de fora por não ser escolhido", pois o relacionamento baseado apenas no desejo não apresenta potencial de durabilidade.

Entre os jovens a ideia desse relacionamento "a jato" – o ficar –, tornou-se bastante popular. Entretanto, percebe-se que essa dilatação das possibilidades "amorosas", "relacionais" ou meramente interativas, fez com que se aumentasse o consumo, à coisificação do ser humano – tomado por base na pornografia (que mobiliza vultosos investimentos financeiros na atualidade), os modelos de bens expostos e valorizados pela cultura de massas, entre outras referências de autoconsumação, leva ao empobrecimento dos relacionamentos e ao aumento da vulnerabilidade e da insegurança pessoal. (lembramos que permeia o relacionamento amoroso o medo, que assume um significado plúrimo: medo da morte, medo do casamento, medo do encantamento amoroso, medo do abandono, medo da felicidade).[669]

Algumas questões contemporâneas envolvendo a suposta equidade entre os gêneros vem contestada por Catharine A. Mackinnon, para quem as questões de sexualidade são encaradas de forma diferente entre o homem e a mulher, tal como também aduzimos anteriormente no decorrer desta obra, dada suas características íntimas, de construções simbólicas e consequente estruturação psíquica.

Desta sorte, a pornografia constitui como prática um ato de deturpação da moral, que gera a violência, entre outras formas, a violência moral, contra o ser humano, donde abstraímos junto à posição de Flavio Gikovate, que ocorre uma coisificação desse ser humano manipulado pelos padrões adotados pela indústria pornográfica, uma vez que a pornografia sexualiza a violência.

[669] GIKOVATE, Flávio – A fragilidade do tesão. http://www.cpflcutura.com.br/site/2010 – palestra acessada em 18.10.10.

De acordo com a leitura de Mackinnon, a própria realização dos filmes pornográficos contém a violência, uma vez que segundo relatos de diversas artistas do meio, a grande maioria delas só consegue participar das cenas após ter ingerido álcool ou drogas (essa forma de violência não aparece nas telas dos filmes ), funcionando também como uma arma de prostituição.[670]

No mesmo sentido é o entendimento de Geneviève Bergonnier-Dupuy e Monique Robin, para quem a forma de estabelecimento das relações conjugais é um dos responsáveis pelas múltiplas disfunções psíquicas do indivíduo, tendo em vista o respeito que lhe é designado, afetando frontalmente sua autoestima.[671]

A esse respeito nos posicionamos frente à possibilidade de constituição dos relacionamentos afetivos em sua variedade máxima, tais forem as vertentes da alma humana. Por isso pensamos que a pós-modernidade abriu as portas para a possibilidade de constituição mais verdadeira da família e dos relacionamentos afetivos.

Como leciona Marco Aurélio Dias da Silva o amor e o casamento, fonte primária da família, têm grande influência na qualidade de vida e na saúde do indivíduo. Fonte não só de atividade e permissora do desenvolvimento da personalidade e das potencialidades individuais, a família é também fonte de saúde.[672]

De forma sintética podemos apontar que um relacionamento amoroso envolve uma gama considerável de sentimento, valores, expectativas, fantasias, possibilidades, enganos e desenganos.

Como aduz Alex Giostri, a fantasia permeia principalmente as fases iniciais de uma relação, pois "desenhamos o ideal de uma relação que pensamos para nós, buscamos nos livrar de todas as antigas frustrações, criando uma fantasia que sabemos que é apenas nossa".

É ai que mora o perigo: pois devemos ter em mente que a fantasia, em algum momento, vai ser quebrada por um fator real, pois esta existe enquanto tal, apenas em nossa mente, e se alicerça em nossa estrutura

[670] MACKINNON, Catherine A. – Are woman human? And other international dialogues, USA; Harvard University press, 2006, p. 71 a 98.

[671] DUPUY, Geneviève Bergonnier; ROBIN, Monique – Couple conjugal, couple parental: vers de nouveaux modèles, Paris: Èditions Éres, 2007, p. 7.

[672] SILVA, Marco Aurélio Dias da – Quem ama não adoece, p. 277.

emocional, sendo influenciada por todos os efeitos reais, imaginários e midiáticos que nos rodeiam.

Pode parecer infantil, mas aparece até a figura mítica do príncipe encantado, que é alguém que vai resolver os nossos problemas internos, situado, e as vezes muito enraizados no íntimo de nossa psique.

E assim desenvolve-se uma relação amorosa alçada na fantasia, na idealização do parceiro e sua infinita capacidade de nos suprir as carências e preencher as expectativas que trazemos consignadas na alma.

"Não há como manter uma relação saudável quando passamos a esperar algo do outro, quando passamos a querer que o outro corresponda a uma expectativa que não é dele, mas sim que é idealizado por outro alguém, que possui outras fantasias, outros medos, outras angústias".[673]

A relação amorosa, neste caso, é inexistente, pois não é real uma vez que finca-se na mais pura idealização movida por um impulso egóico mal resolvido internamente.

No âmbito do direito civil, falamos nos defeitos dos atos e dos negócios jurídicos, descritos como vícios. A inexistência, paralelamente à teoria das nulidades, aparece eivado efeitos a relação formalizada que contenha vícios insanáveis, como a identidade de sexos, a ausência de consentimento e a falta de celebração.

Por analogia, entendemos que um relacionamento fantasioso seja também inexistente, pois ao lado da referida identidade de sexos, encontramos a identidade de pessoas – ou seja o eu exterior e o eu interior (materializada por meus anseios e expectativas que fazem desencadear poderosos elementos de rejeição e/ou manipulação); a autoridade celebrante vem materializada pela realidade concreta no relacionamento amoroso inexistente e o consentimento válido (aceitação da realidade do outro) só faz existir a vontade individual de que o relacionamento exista de acordo com os seus moldes estabelecidos.

No mundo do relacionamento, amparado na fantasia, o outro se transforma em objeto, cujas características constitutivas esforçamo-nos em apropriar, preenchendo nossas lacunas emocionais, o que pode fazer desencadear relacionamentos perversos, que fatalmente levarão á ruptura.

O mecanismo que desencadeia é o seguinte: fantasia – decepção – frustração – baixa autoestima.

[673] GIOSTRI, Alex – Afeto, amor e fantasia, São Paulo: Rag Editor, 2009, p. 19 a 22.

Por isso a necessidade do autoconhecimento e consequente combate aos vínculos internos que remetem aos comportamentos nocivos, a fim de que possa-se alcançar relacionamentos saudáveis baseados na estima verdadeira, sintonia e proximidade de ideais.

# 8.
# AS TRANSGRESSÕES DA ALMA E O RECONHECIMENTO DE SI PRÓPRIO

Inicialmente, podemos aduzir que numa concepção meramente descritiva, sem expressa referência religiosa, a alma corresponde ao nosso intelecto, à nossa essência.

Dentro do entendimento da trindade do ser humano – espírito, corpo físico e alma, enquanto o primeiro corresponde ao sopro vital inicial do ser humano, o segundo à sua parte concreta e palpável, a alma seria o resultado do corpo e do espírito, correspondendo à individualidade do homem, representando aquilo que ele realmente é: um ser possuidor de livre-arbítrio para tomar as decisões mais plausíveis segundo sua própria natureza.

Significa, portanto, a sede da vida humana, sendo através das ideias e dos sentimentos que a divindade entra em contato com o ser humano inspirando-o.[674]

Revela, outrossim, as preferências valorativas do homem, seus gostos e aptidões, onde o amor vai buscar em sua essência as condições ideais para o perfeito entrosamento do eu interior e da alma.(Há quem entenda por isso que quando se ama se está mais próximo a Deus), e nesse sentido, a alma estaria ligada ao significado interior que determinado sentimento, no caso o amor, desperta no homem, motivando-lhe as intenções.[675]

674 MARINO Jr., Raul – A religião do cérebro, p. 129 a 131.

675 GABILAN, Francisco Aranda – Entre o pecado e a evolução, São Paulo: DPÇ Espírita Editora, 2002, p. 30

Esse significado interior, é por sua vez, sofrido e experimentado, tendo uma forte influência no comportamento externo do homem.

Muitas podem ser ainda as definições de alma, – que embora eivada de seriedade científica, pode num viés mais acadêmico ser equiparada semanticamente ao conceito de psique-; como mente, espírito, coração, vida, humanidade, personalidade, individualidade, essência, cerne, âmago, emoção, qualidade de vida, virtude, sabedoria, morte, e muitos outros que na realidade traduzem realidades de grande impacto.[676]

O contato com a parte mais íntima de nossa essência, permite a realização de um "turismo espiritual", que se valendo da diversidade de opções, inspira o viajante na descoberta em si mesmo ou em sua psique, de valores até então desconhecidos.[677]

No passado, valores como o sentimento, a afinidade e a consciência da alma foram inicialmente desvalorizados na cultura em virtude da mentalidade patriarcal, no decorrer do tempo histórico, entretanto, passou-se a desejar com ardor as verdades da alma, que concretamente refletem a postura humana em face da verdade do amor.

Entendemos que a relação entre a alma e o amor se paute no seguinte plano: a alma representa a inteligência interna e individual de cada um. O processo de enamoramento, como já vimos, vem influenciado pelos alimentos que essa alma recebeu ao longo da vida do ser enamorado. Nesse aspecto a experiência de enamoramento é única e é alçada de grande relevância para o indivíduo, tendo em vista sua historicidade pessoal, além das diferenças culturais, etárias, éticas e morais.

Jung, cujo pensamento foi de grande contribuição para o esclarecimento da realidade psíquica do ser humano, revelou os padrões dinâmicos fundamentais da psique, chamando-a de arquétipos ou órgãos da alma.

Assim sendo, a realidade psíquica apresenta um campo objetivo com leis próprias, e próprios métodos. Defendeu assim, a alma como a realidade humana primordial, seu sentimento mais verdadeiro.

Nesse sentido, são relevantes as transgressões da alma, pois "quando temos coragem de nos bater por nossa própria experiência, começamos a fornecer um ser real à alma, aperfeiçoando, consequentemente, a

[676] HILLMAN, James – Suicídio e alma, Petrópolis: Editora Vozes, 1993, p. 57.

[677] BONDER, Nilton – Tirando os sapatos, Rio de Janeiro: Rocco, 2006, p. 17.

ontologia que ainda não está construída; pois esta é a única forma pela qual ela pode ser construída".

Assim sendo, é válido a cada ser individualmente sustentar sua própria experiência, bem como seus sintomas, sofrimentos, neuroses, dúvidas, realizações invisíveis, mas positivas, para o seu desenvolvimento pessoal.

Pensamos com James Hillman que "somente quando cada um de nós tiver a coragem de tomar a alma como a realidade primeira em nossas vidas e lutar por ela, esta pode tornar-se realidade".[678]

Para Freud, a alma corresponde à vida interior do homem, evidenciada por uma **construção intelectual.** O autoconhecimento, amparado pela psicanálise ajudou o homem a destrinchar seu interior e assim, ficar mais próximo de sua verdade pessoal.

Entendeu ainda que no que tange ao amor erótico, para que este seja efetivamente uma experiência de genuíno prazer, deve estar impregnado de beleza (simbolizada por Eros) e expressar os anseios da alma (simbolizada por Psique, um termo repleto de significados, dotada de emoções humanas e não humanas).

Enfatizou também que os aspectos negligenciados de nossa alma desempenham importantes papéis em nossa vida, influenciando sobremaneira as escolhas amorosas, tendo inclusive as tendências destrutivas do homem brotado de um lado sombrio da alma.

Embora acreditasse que não temos um conhecimento consciente das verdades da alma, inegável é a valoração de sua importância para o equilíbrio psicofísico do ser humano.

Na concepção freudiana a alma representa a fonte suprema das paixões, o âmago do ser humano, a sede da mente e dos sentimentos, porém, o homem permanece, em sua concepção, largamente inconsciente das verdades da alma. Esta é intangível, mas exerce uma poderosa influência sobre a vida humana.[679]

Especialmente em matéria de amor, a alma é palco de grandes realizações, de grandes transgressões, cujos questionamentos envolvem inicialmente o conceito de traição.

De conceituação difícil, mas com um comportamento externo facilmente detectável aos olhos da lei, a traição impõe na ruptura de uma

[678] HILLMAN, James – Suicídio e alma, op. cit., p. 114.

[679] BETTELHEIM, Bruno – Freud e a alma humana, São Paulo: Cultrix, 1982, p. 22 e ss.

clausula relacional – expressa ou tácita – do relacionamento amoroso, a exclusividade.

Quanto aos domínios da alma as percepções são um pouco diferentes: pode-se avaliar o trair a partir da manifestação do desejo que eventualmente sentimos por outrem que não o nosso parceiro amoroso? Podemos entender que se o desejo se revela é porque algo novo está no ar? Isso porque há uma necessidade, uma fantasia, um fetiche, algo do outro, carnal ou não que nos interessa a ponto de fazer-nos matar a curiosidade vivendo uma experiência nova, que é a realização do próprio desejo.

Sob a ótica do livre-arbítrio, uma pessoa ungida a um relacionamento amoroso que procura a companhia de outra, alheia á relação, está convicta de seu desejo e quer realizá-lo. Trata-se neste caso, de vontade, de escolha pessoal, e não há traição maior, pensamos, que a negação do próprio sentimento.

O amor será o fiel da balança que ponderará entre o sublimar e o sucumbir desse novo desejo que latentemente se demonstra; pois o fantasma do medo e da culpa poderá investir negativamente na relação.

Aduz Jean Poirier que "talvez em nenhum outro domínio o caráter sagrado da transgressão se exprima com tanta força e veemência como na sexualidade, que retrata um caráter sagrado e ao mesmo tempo transgressivo do amor".[680]

Como vimos, as paixões arrebatam os amantes com tal volúpia que a partir daí os sexos se acasalam contrariamente às regras estabelecidas. As partes buscam outros pares, por vezes subsistem relações incestuosas, o frenesi sexual serve para galvanizar a vida e lhe dá de algum modo, um certo sentido.

Para Espinosa, a alma é um elemento anímico que completa ao lado do corpo a estrutura do homem. Interrelacionam-se estes em igualdade de condições sendo que uma experiência da alma reflete-se no corpo e vice-versa.

À luz de seu pensamento, a estrutura dual do ser humano pode ser ativa ou passiva, dependendo se acatar ou não os seus anseios mais internos. "somos ativos quando autônomos, senhores de nossa ação, e passivos quando o que ocorre em nosso corpo ou alma tem uma causa externa mais poderosa que a força interna". Nesse sentido, a virtude da

680 POIRIER, Jean – História dos costumes, p. 219.

alma, reside na atividade de pensar e conhecer, contrário senso, a sua fraqueza é a ignorância. Assim, quando a alma se volta para si mesma e se reconhece capaz de produzir ideias, passa a uma perfeição maior sendo afetada pela alegria. Já o sofrimento nasce do desconhecimento da alma de sua importância inerente.

Num mesmo sentido, do corpo, estrutura intimamente ligada à alma, derivam as afeições, pois é da natureza intrínseca dos relacionamentos corpóreos a afetação de um corpo a outro. Logo, nos relacionamentos felizes, há uma afetação positiva dos corpos aumentando a potência do ser humano, aumentando-lhe a capacidade de agir, cujo resultado é a alegria, e no mesmo sentido nos relacionamentos infelizes essa afetação não se dá de forma positiva, dá-se uma subtração da potência humana, que diminuindo-lhe, gera a tristeza.

Para a percepção de Espinosa, o homem tem liberdade para perceber quais são as causas das paixões: "Liberdade, autonomia e autodeterminação". O homem é autônomo quando o que lhe acontece intimamente é explicado pela sua própria natureza, e não por causas externas. Por isso, em seu pensamento considerou prejudicial toda moral baseada no dever, na noção de falta e de mérito, de pecado e de perdão. Concordamos plenamente.[681]

Assim, amparados na ideia de dicotomia entre corpo e espírito, consciência e objeto, indivíduo e mundo, chegamos à concepção de que o corpo não é alguma coisa que o homem possua, mas é em si a sua própria essência, pois como se sabe, ao estabelecer o contato com outra pessoa, eu me revelo pelos gestos, pelas atitudes, pela mímica, pelo olhar.[682]

Como já discorremos anteriormente, o relacionamento humano se estabelece pelo contato verbal e não verbal, ou melhor dizendo, pelo exercício da razão e pela natural manifestação do corpo, que traduz nossas sensações mais íntimas, mais verdadeiras.

Nas palavras de Maria Lucia de Arruda Aranha e Maria Helena Pires Martins "o corpo é o primeiro momento da experiência humana, pois antes de ser um ser que conhece, é um ser que sente,maneira essa de participar, com o corpo do conjunto da realidade".

[681] ARANHA, Maria Lucia de Arruda; MARTINS, Maria Helena Pires – Filosofando – introdução à filosofia, p. 329.

[682] ARANHA, Maria Lucia de Arruda; MARTINS, Maria Helena Pires – Filosofando – introdução à filosofia, p. 330.

A vida no amor se concretiza nesse sentido, não em pensamentos, mas em atitudes. A vida passa a ser não um estado de felicidade, mas um estado de contato, onde se mesclam, o pensamento, o sentimento e a atitude.

Assim, podemos entender que a verdade não é boa nem má. Ela é apenas a verdade. Vem de dentro e externa-se, busca ainda, a licitude de sua manifestação.

Concebe Flavio Gikovate que possui o ser humano uma função biopsicossocial, onde a razão, subproduto da atividade cerebral, é capaz de influir sobre o corpo e gerar normas ordenadoras da vida social. As rígidas crenças às quais o homem se encontra submetido, na estrutura da vida social, faz com que muitas vezes perca-se as rédeas dos processos vitais que lhe são mais relevantes, deixando-se dominar cada vez mais pelos componentes biológicos e sociais que os constituem. A alma humana, entidade que confere dignidade ao homem e lhe permite pensar por conta própria, parece estar esmagada e inoperante.[683]

Pensamos assim, no caráter essencial da alma humana para, transgredindo essas normas preestabelecidas, movimente o corpo no sentido da realização de seus desejos íntimos e verdadeiros.

O relacionamento humano pode apresentar grandes dificuldades, seja ungido ao amor de um casal, seja no amor parental, no amor familial. Essas dificuldades manifestam-se notadamente nos sentimentos de exclusão, de não pertencimento, que tem na inveja, na implicância, na falta de traquejo, seus componentes mais destacados. Há a precípua necessidade de se estar por inteiro, de corpo e alma, num relacionamento, mesmo que para isso, acatemos a parte mais transgressora da alma, aquela que vai de encontro à nossa essência mais verdadeira.

Daí advém a importância do trabalho emocional, que atrai energias parecidas com as nossas, que ajuda a controlar o pensamento, eliminando os padrões negativos, gerando coragem e otimismo, harmonizando assim os vários aspectos da vida.

Vê-se assim que a alma contém pensamentos, sensações e valores, que o homem constrói no decorrer de sua existência, com base no uso autônomo de suas funções psíquicas.

No entanto, muitas vezes vivemos tensionados entre os pensamentos do passado e do futuro que nos impedem de viver o presente com plenitude.

683 GIKOVATE, Flavio – Nós os humanos, São Paulo: MG editores, 2009, p. 8.

São remorsos, ressentimentos, sentimentos, rancores e frustrações que guardamos dentro de nós.[684]

Assim, a valorização do amor, em sua máxima de integração e cura, representa uma maneira de nos tornar fortes para poder viver o melhor da vida. Negar as próprias aspirações, desejos e sentimentos, representa um desperdício de energia, que impede a consecução de nossas realizações.

Assim sendo, nos relacionamentos em geral, devemos ficar atentos à presença de **inquietação**. Esta é um sinal que seu corpo está dando que o padrão estabelecido não está mais funcionando. A mente é civilizada, continua a sorrir mesmo sem motivo; o corpo é selvagem; a mente é humana, o corpo é animal. A mente pode ser falsa, o corpo é verdadeiro. Quanto mais sensível for o homem, mais entediado ficará, da mesma forma que mais angústia sentirá nas mesmas situações.[685]

Quando se estabelece o sentimento amoroso, em sua máxima plenitude, o ser amado passa a ser visto como o centro do desejo e das intenções daquele que ama. Esse caráter absoluto que se impõe, aliado à valorização do amor como bem supremo da vida, está na base da transgressão porque torna tudo o mais relativo e desprovido de qualquer sentido diante da magnitude da paixão e seus desdobramentos. O desejo, tal como já vimos, antecede a escolha amorosa em particular.

Desta forma, avaliamos que a essência da vida é o encontro da unicidade do ser, a elevação de sua alma, a assunção de sua felicidade, a qual, corresponde a uma construção, pautada pelo crescimento espiritual, que por sua vez decorre das escolhas que se faz nessa vida.

O encontro de amor, verdadeiro, aquele no qual se acredita ter encontrado a alma gêmea, é um encontro poderoso, que beneficia a todos os envolvidos ao seu redor.

Muitas vezes não sentimos ter encontrado a alma gêmea, mas uma alma certa, que é aquela ideal para estar perto de nós, naquele momento de nosso desenvolvimento interior – que pode ser "a necessária para se ir ao próximo nível espiritual de evolução". Da mesma forma que vemos que se um relacionamento não está dando certo, ele deve terminar – pois além de fazer mal para o casal e eventualmente à sua prole, o faz para o universo, na medida em que afasta a possibilidade de aproximação de almas mais

[684] WEISS, Brian – Mensagens dos mestres, Rio de Janeiro: Sextante, 2001, p. 12 e 13.
[685] Osho – A essência do amor, p. 165.

afins, onde o trabalho conjunto possa ser mais próspero para a evolução individual e global.

Acreditamos desta forma, que o livre arbítrio é a ferramenta mais importante da evolução do homem, pois representa o leme que governa as atitudes humanas, os rumos que a vida toma. Por isso a possibilidade de ruptura do relacionamento conjugal, afetivo, social, de amizade ou mesmo familiar deve ser respeitada.[686]

Pensamos com José Luiz Furtado que o exclusivismo dos amantes, a crença na inevitável confluência dos destinos individuais, a certeza de ter cada um nascido para estar com o outro, não fazem sentido senão quando remetidos à experiência única que é favorecida pelo encontro das almas, dos corpos, das bocas, das vidas, do destino em geral. A singularidade do ser amado vem daí, só ele vale, nada nem ninguém lhe substitui, o seu significado é para mim diferente de todo o resto da humanidade, pois como também já vimos, o amor transfigura o objeto amado.[687]

Na concepção de Nilton Bonder, amparado nas ideias evolucionistas de Darwin "o corpo é o maior responsável pelos hábitos e pela cultura do homem", o contrato social firmado nas diferentes épocas da existência dão ao mundo uma configuração precisa.

O corpo fala: a boca diz uma coisa, mas a postura, os gestos, os olhos são reveladores. Expressam os sentimentos que seu espírito sente, podem nos contar a verdade. Basta observar. O corpo revela os nossos verdadeiros sentimentos.[688]

**É reflexo da alma**. Nos olhos de quem gosta verdadeiramente há sempre presente aquele brilho especial quando se fita àquele a quem se ama. Uma delicadeza de sentimentos que encanta fica presente no ar. Reina um sentimento de alegria, de euforia. A busca da verdade contida na alma é primaz para a modificação de nossas atitudes para melhor. Assim como a

686 Vemos assim como é importante o autoconhecimento, a liberdade e a autoestima para a realização de escolhas mais centradas para a nossa vida pessoal, onde temos que ter em mente se: estamos levando a vida que gostaríamos? Com o grupo de amigos que nos completa, o trabalho que nos satisfaz, bem como se temos o amor daquela pessoa especial que admiramos e estamos ligada AFETIVAMENTE.

687 FURTADO, José Luiz – Amor, p. 41 e 42.

688 GASPARETTO, Zibia – Tudo tem seu preço, São Paulo: Vida e consciência gráfica editora, 2008, p. 57 e 111.

esperança, a clareza, a jovialidade alegre, a coragem; pois estes atributos, fazem enorme bem para a coletividade.

Amar é espontâneo e enche a vida de alegria, de razão, de plenitude. Quando retribuído, é maravilhoso e gera a felicidade. Perdemos muito tempo correndo atrás das ilusões criadas por nossa imaginação. É preciso o encantamento do amor. A paixão (phatos), pode ser também equiparada a uma forma de apego. Representa uma energia estagnada, bitolada, sem evolução.[689]

A pessoa atrai sempre de acordo com o que irradia. **A verdade** aparece sempre, poderosa! Pois representa a essência do ser humano. **Quando chega, recicla conceitos, ideias e até sentimentos.**

Nesse sentido vem a concepção de Jacob Dolinger para quem "a convivência humana em harmonia e tranquilidade requer alma e não só norma, amizade e não apenas regras, sendo que o respeito pelo alheio, base fundamental das relações humanas, não é alcançável sem amor pelo semelhante".[690]

A busca amorosa recobre-se de intrínsecas peculiaridades em face do gênero humano, mas nem sempre o sucesso ou a felicidade são alcançados. Para Nilton Bonder, em todos os lugares "os seres humanos se veem nus num contínuo cálculo de seus interesses e chances de arrebatar o sexo oposto, o que lhes poderá dar o sentido de estar cumprindo os desígnios maiores de suas vidas, conferindo aos homens uma espécie de imortalidade, mesmo quando não estiverem mais nesse mundo".

O agir moral confere ao homem esse caráter de imortalidade, mas por mais paradoxal que possa parecer, o próprio homem possui em si mesmo uma dimensão transgressora que o aproxima do seu eu mais profundo, "se origina da mais pura natureza animal".[691]

Às vezes é transgredindo que preservamos os valores fundamentais de completude, de reencontro. O transgressor, na verdade é um ser com atitude que ousou romper as correntes da mesmice, e soube lutar pela concretização dos seus ideais mais íntimos, pois muitas vezes os homens deixando-se levar pelo convencional, vivem papéis, e isso nem sempre os

[689] GASPARETTO, Zibia – Tudo tem seu preço, São Paulo: Vida e consciência gráfica editora, 2008, p. 112 e ss.

[690] DOLINGER, Jacob – Direito & Amor, p. 17.

[691] BONDER, Nilton – A alma imoral, São Paulo: Rocco, 1998, p. 9 a 14.

satisfaz. Continuam sempre buscando o melhor o mais verdadeiro para serem felizes.

É necessário descobrir o que se esconde por traz do que parece, selecionar tudo aquilo com que se tem afinidade, e em pouco tempo nossa vida ganhará em alegria, em motivação e prazer.

Anular a própria natureza pela força da razão implica muitas vezes em não realizar muitas das demandas pessoais. Nesse sentido, aprisionadas na alienação de uma moral social contrária a si própria, naturalmente que a frustração dará lugar à agressividade, pois encontrará uma vida cheia de sofrimento e vazia de amor. "Essa é uma lei da psicologia: frustração gera agressão, e por isso é difícil conviver com pessoas que querendo agradar a tantos, encontraram na moral social – política ou religiosa – o eixo de orientação do seu comportamento". Não pensaram entretanto, que a moral é abstrata, logo, não chegam a agradar nem a gostar de ninguém em particular e em concreto.[692]

Há nesse sentido, vários sinais que indicam a necessidade de mudar de atitude: o primeiro passo é a identificação do problema, a tomada de consciência da frustração – que representa por sua vez um distanciamento do caminho vital –; a partir daí analisar se estão presentes manifestações contínuas de doenças, tristeza, mágoas, ressentimentos, inveja, descontentamento generalizado, afastamento do convívio social.

No mesmo sentido é o pensamento de Roberto Shinyashiki, para quem, são fundamentais para despertar a nossa consciência: a saúde, o sono e o sexo, sendo que o aparecimento de quaisquer desvios nessa área sinais evidentes da necessidade de mudanças.[693]

Concebe Lya Luft que "a verdade só começa a existir como realidade depois que assumiu alguma configuração dentro de nós", mobilizando assim nosso pensamento, nossos valores, condicionando nossas escolhas e atitudes, reflete portanto "aquilo que dorme ou se agita em nosso interior".[694]

A alma é parte integrante do nosso inconsciente e de nosso consciente ao mesmo tempo. Ela ama, entrega-se, reconhece-se e coloca em prática o que deseja, mesmo que lutemos contra isso, mesmo que suas práticas

692 AIRES, Joaquim Quintino – O amor não se aprende na escola, p. 160.

693 SHUNYASHIKI, Roberto – O sucesso é ser feliz, p. 43 e 44.

694 LUFT, Lya – Múltipla escolha, p. 124.

não se coadunem com os ideais de vida que a sociedade proclama, pois ela, componente anímico do ser humano, representa o aspecto do pensamento em si, integrando-se aos seres humanos como um amálgama formando sua individualidade, garantindo a estruturação mental e moral de cada um.[695]

Diversa da definição popular, a alma poderia ser entendida como "o componente consciente da necessidade de evolução, a parcela do nós capaz de romper com os padrões e com a moral, sua natureza seria portanto transgressora, por não corroborar os interesses da moral".[696]

Difícil é saber o momento certo de transgredir: será o momento em que nossos sonhos vão se atrofiando até se transformar em prêmios de consolação?

Os desejos vêm e governam nossos pensamentos. As ações que alimentam os sentimentos amorosos, são basicamente o modo como se olha (percebe-se em face do outro) e como se age. Nesse sentido, nossas crenças podem ser alteradas pelo poder e efeito direto da experiência pessoal.

De acordo com a visão tomista do homem, este é formado por uma parte material, que corresponde ao seu corpo, e outra imaterial, que corresponde à alma, que por seu turno desempenha uma função orgânica sobre a matéria, representa um componente evolucionário que o homem possui dentro de si, que trai os interesses do corpo e da moral, impondo segundo suas próprias leis um comportamento derivado, que nem sempre responde favoravelmente aos apelos da tradição alçada na família, nos contratos sociais e nas crenças religiosas e ideológicas.

Pensamos com Nilton Bonder que o valor da vida está na verdade, naquilo que não se dissimula, sendo fundamental a percepção da natureza intrínseca da experiência espiritual, que a seu turno apresenta duas preocupações opostas: preservar (os costumes, a moral) e trair (modificar, alçar-se a formas novas de percepção da vida).Entretanto, é válido ressaltar que "a desobediência da alma, respeita naturezas muito mais profundas e sutis".[697]

[695] IMBASSAHY, Carlos de Brito – Nos domínios da alma, São Paulo: DPL Espírita Editora, 2001, p. 12, 37.

[696] WEISS, Brian – Mensagens dos mestres, p. 18 e 19; BONDER, Nilton – A alma imoral, p. 13 e 14.

[697] BONDER, Nilton – A alma imoral, p. 25.

Tudo na vida torna-se mais fácil de ser percebido, e assim, irradia mais felicidade e realização quando tem compromisso com nossa essência pessoal.

Assim podemos compreender que a verdade não é um objeto externo ao indivíduo, mas sim, a sua essência, a sua alma. Cada momento da vida, tem o condão de trazer questionamentos novos, que às vezes podem impor uma alteração do paradigma anterior."É necessário descobrir a própria voz. Aonde quer que ela o leve, é ali que está o objetivo da sua vida, o seu destino. É ali que encontrará satisfação e contentamento".[698]

A mentira, por outro lado impõe ao homem uma grande ansiedade, que muitas vezes e só é suplantada por uma dose extra de mentiras. Além disso, muitos perigos envolvem o universo da mentira: problemas físicos, na alma, no âmbito social, entre outros.

Ao experimentarmos o contato com os valores morais, éticos e da boa conduta, começamos a diferenciar a realidade da fantasia, embora muitas vezes as pessoas arrumem desculpas para as próprias mentiras que inventam e acreditam que de alguma forma estejam agindo corretamente.

Por vários motivos estabelecem-se os vínculos amorosos e por outros tantos estes vínculos de conveniência se mantém. Muitas vezes, a mentira funciona para preservar-se a privacidade pessoal, os vínculos afetivos, ou a segurança pessoal. Entretanto, a mentira vem acompanhada de sintomas físicos que a denunciam.

Já a dissimulação, também presente no relacionamento amoroso, representa o ato de ocultar ou encobrir determinada informação, sentimento ou interesses para que se obtenha alguma vantagem preestabelecida. Esta vem definida como uma das maiores doenças do ego e cujas raízes psicológicas se encontram na infância.[699]

Temos assim que a mentira atinge o corpo, a alma e o espírito de quem mente e da coletividade a sua volta, por isso é importante que o homem tendo conhecimento desse fato, busque a verdade contida na essência da sua alma.

[698] OSHO – Faça o seu coração vibrar, Rio de Janeiro: Sextante, 2005, p. 18.

[699] Aduz Marisa Lobo que a dissimulação dificulta o crescimento pessoal e espiritual bem como do enfrentamento de nossas realidades internas, pois quando dissimulamos algum sentimento, estamos camuflando outro, logo fugimos da realidade, maculando a verdade da alma. LOBO, Marisa – Por que as pessoas mentem? As verdades sobre a mentira, São Paulo: Arte editorial, 2010, p. 18 e ss.

Nesse sentido, vemos que há na alma dos seres humanos quatro gigantes que acompanham sua evolução. Três deles colocam obstáculos, às vezes intransponíveis, e apenas um abre as portas para a existência plena.

Os três gigantes criadores de problemas são o medo, a ira e o dever. O medo, pode ser definido como um gigante, enraizado profundamente, que se alimenta da necessidade de preservação da vida e que se alia com a imaginação criando neuroses que são capazes de paralisar completamente a vida de uma pessoa. Gera agressividade e a covardia, sendo as pessoas pessimistas verdadeiros covardes, posto que procuram justificar os seus erros ou falhas. Vemos assim que o ceticismo comanda de certa forma a vida humana;

a **ira,** pode ser definida como um gigante destrutivo, que se alimenta da reação normal de uma pessoa ante o medo, mas que quando abafado gera o ódio, podendo consumir o indivíduo por dentro e até matá-lo. Já o **dever**, é um gigante que entulha o caminho das pessoas impondo-lhes muitas obrigações, podendo esmagá-las. Acaba produzindo tédio e a imobilidade.

Já o amor, pode abrir todas as portas. Muitas vezes não é utilizado porque amar não é algo que acontece do dia para a noite, mas uma dimensão que resulta do esforço para abrir o coração e entregar ao mundo o que há de melhor na alma daquele que ama.[700]

Logo, percebemos que a existência humana é permeada por vicissitudes e urgências que cada indivíduo apresenta ampliado em seus temores e medo. Desta forma, o ser humano é levado a praticar atos determinados por suas emoções, que são mutáveis na medida que o é a existência humana.

As diversas mutações que o homem enfrenta ao longo de sua vida vão sendo acumuladas em sua mente denominando o aparecimento das manifestações do supra definidos gigantes da alma. Percebemos desta forma, que a vida é governada pelos sentimentos humanos, sua relação com eles, além das escolhas feitas pelo homem.

Entendemos assim que fazer o que se gosta é o princípio fundamental para manter o equilíbrio. A necessidade de estar bem é fundamental para atrair a companhia de uma pessoa que nos traga bem-estar e felicidade.

Alguém que seja jovem, divertida e alegre, eis o segredo da boa companhia adaptável a cada estágio da vida. Que nos faça sentir saudáveis,

[700] MIRA y LÓPEZ, Emilio – Quatro gigantes da alma, p. 10, 11, 73, 74, 120, 121, 181 a 183.

realizados e cheios de vida. Ao lado de quem possamos nos sentir alegres, bem dispostos, de bem com a vida.

Devemos estar atentos que por força das circunstâncias os homens entram no convencional, vivem papéis, e isso não os satisfaz. Estão sempre desejando o melhor, o mais verdadeiro, para serem felizes. Por isso é imprescindível descobrir o que se esconde atrás do que parece, selecionar aqueles com os quais você tem afinidade ou com quem pode aprender alguma coisa, assim, em pouco tempo sua vida ganhará em alegria, motivação e prazer. O relacionamento prazeroso tem a capacidade de permitir que modifiquemos nossas vidas para melhor, observadas a natureza e o comportamento humano.

O amor é quem dá alegria à vida, e quando aparece, merece ser vivido. O grande problema é que ele às vezes nasce no momento e na hora mais imprópria, mais inconveniente, mas seu poderoso magnetismo tem o dom de nos preencher, de nos aclamar, de nos devolver a coragem de viver.

A alma conhece os nossos desígnios, os espíritos percebem os nossos pensamentos. Procurar amar às pessoas e torná-las felizes: esse é o melhor caminho para conquistar a felicidade. "A violência à alma é contra a própria vida, e gera a depressão. E assim sendo, percebe-se que poucas vezes o homem se dá conta da violência que ele próprio impõe à sua alma. Em matéria de amor, quando indivíduos que mantém relações afetivas fazem movimentos transgressivos movidos pela alma, são imediatamente confrontados com os movimentos de apego pelo corpo".

Tornar o momento presente sempre o mais instigante e importante, eis o segredo de quem faz tudo com alegria. Assim pode-se definir o bem-estar para o ser humano: o cumprimento de seus desígnios, que os torna indivíduos felizes e plenos, procurando desta maneira conferir um equilíbrio na tensão entre o que é bom e o que é correto.[701]

Entendemos que realizar feitos que venham por dentro servem para melhorar a qualidade de vida do homem individual e socialmente, pois ao entrarmos em contato com o nosso eu interior, e ouvirmos a sua voz, estamos dando um passo adiante da realização pessoal, da felicidade e consequentemente da melhoria do astral do mundo.

Aduz Roberto Shinyashiki que "muitas pessoas tem medo de mergulhar em seu eu interior e encontrar um mundo de sombras, invejas e

[701] BONDER, Nilton – A alma imoral, p. 31 a 33.

ressentimentos. Na verdade, as pessoas têm medo de olhar para dentro de si e encontrar beleza, luz e força".[702]

Um amor sofrido, sufocado, escondido...faz com que o tempo passe inutilmente. O orgulho não é bom conselheiro, nem tão pouco a rigidez de conceitos, que não dá espaço para se ser o que se é.

Aí reside a importância de sempre estarmos em compasso com nossa verdade interior. Pensamos assim, que o amor quando brota, deve ser compartilhado, sempre! Doa a quem doer, pois a pessoa amada passa a ser especial. Quando se declara o seu amor a alguém, está-se valorizando sua essência, suas características, seu estilo. É o maior elogio que alguém pode receber. Valorizar é elogiar. Se um não admira o outro é impossível realizar o amor. Manter o clima de sedução e fascínio é imprescindível no amor, pois este nasce e cresce justamente na abundância do afeto. Deve-se para tanto tornar rotineiro valorizar o outro, elogiá-lo, pois o amor mais do que um sentimento pode ser definido na forma de tratar a pessoa amada.

Ter afeto é respeitar a individualidade do outro, saber compartilhar seus sentimentos, a sua vida. É ter curiosidade, um genuíno interesse pela pessoa amada e perceber suas mudanças que ocorrem diariamente.[703]

Muitas vezes, no entanto, esse afeto surge de forma inconveniente, inadequada. Aí nasce também a dúvida: como proceder?

Inicialmente, temos que analisar concretamente as circunstâncias e munidos de atitude, procurar alterar os paradigmas que levam à estagnação.

Com Roberto Shinyashiki pensamos que alguns elementos devem estar presentes em nossas realizações: determinação, para que obtenhamos poder de superar os obstáculos; dedicação, para que possamos ter capacidade de nos entregarmos à realização de um trabalho; disciplina, componente ultra necessário para seguirmos um método de trabalho que nos leve à realização pessoal e sobretudo, desprendimento, para que conhecendo as vicissitudes da vida tenhamos coragem de abandonar o que não está funcionando e busquemos algo novo. Tal como já anteriormente explanado, o apego bloqueia nossa alma impedindo-a de evoluir e se lançar rumo à novas realizações; também a verdade interior deve ser respeitada

[702] SHINYASHIKI, Roberto – O sucesso é ser feliz, São Paulo: Editora Gente, 1997, p. 20.

[703] SHINYASHIKI, Roberto – Junte coragem e declare sua paixão. In. O livro do amor I, p. 58.

na busca de nossas atitudes, vindo de encontro com o sentido da vida, os sentimentos verdadeiros, a afinidade, o amor.[704]

Pensamos na realidade, às vezes medíocre de nossa existência. Na extrema falsidade, tolerância, no medo, na insatisfação. Na não aceitação dos fatos, às vezes na revolta, na frustração, no desejo de sumir, de recomeçar....bem longe, de buscar a sua verdade. Identificar onde foi que ela parou. O que se deve fazer nesse caso?

Busca-se em Eros a resposta: aquele que faz com que o ser seja! Pois o maior do ser humano é buscar o próprio progresso: "seu pensamento estava longe, perdido em uns olhos castanhos e profundos, num sorriso franco e acolhedor, que lhe dava ares de menino e lhe colocava deliciosas covinhas na face".

Eis o marco da vida. Nossos pensamentos são distribuídos a todo instante por onde passamos. Essa energia que damos naturalmente é fruto de nossa forma de sentir, de pensar e que por sua vez atrai e repele os fatos, as pessoas e os acontecimentos marcantes para nossas vidas.

Na concepção de Mônica Bonfiglio "é necessário muita coragem e disposição de espírito para deixar de ver apenas o mundo exterior e se voltar para o seu próprio interior desconhecido, pois a busca interior é um processo individual que não aceita manipulação por parte de terceiros".

Considerando-se que as pessoas vivem suas vidas dentro de suas próprias circunstâncias de momento, estas muitas vezes não são favoravelmente ideais para propiciar o encontro de duas almas que se completam, pois estas podem habitar lugares diferentes, professar religiões distintas ou mesmo estarem casadas com terceira pessoa. Analisam-se pois: a empatia que une dois seres, a coincidência de ideais, o paralelo de suas vidas.

As almas afins, também conhecidas por almas gêmeas, quando se encontram são tomadas de uma imensa felicidade, veem-se reunidas num ideal espiritual de dimensões maiores. Partilham do mesmo ideal espiritual; apresentam grande simpatia intelectual, pois gostam dos mesmos assuntos, trocam ideias e tem ideais construtivos, incentivam-se mutuamente; apresentam simpatia mútua e possuem consciência desse

[704] SHINYASHIKI, Roberto – O sucesso é ser feliz, p. 100 103.

interesse; nutrem desejos de proximidade que pode ser traduzido por contato físico, que apresenta grande carga energética.[705]

Nossa maior responsabilidade, nesse sentido, é desenvolver nossos potenciais, alargar a nossa consciência, desenvolver estímulos para se viver bem. Nesse sentido vemos que os maiores alimentos da alma são o carinho, a generosidade, a atenção, o afeto, a paz.

Acreditamos amparados nas conclusões dos diversos ramos das ciências que o maior sustentáculo do homem é o amor, a alma humana se nutre de amor e se equilibra no amor infinito de Deus.

A permuta magnética que o sentimento amoroso produz é o fator que estabelece o ritmo necessário à manifestação da harmonia. Para tanto, bastam a presença ou a simples compreensão do amado.[706]

A vida só tem sentido se for vivida na plenitude e com alegria em plena conexão com o interior e o exterior (e não apenas para ser pensada, sonhada, desenhada). Via de regra quando nos afastamos da nossa essência, percebemos que começamos a sentir saudades de nós mesmos, dos nossos sonhos; percebemos assim, que muitas das nossas angústias nascem da não valorização das nossas reais vocações.

Muitos sentimentos têm o condão de mexer profundamente com o nosso lado afetivo. Assim, para progredirmos devemos refletir basicamente sobre os nossos objetivos de vida, reciclar nossos valores, viabilizar nosso crescimento, andarmos para frente!

Assim, ao cumprirmos nossa vocação de sermos felizes, tornamo-nos pessoas melhores. É um processo que se atinge quando se relaciona com sinceridade com as pessoas a quem se ama e sobretudo, quando conseguimos ser amigos de nós mesmos.[707]

Muitas vezes, tal como aduz Nilton Bonder, em alguns momentos especiais da existência, um olhar mais apurado pode inundar a alma com uma grande luz, capaz de gerar transformação. Mas, o temor dos homens, apegado às regras e convenções, constrói muralhas para impedir que essa

[705] BONFIGLIO, Mônica – Almas gêmeas, São Paulo: Oficina Cultural Mônica Bonfiglio, 1996, p. 19, 35, 41 e 42.

[706] Aí reside a importância da realização da alma no sentimento amoroso: deve-se sempre seguir os ditames mais profundos do coração, pois para onde ele for, o sangue, as veias, os olhos do homem apaixonado também irão.

[707] SHINYASHIKI, Roberto – O sucesso é ser feliz, p. 27.

luz se propague. É por medo que as pessoas permanecem estagnadas em seus próprios padrões sem se permitir ousar e se abrir para novas oportunidades que a vida lhes traz, adentrando cada vez mais intensamente no mundo dos medos, das divisões, das defesas e do controle, baseadas na convencionalidade. Não percebem desta forma, que alma é espontânea enquanto o corpo é ponderado.[708]

Pensamos assim que nenhum sentimento deve ficar escondido, principalmente os de amor, pois é este que dá alegria à vida e quando este aparece deve ser vivido... sentimos que tudo o que queremos na vida era estar a seu lado. Não há nada em nossa vida que não tenha estado primeiro em nossa mente e em nosso coração.

Desta sorte, vemos que a alma busca viver de acordo com sua natureza mais profunda, une-se involuntariamente aos seus afins, valorizando os sentimentos de amor, trabalho e amizades, ou seja, ela busca a satisfação dos seus anseios particulares.

Estão presentes três componentes distintos na formação da alma: o elemento racional – que abrange o conhecimento; o espírito ativo – que abrange os apetites – e a satisfação. A honradez só pode ser atingida quando cada um dos três elementos da alma cumprem sua função específica. O mesmo elemento racional é muito forte na paixão: há uma busca do eu social.

O sentimento amoroso, quando encontra terreno fértil para se instalar, se instala! Por mais que se queira impedi-lo, por mais que se sabote as sensações exteriores que desperta. Ocorre entretanto, que o momento em que esse sentimento aparece, nem sempre está em consonância com o momento cultural\social do objeto de amor.

Aí surgem os questionamentos, as estagnações, as transgressões, todos profundamente influenciados pelos clamores da cultura humana. "quando se apresenta uma situação de trocar o antigo correto pelo novo correto transmutado sob a forma do bom, a virtude da decisão deve estar sempre embasada na perspectiva moral em que se está inserido".

Nas palavras de Nilton Bonder "qual é o ser humano que profundamente mobilizado por uma intenção e sedento pelo sagrado, pode deixar de ser passional e extremista? Como estar apaixonado e ser moderado"?

708 BONDER, Nilton – A alma imoral, p. 72 e 73.

Também no amor, como em outras esferas da vida, é extremamente importante a correlação entre satisfação e honestidade, sendo que numa relação amorosa a intimidade que se expressa pela possibilidade de ser honesto e espontâneo é indicativa de satisfação: "um ser humano se sente particularmente satisfeito quando consegue equilibrar o que ele considera correto, com o que ele considera bom. Para ser honesto consigo mesmo, um indivíduo deve estar em ordem com seus valores e transgressões, embora saiba-se que esse estado é extremamente instável e seu equilíbrio, inconstante – dada a velocidade das transformações internas e externas que o ser humano entra em contato".[709]

Tal como elucida Paulo Sternick "somos livres até certo ponto, e mais o seriamos se pudermos aumentar nossa lucidez sobre os fatores ocultos que despertam o nosso desejo".

Leciona Flavio Gikovate que o homem, ser essencialmente social, é vítima de uma ordem econômica opressiva, rica em mandamentos quase impossíveis de serem cumpridos. É também um ser biológico, angustiado em razão de um massacre cultural e social, por vezes insuportável, na medida em que minimiza a importância da alma e seu poder de influência na constituição de estruturas sociais e jurídicas mais abrangentes e democráticas, através das quais possa-se elaborar e aplicar um código moral onde a justiça possa prevalecer. Ou seja, as convenções negam a possibilidade de se construir uma sociedade gerenciada pela alma, e não por mero determinismo cultural. O respeito à individualidade seria portanto, imprescindível, para o resgate da verdade do ser humano.[710]

Desta forma pensamos, que na pós-modernidade, frente à desconstrução e hedonismo que a caracteriza, o casal tem o direito de ser soberano em suas escolhas sentimentais, e verificar assim, honestamente, se ao longo das experiências da vida em comum, até que ponto o desejo de continuarem juntos é algo que de fato existe entre eles, ou se permanecem em uma relação que já não existe mais, somente por medo, conformismo, comodismo ou pressão social decorrente da opinião alheia.

Assim, alienar-se da própria individualidade, abdicando de saber o que realmente se quer, é renunciar à confiança criativa do discernimento, conduzindo à apatia letárgica e à submissão de nossa vida pessoal ao desejo

[709] BONDER, Nilton – A alma imoral, p. 79.

[710] GIKOVATE, Flavio – Nós os humanos, p. 25 e 26.

dos outros, colocando-nos em uma posição que nos impede de assumir os riscos do próprio desejo.[711]

Entendemos que dada a fragilidade da existência humana não devemos deixar passar a oportunidade de amar quando ela, que é rara, aparece, pois quando encontramos alguém que nos desperta sentimentos profundos, sentimos que a vida tem mais sentido. Através da realização do amor, elevamos a nossa alma a Deus, sentimo-nos mais completos, vivos, existindo.

Assim sendo, podemos concluir que fazemos as nossas escolhas amorosas de acordo com diversos requisitos internos, buscando vencer as etapas naturais do autoconhecimento, das ínsitas contradições pessoais, das oportunidades, dos valores que professamos e que muitas vezes sufocamos embaixo de preconceitos, fazendo-nos perder a naturalidade e afastando-nos dos melhores momentos da existência.

Vemos desta forma, que os modelos sugeridos pela sociedade, a necessidade de aceitação e a tirania da maioria, tal como definiu John Stuart Mill, representam um fardo inesgotável e pressões que só a natureza transgressora da alma pode vencer.

Na síntese de Jacob Dolinger é imprescindível a ligação intrínseca entre o "ordenamento jurídico da sociedade e o sentimento mais íntimo, mais complexo que vai na alma humana, este misterioso fenômeno, capaz de elevar o ser humano às maiores alturas mas também com o poder de reduzi-lo á mais abjeta miséria emocional e psicológica", pois o direito jamais cumprirá a sua missão se se afastar desses ideais, impedindo o homem de manifestar o seu amor pelo seu próximo, pois tal como é sabido (e até vivido) "a intolerância e o uniformismo acompanham a humanidade durante sua longa e dolorosa história".

Pensamos outrossim, que o amor corresponde a uma desorganização interna, que requer por outro lado, extrema coragem de se organizar. Nesse processo sublima-se algo conhecido que se tinha por essencial: uma situação já conhecida e administrada.

Nas palavras de Clarice Lispector "corre-se o risco do acaso, e assim substitui-se o destino pela probabilidade", atribui-se da mesma forma o

[711] STERNICK, Paulo – Um namoro arranjado só é bom se entre ambos brota real desejo. In. O Livro do amor I – da sedução ao casamento, p. 81.

pensamento de que "criar não é a imaginação, é correr o grande risco de se ter a realidade".[712]

Para tal, pensamos devemos ter, além da coragem e da determinação, condições de traduzir em entendimento os sinais não verbais em uma forma de linguagem conhecida, para possamos, ao perceber a chegada do amor, permitir que ele entre, faça-se senhor, e se expresse em sua mais ampla magnitude; pois em contrário senso, sofre-se muito, imensamente na dissimulação de seus contornos, de sua manifestação, ou mesmo na vaziez de sua ausência.

O amor em sua força extrema e poderosa, tem o condão de criar, de transformar, de inspirar, pois se expande por toda a essência do ser humano.

Na gênese do amor, nas entranhas da alma, vão se unir as lições das diferentes religiões, as noções de filosofia dos gregos e o espírito jurídico dos romanos, numa confluência de propósitos que cabe a cada pessoa materializar em sua vida pessoal, tendo em vista a elaboração de um ideal de vida que intersecciona o direito e o amor.[713]

Em matéria de amor e suas manifestações, sua fruição pode-se se mostrar ás vezes inadequada aos olhos da sociedade, mas vital para o sentir da alma. Aponta Clarice Lispector nesse sentido "se eu nunca revelar a minha carência, ninguém se assustará comigo e me ajudarão sem saber; mas só enquanto eu não assustar ninguém por ter saído dos regulamentos... mas se souberem...nós é que guardamos o grito em segredo inviolável. Partilham-se assim o mundo interior e o mundo exterior, de cuja civilização só se podia sair com a devida licença".[714]

[712] LISPECTOR, Clarice – A paixão segundo GH, Rio de Janeiro: Rocco, 2009, p. 11 e 19.

[713] DOLINGER, Jacob – Direito & Amor, p. 4 a 17.

[714] LISPECTOR, Clarice – A paixão segundo GH, p. 62.

# 9.

# O FIM DO RELACIONAMENTO AMOROSO

O amor, tal como já descrevemos anteriormente, é uma energia, um amalgama que se estabelece entre duas pessoas, e as convida para estar sempre juntas, seja fisicamente, seja no pensamento, seja nas intenções mais íntimas.

Tal a intensidade do sentimento que em muitos casos leva os amantes a transgredir os compromissos assumidos. Os mistérios de sua expansão ou involução impede que lhe coloquemos regras. Nada permite prever seus caprichos ou predizer as modalidades do seu devir.

Entretanto o amor pode morrer, e a julgar pelo número de crises que acomete os casais, vem morrendo cada vez mais, levando a vida diária de muitos a um estado de tristeza e indiferença.[715]

Muitas vezes, mesmo após a passagem das diversas etapas do enamoramento, o relacionamento chega ao fim. Diversos são os motivos que levam a ele. Como características a serem observadas pensamos que basicamente sejam três: a satisfação, as alternativas e o investimento.

A **satisfação** é mais fácil de aferir: podemos mensurar se diante de nossas expectativas pessoais, se o relacionamento produz mais satisfação ou mais aborrecimentos, se vemos mais atrativos fora dele do que dentro. Devemos observar os obstáculos psicológicos, sociais e materiais para deixar um relacionamento insatisfatório e buscar mais uma vez o nosso

[715] NAOURI, Aldo – Adultérios, p. 265.

eu interior verdadeiro, saudável, numa outra relação, o que corresponde ao transgredir o consenso, para falar com Nilton Bonder, em face dessa eterna busca permeada de valores inatos e impostos, que se recompõem, que se substituem nessa infindável jornada da alma humana.

Envolve ainda, percepções íntimas de inteligibilidade, de personalidade, de sociabilidade, de comunicação, de compartilhamento de tarefas e interesses, passando por responsabilidades e estabelecimento de relações sociais no meio em que vivemos.

Muitas vezes as diferenças de interesses pode gerar desentendimentos que acarretam intolerâncias, frustrações e conflitos. Deve-se, entretanto, ter em mente que em diversas oportunidades, o foco gerador da discórdia não é a diferença em si, mas outros aspectos da vida íntima de cada um que não foram bem trabalhados e permitiram que se instalasse o ressentimento, a desconfiança ou a mágoa. Assim, avolumam-se as decepções impedindo que os parceiros façam concessões futuras, e não raro procurem outros interesses fora do lar conjugal. Desta forma a relação perde o seu encanto instalando-se o tédio, a rotina, a mesmice. É o fracasso da união.

Deve-se também avaliar as emoções e sentimentos que não foram vividos em sua plenitude no momento certo, aí volta e meia retomam sua força destrutiva: são os ressentimentos que quando se avolumam podem minar a relação do casal.[716]

Temos que considerar que quando numa relação, as pessoas se sentem amarguradas, convém refletir sobre os rumos que tomará a relação amorosa, pois o amor é antes de mais nada uma energia que impulsiona para a vida. Um relacionamento saudável, baseado no amor, não implica na anulação da identidade de um para satisfazer o outro, nem tão pouco diminuir um para valorizar o consorte. O relacionamento de amor dignifica o homem e lhe atribui a verdadeira dimensão do seu valor.[717]

Quando um casal começa a ver mais os defeitos do outro do que suas qualidades, o emocional fica deteriorado e tudo passa a ser motivo para

[716] GAUDÊNCIO, Paulo – Minhas razões, tuas razões – a origem do desamor, São Paulo: Palavras e gestos Editora, 10. ed., 2004, p. 15.

[717] SHINYASHIKI, Roberto; DUMET, Eliana Bittencourt – Amar pode dar certo, São Paulo: Editora Gente, 1988, p. 29.

discussões e consequentemente esfriamento da relação amorosa. Logo o casal deixa de ficar envolvido com a relação.[718]

O grau de envolvimento na relação é imprescindível para o sucesso da mesma assim como as manifestações explicitas e implícitas de amor e carinho.

Uma manifestação bastante corriqueira é o beijo. Entendemos que este é o componente principal da relação do casal, pois é uma forma poderosa de exprimir o que sentimos pelo parceiro, e como tal não existem modelos a serem seguidos. Representa também o termômetro do amor, pois quando um casal não tem mais vontade de se beijar, é sinal que o relacionamento não anda muito bem...é só prestar atenção.

O relacionamento sexual insatisfatório do casal também desempenha um papel muito importante na ruptura do relacionamento amoroso, isso porque na síntese de Aldo Naouri "o sexual designa a manifestação de pulsão da vida", a frustração decorrente do descompasso sexual é muito marcante, pois é eivada de altas expectativas. Aduz também que à luz da sexologia clínica, a dificuldade sexual é a causa do desentendimento dos casais, não a consequência. O descompasso nessa área pode ser suprido com amor, e com uma melhor compreensão da dinâmica fisiológica do corpo masculino e feminino.

Embora se saiba que o sexo "é o produto conjuntural de uma infinidade de fatores, entre os quais o amor, acumulados na psique que sistematicamente se ressurgem e se combinam". O sexo representa para as ciências médicas "um encontro com uma parte de si escondida, ignorada, inapreensível, que o parceiro pode ou não revelar. É uma química complexa, sutil, ainda não inteiramente decifrada, mas detectável no cérebro". Representa ainda um violento impulso de vida.[719]

O amor inicial pode não garantir o sucesso do relacionamento. Isso deve-se a uma infindável gama de motivos, tais como a idealização do outro – que se demonstrou completamente diferente durante o relacionamento; alteração dos interesses e dos valores de forma descompassada entre o casal; o apaixonamento por outra pessoa que lhe pareça mais fascinante que a primeira; deterioração das condições que geraram ou mantinham o amor; falta de manifestações afetivas; dificuldades sexuais;

[718] BRITO, Francisco – Eles pedem em casamento elas pedem o divórcio, p. 38.
[719] NAOURI, Aldo – Adultérios, p. 138, 272.

incompatibilidades familiares; falta de recursos econômicos; grande incompatibilidade; diferença de interesses e valores, levando à frustração.

Na prática, podemos concluir que importa mais a forma como o relacionamento é percebido do que como ele é na realidade.

Quanto às **alternativas**, ponderamos a existência de opções reveladoras no mundo exterior. Sentimo-nos completos nesse relacionamento, ou aprisionados, sentindo que o mundo "está gritando por vida e nós estamos de fora?". Mais uma vez a autopercepção se faz importante!

Para Aldo Naouri a transgressão e a proibição podem funcionar como afrodisíacos para algumas pessoas, que passando a valorizar a intensidade dos encontros e não a qualidade da relação, passa a centrar-se cada vez mais em si, deixando a relação conjugal de lado.

Para ele a alternativa sexual, sacralizada como é na atualidade, passa a ser implicitamente um dos critérios mais importantes da relação e um descompasso nessa área leva a ruptura da sociedade conjugal sem falta.

A falta de intimidade leva à busca de novas alternativas de afeição; "eu nada disse sobre meu deslumbramento renovado diante da surpreendente alquimia que todo encontro produz... o sintoma falou, sua presença acabara de dizer enfim, mais do que jamais dissera até então. Mas será que havia acabado de dizer?"

Há o canto irresistível do chamado, "que sempre esteve presente, discreto, escondido na sombra, esperando sua vez... resistimos a ele como podemos, aguardamos até sermos obrigados a reconhecer que não é tanto a sua existência que representa um problema, mas antes a sensibilidade que manifestamos em relação a ele sem termos conseguido discernir seu conteúdo em todos os casos"... como explicar que podemos nos lançar assim, ocasionalmente, no investimento de um ainda desconhecido e correr o risco do engano? No âmbito da biologia quanto dos afetos, a prudência busca uma estabilidade que garanta a soberana homeostase.[720]

No que tange ao investimento na relação, ponderamos muito a aceitação\inserção do parceiro nos projetos comuns a serem desenvolvidos na vida, no sentimento de amparo e proteção que ele nos confere, ou melhor dizendo, que conferimos um ao outro.

No final de uma relação amorosa, comumente se percebe que a relação na verdade nem começou: ficou parada em seus estágios iniciais, não

720 NAOURI, Aldo – Adultérios, p. 17 a 19.

se aprofundou a sedução, a conquista do olhar, as fantasias do desejo. Pelo contrário, possibilitou -se o mergulho vertiginoso na mesmice do costume, na imperatividade da convenção. Não houve um verdadeiro envolvimento energético e emocional nessa nova relação que se iniciava, mas sim, permanecemos muitas vezes aprisionados no regramento da relação anterior, seja ela amorosa ou familiar.

Entretanto, todos esses fatores mesmo quando visto sob seu aspecto mais positivo não subsiste sem a existência do apelo sexual, e para tanto dos comportamentos sedutores, da forma de tratamento empregada à conquista amorosa (que abrange, como já foi dito, a similaridade, a complementaridade, a esperança, uma pitada de insegurança, a presença do campo tenso e a viabilidade da expansão do *eu* ).

Na prática, o ser humano sofre intensas transformações ao longo de sua vida, e estas, estão frequentemente associadas à sua própria história pessoal e familiar, assim como ao contexto sociocultural ao qual se encontra inserido, que a seu turno, estão também em constante mutação, de forma mais ou menos profunda. Essa dinâmica de transformações engendra crises e sofrimentos, e muitas vezes sentimentos ambíguos ou contraditórios.

Tal como dispõe Pierre Tap, a instabilidade emocional e da própria relação afetiva-conjugal, provoca uma grande vulnerabilidade no relacionamento, causando uma dificuldade (ou impossibilidade) de se manter o vínculo conjugal levando à ruptura da relação.[721]

Às vezes, a consciência que acabou uma relação familiar é uma surpresa para os que estão de fora. Na realidade, nos entremeios do final da ruptura amorosa há sempre "sinais de perigo". Existe uma espiral negativa de interações, emoções e atitudes que leva à desintegração do amor familiar.

O colapso do relacionamento acontece, normalmente, depois de passar alguns sinais: o primeiro deles é a abordagem ríspida, marcada por críticas, sarcasmo e um tom fortemente negativo nas palavras usadas (que pode ser entendida como uma forma de desprezo); o segundo, denominado "os quatro cavaleiros do apocalipse" abrange: a crítica, o desprezo, a reação defensiva e o silêncio; o terceiro vem definido pela saturação, que corresponde ao ato de desvincular-se emocionalmente do relacionamento;

[721] TAP, Pierre – Couples et familles. Dynamique des changements, causes et perspectives. In. DUPUY, Genevi've Bergonnier; ROBIN, Monique (Direction) – Couple conjugal, couple parental: vers de nouveaux modéles, p. 253.

o quarto sinal evidencia-se pela linguagem corporal; o quinto pelas tentativas de reparação sem sucesso dos conflitos relacionais; e finalmente, o sexto sinal vem marcado pela evidência das recordações desagradáveis, onde as boas lembranças já tão longínquas foram esquecidas e tornaram-se sem importância. Nessa fase o problema relacional torna-se sério pois já houve o efetivo desvinculamento da relação, logo, discutir parece inútil, estabelece-se a solidão e a marca indelével da vivência de vidas paralelas.

Grandes fontes de conflitos entre os casais são: questões financeiras, trabalho, sexo, dificuldade de comunicação, religião, educação dos filhos, parentes – especialmente os sogros, manifestações de estima e atividades de lazer.[722]

Podemos elencar também como poderosos inimigos do relacionamento amoroso: a má comunicação, a interferência da família de origem, a infidelidade e o individualismo.

No que tange à má comunicação esta é muito importante, pois todo o tempo estamos comunicando algo ao nosso parceiro ou à sociedade em geral – mesmo estando em silêncio (o silêncio é o grito mais profundo da alma! – afirmou Schopenhauer). A principal questão a ser analisada é como procedemos essa comunicação, demonstramos nossos desejos e necessidades (presentes muitas vezes em demandas legítimas).

Quanto à influência da família de origem, vemos que se não nos afastarmos de sua influência dominadora e iniciarmos a construção de uma vida nova com nosso cônjuge ou companheiro, jamais nos sentiremos realizados nos nossos relacionamentos conjugais. Muitas vezes a insegurança, a dependência, a baixa autoestima, impedem que haja esse desligamento, interferindo e prejudicando a harmonia do casal, levando a não aquisição da intimidade desejada.

A infidelidade é também um componente perigoso para a estabilidade relacional. Não nos referimos aqui somente a infidelidade sexual, mas também à infidelidade de compromisso e prioridade do relacionamento. Muitos não traem o cônjuge com uma outra pessoa, mas o traem priorizando ou dando mais importância a outras coisas em detrimento do relacionamento, ou mesmo difamando o cônjuge/companheiro nas rodas sociais (ou virtuais).

[722] RUBIN, Gretchen – Projecto felicidade, Córdova: Estrela Polar, 2009, p. 57.

Finalmente o individualismo, tem sua vez na ruptura dos relacionamentos. Este venerado 'deus' do nosso século, exaltado nos cultos à globalização, é talvez o mais destruidor de todos os elementos relacionais, pois a ideologia dominante de mercado incentiva que cada pessoa deva buscar o que é bom para si, pouco se importando com as necessidades do outro. Um princípio do neoliberalismo é que tudo é relativizado em função do indivíduo. O juízo moral se define em termos de prazer/desprazer individual gerou uma inconstância e uma descartabilidade dos relacionamentos humanos.

O quadro legislativo contemporâneo vem favorecendo esse comportamento, assim como a absorção desenfreada dos profissionais que assumiu o mercado de trabalho. Torna-se fácil trocar de cônjuge à luz da nova lei civil; difícil é porém, investir e tentar buscar acordos que satisfaçam ambas as partes em face da nova ideologia contemporânea em que o ficar substitui o construir: mais fácil é a troca constante de parceiro, pois se o outro pensa diferente de mim, vou 'encontrar' alguém que me entenda!

Emilio Mira y López retrata que em matéria de ruptura amorosa, esta pode ser marcada por lises e por crises, mas em ambos os casos advém da diluição lenta dos sentimentos e arroubos amorosos por parte do casal.

Das diferentes formas de lises, que definiu a lise por sublimação importa na substituição da atração erótica pelos mares da compreensão, da tolerância e na compenetração espiritual. O par se encontra menos atraído pelos encantos físicos do outro, assim como tem menor necessidade de cópula sexual, que adquire um caráter mecânico, de ritual necessário para justificar a vida conjugal. Nesses casos, passa-se a cultivar-se mais as relações sociais, os trabalhos construtivos, a leitura, a música... no mesmo sentido em que a amizade flui, aumenta-se a fantasia erótica, que vai fixar-se em outros objetos libidinosos, mais ou menos acessíveis; em sentido inverso tem-se a **lise por degradação**, onde para se obter o prazer desejado se recorrem aos vícios ou práticas não tão ortodoxas; a **lise por desinteresse ou abandono,** ocorre quando paulatinamente o casal vai operando uma separação dos respectivos campos da vida, cada um passando a seguir seus próprios interesses, não havendo uma relação interpessoal pura; e por último, há a **lise discordante**, marcada pela perda da correspondência amorosa, termina a paixão e começa a compaixão. Nesse caso existe muitas vezes a presença de uma terceira pessoa na relação conjugal, a traição, a dissimulação e o adultério se instalam. (a mulher muitas vezes aceita a traição do marido por necessidade econômica, pelo bem dos filhos ou por motivos religiosos, suportando um homem infiel, hermético, mal-humorado e às vezes até agressivo, em outras vezes atira-se à infidelidade, dissimulando uma carinho que não sente, uma fé que não possui. Para curar sua insatisfação atira-se à frivolidades, à caridade, ao trabalho excessivo ou aos amores platônicos).

Quanto às crises, que podem ser entendidas como uma situação de mudança a nível biológico, psicológico ou social, que exige da pessoa ou do casal, um esforço suplementar para manter o equilíbrio ou estabilidade emocional anteriormente alcançada, entendemos que ao mesmo tempo em que se demonstra uma fase de perda, de substituições rápidas, também se apresenta como uma ocasião de crescimento, que conduz à criação de novos elos, ao equilíbrio, ou mesmo ao reforço pessoal.

Como fatores de risco para a instalação de uma crise engloba algumas características ou condições de vida de uma pessoa ou de um casal que as exponha a uma maior probabilidade de desenvolver um processo mórbido ou de sofrer os seus efeitos; por outro lado como fatores de equilíbrio, temos as condições que favorecem e estimulam um desenvolvimento harmonioso pessoal ou do casal.

Podemos entender conclusivamente, que a crise se demonstra como uma perturbação temporária dos mecanismos de regulação de um sistema preestabelecido por um indivíduo, um casal ou por um grupo familiar. Pode ter origem em causas tanto externas quanto internas.

Elenca Mira y López, como as principais causas de crise no universo relacional a crise por decepção estética; a crise por substituição do objeto amoroso, embora creiamos que nesse caso já se havia instalado um prévio desvio da força amorosa, ficando "o desviado" suscetível para encontrar outro/a candidato/a que lhe parecça portador de melhores qualidades de atração que o indivíduo até então amado. Houve desta forma, pura e tão somente, uma transferência da capacidade de amar. Em suas palavras "o fugitivo há muito se achava intimamente afastado, mas continuava a commedia *della vita* por compaixão, temor ou respeito a suas obrigações. A aparição do homem ou mulher fatal não passa de um estímulo desencadeante, que põe em ação tendências até o momento reprimidas, mas de grande intensidade"; a crise por desencanto da vida em comum, geralmente advém de personalidades independentes, manipuladoras e até sonhadoras que desjam que o outro seja, sinta e faça aquilo que ela acha bom,correto, interessante. Não concretizando o seu ideal de vida, surge a frustração, após um período de lutas, convence-se da inviabilidade da relação, procurando através da dissolução de vínculo, recuperar a liberdade anterior.Por último temos a crise por ciúmes, que pode desencadear processos violentos, decorrentes da ira e do medo, componentes menos nobres do amor.[723]

No complexo estabelecimento das relações amorosas misturam-se os sentimentos em face dos estímulos externos e das convenções sociais. Confundem-se respeito e acomodação, mas amor? É um outro sentimento!

O amor é algo grandioso, o motor da existência. Um homem aposentado do amor é um homem aposentado da vida, é um homem decadente. **Quando inexiste amor, inexiste matrimônio.** Sobrepõem-se os defeitos às qualidades, instala-se a solidão, não se tem mais tolerância, nem interesse ou curiosidade, pois amar alguém denota, antes de mais nada, **aprovação.**

Rafael Llano de Cifuentes, cita Bernardo de Claraval numa perfeita síntese do amor... e do seu término: "quem procura no amor algo diferente do amor, perde não somente o amor, mas também a alegria do amor".

Vemos então que da mesma forma que amar alguém é alegrar-se da sua existência, querer a sua proximidade, sua alegria e bem-estar, a ausência dessas características denota o fim do amor, e assim por via de consequência o fim do "relacionamento amoroso".

Pode permanecer numa relação o interesse na outra pessoa, mas pelo que ela pode dar, pelo prazer que ela pode proporcionar, e não pelo que é em si como pessoa humana. Logo, não existe mais amor![724]

Muito difícil são os casos, nada incomuns em que existe um casamento formal – ou até uma união estável – mas não existe mais interesse nem *affectio*, e para completar a cabeça de um dos parceiros (ou de ambos) viaja por terras longínquas banhadas em mares de fantasia, de desejos escondidos de prazer, amor e romance.

É válido ressaltar que um casamento se deteriora com o desleixo, com a mesmice, com a rotina, com a falta de interesses ou objetivos, com a renovação do amor. E isso, pode ocorrer por iniciativa de ambos os lados – tanto do marido quanto da mulher.

[723] MIRA y LÓPEZ, Emilio – Quatro gigantes da alma, p. 168 a 172.

[724] CIFUENTES, Rafael Llano – As crises conjugais, São Paulo: Quadrante, 2001, p. 110 e 111.

Nas palavras de Betty Milan "amargura de perceber que na esposa era impossível o que buscava, não a culpava pelo que deixara de ser, mas ali vivia desistindo... só obrigações, só dever, encontro algum, um verdadeiro desperdício de si mesmo e dela que se estiolava a olhos vistos".[725]

A partir daí, havendo oportunidade, a traição se instala, causando um grave impacto nas relações conjugais – pois a traição representa a perda do suporte humano mais fundamental, a destruição da família.

Ao desligamento do relacionamento principal, segue-se à outras ligações afetivas aparentemente inofensivas, disfarçadas de simpatia, amizade ou relacionamento cordial, sentimento este que em virtude das circunstâncias pode ganhar corpo de uma verdadeira paixão.[726]

Recolho-me a pensar na medida mais inteligente que se deve tomar nesses casos, pois é sabido, que em nome de outros interesses pode-se renunciar a quem se ama e optar por quem não se ama.

Na verdade, penso, que relevam-se as crises e os desentendimentos em nome da conveniência, do medo do novo, da falta de oportunidades, da pena, do medo, da religiosidade.

Retrata Francisco Brito que a mulher, quando num relacionamento infeliz, é capaz de uma reação intempestiva de um sentimento sensual que a desestruture a ponto de rompê-lo para ficar com outro homem, que a elogie, valorize, dê a atenção que ela merece. "Não importa a condição social, nesses casos se der ela cai fora". Quando o coração de uma mulher bate descompassado por outro homem, não tem casamento que a segure. Ela joga tudo para o alto, vai satisfazer o seu lado sexual. Pesquisas comprovam que 70% dos divórcios são pedidos por mulheres.[727]

Na prática a questão pauta-se nas seguintes bases: há um descompasso de interesses e as diferenças são jogadas embaixo do tapete em nome da segurança financeira, do pertencimento a uma família, do status. Muitas vezes o casal nem se entende mais. Ambos já estão com outros interesses, saindo com outros parceiros, não existe mais troca afetiva, nem emocional, e nem mesmo vida sexual.

725 MILAN, Betty – A trilogia do amor, Rio de Janeiro/São Paulo:Record, 2010, p. 27.

726 CIFUENTES, Rafael Llano – As crises conjugais, São Paulo: Quadrante, 2001, p. 70.

727 BRITO, Francisco – Eles pedem em casamento ela pedem o divórcio, p. 112.

Passamos a querer ser verdadeiros, a sentir alegria genuína, a sentirmo-nos unos. Pela força poderosa que manipula, o relacionamento amoroso gera grande influência na vida dos seres humanos.

O fim do relacionamento amoroso não é um processo fácil, logicamente depende da situação e varia de caso a caso. Uma das causas mais marcantes de exclusão do vínculo relacional, como vimos, é a traição. Dentre as muitas faces que pode demonstrar a infidelidade, pensamos que esta representa um estágio intermediário entre o fim emocional da relação e o efetivo. Nem sempre tem-se a segurança e a certeza que apesar dos pesares queremos findar a relação, separar a família.

A falta de diálogo do casal, somado à falta de cultivo do amor e da autoestima do parceiro pode levar a busca – fora do lar conjugal – de outro alguém que satisfaça essas necessidades intrínsecas que todo mundo tem de proteção.

Sintomas como a perda de curiosidade, o tédio, a sensação de incompetência (onde tudo no outro incomoda), o olhar desdenhoso, a negação do valor. Diminui a intimidade e a completude e decreta o fim da relação.

Quando perde-se a emoção no relacionamento instala-se o perigo: "entre a tranquilidade e a estagnação a distância é pequena, mas é o que diferencia a vida da morte".[728]

Uma mulher casada há muito tempo, entrevistada, declarou que sentia que sua vida estava passando e ela vinha representando um papel de esposa perfeita, que não correspondia em nada às aspirações reais de sua alma. Tinha um amigo que lhe devotava grande admiração. "percebi a falta que ele me fazia e as fantasias que nutria com sua admiração; me dei conta que era há muito tempo apaixonada platonicamente por ele... quando nos reencontramos, o desejo reprimido em tantos anos, vivi o que jamais vivera em tantos anos de casamento".

Os motivos da traição são muitos: infelicidade, insatisfação, esterilidade, impotência, frigidez, falta de tempo, de comunicação, incompatibilidade de sonhos e ambições, complexos de inferioridade. Nem sempre, contudo, representam falta de amor, em algumas de suas modalidades, como bem desenvolveu Sternberg. É que o amor adquire muitas formas, às vezes

[728] ARATANGI, Lídia Rosemberg – O anel que tu me deste – o casamento no divã, p. 140 e 141.

incompreensíveis, muitas delas obedecendo razões próprias ao arrepio da lei.[729]

A dor de ser traído é uma das mais pujantes impingidas ao ser humano, representa a exclusão de um vínculo outrora realizado mas não mais cumprido, e que se vê extra oficialmente formalizado com outrem. Representa acima de tudo, a perda da idealização que marca a formação do vínculo amoroso.

Um sinal de que o relacionamento esfriou é quando o sexo deixa de ter importância. Pensa-se na chatice em que o casamento tornou a sua vida. O coração não bate mais com batia. A alegria cede lugar à intolerância. Os momentos felizes se transformam em tédio e aborrecimentos cotidianos, empurrando o casamento para o divórcio.[730]

Acredita-se cultural ou antropológica a essência de poligamia do homem. Para a mulher, a traição dá-se por outras razões. O homem não precisa de motivo – diferente da atração física – para trair. O fato é que quando duas pessoas estão apaixonadas e felizes juntas nem pensam em trair.

Em geral, homens e mulheres traem quando acham que o outro está longe, quando se sentem sozinhos ou quando acham que não estão recebendo a atenção que merecem.

Francesco Alberoni elenca quatro regras para o casal continuar junto, afastando-se da separação: a amabilidade, o prazer sexual, a variedade e a dedicação.[731]

O relacionamento pode apresentar grandes dificuldades, que por sua vez manifestam-se notadamente nos sentimentos de exclusão, de não pertencimento, que tem na inveja, na implicância, na falta de traquejo, seus componentes mais destacados.

Daí advém a importância do trabalho emocional, que atrai energias parecidas com as nossas, que ajuda a controlar o pensamento, eliminando os padrões negativos, gerando coragem e otimismo, possibilitando que se consiga libertar dos antigos padrões negativos ligando-se a novos padrões mais parecidos com nossa maneira de ser.

Querer uma coisa impossível, continuar com o que não funciona, resistir à verdade e cultivar a ilusão, não perceber quando um modelo

[729] SHARP, Ana – Quem não trai? Rio de Janeiro: Rocco, 2005, p. 22 e ss.

[730] BRITO, Francisco – Eles pedem em casamento elas pedem o divórcio, p. 119.

[731] ALBERONI, Francesco – Lições de amor, p. 113 e 117.

não funciona mais, é minar o nosso amor-próprio, é afastar-se da verdade, da identidade, caindo num círculo vicioso de medo, orgulho, vaidade, comodismo, conformismo ou covardia, que em nada atua positivamente no desenvolvimento pessoal de ninguém.

Vários motivos podem levar ao término do relacionamento amoroso, entretanto, o tédio, a vaziez e o aborrecimento são os elementos mais destacados de que o relacionamento se encaminha para o fim. Além deste a vergonha que se sente socialmente do parceiro, indica que de alguma forma temos alguma resistência interna frente a este, que a recusamos ou temos medo do parceiro. Sentimos que o outro já não nos diz nada, eis a marca forte da falta de vínculo: poderia tratar-se de um deslumbramento competitivo, erótico ou idólatra, como definiu Alberoni, mas não de amor verdadeiro.

Também observamos finais de ruptura da relação quando não temos interesse em compartilhar nossa vida com o outro; quando não nos importamos em saber como o outro efetivamente é, o que espera da vida, quais são os seus projetos; ou mesmo quando a vida evolui de forma diferente para ambas as partes, tornando difícil o diálogo e a própria convivência; quando desaparece o desejo fazendo com que o corpo do outro comece a parecer uma presença estranha – "seus ruídos, seu cheiro, seus movimentos podem deixar o parceiro enfastiado"; quando não se presta atenção no parceiro; seus hábitos se mostram irritantes; não suportamos o seu cheiro; quando nos tornamos ausentes e desinteressados, não acariciamos o parceiro, não o beijamos, não sentimos atração por ele, não o elogiamos nem temos paciência com ele.[732]

O direito à uma existência de amor é universal. Assim, não devemos hesitar em abandonar um relacionamento viciado em nome da nossa paz e do nosso equilíbrio interior. É sabido para os que se ocupam com os desígnios da alma que os relacionamentos podem se dar tanto por laços de amor – gerando afinidade e prazer –, quanto de desamor – gerando insatisfação e angústia.[733]

[732] Francesco Alberoni ao diferenciar o enamoramento do deslumbramento, definiu cinco tipos de deslumbramento: o deslumbramento por perda, o competitivo, o idólatra, o erótico e o dominador. ALBERONI, Francesco – Lições de amor, p. 75, 121 e 122.

[733] GASPARETTO, Zibia – Fale Contigo! p. 112.

Uma vez estabelecido o relacionamento amoroso, a eventual ruptura é na maioria das vezes dolorosa. É comum questionar-se: o que é dar certo? Ponderamos que "dar certo" em matéria de relacionamento amoroso significa ter carinho e respeito recíprocos, viver uma relação de paz e harmonia, procurar sempre a resolução pacifica dos conflitos existentes, e, sobretudo, ter prazer na companhia do outro.

Diferenciamos para isso o querer real do querer social (a pessoa acha que está querendo, mas na verdade não está), e para tanto, o homem deve se equilibrar entre o que definiu como bom – amparado pela moral – e pelo correto – amparado pelos verdadeiros desígnios da alma.

A perda de tensão entre esses dois componentes pode levar à traição dos paradigmas preestabelecidos e levar o indivíduo à traição. Entendemos com ele que trai-se tanto por fidelidade (aos reais desejos do nosso ser) quanto por infidelidade (desrespeito desses desejos do ser).

A infidelidade pode ser definida como o "rompimento de compromissos ou a manutenção dos mesmos de forma destrutiva", percebe-se claramente quando o relacionamento envereda por um caminho em aceleração positiva, quanto em aceleração negativa. Nesse sentido, a perda da tensão vai minando o relacionamento, propiciando a instalação de sinais de traição, que passa a permear todas as interações futuras. "Num olhar, num suspiro, num gesto, num movimento, podemos antever se a tensão está presente ou se mecanismos de traição estão instalados".

"A intimidade radiografa a relação entre corpo e alma e revela estados de tensão ou distensão"; de pertencimento ou de exclusão, de realização ou de dúvida.[734]

Existe íntima relação entre satisfação pessoal e honestidade no relacionamento. Quando não somos honestos obedecendo aos anseios da alma acabamos abrindo espaço para a instalação dos relacionamentos falsos, mentirosos. Assim, pouco a pouco a conduta humana vem marcada por dissimulações e paramos, por conseguinte, de sentir satisfação. Num primeiro momento essa satisfação se dá num nível pessoal e relacional, depois, ela acaba por se espalhar por outras dimensões da vida de cada um.

A necessidade de transgredir nasce junto com insatisfação, com a não utilização de todo o potencial vital presente em cada ser humano. Na

[734] BONDER, Nilton – A alma imoral, p. 35 e 36.

esteira do pensamento de Nilton Bonder, aquele que não faz uso de todo o potencial de sua vida, de alguma forma diminui o potencial de toda a coletividade. Isso nos parece lógico, devido ao alto grau de autopunição que imputamos a nós mesmos, impedindo que enxerguemos a verdade quando ela aparece, debilitando a alma, e deixamos de lado nossa capacidade de renovação, de encontrar novos desafios.[735]

Assim, quando estamos plenamente satisfeitos num relacionamento, quando a sexualidade é criativa e espontânea, sair com outra pessoa não nos desperta o menor interesse e seria decepcionante, pois esse novo contato certamente não nos proporcionaria o mesmo grau de felicidade e interação que o relacionamento anterior.[736]

A preservação da higidez humana nasce paradoxalmente de uma dualidade que se estabelece entre o obedecer e o desobedecer da moral dominante num dado momento histórico.

Nesse sentido, pensamos que em matéria de relacionamento amoroso, ou qualquer outra sorte de feitos que o homem deseje realizar, ele deve primeiro conhecer-se intimamente, saber quem é, o que espera da vida, como vai buscar a sua realização e principalmente, se tem mesmo força e condições para ir buscá-la. Valorizar a autoestima pessoal e investir na relação também é primordial para o sucesso da relação amorosa.

Para nós não resta dúvida que é a alma quem impulsiona as atitudes do homem, que o faz mover montanhas, romper barreiras, alterar os paradigmas, ajudando-o a transgredir, o que pode ser entendido como alterar significativamente uma situação que não estava satisfatória, para outra, mais adequada aos anseios pessoais do homem, que utilizando todo o seu potencial individual alcançando assim sua plenitude espiritual e energética, possa por meio do amor, impessoal, auxiliar toda a humanidade, através do desenvolvimento de intrínsecas peculiaridades.

Quando um relacionamento amoroso chega ao fim, temos a nítida sensação de que não estamos usando da vida aquilo que ela pode proporcionar. Criamos um sonho e não percebemos que era ilusão.

"... na primeira quinzena de volta à casa, quando os dois se aninhavam na cama, ela não conseguia desfrutar de sua toca de penas de ganso, muito menos da relação sexual subsequente, porque passava o tempo

[735] BONDER, Nilton – A alma imoral, p. 82.

[736] DELAHAIE, Patrícia – Amores que nos fazem mal, p. 22.

todo se preparando para indagar o que queria saber, não conseguindo e se censurando por ser tão covarde, agora que estava na hora de dormir...".[737]

Depois que o amor acaba, e com ele todas aquelas manifestações de paz, sossego, bondade e completude, além das manifestações psíquicas e fisiológicas que ele produz, instala-se a solidão, a desesperança. Cada um dos membros do casal se sentem solitários e têm que tolerar o outro, mas a solidão não muda por causa do contrato social do casamento...[738]

A já tão conhecida frase "é engraçado como aquilo que nos atrai numa pessoa é o mesmo que passamos a desprezar nela". Sem a temperança, que se faz forçosa em um relacionamento, sentimo-nos grandemente enfadadas com a mesmice, com o apego, com o vulto que muitas vezes um tema, um assunto, um interesse assoberbado toma num relacionamento.

É sempre importante termos ao nosso lado alguém que mutuamente admiremos, respeitemos e valorizemos. Uma pessoa com quem se possa ser do jeito que se é. O amor quando verdadeiro não traz sofrimento, mas paz e harmonia. E este no final do relacionamento amoroso, já não existe mais em sua plenitude.

Uma coisa é certa, mesmo antes de o relacionamento amoroso seja interrompido pelo término ostensivo da relação – o rompimento do namoro, a separação ou o divórcio – este dá sinais que ocorrerá prontamente: a transmissão de mensagens incoerentes é um deles, pois quando se gosta do outro e se pretende investir na relação, nada é tão significativo que impeça-o dessa demonstração: nem o trabalho, nem a guerra, nem o trânsito, nem o stress, nada! As pessoas são capazes das manobras mais mirabolantes para encontrar e contentar o amado, e quando está apostando num relacionamento demonstra isso de diversas maneiras: telefona, procura, aparece, que conhecer seus amigos, apresentar as famílias, cuidar de você, assim como beijá-la, abraçá-la ou seja, o amor faz com que os mais diversos tipos de cuidados e atenções sejam despendidos.[739]

737 SHIVER, Lionel – O mundo pós-aniversário, p. 259.

738 Osho – A essência do amor, p. 107.

739 BEHRENDT, Greg; TUCCILLO, Liz – Ele simplesmente não está a fim de você, São Paulo: Rocco, 2004, p. 12 e 18.

A essa concepção une-se o pensamento de Ovídio, para quem o amor dura enquanto houver a tensão, o desejo, o medo de perder o parceiro. "Se quer expulsar o amor, expulse o medo".[740]

Por outro lado, ficar num relacionamento nada gratificante faz com que se denigra a alma do ser humano, comprimindo-lhe o amor próprio.

Alguns sinais de cunho psicológico também devem ser analisados, como a fobia a compromisso, que faz com que uma pessoa não prossiga no relacionamento amoroso, fixando-se nas formas iniciais do mesmo, ou seja, não atinge todas as fases de maturidade afetiva.

Podemos assim concluir, que independente da crença religiosa que se professe, do meio sociocultural a que pertença, uma questão é verdadeira: o relacionamento afetivo seja de natureza amorosa, seja de natureza social deve trazer prazer, encantamento, aprendizado, alegria, e assim nos conduzirá normalmente à bondade, à compaixão, à preocupação com o nosso próximo. Funcionará, como gosto de dizer, como uma "fotossíntese", onde o amor é o grande catalisador, o transformador das impurezas energéticas presentes na existência, em sentimentos positivos que importam em grande alegria de viver.

Esse, porém, não é um processo artificial, mas natural, que brota de sensações internas da alma, da reminiscência, da vontade de completude, de uma familiaridade de atos e tratamentos, da lembrança ou repúdio da infância, enfim, ele nasce, cresce e se estabelece normalmente na existência de cada um de nós.

Devemos ainda, estar atento de que se não nos sentimos felizes numa situação qualquer ou num certo estado de espírito, ela precisa se libertar. Do contrário, o sofrimento e a frustração se torna um hábito, que embrutece os sentimentos, e pouco a pouco vamos perdendo a sensibilidade. Na realidade, conseguimos perceber o retorno das nossas atitudes: se traz felicidade ou infelicidade, eis o termômetro da relação!

Como vimos, são vários os elementos que compõem a fase final de um relacionamento. Dentre estes, a infidelidade desempenha um papel preponderante.

Esta costuma ocorrer quando o fator vital já não existe mais, em seu lugar instalou-se o tédio, o desinteresse, o ressentimento. Aí uma nova força vital ressurge para livrar uma das partes da monotonia, da rotina,

[740] OVIDIO – A arte de amar, p. 139.

do dever. Visando ter uma experiência nova, experimentar um erotismo renovado, livre e alegre, inicia-se um caso amoroso.

A traição teve seu rosto alterado no decorrer do desenvolvimento histórico. Inicialmente definida como pecado gravíssimo, passou a ser vista como um fato comum pertencente à esfera privada do indivíduo. Entre os motivos preponderantes da traição podemos elencar: a perda das funções sociais do casal; a ruptura do pacto inicialmente avençado entre o casal sem nenhum outro ritual de reconstrução, o que fomenta a necessidade de reconstrução, de sentir novas emoções(gerando poderosos mecanismos de defesa, como a imaginação excessiva); a manutenção de uma visão utópica do casamento com altas expectativas emocionais a serem alcançadas; cura de feridas do passado; a solidão e a falta de inserção também levam à abertura emocional que favorece a entrada do amante; a valorização excessiva da sexualidade (aliada ao culto do corpo e da sensualidade); o apaixonamento por terceira pessoa; a ausência de paixão; o tédio; por vingança ou represália; por pura transgressão; por medo da velhice; para reforçar a identidade; por medo de intimidade; por desejo de ternura; para realizar uma projeção psíquica (Complexo de Édipo).[741]

De qualquer forma, pensamos que a traição é um processo transitório, pois além de trazer complexo de culpa, acaba por culminar na pressão de um dos lados pela ruptura do relacionamento principal... não se consegue fingir para sempre!

"O amor verdadeiro, como aduz Betty Milan, flor rara, tem como referência a amizade, a traição lhe é tão estranha quanto o sentimento de ter sido traído, mas sempre acaba mal quando o gozo está acima do entendimento entre os parceiros". É um rito que depende da palavra quanto da realidade do encontro, que o amor verdadeiro sempre encontra um jeito de propiciar.[742]

Na lição de Willy Pasini a fidelidade é um construído ideológico, que representa uma vitória sobre o narcisismo. Existem duas formas de fidelidade: a ativa e a passiva. A ativa ocorre quando por forte convicção pessoal, ou falta de interesse ou necessidade não se trai o parceiro, mesmo

[741] PASINI, Willy – Amores infiéis – psicologia da atração, Rio de Janeiro: Rocco, 2007, p. 11, 42 a 53. Pesquisas europeias e americanas apontam que mais de 50% dos homens e mulheres já traíram pelo menos uma vez.

[742] MILAN, Betty – O amante brasileiro, São Paulo:A Girafa, 2003, p. 8.

que o relacionamento já tenha alcançado uma fase de mais amizade e menos risco e sensualidade, a passiva, por sua vez ocorre, por falta de oportunidade, por medo de abandono, rejeição ou repressão social.[743]

Concebe Douglas Phillips Freitas que a vida, o amor e a paixão, são bases principiológicas da dignidade da pessoa humana, indissociáveis do direito de família. A apatia e o desamor são os motivos reais e mais graves para o fim da sociedade conjugal.

Na atualidade as bases sobre as quais se assentam o relacionamento afetivo, variam de acordo com a vontade – valores e princípios – dos casais. Práticas como swing (trocas de casais), sexo virtual, vidas simuladas por meio do espaço virtual (Second life, Orkut, entre outros), são cada vez mais comuns.

O desenvolvimento tecnológico tão marcado no século XX trouxe à luz uma forma nova de traição: **o adultério tecnológico**. Este origina-se na mídia, servindo-se dos mais sofisticados meios de comunicação – internet, sites, chats, Skype, whattsApp, e até existem programas de TV onde um dos parceiros (e às vezes os dois) comparecem nos programas de auditório para confessar e detalhar suas traições.

O adultério imaginário – não consumado – vem se difundindo cada vez mais na sociedade tecnológica. No início são apenas conversas – verdadeiras terapias onde se abre toda a intimidade da vida pessoal –, pouco a pouco vai se tornando um vício diário e indispensável. Há casos inclusive em que o namoro virtual, passa à realidade, mas isso nem sempre ocorre. A verdadeira fascinação está no fato de que na internet os corpos são abolidos, não existem papéis sociais nem hierarquias culturais, só o encontro de personalidades e emoções, mais próximo das fantasias do que da realidade. Busca-se assim uma fuga no imaginário, onde inventa-se uma segunda identidade.[744]

[743] PASINI, Willy – Amores infiéis – psicologia da traição, p. 39

[744] Na concepção de Flávio Gikovate o sexo virtual será o "sexo do futuro", substituindo o sexo casual da forma como é realizado: busca incessante de parceiro para o sexo de uma noite – às vezes sem sucesso – e de cuja relação nem sempre se extrai o intencionado. In. Palestra: A fragilidade do tesão www.cpfl.cultura.com.br/site/2010 – < acesso em 18.10.10>. Tal como elencado anteriormente na presente obra temos uma nova forma de orientação sexual: a digisexualidade, posto que a realidade virtual adentrou definitivamente a esfera relacional e familiar dos seres humanos.

Dados comprovam que há uma crescente busca por relacionamentos virtuais, e numericamente apontam para o fato de que em 2004, mais de um milhão de mulheres casadas teria um relacionamento na rede, mas 70% destas afirmam não querer conhecer seus parceiros de rede (já entre os homens 7 em 10 participantes procuram o sexo real). Isso se deve ao fato de que se pensa que o namoro on-line é mais administrável que o namoro real. Em 2019, um relatório de membros inscritos em plataforma digital de relacionamentos indicou que para cada conta masculina paga ativa, existem 2,5, contas femininas.

Na atualidade o ambiente virtual representa o segundo lugar de encontros sentimentais, depois do escritório.

Questiona-se se o adultério virtual seria de fato uma modalidade de adultério. A configuração (ou não ) de adultério vai depender dos limites de fidelidade estabelecidos pelo casal. Os chats proporcionam uma modalidade de relacionamento que seja ao mesmo tempo satisfatória e revogável. Favorece, entretanto, a concretude de fantasias de pessoas com dificuldade de estabelecer relacionamentos sérios, fracos emocionalmente. Porém quando do encontro virtual surgir o encontro real, a história muda de figura, sendo bastante complexa a passagem do mundo imaginário para o real.[745]

Sob a ótica legal, que será melhor analisada a seguir, o adultério em qualquer de suas formas, inclusive a virtual, representa uma grave infração aos deveres conjugais podendo ensejar a ruptura unilateral da união baseado na conduta desonrosa do parceiro.

Numa visão sociológica e jurídica temos que além de difícil imputar a culpa a apenas uma das partes a prática caiu em desuso, pois diversos fatores podem levar à procura de satisfação afetiva ou sexual fora do lar conjugal. Esses fatores variam desde questões financeiras, até afetivas e emocionais, mas, via de regra, representa a traição "um grito de socorro" indicando que a relação não anda bem.

Tal como aduzimos anteriormente, a procura de um novo parceiro, mais do que apontar para um desvio de caráter ou de moral, representa uma tentativa de reintrodução do prazer na vida daquela pessoa "oprimida" pelos ditames legais, morais, culturais ou temporais. "O amante passa a ser

[745] PASINI, Willy – Amores infiéis – psicologia da traição, p. 65 e ss.

assim um oxigenador do cotidiano", e o medo da traição representa uma inspiração para os cuidados conjugais.

Ocorre, entretanto, que à luz do moderno direito de família, a figura do amante – compreendida ou execrada – passa a ter reconhecimento legal, pois como vimos, muitos Tribunais passaram a reconhecer vínculos familiares oriundos da constituição de uniões estáveis plúrimas ou de relações onde existam apenas a separação de fato entre os casais.[746]

Tratam-se estas entretanto, de decisões esparsas posto que em dezembro de 2020, o plenário do STF concluiu pela impossibilidade de reconhecimento de direitos previdenciários ao concubinato na Recurso Extraordinário (RE) 1.045.273/SE por 6 votos a 5 (o julgamento teve início em 25.09.2019)

Nesse sentido, vemos que a sociedade brasileira não está preparada ainda para efetivamente ver o direito dos amantes reconhecidos. Estes continuam no anonimato, embora em muitos casos sejam reais viabilizadores da sociedade conjugal.

Entretanto, pensamos com Ovídio que o prazer artificial não enriquece. A obrigação não acrescenta, não é agradável. "Eu não quero o dever de uma mulher, quero ouvir palavras que traduzem a alegria que ela sente em minha companhia".[747]

Com base em seu pensamento, podemos ver que fidelidade ao relacionamento pode ser entendida como o sentimento que une o casal, nas razões que o sustentam – se de afetividade, identificação, verdade ou conveniência. Assim sendo o hábito contumaz de renegar os verdadeiros desejos causa uma ruína maior ao relacionamento que a própria infidelidade, pois quando a fidelidade não é natural nem a renúncia gratuita, o ressentimento se instala inviabilizando a relação.[748]

A relação amorosa vai de deteriorando a medida em que vão aumentando as alergias sociais – caracterizada por uma forte aversão aos hábitos do parceiro –, que vão se sensibilizando cada vez mais com o avançar da relação, aumentando na mesma proporção que a idealização romântica desaparece.

[746] FREITAS, Douglas Phillips – A função sócio jurídica do(a) amante e outros temas de família. Santa Catarina: Editora Conceito editorial, 2008, p. 19 e ss.

[747] OVIDIO – A arte de amar, p. 77.

[748] LINS, Regina Navarro – A cama na varanda, p. 203 e 204.

Estudos realizados nos EUA apontam que a aversão social surge nas mulheres em reação ao comportamento rude ou descortês de seu companheiro, e no homem advindo de uma postura autoritária ou hedonista da mulher. Essa hipersensibilização terá consequências na medida em que gera raiva e aflição, quanto mais o parceiro se aborrecer maiores são as chances do casal se separar.

Para a manutenção do relacionamento amoroso saudável é necessária a satisfação das necessidades neurais básicas do companheiro, que variando de pessoa para pessoa pode abranger a satisfação sexual ou o cuidado. Quando estas não estão satisfeitas verifica-se um estado constante de insatisfação, que por sua vez pode manifestar-se na forma de frustração ou rancor constante. Esses indícios de descontentamento funcionam como uma advertência de que a união corre riscos.

As interações negativas entre o casal têm também o condão de minar o relacionamento: tornam-se visíveis as expressões de repulsa ou desprezo. Também a indiferença ocupa um papel de destaque na ruptura da relação amorosa. No que tange à situação feminina, vemos que a modernidade criou uma nova mulher com um perfil mais individualista e combativo, buscando sua independência, sua autorrealização, com o preenchimento de sua alma.

Quando a relação se deteriora a compensação passa a vir do mundo exterior, não há mais o elo vital que unira o casal; a auto repressão dos sentimentos – positivos e negativos – condiciona o relacionamento; disfarça-se o rancor e a incompreensão. O casal pode persistir ao preço de muitas renúncias, as partes vão se despersonalizando e pouco a pouco vão se tornando mais individualistas e autônomos

Para permanecerem apaixonados, os homens precisam se sentir aceitos no relacionamento, o que significa ter uma parceira amorosa, leal que o valorize como protetor e provedor, além de outras formas de manifestação de aceitação, como o perdão das faltas, o carinho físico apropriado, o estímulo a ser ele mesmo, a abertura para falar de seus sentimentos.[749]

Vemos assim, que a infidelidade é um grande fator de desequilíbrio nos relacionamentos. Observa, entretanto significativa variação quando perpetrada pelo homem ou pela mulher. No primeiro caso a aceitação social é maior, no segundo desequilibra-se a família.

[749] FRENCH, Michael – Cansei de você, Rio de Janeiro: Best Seller, 2007, p. 117 e 118.

Entretanto, na ânsia de sua completude homens e mulheres, vivendo ou não relacionamentos malfadados procuram achar sua "alma gêmea", procurando conexão emocional ou até mesmo meras aventuras sexuais. Entretanto, segundo pesquisas realizadas nos EUA a conexão emocional mais sexo (que durante um caso extraconjugal é explosivo e prazeroso) tornam-se a maior ameaça a um casamento; além disso segundo dados divulgados no mesmo estudo, o interesse em manter casos extraconjugais é grande tanto por parte dos homens como parte das mulheres no país.[750]

Os entrevistados referiram que sentir falta da paixão dos tempos iniciais, necessidade de se sentir atraentes e desejados e vontade de renovação eram os motivos preponderantes para se iniciar um caso amoroso.

Definir o que significa uma traição é mais difícil, indo sua definição desde o contato físico ou sexual, a existência de fantasias com outrem até o mero pensamento romântico envolvendo outra pessoa, ou mesmo o encontro de mentes no mundo virtual. Entre as diversas definições de traição apresentadas achamos que a mais contundente era "manter uma relação mais feliz com outra pessoa diferente de sexo".[751]

No mundo moderno, existe ainda a figura do **quase-caso.** A pessoa faz o seu coração disparar, o rosto corar, os joelhos tremerem quando vê o outro. A química entre os dois não está baseada numa simples paquera, mas em algo mais profundo. Não estão tendo um caso propriamente dito, mas sentem a adrenalina rolar quando se veem, a excitação daquela promessa de sexo. Não estando tendo nenhum envolvimento, mas estão tentados a fazer... como se chama esse relacionamento? Um quase caso.

O quase caso é baseado em ideias românticas e gloriosas, existe o flerte. Tem o romance sem a bagunça do caso de verdade. A excitação sem o engano, a confiança sem o medo ou a decepção.

É sabido que todo relacionamento – quase ou real – precisa de uma conclusão, e quando a emoção do quase caso termina, percebe-se muitas vezes sua futilidade e as gravosas conclusões que ele pode acarretar.[752]

[750] PARK, William – Os mitos e verdades sobre traições. In. http://bbc.com < acesso em 20.06.2021>

[751] NORWOOD, Mandi – Até que a falta de tesão nos separe, São Paulo: Lanscape, 2005, p. 167 e ss.

[752] NORWOOD, Mandi – Até que a falta de tesão nos separe, p. 175 e ss.

Na atualidade é considerada traição todo o envolvimento real ou virtual que tenha consequências de publicidade e exponha a intimidade do casal, independente de orientação sexual ou identidade de gênero. Os romances homoafetivos inicialmente eram considerados conduta desonrosa e dariam margem à ruptura da sociedade conjugal, entretanto, na atualidade, essa posição encontra-se superada.

Partindo da gênese do sentimento amoroso, suas manifestações biológicas e psíquicas, chegando até o estabelecimento do relacionamento em si, o qual intenciona-se a duração, alguns princípios fundamentais devem ser avaliados: a inteligência emocional deve permear o casamento, instituindo-se assim uma dinâmica positiva de resolver os conflitos do dia-a-dia; um contato saudável com as emoções; valorizar o parceiro e o vínculo amoroso; interagir positivamente com o parceiro; evitar conflitos desnecessários; valorizar a amizade entre os parceiros.

Gottman e Silver indicam os problemas existentes em um relacionamento que podem culminar em divórcio, aduzindo principalmente, que a forma como os conflitos são conduzidos refletem o grau de entrosamento do casal.

À luz de seu entendimento, os maiores erros mantidos pelo casal na dirimência dos conflitos: o tipo de abordagem do feita pelo casal no momento de uma briga (rispidamente, com crítica ou sarcasmo); a presença de críticas constantes, desprezo/desrespeito, defensividade, incomunicabilidade; a saturação – que se manifesta quando a barreira de silêncio se instala; a análise da linguagem corporal – indica uma angústia em lidar com o outro aliado à uma alteração de níveis séricos no sangue –; tentativas de reparação sem sucesso; presença de recordações desagradáveis do passado da relação. A presença de apenas um desses componentes indica a separação emocional do casal, sendo o divórcio apenas uma questão de tempo.[753]

Aduz Regina Navarro Lins que o período pós-separação pode ser vivido de várias maneiras, embora acompanhe sempre, em maior ou menor grau, o sentimento de fracasso pessoal.

[753] GOTTMAN, John; SILVER, Nan – Sete princípios para o casamento dar certo, Rio de Janeiro: Objetiva, 2000, p. 15 a 56.

A separação é vivida de forma mais penosa quando: a união era harmoniosa, com uma vida familiar agradável, os parentes desaprovam, os amigos criticam, existe preocupação com o futuro dos filhos, mantinham-se atividades comuns, eram religiosos, de educação conservadora, com muitos anos de convivência e dependência econômica que faz baixar o padrão de vida. Além destas outras características podem existir como a ausência de interesses individuais, carreira ou mesmo uma outra pessoa.[754]

Muito importante é medir o grau de entrosamento do casal na relação amorosa, pois dados clínicos apontam para o fato de que o amor pode fazer diferença na saúde e na doença. Os relacionamentos tóxicos são um fator de risco para o aparecimento de doenças e morte, tão elevado quanto o tabagismo, a hipertensão, o colesterol, a obesidade e o sedentarismo.

A medicina associa diretamente relacionamentos tóxicos a doenças cardíacas. Relacionamentos ambivalentes trazem consigo uma carga emocional negativa: as interações são imprevisíveis e muito provavelmente potencialmente explosivas, e por isso, exigem vigilância e esforços maiores.

Uma coisa é certa: um ambiente hostil de convivência seja no plano doméstico seja no trabalho, leva a uma baixa de resistência orgânica e consequentemente a uma periclitação da saúde. Nesse sentido, nas palavras de Daniel Goleman "eliminar os elos sociais que não produzem recompensa pode ser uma medida preventiva para administrar melhor os estados emocionais".[755]

Para Marco Aurélio Dias da Silva, grande é a importância do equilíbrio emocional e da qualidade da vida afetiva para a manifestação da saúde, aquisição de bem-estar, qualidade de vida, autoestima e sobretudo, manutenção da capacidade de amor em qualquer circunstância.

Para se conhecer a gênese e a manifestação das doenças primaz se fazer conhecer o todo das partes envolvidas: sua vida, sua estrutura familiar, suas dores, seus amores. "na maioria dos pacientes sempre se descobria uma forma de desamor, às vezes negado, escondido, camuflado, mas presente".[756]

[754] LINS, Regina Navarro – A cama na varanda, p. 224 e 225.

[755] GOLEMAN, Daniel – Inteligência social – o poder das relações humanas, p. 276.

[756] SILVA, Marco Aurélio Dias da – Quem ama não adoece, São Paulo: Editora Best Seller, 2000, p. 16.

O corpo padece quando a alma sofre, isso é certo. O homem interpretado numa visão holística, é como vimos, formado pelo corpo e pela alma, levando a uma estrutura dual do ser humano, como bem retratou São Thomas de Aquino.

Pensamos pois, que grande parte do nosso equilíbrio emocional, liga-se à nossa sensação de bem-estar, felicidade e satisfação, sendo os bons relacionamentos uma das maiores fontes desses sentimentos.

No que tange à manutenção do equilíbrio saudável do ser humano, amparado nas ideias preconizadas por Freud, Marco Aurélio Dias da Silva aduz que o princípio do prazer estaria ligado ao instinto primitivo do amor e da vida e corresponderia a um baixo nível de energia psíquica. Já o desprazer, marcado pelo desamor e pelo sofrimento, traria consignado uma alta dose dessa energia psíquica, elevando a entropia do psiquismo do paciente, quantidade de energia interna de um dado sistema que leva à desorganização e consequente destruição do mesmo –, levando ao aparecimento de doenças (perturbação não resolvida no equilíbrio interior do ser vivo e em sua interação com o ambiente que o cerca que se aproxima uma forma primária de morte).

Assim sendo, quando a energia psíquica dirigida a um determinado impulso não é gasta em sua consecução, ela não desaparece, apenas se inibe, podendo ser investida em mecanismos de transferências ou sublimação. Nos casos em que não ocorrem uma canalização satisfatória dessa energia, os conflitos intrapsíquicos daí decorrentes geram o aparecimento de neuroses e patologias.

Logo, no que tange ao relacionamento amoroso, toda a emoção não vivida, e não metabolizada pelos mecanismos intrínsecos de defesa do organismo acaba sintetizando o aparecimento de doenças no organismo. Doenças da alma como tristeza, depressão ou câncer, doenças oportunistas, como gripes, herpes e outras manifestações virais, além de doenças clinicas, dada a baixa imunidade que se instala no organismo.[757]

[757] SILVA, Marco Aurélio Dias da – Quem ama não adoece, p. 32 e 33. Entre as chamadas doenças da civilização, podemos apontar a pressão alta, o acidente vascular cerebral, a angina, o infarto, o diabetes, o câncer. Existem evidências médicas de que há certa relação entre o câncer de mama e a vivência pela mulher, de relações conjugais empobrecidas e insatisfatórias.

A estas podemos juntar as doenças sociais, como práticas criminosas decorrentes da não aceitação da realidade, ou mesmo adoção de atitudes antagônicas à vida familiar como o adultério ou o abandono do lar conjugal.

Podemos assim concluir que abandonar relacionamentos doentios é uma forma de amor-próprio.

## 9.1. Dissolução da sociedade conjugal – aspectos jurídicos

Tal como vimos anteriormente, a família inicialmente era constituída pelo casamento válido. Com o passar dos tempos também a união estável passou a ter proteção constitucional como formador da família, assim como a monoparentalidade à luz do artigo 226 e seus parágrafos.

Aos olhos da lei, muito embora haja entre os participes amor, em suas diversas manifestações, o casamento vem eivado de vícios que impedem a sua validade e eficácia, tratando a lei dos diversos casos, com suas ínsitas repercussões em matéria de família.

Da mesma maneira que a formação da família é definida como um direito fundamental do ser humano, desfazê-la e construir uma nova, também passou a ter respaldo legal em face da proteção dos direitos humanos e dos direitos da personalidade, protegidos nos diplomas legais, notadamente em observância ao princípio da dignidade da pessoa humana, do direito à liberdade, à intimidade, ao desenvolvimento das intrínsecas peculiaridades do ser humano.

As causas terminativas da sociedade conjugal estão especificadas no art. 1571 do Código Civil: morte de um dos cônjuges, nulidade ou anulação do casamento, separação judicial e divórcio, além da figura do ausente, arrolada no § 1º do mesmo artigo.

Enquanto a sociedade conjugal, complexo de direitos e obrigações que formam a vida em comum dos cônjuges, o vínculo matrimonial é desfeito apenas pela decretação do divórcio do casal.

### 9.1.1. Do casamento inexistente

O casamento pode ser inexistente, se faltarem alguns dos requisitos essenciais à sua realização: consentimento válido e a presença da autoridade celebrante competente, não vigendo mais a imposição da dualidade de sexos. Uma vez declarada a inexistência do ato matrimonial passará este à condição de nunca ter existido.

Entretanto, o Código Civil brasileiro não se referiu de modo expresso ao ato inexistente, por se tratar de mero fato, inábil à produção de consequências jurídicas.

Na lição de Carlos Alberto Dabus Maluf, não se deve confundir inexistência de um ato com invalidade. "Inexistência é matéria a ser tratada no estudo dos atos que devem ou não ser admitidos como jurídicos. Invalidade é matéria a ser tratada no estudo daqueles requisitos cuja falta nos atos determina sua nulidade. A inexistência é matéria de política. A invalidade é matéria de técnica jurídica. A inexistência é matéria a ser considerada pelo legislador. A invalidade é matéria a ser examinada pelo juiz".[758]

Concebe San Tiago Dantas que o casamento inexistente é aquele em que faltam os requisitos essenciais para sua existência: a diversidade de sexos, a celebração na forma da lei e o consentimento manifesto. Para que seja válido, outros requisitos são exigidos. Assim, o casamento pode existir, mas não ser válido.[759]

Ressaltamos que na pós – modernidade o requisito da dualidade de sexos não se faz mais necessário, havendo assim uma mudança na teoria do ato inexistente.

Rompe-se pela ação declaratória, pois em rigor nenhum vínculo jurídico se constituiu, e não se pode, portanto, discutir a sua validade. Apenas se mantém a exterioridade do casamento em sua aparência, e em caso de dúvida sobre a sua existência ou inexistência, o que cabe propor é a ação declaratória, para que o juiz, numa sentença de mero acertamento, declare se há casamento ou não. Qualquer pessoa pode mover tal ação, desde que reúna as condições de legitimação ativa, estabelecidas pela lei civil; basta que o autor tenha legítimo interesse moral ou econômico no resultado da demanda.[760]

Assim, temos que "o matrimônio inexistente não pode criar vínculo entre os partícipes, não é obviamente suscetível de divórcio, diferentemente do anulável, desde que transcorrido o prazo decadencial".

Diz-se o casamento inexistente quando lhe faltam três requisitos essenciais, sem os quais se repugna reconhecer que houve casamento, mesmo

[758] MALUF, Carlos Alberto Dabus – *A inexistência na teoria das nulidades*, p. 23.

[759] SAN TIAGO DANTAS – *Direito de família e das sucessões*, p. 213.

[760] MALUF, Adriana Caldas do Rego Freitas Dabus – *Casamento inexistente, nulo e anulável.* Revista do Advogado, ano XXVIII, n. 98, p. 17, jul. 2008.

inválido: a diversidade de sexos; o consentimento válido e a celebração, tal como disposto nos arts. 1.533 a 1.535 do CC.[761]

### 9.1.2. Do casamento nulo e anulável

Poderá ainda o **casamento ser nulo**, quando vigorarem alguns impedimentos que a lei atribuiu uma tão grande relevância que nenhuma sanação posterior é possível. A nulidade matrimonial está elencada no art. 1521, I a VII do Código Civil – sendo derivados do parentesco, de delito ou da incapacidade, como prevê o art. 1548 também do Código Civil.

Assim, o casamento inválido pode ser nulo ou anulável, dependendo do grau de imperfeição que ele contenha, ou seja, da inobservância dos requisitos de validade exigidos em lei e por motivos fundados de interesse público.[762]

Na lição de San Tiago Dantas, "a teoria da nulidade do matrimônio se afasta em muitos pontos da teoria do ato jurídico em geral. Assim, por exemplo, um dos casos de nulidade ou anulabilidade do ato jurídico está na incapacidade de quem o pratica. Se há incapacidade relativa, o ato é anulável, mas em matéria de matrimônio isto quase desaparece, ou por outra, se absorve no caso especial de incapacidade".[763]

Regulados pelo art. 1.521, I a VII, do Código Civil de 2002, os impedimentos matrimoniais que induzem a um casamento nulo são derivados de parentesco, de casamento anterior e de delito; ou mesmo de incapacidade, segundo o art. 1.548 do mesmo diploma legal, que prevê ser nulo o casamento contraído pelo enfermo mental sem o necessário discernimento para os atos da vida civil e por infringência de impedimento.[764]

Assim, a fixação dos casos de nulidade ou anulabilidade obedece à política legislativa, mas a regra é ser a nulidade sanção imposta às infrações mais graves, em que existe a preponderância do interesse público, e a anulabilidade, a defeitos menores, cujo objetivo é a proteção do interesse das partes.[765]

[761] MALUF, Carlos Alberto Dabus – *A inexistência na teoria das nulidades*, p. 143.

[762] MALUF, Carlos Aberto Dabus. Nulidades matrimoniais. In: *Enciclopédia Saraiva do Direito*, n. 55, p. 148.

[763] SAN TIAGO DANTAS. *Direito de família e das sucessões*, p. 198.

[764] SAN TIAGO DANTAS. *Direito de família e das sucessões*, p. 201; PEREIRA, Caio Mário da Silva. *Instituições de direto civil*, p. 141.

[765] ASSUNÇÃO, Alexandre Guedes Alcoforado. *Código Civil comentado*, p. 1249.

"Enquanto não sobrevier a sentença que pronuncie sua nulidade, o casamento é válido. Somente depois desta é que se poderá dizer que o casamento nunca valeu"[766].

À luz do disposto no art. 1.549 do CC, "a decretação de nulidade de casamento, pelos motivos previstos no artigo antecedente, pode ser promovida mediante ação direta, por qualquer interessado ou pelo Ministério Público". Realizado o casamento o Estado deve defender a sua manutenção e validade. A legitimação para a propositura de ação ordinária de nulidade é de quem apresente interesse legítimo ou do Ministério Público.

A nulidade é a *consequência* do vício do ato. Importa a negação dos efeitos que o ato produziria, não fosse o vício que o contamina. O que se nega não são os efeitos do ato, enquanto fato do mundo real, o que se nega são os *efeitos jurídicos* do ato, no mundo jurídico.

O ato, mesmo nulo, pode produzir efeitos no mundo dos fatos, que não se desfazem pela decretação de sua nulidade no mundo jurídico. Assim, como a existência do ato deve ser apurada no mundo jurídico, é no mundo jurídico que se nega efeitos ao ato nulo. No mundo dos fatos, os acontecimentos não podem ser desfeitos, nem suas naturais consequências, ainda que decretada a nulidade do casamento que a motivou. O direito é impotente para desfazer no mundo dos fatos (*factum infectum infieri nequit*).[767]

Nulidade vem a ser, portanto, a negação de efeitos jurídicos, que existem enquanto não decretada a nulidade, pois esta é consequência da sentença. É o efeito retroativo da sentença que produz a ilusão de que a nulidade já existia antes. Isso é o que se afirma quando se diz que tal sentença não é declaratória (de nulidade preexistente), mas desconstitutiva, com eficácia *ex tunc* (ou seja, desde a data do casamento).[768]

Dessa forma, em se tratando de infração grave, que atenta contra os valores da sociedade, a Lei Civil reage firmemente, impondo a nulidade, cujos efeitos se operam *ex tunc,* ou seja, alcançam o passado, sem admitir qualquer efeito jurídico.

[766] MALUF, Carlos Alberto Dabus; MALUF, Adriana Caldas do Rego Freitas Dabus – Curso de direito de família, p. 206.

[767] MALUF, Carlos Alberto Dabus; MALUF, Adriana Caldas do Rego Freitas Dabus – Curso de direito civil, p. 206 e ss.

[768] PEREIRA, Caio Mário da Silva – *Instituições de direito civil,* p. 144.

Estatui o art. 1.563 do CC: "A sentença que decretar a nulidade do casamento retroagirá à data de sua celebração, sem prejudicar a aquisição de direitos, a título oneroso, por terceiros de boa-fé, nem a resultante de sentença transitada em julgado".

Enquanto não for declarado nulo por decisão judicial o casamento existe e produz todos os efeitos, especialmente quanto aos deveres conjugais e ao regime de bens.[769]

No que respeita às pessoas legitimadas a arguir a nulidade, dispõe o art. 1.549 do CC que a decretação da nulidade de casamento pode ser promovida mediante ação direta, por qualquer interessado, ou pelo Ministério Público. Podem alegar interesse moral os próprios cônjuges, os ascendentes, descendentes, irmãos, cunhados ou mesmo o primeiro cônjuge de bígamo. Têm interesse econômico os herdeiros sucessíveis, os credores dos cônjuges e os adquirentes de seus bens, assim como a companheira.[770]

Já o **casamento anulável** é aquele em que as partes estão impedidas de casar por diversos motivos que demonstram um defeito no ato, mas que pode ser convalidado posteriormente, pois a anulação visa proteger o interesse individual. Vem regulado nos arts. 1550 e seguintes do Código Civil.[771]

Assim, são defeitos contidos no ato: a incapacidade em relação à idade, da presença de vício, da falta de consentimento, por defeito na manifestação da vontade, ausência de autoridade competente para a celebração, erro essencial quanto à pessoa do outro ou coação.

Na maioria dos casos há um consentimento defeituoso, seja por se tratar de pessoa que se casou inspirada no erro, seja por se tratar de quem, pela sua imaturidade ou problema mental, não podia consentir desassistido de seu representante. O casamento anulável é, pois, aquele suscetível de dissolução por iniciativa da parte interessada e mediante decreto judicial, em virtude da ocorrência de vício sanável pelos cônjuges.

[769] MALUF, Carlos Alberto Dabus; MALUF, Adriana Caldas do Rego Freitas Dabus – Curso de direito civil, p. 210.

[770] MALUF, Adriana Caldas do Rego Freitas Dabus. Casamento inexistente..., *Revista do Advogado*, p. 21.

[771] MALUF, Adriana Caldas do Rego Freitas Dabus – Casamento inexistente, nulo e anulável, Revista do Advogado, ano XXVIII, jul 2008, n. 98, p. 12 a 23.

Observa-se que nas hipóteses de anulabilidade há um tratamento menos severo da lei, pois as causas que a configuram não ensejam a ordem pública, uma vez que não há interesse social no desfazimento do matrimônio, como sucede no caso de nulidade absoluta. As imperfeições que caracterizam a nulidade relativa são estabelecidas em favor de certas pessoas que a lei quis proteger.

A anulação visa proteger, principalmente, o interesse individual, como no caso de pessoas que se casaram em virtude de erro, coação ou antes de terem atingido a idade nupcial. Como inexiste afronta aos interesses gerais da sociedade, convalesce o casamento se essas pessoas, em vez de promoverem o seu desfazimento, deixarem escoar o prazo estabelecido na lei para que o façam[772].

Nos termos do art. 1.550 do CC, é anulável o casamento em razão da incapacidade decorrente da idade dos contraentes, de vício ou defeito na manifestação da vontade ou na celebração das núpcias (previsto no inciso VI do presente artigo; a incompetência da autoridade celebrante era causa de nulidade; agora, de anulabilidade), na revogação do mandato quando não sobrevier a coabitação, pois a coabitação posterior ratifica o casamento realizado nessas condições.

Na lição de San Tiago Dantas, esses impedimentos dão lugar a casamentos anuláveis que podem ser sanados posteriormente, transformando-se em casamentos válidos[773].

O art. 1.556 do CC *reporta-se à questão do vício de vontade:* "o casamento pode ser anulado por vício da vontade, se houver por parte de um dos nubentes, ao consentir, erro essencial quanto à pessoa do outro".

Erro é o defeito no ato jurídico capaz de invalidá-lo. Insere-se na categoria de vícios do consentimento. Em matéria de casamento, representa uma especificação da teoria geral do erro substancial quanto à pessoa, como prevê o art. 139, II, do CC. Nessa modalidade de vício de consentimento o agente engana-se sozinho.

Para San Tiago Dantas, nem todos os vícios de vontade conduzem à anulação matrimonial. A questão envolvendo o dolo é mais discutível, pois pode-se admitir que uma pessoa se valha de um ardil para induzir outra ao matrimônio, podendo mui facilmente o dolo confundir-se com o erro.

[772] PEREIRA, Caio Mário da Silva – *Instituições de direito civil,* p. 146.

[773] SAN TIAGO DANTAS – *Direito de família e das sucessões,* p. 204.

O erro quanto à identidade do outro cônjuge pode verificar-se sobre sua identidade física (individualiza a pessoa em si) ou civil (individualiza a pessoa na sociedade), estando o nubente iludido sobre o conjunto de atributos ou qualidades essenciais como a pessoa aparece na sociedade, como bem retratou Clóvis Beviláqua, aqui incluindo-se o estado de família e o estado religioso.[774]

Define que errar é estabelecer uma falsa noção a respeito de determinada coisa ou pessoa. Será, portanto, erro o engano de tomar uma coisa por outra. Citando o decreto de Graciano, "o erro pode dizer respeito à própria pessoa, à sua fortuna, à sua condição e às suas qualidades".[775]

A questão que envolve a identidade civil apresenta-se um tanto complexa e obscura em face de uma maior desconexidade, que aparece tanto na doutrina quanto na jurisprudência, pois a identidade civil conceitua-se como a reunião dos atributos ou qualidades essenciais com que a pessoa se distingue na sociedade e sem os quais deixa de ser o que aparenta. Desse modo, a apreciação dependerá de cada caso, tendo em vista as condições subjetivas do cônjuge enganado.

Ressalte-se, ainda, que "na apreciação dos fatos desabonatórios da honra e boa fama o aplicador da lei não deve perder de vista a parte final do dispositivo: eles são causa de anulação apenas quando seu ulterior conhecimento torne insuportável a vida em comum"[776]

O consentimento válido também é requisito fundamental para a convalidação do casamento.

No que tange à propositura da ação de anulação do casamento em caso de erro, vem prevista na disposição do art. 1.559 do CC: "somente o cônjuge que incidiu em erro, ou sofreu coação, pode demandar a anulação do casamento; mas a coabitação, havendo ciência do vício, valida o ato, ressalvadas as hipóteses dos incisos III e IV do art. 1.557".

O casamento anulável produz todos os efeitos enquanto não for anulado por decisão judicial transitada em julgado. Até então tem validade resolúvel, que se tornará definitiva se decorrer o prazo decadencial sem

[774] BEVILÁQUA, Clóvis – *Código Civil dos Estados Unidos do Brasil comentado*, p. 86.

[775] MALUF, Carlos Alberto Dabus. Nulidades matrimoniais. In: *Enciclopédia Saraiva do Direito*, p. 153-154.

[776] MONTEIRO, Washington de Barros; SILVA, Regina Beatriz Tavares da. *Curso de direito civil*, p. 183-184.

que tenha sido ajuizada ação anulatória. A sentença que anula o casamento tem efeito retro-operante, fazendo com que os cônjuges retornem à condição anterior, como se jamais o tivessem contraído. Produz efeitos iguais à decretação de nulidade, desfazendo a sociedade conjugal, salvo o caso de putatividade.

A anulabilidade do casamento somente poderá ser declarada em ação ordinária, conforme disposto nos arts. 1.549 e 1.563, não podendo, portanto, ser proclamada de ofício. O art. 1.561, § 2º, do CC estende os efeitos civis do casamento, nulo ou anulável, aos filhos, ainda que ambos os cônjuges estejam de má-fé quando da celebração.

Os prazos estabelecidos por lei para a propositura da ação de anulação do casamento vêm regulados pelo art. 1.560, e contam a partir da data da celebração.[777]

### 9.1.3. Da separação e do divórcio

Por muitos anos vigeu no quadro legislativo brasileiro apenas a figura do desquite. A realidade, entretanto, clamava por mudanças sociais imperativas em matéria de família, de forma que em 1977 veio promulgada a Lei n. 6515 que regulou o divórcio no Brasil.

Após sua entrada em vigor, a separação passou a ser utilizada como base para o futuro divórcio. Vemos assim que, a separação e o divórcio são meios para a dissolução do casamento, embora com características bem diversas: A separação judicial resulta no encerramento dos deveres de coabitação, fidelidade recíproca, e ao regime de bens. Já o divórcio extrapola: extingue o casamento.

O Código Civil regula os casos de dissolução da sociedade conjugal e do casamento e seus efeitos nos artigos 1571 a 1582. Com sua entrada em vigor, foi ab-rogada, em sua maior parte, a Lei n. 6.515/77, que trata da matéria divorcista, permanecendo em vigor apenas alguns dispositivos que não se chocam com o regulado pelo Código Civil.

Enquanto pelo casamento cria-se um vínculo jurídico entre os cônjuges, em que está contida a sociedade conjugal, que importa a comunhão de vidas em toda a sua dimensão – psíquica, social, física, e por vezes, patrimonial, a separação judicial dissolve a sociedade conjugal, mas

[777] MALUF, Carlos Alberto Dabus; MALUF, Adriana Caldas do Rego Freitas Dabus – Curso de direito de família, p. 211 e ss.

conserva o vínculo entre os consortes, de modo a impedi-los a contrair novo matrimônio. O divórcio, por sua vez, ao lado da morte – real e presumida – extinguem o vínculo conjugal válido.[778]

Nas hipóteses de separação é autorizado aos cônjuges restabelecer, a qualquer o tempo, a sociedade conjugal, por ato regular em juízo, instituto este nomeado de reconciliação, já o divórcio, não permite essa reconciliação, devendo o casal divorciado interessado em restabelecer a união conjugal realizar um novo casamento.

Existe à luz da legislação brasileira a existência da conjunção dos institutos da separação e divórcio, na atualidade.

Nos casos de ruptura da sociedade conjugal, a separação embora não extinga o vínculo matrimonial impõe termo à obrigação de coabitação, fidelidade e ao regime de bens, permanecendo o óbice quanto à possibilidade de contrair novo matrimônio, admitindo a reconciliação a qualquer tempo e por fim mantendo-se o dever de respeito e consideração mútuos, bem como da obrigação de sustendo, educação e guarda dos filhos.

A separação admite a forma consensual e a litigiosa, dependendo do prazo da duração do casamento. Por consensual entende-se a hipótese em que o desejo de por fim à sociedade conjugal é acordada entre ambos os cônjuges, desde que casados há mais de um ano, inexistindo a necessidade de se apresentar qualquer justificativa em juízo; enquanto que por separação litigiosa, entende-se a ruptura da sociedade conjugal eivada de inúmeros conflitos – morais, legais, patrimoniais.

Essa obrigação legal muitas vezes une ex-cônjuges que não se entendem, acirrando a rivalidade do ex-casal. Críticas a esse dispositivo são apresentadas por Washington de Barros Monteiro e Regina Beatriz Tavares da Silva "o requisito referente ao prazo de duração do casamento, que na legislação anterior era de dois anos (Lei n. 6.515/77, art. 4ª), tem em vista proporcionar aos cônjuges certo tempo para a verificação da possibilidade de continuação da vida em comum, e por Antunes Varella, para quem os cônjuges não podem ser acorrentados a um casamento "falido".

[778] MONTEIRO, Washington de Barros; SILVA, Regina Beatriz Tavares da – Curso de direito civil – direito de família, São Paulo: Saraiva, 39. ed, v. 2, 2009, p. 272 e 273; GONÇALVES, Carlos Roberto – Direito civil brasileiro, São Paulo: Saraiva, 5. ed, v. VI, 2008, p. 248 a 252.

Deve-se, nesse sentido, ser eliminado o prazo de duração do casamento para a decretação da separação consensual.[779]

Também pode a separação judicial ser requerida por um dos cônjuges, como dispõe o art. 1572, caput, do Código Civil, tendo em vista a grave violação dos deveres do casamento que torne insuportável a vida em comum.

O §1º do mesmo artigo dispõe: "a separação judicial pode também ser pedida se um dos cônjuges provar a ruptura da vida em comum há mais de um ano e a impossibilidade de sua reconstituição".

Pode ainda, à luz do § 2º do artigo em tela, o outro cônjuge pedir a separação judicial quando comprovada a doença mental grave, manifesta após o casamento, que torne impossível a continuação da vida em comum.

Por fim, no que tange aos bens, dispõe o § 3º do artigo em questão que reverterão ao cônjuge descrito no § precedente o remanescente dos bens, que levou para o casamento, e se o regime dos bens adotado o permitir, a meação doa adquiridos na constância da sociedade conjugal.

Regula o artigo em tela, as três espécies de separação judicial por pedido unilateral – sanção, ruptura e remédio.[780]

Quanto ao divórcio, este é o remédio processual pelo qual se possibilita a dissolução do vínculo matrimonial, permitindo aos agentes que o realizaram que contraiam novo casamento. É este de fato a única forma em vida para dissolver a casamento.

No que tange à dissolução da sociedade conjugal e do vínculo conjugal *inter vivos*, são válidas as espécies existentes tanto no sistema da Lei do Divórcio – Lei n.6515/77, quanto no regime do Código Civil de 2002: separação sanção (de marca culposa é fundada no grave descumprimentos dos deveres conjugais – art 5º da Lei 6515/77 e art. 1572 § 2º do Código Civil), separação remédio (embasada na grave doença mental do cônjuge, manifestada após o casamento, de cura improvável e com duração superior a cinco anos, de acordo com o disposto na Lei 6515/77 art. 5º§2º e art. 1572§ 2º do CC) e separação ruptura (fundada no mútuo consentimento à luz do art.5º§1º da Lei 6.515/77 e art. 1.572§1º do CC).[781]

[779] VARELLA, Antunes – Dissolução da sociedade conjugal, Rio de Janeiro: Forense, 1980, p. 31.

[780] SILVA, Regina Beatriz Tavares da – Código Civil comentado, p. 1699 e 1700.

[781] MALUF, Carlos Alberto Dabus; MALUF, Adriana Caldas do Rego Freitas Dabus – Curso de direito de família, p. 327 e ss.

Quanto à infração dos deveres do casamento "não basta a prova de ato que importe grave violação dos deveres do casamento, é necessário que se prove que sua prática tornou insuportável a vida em comum". Presente está aqui a ideia de culpa – que por outro lado "anda na contra-mão" dos ditames do direito de família.[782]

À luz do art. 1573 do Código Civil "podem caracterizar a impossibilidade da comunhão de vida a ocorrência de alguns dos seguintes motivos: I – adultério; II – tentativa de morte; III – sevícia ou injuria grave; IV – abandono voluntário do lar conjugal, durante um ano consecutivo; V – condenação por crime infamante; VI – conduta desonrosa.

§ único: O juiz poderá considerar outros fatos que tornem evidente a impossibilidade da vida em comum.

Pensamos que não se pode atribuir a responsabilidade do fim do relacionamento amoroso/conjugal a só uma das partes, devido a larga exposição de características do amor, da paixão, da amizade, da integração da alma, dos aspectos históricos, psíquicos e filosóficos que expusemos no decorrer do estudo em tela.

A esses motivos adicionam Maria Berenice Dias e Carlos Roberto Gonçalves a intromissão indevida na vida privada de outrem, além do respeito à intimidade, à privacidade, à dignidade da pessoa humana, todos previstos na Constituição Federal, além do livre-arbítrio de cada ser humano, e de sua própria condição de higidez psíquica, sob um olhar psicológico.[783]

Em termos práticos, a separação judicial põe termo aos deveres de coabitação e fidelidade recíproca e ao regime de bens, como dispõe o art. 1576 do Código Civil.

Entretanto, tal como ressalva o art. 1577 do Código Civil "seja qual for a causa da separação judicial e o modo como esta se faça, é lícito aos cônjuges restabelecer, a todo tempo, a sociedade conjugal, por ato regular em juízo".

Á luz do disposto no art. 1578 do Código Civil "o cônjuge declarado culpado na ação de separação judicial perde o direito de usar o sobrenome do outro, desde que expressamente requerido pelo cônjuge inocente e se a alteração não acarretar: I – prejuízo para sua identificação; II – manifesta

[782] GONÇALVES, Carlos Roberto – Direito civil brasileiro, p. 213.

[783] GONÇALVES, Carlos Roberto – Direito civil brasileiro, p. 215.

distinção entre o seu nome de família e o dos filhos havidos da união dissolvida; III – dano grave reconhecido na separação judicial"

Dispõe o § 1º do artigo em tela, o cônjuge inocente renunciar ao direito de utilizar o sobrenome do outro. Como se observa da disposição contida no § 2º do mesmo artigo "nos demais casos caberá a opção pela conservação do nome de casado".

A questão do nome na separação e no divórcio é delicada por se tratar este de um direito personalíssimo, de identificação pessoal, persistindo mesmo após a morte do indivíduo.[784]

Assim, como efeitos do divórcio, quanto à manutenção do sobrenome do outro cônjuge, deve-se observar que no caso do divórcio indireto deverá prevalecer o que ficou avençado na sentença de separação judicial. No caso de divórcio direto, poderá ser mantido o nome do outro, à luz do disposto no art. 1.571, § 2º, do CC

"Inovou o § 2º do art. 1.571 do Código de modo a permitir que a mulher divorciada permaneça com o nome do marido se não houver renúncia a esse direito, a não ser que venha determinada na sentença de separação, que, conforme o art. 1.578, I a III, somente ocorrerá se decretada sua culpa e desde que não estejam presentes as exceções ali estipuladas. A legislação anterior determinava a perda desse direito no divórcio conversão, sendo lacunosa quanto ao divórcio direto"[785]

A grande tendência da civilística moderna é a consideração de que, quanto ao nome, dada a sua relevantíssima força identificadora e inclusão no rol dos direitos da personalidade, passe a fazer parte do nome da mulher divorciada o nome de família do marido, ao contrário do que dispunha o art. 25 da Lei do Divórcio, com a redação da Lei n. 8.408/92, que a mulher perdia o direito de usar o apelido de família do marido, uma vez que só adquiria esse direito em função do casamento, cuja ruptura a faria perder em definitivo esse direito.

No que tange aos reflexos patrimoniais e assistenciais a separação importará também em consequências no que tange à fixação de alimentos.

[784] MALUF, Adriana Caldas do Rego Freitas Dabus – Direito da personalidade no Novo Código Civil e os elementos genéticos para a identidade da pessoa humana. In. ALVES, Jones; DELGADO, Mário (Coord.) – Novo Código Civil questões controvertidas, São Paulo: Método, 2003, v. 1, p. 50

[785] SILVA, Regina Beatriz Tavares da – *Código Civil comentado*, p. 1539.

O cônjuge inocente terá direito a perceber alimentos, devendo o juiz decretá-los em virtude do critério de compatibilidade com a condição social das partes. Uma novidade trazida pelo Código Civil, é a possibilidade do cônjuge culpado de receber alimentos se deles necessitar, desde que não tenha parentes em condições de prestá-los, nem aptidão para o trabalho, sendo estes fixados pelo juiz em ralação ao valor correspondente ao indispensável à sua sobrevivência.

Podemos assim de forma conclusiva apontar que a separação judicial traz como efeitos principais o término dos deveres de coabitação, de fidelidade, assim como a extinção do regime de bens, procedendo-se à partilha de bens subsequente.

O divórcio, forma mais contundente de ruptura da sociedade conjugal, por romper também o vínculo conjugal, encontra escopo na legislação pátria sendo regulado nos artigos 1579 a 1582 do Código Civil.

Representa o rompimento legal e definitivo do vínculo de casamento civil. É uma das três maneiras de dissolver um casamento, além da separação e morte de um dos cônjuges. O processo legal de divórcio pode envolver questões como atribuição de pensão alimentícia, regulação de poder paternal, relação ou partilha de bens, regulação de casa de morada de família, embora estes acordos sejam complementares ao processo principal.

Em algumas jurisdições não é exigida a invocação da culpa do outro cônjuge. Ainda assim, mesmo nos ordenamentos jurídicos que adaptaram o sistema do divórcio "sem culpa", é tido em conta o comportamento das partes na partilha dos bens, regulação do poder paternal, e atribuição de alimentos.

Surgido na legislação pátria com a Emenda Constitucional n. 9 de 28.6.77 que alterou a redação do § 1º do art. 175 da Constituição Federal vigente no período (a Constituição de 1969), extinguindo o princípio da indissolubilidade do matrimônio. Em seguida, foi promulgada a Lei n. 6515/77, denominada lei do divórcio.

Alterou-se continuamente os prazos para a obtenção do divórcio, originariamente de três anos a partir da separação judicial, para sua conversão em divórcio e de cinco anos de separação de fato para o divórcio direto. Posteriormente a Constituição Federal de 1988 em seu art. 226 § 6º, diminuiu esses prazos para um ano a partir da separação judicial, para a conversão, e dois anos de separação de fato para o divórcio direito. Tendo em vista o dispositivo constitucional, a lei do divórcio foi alterada pela lei n. 7841/89.

O divórcio na legislação brasileira apresenta duas modalidades principais: o divórcio indireto ou por conversão – que pode ser consensual ou litigioso – e o divórcio direito – que pode ser também consensual ou litigioso.

Na legislação pátria tem o caráter exclusivo de ruptura por fundar-se na separação judicial existente há mais de um ano ou na separação de fato prolongada por dois anos consecutivos (à luz dos artigos 25 e 1.580 caput e artigos 40 e 1580 § 2º da lei n.6.515/77 e Código Civil, respectivamente).

No que toca à natureza das causas de dissolução da sociedade e do vínculo conjugal, estas podem ser peremptórias ou facultativas, ou seja, no primeiro caso a dissolução há de ser decretada, sem que seja discutida a gravidade do fato que lhe deu origem ou a insuportabilidade da vida em comum, bastando que o motivo previsto em lei seja factível de prova. Quanto à causa facultativa, cabe averiguação da gravidade do fato que deu origem à intolerabilidade da vida em comum. No caso do divórcio a causa é peremptória em observância aos requisitos legais.

Quanto aos efeitos oriundos da separação judicial podemos apontar o fim dos deveres de habitação, de fidelidade recíproca, do regime de bens, da mútua assistência, porém o dever de assistência material, converte-se em obrigação de alimentos.

Quanto aos efeitos do divórcio, podemos elencar além dos supra citados, a extinção do vínculo conjugal, abrindo a possibilidade de se contrair novo casamento.[786]

Quanto aos efeitos do divórcio, temos: a dissolução do vínculo matrimonial; o término das obrigações matrimoniais recíprocas dos cônjuges; a extinção do regime de bens; a impossibilidade de restabelecimento da sociedade conjugal (sendo necessário proceder-se a um novo casamento); a extinção do direito recíproco de sucessão; dever de prestação alimentar; direito de manter o sobrenome do outro cônjuge no divorcio direito e observância da determinação judicial no processo anterior de separação quando do divórcio indireto; manutenção dos direitos e deveres quanto à pessoa dos filhos. É válido ressaltar que a lei n. 7841/89 em seu art. 3ª,

[786] MONTEIRO, Washington de Barros; SILVA, Regina Beatriz Tavares da – Curso de direito civil – direito de família, p. 273 a 278.

revogou o disposto no art. 38 da lei n. 6515/77 garantindo a possibilidade jurídica de se procederem a diversos recasamentos – não havendo mais um limite para o número de divórcios.[787]

Além da via judicial, tanto a separação quanto o divórcio podem ser realizados extrajudicialmente, em tabelionatos de notas através da entrada em vigor da Lei n.11.441/07, desde que não haja filhos menores ou incapazes e a via escolhida seja a consensual. Representa outrossim, uma inovação salutar que visa facilitar a realização de separações e divórcios consensuais.

Na visão de Cristiano Chaves de Farias "o direito de casar e o de não permanecer casado deve ser respeitado tanto no plano material quanto no processual, libertando as partes de uma exigência indevida, tendo pois o seu exercício facilitado, tendo em vista a dignidade da pessoa humana.[788]

Tendo em vista que o divórcio representa o remédio jurídico para dissolver o vínculo matrimonial, uma questão teleológica vem aguçando os operadores do direito frente à utilidade da aplicação prática dos institutos da separação e do divórcio. Qual seria o real interesse em se proceder à separação e sua posterior conversão em divórcio se ao prazo de dois anos separados de fato é possível o divórcio pela sua forma direta?

A grande questão na atualidade, com a promulgação da Emenda Constitucional n. 66/10, é se há a necessidade de se manter este instituto, pois tendo em vista as sensíveis mudanças na sociedade, questiona-se a validade da díade: separação e divórcio.

Para Maria Berenice Dias "A partir do momento em que a lei assegurou a possibilidade do divórcio direto, mediante o só implemento do prazo de dois anos do término da relação, perdeu utilidade a mantença do instituto da separação judicial. Inclusive, cabe questionar a vantagem de alguém se socorrer do pedido de separação, pelo decurso do prazo de um ano da separação de fato, quando o transcurso de dois anos autoriza a decretação do divórcio direto. É que, decorrido o prazo de um ano da separação,

[787] MALUF, Carlos Alberto Dabus; MALUF, Adriana Caldas do Rego Freitas Dabus – Curso de direito de família, p. 331 e ss.

[788] FARIAS, Cristiano Chaves de – A comprovação dos prazos para a separação e o divórcio na dissolução consensual por escritura pública: a simplicidade é irmã da perfeição. In. TEIXEIRA, Ana Carolina Brochado; RIBEIRO, Gustavo Pereira Leite (Coord.) – Manual de direito das famílias e das sucessões. Belo Horizonte: Del Rey/mandamentos, 2008, p. 581 a 583.

necessitam as partes retornarem a juízo para a sua conversão em divórcio, duplicidade procedimental que, além de inócua, é desgastante e onerosa. Certamente acaba por ser mais demorado obter o rompimento do casamento se forem usados os dois expedientes legais em vez de se buscar diretamente o divórcio, ainda que seja necessária a espera de dois anos para sua propositura."[789]

Vê-se desta forma, que na prática, é vultosa e significativa a parcela de casais que optam por aguardar o decurso do tempo de dois anos para dissolver em ato conjunto a sociedade conjugal e o matrimônio ao invés de realizarem os procedimentos de uma separação seguida pela sua conversão em divórcio.

À luz de seu pensamento a possibilidade do divórcio direto, o instituto da separação teve sua importância reduzida a tal ponto que ao se utilizar do divórcio direto encontra-se em verdade primando pela economia processual e financeira, reduzindo o lapso a que os cônjuges encontram-se obrigatoriamente vinculados e poupando por fim um desgaste e sofrimento advindos desta situação. "Se não bastasse embatendo aos que asseguram a necessidade da separação como instituto pelo qual se torna viável a imputação de culpa, importante elemento se soma. Em verdade diante da primazia constitucional dos direitos da liberdade, tanto na constituição como na desconstituição de entidade familiar, e observando também ao direito à intimidade e a vida privada, a culpa não mais deve ser discutida".

Buscando a simplicidade e utilidade dos institutos ora estudados, e ainda visando desonerar o judiciário, o Deputado Federal, Sérgio Barradas Carneiro apresentou nova proposta de Emenda à Constituição a PEC/33/07, através do qual se visa dissipar com o instituto da separação estabelecendo ao divórcio como a forma direta e resolutória para todo procedimento de extinção do casamento e da sociedade conjugal. Em sua concepção "tal dicotomia procedimental não se justifica, sendo que esta dualidade. Esta é fruto de um momento histórico ultrapassado e que não há mais motivos para mantê-la no direito brasileiro", asseverando ainda que "a submissão a dois processos judiciais resulta em acréscimos de despesas para o casal, além de prolongar sofrimentos evitáveis".[790]

[789] DIAS, Maria Berenice – Manual de direito das famílias, São Paulo: Editora Revista dos Tribunais, 4. ed., 2007, p. 287 a 289.

[790] DIAS, Maria Berenice – Divórcio já, São Paulo: Editora Revista dos Tribunais, 2010, p. 141.

Em 13 de julho de 2010 foi promulgada a Emenda Constitucional n.º 66, que modificou o §6º do art. 226 da Constituição Federal, eliminando de uma vez por todas o requisito da separação judicial e os pressupostos temporais para a obtenção do divórcio. O novo regramento propõe a redução do intervencionismo estatal no casamento, em prol da autonomia da vontade das partes, facilitando a sua dissolução.

Ao longo dos anos o legislador promoveu uma amenização paulatina dos rigores das normas que disciplinavam tanto a separação como o divórcio, em virtude da inegável existência de um clamor social nesse sentido, tão presente em matéria de constituição e dissolução dos vínculos familiares, que como vimos, obedecem aos reflexos da alma humana no que tange à manutenção da verdadeira essência do ser humano em suas relações interpessoais.[791]

Para Rodrigo da Cunha Pereira com a entrada em vigor da PEC, com ênfase na interpretação teleológica da Constituição Federal, estaria a prévia separação judicial como requisito para o divórcio, suprimida, bem como a eliminação de qualquer prazo para que se proponha o divórcio, seja judicial ou administrativo, deixando ainda de lado, a arguição a respeito da culpa no término das relações conjugais.[792]

Também entende pela supressão da separação judicial no ordenamento jurídico brasileiro Álvaro Villaça Azevedo.[793]

Entendem por outro lado, pela manutenção da separação judicial Carlos Alberto Dabus Maluf, Washington de Barros Monteiro, Regina Beatriz Tavares da Silva, corrente à qual nos filiamos.[794]

[791] MALUF, Carlos Alberto Dabus; MALUF, Adriana Caldas do Rego Freitas Dabus - Curso de direito de família, p. 338 e ss.

[792] PEREIRA, Rodrigo da Cunha - O novo divórcio no Brasil In. PEREIRA, Rodrigo da Cunha (Coord.) Família e responsabilidade, São Paulo: Magister editora, IBDFam, 2010, p. 469.

[793] AZEVEDO, Álvaro Villaça - Emenda constitucional do divórcio. In. FERRAZ; LEITE, George Salomão; LEITE, Glauber (Org) O Novo divórcio no Brasil - de acordo com a EC n. 66/10, Salvador: Editora Juspodivm, 2011, p. 97 e 98.

[794] MALUF, Carlos Alberto Dabus; MALUF, Adriana Caldas do Rego Freitas Dabus -O novo divórcio no Brasil. In. FERRAZ; LEITE, George Salomão; LEITE, Glauber (Org) O Novo divórcio no Brasil - de acordo com a EC n. 66/10, Salvador: Editora Juspodivm, 2011, p. 97 e 98.

### 9.1.4. Da dissolução da união estável

A união estável, modalidade de família reconhecida no art. 226, § 3º, da CF, pode ser dissolvida por acordo entre as partes; por decisão judicial, dispondo a respeito da partilha dos bens comuns, dos alimentos, a quem deles necessitar, da guarda dos filhos e dos alimentos para eles; ou ainda pela morte de um dos companheiros, tal como dispõem os arts. 731 a 733 do CPC.

Por ser uma união informal, finda-se também naturalmente, sem ter nenhum ato jurídico a dissolver; "sua causa é objetiva, fundada exclusivamente na separação de fato. Dispensa-se assim a imputação ou investigação de culpa".

Entretanto, "o CNJ recentemente abriu a possibilidade de registro da união estável e de sua dissolução no cartório de registro civil das pessoas naturais; contudo, tal averbação é facultativa e visa dar maior publicidade ao vínculo, não alterando o que acontece no âmbito dos fatos"[795].

Na prática, na maior parte das vezes, os conviventes procuram o Poder Judiciário, após o fim da relação, para buscar o reconhecimento de algum direito, seja partilha de bens, seja direito alimentar. Pode ocorrer, ainda, o reconhecimento da união estável *post mortem*, para fins sucessórios ou previdenciários. Visa-se, assim, conferir maior segurança jurídica às relações patrimoniais das partes.

A dissolução da união estável pode ser amigável ou litigiosa. A dissolução amigável pode ser realizada por instrumento particular, denominado "dissolução de união estável", em que os companheiros definem as questões práticas atinentes a essa dissolução, tais como acerto de pensão alimentícia, guarda dos filhos, partilha dos bens comuns, não havendo, por via de consequência, necessidade de homologação judicial, pois o instrumento particular é suficiente para o registro imobiliário.

O art. 732 do CPC dispõe que "as disposições relativas ao processo de homologação judicial de divórcio ou de separação consensuais aplicam-se, no que couber, ao processo de homologação da extinção consensual de união estável".[796]

[795] TARTUCE, Fernanda – *Processo civil no direito de família* – Teoria e prática. 2. ed. São Paulo: Gen/Método, 2017, p. 296.

[796] MALUF, Carlos Alberto Dabus; MALUF, Adriana Caldas do Rego Freitas Dabus – Curso de direito de família, p. 404 e ss.

Quanto à dissolução litigiosa, o panorama é bem diferente. Nesse caso, será necessária a intervenção judicial, feita mediante o pedido judicial de dissolução, cumulado com o pedido de declaração incidental da existência da união estável, se houver negativa de sua existência por uma das partes. Não havendo acordo entre ambos os companheiros, o juiz decidirá sobre as matérias em litígio, que podem versar sobre alimentos, guarda de filhos, partilha dos bens comuns ou disputa sobre os bens[797].

Assim, vemos que a entidade familiar pode ser extinta por mútuo acordo dos companheiros, não precisa ser realizado pela forma escrita, já que a união estável se concretiza e se desfaz no plano dos fatos. Contudo, se optarem pela forma escrita, nada impede que submetam a dissolução da união estável à homologação judicial, inclusive quando houver necessidade de estipulação da obrigação alimentar para um dos companheiros ou para a prole.

A dissolução por vontade das partes pode ocorrer através da resilição unilateral ou bilateral. Neste último caso, é comum ser requerida a homologação judicial; no primeiro caso, é preciso, antes de mais nada, que seja promovida ação declaratória de existência de união estável e de sua dissolução ou, ainda, simplesmente, ação de dissolução da união estável. Quando ocorrerem fatos que levem à ruptura dos deveres entre os conviventes, como adultério, tentativa de homicídio, sevícia, conduta desonrosa, abandono de lar, entre outros, o caminho é a rescisão da união estável[798].

Entretanto, a Lei Civil nada dispõe a esse respeito, gerando dúvidas de interpretação quanto à forma de extinção da referida união de fato.

Na prática, inexistindo possibilidade de acordo, qualquer das partes poderá ajuizar ação ordinária para declarar o término da união estável, caso em que o juiz decidirá, fixando a guarda dos filhos, determinando o pagamento de pensão alimentícia, a divisão dos bens comuns, tendo em vista as normas legais do regime da comunhão parcial ou do pacto avençado entre as partes[799].

[797] LÔBO, Paulo. *Famílias*, p. 163.

[798] FUJITA, Jorge – *Curso de direito civil*, p. 240.

[799] MONTEIRO, Washington de Barros; SILVA, Regina Beatriz Tavares da – *Curso de direito de família*, p. 72 e 73.

O direito alimentar, presente também na união estável, é consequência do dever de mútua assistência que existe entre os companheiros e que perdurará até o momento que o alimentado constituir nova união estável, casar-se ou, ainda, cessar a sua necessidade.

Pode-se, no entanto, antever que, se, além de manter um comportamento culposo, também mantiver o alimentando um comportamento indigno perante a outra parte, cessará da mesma forma o seu direito a alimentos, sem que tenha, nesse caso, nem mesmo direito aos chamados alimentos indispensáveis, nos termos do art. 1.708, parágrafo único, do CC.

Muito embora tenha sido garantido no art. 1.694 o direito recíproco dos companheiros aos alimentos na hipótese de dissolução da união estável, alerta-se sobre a perda desse direito no caso de haver a constituição de nova ordem familiar. Também, no caso de dissolução da união estável, aplica-se às relações patrimoniais o ordenamento normativo da época da aquisição dos bens.[800]

É o interesse público envolvido que leva o Estado a estender à entidade familiar os mesmos direitos com que contempla a família constituída pelo casamento, a ambas protegendo em condições de igualdade, consideradas suas naturezas diversas, já que o casamento tem início por meio de ato formal e solene, que é a sua celebração, sendo provado pela certidão respectiva, enquanto a união estável tem origem na informalidade.

A causa de pedir nas ações de reconhecimento de união estável – consensual, litigiosa ou *post mortem* – é a existência de relacionamento afetivo com os caracteres legais que o qualificam como entidade familiar denominada união estável e a consequente proteção dos indivíduos envolvidos.

Quanto à matéria de prova envolvida na questão, o ônus cabe ao autor, conforme disposição do art. 373 do CPC. Assim, no que tange aos meios de prova, estes podem ser: o contrato de união estável celebrado – embora tenha este força probatória relativa, posto que é possível comprovar que a união estável começou antes do termo do contrato; fotos de família; comprovantes de endereço em comum; contas conjuntas em banco; declaração de união estável em clubes e órgãos previdenciários; planos de saúde; seguros ou hospitais; certidão de nascimento de filhos; mensagens

[800] MALUF, Carlos Alberto Dabus; MALUF, Adriana Caldas do Rego Freitas Dabus – Curso de direito de família, p. 405 e ss.

eletrônicas; oitiva de testemunhas (que pode auxiliar na identificação dos caracteres mais objetivos da união estável, notadamente sua notoriedade social) e prova oral (o depoimento pessoal pode ser norteador das percepções subjetivas da relação).[801]

A sentença que reconhecer a existência ou a dissolução da união estável tem eficácia meramente declaratória, mas, por óbvio, desta defluem outros direitos, como a condenação ao pagamento de alimentos – de natureza condenatória; ou a constituição do direito à moradia do companheiro supérstite – de natureza constitutiva.[802]

## 9.2. A infidelidade como elemento de ruptura do relacionamento amoroso e da sociedade conjugal – a infidelidade virtual

Uma das principais causas da separação e do divórcio existente é a infidelidade. Sob a ótica psicanalítica, como vimos, este ocorre, via de regra, quando não existe mais o fator vital que sustenta o relacionamento amoroso, mas subsiste o medo de romper com uma situação conhecida, a do casamento ou da união estável, que envolve: patrimônio, dependência econômica, criação e estabilidade dos filhos, pressão social, além de uma certa dose de conformismo e acomodação.[803]

Podem ainda coexistir necessidades psicológicas ocultas, em certos comportamentos humanos que desenvolvem mecanismos de bloqueio da afetividade, podendo levar à sensação de vaziez existencial que culmina com a incessante busca de completude que o amor-romântico confere, e com isso impulsiona o parceiro para a infidelidade. Desta forma, como dito, parte o casal – ou apenas uma das partes –, para a infidelidade.

Sob a ótica jurídica, dispõe o art. 1.566 do Código Civil, os deveres de ambos os cônjuges, donde se destaca em seu inciso I a fidelidade recíproca, e no inciso V o respeito e consideração mútuos.

[801] MALUF, Carlos Alberto Dabus; MALUF, Adriana Caldas do Rego Freitas Dabus – Curso de direito de família, p. 406 e ss.

[802] TARTUCE, Fernanda – *Processo civil no direito de família* – Teoria e prática, p. 315-316.

[803] É válido ressaltar que "vivenciar um casamento e uma vida familiar feliz é de extrema importância para a manutenção da saúde pessoal. Por outro lado, manter um casamento irremediavelmente falido, fonte de tensão e angústia, é um caminho certo para a doença. Infelizmente, um grande número de casais mantém relacionamentos desse tipo numa perfeita "comunhão de neuroses", sendo claro que o que os mantém juntos não é o amor, mas o medo.

Em consonância com o padrão monogâmico adotado pela família desde a antiguidade, a fidelidade, pressuposto para sua existência, passou a existir não só como um valor, mas também como um dever, e desta forma vem regulada expressamente pelo Código Civil brasileiro. A fidelidade torna-se de interesse do Estado como forma de proteção à entidade familiar.

Já a infidelidade representa uma grave violação dos deveres do casamento e da união estável, posto que ambos constituem uma relação de caráter monogâmico, onde ambos os cônjuges ou companheiros devem-se mutuamente deveres de fidelidade, ou pelo menos no período em que durar a relação matrimonial ou convivencial. E assim, representa o adultério a mais grave das violações ao dever matrimonial de fidelidade.

A maioria da doutrina civilista entende o adultério como a prática voluntária de relações sexuais com pessoa distinta do cônjuge, não importando o sexo deste parceiro em questão, ou mesmo que seja este transexual operado ou não, ou intersexual ainda não redefinido.[804]

Não obstante o adultério convencional, existem também outras formas de manifestação de infidelidade como, o quase adultério, em que se expressa a prática de atos de conotação amorosa, libidinosa, que denunciem afetividade de um dos cônjuges terceira pessoa, que pode também acarretar a ruptura da sociedade familiar.[805]

Em suma, a infidelidade pode abarcar o âmbito da sexualidade e da mera afetividade, levando ao abalo da estrutura familiar tal como anteriormente concebida.

Essa noção foi desenvolvida por Carbonnier que diferiu a infidelidade física – que implicaria na relação sexual do cônjuge com terceira pessoa – com a infidelidade moral – limitando-se às intrigas amorosas.[806]

O dever de fidelidade como aduz Regina Beatriz Tavares da Silva pode ser conceituado como lealdade, física e moral, de um cônjuge para com o

804 MALUF, Adriana Caldas do Rego Freitas Dabus – Novas modalidades de família na pós-modernidade p. 60.

805 Alguns doutrinadores como Magalhães Noronha e Nelson Hungria atribuíam ao adultério uma maior amplitude, pois consideravam também como o mesmo as demais formas de condutas típicas sexuais equivalentes na forma fisiológica, como o sexo anal e oral.

806 CARBONNIER, Jean – Droit Civil, la famille, tome 2, 21ª ed, Paris: PUF, 2002, p. 471 a 473.

outro, principalmente no que tange à manutenção de relações que visem à satisfação sexual dentro da sociedade conjugal.

A esse fator penso que também essa satisfação pessoal dentro da sociedade conjugal, denunciada pela existência de amor, elenca as características basilares da fidelidade.

Assim também é o pensamento de José Alberto Caras Altas Duarte Pinheiro, para quem "o interesse da família representaria um limite à ação de cada cônjuge perante o outro, por força da existência da comunhão matrimonial", que evidentemente entendemos como sendo o amor, reflexo da alma individual.[807]

Quanto ao respeito e considerações mútuos, vemos que este tem o objetivo precípuo de proteger os direitos personalíssimos dos cônjuges, como a vida, a integridade física e psíquica, a honra, entre outros. Estando a tentativa de morte, a sevícia, a injúria grave, a conduta desonrosa, a ofensa à liberdade profissional, social, sexual, religiosa, entre os atos de violação desse dever.[808]

Além do dever de fidelidade, outro dever conjugal que também se relaciona com o a prática de sexo virtual, é o de respeito e consideração mútuos, que manifestam como os deveres de sinceridade, zelo pelo cônjuge e pela família.

Para Maria Helena Diniz, o descumprimento do dever de respeito e consideração mútuos constitui-se em injúria grave, que também pode dar ensejo à ação de separação litigiosa.

Na pós modernidade a possibilidade da manutenção de laços afetivo-eróticos virtuais dá ensejo à infidelidade, dando origem à conduta desonrosa, em face à ausência de conjunção carnal, para a configuração do adultério. "Frente a um relacionamento desgastado, passa o espaço virtual a ser uma válvula de escape por possibilitar ao cônjuge insatisfeito a comunicação com outra pessoa, cuja figura idealizada não enfrenta o desgaste da convivência".[809]

[807] PINHEIRO, José Alberto Caras Altas Duarte Pinheiro, Coimbra: Almedina, 2004, p. 46

[808] SILVA, Regina Beatriz Tavares da – Código Civil Comentado, 7ª ed, São Paulo: Saraiva, 2010, p. 1529 e 1530.

[809] DINIZ, MARIA HELENA, Curso de Direito Civil Brasileiro, Direito de Família, 22. ed. vol. V, São Paulo: Saraiva, 2.007, p. 291.

Frente à estrutura basilar do amor platônico, já enfrentado em capítulo próprio, concordamos com Maria Helena Diniz quando aduz que "o laço erótico-afetivo-platônico com pessoa sem rosto e sem identidade, pode ser mais forte do que o relacionamento real, violando a obrigação de respeito e consideração que se deve ter em relação ao consorte", podendo ensejar aos olhos da lei a separação-sanção tal como preveem os artigos 1572 e 1573 do Código Civil, uma vez que seja comprovada a insuportabilidade da vida em comum.

Á luz do disposto no art. 1572 do mesmo Diploma Legal temos que "qualquer dos cônjuges poderá propor a ação de separação judicial, imputando ao outro qualquer ato que importe grave violação dos deveres do casamento e torne insuportável a vida comum"; e no art. 1573 "Podem caracterizar a impossibilidade da comunhão de vida a ocorrência de algum dos seguintes motivos: I – adultério, II – tentativa de morte. III – sevícia ou injúria grave, IV – abandono voluntário do lar conjugal, durante um ano contínuo, V – condenação por crime infamante, VI – conduta desonrosa. Parágrafo único. O juiz poderá considerar outros fatos que tornem evidente a impossibilidade da vida em comum".

Vemos aqui a presença do adultério como modalidade de infração aos deveres conjugais. Caracteriza-se este pela prática tal que resulta da conjunção carnal ou mesmo conexão emocional com terceira pessoa diversa do cônjuge com fins de satisfação do instinto sexual ou preenchimento de carência afetiva, decorrente de necessidade psíquica.[810]

Na lição de Cunha Gonçalves supõe a presença de dois fatores diversos e essenciais: a cópula mais o *ânimus* (a vontade de faltar ao dever de fidelidade).

[810] Vemos que na prática clinica o adultério feminino visa antes de mais nada o encontro da conexão emocional, mais o sexo. Quer sentir-se especial, amada, valorizada, o que torna-se a maior amcaça ao casamento. A busca da realização erótica numa sociedade mais permissiva, tornou grande o interesse em sexo fora do casamento. Em entrevista com diversas mulheres americanas Mandi Norwood apurou o que segundo elas poderia ser considerada infidelidade: beijos, mãos dadas, demonstrações de afeto. O mero encontro de mentes no universo virtual é o suficiente para destruir a confiança entre o casal, a presença constante nas fantasias sexuais do parceiro, estado de apaixonamento, a concretização de uma relação mais feliz com outra pessoa diferente de sexo, preferir a companhia de outra pessoa – no plano real ou virtual – do que a do cônjuge. Enfim, qualquer atitude secreta ou velada de caráter afetivo ou sexual que se tenha com terceira pessoa. NORWOOD, Mandi – Até que a falta de tesão nos separe, São Paulo: Editora Landscape, 2005, p. 172 e 173.

Representa uma ofensa moral ao consorte, a infringência ao regime monogâmico e põe em risco a legitimidade da prole.

Entretanto, na atualidade, temos a figura do chamado adultério virtual, que também caracteriza o descumprimento do dever legal de fidelidade. Embora inexista a relação sexual física, carnal, no ciberespaço, mas somente o sexo pessoal.

Com o avanço tecnológico alcançado pela sociedade nas últimas décadas, começaram a surgir modalidades novas de relacionamento, entre as quais se destaca o relacionamento virtual, "ainda de enquadramento jurídico indefinido ou pouco satisfatório, mas que afetam diretamente a estrutura da família. Por esse motivo, é necessário que o direito passe a regular essas novas modalidades, a fim de garantir àqueles por elas afetados soluções adequadas e também justas".

Nesse sentido, vemos que o comportamento infiel pode ser verificado também pela prática de outros atos que não imponham a conjunção carnal. Configurando-se o sexo virtual um possível descumprimento de um dos deveres conjugais por atingir a parte moral do conceito de fidelidade, definido com um dos deveres conjugais.

Através da infidelidade virtual os parceiros trocam e-mails, conversam pelo whattsApp ou outros sites e aplicativos de relacionamento e não se 3mantém, em princípio, nenhum tipo de contato físico, mas há sexo e prazer por meio de artifícios disponíveis como a *webcam*. o *genital drive* e outros *gadgets*.

Além do dever de fidelidade, outro dever conjugal que também se relaciona com o a prática de sexo virtual é o de respeito e consideração mútuos, expressos no inciso V do artigo 1.566 do Código Civil pátrio.[811]

A prática de sexo virtual tomou um vulto enorme na sociedade contemporânea, sendo objeto de intensos debates também na comunidade internacional, tal como prelecionam François Terré e Dominique Fenouillet, uma vez que pode ser entendido como uma conduta desonrosa ou tentativa de adultério.[812]

[811] PACCA, João Ricardo Lopes da Silva – A prática de sexo virtual com pessoa diferente do cônjuge como descumprimento de deveres conjugais e as consequências desse enquadramento jurídico. Tese de láurea apresentado ao Departamento de Direito Civil da FADUSP em 2010, p. 30.

[812] TERRÉ, François; FENOUILLET, Dominique – Droit Civil, lês personnes, la famille, lês incapacites, 7 édition, Paris: Dalloz, 2005, p. 380.

No entender de Flávio Gikovate, quando se fala em sexo casual, o sexo virtual representará a modalidade do futuro, devido à comodidade e às múltiplas ofertas de parceiros que oferece além da oportunidade de poder ser praticado no espaço privado, em total segurança.[813]

Embora haja uma divergência no pensamento jurídico, quanto ao sexo virtual corresponder ou não ao adultério, tal como previsto na lei, dada a ausência de conjunção carnal, atualmente, amparada pela moderna psicologia como sexo casual do futuro, entendemos que pode o sexo virtual ser visto como uma nova modalidade de adultério, de conformação virtual, que a seu turno pode ser enquadrado como adultério moral ou material, e em ambos os casos, por representar este uma desconsideração aos deveres conjugais que pode sim dar ensejo a dissolução da sociedade conjugal, frente aos danos causados à integridade moral do cônjuge e desequilíbrio das relações familiares, que são incontestes, e caracterizam ainda uma falta de amor nas relações interpessoais.

Numa visão mais apurada, entendemos que a infidelidade não possui exatamente a mesma definição de adultério. Aquela é gênero do qual adultério é espécie. Desta forma sua conformação pode ser verificada também pela prática de outros atos que não a conjunção carnal. Configurando-se o sexo virtual em possível descumprimento de um dos deveres conjugais por atingir a parte moral do conceito de fidelidade, como apresentado, a infidelidade virtual ou infidelidade moral, por sua vez, é aquela que ocorre via computador. Nessa classe, os parceiros trocam e-mails, conversam pela internet ou whattsApp e não há, a princípio, contato físico, mas há sexo e prazer por meio de artifícios disponíveis como a *webcam* e o *genital drive*, ou mesmo com robôs programados para atender aos desejos emocionais e sexuais das partes.

Na concepção de Caio Mário da Silva Pereira, este representa uma infidelidade moral, tomada como injúria grave, pois sua prática caracteriza um desrespeito ao outro cônjuge.[814]

Incrementa essa questão do sexo virtual, o sexo praticado com robôs, já explorado na presente obra, construídos conforme as necessidades e

813 GIKOVATE, Flavio – A fragilidade do tesão. In. http://www.cpflcultura.com.br/site/2010

814 PEREIRA, Caio Mário da Silva – Instituições de direito civil, Rio de Janeiro: Forense/Gen, 18. ed., v. V, 2010, p. 174 e 175. – revista e atualizada por Tânia da Silva Pereira.

expectativas das partes, fazendo inclusive surgir uma nova modalidade de orientação sexual: a digisexualidade, já referida.

Um notável exemplo de falta de amor nesse tipo de infidelidade, é que em face ao caráter incorpóreo da rede virtual, facilmente essas práticas caem na rede de uso público e comum, podendo gerar grande repercussão midiática e notável prejuízo á integridade moral do cônjuge inocente, o que ensejaria a reparação civil deste cônjuge, e em alguns casos pode também ser responsabilizada a empresa provedora diante do registro de um perfil falso na comunidade virtual.[815]

[815] RESPONSABILIDADE CIVIL. DANOS MORAIS. Criação de perfil falso em site de relacionamento na internet. "Orkut". Provedor que nada faz para excluir a conta falsa nem fazer cessar a veiculação do perfil. Negligência configurada. Dano moral configurado. Rec. Cív n.71001373646, Terceira Turma Recursal Cível, Porto Alegre. Rel.Des. Carlos Eduardo Richinitti, j.26.02.08.

# 10.
# O AMOR NAS RELAÇÕES PARENTAIS

À luz da antropologia, o homem, desde os primórdios, agrupa-se em núcleos familiares tanto por característica de sua própria natureza, quanto para sua proteção e preservação da espécie.

Os filhos, por sua vez, nem sempre foram objeto do amor de seus pais. Inicialmente, eram motivo de alegria porque aumentavam o número de integrantes do grupo para a defesa da vida e para o trabalho. Dada a estrutura relacional da época não era possível identificar-se o verdadeiro genitor biológico daquela prole, e tampouco isso tinha alguma importância. Posteriormente, veio a monogamia regular às relações familiares, para que o pai pudesse ter certeza de sua descendência e assim transmitir-lhe os bens, o nome e perpetuar a religião doméstica.

Nesse diapasão vemos que os primeiros interesses a serem tutelados foram os dos genitores e só recentemente, foi reconhecida a importância do amor na gênese das relações familiares e formatação dos elos parentais, sendo inclusive tutelada pelo direito.

Preleciona Schopenhauer, um dos poucos filósofos que pensou com profundidade no papel que tem o amor à preservação da existência humana, que este sentimento não é função do espírito, nem instinto de unidade, mas um artifício da natureza para a preservação da espécie. A vontade é força que age na natureza, desejo que move o homem e, antes de nele se expressar, é forma eterna e imutável.

Concebe San Tiago Dantas que "o fato natural da procriação engendra importantes conseqüências jurídicas, uma vez que forma entre pais e filhos uma rede de direitos e deveres recíprocos, cujo complexo de direitos em relação à pessoa do filho constitui uma qualidade jurídica aderente ao indivíduo: o estado de filiação".[816]

Os ordenamentos jurídicos ocidentais, trataram de regrar as relações entre pais e filhos, visando a proteção dos interesses dos filhos, das crianças, dos adolescentes, e nesse sentido, vem o direito ao afeto e ao amor parental, uma vez que mais do que o sentimento de dever, mais que princípios e valores eticamente positivos, atuar como o fator determinante para que o homem alcance maturidade emocional, desenvolvimento pleno de sua personalidade e potencialidades valorizando sua intrínseca dignidade.

Inúmeros documentos legislativos protegem na atualidade os interesses do menor, salvaguardando o seu direito ao amor e à afetividade. Assim dispõe a Constituição Federal em seu artigo 227 é "dever da família, da sociedade e do Estado assegurar à criança e ao adolescente, com absoluta prioridade, o direito à vida, à saúde, à alimentação, à educação, ao lazer, à profissionalização, à cultura, à dignidade, ao respeito, à liberdade e à convivência familiar e comunitária, além de colocá-los a salvo de toda forma de negligência, discriminação, exploração, violência, crueldade e opressão".

Entre os vários tipos de amor, desenvolvidos nesse trabalho, temos que o amor que une os pais e os filhos é o chamado amor incondicional, que protege, que ampara, que valoriza. Representa a base do relacionamento sólido entre os pais e os filhos, e é vital para o desenvolvimento saudável da criança. Os pais nesse sentido, são responsáveis pela formação moral, cultural, afetiva, social, espiritual de seus filhos. Todavia, esses comportamentos tiveram de ser objeto de normas jurídicas, cogentes.

A psicologia moderna, que muito se ocupa do tema, traz consignada a concepção, como bem se ocupou Erich Fromm de que "o amor incondicional corresponde a um dos anseios mais profundos de todo ser humano. Entretanto, ser amado por causa de seus méritos, dá margem a dúvidas no que toca a efetividade do amor que se desperta. Sou amado apenas porque agrado? Sou então amado ou usado?".

[816] SAN TIAGO DANTAS, F C – Direito de família e das sucessões, p. 341.

Nesse *locus* o papel parental apresenta diferentes características em face do gênero: enquanto a mãe representa um porto seguro para o filho, desde o seu nascimento, o pai representa um papel cultural, que apresenta ao filho o mundo do pensamento, da criação humana, da ordem, da aventura. O amor paterno é um amor condicional, enquanto o materno é incondicional[817]

Na atualidade diversos diplomas legais se ocupam da proteção do menor e da família, entre os quais se destacam: a Constituição Federal em seus artigos 1 a 5, 226, 227; o Código Civil, o Estatuto da Criança e do Adolescente; leis especiais como a Lei dos "alimentos gravídicos" Lei n. 11.804/08; a Lei n.11.698/08 que trata da guarda compartilhada entre outras.

Nesse sentido determina a lei, sob pena de sanções, que os pais eduquem, formem, sustentem, respeitem e orientem os filhos que geraram. Mas poderá impor que os amem? Terá a lei força suficiente para que deem aos filhos o afeto, ingrediente fundamental para a saúde e dignidade humana, como se defende com tanto ênfase na contemporaneidade?

O amor, que vem largamente explicitado no correr desta obra, é o sentimento que preenche o vazio humano, que define os limites do eu, é indispensável ao processo de formação e estruturação da personalidade do indivíduo desde o início da formação do ser, manifestando-se até a sua morte.

Na atualidade a psicologia contemporânea prefere analisar o homem numa visão holística, integrativa de seu todo e em relação ao meio ambiente.

A estrutura da filiação alterou-se enormemente no tempo histórico. Passando de uma fase de completa submissão na Antiguidade, passou a ser na contemporaneidade fundada na igualdade e no afeto.

Desta sorte temos que o amor e o afeto passaram a apresentar grande importância no seio da família, cujo objetivo principal é o desenvolvimento pleno da personalidade e das potencialidades de seus componentes, sendo tutelados pela lei.

Assim como se ampliou o espectro familiar, ampliou-se também a forma de aquisição do status filial, antes ungido somente à chamada família legitima.

[817] FROMM, Erich – A arte de amar, p. 52.

Hoje, seja fruto do casamento, da união estável, de uma relação passageira ou efêmera, de inseminação artificial – homóloga ou heteróloga –, seja oriundo da adoção, ou até mesmo do incesto, o filho, comprovado seu laço biológico ou socioafetivo, passa a ter seus direitos personalíssimos considerados.

Como exemplo vivo do amor parental "o afeto entre pais e filhos, independentemente da existência ou não de um liame biológico entre eles, é um elemento de grande importância, quer seja ele considerado um valor ético, quer seja um valor jurídico".[818]

Podemos assim entender por **filiação** a ligação de um ser humano com outro a partir do reconhecimento da paternidade ou maternidade do mesmo, ou seja, a ligação do filho com seus pais, seja este presente em familia natural – biológica –, substituta – adoção ou provenha de outros meios, a filiação socioafetiva. Engendra essa relação uma pleiade de direitos e deveres bilaterais, tutelados pelo direito.

Numa visão histórica o tratamento dispensado aos filhos era muito distinto. Dependia integralmente do núcleo familiar e social no quel era concebido.

No quadro legislativo brasileiro, durante o periodo em que vigeram os Ordenações do Reino – Ordenações Afonsinas, publicadas por D. Afonso V por volta do ano 1446, Manuelinas, promulgadas em 1521 por D Manuel I – o Venturoso-, e Filipinas, promulgadas por Filipe I rei de Espanha, em 1603 – durante o periodo da dominação espanhola no Brasil, nomeada e em vigente no país até a entrada em vigor do Código Civil pátrio em 1º de janeiro de 1917.

Sob o entendimento das Ordenações Filipinas distinguia-se a filiação legítima da ilegítima. Estes por sua vez eram divididos em filhos ilegitimos espúrios, que podiam ser incestuosos, adulterinos ou sacrílegos e filhos ilegitimos naturais.

Aos primeiros era permitido pela lei pleitear o reconhecimento da paternidade, sem no entanto ser-lhe concedido qualquer benefício sucessório. Aos segundos, era-lhes lícita a sucessão testamentária mas não a sucessão legítima.

[818] FUJITA, Jorge Shiguemitsu – O afeto nas relações entre pais e filhos: filiação biológica, socioafetiva e homoafetiva. Tese de Doutorado apresentada ao Departamento de Direito Civil da FADUSP em 2008, p. 7 e 8.

Havia ainda, como de comum na sociedade sensitária da época a diferenciação entre os filhos das familias nobres e das famílias plebéias, criando-se uma intensa separação social e legal entre ambos.

A diferença entre o status filial persisitiu durante o peiriodo da Consolidação das Leis Civis, de autoria de Teixeira de Freitas, embora concedesse o direito á sucessão legítima aos filhos ilegítimos naturais desde que reconhecidos pela pai através de escritura pública, à luz dos arts. 961 e 964.[819]

Essa diferenciaçã persistiu sob a égide do Código Civil de 16, que dividia a filiação em legitima (fruto da família casamentária, legitimada (decorrente do casamento dos pais posteriormente à concepção do filho), ilegitima e adotiva.

Aos filhos incestuosos e adulterinos não era possivel o reconhecimento voluntário ou mesmo forçado, sendo estes impedidos de ter acesso à sucessão hereditária ou mesmo pleitear alimentos, tal como dispõem os artigos 358 e 363 do referido Diploma Legal.

Entretanto os filhos ilegítimos naturais podiam valer-se do reconhecimento da paternidade, se ao tempo da concepção estivesse a mãe mantendo relação concubinária com o suposto pai, ou mesmo se a concepção coincidisse com o periodo do rapto da mãe pelo suposto pai, ou ainda se houvesse reconhecimento expresso deste, por escrito, reconhecendo a paternidade.

A Constituição de 1937, em seu art. 126, equiparou os filhos legitimos e os naturais; vindo posteriormente o Decreto-lei n.3200 de 1941, em seu art. 14 proibir a menção expressa dessa circunstância na certidão de nascimento do menor, buscando evitar-se assim qualquer menção discriminatória.

Alguns anos mais tarde, em 1942, O Dec-lei n. 4737 de 24 de setembro, estendeu a possibilidade de reconhecimento de filhos adulterinos, voluntário ou forçado, após o desquite de seus pais.

A lei 883 de 21.10.49, possibilitou o reconhecimento dos filhos adulterinos após a dissolução da sociedade conjugal dos genitores.

A lei n. 3.133 de 1957, modificnado os artigos do Código Civil referentes a adoção, introduziu a possibilidade desta se configurar em observância das seguintes condições: os maiores de trinta anos

[819] TEIXEIRA DE FREITAS, Augusto – Consolidação das Leis Civis, v. II, p. 561 a 564.

passaram a ter o direito de adotar, art. 380 caput; a adoção das pessoas casadas somente se tornava possível depois de decorridos cinco anos de casamento, art. 380 § único; a diferença de idade entre o adotado e o adotante deve ser de pelo menos dezesseis anos, art.369; o consentimento adotado, se capaz, ou do representante legal do adotado, se incapaz ou nascituro, art.372. Poderia ainda haver a dissolução do vínculo de adoção por acordo das partes, ou nos casos em que era permitida a deserdação, art. 374. Ocorria também que quando o adotante tivesse filhos legítimos, legitimados ou reconhecidos, a relação de adoção não envolvia a sucessão hereditária, como dispõe o art. 377. Previa também o mesmo texto legal uma certa flexibilidade para a doção do nome de familia – poderia ser mantido o nome da familia biológica, poderia ser acrescentado a este os apelidos da familia adotante, ou adotar-se somente os apelidos da família adotante.

Podemos observar desta forma, que a adoção trazia consignada uma idéia de filiação de segunda classe, ou seja, era uma filiação com reservas, cujo vínculo poderia ser desfeito mediante a conveniência das partes. Com Jacob Dolinger, pensamos que se trata de um direito sem amor.

A Lei n.4.121/62, Estatuto da Mulher casada, entre as inúmeras modificações que trouxe ao Código Civil no que tange ao status da mulher casada, garantiu-lhe a plena administração dos bens e da vida de filho advindo de casamento anterios; concedeu-lhe o benefício da guarda dos menores, salvo nos casos de comprovada incapacidade em fazê-lo.

A situação dos filhos adotivos entretanto continuava em descompasso com os filhos biológicos. A Lei n. 4.655 de 1965 dispôs sobre a legitimação adotiva, reconhecendo ao filho adotivo os mesmos direitos concedidos ao filho legitimo, salvo no caso de sucessão, quando este concorrese com filho legitimo, art. 9º. Foi também estendido o status familiae aos ascendentes do adotado, desde que estes assim o aniussem, art. 9º § 1º.

A Lei do divórcio, Lei 6.515/77, inivou permitindo o reconhecimento testamentario, via testamento cerrado, de filho havido fora do casamento. Reconheceu também o direito sucessório a todos os filhos independente da natureza da filiação. No caso de separação dos pais, destinou a guarda do filho ao cõnjuge inocente.

A Lei n.6.697 de 1979, Código de Menores, instituiu as figuras da adoção simples aos menores em situação irregular, à luz dos arts. 27 e 28, cujo procedimento era regulado pelas normas do Código Civil; e a adoção plena, que irevogavel, desvinculava completamente o menor de sua familia biológica, tal como dispunham os arts 29 a 37.

A Constituição de 1988, alterou significativamente a estrutura da familia e da filiação. Em primeiro lugar porque reconhece como entidade familiar a união estável e a monoparentalidade, tendo em vista o principio da dignidade da pessoa humana presente no art.1º,III; coibiu qualquer forma de discriminação, em seu art.3º,IV. Equiparou os filhos entre si independente da forma ou contexto de sua concepção, proibindo qualquer menção discriminatória entre eles, como dispõe o art. 227 § 6º.

Em consonância com os principios constitucionais veio a Lei n.7.841/89 revogar o art.358 do Código Civil que impedia o reconhecimento dos filhos incestuosos e os adulterinos.

O Estatuto da Criança e do Adolescente, Lei n. 8.069/90, prevê a proteção integral da criança e do adolescente, veio a regular seus direitos fundamentais.

A Lei n. 8.560/92, fixou em seu art.1º, o reconhecimento dos filhos obtidos fora do matrimônio possuem caráter de irrevogabilidade, valorizando assim a proteção integral da criança. Quanto à adoção do maior, esta encontra-se condicionada ao seu expresso consentimento.[820]

O Código Civil de 2002, Lei n.10.406/02, trouxe muitas novidades no que tange à filiação, ampliando essa proteção para os filhos concebidos por reprodução artificial, decorrente das novidades biotecnológicas que muito vem se desenvolvendo na pós-modernidade.

O art. 1596 equiparou o status dos filhos havidos ou não nas relações de casamento, ou por adoção, sendo proibidas quaisquer designações discriminatórias relativas à filiação.

Já o art. 1597, incisos I a V tratou das presunções de paternidade, muitas das quais, previstas nos incisos III a V, são fruto de avanços biotecnológicos ensejam intrinsecas considerações bioéticas.

Vemos assim a presença de um quadro legislativo amparado no amor e no respeito à dignidade humana, à liberdade e à diversidade, na maior expressão tolerância entre os cidadãos.

[820] FUJITA, Jorge Shiguemitsu – O afeto nas relações entre pais e filhos: filiação biológica, socioafetiva e homoafetiva. Tese de Doutorado apresentada ao Departamento de Direito Civil da FADUSP em 2008, p. 19 a 31.

Ensejam muitos questionamentos cientificos e bioéticos toda a dinâmica da reprodução assistida, pois a sociedade biotecnológica fez emergir formas novas de humanidade: o embrião pre-implantatório, o embrião, o clone e o genoma.

Inicialmente debate-se sobre o status jurídico do embrião: se pessoa, se coisa ou se ente não personalizado, por mim entendido como pessoa virtual, ou seja que guarda a intrinseca possibilidade de se desenvolver em pessoa dada a sua carga genética diferenciada, sendo portando detentora de direitos da personalidade.

Sem desconsiderar o valor jurídico do embrião, numa demonstração clara de tolerância e amor, vê-se que este permeia os entes desde a sua fase inicial que inclui a concepção, sem ser nem mesmo necessária a implantação no útero para ensejar,mesmo que por parte de alguns, o amor paterno-filial em um ente ainda sem corpo físico, denominado embrião pré-implantatório, mas ainda assim detentor de direitos de caráter personalíssimo, dado que dispõe o art. 5º, I, II § § 1º e 2º da lei de Biossegurança que apenas pode ser destinado à pesquisa de células-tronco, o embrião criopreservado por mais de três anos, ou seja inviável,com a devida anuência dos genitores, num claro exemplo de afeccio e amor.

No mesmo sentido é a Resolução n. 1110/89, do Conselho da Europa, que prevê que "desde o momento da concepção o embrião é considerado pessoa, e portanto deve receber proteção legal".[821]

O nascituro, ser já concebido e em desenvolvimento no útero materno também é detentor de direitos personalissimos, dignidade humana e enseja proteção jurídica haja vista a disposição do art 2º do Código Civil e da Lei dos alimentos gravidicos. Tendo o nascituro direitos ao nome, à alimentação, ao recato, à integridade fisica, à alimentação e cuidados médicos adequados, podendo ser beneficiário de adoção, sucessão testamentária, entre muitos outros, numa flagrante comprovação do amor paterno filial quc os unc ao scio familiar desde antes do nascimento.

Aduz Silmara Chinellato que existem controvérsias sobre o status jurídico do nascituro, que entende ser portador de direitos personalissimos desde a concepção.[822]

[821] MALUF, Adriana Caldas do Rego Freitas Dabus – Curso de bioética e biodireito, p. 173 e ss.

[822] ALMEIDA, Silmara June de Abreu Chinellato – Tutela civil do nascituro, São Paulo: Saraiva, 2000, p. 17 e 22.

A reprodução humana assistida, ensejou inúmeros debates bioéticos. A sociedade contemporânea, fruindo do extremo desenvolvimento científico que atingiu, pode proporcionar aos homens a cura de inúmeras patologias, ou problemas que os afligiam. Assim desenvolveram-se as diversas técnicas conhecidas para a reprodução artificial assistida.

A importância da prole sempre foi uma constante nas sociedades familiares, desde a Antiguidade. Sendo portanto a questão da reprodução uma constante nos documentos legislativos desde então: o Código de Hamurabi, ante a importância da procriação, previa a intervenção de terceiros no lar conjugal, para saná-la; o Código de Manu já se preocupava com a questão da descendência, possibilitando, ante a esterilidade do marido, que seu irmão se incumbisse da tarefa de inseminar sua esposa, garantindo-lhe assim, a prole.[823]

A Reprodução Humana Assistida é basicamente, a intervenção do homem no processo de procriação natural, com o objetivo de possibilitar que pessoas com problemas de infertilidade ou esterilidade satisfaçam o desejo de alcançar a maternidade ou a paternidade. Nas palavras de Freitas, Siqueira e Segre "o admirável mundo novo da reprodução humana assistida trouxe repercussões que configuraram uma nova realidade a ser avaliada em toda a sua magnitude".[824]

Entre as considerações bioéticas que surgem com as novas técnicas reprodutivas, podemos apontar: a redesignação dos laços parentais, o acesso às mulheres solteiras às técnicas; o acesso aos homossexuais e transgêneros às técnicas, a viabilidade da reprodução heteróloga, a questão da reprodução assistida post mortem, entre os diversos temas de debates que acometem o embrião, já discutidos nessa obra.

Com grande interesse para o direito, as técnicas de reprodução assistida podem ser: homóloga ou heteróloga, quando for utilizado o material genético do casal – casado ou convivente – ou valer-se de material de doador.

[823] GUGLIOTTI, Kristine Barci – A problemática da reprodução assistida. Trabalho apresentado ao curso de pós-graduação na FADUSP, 2009, não publicado, p. 1 a 3; SCALQUETTE, Ana Claudia Silva – Estatuto da reprodução assistida, São Paulo; Saraiva, 2010, p. 54.

[824] FREITAS, Márcia de; SIQUEIRA, Arnaldo AF; SEGRE, Conceição, AM – Avanços em reprodução assistida. In. Revista brasileira de Crescimento e Desenvolvimento Humano.2008(1): p. 93 a 97.

Pode ser também realizada *in vivo, in vitro* ou *post mortem*, decorrente da técnica reprodutiva indicada para cada caso específico, (feita diretamente no corpo da receptora, ou fora dele, em laboratório) bem como do momento em que sua realização tiver lugar.

Diversos são os resultados práticos decorrentes do emprego das diversas técnicas da reprodução assistida, com grande repercussão para o debate bioético, necessitando ser regulado pelo biodireito, pois importante é a sua posterior influência no direito de família.

Podemos assim destacar: a fecundação de um óvulo da esposa ou companheira com esperma do marido ou convivente, transferindo-se o embrião para o útero de outra mulher; a fertilização *in vitro* com material de doador, por encomenda de um casal estéril, implantando-se o zigoto no útero de uma mulher ou no de outra; a fecundação com sêmen do marido ou companheiro, de um óvulo não pertencente à sua esposa ou companheira, mas implantado no seu útero; a fertilização com material de doador, do óvulo da esposa, implantando-se o zigoto no útero de outra mulher. A fertilização com material dos parceiros ou com material de doador seguido de gestação substituta nos casos de procriação entre pessoas do mesmo sexo ou nos estados intersexuais.

Inúmeras são as consequências jurídicas oriundas do emprego das práticas reprodutivas, que engendram pesados e atuais debates bioéticos, dentre as quais podemos destacar: a confusão de papéis familiares no direito de família; a decadência das presunções *pater ist* e *mater sempre certa est*; o anonimato do doador que inibe o conhecimento da ascendência genética por parte do filho; o discutido acesso à mulher solteira às práticas de reprodução assistida, gerando não só a família monoparental, mas a família unilinear – privando assim o filho do direito personalíssimo à biparentalidade biológica; poderá acarretar a interferência de um terceiro no lar conjugal.

Por isso, pensamos que urge seja feita a regulação legal da reprodução assistida tal como no exemplo europeu, tendo em vista a dignidade do ser humano e o melhor interesse da criança.[825]

Na lição de Paulo Otero, a aplicação no âmbito da reprodução humana do progresso científico e técnico nos domínios da biologia e da genética

825 MALUF, Adriana Caldas do Rego Freitas Dabus – Curso de bioética e biodireito, p. 207 e ss.

conduziu o final do século XX à uma situação inovadora: a procriação antes dominada pela natureza, passou a ser comandada pelo homem, levando à uma dissociação entre a reprodução e a sexualidade.[826]

Leciona António Carvalho Martins que apesar do sucesso da reprodução assistida, que gera grande interesse na população, esta deve ser vista com cautela, pois o uso de uma liberdade, constitucionalmente garantida, pode lesar interesses ou bens jurídicos fundamentais ao homem, a saber, a própria vida, a integridade física e moral, a privacidade, o conhecimento de sua origem biológica, o acesso à biparentalidade, entre outros.

O que significa que não deve o emprego das técnicas conhecer nenhum limite normativo em face da preservação da dignidade humana ou mesmo da higidez da espécie.

Estabelece-se todavia um grande conflito bioético entre a liberdade de investigação cientifica e os direitos humanos, devendo, tal como já exploramos zelar pela vida e pela dignidade humana em todos os seus momentos, desde a concepção, até seus momentos finais.

De grande impacto na matéria é o debate ético jurídico que ela proporciona, que será sem dúvida cerceada pela atuação do legislador, "ainda que com isso não se resolva a questão de qual deve ser o alcance dessa intervenção, onde pressupõe -se o conhecimento profundo do sistema político-social de cada país, e não apenas o seu sistema jurídico".[827]

No direito positivo vigente, devem-se considerar as normas que preveem os direitos, liberdades e garantias, tendo em vista a principiologia constitucional.

Algumas práticas médicas têm intensa repercussão bioética, tal como o acesso às mulheres sós/solteiras que não mantém nenhum vínculo afetivo à reprodução assistida; às viúvas em fazerem inseminação *post mortem* fecundadas com o sêmen previamente conservado de seu marido falecido, levando em ambas as hipóteses a circunstância de o filho nascer com a ausência da figura social do pai, por prévia decisão da mulher.[828]

[826] OTERO, Paulo – Personalidade e identidade pessoal e genética do ser humano: um perfil constitucional da bioética, Coimbra: Almedina, 1999, p. 12.

[827] MARTINS, António de Carvalho – Bioética e diagnóstico pré-natal, Coimbra: Coimbra Editora, 2003, p. 24 a 29.

[828] MARTINS, António de Carvalho – Bioética e diagnóstico pré-natal, p. 51.

A estas juntamos as hipóteses de possibilidade de acesso às técnicas de relação assistida aos homossexuais e aos transgêneros, tal como prevê a Resolução n. 2.294 /2021 do CFM.

Outro ponto de grande discussão bioética é o acesso às técnicas de reprodução assistida em portadores de HIV dada ao alto índice de contaminação que a patologia apresenta. Sabe-se que na gestação envolvendo soropositivos tanto a mãe quanto a criança podem ser infectados, mesmo se só o pai for soropositivo, devido à presença, controvertida, do vírus da AIDS no esperma humano. Quando a soropositividade for por parte materna, existe o risco de contaminação vertical (direta da mãe para o filho) ou pela amamentação.

É sabido que através do uso das técnicas de reprodução assistida a possibilidade de infecção diminui, sendo comum a inseminação heteróloga, ou o emprego das técnicas de inseminação artificial e a fertilização in vitro com injeção intracitoplasmática.

Do ponto de vista bioético contrapõem-se dois direitos fundamentais nesses casos: o direito à procriação de um lado e o direito à vida e à saúde da criança de outro, protegida esta nos documentos legais nacionais e internacionais.[829]

Podemos assim concluir que intensas são as repercussões bioéticas em matéria de família que advém da reprodução artificial. Quanto as modalidades, a inseminação artificial_homóloga, se num primeiro momento não acarreta maiores conflitos, em outro, pode acarretá-los se realizada *post mortem*, como prevê entre tantas outras, a nossa legislação pátria. No que tange à inseminação artificial heteróloga, que se apresenta basicamente em quatro formas: com material genético de um doador, sob a forma de cessão temporária de útero, acessível à mulher sozinha, acessível nos estados intersexuais; o conflito é emergente, pois pode acarretar a interferência de um estranho na vida do casal; o desconhecimento da origem genética, uma segregação social, a coisificação do homem, a contratualização da família, ferindo-o em sua dignidade.

Nesse sentido, entendo que nessa nova dimensão que tomou a reprodução assistida, que o Estado, enquanto agente pacificador não deve ficar

829 NUNES, Adriane; BICHARA, Andréia Gil; DINIZ, Luciano – Reprodução assistida em portadores de HIV. In. CLEMENTE, Ana Paula Pacheco (Org.) – Bioética no início da vida, Petrópolis: Vozes, 2006, p. 231 e ss.

indiferente, pois encontram-se presentes relevantes questões sociais, de saúde, demografia, status jurídico dos nascidos e relações familiares, passando pela própria paz social.[830]

No que tange à formação da família, não conhece o quadro legislativo brasileiro, uma lei que regule a procriação artificial assistida. Apenas a Resolução n. 2294/2021 do CFM regula o tema, regulando os parâmetros bioéticos atinentes à técnica, a quantidade de embriões a serem produzidos, no máximo oito, o destino dos embriões excedentários, adoção ou descarte, este mediante manifestação judicial,

O Código Civil brasileiro prevê duas formas de reprodução artificial assistida: a reprodução assistida homóloga e a reprodução assistida heteróloga.

A **inseminação artificial homóloga** é aquela realizada com o material genético dos próprios cônjuges ou conviventes. Não apresenta maiores conflitos no que tange ao estabelecimento das relações parentais.

Quanto à presunção de paternidade, estabelece-lhe o art.1597, III: Presumem-se concebidos na constância do casamento os filhos "havidos por fecundação artificial homóloga, mesmo que falecido o marido".

Embora o Código não cite expressamente, a Resolução do CFM de n.2.294/2021 o faz em seus princípios sendo o consentimento das partes expressamente necessário, ungindo-se elas ao casamento ou à união estável.

A reprodução é um direito personalíssimo, assim como a doação de partes destacadas do corpo. Entendemos nesse sentido ser imperativo o consentimento das partes.

Um desdobramento polêmico em matéria de bioética é a fecundação artificial "*post mortem*", tanto em seus efeitos para a geração do filho que de antemão não conhecerá um dos seus genitores, fazendo-se chocar dois direitos personalíssimos: o direito à procriação e o direito à biparentalidade biológica e quanto da necessidade de autorização expressa de ambos os doadores, que deve ser irrevogável, para a utilização de seu material genético.[831]

[830] OTERO, Paulo – Personalidade e identidade pessoal e genética do ser humano: um perfil constitucional da bioética, p. 17.

[831] A Jornada de Direito Civil, levada a efeito pelo STJ em 2002, aprovou a posição de que para a utilização do material genético do marido morto para a inseminação post mortem deve a mulher permanecer na condição de viúva, devendo ainda haver para tanto expressa autorização do marido, tendo em vista que a paternidade deve sempre ser consentida.

Para Silmara Chinellato "não há discordância quanto ser ideal a biparentalidade, mas ela não pode afastar a inseminação *post mortem*, na hipótese de ter havido um projeto biparental em vida, identificando-se a receptora do sêmen".[832]

À esta concepção adiciono a necessidade imperativa do consentimento das partes quando da coleta de material genético e posterior fecundação e formação do embrião a ser criopreservado.

O art.1597 em seu inciso IV garante a presunção de paternidade do filho nascido a qualquer tempo, quando se tratar de embriões excedentários, decorrentes de concepção artificial homóloga – prazo este que se conflitua com os três anos impostos pelo art. 5º da Lei da Biossegurança – Lei n.11.105/05 – para destinar à pesquisa o embrião excedentário inviável (ficando em aberta a situação do embrião viável).

A questão do prazo de criopreservação do embrião continua um grande impasse na doutrina civil posto que não há expressa norma regulamentadora. Pensamos que adotar o prazo de três anos a contar da criopreservação seria o mais viável para dirimir eventuais questões sucessórias, posto que não se pode conservar por prazo indeterminado o quinhão hereditário incólume de eventual herdeiro já concebido mas conservado em estado embrionário em clínica de criopreservação.

Não há inclusive condição legal de se ultrapassar o prazo de dez anos previstos para a petição de herança, como dispõem os arts. 205 e 1824 do Código Civil, tal como prevê a decisão exarada no REsp 479.648/MS, decidido por unanimidade pela Quarta Turma do STJ em 16.10.2020.

Assim, é sábio ponderar a decisão pela reprodução assistida em se considerando o prazo decadencial de outorga de direitos ao embrião.

Uma grande solução a ser apresentada, pensamos é a de conservarem criopreservados apenas as células reprodutoras masculina e femininas separadamente e não sob a forma de embrião. Isso facilitaria eventual descarte, evitaria conflitos possessórios, evitaria conflitos bioéticos e o pior evitaria a dor e a frustração de se ver "jogada no lixo" a última chance de uma mulher (via de regra), alcançar o sonho antigo de ser mãe, postergado muitas vezes pela assunção de carreira ou busca do parceiro ideal.

[832] CHINELLATO, Silmara Juny de Abreu – Estatuto jurídico do nascituro: a evolução do direito brasileiro. In. CAMPOS, Diogo Leite de; CHINELLATO, Silmara J A (Coord.) – Pessoa humana e o direito, Coimbra: Almedina, 2009, p. 446 e 447.

Assim, embora não sejamos grades admiradores da reprodução post mortem esta é uma realidade legal, que precisa ser bem regulada e constar em suas deliberações legais a necessidade expressa do consentimento dos genitores biológicos (por tratar-se de parte destacáveis do corpo nos termos da lei de transplantes – Lei 9.434/1997) para a sua utilização em caso de morte, a observação do prazo legal da lei de biossegurança (Lei 11.105/2005) – três anos –, a decisão sobre o destino do embrião excedentário – pesquisa, descarte, adoção ou cessão para o outro genitor no caso de separação ou divórcio. A Resolução 2.294/21 do CFM ainda consigna a necessidade de intervenção judicial para o descarte.

A inseminação artificial heteróloga, por outro lado, é aquela realizada com material genético de doador, podendo ser de apenas um deles – o homem ou a mulher – ou de ambos, havendo assim a transferência de embrião doado. Nesta modalidade de reprodução artificial residem os maiores conflitos notadamente no que tange à determinação das presunções de paternidade e maternidade; além de diversos questionamentos bioéticos, pois a separação do vínculo genético na parentalidade abalou a estrutura do instituto da filiação.

O art.1.597 em seu inciso IV garante a presunção de paternidade do filho nascido a qualquer tempo, quando se tratar de embriões excedentários, decorrentes de concepção artificial homóloga – prazo este que se conflitua com os três anos impostos pelo art. 5º da Lei da Biossegurança – Lei n.11.105/05 – para destinar à pesquisa o embrião excedentário.

Impõe-se aqui um importante questionamento bioético: seria licita a concepção de um filho já sem pai, impondo-lhe a participação coercitiva na família monoparental? O direito reprodutivo da mãe sobrepõe-se ao direito à biparentalidade do filho? Difícil chegar-se num consenso para essa resposta.

Em seu inciso V, define a paternidade do marido na inseminação artificial heteróloga, desde que tenha a sua prévia autorização.

Pensamos que no caso da fecundação artificial homóloga, a anuência do marido deve ser realizada em instrumento público ou testamento, e em se tratando de fecundação artificial heteróloga, este deve ser feito por escrito e irrevogável. Em ambos os casos, na assinatura do termo de consentimento deve constar o destino do embrião criopreservado.

Além dessa práticas, que geram presunção de paternidade de acordo com o Código Civil pátrio, conhece também a biotecnologia a gestação sub-rogada para geração de prole, que não vem regulada pelo referido Diploma legal, e nem por nenhuma lei especial, somente sendo regulada pela norma deontológica exarada pelo Conselho Federal de Medicina, na atualidade, a Resolução n. 2294/2021.

Grande questionamento traz na atualidade a chamada inseminação caseira, realizada sem os rigores do contrato realizado entre os pacientes e a clínica médica de reprodução humana, tratado analogamente pelos tribunais à reprodução assistida regular. Deixo consignado que não me parece uma analogia adequada e nem tampouco justa para atribuir a parentalidade no caso de ausência de socioafetividade e ausência de vínculos biológicos

A cessão temporária de útero, também conhecida por "barriga de aluguel", "mãe de aluguel", "mãe hospedeira", "maternidade de substituição" entre outras, pode ser definida por muitos doutrinadores como a cessão de útero para a gestação de filho concebido pelo material genético de terceiro – contratante – a quem a criança gerada deverá ser entregue logo após o nascimento, assumindo a fornecedora a condição de mãe, possibilitando assim à mãe de conceber um filho biológico fora de seu ventre.

Essa prática, desencorajada pela maioria dos países, representa um último recurso na cura da infertilidade de casais cuja mulher apresenta qualquer anomalia uterina que lhe impeça a gestação normal. Envolve outrossim, questões bastante delicadas acerca da determinação de questões atinentes à maternidade e à paternidade do novo ser gerado, gerando conflitos em relação aos papéis familiares, além de conflitos bioéticos e religiosos.

No Brasil a única exigência normativa sobre o tema provém do Conselho Federal de Medicina – Resolução n. 2294/2021 do CFM, que prevê em seu princípio a obrigatoriedade do vínculo familiar consanguíneo entre a mãe social e a mãe portadora (até 4ºgrau) visando descaracterizar a relação comercial (salvo em casos especiais cuja autorização depende do CRM); devendo ainda a cedente do útero ter pelo menos um filho vivo.

Para a elaboração da fecundação subrogada requer-se o consentimento informado dos partícipes: a mulher fornecedora do óvulo, o marido ou companheiro desta, a mulher receptora do material genético, o marido ou o companheiro desta, ficando inviabilizado qualquer pedido de impugnação da paternidade em face da lei.[833]

Nesse sentido, temos que "é indispensável não apenas o mero consentimento, mas a concreta ciência dos envolvidos sobre suas responsabilidades futuras, quando do nascimento da criança". Entendemos que se aplica por analogia o disposto no artigo 1597,V do Código Civil.

Devem ainda durante a gravidez constar no prontuário da paciente além do termo de consentimento assinado pelos autores acima descritos, como também ter o relatório médico atestando a adequação clínica e psíquica dos envolvidos; o Termo de Compromisso por parte dos pacientes e a cedente do útero que receberá o embrião estabelecendo claramente a questão da filiação da criança; o Compromisso de fornecimento de serviços médicos à mãe portadora até o puerpério; o termo de compromisso de registro da criança pelos pacientes

Existem entretanto na atualidade diversos Projetos de Lei em tramitação sobre reprodução assistida: PL 3638/93 de autoria do Dep. Luiz Moreira; PL 2855/97 de autoria do Dep. Conf. Moura; PL 590/90 de autoria do Sen. Lucio Alcântara; PL 02855/97, PL 03638/93. Destarte, tratam da cessão temporária do útero apenas permitindo-as, porém não disciplinam as implicações provenientes desta prática.

Como se pode concluir imperativo se faz, frente à complexidade do tema, uma eficaz regulamentação legal, visando a preservação dos direitos fundamentais dos envolvidos nas técnicas de reprodução artificial, sobretudo quando estas forem tomadas de extrema complexidade no sentido da determinação dos elos familiares.[834]

A cessão temporária de útero revolucionou o tema jurídico da filiação, cuja doutrina vem insistindo de que esta não é fundada sobre os laços de sangue, mas sim num laço fundado sobre a vontade da aceitação dos filhos. A vontade individual é a sequência ou o complemento necessário ao vínculo biológico. Alterou ainda a aplicação das presunções de paternidade e maternidade.

[833] MALUF, Adriana caldas do Rego Freitas Dabus – Curso de bioética e biodireito, p. 213 e ss.

[834] Existem alguns Projetos de lei já em debate no Congresso, sobre o tema, tais como o PL de n. 90/99 do Sen. Lucio Alcântara, com Substitutivos dos Senadores Roberto Requião e Tião Viana.

Entende Eduardo de Oliveira Leite que a questão crucial que atormenta os estudiosos do tema é saber se a vontade de ter um filho é suficiente, ou o único fundamento do vínculo da filiação.[835]

A cessão temporária de útero altera a aplicações das presunções de paternidade e maternidade. Até recentemente, poder-se-ia afirmar, com relativa segurança, ser a identidade da mãe sempre certa enquanto a do pai era presumida, ou seja, esta identidade baseava-se nos princípios "*mater semper certa est*" e "*pater semper incertus est*". Ao contrário da paternidade, a maternidade era passível de provas diretas, como por exemplo, a gestação e o parto, onde o Princípio "*mater semper certa est*" era estabelecido simplesmente com a prova do parto ocorrido na vigência do casamento. Com o surgimento das técnicas de reprodução assistida e o uso da prática da "mãe de substituição", o princípio "*mater semper certa est*" foi colocado em dúvida.

Para Maria Berenice Dias "a possibilidade de uso de útero alheio elimina a presunção *mater sempre certa est*, que é determinada pela gravidez e pelo parto. Em conseqüência também cai por terra a presunção *pater ist*, que deriva do fato de que o pai é o marido da mãe".[836]

Essa controvérsia permeia a essência da determinação da maternidade em casos que envolvem a maternidade de substituição, pois, como já anteriormente referido, encontram-se presentes duas potenciais mães envolvidas no processo reprodutivo: a mãe biológica e a mãe portadora. Assim, em face dessa peculiaridade, é possível tratar a maternidade em dois aspectos distintos: o biológico e o fraternal, que merecem a apreciação do direito.

"Há que se esclarecer que a prática de maternidade de substituição pode dar ensejo a dois tipos de conflitos: positivo e negativo, neste tanto a mãe biológica, quanto a mãe gestacional, se dizem mães da mesma criança; naquele nenhuma delas tem interesse na maternidade. Segundo alguns doutrinadores, a problemática se torna maior quando o conflito é negativo, pois a ausência de interesse de qualquer das partes levará à necessidade de, inicialmente, atribuir-se a guarda da criança a uma terceira pessoa, enquanto aguarda-se a decisão judicial da maternidade. Mas, não menos

835 LEITE, Eduardo de Oliveira – Procriações artificiais e o direito. São Paulo, Ed. Revista dos Tribunais, 1995, p. 203.

836 DIAS, Maria Berenice – Manual de direito das famílias, p. 332 e 333.

desafiador, seria decidir a guarda da criança no conflito positivo, visto que de um lado existe a mãe biológica, que além de fornecer o elemento gerador, o óvulo, passa nove meses alimentando o desejo da maternidade, e muitas chegam a desenvolver todos os sintomas de uma gravidez normal –gravidez psicológica. Do outro lado, está a mãe gestacional, por nove meses se empenha na criação e proteção do novo ser. Posiciona-se assim o direito diante de uma difícil questão que envolve direitos fundamentais contrapostos".[837]

De acordo com a visão contemporânea da família e da filiação, que privilegiam a socioafetividade, as conquistas obtidas pela verdade biológica foram preteridas nos processos de reprodução assistida.

Aduz Francisco Vieira Lima Neto que a filiação não é somente fundada em laços de sangue, a vontade individual de aceitação da prole. A vontade individual é a sequência ou o complemento necessário do vínculo biológico.[838]

Para Eduardo de Oliveira Leite "O direito da filiação não é somente o direito da filiação biológica, mas é também o direito da filiação querida, da filiação vivida, tendo em vista sobretudo o interesse da criança".[839]

Este também é o posicionamento de Guilherme Calmon Nogueira da Gama para quem a vontade, inserida no projeto parental do casal, aliada à contribuição de outras pessoas é agente fundamental para o estabelecimento do elo parental. Sendo o momento importante para o estabelecimento da paternidade, maternidade e filiação o momento da concepção do feto, suplantando-se estes à gestação e ao parto, por decorrerem estes da concepção.[840]

[837] WELTER, Pedro Belmiro – Igualdade entre as filiações biológica e sócioafetiva. São Paulo, Ed. Revista dos Tribunais,2003, p. 237; MENDES, Christine Keller de Lima – – Mães substitutas e a determinação da maternidade: implicações da reprodução medicamente assistida na fertilização in vitro heteróloga. http://www.boletim jurídico.com.br/doutrina/texto.asp?id=1310, p. 18 e 19.

[838] LIMA NETO, Francisco Vieira – A maternidade de substituição e o contrato de gestação por outrem. In. Biodireito – ciência da vida, os novos desafios Org Maria Celeste Cordeiro Leite dos Santos, São Paulo, Ed Revista dos Tribunais, 2001, p. 124.

[839] LEITE, Eduardo de Oliveira – Procriações artificiais e direito: aspectos médicos, religiosos, psicológicos e jurídicos. São Paulo, Ed. Revista dos Tribunais, 1995, p. 203.

[840] GAMA, Guilherme Calmon Nogueira da – O biodireito e as relações parentais, Rio de janeiro/São Paulo, renovar, 2003, p. 747 a 749. Refere ainda o autor que há estudos científicos em desenvolvimento para tentar desenvolver o útero artificial.

Na visão de Maria Helena Diniz urge que haja norma privilegiando a maternidade socioafetiva, pois independente da origem genética ou gestacional, mãe seria aquela que manifestou a vontade de procriar, recorrendo para tanto a terceiros para que esta se concretizasse.[841]

A proteção do menor possui respaldo constitucional sendo as crianças e adolescentes prioridades absolutas no que tange à salvaguarda de seus direitos fundamentais, cabendo a família, sociedade e ao Estado assegurar seus direitos fundamentais.

O Simpósio Internacional sobre a Bioética e os Direitos das Crianças, organizado pela Associação Mundial dos Amigos das Crianças – AMADE e a UNESCO, realizado em Mônaco, de 28 a 30 de abril de 2000 ao considerar que "quando houver diferença de interesses, o interesse da criança deve, em princípio, prevalecer sobre o do adulto".[842]

Entendemos finalmente que a maternidade de substituição em si encerrada em um pacto, não fere em nome dos nobres objetivos que a motivaram, a moral e os bons costumes. Entretanto, nula seria a convenção firmada, pois o objeto do contrato ultrapassa em sua essência os limites interpostos pela lei. Em face dos princípios constitucionais atinentes a dignidade da pessoa humana e da paternidade responsável, e admitindo-se que à luz da lei civil, mãe é aquela que gera, como dispõem os artigos 10,24 do ECA, não podendo por força contratual ser-lhe retirado esse status, por ser este um direito personalíssimo e como tal imprescritível, indisponível, inestimável, irrenunciável por força de lei, nem sofrer o seu exercício limitação voluntária, tal como dispõe o artigo 11 do Código Civil.

Assim, torna-se inócuo o contrato de gestação, pelo objeto ilícito. A identidade genética, embora também um direito personalíssimo, tem ficado relegada em segundo plano em matéria de filiação assistida por maternidade sub-rogada, tendo em vista a crescente valorização da socioafetividade e do bem estar do menor nas sociedades contemporâneas.

[841] DINIZ, Maria Helena – O Estado atual do biodireito, p. 555.

[842] MENDES, Christine Keller de Lima – Mães substitutas e a determinação da maternidade: implicações da reprodução medicamente assistida na fertilização in vitro heteróloga. http://www.boletim jurídico.com.br/doutrina/texto.asp?id=1310, p. 22.

Uma solução intermediária adotou o direito brasileiro, transferindo para o parentesco preexistente a viabilidade dessa forma de filiação, mediante a obrigação de gratuidade do pacto de gestação e anterior vínculo parental até segundo grau, entendendo nessa prática uma intervenção curativa da infertilidade do casal que não ferirá a moral e os bons costumes.

Para Silmara Chinellato "as técnicas de reprodução assistida baseiam-se na fertilização e não na substituição da reprodução sexual, como a clonagem".[843]

Especificamente sobre a clonagem, processo de produção de organismos geneticamente idênticos através da reprodução assexuada, funcionou inicialmente como um vetor de propagação da espécie em plantas e microorganismos.

Pode ainda ser entendida como "o processo natural ou artificial em que se produzem copias fiéis de outros organismos, oriundos da utilização de uma única célula somática diferenciada, conhecida por clone".[844]

Ambas as modalidades de clonagem – reprodutiva ou terapêutica – são vedadas pela lei de Biossegurança, Lei 11.105/05, devido aos transtornos que causam ao ser humano em seus direitos humanos e direitos personalíssimos.

A Resolução n. 466/2012 do CNS – Conselho Nacional de Saúde – estabeleceu padrões de conduta que visam proteger a integridade física e psíquica do homem, em respeito aos seus direitos personalíssimos envolvidos nas pesquisas cientificas envolvendo os seres humanos.

No que tange à filiação, os gêmeos univitelinos são conhecidos por clones naturais, pois compartilham do mesmo material genético. Entretanto, a clonagem reprodutiva artificial é a que suscita grandes conflitos e questionamentos.

Nesse diapasão perguntamos: quem seriam os pais na clonagem? Seria o clone um ser humano ou um objeto hibrido? Seria este filho ou irmão gêmeo de seu genitor? Nasceria o clone privado de estrutura familiar?

Sabe-se que a clonagem ofende os direitos da personalidade, notadamente o direito à identidade genética, à identidade psicofísica do

[843] CHINELLATO, Silmara Juny da Abreu – Estatuto jurídico do nascituro: a evolução do direito brasileiro, p. 443.

[844] KELCH, Rita – Direitos da personalidade e clonagem humana, São Paulo: Método/gen, 2009, v. 6, p. 49.

ser humano, à biodiversidade, causa intensos conflitos nos papéis familiares, entre outros danos previstos no art. 26 da referida lei de Biossegurança.[845]

Reflexos jurídicos e bioéticos também são encontrados quando do acesso à reprodução assistida e à adoção no seio da família formada por pessoas do mesmo sexo e nos estados intersexuais.

Em matéria de direitos humanos, os direitos sexuais e reprodutivos sempre foram palco de inúmeras discussões, em âmbito mundial. Foram sendo intrinsecamente mencionados em documentos internacionais. Entretanto, não apresentam estes força de lei, pois não caráter vinculante com os Tratados e Convenções de direitos humanos, dos quais o papel do Brasil foi preponderante na tentativa de incluí-los.

A efetivação desses direitos depende muito de uma movimentação popular, no sentido de conscientizar a população dos direitos fundamentais dos homossexuais e transgêneros, os quais, na atualidade, podem ser enquadrados na atualidade como direitos humanos, tal como já abordado.

"Assim, a concretização do direito à liberdade e à autonomia, devem-se trazer os direitos sexuais e os direitos reprodutivos para o espaço das novas configurações familiares que surgem na contemporaneidade e refletem a repersonalização das relações de família".[846]

A Constituição Federal brasileira, a exemplo dos modelos europeus, traz consignado o princípio da paternidade responsável, em seu art. 226 § 7º, valorizando como ponto de partida o bem-estar da criança a ser gerada; que a seu turno se ampara na proteção legal do planejamento familiar, que a seu turno liga-se à possibilidade de adoção e do acesso às técnicas de reprodução assistida, presentes na atualidade.

O planejamento familiar é de livre iniciativa das partes, não cabendo, pois ao Estado à luz dos princípios constitucionais adotados, estabelecer limites para sua prática, nem no que tange às técnicas de esterilização disponíveis nem no que tange por outro lado ao acesso às técnicas de reprodução assistida.

[845] MALUF, Adriana Caldas do Rego Freitas Dabus Maluf – Curso de Bioética e biodireito, p. 237 e ss

[846] MOSCHETTA, Silvia Ozelame Rigo – Homoparentalidade – direito à adoção e reprodução humana assistida por casais homoafetivos, Curitiba:Juruá, 2009, p. 97.

A Resolução n. 2294/2021 do CFM prevê expressamente a possibilidade de acesso às técnicas de reprodução assistida aos casais homossexuais e aos transgêneros, em seu item II,2.

No que tange à reprodução artificial dos homossexuais masculinos esta poderia dar-se de duas formas: através da utilização do material genético de um dos parceiros com óvulo de doador e útero subrogado (o óvulo e o útero podem ou não pertencer à mesma mulher). A questão ficaria pautada nos seguintes termos: a mãe seria a gestatrix e o pai o doador de material genético, ao outro parceiro a filiação poderia ser estabelecida por adoção – conforme o caso. Obedecer-se-iam entretanto, os ditames previstos no art. da Resolução n. 2.294/2021 do CFM que prevê para tal prática, além da gratuidade o vínculo familiar entre o doador do material genético e a cedente do útero. Nada fala, entretanto, a referida Resolução, na natureza do vínculo familiar – se natural ou civil. Entendemos que ambos sejam válidos para a composição familiar.

As ciências médicas fazem remissão à possibilidade de gestação masculina, chamada ectópica, com utilização de óvulo de mulher doadora. Suscita esta prática íntimos debates bioéticos devido ao fato desta modalidade gestacional dificilmente chegar a termo e importar grandes riscos para o homem gestante. Outra questão que se põe é se o homem realmente aceitaria gestar uma criança.[847]

Quando as parceiras forem mulheres, o panorama altera-se um pouco devido ao fato da possibilidade de gestação. Uma técnica viável do ponto de vista clínico é a mistura do DNA do núcleo de ambas *in vitro* e a consequente fertilização da outra, que será a mãe aos olhos da lei. Prevê a Resolução n. 2294/2021 em seu item II,3 que "é permitida a gestação compartilhada em união homoafetiva feminina. Considera-se gestação compartilhada a situação em que o embrião obtido a partir da fecundação dos oócitos de uma mulher é transferido para o útero de sua parceira".

No caso do acesso às técnicas de reprodução artificial por indivíduos transexuais, estas apresentam algumas peculiaridades: O transexual que doa seu material genético para posterior fecundação perderá seus efeitos parentais, dado o anonimato do doador previsto em lei, exceção feita para

[847] MALUF, Adriana Caldas do Rego Freitas Dabus – Curso de bioética e biodireito, p. 303 e ss.

o casal transexual casado ou convivente que tenha doado seu material genético para que fosse realizado sua fecundação post mortem. Neste caso, teria o filho direito ao nome do pai segundo seu sexo originário.[848]

No caso de diagnóstico e consequente redesignação do portador de transexualidade, é válido ressaltar que os direitos dos filhos permanecem inalterados, seja no que tange à manutenção da identidade, seja nos direitos sucessórios ou benefício de pensão alimentícia, pois a redesignação do genitor não constará de nenhum documento dos filhos.

Desta forma o transexual permanecerá, por exemplo, pai de A e B e mãe de C e D, ou vice-versa, dependendo da natureza de sua disforia de gênero, se masculina ou feminina. Nada obsta ao transexual proceder a adoção, se possuir os requisitos legais para fazê-lo.[849]

Assim sendo, de acordo com a evolução político social que conheceu a humanidade, deve o Estado de direito atender à multiplicidade de valores, desejos e realidades que congrega, visando unir seus cidadãos em torno da tolerância, do respeito à diferença, da afetividade, e manifestamente, do amor.

Vemos assim, que a evolução político, social e costumeira que conheceu a humanidade, atendendo à uma multiplicidade de valores emergentes, vem valorizando cada vez mais a possibilidade da realização pessoal na reprodução humana.[850]

Ainda no que tange à filiação, além da reprodução artificial, questiona-se também o acesso aos homossexuais à adoção, que, numa perspectiva histórica, sofreu profundas alterações em seu significado desde a Antiguidade até os dias atuais.

De uma instituição que visava a preservação do culto religioso doméstico, do nome e do patrimônio das famílias e que praticamente caiu em desuso na Idade Média – onde o Direito Canônico impunha a necessidade de se assegurar a pureza e a linhagem da prole-,e que posteriormente

[848] PERONA, Javier López-Galiacho – La problemática jurídica de la transexualidad, Madrid: Mac Graw Hill, 1988, p. 306 e ss; MALUF, Adriana Caldas do Rego Freitas Dabus – Curso de Bioética e biodireito, p. 303 e ss.

[849] MALUF, Adriana Caldas do Rego Freitas Dabus – Novas modalidades de família na pós-modernidade. p. 201 e 202.

[850] MALUF, Adriana Caldas do Rego Freitas Dabus – Novas modalidades de família na pós-modernidade. p. 202; MALUF, Adriana Caldas do Rego Freitas Dabus – Curso de Bioética e biodireito, p. 303 e ss.

funcionou como meio de inclusão na sociedade familiar de filhos incestuosos e adulterinos, evoluiu para um instituo filantrópico de caráter acentuadamente humanitário. Adaptou-se, portanto, aos reclames culturais advindos das intrínsecas alterações estruturais que a sociedade conheceu.[851]

A partir da primeira Grande Guerra, houve uma mudança no espírito da adoção. Aparece pela primeira vez o desejo de ter um filho e não apenas o desejo de se estabelecer descendência.[852]

Retrata San Tiago Dantas que no direito moderno a função da adoção era a de garantir descendência às famílias estéreis e foi incrementado pela introdução de ideias assistenciais com o incremento da solidariedade entre os homens.

No Brasil, o Código Civil de 1916 disciplinou o instituto, mas valorizava-se principalmente o interesse do casal adotante e não o do menor, não desaparecendo a ideia da adoção como um corretivo para a impossibilidade de se gerarem filhos naturais. Em sua redação original, só os maiores de 50 anos sem prole poderiam adotar à luz do disposto no art.368;com a modificação introduzida pela Lei n.3.133 de 8.5.1957, os maiores de 30 anos poderiam adotar, mas se casados fossem, deveriam esperar o lapso temporal de cinco anos para fazê-lo; com o advento do Estatuto da Criança e do Adolescente – Lei n.8.069 de 13.7.1990, a adoção passou a ser possível ao maior de 21 anos, independente de estado civil, com ou sem prole como dispõe o seu art.42.[853]

Em face das novas modalidades de família que se formaram na pós-modernidade, acirrado debate se faz em torno da possibilidade de adoção por parte de casais formados por pessoas do mesmo sexo.

Isso se dá tanto pelo temor da "destruição da civilização como consequência do rompimento da ordem simbólica", quanto pelo

[851] MALUF, Adriana Caldas do Rego Freitas Dabus – Novas modalidades de família na pós-modernidade, p. 168.

[852] ZAMBRANO, Elizabeth – Adoção por homossexuais. In. SOUSA, Ivone Maria Cândido Coelho (Org.). Direito de família – diversidade e multidisciplinariedade – IBDFAM – RS, Porto Alegre, 2007, p. 137 a 139; MONTEIRO, Washington de Barros; SILVA, Regina Beatriz Tavares – Curso de direito civil, p. 401; GAMA, Guilherme Calmon Nogueira da – O Biodireito e as relações parentais, p. 506.

[853] SAN TIAGO DANTAS, FC – Direito de família e das sucessões, p. 385 a387; MONTEIRO, Washington de Barros; SILVA, Regina Beatriz Tavares – Curso de direito civil, p. 401.

desconhecimento efetivo dos eventuais prejuízos de ordem moral, clínica ou psicológica para as crianças educadas nesse tipo de família. Embora ressalte Elizabeth Zambrano que "a civilização não foi afetada pelas famílias homoparentais, que já existiam há muito tempo na realidade social. Falta simplesmente seu reconhecimento legal".

Amparada no pensamento de Levi Strauss aduz que "a família é o lugar onde se desenvolvem as normas de filiação e parentesco, que são vínculos afetivos que se formam". Representa esta portanto, uma construção cultural constituída por um sentimento de pertencimento a determinado grupo, permeado por questões de ordem moral e social.[854]

Neste sentido, entendemos, que descabe qualquer menção referente à orientação sexual das partes.

Nas palavras da psicanalista Betty Milan "não vejo como é possível nos tempos de hoje se opor à adoção de uma criança por um casal homo ou heterossexual, ou por um solteiro que deseje adotar um filho, e tenha condições para educá-lo. O que é preciso para desalojar o preconceito? para desqualificar o moralismo dos que não querem enxergar a realidade? Quem pode educar, pode adotar."[855]

Pesquisas realizadas, apontam para a plena adequação do homossexual para a adoção, sendo que a ausência de pais dos dois sexos não parece ter nenhuma influência sobre o desenvolvimento da identidade sexual, psicológica, nem na adoção de modelos de gênero pertinentes ao seu sexo biológico, por parte das crianças adotadas por homossexuais.[856]

Isso dá-se pelo fato de que não é somente no âmbito familiar, mormente na relação pais e filhos que se molda a sexualidade. Esta sofre influências do meio externo em que a criança convive, sendo grande o

[854] STRAUSS, Lèvi Claude – As estruturas elementares do parentesco, Petrópolis, Ed. Vozes, 1976 Apud ZAMBRANO, Elizabeth – Adoção por homossexuais. In. Direito de família – diversidade e multidisciplinariedade, p. 143.

[855] MILAN, Betty – Preconceito. In: Fale com ela, São Paulo: Ed. Record, 2007, p. 310 e 311. Entretanto em artigo denominado "Crianças adotadas por homossexuais desenvolvem comportamentos psi" – aponta-se para uma pesquisa realizada nos EUA que verificou que 40% das crianças adotadas por homossexuais desenvolvem tendências gays e comportamentos psicóticos. Fonte:http://noticias.cancaonova.com/noticia.php?id=50782.

[856] BAILEY, J Michel – Sexual orientation of adults sons of gay fathers. Developmental psychology, v. 31, 1995, p. 124 a 129.Fonte:http://www.france.qrd.org/assocs/apgl.

peso dos relacionamentos horizontais entre as crianças na construção de sua sexualidade.

Além deste, as construções de gênero nas crianças estabelecem-se desde o momento em que estas conseguem compreender a diferença dos papéis masculino e feminino nas relações sociais, onde a ordem simbólica pode perfeitamente ser estabelecida em casais formados por pessoas do mesmo sexo – para o psicanalista Acyr Maya "de acordo com a psicanálise a função materna e paterna é exercida pela linguagem".[857]

Quanto aos aspectos legais, não há na lei impedimento para a adoção unilateral de pessoa com orientação homossexual, pois preceitua o art.1625 do Código Civil que "somente será admitida a adoção que constituir efetivo benefício para o adotando" e o Estatuto da Criança e do Adolescente no mesmo sentido prevê em seu artigo 43 "a adoção será deferida quando apresentar reais vantagens para o adotando e fundar-se em motivos legítimos". Nesse sentido, vê-se que a orientação homossexual do adotante não impede a adoção do menor, o que os faz formar uma família monoparental, que possui previsão constitucional no artigo 226§4º.

Preceitua Regina Beatriz Tavares da Silva que "os benefícios que são referidos neste artigo são de ordem pessoal, moral e afetiva, de modo a serem protegidos os elevados interesses do menor".[858]

Leciona Roberto João Elias que os motivos legítimos aos quais se refere o artigo em tela "são aqueles que têm como objetivo o perfeito entrosamento entre adotado e adotante, imitando, em tudo, o que ocorre entre pais e filhos de sangue... deve principalmente orientar-se a adoção visando o melhor interesse do adotando, levando-se em conta a afinidade e a afetividade que possa haver entre as partes, visando o desenvolvimento pleno do adotado".[859]

Preleciona ainda Regina Beatriz Tavares da Silva, que no que tange à adoção por parceiros homossexuais, o ordenamento pátrio veda a adoção conjunta por duas pessoas do mesmo sexo à luz do art. 42 §2º do ECA que preceitua "a adoção por ambos os cônjuges ou concubinos (leia -se

[857] SILVA JR. Enézio de Deus – A possibilidade jurídica de adoção por casais homossexuais. 2. ed., Curitiba: Juruá, 2007, p. 106 a 111.

[858] SILVA, Regina Beatriz Tavares da – Código Civil Comentado, p. 1770.

[859] ELIAS, Roberto João – Comentários ao Estatuto da Criança e do Adolescente, São Paulo: Saraiva, 1994, p. 27 e 28.

companheiros) poderá ser formalizada, desde que um deles tenha completado vinte e um anos de idade, comprovada a estabilidade da família"; e art.1622 do Código Civil que dispõe "ninguém poder ser adotado por duas pessoas, salvo se forem marido e mulher, ou viverem em união estável". Assim sendo, como o ordenamento jurídico brasileiro não prevê a união homoafetiva como união estável, não há apoio legal para essa modalidade de adoção.[860]

No mesmo sentido é o entendimento de Roberto João Elias referente ao conteúdo do artigo 42 §2º para quem "não deveria ser permitido para os concubinos adotar em conjunto, pois a união concubinária é, a rigor precária. O aspecto estabilidade da família será difícil da ser averiguado fora do matrimônio, uma vez que uma relação estável entre o homem e uma mulher redunda em casamento. Parece-nos, portanto que tal concessão, por exceção, há de ser deferida a casos em que subsiste o impedimento ao casamento, como ocorre com os separados que aguardam o decurso do tempo para o divórcio".[861]

Ao lado da esfera jurídica, temos a realidade fática onde muitos menores já convivem efetivamente em lares formados com base na homoafetividade, tendo em vista que muitos casais após a separação com prole, o genitor que tem a guarda dos filhos resolve assumir sua orientação sexual passando a conviver com pessoa do mesmo sexo. Esse companheiro (a) mesmo sem vínculo parental legal, acaba desenvolvendo um vínculo de afetividade com o menor, e não raro participa da criação, desenvolvimento e educação das crianças passando a exercer a função parental.[862]

Além disso, muitos homossexuais recorrem às técnicas de reprodução assistida, para gerar prole natural, pois como retrata Stéphane Clerget, o desejo de procriação é presente nas relações homoafetivas. Entretanto, o filho assim concebido não apresentará vínculo parental legal com o companheiro de seu genitor.[863]

860 MONTEIRO, Washington de Barros; SILVA, Regina Beatriz Tavares da – Curso de Direito Civil, p. 72.

861 ELIAS, Roberto João – Comentários ao Estatuto da Criança e do Adolescente, p. 27.

862 Herz, Frederick – legal affairs – essential advices for same-sex couples, p.110 e 111; NADAUD, Stèphane – Homoparentalité une nouvelle chance pour la famille? p. 135.

863 CLERGET, Stéphane – Comment devient-on homo ou hétéro, p. 154.

Desta sorte, temos que o critério da afetividade deve ser preponderante para o estabelecimento do vínculo parental.

José Carlos Teixeira Giorgis aponta para a mudança paradigmática da família, que plural, reconhece outras formas de composição na atualidade. Aduz que ao reconhecimento como união estável de união homoafetiva, nenhum impedimento obstaria à adoção por homossexuais, pois o Estatuto da Criança e do Adolescente prevê a adoção por companheiros.[864]

Estudos realizados sobre o tema apontam para a higidez comportamental de crianças adotadas por homossexuais, que a qualidade da relação paterno-filial prepondera acima de outras peculiaridades para o pleno desenvolvimento da prole.

Para Stéphane Nadaud, psiquiatra que muito se ocupou do tema na França, "a homoparentalidade não constitui em si um fator de risco para as crianças". Desta forma, sintetiza que o desenvolvimento psicológico das crianças educadas em lares homossexuais apresenta-se dentro dos padrões de normalidade.

Conclui também que essas crianças são menos sociáveis e mais tímidas que as demais, porém também são mais ativas e apresentam uma maior capacidade de adaptação. Isso se deve, na opinião do autor, à hostilidade do meio frente à família homoafetiva que lhes impõem uma interação social mais difícil.

Quanto às referências comportamentais oriundas da dualidade de sexos dos pais na família, conclui Nadaud que nenhuma diferença significativa foi encontrada, pois as referências de gênero são obtidas na plenitude da vida social do indivíduo que não se encontram restritas, por sua vez, à composição familiar homossexual.[865]

Retrata ainda vários tipos de relações homoparentais que manifestam-se à luz do direito comunitário europeu: a homossexualidade aparece na pós-modernidade como um fato social. Reivindica-se cada vez mais visibilidade, aceitação e aquisição de direitos. Num modelo mais tradicional, aparece a família heterossexual na qual um ou até ambos os cônjuges demonstram uma forte tendência homossexual, camuflada pelo medo do

[864] GIORGIS, José Carlos Teixeira – A paternidade fragmentada – família,sucessões e bioética, p. 104.

[865] NADAUD, Stèphane – L'homoparentalité:une nouvelle chance pour la famille? Paris, Fayard, 2002, p. 248, 252, 285, 302.

preconceito. Assim, o filho nascido num lar com pais de sexos diferentes, num segundo momento, pós-ruptura da sociedade conjugal dos pais, conviverá numa família reconstituída de acento homoafetivo; outra forma de família homoparental elencada por Nadaud é a família formada na coparentalidade, fruto de um acordo celebrado entre dois casais homossexuais de sexos diferentes que produzem biologicamente através da troca de material genético, o filho que frequentará as duas famílias; há também a família monoparental fruto de adoção ou procriação natural; a família onde o filho é fruto de procriação assistida e ainda a família cujo filho é concebido pela gestação subrogada (esta prática não é reconhecida pela lei francesa, porém os interessados socorrem-se da intervenção médica em países estrangeiros onde esta é aceita).[866]

A construção social da identidade de gênero, deriva, tanto de relações familiares – advinda da transmissão de valores, do desempenho de papéis ligados ao gênero-, quanto das relações sociais estabelecidas, considerando-se os apelos individuais e coletivos. Desta sorte sabe-se "que o gênero constrói-se e reconstrói-se no âmbito das interações sociais. A influência doméstica desempenha um papel importante nessa questão, no sentido em que viabilizam um reforço simbólico dessa identidade de gênero".[867]

Entretanto, o indivíduo tem um papel preponderante na construção de sua própria identidade sexual. "É autor de sua imagem, de sua identidade de gênero, bem como das premissas de suas futuras escolhas amorosas. Para tanto vale-se de seu potencial genético, de sua estrutura física, de suas competências pessoais, de sua identificação social".[868]

Desta sorte, uma vez que bem ajustados os papéis de gênero e não há que se falar em prejuízo à normal estruturação da personalidade da criança, pois sob o prisma da orientação afetivo-sexual, os referenciais masculino e feminino (pai/mãe) são "representações simbólico-comportamentais de gênero" que não se exaurem no corpo físico da família, mas

866 NADAUD, Stèphane – L'homoparentalité: une nouvelle chance pour la famille? p. 135 a 176.

867 FONTAINE, Anne-Marie; ANDRADE, Claudia; MATIAS, Marisa; GATO, Jorge; MENDONÇA, Marina – Culture, normes et rôles de genre: l'articulation famille/travail dans le couple. In. DUPUY, Genevuève Bergonnier et ROBIN, Monique. Couple conjugal, couple parental:vers de nouveaux modeles. Paris: èditions érès, 2007, p. 140.

868 CLERGET, Stephane – Comment devient-on homo ou hétéro, p. 210.

se veem influenciada pelo relacionamento social com amigos, parentes ou mesmo com terceira pessoa próxima do lar familiar que integram o seu cotidiano.[869]

Jean-Pascal Hattu"não se trata de questionar o modelo tradicional de família e adoção, mas sim de abrir-se para uma nova realidade: existem outros modelos de família em cujo seio pode-se ser educado e desenvolver sua personalidade".[870]

Pode-se assim concluir, que não é a homoparentalidade em si que pode trazer alguma desordem psicológica para a criança, mas são as repercussões sociais e mesmo uma eventual ruptura familiar que podem criar algumas dificuldades relacionais.[871]

Aduz Daniel Borrillo que "o direito não confunde a procriação e a filiação, os argumentos que irrompem contra a homoparentalidade frequentemente fazem referência ao melhor interesse da criança, entendido como o direito desta a ter pais de sexos diferentes ou à manutenção da ordem simbólica, sem que estes pressupostos estejam realmente justificados, pois a orientação sexual não é condição *sine qua non* para o estabelecimento de um elo de filiação, uma vez que os homossexuais não pedem autorização da lei para procriar, assim como é facultado aos homossexuais solteiros a possibilidade de adoção". Numerosos estudos científicos produzidos na França e no exterior comprovam que a orientação sexual dos pais em nada compromete o desenvolvimento psíquico dos menores".[872]

É válido ressaltar que as famílias homoparentais são formalmente reconhecidas em diversos países do mundo, como a Dinamarca, a Suécia, a Holanda, a Bélgica, o Canadá, a Inglaterra. Na França já

[869] SILVA Jr., Enézio de Deus – A possibilidade jurídica de adoção por casais homossexuais, 2. ed., Curitiba: Juruá, 2007, p. 111; ZAMBRANO, Elizabeth – Adoção por homossexuais, p. 146, 147, 152.

[870] HATTU, Jean Pascal – Homoparentalité: parents comme-ci,enfants comme-ça. Fonte:www.titem.fr/?p=1000.

[871] MALUF, Adriana caldas do Rego Freitas Dabus – Novas modalidades de família na pos-modernidade, p. 174.

[872] BORRILLO, Daniel – Palestra proferida no Senado francês sobre a evolução e modos de filiação organizada por M.Jean-Jacques Hyest, presidente da Comissão de leis do Senado, em 22.03.2006 (Les Rapports du Sénat n. 392,2005-2006, p. 37 e s.). In. BORRILLO, Daniel – Homosexuels – quels droits? Paris: Dalloz, 2007, p. 32.

existem manifestações legislativas visando o reconhecimento das famílias homoparentais.[873]

Leciona Roger Raupp Rios que "Estudos realizados nesse sentido levaram a Associação Americana de Psicologia e a Associação Americana de Psicanálise a declararem apoio irrestrito às iniciativas de adoção por casais formados por pessoas do mesmo sexo...no Brasil o Conselho Federal de Psicologia reforça que inexiste fundamento teórico, científico ou psicológico condicionando a orientação sexual como fator determinante para o exercício da parentalidade, visto que a finalidade da adoção é propiciar ao adotado as melhores condições para seu desenvolvimento humano".[874]

No modelo americano, segundo as deliberações da Associação Americana de Psiquiatria, numerosos estudos realizados nas últimas décadas demonstraram que as crianças educadas em lares homoparentais apresentam o mesmo grau de desenvolvimento afetivo, cognitivo, social e de maturidade e orientação sexual, que as crianças educadas em famílias tradicionais, o que indica que o desenvolvimento adequado dos menores dá-se independentemente da orientação sexual dos pais. Como em estudos realizados em outros países, aponta-se para um maior dano psíquico ao enfante a ausência de um dos genitores do que a identidade de gênero dos pais substitutos.[875]

Como aduz José Carlos Teixeira Giorgis, a adoção gera vínculos jurídicos de inclusão em nova família, o preconceito ou mesmo o desconhecimento, impede o acesso de certos menores a uma vida digna, bem como subtrai-lhes a oportunidade de serem recebidos em uma família e assim serem retirados da marginalidade e da miséria.[876]

Entendemos sinteticamente que a questão obviamente não é simples, ainda mais porque se trata da inserção de terceiro que integrará realidade familiar. Entretanto, em face do exposto, podemos concluir que em nada

[873] BORRILLO, Daniel – Homossexuels – quels droits? p. 29 a 33.

[874] RIOS, Roger Raupp – Adoção por casais homossexuais: admissibilidade. In. Carta Forense, junho 2009, p. B28.

[875] Fonte: Adoption and Co-parenting of children by same – sex couples –Position Statement number 200214.
Approved by the Board of Trustees – Assembly, November 2002.In. http://www.psych.org/Departments/EDU/Library/APAOfficialdocumentsrelated/Positionstatements/200214. aspx

[876] GIORGIS, José Carlos Teixeira – A paternidade fragmentada – família, sucessões e bioética, p. 105.

obsta ao homossexual ter acesso à adoção, que na prática, demonstra-se, em meu entendimento, como um instituto altamente delicado pois lida com o subjetivismo da mente humana para adaptar-se a uma realidade social substituta, uma vez que suas intrínsecas particularidades não afetam o pleno desenvolvimento do menor.

Discorremos anteriormente sobre a pós-modernidade e sua ruptura com padrões antecedentes, com a desconstrução, com o hedonismo. Nesse contexto, novas formas até então inéditas de relacionamento tiveram visibilidade. Aceitar o relacionamento homoafetivo mas extrair-lhe o direito à filiação seria como "acertar pela metade" uma situação que busca reconhecimento.

Assim, pensamos, que ungido ao reconhecimento do *status familiae* do casal homossexual, deve estar também inscrito o direito à adoção e o acesso à técnicas de reprodução assistida. Benefício este que certamente trará proteção, amor e segurança, a uma plêiade enorme de menores sem lar, sem família, expostos a própria sorte.[877]

Podemos ver assim que oriunda de algumas técnicas de reprodução assistida ou da adoção, constrói-se a filiação socioafetiva, através da qual inexiste o vínculo biológico, mas valoriza-se o afeto como agente que os une, em suas relações de ordem pessoal ou patrimonial, e encontram-se amparadas na lei, que entretanto apresenta lacunas que devem ser supridas para poder regular com maior justiça e equidade esse novel estado de avanço sócio filial oriundo da biotecnologia.

Considerações mais delicadas são trazidas em meu entendimento pela filiação socioafetiva que originam a posse do estado de filho, pois geram um vínculo afetivo que não corresponde à realidade jurídica. Está presente na adoção a brasileira, que consiste no reconhecimento registral de determinado indivíduo como sendo filho de determinado casal, sem entretanto passar pelo processo legal de adoção, caracterizando-se por um procedimento irregular, previsto no art. 299 do Código Penal, de um lado, mas, de difícil anulação do ato de acordo com o entendimento jurisprudencial majoritário, de outro.

Outra forma corrente na realidade brasileira, é a filiação socioafetiva oriunda do estado de filho de criação. Bastante comum na realidade

[877] MALUF, Adriana Caldas do Rego Freitas Dabus – Novas modalidades de família na pós-modernidade, p. 175 e 176.

brasileira, sobretudo em cidades do interior onde os elos entre as pessoas era mais estreitos, menores eram criados por famílias, que os consideravam filhos próprios.

Pessoalmente entendo, que não obstante o vínculo biológico que existe entre as partes, inexiste qualquer vínculo jurídico, que impede a equiparação destes aos filhos biológicos do casal, para qualquer fim.

Uma repercussão jurídica que toma a parentalidade na atualidade é a ocorrência ou não de responsabilizar-se na esfera civil o genitor que venha a abandonar afetivamente o seu filho, o que geraria no máximo uma indenização pecuniária a título de danos morais, pois, como se sabe, não há lei que obrigue o amor e o afeto, pois estes são reflexos da alma das partes – sejam estes cônjuges, companheiros, namorados, filhos, netos, pais ou avós. Um fato, entretanto, é inconteste, o dano para o filho abandonado afetivamente é iminente.

Pensamos por via de consequência, que à luz dos princípios da dignidade da pessoa humana e da paternidade responsável a condenação reparatória na esfera cível desencorajaria a reiteração da prática por genitores omissos, em total desrespeito com os direitos personalíssimos e os direitos humanos do menor, previstos em lei.

Por outro lado, tendo em vista o direito constitucional ao planejamento familiar, temos que diversas são as técnicas de esterilização em seres humanos. Podem ser, acidental ou cirúrgica; temporária ou irreversível, dependendo da razão com que ela é realizada.[878]

Entre as várias formas de esterilização que existem, a eugênica, a cosmetológica, a terapêutica e a de limitação da natalidade, esta última, utilizada para fins de planejamento familiar visa restringir a prole das famílias, em virtude das condições socioeconômicas de um dado país. A China, é um exemplo bastante rigoroso deste caso, pois adotou a política do filho único em boa parte do território nacional dada a sua imensa população.

Em território nacional, veda a lei n.9.263/96 em seu art. 2º a utilização do planejamento familiar para qualquer tipo de controle demográfico.[879]

[878] MALUF, Adriana Caldas do Rego Freitas Dabus – Curso de bioética e biodireito, p. 279 e ss.

[879] MALUF, Adriana Caldas do Rego Freitas Dabus – Curso de bioética e biodireito, p.

O direito à procriação é reconhecido na Declaração Universal dos Direitos do Homem, aprovada em Paris, em 10 de dezembro de 1978, como direito inerente à espécie humana. A Constituição Federal Brasileira de 1988, por sua vez, também reconhece o direito à procriação, quando trata do respeito ao direito à vida, o incentivo à pesquisa e ao desenvolvimento científico e, ainda, no capítulo VII, do título VII, no qual estabelece competir ao casal a livre decisão quanto ao planejamento familiar.

### 10.1. O amor incestuoso

O termo incesto, originário do *latim* incestus, significa impuro, manchado. Indica a presença de um relacionamento sexual ilícito entre parentes consanguíneos, afins ou adotivos.

Concretiza-se pela prática de relação afeto – sexual ou marital entre parentes próximos ou alguma forma de restrição sexual dentro de determinada sociedade. Representa um tabu em quase todas as culturas humanas, sendo por isto considerado universal. Punido como crime em algumas jurisdições, é considerado pecado pelas maiores religiões do mundo. Pode ainda indicar um sintoma da disfunção familiar onde existe uma confusão dos papéis familiares e geracional, pois o menor é visto como uma possessão de seus pais, e não como um ser autônomo portador de intríseca personalidade.

Pode ser entendido como "toda atividade de carater sexual exercida por um adulto com uma criança ou adolescente, havendo entre eles relação de consanguineidade, afinidade ou mera responsabilidade".[880]

Representa um gênero de família conflitiva cuja estrutura e dinâmica dificultem o desenvolvimento e a autonomia de seus componentes, com os quais existe uma colaboração consciente ou inconsciente, um verdadeiro "pacto de silêncio", que dificulta à vitima vencer a confusão dos papéis familiares e procurar ajuda.

Desta forma vê-se que falta uma estrutura familiar, econômica, cultural e social que faça conter essa prática lesiva à integridade psico-fisica do menor e que lhe importará um grave comprometimento na construção identitária e relacional da vítima, pois os sentimentos incestuosos

[880] TABORDA, Claudia Regina Furian – Relações incestuosas. Monografia apresentada ao Curso de Especialização em psicologia clínica na Universidade Regional Integrada do Alto Uruguai e das Missões, Santo Ângelo, RS, 2005, p. 5.

conscientes ou inconscientes e o controle dos mesmos tem um papel preponderante no desenvolvimento da personalidade dos individuos.

São consideradas incestuosas, geralmente, as relações entre pais e filhos, entre irmãos ou meio-irmãos, entre tios e sobrinhos e entre primos (estatísticas comprovam que em 10% podem ocorrer relações incestuosas, mas estas ocorrem mais frequentemente – 75% – entre pais e filhas. Podendo ainda existir entre mãe/filha ou filho; pai e filho ou entre irmãos).

Representa uma forma grave de abuso sexual – forma de maltrato infantil e violência contra a mulher. Podendo ocorrer no núcleo familiar sem violência física e afetar basicamente qualquer camada da população.

Numa perspectiva psicanalítica, Freud aduz que o tabu do incesto e suas implicações na vida psíquica do indivíduo enraízam-se na relação da criança com o seio materno. A leitura de Lacan de Freud diz que a criança, depois do complexo de Édipo, passa do mundo imaginário, em que se encontra, auto-centrada, para passar ao mundo simbólico, o da cultura, determinado pela lei, simbolizada pelo pai. A aceitação do relacionamento do pai com a mãe, necessariamente castrador, determina a inserção da criança no mundo social.

Desta sorte, à luz da teoria freudiana, o sexo, definido como pulsão e desejo, abrange também proibição, perigo, erro e culpa. Sua prática vem orientada por valores morais e culturais que se oscilam no limite entre a manifestação do desejo e a repressão.[881]

Na família incestogência, o amor e o afeto são veículados de forma erotizada, estando o desejo latente e não realizado por um dos genitores (ou parente próximo) que perdura no inconsciente e não se exterioriza por temor de repressão sexual; a comunicação entre os membros não é franca nem aberta; a dinâmica familiar se caracterizam pelo respeito sem discussão à figura paterna; há uma discriminação entre os papéis de gênero, mantendo a mulher e a criança como objeto sexual de poder masculino; há falta de limites claros em termos internos ou intergeracionais; confusão dos papéis familiares, pois reformula as funções dos pais e dos filhos dentro da unidade familiar; estrutura rígida de formação familiar resistente á mudanças; além da dinâmica familiar ser alçada no segredo, na mentira, na aparência e sobretudo no abuso entre os membros, num

[881] BOCK, Ana Mercês Bahia; FURTADO, Odair; TEIXEIRA, Maria de Lourdes Trassi – Psicologias – uma introdução ao estudo da psicologia, p. 229 e 237.

flagrante desrespeito aos direitos humanos, aos direitos fundamentais, e aos direitos da criança e do adolescente.

O carater patológico que permeia a estrutura da familia incestogência faz com que exista uma colaboração – aberta ou velada – dos membros da unidade familiar, que entendem a relação incestuosa mais legitima que a relação extramarital.

Como aduz Claudio Cohen, existe no ânimus daquele que pratica o ato incestuoso um ambivalência entre o desejo reprimeido de quebrar o tabu do ato proibido – pois está presente o componente do desejo e do prazer – e o medo de ser descoberto, e punido pela sociedade.[882]

Tem-se assim, que a falta de contato com a sociedade colabora para o incesto. "Dentro de cada pai incestuoso, existe algo não resolvido, que o faz buscar a solução para seu desejo sexual com uma criança ou o próprio filho. Ele age ainda como uma pessoa primitiva em termos de desenvolvimento afetivo".

O incesto não é em seu entendimento uma questão biológica, mas psicológica e predominantemente cultural. "Todos nascemos instintivos, mas conforme vamos nos desenvolvendo, criamos estruturas que nos permitem interromper pensamentos que ocorrem. Não é proibido um pai ter desejo ao ver uma filha, mas o pai com desenvolvimento afetivo adequado tira o pensamento da cabeça e não concretiza o ato. Já o pai instintivo vê a filha como objeto sexual e não tem essa lei interior, nem respeito á regras sociais que o ajudassem a conter esses impulsos. Existe ainda a questão de querer dominar a filha, que é vista como propriedade do pai – que deseja possuir as meninas e subjugá-las aos seus domínios –,"pais dizem que eles vão ter as filhas porque elas não serão de outro homem sem ser primeiro deles. É uma dominação de gênero. O homem quer ter a posse da mulher. A vítima se sente ameaçada e, ao mesmo tempo, não consegue reagir contra o próprio pai. "Acontece muito, mas é algo que tem pouca visibilidade", demonstrando um flagrante desrespeito aos direitos humanos da criança, antagonizando-se com os princípios de direito e com os princípios bioéticos, onde a inserção familiar é entendida como um lócus de proteção do menor.

[882] COHEN, Cláudio – O incesto um desejo, São Paulo: Casa do Psicólogo Livraria e Editora Ltda, 1993, p. 32.

Fruto de uma família mal estruturada, que inclui a reformulação dos papéis familiares e da função paterno-filial, podem se instaurar dois tipos de prática incestuosa: a despótica e a marital. Enquanto na primeira existe um total respeito pela autoridade do agente agressor a segunda indica o estabelecimento de uma relação afetuosa entre o agressor e a vítima – que entende como amor a prática sexual forçada ou induzida, desloca o papel central do outro genitor, geralmente a mãe, denuncia a incompatibilidade sexual entre os cônjuges e impõe à vítima uma falsa sensação de inclusão no núcleo familiar, além de profundo sentimento de culpa e responsabilidade ao adotar uma função de pseudoparceiro na estrutura familiar.[883]

Em ambos os casos podemos perceber a importância das motivações inconscientes dos envolvidos, a dinâmica de sua personalidade, e o padrão dos relacionamentos humanos que possuem.[884]

Desta forma, podemos concluir que a família incestogência, intimamente ligada às emoções familiares, apresenta-se como uma família disfuncional, que não cumpre o seu papel de proteção aconchego e educação dos filhos, ou ainda, apresenta-se como uma variante patológica da família polígama já estudada nesta obra. Ao contrário coloca em risco sua vida, seja no ponto de vista psíquico, emocional – pois os induz à depressão, à prostituição, às dificuldades relacionais na vida adulta; como nos aspectos de saúde com reflexos na saúde pública – pois a prática do incesto leva muitas vezes à lesões no aparelho reprodutor da vítima, transmissão de doenças, e gestação (numa época do desenvolvimento físico da vítima em que seu organismo não está preparado para suportar uma gestação. Muitas vezes o nascituro apresenta anomalias estruturais, ou mesmo nasce com baixo peso ou outras deficiências).

Dificulta por seu turno o desenvolvimento do pensamento racional da criança, dada a qualidade da interação com a família nas diversas fases de estruturação do simbólico, estando por sua vez a vida mental intimamente relacionada com a vida social – nesse caso é preponderante a influência da vida familiar – que desempenha um papel essencial na elaboração dos

[883] Um exemplo claro disso é o pai que não consegue superar a perda da mãe e a identifica na imagem da filha, indicando claramente os mecanismos psicológicas da transferência dos sentimentos, da carência afetiva, uso de poder, além da manifesta negação dos sentimentos de amor que formam a família que induzem a uma distorção das funções da mesma.

[884] FADIMAN, James; FRAGER, Robert – Teorias da personalidade, p. 127.

conceitos e dos esquemas representativos, pois vê-se que toda emoção implica numa grande carga de sentimentos, e num sentido mais amplo, possui um aspecto cognitivo e racional.[885]

Concebe Cláudio Cohen que o incesto pode ser definido como uma violação contra a família, atentando contra o casamento (em seu caráter monogâmico), o estado de filiação e a estrutura familiar (pois induz a um desequilíbrio das relações familiares).

Essa prática pode advir de uma manifestação veemente de stress, solidão, dependência emocional, baixa autoestima, apontando para uma necessidade de afeto e pertencimento, aceitação e amor, de ambos os lados – vítima e agressor. As vítimas não se sentem amadas pelos outros membros da família, logo, suas próprias necessidades emocionais a predispõem a sofre o abuso sexual – única manifestação de afeto que elas conhecem.[886]

As emoções contidas na gênese do comportamento agressivo perpassam por sua vez pelo medo, pela ira, pela dor e sobretudo pela frustração. "Embora se saiba que a exemplo de outros comportamentos, a agressão pode ser aprendida". Como aduz Içami Tiba, "para a educação dos filhos é bastante prejudicial a presença de um pai – ou mãe – delinquente".[887]

Na concepção de Carl Rogers "o amor é tão importante para a criança que acaba por ser guiada não pelo caráter agradável ou desagradável de suas experiências e comportamentos, mas pela promessa de afeição que elas encerram. Assim a criança começa a agir da forma que lhe garanta amor ou aprovação, sejam os comportamentos saudáveis ou não para ela".[888]

Para o antropólogo José Rogério Lopes, "em quase todas as culturas é proibido ter relação dentro de um grupo íntimo de parentesco. Isso é importante, inclusive, para forçar as pessoas a buscar alternativas e constituir outras relações que ampliam o núcleo de convivência. Existem relatos de homens que não têm possibilidade de buscar uma companheira para

[885] PIAGET, Jean – A formação do símbolo na criança, 3ª ed, Rio de Janeiro: LTC, 1990, p. 9 e ss.

[886] COHEN, Cláudio – O incesto um desejo, p. 45; TABORDA, Claudia Regina Furian – Relações incestuosas, p.18; MYERS, David G. – Psicologia, p. 350 e 351.

[887] STAAT, David A – Introdução à psicologia, p.116 e 117; TIBA, Içami – Família em alta performance, São Paulo: Integrare editora e Livraria Ltda, 2009, p. 145.

[888] FADIMAN, James; FRAGER, Robert – Teorias da personalidade, p. 230.

estabelecer uma relação conjugal que seja fora da própria família. Isso faz com que, muitas vezes, sujeitos pratiquem atos incestuosos".

Podemos ver assim, que existem diversos tipos de abusos familiares, onde o incesto, denuncia a falta precípua de amor entre os membros da comunidade familiar.[889]

Tal como aduz Eduardo Rocha, existem basicamente três tipos de relações familiares incestuosas: tipo intrafamiliar, tipo multiproblemático e tipo acidental.

O tipo intrafamiliar é o tipo mais comum. "Raramente é feito o diagnóstico, pois a família parece levar uma vida normal e tranqüila na comunidade. Entretanto, com um exame mais apurado, percebe-se que apresentam um contato limitado com o mundo extrafamiliar. Nessas famílias, as fronteiras entre os diversos subsistemas não são nítidas e sim difusas, com confusão de papéis sociais e psicológicos entre seus membros. Pai e mãe sofreram privações que comprometem suas capacidades de assumir seus papéis de pais. O incesto ocorre envolvendo três pessoas: o pai, a mãe e a criança. O pai comumente possui uma personalidade passiva e introvertida, apesar de, superficialmente, parecer dominador. Sente-se incapaz de exercer seu papel de pai e de marido. Geralmente inicia as relações incestuosas com a filha durante um período de estresse, solidão ou dependência, como durante perda de emprego ou conflitos conjugais. A atividade incestuosa pode não ser motivada pelo sexo, mas representar uma necessidade de afeto. O pai obtém gratificações e conforto através da relação sexual. Geralmente, há uma vida sexual pobre entre o casal.

[889] No que tange ao perfil do abusador, existem dados coletados pela ONG brasileira CECOVI (www.cecovi.org.br): que apontam para 65% de violência física, 51% de violência psicológica, 49% de casos de negligência e 13% de abuso sexual. Em 93,5% dos casos os agressores eram parentes da vítima (52% – mãe, 27% – pai, 8% –padrasto/madrasta, 13% – outros parentes) e em 6,5% os abusadores não são parentes (3% – vizinhos, 2% – babás e outros responsáveis, 1,5% – instituições.Dos 13% de casos envolvendo abuso sexual a pesquisa demonstrou que: a idade da vítima: 2 a 5 anos – 49%, 6 a 10 anos – 33%; 80% das vítimas tinham sexo feminino e 90% dos agressores eram do sexo masculino. É válido ressaltar que o adulto que comete violência sexual sempre pede para a criança guardar segredo sobre o que aconteceu usando diversas formas de pressão. É muito comum a criança se sentir culpada e até merecedora da violência em si, haja vista ela não ter estrutura mental suficiente para explicar tal ato cometido contra si, aliado ao sentimento de culpa, a pressão psicológica exercida pelo perpetrador, o próprio laço de afeição entre estes.

A mãe geralmente possui história de abuso sexual em sua infância e provém de lares desfeitos. Ela própria sofreu, no passado, privação materna e foi recipiente de ressentimentos e hostilidades. Geralmente, é descrita como deprimida, apresentando, portanto, baixa auto-estima, passividade e isolacionismo. Na maioria das vezes assume papel de protetora do marido, mas é insensível às necessidades emocionais da filha, não conseguindo dar-lhe suporte emocional adequado. Freqüentemente tem uma vida sexual insatisfatória e possui existência atribulada, ausentando-se de casa devido ao trabalho ou atividades sociais".

Nesse contexto, as funções tipicamente definidas como "da esposa", são passadas para a filha mais velha. Apesar de ter conhecimento do incesto, pode ignorá-lo ou até mesmo incentivá-lo, pois sua filha a está substituindo em um papel no qual se sente incapaz e que não deseja para si. A mãe facilita a situação incestuosa, pois desse modo está reeditando a situação de sua infância: sua filha assume o papel de mãe má, que a despreza e rejeita. Deste modo, projeta na filha seus sentimentos hostis em relação à sua própria mãe e vivência a situação como ela sendo novamente a vítima das hostilidades maternas. Esta é uma tentativa neurótica de elaboração de sua própria dificuldade no relacionamento com sua própria mãe. Portanto, este mecanismo de identificação projetiva exerce um papel facilitador para a ocorrência do incesto. Para manter a aparência de normalidade, ambos, pai e mãe, concordam consciente ou inconscientemente que a relação incestuosa é mais aceita do que uma relação extra-marital, que poderia levar a uma ruptura do casamento e da família".[890]

O segredo que permeia as atitudes incestuosas, sempre carregadas de violência imposta pelo molestador interfere diretamente no direito da criança à sua integridade física e psicológica, direito personalíssimos, num flagrante exemplo de desamor.

[890] A criança poucas vezes relata o incesto antes de chegar à adolescência, uma vez que está envolvida na trama familiar e é profundamente dependente desses pais, que são os únicos adultos com quem, em geral, ela pode contar. Além disso, como possui com a mãe um relacionamento insatisfatório, isso perpetua um funcionamento em nível oral, podendo levar a menina a voltar-se para o pai, numa tentativa de suprir suas necessidades de ser cuidada, alimentada e amada. ROCHA, Eduardo – Quais são os tipos de abusos familiares existentes? http://uberlandiacontraapedofilia.com.br. < acesso em 08.01.11>

Como aduz Graça Pizá "o segredo de familia esconde os afetos secretos, impenetráveis e misteriosos do incesto, através de gerações. É esse segredo que estabelece um sistema de comunicação familiar".

Apresenta-se sob a forma de amores farsantes, permeados por afetos enganosos, ambivalentes que se manifestam através do falso cuidado, do falso lúdico, do falso amor, impondo à criança ameaças constantes, mentiras ou chantagens.

Pela pouca idade e estrutura psiquica ainda em desenvolvimento, a criança não tem condições de identificar os meandros do amor adulto, nem tão pouco saber que "os carinhos recebidos escondem uma brutal carga de destruição e sadismo".

Assim sendo "as caricias travestidas em amor, mascaram um gozo perverso, cujo destino pulsional é destruir o fetiche para depois venerá-lo".

Apresenta uma espécie de amor farsante, mas demonstra-se como um amor hostil, destrutivo. Um falso amor possessivo, traidor, ciumento, perturbador. É também uma forma de amor despótico, transgressor.[891]

Podemos assim concluir que o incesto, transtorno sexual grave, pode apontar para uma busca pessoal de aceitação, de amor social, de inserção e por isso apresentaria longa duração, que, usualmente, observa-se nessas relações incestuosas. O incesto pode durar, em média, vários anos, com uma média de seis meses a sete ou oito anos.

Neste tipo de família, a relação incestuosa, geralmente, inicia-se com a filha mais velha. Outras filhas serão envolvidas quando deixar a casa paterna ou quando terminar a relação. Trata-se de uma relação perversa, que tem suas origens no primitivo desenvolvimento psicossexual de todas as crianças em que, na fantasia, tais relações são desejadas e permitidas.

Já no abuso familiar do tipo multiproblemático, o incesto é mais facilmente identificado, pois é mais um aspecto a somar, na total desorganização familiar. É comum a associação com o alcoolismo, violência, abuso físico, delinqüência e doença mental. Há uma estrutura familiar caótica, não existindo uma relação próxima entre seus membros. A criança tanto pode ser vítima do abuso físico quanto sexual.

Quanto ao tipo acidental, o pai, geralmente sob influência do álcool, comete o abuso sexual que, na maioria das vezes, não envolve coito. Esta

[891] PIZÁ, Graça – Afetos secretos do incesto. In. DIAS, Maria Berenice (Coord) – Incesto e alienação parental, p. 199 a 204.

forma de incesto pode ocorrer em famílias estáveis, nas quais existem boa relação pai-filha. Em geral, restringe-se a um episódio único, e o pai sente culpa e remorso.[892]

Podemos assim ver que a sexualidade humana não está reduzida apenas a atividade genital, mas abrange toda a dimensão do ser humano, em sua visão ontológica, suas crenças, seus valores e a posição que ocupa no mundo social e familiar. "Há atualmente a tendência de se observar a sexualidade como fonte de mercantilização, levando-a a banalização".[893]

As consequencias da prática de incesto – forma de violência infantil – são inúmeras para a vítima e podem ser descritas em três ambitos principais: físicas, psicologicas e comportamentais.

Quanto às manifestações físicas podem ser relatados dores nas áreas genitais; inflamações e hemorragias; gravidez precoce e doenças sexualmente transmissiveis.

Quanto às manifestações psicológicas, baixa auto-estima, representação anormal da sexualidade, dificuldade de estabelecer relações afetivas e sociais harmônicas, retraimento, tendência à comercialização do corpo e das emoções, tendências suicidas, depressão, disturbios de personalidade – tendências à psicoses, automutilação, obesidade, anorexia, histeria, agressividade, e quanto ás manifestações comportamentais, inserem-se dificuldade de exprssar sentimentos de raiva, queda do rendimento escolar, atitudes autodestrutivas, aumento do grau de provocação erótica, regressão da linguagem e do comportamento, agressão contra a família.[894]

Podemos concluir assim, que o amor incestuoso, é uma forma relacional deturpada, patológica e que desnorteia os papéis familiares prejudicando intensamente a inserção dos envolvidos na vida social e familiar saudável, uma vez que traz consignada uma confusão intrinseca entre o sexo e a afetividade.

Aponta para uma série de dificuldades emocionais e psicológicas, que impulsionam o agente agressor para a prática de uma relação afetiva e

[892] ROCHA,Eduardo – Quais são os tipos de abusos familiares existentes? http://uberlandiacontraapedofilia.com.br. < acesso em 08.01.11>

[893] KURAMOTO, Jaqueline; ZOLA, Regina Célia; MIRANDA, Juranda Maia de – Pessoa humana e sexualidade. In. VIEIRA, Tereza Rodrigues (Coord.) – Bioética e sexualidade, São Paulo: Jurídica Brasileira,2004, p. 155.

[894] TABORDA, Claudia Regina Furian – Relações incestuosas, p. 19 e ss.

sexual desvirtuada de sua função normal. Aproxima-se muito mais da carência afetiva do que do amor que protege, exalta e liberta, tal como apresentado no correr da presente obra.

Representa ainda, uma forma de transtorno da preferência sexual, a qual pelo total desrespeito á dignidade da pessoa humana que contém leva o tema à uma abordagem multidisciplinar entre a psicologia, a medicina e o direito, além de suscitar intensos debates bioéticos.

Sob o aspecto histórico, temos que "o incesto é tão antigo quanto o próprio homem", aduz Maria Berenice Dias, inspirada em Claudio Cohen. Sendo válido ressaltar que na ótica do direito, a evolução histórica da familia sempre repudiou o incesto, pois esta é considerada uma prática anticivilizatória, cujos efeitos nocivos são perversos.[895]

Retrata Rodrigo da Cunha Pereira uma visão bastante interessante do direito: "toda lei corresponde um desejo que lhe contrapõe. Assim, pode-se dizer que os crimes que a lei proibe são os mesmos que os homens têm a propensão natural a cometer". Nesse sentido, considera o incesto a base de todas as proibições.

Para ele, "os conceitos interdisciplinares entre direito e psicanálise, com base no pensamento de Kelsen e Freud, permitem concluir que a primeira lei, organizadora da cultura é uma lei de familia. Em outras palavras a proibição do incesto inaugurou a cultura e possibilitou o estabelecimento das relações sociais".[896]

Diferencia-se se sensivelmente a pratica incestuosa da pedofilia. Uma pessoa que pratica um ato sexual com uma criança é, apesar de todas as definições médicas, comumente assumido e descrito como sendo um pedófilo. Porém, existem outras razões que podem levar ao ato, tais como stress, problemas sexuais no âmbito da relação conjugal, ou mesmo a falta de um parceiro adulto, e pode apresentar indicios de baixa auto-estima e baixa capacidade relacional em sociedade.

Por isto, somente o abuso sexual de crianças nem sempre pode indicar que o abusador é um pedófilo na acepção clinica do termo. A maioria dos

[895] DIAS, Maria Berenice – Incesto e o mito da família feliz. In. DIAS, Maria Berenice – Incesto e alienação parental, p. 153 e 154.

[896] PEREIRA, Rodrigo da Cunha – A sexualidade vista pelos tribunais, p. 8; DIAS, Maria Berenice – Incesto e o mito da família feliz. In. DIAS, Maria Berenice – Incesto e alienação parental, p. 154 e 155.

abusadores em fato não possuem um interesse sexual voltado primariamente para crianças.

Tal como apontam Fredrich Burnay e Beatrisse Ferreira os pedófilos ao terem relações no universo familal sentem "um nível de poder e subjugação que para eles justifica o acto em si". Estima-se que apenas entre 2% a 10% das pessoas que praticaram atos de natureza sexual em crianças sejam pedófilos, tais pessoas são chamadas de *pedófilos estruturados, fixados ou preferenciais*. Abusadores que não atendem aos critérios regulares de diagnóstico da pedofilia são chamados de *abusadores oportunos, regressivos ou situacionais*.[897]

Um estudo de Abel, G. G, Mittleman, M. S, e Becker, J. V observou que existem geralmente claras distinções características entre abusadores oportunistas e pedófilos estruturados. Abusadores oportunistas tendem a cometer abuso sexual contra crianças em períodos de estresse, possuem poucas vítimas, geralmente, pertencentes à própria família, possuem menos probabilidade de abusar sexualmente de crianças, e possuem preferência sexual para adultos. Abusadores pedófilos, por outro lado, geralmente começam a cometer atos de natureza sexual a crianças em tenra idade, muitas vezes possuem um grande número de menores que são frequentemente extrafamiliares, cometem mais abusos sexuais com crianças, e possuem valores ou crenças que suportam fortemente um estilo de vida voltado ao abuso.

No caso de incesto entre pais e filhos, acredita-se que a maioria dos abusos envolve pais que são abusadores oportunistas, ao invés de pedófilos.

A realidade braileira aponta para um grande número de relacionamentos incestuosos. Os principais motivos para essa prática seriam: o isolamento geográfico, a falta de acesso à educação, além de condições sociais precárias. Em algumas regiões do interior do Brasil é um costume os homens iniciarem sexualmente as filhas.

Sob a ótica do direito, o incesto apresenta grande repercussão nas esferas civel, criminal e internacional.[898]

[897] Fonte: http://pt.wikipedia.org/wiki < acesso em 10.01.11>

[898] APELAÇÃO CRIMINAL. Ap. Crim.com revisão/crime contra os costumes. N. 9095671-24.2005.8.26.0000. EMENTA: Estupro – vítima menor e enteada do agressor – violência real e presumida – defloramento com onze anos – continuidade delitiva por três anos. Violência física e psíquica – majorante de pena prevista no art. 9º da lei n. 8072/90. 4º Câm Dir Crim. Des.

A Constituição Federal elenca em seu art. 1º, III, a dignidade da pessoa humana como principio fundamental; em seu art. 4º,II a prevalência dos direitos humanos; em seu art.226 §§ 7º e 8º a proteção dos membros da família – donde podemos entender que se insere o menor e art. 227 caput – a proteção do menor "é dever da família da sociedade e do Estado assegurar á criança e ao adolescente, com absoluta prioridade, o direito á vida, à saúde, à alimentação, ao respeito, à liberdade e à convivência familiar e comunitária, a lém de colocá-los a salvo de toda forma de neglig~encia, discriminação, exploração, violência, crueldade e opressão" e § 4º "a lei punirá severamente o abuso, a violência e a exploração sexual da criança e do adolescente".

À luz do direito penal, a legislação brasileira não tem tipificado o crime de pedofilia, mas este pode ser enquadrado juridicamente no crime de estupro de vulnerável, previsto no art.217-A do Código Penal – com pena de oito a quinze anos de reclusão, sendo considerado crime hediondo; o art. 227 prevê o crime de mediação para servir a lascivia de outrem – com pena variante de dois a oito anos.[899]

À luz do art. 240 e 241 do Estatuto da Criança e do Adolescente tipifica duas condutas relativas ao transtorno sexual que conhecido por pedofilia – com penas oscilando entre um a quatro anos de reclusão e multa.

Rel. William Campos; APELAÇÃO/INDENIZAÇÃO POR DANO MORAL. Ap. n.0106695-37.2007.8.26.0000. 9º Câm Dir. Priv. Ação de indenização por danos materiais e imateriais – mãe da criança vítima de abuso sexual cometido pelo ex-companheiro que pretende ser compensada pelo sofrimento psíquico, danos emergentes e lucros cessantes advindos da revelação de seus desdobramentos – pretensão acolhida pelo juiz. Rel Des. João Carlos Garcia; AGRAVO DE INSTRUMENTO. Agravo n.631.353-4/1-00 – 5º Câm Dir. Crim. Destituição de pátrio poder ajuizada pelo Ministério Público – irresignação quanto ao laudo da psicóloga judicial – pedido de elaboraçao de outros laudos – providência que não atende ao melhor interesse das menores – impossibilidade – partes que apresentaram quesitos devidamente respondidos – agravo improvido. 5º Câm. Dir. Crim. Des. Rel. A C Mathias Coltro.

899 A partir de 2007 os Conselhos Estaduais da Criança e do Adolescente, com a coordenação da Secretaria Nacional dos Direitos Humanos lançou uma campanha para coibir a prática de crimes contra menores. A relação sexual entre adultos e adolescentes é regulada pelas leis de cada país referentes à idade de consentimento. Alguns países permitem o relacionamento a partir de uma idade mínima (12 anos em Angola, Filipinas e México, 13 na Espanha e Japão, 14 no Brasil, Portugal, Itália, Alemanha, Áustria e China, 15 na França, Suécia, Dinamarca e Grécia, 16 em Noruega, Reino Unido e Holanda).

Vê-se desta forma que algumas condutas caracterizadas por transtornos de preferência sexual podem ocasionar condutas delituosas e ensejar responsabilização criminal uma vez que seja comprovada a lesão ou tentativa de lesão a bem juridico tutelado na esfera criminal como a integridade fisica, moral e/ou sexual, direitos personalíssimos.[900]

A Constituição Federal determina em seu art. 227 § 4º "a lei punirá severamente o abuso, a violência e a exploração sexual da criança e do adolescente"

Vedados na atualidade pela maioria dos países ocidentais, mesmo que haja consentimento das partes, a historiografia comprova exemplos de casamentos de caráter apenas oficioso entre irmãos da realeza para preservar a dinastia, e exceções na história e em sociedades atuais para certas classes sociais privilegiadas. Entretanto dados históricos comprovam a existência de relacionamentos incestuosos em diversos países do mundo, podendo o termo apontar ainda relações de abuso sexual de menores por parentes.

Além da proibição religiosa, também a medicina e a biologia desencorajam o relacionamento incestuoso por motivos de saúde – aumento da possibilidade de ocorrência de anomalias de origem genética.

No ambito internacional o direito a ter uma familia e a importância dela para a criança estão presentes no art. 6º da Declaração dos Direitos da Criança. A Convenção Internacional sobre os Direitos da Criança, aprovada em 1989 pela Assembleia Geral das Nações Unidas, define que os países signatários devem tomar "todas as medidas legislativas, administrativas, sociais e educativas" adequadas à proteção da criança, inclusive no que se refere à violência sexual à luz do artigo 19.

A formação da famíla incestogência é proibida pela lei civil, amparada pela moral e bons costumes.

O Código Civil trata dos impedimentos matrimoniais, tratando como tal as condutas que acarretem a nulidade do casamento, como previsto no rol estabelecido pelos artigos 1521,I a VII e 1548,II. Desta sorte, temos que impedimentos são circunstâncias que impossibilitam a realização de determinado casamento.

[900] ABDO, Carmita Helena Najjar; FLEURY, Heloisa Junqueira; ABDO, Marian Najjar – Transtornos de preferência sexual: enfoque bioético, clínico e jurídico. In. VIEIRA, Tereza Rodrigues (Coord.) – Bioética e sexualidade, São Paulo: Jurídica Brasileira,2004, p. 190.

Assim vemos que à luz do art. 1.521, I do Código Civil não podem casar os ascendentes com os descendentes, seja oparentesco natural ou civil; II – os afins em linha reta; III – o adotante com quem foi cônjuge do adotado e o adotado com quem o foi do adotante; IV – os irmãos, unilaterais ou bilaterais, e demais colaterais, até o terceiro grau inclusive; V – o adotado com o filho do adotante. Logo, temos que os impedimentos matrimoniais que induzem a um casamento nulo são derivados de parentesco, de casamento anterior ou de delito., tal como prevê o art. 1548 do mesmo Diploma Legal.[901]

Como lecionam Washington de Barros Monteiro e Regina Beatriz Tavares da Silva, os impedimentos resultantes do parentesco, previstos nos incisos I a IV do supra citado artigo, são baseados em evidentes razões de moralidade pública e familiar, que repudia a aproximação sexual de parentes muito chegados, pois a exogamia sempre foi um traço característico da civilização cristã que repudiou veementemente o incesto.

As núpcias incestuosas atingem frontalmente a moralidade pública presente na estrutura fundante das sociedades organizadas, revestindo-se de caráter imoral as relações carnais entre pais e filhos, ou entre irmãos, e ademais pode causar no âmbito da saúde individual e coletiva a degenerscência da espécie.

O inciso IV do mesmo artigo estende o impedimento até o terceiro grau inclusive – que abrange o parentesco tio/sobrinho. Essa união entretanto pode ser legitimada em observância ao Decreto-Lei n.3200/41 não revogado pelo Código Civil, desde que preenchidas as condições por ele impostas, como o laudo expedido por dois médicos comprovando a possibilidade ou a irrestrita inconveniência do casamento. É válido ressaltar que se os peritos médicos atestarem a possibilidade da realização do casamento, a prova de sanidade deverá ser apresentada no processo de habilitação ao casamento, e se ao contrário concluírem pela inconveniência do ato, o impedimento prevalecerá em toda a sua plenitude, ressalvando-se o disposto na Lei n.5891/73 sob pena de anulação do mesmo.[902]

[901] MALUF, Adriana Caldas do Rego Freitas Dabus – Casamento inexistente, nulo e anulável. Revista do Advogado, ano XXVIII, jul. de 2008, n. 98, p. 19.

[902] MONTEIRO, Washington de Barros; SILVA, Regina Beatriz Tavares da – Curso de direito civil, 39º edição, São Paulo: Saraiva, 2009, vol. 2, p. 90 e ss

Entretanto, vem crescendo o entendimento de que a regra contida no art. 183, IV do Código Civil anterior, repetida no atual, sem grande adaptação aos novos paradigmas biotecnológicos e bioéticos, precisa ser analisada com outros dispositivos hoje presentes no ordenamento jurídico pátrio.

A procriação, elemento essencial o casamento religioso, e que inspirou o código de 1916, não é mais tida como finalidade do matrimônio na atualidade. Desta forma, o risco para a prole não mais pode ter o peso que tinha na legislação revogada. Hoje à luz do art. 226§ 7º da Constituição Federal "o planejamento familiar é de livre decisão do casal". E com isso, não caberia ao Estado interferir na realização do afeto privado, que tantos benefícios causa à existência humana como vimos no correr desta obra, a gênese e duração do amor, impedindo que haja formação da família através do casamento quando desaconselhada a reprodução pela via natural, haja vista a difusão e implementação das técnicas de reprodução assistida – inclusive com a doação do embrião, marcada na reprodução heteróloga, ou mesmo pelo acesso à adoção, forma milenar de construção de família substituta.

Em face dos questionamentos bioéticos que o tema encerra, além do domínio das técnicas científicas para se resolver o problema, pensamos que a norma contida no art. 1521, IV do Código Civil pátrio deva ser interpretado de forma menos hermética e mais consoante à pos-modernidade.

Persistem todavia os impedimentos quando resultantes de afinidade seja fruto do casamento civil ou da união estável.

Embora frontalmente vedados à luz da lei civil o casamento ou a união estável, encontram-se resguardados os direitos do nascituro e do filho nascido das uniões incestuosas, sejam estas de qual natureza forem.

Com o desenvolvimento das técnicas de reprodução assistida, à luz da bioética e do biodireito, determinadas cautelas são adotadas para evitar a união incestuosa. Reza na Resolução n. 2.294/2021 item IV, 6 do Conselho Federal de Medicina que cada doador de material genético para inseminação artificial heteróloga só poderá ter seu material utilizado duas para produzir duas gestações de sexos diferentes num raio populacional de um milhão de habitantes, justamente para evitar o encontro amoroso de parentes biológicos.[903]

[903] Vemos que muito embora aa precauções adotadas o método não é totalmente eficaz, e inclusive na pós-modernidade, ao se valorizar a união homoafetiva essa precaução se torna também inócua.

Um caso interessante que engendra grande discussão bioética envolveu um casal que se uniu naturalmente pelos laços do casamento civil e que ao fazer durante a gestação da esposa exame de seu genoma e do nascituro descobriu que possuia a mesma característica genética,ou seja, eram irmãos biológicos. Pergunta-se o que fazer neste caso? Prevalece o casamento? Deve este ser anulado inobstante o amor conjugal?

Infelizmente nem sempre a lei parece justa, ao não valoriza acima de tudo o amor conjugal. Como fazer prevalecer um vício tão nocivo à moralidade pública e familiar. Pensamos que a questão deva ser pautada na seguinte decisão: Anula-se o casamento, persistindo sua validade para efeitos patrimoniais até a data do conhecimento do fato pelas partes e consequente pronunciamento pelo juiz provocado por quem o Código Civil autoriza a requerer a nulidade em seu art. 1522. Subsistem os demais direitos para o filho gerado nesta união.[904]

Como bem lecionou San Tiago Dantas, é eivada de nulidade as infrações morais e legislativas mais graves, em que exista a preponderância do interesse público. A respeito dos casamentos nulos vigoram-lhes duas características peculiares:a imprescritibilidade e a insanabilidade. Em seu entender os casamentos contraídos com infração dos impedimentos capitais, mesmo que de boa fé, representam uma gravee ofensa á moral social, e quanto mais longa for a duração do casamento, ao invés de aplacar a agressão social, mais aumentará.[905]

De forma sintética, em face ao exposto podemos citar as palavras de Maria berenice Dias, para quem "as dificuldades de identificar quaisquer destas formas perversas de agir decorre muito do fato de que todos se curvam diante do mito da família feliz".[906]

## 10.2. A alienação parental

A Alienação parental, é uma conduta que ocorre quando pais, geralmente em litígio, usam o filho como instrumento para atingir e punir o outro, que teria sido o responsável pela separação.

[904] MALUF, Adriana Caldas do Rego Freitas Dabus – Casamento inexistente, nulo e anulável, p. 19.

[905] SAN TIAGO DANTAS, F C – Direito de família e das sucessões, p. 201 e 202.

[906] DIAS, Maria Berenice – Apresentação. In. DIAS, maria Berenice (Coord) Incesto e alienação parental, 2. ed., São Paulo: Ed. Revista dos Tribunais, 2010, p. 5.

Segundo a definição legal, "Considera-se ato de alienação parental a interferência na formação psicológica da criança ou do adolescente promovida ou induzida por um dos genitores, pelos avós ou pelos que tenham a criança ou adolescente sob a sua autoridade, guarda ou vigilância para que repudie genitor ou que cause prejuízo ao estabelecimento ou à manutenção de vínculos com este" (art. 2º, Lei 12.318/2010).

A denominada Síndrome da Alienação Parental, também conhecida como SAP, foi preconizada em 1985, pelo psiquiatra Richard A. Gardner, e representou um marco importante para o direito de família.

Esta síndrome pode ser entendida como um distúrbio no qual a criança, numa base contínua, deprecia e insulta um dos pais sem qualquer justificativa aparente, devido à influência e a doutrinação do outro genitor. Consiste ainda, em um transtorno psicológico de um dos genitores denominado cônjuge alienador, transformar a consciência dos filhos, mediante diferentes formas de atuação, com o intuito único de impedir, diminuir ou destruir seus vínculos afetivos com o outro genitor, denominado cônjuge alienado. Em outras palavras, é programar a criança para que odeie um dos pais sem nenhuma justificativa plausível, evidenciando o espírito emulativo e fincado na mais pura manifestação de desamor pela criança.[907]

Define Regis Fernandes de Oliveira a alienação parental como a "interferência promovida por um dos genitores na formação psicológica da criança para que repudie o outro, bem como atos que causem prejuízos ao estabelecimento ou à manutenção de vínculo com este". Para dirimir questões atinentes ao tema apresentou o PL n. 4.053/08, que elucida as formas pelas quais a conduta se concretiza: I – realizar campanha de desqualificação da conduta do genitor no exercício da paternidade ou maternidade; II – dificultar o exercício do poder familiar; III – dificultar contato da criança com o outro genitor; IV – dificultar o exercício do direito regulamentado de visita; V – omitir deliberadamente ao outro genitor informações pessoais relevantes sobre a criança, inclusive escolares, médicas e alterações de endereço; VI – apresentar falsa denúncia contra o outro genitor para obstar ou dificultar seu convívio com a criança;

[907] GARDNER, Richard A. *O DSM-IV tem equivalente para o diagnóstico de Síndrome de Alienação Parental (SAP)?* Trad. Rita Rafaeli. Disponível em: http://www.alienacaoparental.com.br/textos-sobre-sap-1/o-dsm-iv-tem-equivalente, acesso em 26 de julho de 2010.

VII – mudar de domicilio para locais distantes, sem justificativa, visando dificultar a convivência do outro genitor

Para Richard Gardner a frequência de ocorrências deste tipo são bastante acentuadas, notadamente em pacientes egressos de relacionamentos problemáticos ou mesmo de separações ou divórcios mal resolvidos, onde o cônjuge descontente visa de uma forma vingativa, minar o relacionamento dos filhos com o outro genitor, adotando para tanto comportamentos mais ostensivos ou mais sutis.

É válido ressaltar, como lembra Gladys Maluf Chamma, que o genitor alienador, não é necessariamente aquele que detém a guarda do menor, para que se denigra a imagem do outro genitor frente a este "transmitindo-lhe uma percepção distorcida, acompanhada de pensamentos e sentimentos negativos em relação ao outro genitor, visando não só afastá-lo da prole, mas também destruir o vínculo entre eles".[908]

Tendo em vista a importância do convívio com ambos os pais e o direito personalíssimo à biparentalidade biológica (ou mesmo sócio afetiva), vemos nesta conduta, marcadamente emolutiva, um flagrante desrespeito ao melhor interesse da criança, uma periclitação de sua higidez psíquica, dada a importância dos eventos da infância na aquisição de moldes relacionais e produção do simbólico na mente do menor, e sobretudo uma ausência marcada de amor ao filho, a si próprio e à própria instituição familiar.

Neste sentido, vemos que a prática de ato de alienação parental fere o direito fundamental da criança ou do adolescente à uma convivência familiar saudável porque "prejudica a realização de afeto nas relações com genitor e com o grupo familiar" (art. 3º, Lei 12.318/2010), e constitui, também, uma forma de abuso moral contra a criança ou o adolescente bem como descumprimento dos deveres inerentes à autoridade parental ou decorrentes de tutela ou guarda.

Como dispõe o artigo 4º, da Lei 12.318/2010, a alienação parental: fere direito fundamental de convivência familiar saudável; prejudica a realização de afeto nas relações com o genitor e com o grupo familiar; constitui abuso moral contra a criança ou adolescente; acarreta o descumprimento

[908] SALLES, Gladys Maluf Chamma Amaral – Síndrome de alienação parental. In Jornal a Tribuna do Direito, out 2009, ano 17, n. 198, p. 12.

dos deveres inerentes à autoridade parental ou decorrentes de tutela ou guarda.

Vemos assim a importância que o tema desempenha nas questões de direito de família, bem como as sequelas psíquicas que deixa no menor.

Na grande maioria dos casos as vítimas de SAP, são propensas a apresentar distúrbios psicológicos graves como isolamento, ansiedade, pânico, dupla personalidade, são mais propensos a cometer suicídio e apresentar baixa autoestima não conseguindo manter um relacionamento estável, na idade adulta[909]

Assim sendo, se a conduta delituosa não for detectada a tempo, corre-se o risco de se passar toda uma vida em descompasso entre filho e pai/mãe, por puro espírito de vingança da outra parte, vivendo como leciona Jacob Dolinger "um direito sem amor".

Sendo assim, a aprovação do referido Projeto de Lei garantirá a punição nas esferas cível e criminal do genitor alienante, que poderá ainda ser apenado com multa, perda da guarda e até do poder familiar.[910]

A Lei 12.318/2010 positivou o tema. A norma foi bastante feliz porque traçou as condutas consistentes em alienação e deu a respectiva contrapartida, ou seja, quais as atitudes à disposição do juiz para combater a alienação. Neste aspecto, representou um notável avanço e facilitou a tarefa dos operadores do direito, notadamente o juiz, porque arrolou um leque de medidas a serem adotadas conforme seja o grau da alienação por ele verificada.

[909] GARDNER, Richard A. *O DSM-IV tem equivalente para o diagnóstico de Síndrome de Alienação Parental (SAP)?* Trad. Rita Rafaeli. Disponível em: http://www.alienacaoparental.com.br/textos-sobre-sap-1/o-dsm-iv-tem-equivalente, acesso em 26 de julho de 2010.

[910] SALLES, Gladys Maluf Chamma Amaral – Síndrome de alienação parental. In Jornal a Tribuna do Direito, p. 12; DOLINGER, Jacob – Direito & Amor, p.16; Nos processos que envolvem a alienação parental, a tarefa do juiz é bastante delicada porque é difícil a comprovação das denúncias efetuadas, notadamente quando envolve comportamentos mais graves como o abuso sexual. É sempre necessária a realização de perícia, acompanhada de estudos sociais e psicológicos. Os procedimentos são demorados e, por vezes, não conclusivos, motivo pelo qual o juiz encontra-se em constante tensão entre manter as visitas, autorizá-las acompanhadas ou suspendê-las de vez.

# 11.
# A EVOLUÇÃO DO AMOR NA PÓS-MODERNIDADE – UM DESAFIO PARA O SÉCULO XXI

Tal como vimos no decorrer do presente trabalho, inconteste é a importância do sentimento amoroso para a formação das relações interpessoais, seja esta afinidade evidenciada no amor conjugal – ou relacional –, no amor filial, no amor entre amigos – mormente denominada amizade.[911]

Íntima relação observou a valorização do sentimento amoroso para a formação da família que sob uma ótica evolucionista, passou a apresentar-se em diversas formas, ultrapassando a visão tradicional da família casamentária, para abarcar formas novas sob a configuração de união estável, concubinária, monoparental, unipessoal, mosaico, eudemonista, homoafetiva, formada nos estados intersexuais, plúrima, virtual, entre outras.

Nessa concepção, tal como já ponderamos anteriormente, os avanços biotecnológicos que o homem conheceu no último século trouxeram à família, à filiação e ao amor contornos próprios.

[911] Existem entretanto alguns tipos de interação interpessoais que não são fincadas no amor, como os relacionamentos efêmeros conhecidos por "ficar", que ainda assim obedece a duas modalidades: o ficar sem nenhum interesse de compromisso amoroso e o ficar com intenções futuras de namoro. Em ambos os casos, poderão decorrer consequências jurídicas como o dano moral, o dano material e o reconhecimento da prole gerada dessa prática.

Léo Pessini e Christian de Paul de Barchifontaine questionam qual o legado que essas novas experiências e realizações estão deixando para as novas gerações, fazendo-nos refletir acerca da natureza dos valores que serão dominantes no futuro, bem como nos faz pensar em como estarão equacionadas as condições de vida e de saúde da humanidade.[912]

Pensamos que imprescindível é o estabelecimento de limites éticos e operacionais bem definidos, tendo em vista a manutenção da dignidade da pessoa humana e da manutenção da ordem e da moralidade públicas, evitando a qualquer custo a introdução de uma forma nova de sujeição do homem pelo outro homem, numa clara manifestação do costume ou mesmo da lei, fincada numa norma sem amor.

No âmbito legal, a valorização do amor na pós-modernidade, que a seu turno vem marcada "por um processo de mudanças sem precedentes na história do pensamento e da técnica, que levaram a uma alteração paradigmática no modo de se pensar a sociedade e suas instituições", passou a obedecer a valores novos que emergiram de uma sociedade que ansiou por uma liberdade ampla e irrestrita nas questões relacionais, tangenciando os direitos personalíssimos do cidadão – no que toca à sua liberdade, intimidade e preferências valorativas –, bem como da proteção de seus direitos humanos fundamentais.[913]

Sob esta ótica, complexa relação advirá da interação da lei, do juiz e do direito – basicamente quanto ao sentido que a norma jurídica visará alcançar. Podemos concluir que na era atual viver significa interpretar a existência, seu sentido e seus valores, que em matéria de amor, alteraram-se sensivelmente.

Na esfera do direito, como bem lembrou João Guilherme Silva Marcondes de Oliveira "os valores que permeiam o ordenamento integram a tradição da linguagem e da cultura. A sociedade encontra no direito um lugar para que a tradição se mantenha, e o jurista, ao interpretar a lei, procura evidenciar a tradição, ou seja, os valores".

912 PESSINI, Leo; BARCHIFONTAINE, Christian de Paul de. A vida em primeiro lugar. In. PESSINI, Leo; BARCHIFONTAINE, Christian de Paul de (Org.). Fundamentos da bioética, p. 5 e 6.

913 MALUF, Adriana Caldas do Rego Freitas Dabus – Novas modalidades de família na pós-modernidade, p. 25.

Lembra ainda que "tradição não significa a manutenção presente de um passado, mas a atualização da experiência humana, que se desenvolve através da linguagem, onde o interprete desempenha um importante papel de renovador consciente, adaptando às exigências do momento presente, as fórmulas herdadas pela tradição, utilizando-se assim dos valores jurídicos-sociais".[914]

Busca-se desta forma, dar-se um novo sentido à existência e à experiência humana, da qual defluem novos conceitos e novos valores.

Visa outrossim o homem, numa visão aristotélica, perquirir a busca de um ideal – do ótimo-, que por sua vez representa a plenitude da própria vida. Num mesmo sentido é a concepção de Diego Gracia, para quem, a própria condição humana introduz o homem numa busca incansável de sua realização e felicidade.[915]

Nesse diapasão, na esteira do pensamento de Adjiedj Bakas, questionamos qual o papel do amor no século XXI, "vamos seguir a tendência de múltiplos relacionamentos ou de monogamia em série, tal como definido pela antropologia social? Será que os robôs, animais de estimação ou bonecos vão substituir o amor humano? Até onde se vai chegar com a ânsia da perfeição física, juventude eterna e padrões cada vez mais rígidos de embelezamento? Como o ser humano atual vai procurar alguém para manter relacionamentos no futuro? Haverá vários tipos de amor? Como se lidará com o fim da privacidade no futuro, tendo em vista a invasão de chips e satélites de monitoramento no nosso universo cotidiano? Quais as novas modalidades de intimidade que surgirão? Será possível no futuro ter casos amorosos uma vez que os passos do cidadão são monitorados digitalmente?[916]

Começamos a ver que esse aspecto futurista do amor já é uma realidade que se vê refletida na mudança legislativa de muitos países da comunidade internacional. A proteção do amor se vê transmutado na proteção da honra e da dignidade humana. A constituição da família obedece a contornos

[914] OLIVEIRA, João Guilherme Silva Marcondes de – O caminho e o caminhante – destinos de uma justiça errante em busca de sentido. In. Revista da Faculdade de direito da USP, v. 104, 2009, p. 757 e 758.

[915] ARISTOTELES – Ética a Nicomaco, p. 25; GRACIA, Diego – Pensar a bioética – metas e desafios, p. 14.

[916] BAKAS, Adjiedj – O futuro do amor – intimidade, sexo, união e solidão na nova ordem mundial. São Paulo: A Girafa, 2011, p. 12.

mais elásticos tanto para sua formação quanto para sua ruptura – uma vez que o divórcio é compreendido como um direito potestativo do cidadão sendo facilitado á luz da legislação brasileira com a entrada em vigor da Emenda Constitucional 66/10 denominada PEC do divórcio. A igualdade constitucional dos filhos havidos nas relações casamentárias, extracasamentárias, fruto de adoção ou das técnicas de reprodução medicalmente assistida.

Outras modalidades relacionais coexistem na pós-modernidade, como o "ficar", fase prévia ao namoro, onde pode-se haver ou não o interesse em estabelecer um relacionamento estável. As relações efêmeras, bastante numerosas na atualidade, representam a seu turno a expressão da excessiva concentração dos indivíduos em sua esfera pessoal, de cunho narcísico e muitas vezes egoísta. Poderá corresponder também ao "mito do romance ideal". Entretanto dificilmente reconhecer-se –à em juízo a figura da lesão moral de amor típica em razão de envolvimento fugaz, tão presente na atualidade.[917]

Embora os relacionamentos afetivos possam se demonstrar das mais diferentes formas, a intimidade persiste na atualidade como uma necessidade básica permitindo ao homem lidar de forma mais positiva com seus sentimentos.

Com o avanço biotecnológico, o homem consegue interferir na dinâmica sensorial de seu cérebro. As chamadas design drugs – ou drogas projetadas – são capazes de exercer grande influência na vida amorosa do indivíduo, assim como podem intensificar-lhe a inteligência ou ampliar-lhes habilidades especificas.

Devido cuidado deve entretanto ser administrado nessa praticas, tendo em vista a manutenção equilibrada da vida humana e do meio ambiente, devendo-se para tanto serem estabelecidas normas de conduta socialmente adequadas.[918]

Nesse sentido, o próprio Bakas, experiente estudioso e observador de tendências, aponta para as tendências futuristas do amor: ampliação

[917] PARODI, Ana Cecília – Responsabilidade civil nos relacionamentos afetivos pós-modernos, p. 293.

[918] MALUF, Adriana Caldas do Rego Freitas Dabus – Curso de bioética e biodireito, p. 35 e ss; PESSINI, Leo; BARCHIFONTAINE, Christian de Paul – Problemas atuais de bioética, 2. ed. São Paulo: Loyola, 1994, p. 11.

e virtualização do mercado do amor; novas formas de constituição da família; desempenho de novos papéis por parte do homem e da mulher; tendência à tecnologização do amor e da aparência física; tendência à maior regularização da expressão sexual; busca de novas formas de privacidade; a espiritualização do amor; utilização de formas diversas de expressão sexual.[919]

A internet tornou-se uma poderosa arma de encontros e consequente manutenção de relacionamentos afetivos. Típica da modernidade, traduz em importante arma contra a solidão, a timidez, a dificuldade relacional.

Assim sendo, explica-se o sucesso dos serviços de no namoro on line. O primeiro site de namoro, match.com, foi lançado em 1995 nos Estados Unidos e congregava mais de 15 milhões de perfis de associados em 37 países.

Estes sites, por sua vez distinguem-se pela modalidade de serviços que oferecem: sites específicos para encontros sexuais temporários, sites para proporcionar o encontro de possíveis parceiros de vida, ampliando inclusive a possibilidade do estabelecimento de relacionamentos transnacionais. Além destes existem os sites especializados em traição, ou ainda, os que selecionam os candidatos segundo habilidades especificas, preferências religiosas ou conceitos de beleza e características genética e de tipagem sanguínea. Existe ainda o Second Life, onde o intuito principal não é o encontro formal com o outro parceiro, mas sim viver o amor numa realidade paralela mediado pelo avatar.

Pode-se portanto perceber que o amor na web apresenta um nível de segmentação bastante grande.

Com o desenvolvimento cada vez mais acentuado das novidades tecnológicas, através da utilização de vibradores ativados on line, amplia-se a possibilidade do sexo pela webcam – bastando para tanto conectar o dispositivo a um computador, e os parceiros poderão se relacionar sexualmente a distância. "As experiências multisensuais serão uma realidade, podendo inclusive ser criado um parceiro virtual nos moldes de um parceiro desejado, como aduz Julia Heilman do Kinsey Institute"[920]

[919] BAKAS, Adjiedj – O futuro do amor – intimidade, sexo, união e solidão na nova ordem mundial, p. 38; 43 a 168.

[920] BAKAS, Adjiedj – O futuro do amor – intimidade, sexo, união e solidão na nova ordem mundial, p. 53.

Ou ainda de forma complementar, aparecem os hologramas, feixes de laser, que faz surgir uma imagem tridimensional de um objeto. Desenvolvidos como um software e dotados de personalidade adquirem características próprias.[921]

Multiplicam-se, enfim, os sites de encontros na internet, fato este que derivou da grande mudança de comportamento da sociedade contemporânea, levando, na esfera jurídica à figura da infidelidade e do adultério virtual, ensejando em alguns casos a responsabilização civil por danos causados aos direitos da personalidade de outrem.[922]

È válido ressaltar que o anonimato que o encontro on line fornece, possibilita a criação de imagens distorcidas de si mesmos como a supressão da idade ou do peso, bem como aumento dos ganhos financeiros ou projeção profissional. Assim, pode-se concluir com base em estatísticas que encontros desta natureza não são confiáveis.[923]

Em linhas gerais pode-se entender que o amor no século XXI tornou--se mais fugaz, imediatista, individualista e flexibilizado do ponto de vista da orientação sexual. Encontra-se ainda impregnado de influências midiáticas que levam à valorização da beleza física decorrente das formas do corpo que mesmo tendo em consideração as diferenças regionais globais levam os seres humanos – homens ou mulheres – a um universo de inclusão ou exclusão na relação amorosa.[924]

921 KELLY, Robert – O holograma humano, São Paulo: Cultrix, 2015, p. 38 e ss

922 Nesse sentido, reportagem realizada pela Revista Marie Claire de jul 2011, intitulada "A um clique de um caso", aponta o brasil como novo destino de sites de relacionamentos extraconjugais, onde se busca preferencialmente sexo e sedução por parte dos homens e carinho, atenção e companheirismo por parte das mulheres – que muitas vezes "não estão a um clique de distância", p. 84 a 88.

923 No mesmo sentido vem a reportagem promovida pelo OESP em 12.6.11, p. C7 Metropole, onde "a análise dos perfis mostra que sinceridade não é o forte de internautas. Em reportagem análoga realizada pela Revista Veja em 15.6.11, apontou-se as características mais procuradas pelos parceiros da web: ter o corpo em forma; querer ter filhos, cabelo castanho para os homens e louro para as mulheres e não fumar. Outras características como religião e possuir diploma superior também são valorizadas. P. 36.

924 Desses fatos decorrem o aumento das doenças alimentares como anorexia e bulimia, o aumento do número de cirurgias plásticas, transformando o corpo humano numa mercadoria. Existe também no âmbito do desenvolvimento biotecnológico o desenvolvimento de certas fórmulas de fármacos que aumentam o desejo sexual.

Entretanto, tal como concebe a psicanalista Ana Maria Rizzuto, o relacionamento virtual propicia o estabelecimento de um vínculo narcísico. Trata-se, de uma relação selfobjetal – o tipo de vínculo mais primitivo que se pode estabelecer, em que o objeto só existe para satisfazer as necessidades do self. Não há espaço para o amor".[925]

Assim sendo, além dos sites de relacionamento virtual, já citados, que visam sanar a solidão presente nas sociedades contemporâneas, a biotecnologia e a indústria farmacêutica atuam no mercado do amor bem como a utilização de recursos como o uso de bonecas de plásticos e robôs que substituem o relacionamento humano pelo relacionamento fantasioso que tem a função precípua de tentar suprir, no limite de suas possibilidades a carência afetiva que decorre dos relacionamentos infelizes ou da solidão oriunda do descompasso do encontro de potencias e verdadeiros parceiros para amar.

A tecnologia invadiu o espaço vital dos seres humanos preenchendo--o com chips, microchips, pesquisas e abusos na web, câmaras de raio X, fotografias de íris dos olhos, além de uma superexposição de dados pessoais, diminuindo consideravelmente a privacidade dos indivíduos em matéria de amor, que a seu turno, passou a apresentar uma visão mais espiritualizada, mais focada na energia que emana das interações. A esse fenômeno, batizei de reflexos da alma, que tornando o amor um fenômeno espiritual global tem a capacidade de ungir o ser humano de características como vitalidade, bondade, saúde e tolerância.

Desta forma, posso concluir que na pós-modernidade as várias espécies de amor tem lugar e têm sentido, desde que valorizada a verdade, a ética, as emanações da alma.

Sob o ponto de vista jurídico, as ofensas a honra derivadas de relacionamentos na internet fazer incidir a responsabilização civil do ofensor, tal como podemos observar em algumas decisões emanadas dos Tribunais.[926]

[925] RIZZUTO, Ana Maria – Amor em tiempo de computadora. Apud GOMES, Ricardo – Namoro na internet: observações de um psicanalista internauta. In. Caderno de psicanálise. http:www.existencialismo.org.br

[926] INDENIZAÇÃO – DANO MORAL – OFENSAS ATRAVÉS DE SITE DE RELACIONAMENTO NA INTERNET – RESPONSABILIDADE CIVIL OBJETIVA – TEORIA DO RISCO – DEVER DE INDENIZAR – QUANTUM INDENIZATÓRIO – FIXAÇÃO. O provedor de serviço de internet, ao disponibilizar espaço em sites de relacionamento virtual, em que seus usuários podem postar qualquer tipo de mensagem, sem prévia fiscalização, e

As diversas manifestações sociais românticas, de diversa natureza – típicas ou atípicas, nominadas ou inominadas, reconhecidas ou não pelo direito –, podem ensejar também a reparação civil pois das relações amorosas podem advir relações jurídicas independente de sua ruptura, como condenação por danos morais por ofensas à honra, reconhecimento de filiação, indenização material, indenização por ruptura do vínculo conjugal, indenização por quebra de promessa de casamento, indenização por descumprimento dos deveres parentais, entre outros.

Podem constituir ainda, as relações interpessoais no espaço virtual ofensa aos deveres do casamento, como o dever de fidelidade, ensejando a ruptura da sociedade conjugal.[927]

Modalidade esta que tem sua prática constantemente ampliada, tendo em vista a introdução no mercado de sites específicos para a finalidade de encontros adulterinos.

Assim, vemos que este, como base formadora da família, fez-se capaz de multiplicar as formas de agregação interpessoal, permitindo, ainda, a aceitação de todas estas formas.[928]

Pensamos com Ana Cecília Parodi que "o primeiro escopo do indivíduo que estabelece algum laço afetivo em geral se alça de uma motivação fincada em sua estrutura intima e espiritual", mas que sem dúvida farão surgir diversas consequências jurídicas. O Estado se torna cada vez menos regulador das formas de amar, deixando uma maior responsabilidade para os particulares procurarem sua própria felicidade[929]

ainda, com procedência, muitas vezes, desconhecida, assume o risco de gerar danos a outrem, sendo de se aplicar a eles a teoria do risco. O parágrafo único do art. 927 do Código Civil, adota a teoria do risco, estabelecendo que haverá obrigação de reparar o dano, independentemente de culpa, nos casos especificados em lei, ou quando a atividade normalmente desenvolvida pelo autor do dano implicar risco para os direitos de outrem. Ao fixar o valor da indenização, deve-se ter em conta as condições do ofendido, do ofensor e do bem jurídico lesado.
APELAÇÃO CÍVEL Nº 1.0091.08.011925-7/00 – Des Rel. Alvimar de Ávila.

927 PARODI, Ana Cecília – Responsabilidade civil nos relacionamentos afetivos pós-modernos. São Paulo: Russell, 2007, p. 433.

928 GIACOBBE, Giovanni – La famiglia nell'ordinamento giuridico italiano – materiali per una ricerca, G. Giappicheli Editore:Torino, 2. ed., 2011, p. 89.

929 PARODI, Ana Cecília – Responsabilidade civil nos relacionamentos afetivos pós-modernos, p. 64 e 65.

Pode este nascer por qualquer via "um amor impossível pode tornar-se possível; um casamento arranjado pode ser harmonioso; um casamento pode mostrar-se feliz e a paixão ser encontrada em outro lugar. Convenções, tradição e moralidade podem atrapalhar a forma de se encontrar e experimentar o amor".

Com Adjiedj Bakas vemos que "nesta era de liberdade plena, na qual a felicidade é o objetivo máximo, permite-se a vivência de amores menos tradicionais, que podem muito bem tornar-se as novas convenções. A autorrealização permanece em alta. A mídia continua apresentando-nos o amor em todas as suas formas, das mais exuberantes às mais comoventes. Este sentimento ainda nos inspira, e portanto, acreditamos, tem um futuro memorável".[930]

Convivem entretanto, na pós-modernidade, em face da grande diversidade cultural que conhece o ser humano, relacionamentos tradicionais, fincados na religião – como na realidade islâmica, namoros e casamentos arranjados como nas sociedades da Índia e da China que com o agravante do abortamento de fetos femininos, do infanticídio de meninas "incentivado" pela Lei do filho único, que ao gerar um descompasso percentual entre os sexos fez com que se retornasse ao tradicional casamento arranjado, onde o amor brotaria "mais tarde".

O conceito de amor, assim como da própria fundamentação da família, "tomou uma nova dimensão no mundo contemporâneo, tendo em vista o respeito à dignidade humana, o momento histórico vigente, a evolução dos costumes, o diálogo internacional, a descoberta de novas técnicas cientificas, a tentativa da derrubada de mitos e preconceitos, fazendo com que o indivíduo possa, para pensar com Hanna Arendt *sentir-se em casa no mundo*"[931]

[930] BAKAS, Adjiedj – O futuro do amor – intimidade, sexo, união e solidão na nova ordem mundial. p. 171.

[931] MALUF, Adriana Caldas do Rego Freitas Dabus – Novas modalidades de família na pós--modernidade, p. 9.

# REFERÊNCIAS


ABDO, Carmita Helena Najjar; FLEURY, Heloisa Junqueira; ABDO, Marian Najjar – Transtornos de preferência sexual:enfoque bioético, clinico e jurídico. In. VIEIRA, Tereza Rodrigues (Coord.) – Bioética e sexualidade, São Paulo: Juridica Brasileira, 2004

ADDYMAN, Ishbel – Cyrano – The life and legend of Cyrano de Bergerac. London: Simon&Schuster, 2008.

AIRES, Joaquim Quintino – O amor não se aprende na escola – como a nossa personalidade determina a descoberta do amor. Córdova:Caderno Editora, 2009.

ALBERONI, Francesco – Enamoramento e amor. Rio de Janeiro; Rocco, 1986. – trad. Ary Gonzales.

___ – Lições de amor, Rio de Janeiro: Rocco, 2008.

ALMEIDA, Silmara Juny Chinellato e – Tutela civil do nascituro. São paulo:Saraiva, 2000

ALVES, José Carlos Moreira – Direito Romano, 6.ed, Rio de Janeiro: Forense. 2003

AMADO, Nuno – Diz-me a verdade sobre o amor – a psicologia da atracção, da paixão e das relações amorosas. Córdova: Academia do Livro, 2010.

AMARAL, Sylvia Mendonça do. *Manual prático dos direitos de homossexuais e transexuais.* São Paulo: Ed. Inteligentes, 2003

ARANHA, Maria Lucia de Arruda; MARTINS, Maria Helena Pires – Filosofando, São Paulo: Moderna, 3º ed., 2007.

ARATANGY, Lídia Rosemberg – O anel que tu me deste – o casamento no divã. 4. ed., São Paulo: Artmeios, 2007

ARAÚJO, Luiz Alberto David. *A proteção constitucional do transexual.* São Paulo: Saraiva, 2000

ARENDT, Hanna – O conceito de amor em Santo Agostinho, Lisboa:Instituto piaget, 1997

ARIÉS, Philippe – História social da criança e da família, 2ºed, São Paulo: Gen/LTC, 1973.

ARISTÓTELES, Ética a Nicômaco, São Paulo:Martins Claret, 4º ed.,

AZEVEDO,Álvaro Villaça – Estatuto da família de fato. São Paulo: Ed.Jurídica brasileira, 2001

___ – Emenda constitucional do divórcio. In. FERRAZ, Carolina Valença; LEITE, George Salomão; LEITE, Glauber Salomão (Coord) – O Novo divórcio no Brasil – de acordo com a EC n. 66/2010, Salvador: Ed. Juspodium, 2011

AZEVEDO, Ticiana; DIEGUEZ, Consuelo – Cuidado! Seu príncipe pode ser uma cinderela, Rio de Janeiro: Best Seller, 2010.

BAILEY, J Michel – Sexual orientation of adults sons of gay fathers.Developmental psychology, v. 31, 1995 Fonte:http://www.france.qrd.org/assocs/apgl

BAKAS, Adjiedj – O futuro do amor – intimidade, sexo, união e solidão na nova ordem mundial. São Paulo: A Girafa, 2011

BARCHIFONTAINE, Christian de Paul de – Bioética e inicio da vida. In. MIGLIORE, Alfredo; SCALQUETTE, Ana Claudia; LIMA, Cíntia; BERGSTEIN, Gilberto (Coord) – Dignidade da vida humana, São Paulo: LTR, 2010.

BARROS, Sérgio Resende – O direito ao afeto. In. Del Rey Revista Jurídica. Belo Horizonte: Del Rey, mai 2002, ano IV, n. 8

BARROS, Sérgio Resende de – Direitos humanos e direito de família –fonte:www.srbarros.com.br – Palestra proferida em 29.08.03, na XII Jornada de Direito de Família, realizada no Auditório da Assembléia Legislativa do Estado do Rio Grande do Sul

BEUAVOIR, Simone de – O segundo sexo, Paris: Gallimard, 1967

BEHRENDT, Greg; TUCCILLO, Liz – Ele simplesmente não está a fim de você, Rio de Janeiro: Rocco, 2004

BERGONNIER-DUPUY, Geneviéve; ROBIN, Monique – Couple conjugal, couple parental: vers de nouveaux modeles, Paris: Éres, 2007.

BETTELHEIM, Bruno – Freud e a alma humana, São Paulo:Cultrix, 1982, trad. de Álvaro Cabral.

BEVILAQUA, Clóvis – Código Civil dos Estados Unidos do Brasil comentado, 8. ed, Rio de Janeiro: Livraria Francisco Alves, 1950, v. 2 – atualizado por Achilles Beviláqua.

BITTAR, Carlos Alberto – Os direitos da personalidade, 8. ed., São Paulo: Saraiva, 2014

BOBBIO, Norberto – A Era dos direitos, São Paulo: Ed.campus, 2004

BOCK, Ana Merces; FURTADO, Odair; TEIXEIRA, Maria de Lourdes Trassi – Psicologias – uma introdução ao estudo da psicologia, São Paulo: Saraiva, 2002.

BONDER, Nilton – A alma imoral, Rio de Janeiro: Rocco, 1998.

___ – Tirando os sapatos, Rio de Janeiro: Rocco, 2008.

BONFIGLIO, Mônica – Almas gêmeas, São Paulo: Oficina Cultural Mônica Bonfiglio, 1996

BORDA, Guillermo A – Derecho Civil – parte general. Tomo 1, Buenos Aires: Editorial Perrot, 1953, p. 187

BORRILLO, Daniel – Homosexuels quels droits? Paris: Dalloz, 2007.

BORILLO,Daniel – La protection juridique de la minorité gay et lesbienne dans l'union européenne et en France". In. GUERRA, Sidney; EMERIQUE, Lilian Balmant (Org.) – Direitos das minorias e grupos vulneráveis, Ijuí: Editora Unijuí, 2008

BOSI, Alfredo – História concisa da literatura brasileira, São Paulo: Cultrix, 1994

BOUHDIBA, Abdelwahab – A sexualidade no Islã, São Paulo: Editora Globo, 2006.

BRACHER, Beatriz – Meu amor – São Paulo: Editora 34, 2009.

BRAHINSKY, Corinne – Droit de la famille, Paris: Dunod, 1994

BRANDÃO, Débora Vanessa Caús – Parcerias homossexuais Aspectos Jurídicos, São Paulo: Ed. Revista dos Tribunais, 2002.

BRANDÃO, Marcus Lira – As bases psicofisiológicas do comportamento, São Paulo: EPU, 1991.

BRITO, Francisco – Eles pedem em casamento, elas pedem o divórcio, São Paulo: Dunya, 2005.

BURGESS, Anthony – A literatura inglesa, São Paulo: Editora Ática, 2002.

BUTLER, Judith – Problemas de gênero, Rio de Janeiro: Civilização Brasileira, 2008.

CAMARGO, Paulo Sérgio de – Linguagem corporal, São Paulo: Summus editorial, 2010.

CAMUS, Albert – O mito de Sísifo, 7º, São Paulo/Rio de Janeiro: Record, 2009.

CARBONNIER, Jean –Droit Civil – la famille – les incapacités, Paris: Puf,1992.

___ – Droit Civil, la famille, tome 2, 21º ed, Paris: PUF, 2002

___ – Flexible droit, 8 édition, Paris, LGDJ, 1995

CARMO, Susana J de Oliveira – Crimes passionais:onde termina a paixão e começa a violência? In. http://www.artigonal.com/doutrina-artigos < acesso em 13.9.10>

CARTER, Steven; SOKOL, Julia – O que toda mulher inteligente deve saber, Rio de Janeiro: Sextante, 1990.

___ – Homens gostam de mulheres que gostam de si mesmas, Rio de Janeiro: Sextante, 2008.

___ – Homens que não conseguem amar, Rio de Janeiro: Sextante, 2009.

CARUSI, Donato – Principio di eguaglianza, diritto singolare e privilegio, Napoli: Edizioni Scientifiche Italiane, 1998

CARVALHO, Salo de. Pena e Garantias: uma leitura do garantismo de Luigi Ferrajoli no Brasil. Rio de janeiro: Lumen Juris, 2001

CASCUDO, Luis da Câmara – Civilização e cultura, São Paulo: Global, 2004.

CASTAÑEDA, Marina – A experiência homossexual. São Paulo: A girafa editora, 2007.

CEREJA,William Roberto; MAGALHÃES, Thereza Cochar – Português – linguagens, São Paulo: Atual Editora, 4º ed, v. 1, 2005

CHALITA, Gabriel – Pedagogia do amor, 2º ed., São Paulo: Editora Gente, 2003.

CHAVES, Antonio. Castração, esterilização, mudança artificial de sexo. *Revista dos Tribunais*, São Paulo, ano 69, v. 542

CHINELLATO,Silmara Juny da Abreu – Estatuto jurídico do nascituro: a evolução do direito brasileiro, a evolução do direito do nascituro. In. CAMPOS, Diogo Leite de; CHINELATTO, Silmara Juny de Abreu (Coord.) – A pessoa humana e o direito. Coimbra: Almedina, 2009.

CIFUENTES, Rafael Llano – As crises conjugais, São Paulo: Quadrante, 2001.

CLERGET, Stéphane – Comment devient-on homo ou hétéro, Paris: JCLattés, 2006

COHEN, Cláudio – O incesto um desejo, São Paulo: Casa do Psicólogo Livraria e Editora Ltda, 1993.

___ – Bioética e o inicio da vida. In. MIGLIORE, Alfredo; SCALQUETTE, Ana Claudia; LIMA, Cíntia; BERGSTEIN, Gilberto (Coord) – Dignidade da vida humana, São Paulo: LTR, 2010.

COMPARATO, Fábio Konder – A afirmação histórica dos direitos humanos, 3. ed, São Paulo: Saraiva, 2003

CORDEIRO, Renata – O Amor, São Paulo: Landy Editora, 2006.

CORNU, Gérard – Droit Civil – la famille. 7 èdition, Paris: Montchrestien, 2001.

___ – Droit Civil – les personnes. Paris: Montchrestien, 13º édition, 2007

COSTA, Jurandir Freire – O vestígio e a aura – corpo e consumismo na moral do espetáculo, Rio de Janeiro: Garamond, 2004

COTRIM, Gilberto – Fundamentos da filosofia, São Paulo: Saraiva, 2006

COULANGES, Fustel – A cidade antiga, SãoPaulo:Martins Fontes, 4º ed., 1998

DARNTON, Robert – O iluminismo como negócio, são Paulo:companhia das letras, 1996

DARWIN, Charles – A expressão das emoções no homem e nos animais, São Paulo: Companhia de Bolso, 2009.

DE CUPIS, Adriano – I diritti della personalitá, Milano:Jovene, 1950

DE MATTIA, Fábio M. – Direitos da Personalidade – aspectos gerais. In. Revista de Direito Civil, Imobiliário, Agrário e Empresarial ano 2 jan/mar 1978

DEL PRIORE, Mary – História do amor no Brasil, São Paulo: Contexto, 2005.

___ – História das mulheres no Brasil, São Paulo: Editora Unesp/Contexto, 2004.

DELAHAIE, Patricia – Amores que nos fazem mal, São Paulo: Larousse, 2005.

DESCARTES,René – Las passiones del alma. Madrid: Tecnos, 1997

DI MARZO, Salvattore – Lezione sul matrimonio romano. Roma: L'Erma di Bretschneider, 1972

DIAS, Maria Berenice – União Homossexual: o preconceito e a justiça, Porto Alegre: Livraria do Advogado Editora

___ – Manual de direito das famílias, São Paulo: Editora Revista dos Tribunais, 4ª edição, 2007.

___ – Divórcio já! – Comentários à Emenda Constitucional 66 de 13 de julho de 2010, São Paulo: Editora Revista dos Tribunais, 2010.

___ – Incesto e o mito da família feliz. In. DIAS, Maria Berenice (Coord.) Incesto e alienação parental, 2. ed., São Paulo: Ed. Revista dos Tribunais, 2010

DINIZ, Maria Helena – Direito Civil Brasileiro, 18. ed., São Paulo: Saraiva, 2002, v. 1

DINIZ, Maria Helena. O estado atual do biodireito. 10. ed., São Paulo: Saraivajur, 2017

DOLINGER, Jacob – Direito & Amor, Rio de Janeiro: Renovar, 2009.

DUPUY, Geneviève Bergonnier; ROBIN,Monique – Couple conjugal, couple parental: vers de nouveaux modèles, Paris: Èditions Éres, 2007.

ELIAS, Roberto João – Comentários ao Estatuto da Criança e do Adolescente, São Paulo: Saraiva, 1994

EISMEIN, Adhémar – Le mariage em droit canonique. Paris, 1891, tome I e II

EMANUELLE, E.; POLLITTI, P.; BIANCHI, M.; MINORETTI, P.; BERTONA, M.; & Geroldi, D (2005). "Raised plasma nervo fator associado com níveis de crescimento na fase inicial do amor romântico". *Psychoneuroendocrinology* setembro 05. http://www.biopsychiatry.com/lovengf.htm

EMERSON – O amor. In. CORDEIRO, Renata (Trad.) – O Amor receitas práticas e sábias, São Paulo: Landy Livraria Editora e Distribuidora Ltda, 2006

EPSTEIN, Robert – Para manter a paixão acesa. In. Revista Mente e cérebro, ano XVII, n. 205.

FALLIS, Bruce D; ASHWORTH, Robert D – Histologia Humana. São Paulo: Edart, 1976

FARIAS, Cristiano Chaves de. A proclamação da liberdade de permanecer casado. Porto Alegre: Ed. Síntese. In: Revista brasileira do Direito de Família nº 18, de junho e julho de 2003

FELIX,Luciene – Amor líquido – sobre a fragilidade dos laços humanos. In. Jornal Carta Forense, abril 2010

FERRARA – Trattato di diritto civile italiano, Roma: Ed. Atheneum, 1921, v. 1

FERRARA,Renata Silva – Das mulheres de ontem e hoje para as de amanhã – reflexões sobre a condição feminina na sociedade conjugal. In. DIAS, Josefina Maria de Santana (Coord) – A mulher e a justiça, IASP, 2009.

FERREIRA, Pinto – Personalidade I, In. FRANÇA, Rubens Limongi (Org.). Enciclopédia Saraiva de Direito nº 58, São Paulo: Saraiva, s/d

FERREIRA,Helder Alexandre – Manual de Filosofia –verbete amor. In. http://www.caestamonos.org/edicoesespeciais/O_amor.html.

FERREIRA, Ivete Senise – Comentários à lei n. 11.340/96 (lei Maria da Penha). In. DIAS, Josefina Maria de Santana (Coord) – A mulher e a justiça. IASP, 2009.

FERREIRA, Ivete Senise – A mulher e a proteção á vida. In. DIAS, Josefina Maria de Santana (Coord). A mulher e a justiça. IASP, São Paulo: Lex editora, 2009

FERREIRA Filho, Manoel Gonçalves – Direitos humanos fundamentais, São Paulo: Saraiva, 2003

FISHER, André – Como o mundo virou gay? Rio de Janeiro: Ediouro, 2008.

FISHER, Helen – Por que amamos? A natureza e a química do amor romântico, 3., Rio de Janeiro/São Paulo: Record, 2010

FONTAINE, Anne-Marie; ANDRADE, Claudia; MATIAS, Marisa; GATO, Jorge; MENDONÇA, Marina – Culture, normes et roles de genre: l'articulation famille/travail dans lê couple. In. DUPUY, Geneviève Bergonnier et ROBIN, Monique. Couple conjugal, couple parental: vers des nouveaux modeles. Paris: èditions érès, 2007

FOUCAULT, Michel – Histoire de la sexualité, La volonté de savoir, Paris:Gallimard, 1976, v. 1

FRANKLIN, Benjamin – Como escolher amantes e outros escritos, São Paulo: Editora Unesp, 2006

FREITAS, Douglas Phillips – A função socio-jurídoca do (a) amante, e outros temas de família, Santa Catarina: Conceito editora, 2008.

FRANÇA, Rubens Limongi – Direitos da personalidade coordenadas fundamentais. Revista do Advogado, AASP, n. 38

FREITAS, Márcia de; SIQUEIRA, Arnaldo AF; SEGRE, Conceição, AM – Avanços em reprodução assistida. In. Revista brasileira de Crescimento e Desenvolvimento Humano. 2008.

FRIEDMAN, Howard S; SCHUSTACK, Miriam W – Teorias da personalidade, São Paulo: Pearson, 2º ed, 2004.

FRIGNET, Henry. *O transexualismo*. Rio de Janeiro: Companhia de Freud Ed., 2000

FUJITA,Jorge Shiguemitsu – O afeto nas relações entre pais e filhos:filiação biológica, socioafetiva e homoafetiva. Tese de Doutorado apresentada ao Departamento de Direito Civil da FADUSP em 2008.

FURTADO, José Luiz – Amor, São Paulo: Editora Globo, 2009.

GABILAN, Francisco Aranda – Entre o pecado e a evolução, São Paulo: DLP editora, 2002.

GAMA,Guilherme Calmon Nogueira da – O biodireito e as relações parentais, Rio de janeiro/São Paulo, renovar, 2003

GARDNER, Richard A. *O DSM-IV tem equivalente para o diagnóstico de Síndrome de Alienação Parental (SAP)?* Trad. Rita Rafaeli. Disponível em: http://www.alienacaoparental.com.br/textos-sobre-sap-1/o-dsm-iv-tem-equivalente, acesso em 26 de julho de 2010.

GASPARETTO, Zibia – Conversando Contigo!, São Paulo: Vida e consciência editora e gráfica, 1997.

GAUDEMET, Brigitte Basdevant – Um contract entre l'homme et la femme?quelques points à travers l'histoire em Occident.In. FENOUILLET, Dominique et SOMMIÉRES, Pascal de Vareilles (Direction). La contratualisation de la famille, Paris: Econômica, 2001

GAUDÊNCIO, Paulo – Minhas razões tuas razões a origem do desamor, São Paulo: Palavras e gestos, 2005.

GIACOBBE, Giovanni – la famiglia nell'ordinamento giuridico italiano – materiali per uma ricerca. Torino: G. Giappichelli editore, 2. ed. 2011.

GIANNETTI, Eduardo – A ilusão da alma – biografia de uma idéia fixa, São Paulo: Companhia das Letras, 2010.

GIKOVATE, Flávio – Nós os humanos, 3º ed, São Paulo: Mg editores, 2009

___ – Superdicas para viver bem e ser mais feliz, São Paulo: Saraiva, 2006

___ – Namoro – conhecendo as razões do coração, São Paulo: Moderna, 2009

___ – No divã do Gikovate, São Paulo: Editora Globo, 2009.

___ – Ensaios sobre o amor e a solidão. 3., São Paulo:MG Editores, 2006

___ – A fragilidade do tesão. In. http://www.cpflcultura.com.br/site/2010 < acesso em 18.10.10>

GILISSEN, John – Introdução histórica ao direito, 2º edição, Lisboa: Fundação Calouste Kulbenkian, 1995

GIORGIS, José Carlos Teixeira – A paternidade fragmentada – família, sucessões e bioética. Porto Alegre: Livraria do Advogado, 2007

GODOY, Cláudio Luiz Bueno de – A liberdade de imprensa e os direitos da personalidade, São Paulo: Atlas, 2001

GOLEMAN, Daniel – Inteligência social, Rio de Janeiro: Editora Campus, 2006.

GOGLIANO, Dayse – Direitos da personalidade, São Paulo: Quartier Latin, 2012

GONÇALVES, Carlos Roberto – Direito civil brasileiro, São Paulo: Saraiva, v. VI, 5º ed., 2008

GOTTMAN, John; SILVER,Nan – Sete princípios para o casamento dar certo, Rio de Janeiro: Objetiva, 1999.

GRAY, John – Homens são de marte, mulheres são de vênus, 9º ed, Rio de Janeiro: Rocco, 1996.

GREGORI, José – A herança bendita da Declaração Universal dos Direitos Humanos: globalização dos direitos, a universalidade dos direitos humanos e as peculiaridades nacionais. In. MARCILIO, Maria Luiza (Org.) – A Declaração Universal dos Direitos Humanos – Sessenta anos, São Paulo: Edusp, 2008.

GRISH, Kristina – Mulheres certas que amam homens errados, São Paulo: Editora Gente, 2007.

GROENINGA, Giselle Câmara – Direito e psicanálise:um novo horizonte epistemológico. In. PEREIRA, Rodrigo da Cunha (Coord). Afeto, ética, família e o novo Código Civil. Belo Horizonte: Del Rey.IBDFam, 2004,

GROENINGA, Giselle Câmara – Os direitos da personalidade e o direito a ter uma personalidade. In. TARTUCE, Flávio e CASTILHO, Ricardo (Coord.). Direito Civil – Estudos em homenagem à professora Giselda Maria Fernandes Novaes Hironaka, São Paulo: Método, 2006

GUGLIELMI, Anna – A linguagem secreta do corpo – a comunicação não verbal, Rio de Janeiro: Vozes, 1999.

GUGLIOTTI, Kristine Barci – A problemática da reprodução assistida.Trabalho apresentado ao curso de pós-graduação na FADUSP, 2009, não publicado.

GUYTON, Arthur C – Fisiologia básica, Rio de Janeiro: Interamericana, 2º ed., 1977

HATTU, Jean Pascal – Homoparentalité: parents comme-ci, enfants comme-ça. Fonte:www.titem.fr/?p=1000

HERNANDEZ, Leila Leite – A África na sala de aula, São Paulo: Selo Negro, 2005

HIRONAKA, Giselda Maria Fernandes Novaes – Direito Civil: estudos, Belo Horizonte: Del Rey, 2000

HIRONAKA, Giselda Maria Fernandes Novaes – Família e casamento em evolução. Revista do Advogado, nº 62, março/2001

HIRONAKA, Giselda Maria Fernandes Novaes – A incessante travessia dos tempos e a renovação dos paradigmas: a família, seu *status* e seu enquadramento na pós-modernidade. In. Direito de família diversidade e multidisciplinariedade, Porto Alegre, IBDFAM – RS, 2007

HOPCKE, Robert H – Jung, junguianos e a homossexualidade, São Paulo: Siciliano, 1993 – Trad. Cássia Rocha, São Paulo: Ed. Siciliano, 1993.

HORNSBY, Teresa J – A sexualidade na Bíblia, São Paulo: Cultrix, 2007.

HOURANI,Albert – Uma história dos povos árabes, 2º ed., São Paulo: Companhia das Letras, 2005

IMBASSAHY, Carlos de Brito – Nos domínios da alma, São Paulo: DPL espírita, 2001.

JOHNSON, Robert A – She, São Paulo: Mercúryo, 1996.

___ – He, São Paulo: Mercuryo, 1996.

___ – We – a chave da psicologia do amor romântico, São Paulo: Mercuryo, 1995

Jornal El Pais – O que é sextech – o sexo que praticaremos no futuro. In. http://brasil.elpais.com

JUNG, Carl Gustav – Tipos psicológicos, 2. ed., Petrópolis:Editora Vozes, 1971.

KAHR, Brett – O sexo e a psique, Rio de Janeiro: Best Seller, 2008. trad. Lourdes Sette.

KAMIMURA, Akemi – Linguagem e efetivação dos direitos humanos: o desafio do direito no atendimento interdisciplinar a vitimas de violência. In. PIOVESAN, Flavia; IKAWA, Daniela (Coord.) – Direitos humanos, v. II, Curitiba: Juruá, 2007

KANT, Immanuel – A metafísica dos costumes, São Paulo: Folha de São Paulo, 2010

KANT, Immanuel – Crítica da razão prática, São Paulo: Ícone editora, 2005

___ – A paz perpétua e outros opúsculos, Lisboa: Textos Filosóficos, 2008

KARDEC, Allan – O livro dos espíritos, São Paulo: Petit editora, 1999.

KEEPING, William; BRIX, Cynthia; DWYER, Molly – Dualidade divina – opoder de reconciliação entre homens e mulheres, São Paulo: Cultrix, 2007

KLEIN, Fabiane. A polêmica sobre a abstração da culpa na separação judicial litigiosa. In: O Direito de Família descobrindo novos caminhos. (org.) Maria Cláudia Crespo Brauner. Canoas: Editora La Sale, 2001

KURAMOTO, Jaqueline; ZOLA, Regina Célia; MIRANDA, Juranda Maia de – Pessoa humana e sexualidade. In. VIEIRA, Tereza Rodrigues (Coord.) – Bioética e sexualidade, São Paulo: Jurídica Brasileira, 2004

LANCELIN, Aude; LEMOURNIER, Marie – Os filósofos e o amor, Rio de Janeiro: Agir, 2008.

LAFER, Celso – A internacionalização dos direitos humanos, São Paulo: Manole, 2005

LAFER, Celso – A reconstrução dos direitos humanos – um diálogo com o pensamento de Hanna Arendt, São Paulo: Companhia das letras, 2006

LAFER,Celso – A Declaração Universal dos direitos humanos – sua relevância para a aformação da tolerância e do pluralismo. In. MARCÍLIO, Maria Luiza (org.) A Declaração Universal dos Direitos Humanos – Sessenta anos, São Paulo: Edusp, 2008,

LEBRUN, Gerard – O conceito de paixão. In. NOVAES, Adauto (Org.) – Os sentidos da paixão, São Paulo: Companhia de bolso, 2009

LEITE, Eduardo de Oliveira – Procriações artificiais e o direito.São Paulo, Ed. Revista dos Tribunais, 1995

LEITE, Eduardo de Oliveira – Procriações artificiais e direito: aspectos médicos,religiosos, psicológicos e jurídicos. São Paulo, Ed.Revista dos Tribunais, 1995

LIGNY, Cécile de; ROUSSELOT, Manuela – La littérature française, Paris: Nathan, 1992

LIMA NETO, Francisco Vieira – A maternidade de substituição e o contrato de gestação por outrem. In Biodireito – ciência da vida, os novos desafios Org Maria Celeste Cordeiro Leite dos Santos, São Paulo, Ed Revista dos Tribunais, 2001

LINDON, Raymond – Les droits de la personalité, Paris: Dalloz, 1974

LINN, Denise – Quatro passos do poder pessoal, São Paulo: Larousse, 2008.

LINS, Regina Navarro – A cama na varanda, 3º ed., Rio de Janeiro: Best Seller, 2005.

LIPOVETSKY, Gilles – Os tempos hipermodernos, São Paulo: Barcarolla, 2004.

LÔBO, Paulo – Família, São Paulo:Saraiva, 2008

LÔBO, Paulo Luiz Netto. Entidades familiares constitucionalizadas: para além do *numerus clausus*. In: CONGRESSO BRASILEIRO DE DIREITO DE FAMÍLIA E CIDADANIA, 3. Anais... Belo Horizonte: IBDFAM; OAB-MG, 2002

LUCE, J.V. – Curso de filosofia grega, Rio de Janeiro: Jorge Zahar Editor, 1992. – trad. Mario da Gama Kury

LUFT, Lya – Múltipla escolha, São Paulo/Rio de Janeiro: Record, 2010

MACHADO, Ana Maria; SCLIAR, Moacyr – Amor em texto, amor em contexto, São Paulo: Papirus, 2009.

MACKINNON, Catherine A – Are women human? And other international dialogues, London: Harvard University Press, 2006.

MAGEE, Bryan – História da filosofia, São paulo: Edições Loyola, 2001.

MALUF, Adriana Caldas do Rego Freitas Dabus – Direitos da personalidade e elementos genéticos para a identidade da pessoa humana. In. Novo Código Civil questões controvertidas, São Paulo: Método, 2002.

___ – Novas modalidades de família na pós-modernidade, São Paulo: Atlas, 2010.

___ – Curso de bioética e biodireito, 4. ed., São Paulo: Almedina, 2020.

___ – Limitações urbanas ao direito de propriedade, São Paulo: Atlas, 2010

___ – A identidade de gênero à luz dos direitos da personalidade. In. MIGLIORE, Alfredo Domingues Barbosa; SCALQUETTE, Ana Claudia; LIMA, Cíntia Rosa Pereira de; BERGSTEIN, Gilberto (Coord.) – Dignidade da vida humana, LTR, 2010.

___ – Casamento inexistente, nulo e anulável. Revista do Advogado ano XVIII, jul 2008, n. 98.

___; RIZZI, Maria Beatriz de Souza Lima – Uma visão interdisciplinar sobre bioética e o inicio da vida. In. MIGLIORE, Alfredo Domingues Barbosa; SCALQUETTE, Ana Claudia; LIMA,Cíntia Rosa Pereira de; BERGSTEIN, Gilberto (Coord.) – Dignidade da vida humana, LTR, 2010.

___; MALUF, Carlos Alberto Dabus – O Novo divórcio no Brasil. In. FERRAZ, carlina Valente; LEITE, George Salomão; LEITE, Glauber Salomão (Coord.) – O Novo divórcio no Brasil, Salvador:Ed. Juspodium, 2011

MALUF, Carlos Alberto Dabus; MALUF, Adriana Caldas do Rego Freitas Dabus – Curso de direito de família, 4. ed., São Paulo: Saraiva, 2021

MANNION, James – O livro completo da filosofia, São Paulo: Madras, 2005.

MARAZZITI, D; AKISKAL, HS; ROSSI, A; CASSANO,GB – Alteração da serotonina transportador no amor romântico. Psychol Medica, Maio de 1999, v. 29(3).

MARAZZITI, Donatela – O amor no foco da pesquisa neurocientífica. In. http://projetocome.blogspot.com/2010/06/amor_e_ciumes.html

MARCÍLIO, Maria Luiza – A Declaração Universal dos Direitos Humanos: primado da dignidade e do bem comum. In. MARCÍLIO, Maria Luiza (org.) A Declaração Universal dos Direitos Humanos – Sessenta anos, São Paulo: Edusp, 2008

MARINO Jr., Raul – A religião do cérebro, São Paulo: Editora Gente, 2005.
MARITAIN, Jacques – La perfezione è nell'amore, Roma: Città Nuova Editrice, 2010
MARREGA, Maria Fernanda; BRUNS, Maria Alves de Toledo – Super-homem e a mudança da história: um estudo sobre papéis de gênero. In. CUNHA,Marcus Vinicius; PASIAN, Sonia Regina; ROMANELLI, Geraldo(Orgs.) – Pesquisas em psicologia – múltiplas abordagens, São Paulo: Vetor editora, 2009
MARTINS, António de Carvalho – Bioética e diagnóstico pré-natal, Coimbra: Coimbra Editora, 2003
MENDES, Christine Keller de Lima – Mães substitutas e a determinação da maternidade:implicações da reprodução medicamente assistida na fertilização in vitro heteróloga. http://www.boletim jurídico.com.br/doutrina/texto.asp?id=1310
MOISÉS, Massaud – A literatura portuguesa através dos textos, São Paulo: Cultrix, 29. ed, 2002
MAYNZ, Charles – Cours de droit romain.5ºédition,tome III. Paris: A.Durand et Pedone-Lauriel, 1891.
MAZEAUD et CHABAS-Leçons, Paris,: Montchrestien, Tit I et II.
McArthur, Neil – Digisexuality emerges as a new sexual identity. In. http://www.cbc.ca.spark.
McArthur, Neil; MARKIE, L C Twist – The rise of digisexuality: terapeutic challenges and possibilities, sexual and relationship therapy, 32; 3-4, 334-344, DOI, 2017
MILAN, Betty – O amante brasileiro, São Paulo: A girafa editora, 2003
___ – Fale com ela, São Paulo/Rio de Janeiro: Record, 2007
___ – Eros, o deus do amor, só toca quem sabe ouvir e respeitar. In. O livro do amor I – da sedução ao casamento, São Paulo: OESP Gráfica AS, 2002.
___ – A trilogia do amor, Rio de Janeiro: Record, 2010.
MILL, John Stuart – A liberdade/utilitarismo. São Paulo:Martins Fontes, 2000
MILMANIENE, José E. – Extrañas parejas – psicopatologia de la vida erótica, Buenos Aires: Paidós, 2000.
MIRA y LÓPEZ, Emilio – Quatro gigantes da alma, Rio de Janeiro: José Olympio editora, 27º ed, 2010.
MIZRAHI, Maurício Luis – Família, matrimonio y divórcio. Buenos Aires: Editorial Astrea, 1998.
MOHR, Richard – The long arc of justice: lesbian and gay marriage, equality and rights. New york: Columbia University Press, 2005
MOHR, Richard – What is marriage anyway? In: A More perfect union: why straight América must stand up for gay rights, USA, 1996, – www.buddybuddy.com.
MOLIÉRE – Don Juan, Paris: Folio, 1971
MONEY, John – The psychologic study of man, 1957. In. http://en.wikipedia.org
MONTAIGNE, Michel de – Os Ensaios, livro II, São Paulo: Martins Fontes, 2006.

MONTEIRO, Washington de Barros; SILVA, Regina Beatriz Tavares da – Curso de direito civil brasileiro, São Paulo: Saraiva, 39º ed, v. 2, 2009.

MONTEIRO, Washington de Barros Monteiro; PINTO, Ana Cristina de Barros Monteiro França– Curso de Direito Civil, 42. ed, São Paulo: Saraiva, 2009, v.1

MONTELEONE NETO, Roque. Erros da determinação e a diferenciação do sexo. In: DELASCIO, Domingos; GUARIENTO, Antonio (Orgs.). *Obstetrícia, ginecologia, neonatologia*. São Paulo: Servier, 1984.

MORAES,Walter – Direito da personalidade. In. FRANÇA, Rubens Limongi (Org.) Enciclopedia Saraiva do Direito, São Paulo: Saraiva, s/d.

MORBIDELLI, José Donizetti – Discursos de Lísias e Sócrates sobre o amor – Platão. In. http://recantodasletras.uol.com.br/discursos

MOREIRA, Márcio Borges; MEDEIROS, Carlos Augusto de – Princípios básicos de análise do comportamento, Porto Alegre: Artmed, 2008.

MORIN, Edgar – Amor, poesia, sabedoria, Rio de Janeiro:Bertrand Brasil, 1998

MORRY, MM – Relações satisfação como preditor da similaridade percebida entre amigos sexo oposto: Um teste do modelo de similaridade atração. Jornal das relações sociais e pessoais, n. 24, 2007.

MYERS, David G. – Psicologia, Rio de Janeiro: LTC/Gen, 7º ed, 2007.

NADAUD, Stéphane – L'homoparentalité – une nouvelle chance pour la famille? Paris: Fayard, 2002.

NADER, Paulo – Curso de direito civil, vol 5, Rio de Janeiro: Editora Forense/Gen, 4º ed, 2010.

NAOURI, Aldo – Adultérios, São Paulo: Martins Fontes, 2009

NEWCOMB, TM (1963). Estabilidades mudanças subjacentes na atração interpessoal. Journal of Abnormal Psychology e Social, 1966.

NIETZSCHE, Friedrich – Além do bem e do mau, São Paulo: Companhia de bolso, 1992

NONATO, Orozimbo – Personalidade, Repertório Enciclopédico do direito brasileiro, v. XXXVII, Rio de Janeiro: Ed. Borsoi, s/d, p.

NORWOOD, Mandi – Até que a falta de tesão nos separe, São Paulo: Landscape, 2003.

NUNES,Adriane;BICHARA,Andréia Gil; DINIZ,Luciano – Reprodução assistida em portadores de HIV. In.CLEMENTE, Ana Paula Pacheco (Org.) – Bioética no inicio da vida, Petropolis:Vozes, 2006, p. 231

NUNES, José Carlos Amorim Vilhena – Novos vínculos jurídicos nas relações de família. Tese de Doutorado apresentada ao Departamento de Direito Civil da FADUSP em 2009

NUSSBAUM, Martha C – Constructing love, desire and care. In. Sex, preference and familly – essays on law and nature, New York/Oxford: Oxford University Press, 1997

OLIVEIRA, Alexandre Miceli Alcântara de – Direito de autodeterminação sexual, São Paulo: Ed. Juarez de Oliveira, 2003

OLIVEIRA, Euclides de – União Estável do concubinato ao casamento, 6. ed., São Paulo: Método, 2003.

OLIVEIRA, João Guilherme Silva Marcondes de – O caminho e o caminhante – destinos de uma justiça errante em busca de sentido. In. Revista da Faculdade de direito da USP, v. 104, 2009.

OSHO – A essência do amor, São Paulo: Editora Cultrix, 2009 – trad. Denise de C. Rocha Delela

OTERO, Paulo – Personalidade e identidade pessoal e genética do ser humano: um perfil constitucional da bioética, Coimbra: Almedina, 1999

OVIDIO – A arte de amar, Porto Alegre: L&PM Pocket, 2009 – trad. Dúnia Marinho da Silva.

PACCA, João Ricardo Lopes da Silva – A prática do sexo virtual com pessoa diferente do cônjuge como descumprimento de deveres conjugais e as consequencias desse enquadramento jurídico. Tese de Láurea apresentada ao Departamento de Direito Civil da FADUSP em 2010.

PAGET, Philippe Auguste – Puissance paternelle dans le droit romain et le droit français. Paris: Pichon-Lamy et Duvez Librairies Éditeurs, 1869

PASINI, Willy – Amores infiéis – psicologia da traição, Rio de Janeiro: Rocco, 2007

PEREIRA, Caio Mário da Silva – Instituições de direito civil, Rio de Janeiro: Editora Forense/Gen, 18º ed, v. V, 2010

PEREIRA, Rodrigo da Cunha – O novo divórcio no Brasil In. PEREIRA, Rodrigo da Cunha (Coord.) Família e responsabilidade, São Paulo: Magister editora, IBDFam, 2010

PEREIRA,Virgilio de Sá – Lições de direto de família,2.ed., Rio de Janeiro: Ed. Freitas Bastos, 1959

PERKIN, G David – Neurologia – Atlas Mosby em cores e texto, São Paulo: Manole, 1998.

PERONA, Javier López-Galiacho – La problemática jurídica de la transexualidad, Madrid: Mc Graw-Hill, 1998

PEROZZI, Silvio – Istituzioni di diritto romano. 2. edizione, Roma: Athaeneum. Casa Editrice D.F. Vallardi, 1928, v.1

PESSINI, Leo; BARCHIFONTAINE, Christian de Paul de – Problemas atuais de bioética. 2º ed., São Paulo: Loyola, 1994

PHILIPPI, Jeanine Nicolazzi. A Lei: uma abordagem a partir da leitura cruzada entre Direito e Psicanálise. Belo Horizonte: Del Rey, 2001

PIAGET, Jean – A formação do símbolo na criança – 3º edição, Rio de janeiro: LTC, 1990

PINHEIRO, José Alberto Caras Altas Duarte Pinheiro, Núcleo intangível da comunhão conjugal, Coimbra: Almedina, 2004.

PINSKY, Carla Bassanezi; PEDRO, Joana Maria – Igualdade e especificidade. In. PINSKY, Jaime; PINSKY,Carla Bassanezi (Org.) História da Cidadania, São Paulo: Contexto, 2003

PIOVESAN, Flávia – Direitos humanos e globalização,. In. SUNDFELD, Carlos Ari; VIEIRA, Oscar Vilhena. Direito Global, São paulo: Max Limonad, 1999.

PIZÁ, Graça – Afetos secretos do incesto. In. DIAS, Maria Berenice (Coord.) Incesto e alienação parental, 2. ed., São Paulo: Ed. Revista dos Tribunais, 2010

PLATÃO – Fedro, São Paulo: Martins Claret, 2007

PLATÃO – O Banquete, Rio de Janeiro: Difel, 2005

POIRIER, Jean – História dos costumes – o amor, a palavra, o gesto e os modos de pensar, Lisboa: Editorial Estampa, 2000,

PRADO, Lídia Reis de Almeida – O juiz e a emoção – aspectos da lógica da decisão judicial, 5º ed, São paulo: Millenium, 2010

PROUST, Marcel – Correspondance avec madame Strauss, paris; UGE, 1994

PUECHE, José Enrique Bustos – Manual sobre bienes y derechos de la personalidad, Madrid: Dykinson, 1997

PY, Luiz Alberto – Quem sabe dizer de onde vem o amor? In. O livro do amor – parte I – da sedução ao casamento, São Paulo: OESP Gráfica AS, 2002

___ – Parceiro ideal é aquele que traz à tona o melhor de nós. In. O livro do amor I – da sedução ao casamento, São Paulo: OESP Gráfica AS, 2002

REALE, Miguel – O Estado democrático de direito e o conflito das ideologias, 3. ed., São Paulo: Saraiva, 2005.

___ – Lições preliminares de direito, São Paulo: Saraiva,

___ – Introdução à filosofia, São Paulo: Saraiva, 4º ed., 2007

___ – *O Projeto do novo Código Civil*. 2. ed. São Paulo: Saraiva, 1999

REALE Jr., Miguel – A amizade e seus desafios – OESP 07.08.10

RIBEIRO, Marcos – Gostar de si mesmo abre o caminho para o amor. In. O livro do amor I – da sedução ao casamento, São Paulo: OESP Gráfica AS, 2002,

RIOS, Roger Raupp – Adoção por casais homossexuais:admissibilidade. In. Carta Forense, junho 2009.

ROCHA, Eduardo – Quais são os tipos de abusos familiares existentes? http://uberlandiacontraapedofilia.com.br.

ROGUE, Christophe – Compreender Platão, Rio de Janeiro: Editora Vozes, 2002

ROLIM,Luiz Antonio – Instituições de Direito Romano, 2. ed., São Paulo: Ed. Revista os Tribunais, 2003.

ROMÃO, Rui Bertrand; CALAPEZ, Pedro – Montaigne – Ensaios, Lisboa: Relógio d'Água Editores, 2000,

ROUDINESCO, Elisabeth – A família em desordem, Rio de Janeiro: Jorge Zahar, 2002

RUBIN, Gretchen – Projecto felicidade. Córdova: Estrelapolar, 2009

SALLES, Dimitri Nascimento – Direito à visibilidade:direito humano da população GLBTT. In. PIOVESAN, Flavia; IKAWA, Daniela (Org.). Direitos Humanos: Fundamento, proteção e implementação: perspectivas e desafios contemporâneos. Curitiba: Juruá, 2007

SALLES, Gladys Maluf Chamma Amaral – Síndrome de alienação parental. In Jornal a Tribuna do Direito, out 2009, ano 17, n. 198

SALTZ, Gail – Anatomia de uma vida secreta, São Paulo: Editora Gente, 2007

SANSONE,Kathryn – Woman first – familly always. Iowa: Meredith Books, 2006

SAN TIAGO D ANTAS, Francisco Clementino de – Direito de família e das sucessões. Revista e atualizada por José Gomes Bezerra Câmara e Jair Barros. Rio de Janeiro: Forense, 1991.

SAN TIAGO DANTAS, FC – Programa de Direito Civil – parte geral, Rio de Janeiro: Ed. Rio, 1979.

SANTO AGOSTINHO – Confissões, São Paulo: Martin Claret, 2002

SANTOS, Walquiria de Oliveira dos – Familia multiespecie: analise da (in)viabilidade de tutelar judicialmente as demandas de guarda, regulamentação de visitas e alimentos para os animais de estimação após a ruptura do vinculo conjugal. In. http://ibdfam.org.br, 2020.

SCALQUETE, Ana Claudia S – Estatuto da reprodução assistida, São Paulo: Saraiva, 2009

SCHOOYANS, Michel – Conversazioni su gli idoli della modernità. Bologna: Edizioni Studio Domenicano, 2010.

SCHULZ, Duane P; SCHULTZ, Sydney Ellen – Teorias da personalidade, São Paulo: Thomson, 2001.

SÊNECA – As relações humanas, 2. ed., São Paulo: Landy Editora, 2007

SESSAREGO, Carlos Fernández – Derecho de la identidad personal, Buenos Aires: Editorial Astrea, 1992.

SHARP, Anna – Quem não trai? As muitas faces da infidelidade, Rio de Janeiro: Rocco, 2005.

SHINYASHIKI, Roberto; DUMET, Eliana Bittencourt – Amar pode dar certo, São Paulo: Editora Gente, 1988

SILVA,Aílton Amélio da – A feminilidade e a masculinidade aumentam a atração. http://metadeideal.uol.com.br/diva/artigos/ailtonsilva,htm

___ – Pequenos motivos, grandes romances. In. O livro do amor I – da sedução ao casamento, São Paulo: OESP Gráfica AS, 2002

___ – Qual é o seu estilo de amor? http://metadeideal.uol.com.br/artigos/htm.

___ – Dores de amor. http://metadeideal.uol.com.br/diva/artigos/htm

___ – Namoro, conhecendo as razões do coração, 2º ed., São Paulo: Moderna, 2009.

SILVA, Arlei Wiclif Leal da – Identidades legitimamente diversas: um estudo pela visibilidade inclusiva da não binariedade de gênero – Tese de Doutorado apresentada ao Departamento de Direito Civil da Fadusp em 2021

SILVA JR. Enézio de Deus – A possibilidade jurídica de adoção por casais homossexuais. Curitiba: Juruá, 2º ed, 2007

SILVA, Marco Aurélio Dias da – Quem ama não adoece, São Paulo: Editora Best Seller, 2002

SILVA, Regina Beatriz Tavares da; FIUZA, Ricardo – Código Civil Comentado, 10. ed, São Paulo: Saraiva, 2016

SILVA, Tezinha; ANDRADE, Ximena; MAXIMIANO, Lucia; LEVI, Benvinda; ARTHUR, Maria José – Porque a poligamia é inaceitável na lei de família á luz dos direitos humanos. In. Outras Vozes, n. 4, ago 2003. Fonte: http://www.wlsa.org.mz/lib/articles.

SODRÈ, Nelson Werneck – História da literatura brasileira, 10º ed, Rio de Janeiro: Graphia editorial, 2002,

SOUSA, Rabindranath V.A. Capello de – O direito geral da personalidade, Coimbra: Coimbra Editora, 1995.

SOUSA, Romeu Rodrigues de – Anatomia Humana, São Paulo, 2º ed, 1983

SPENCER, Colin – Homossexualidade – uma história, Rio de Janeiro: Record, 1999.

STATT, David A – Introdução à psicologia, São Paulo: Ed. Harbra ltda, 1986.

STERNBERG, Robert J. – A Teoria triangular do amor, Psychological Review, 1987, p. 119 a 135. In. http://content2.apa.org/journals/rev/93/2/119

STEARNS, Peter N. – História das relações de gênero, São Paulo: Editora Contexto, 2007.

STERNICK, Paulo – É preciso identificar o que nos atrai no outro. In. O livro do amor I – da sedução ao casamento, São Paulo: OESP Gráfica AS, 2002.

STERNICK, Paulo – Um namoro arranjado só é bom se entre ambos brota real desejo. In. O Livro do amor I – da sedução ao casamento, São Paulo: OESP Gráfica AS, 2002

STRATHERN, Paul – Aristóteles, Rio de Janeiro: Jorge Zahar Editora, 1996.

SZANIAWSKI, Elimar. *Limites e possibilidades do direito de redesignação do estado sexual*, São paulo: Revista dos Tribunais, 1999

TABORDA, Claudia Regina Furian – Relações incestuosas. Monografia apresentada ao Curso de Especialização em psicologia clínica na Universidade Regional Integrada do Alto Uruguai e das Missões, Santo Ângelo, RS, 2005

TALAVERA FERNÁNDEZ, Pedro A. Fundamentos para el reconocimiento jurídico de las uniones homosexuales: propuestas de regulación em Espana.Instituto de derechos humanos "Bartolomé de las Casas". Universidad Carlos III de madrid. madrid:Dykinson, 1999 – Cuaderno 10

TAP, Pierre – Couples et familles.Dynamiques des changements, causes et perspectives. In. DUPUY, Geneviève Bergonnier; ROBIN, Monique (Direction) – Couple conjugal, couple parental:vers de nouveaux modèles, Paris: Éditions Éres, 2007.

TELLES Jr., Goffredo – Direito subjetivo. In. FRANÇA, Rubens Limongi (Org) Enciclopédia Saraiva de Direito, São Paulo: Saraiva, s/d, v.28

TERRÉ, François; FENOUILLET, Dominique – Droit Civil – les personnes, la famille, les incapacites, 7 édition, Paris: Dalloz, 2005.

TIBA, Içami – Família de alta performance, São Paulo: Integrere Editora, 2009.

TOBEÑAS, Castan – Derecho Civil Español,común y foral. Madrid, 1955, t. 1 v .2

TOURNIER, Paul – Os gays na história, Barcelona: Editorial Estampa, 2006.

UCHA, Leticia Alvarez – Os efeitos jurídicos do reconhecimento da família anaparental. In.http:// Ibdfam.org.br

ULPIANO D.1.6.4. – libro primo institutionum. In. MADEIRA, Hélcio Maciel França – Digesto de Justiniano – Líber Primus, 3º ed., São Paulo: Ed. Revista dos Tribunais, 2002

VARELLA, Antunes – Dissolução da sociedade conjugal, Rio de Janeiro: Forense, 1980

VARELLA, Luiz Salem – Homoerotismo no direito brasileiro e universal, São Paulo: Agá Júris Editora, 2000.

VIEIRA, Tereza Rodrigues – O afeto e a igual consideração moral demonstram o reconhecimento familiar. In. Revista IBDFAM, edição 53, out/nov 2020

VENOSA, Sílvio de Salvo – Direito civil – direito de família, 9º ed., São Paulo: Atlas, 2009.

VIANA, Rui Geraldo Camargo – A família – Tese apresentada ao Departamento de Direito Civil da FADUSP para provimento de cargo de Professor Titular, 1996,

VIANA, Rui Geraldo Camargo – A Família. In. VIANA, Rui Geraldo camargo e NERY, Rosa maria de Andrade (Org.). Temas Atuais de Direito Civil na Constituição Federal, São Paulo: Ed. Revista dos Tribunais, 2000.

WAMBIER,Teresa Celina Arruda Alvim –Um novo conceito de família – reflexos doutrinários e análise de jurisprudência. In. TEIXEIRA, Sálvio de Figueiredo (Coord.). Direitos de família e do menor. 3. ed, Belo Horizonte: Del Rey, 1993

WALSTER, Elaine; WALSTER,William G.; BERSCHEID, Ellen; DION, Karen (Março 1971). "A atratividade física e data de escolha: um teste da hipótese de correspondência". *Journal of Experimental Social Psychology;*

WEISS, Brian – Mensagens dos mestres, Rio de Janeiro: Sextante, 2001

WELTER, Belmiro Pedro – A secularização da culpa no direito de família. In. http://www.mundojuridico.adv.br

WELTER, Pedro Belmiro – Igualdade entre as filiações biológica e sócioafetiva. São Paulo, Ed. Revista dos Tribunais, 2003

WITEMUTE, Robert – Sexual orientation and human rigths, United Kingdom, Clarendon Paperbacks, 1997

ZAMBRANO, Elizabeth – Adoção por homossexuais. In. SOUSA, Ivone Maria Cândido Coelho (Org.). Direito de família – diversidade e multidisciplinariedade – IBDFAM – RS, Porto Alegre, 2007, p.